MOSSAD
OS CARRASCOS DO KIDON

ERIC FRATTINI

MOSSAD

OS CARRASCOS DO KIDON

A História do Temível Departamento de
OPERAÇÕES ESPECIAIS DO SERVIÇO SECRETO DE ISRAEL

Tradução
Danilo Di Giorgi

Editora
Cultrix
SÃO PAULO

Título original: *Mossad – El Largo Brazo de Israel.*

2ª edição 2025 - revista e ampliada.

Obs.: Publicado anteriormente com o subtítulo: *A História do Temível Grupo de Operações Especiais de Israel.*

Editor: Adilson Silva Ramachandra
Gerente Editorial: Roseli de S. Ferraz
Preparação e adaptação de originais: Danilo Di Giorgi
Gerente de produção editorial: Indiara Faria Kayo
Editoração eletrônica: Ponto Design
Revisão: Ana Lúcia Gomide

Dados Internacionais de Catalogação na Publicação (CIP)
(Câmara Brasileira do Livro, SP, Brasil)

Frattini, Eric
Mossad : os carrascos do Kidon : a história do temível departamento de operações especiais do serviço secreto de Israel / Eric Frattini ; tradução Danilo Di Giorgi. -- 2. ed. -- São Paulo : Editora Cultrix, 2025.

Título original: Mossad : el largo brazo de Israel
Bibliografia.
ISBN 978-65-5736-374-4

1. Israel. Mossad 2. Serviço de inteligência - Israel - História 3. Serviço secreto - Israel - História I. Título.

25-263453 CDD: 327.125694

Índices para catálogo sistemático:

1. Mossad : Israel : Serviço de inteligência :
História 327.125694
Cibele Maria Dias - Bibliotecária - CRB-8/9427

Direitos da tradução para o Brasil adquiridos com exclusividade pela
EDITORA PENSAMENTO-CULTRIX LTDA., que se reserva a
propriedade literária desta tradução.
Rua Dr. Mário Vicente, 368 — 04270-000 — São Paulo, SP
Fone: (11) 2066-9000
http://www.editoracultrix.com.br
E-mail: atendimento@editoracultrix.com.br
Foi feito o depósito legal.

Ao Hugo, pessoa muito valiosa para mim.

À Silvia, por seu apoio incondicional e pela tranquilidade que me transmite, sem os quais eu não poderia escrever.

SUMÁRIO

NOTA DO AUTOR

Em 2006, quinze anos atrás, surgiu na Espanha o livro *Mossad – Os Carrascos do Kidon*, alcançando bastante sucesso. Depois da edição em espanhol, foram lançadas outras, em português, romeno, italiano, francês, polonês, holandês, dinamarquês e norueguês. Em mais de 400 páginas, a obra relata a história da Metsada (Kidon), a implacável unidade de operações especiais da inteligência israelense, o Mossad, da Operação Garibaldi, de 1960, à Operação Vingança, de 2004. O livro relata em detalhes as principais operações nas quais Israel realizou "assassinatos políticos" ou "trabalhos molhados" cumprindo ordens de primeiros-ministros do país, de David Ben-Gurion a Ariel Sharon. Nas palavras do profeta Ezequiel: "E os inimigos saberão que sou o Senhor quando fizer cair a minha vingança sobre eles". Esse foi o primeiro mandamento dos serviços de inteligência, tanto do Mossad quanto de seus equivalentes na contrainteligência, o Shin Bet, e na inteligência militar, a Aman.

Certa vez, na época em que trabalhei em Beirute e Jerusalém como correspondente, um grande amigo do Mossad me disse que as operações que chegam ao conhecimento do público são aquelas nas quais os agentes cometeram algum pequeno erro que acabou na primeira página de um jornal. Pode ser que ele esteja certo. Não há dúvida de que os erros dos agentes israelenses foram muitos, e variados, do fiasco em Lillehammer, em 1973, até o fracasso na Jordânia, quando da tentativa de matar o líder político do Hamas, Khalid Meshal, em setembro de 1997. Mas também é certo que tanto o Mossad quanto o Shin Bet podem se gabar de seus muitos sucessos em operações, incluindo os "trabalhos molhados".

Moshe Yaalon, ex-ministro da Defesa, chegou a dizer que "uma boa parte dos méritos dos agentes israelenses permaneceria para sempre na mais completa obscuridade", mas disse também que "o Mossad e o Shin Bet haviam sido mestres da 'ousadia' e da 'criatividade' na disciplina sempre escorregadia da espionagem doméstica". Este livro, tanto em sua edição de 2011 como na edição atualizada que você tem agora em mãos, de 2021, procura jogar mais luz sobre a afirmação de Yaalon, pois essas operações fazem parte não apenas da história da espionagem global, mas também da sangrenta guerra árabe-israelense, travada em diferentes campos de batalha: das ruas cheias de poeira de Gaza ou da Cisjordânia às elegantes ruas de Paris, Londres, Genebra ou Beirute.

Em uma ocasião, durante meus anos como correspondente no Oriente Médio, no final dos anos 1980 e no início dos anos 1990, Yossi Olmert, irmão do ex-primeiro-ministro Ehud Olmert e então porta-voz do governo de Yitzhak Shamir, me disse: "O Mossad faz parte da idiossincrasia do povo israelense. Para nós, a inteligência é uma linha de defesa do país, assim como um esquadrão de caças da Força Israelense ou uma unidade de infantaria. Para os israelenses, os agentes do Mossad ou do Shin Bet não são espiões ou 'tipos de James Bonds'. Eles são soldados, como qualquer outra pessoa que faz parte de qualquer unidade das Forças de Defesa de Israel, as FDI. Nós os honramos como soldados e sabemos que a guerra que lutam longe de nossas fronteiras impede que muitos israelenses chorem a morte de seus filhos dentro de Israel. Eles mantêm a guerra contra árabes e terroristas longe de nossas ruas, em Tel Aviv, Haifa ou Jerusalém".

Meir Amit, o mítico *memuneh* do Mossad entre 1963 e 1968, disse determinada vez: "Não haverá matança de líderes políticos; estes devem ser tratados através de meios políticos. Não se matará a família dos terroristas; se seus membros se puserem no caminho, não será problema nosso. Toda execução tem que ser autorizada pelo primeiro-ministro. E tudo deve ser feito segundo o regulamento. É necessário redigir uma ata da decisão tomada. Tudo limpo e claro. Nossas ações não devem ser vistas como crimes patrocinados pelo Estado, mas sim como a última ação judicial que o Estado pode oferecer. Não devemos ser diferentes do carrasco ou de qualquer executor legalmente nomeado". Rafi Eitan, chefe da Metsada, chegou a ponto de afirmar categoricamente: "Nossa tarefa é fazer história e depois ocultá-la. No geral, somos honrados, respeitamos o governo constitucional, a liberdade de expressão e os direitos humanos. Porém, entendemos também que nada se deve interpor ao que fazemos".

Seja como for, o fato é que todos os primeiros-ministros de Israel, fossem eles trabalhistas ou conservadores, do Likud, fizeram uso dessa ferramenta, os assassinatos políticos, como parte da salvaguarda do Estado de Israel, alguns com mais sucesso do que outros. Colocação de explosivos em telefones celulares ou em veículos, ataques com mísseis, bombardeios ou envenenamentos são alguns dos sistemas usados tanto pelo Mossad quanto pelo Shin Bet para eliminar um "inimigo".

Dez novos capítulos foram acrescentados a esta nova edição, a maioria deles com foco na "guerra nas sombras" travada pelos primeiros-ministros Ehud Barak, Ariel Sharon, Ehud Olmert e Benjamin Netanyahu contra o terrorismo do Hamas, a Jihad Islâmica palestina, a energia nuclear síria, os homens-bomba ou os traficantes de armas de destruição em massa. As operações Dragões e Masmorras, Lágrimas de Abraão, Porta-Bandeira, Colhendo Anêmonas e Fora da Caixa mostram que o Mossad e o Shin Bet continuaram a usar a política de "assassinatos direcionados" como forma de combater o terrorismo ou a aquisição de armas de destruição em massa por inimigos como a Síria ou o Hezbollah. Outras operações, não menos famosas que as anteriores, realizadas pelo Mossad e pelo Shin Bet, tais como Pasta de Dente (2001), Sair Correndo (entre 2001 e 2003) ou Pânico Absurdo (entre 2002 e 2008), poderiam ter sido incluídas nessa nova edição, mas os dados sobre elas não eram totalmente sólidos ou suas fontes não eram confiáveis o bastante e, por isso, não fazem parte dessa atualização. Foi incluída a biografia de Yossi Cohen, que assumiu o comando do Mossad como o novo *memuneh* em janeiro de 2016, substituindo Tamir Pardo. Também foram incluídos novos termos usados pela inteligência israelense, além de uma nova bibliografia.

Depois de ler este livro, meu grande amigo M. D., um antigo *katsa* do Mossad, agora desfrutando de uma merecida aposentadoria e de vários netos, me disse: "Caro Eric, este livro é 33,3% ficção, 33,3% realidade e 33,3% lenda". Outro grande amigo, Jorge Silva Carvalho, ex-diretor-geral do SIED entre 2008 e 2010, me definiu como "um escritor e pesquisador com uma atenção especial às sombras da história, sobre as quais lança uma luz inclemente". É preciso que eu diga que, depois de ter escrito uma dúzia de livros sobre os serviços de inteligência mais importantes do mundo (a CIA, a KGB, o MI6, a Entidade do Vaticano, ou o Mossad), acho que nem eu mesmo sei muito bem como traçar uma linha divisória entre o que é real e o que é ficção ou lenda. Fazer isso é difícil quando se escreve e se pesquisa sobre eventos "reais" que "nunca" aconteceram. Cabe agora a vocês, leitores, saber qual das três opções melhor se adapta ao que estão prestes a ler. Sempre digo que a realidade supera a ficção e, no caso do Mossad ou do Shin Bet, essa regra é, sem dúvida, a lei.

ERIC FRATTINI

INTRODUÇÃO. NO INÍCIO...

"E os inimigos saberão que sou o Senhor quando fizer cair a minha vingança sobre eles."
— Profeta Ezequiel

"*Vingança*", ou satisfação que se toma da ofensa ou dos maus-tratos recebidos, não é somente uma palavra ou uma definição: foi e continua sendo, também, uma norma tácita do Estado de Israel contra seus inimigos ao longo de toda a história, desde o terrível Holocausto, na década de 1940, até os primeiros anos do século XXI contra seus atuais "inimigos". Desde a criação do Mossad, em março de 1951, seu serviço de espionagem tem se dedicado a perseguir esses supostos inimigos de Israel nos locais mais remotos do planeta. A primeira operação autorizada "politicamente" por um chefe de governo e confiada na época à então unidade de Nokmin ("Vingadores") seria levada a termo em maio de 1960, quando David Ben-Gurion ordenou ao *memuneh* Isser Harel o sequestro e posterior transferência de Adolf Eichmann para Israel, um dos principais responsáveis pela chamada Solução Final à questão judaica na Europa. Condenado à morte, Eichmann seria enforcado na prisão de Ramallah entre 30 de maio e 1º de junho de 1962.

O êxito da chamada Operação Garibaldi, comandada pelo jovem Rafael "Rafi" Eitan, levou à criação do temível Kidon ("Baioneta"), a subunidade de assassinos da Metsada, a unidade de operações especiais do Mossad. O Kidon e seus membros, também chamados *kidon*, se converteriam na ponta de lança das novas vinganças que Israel levaria a cabo contra seus inimigos com o passar dos anos. Porém, quais foram as verdadeiras origens dos vingadores do Kidon?

Depois da Segunda Guerra Mundial e do extermínio de 6 milhões de judeus em toda a Europa, os vencedores puderam ler, nos muros das sinagogas destruídas, a seguinte mensagem escrita pelos assassinados pela máquina de morte do Terceiro Reich: "Fomos assassinados. Vingai-nos. Recordai-nos". Em maio de 1945, a guerra tinha terminado na Europa, mas, para muitos, ela não teria fim até que seus familiares exterminados fossem vingados. Estava claro para os sobreviventes que deveriam levar adiante a sagrada tarefa de vingança, de cumprir à risca a Lei de Talião usada pelos judeus, a do "olho por olho, dente por dente". Os casos de criminosos de guerra eram tantos que chegariam a paralisar o sistema judicial militar aliado. Essa situação fez com que muitos deles fossem postos em liberdade. Enquanto os europeus olhavam para o futuro, para a reconstrução, os sobreviventes do Holocausto tinham olhos apenas para a vingança.

Em 20 de setembro de 1944, entrou em ação a primeira brigada judaica do exército britânico sob bandeira hebraica, o "Grupo de Brigada Judaica". Em novembro, ela foi destinada para a frente de batalha da Itália. A maior parte de seus membros ainda tinha familiares atrás das linhas alemãs. Em maio de 1945, após o fim da guerra, a brigada continuava na cidade italiana de Tarvisio, perto da fronteira com a Áustria. Seus membros estavam ávidos por fazer parte das Forças de Ocupação Aliadas na Alemanha, mas uma ordem os obrigou a se deterem. A primeira missão extraoficial consistiu em criar uma "passagem secreta" entre a Europa devastada e a Palestina para os milhares de judeus que fugiam do Leste Europeu. Essa ação ficaria conhecida como Operação Brecha.

Foi dada permissão a muitos dos soldados da brigada para procurarem seus familiares, e o que eles encontraram foram lugares como Auschwitz-Birkenau, Mauthausen ou Bergen-Belsen. Ao regressarem à base, o desejo de vingança em todos eles era fortíssimo.

Com a ajuda dos serviços de inteligência militar norte-americano e britânico, foram elaboradas listas de membros da SS. Em julho de 1945, um esquadrão de executores cruzou a fronteira com a Áustria. A primeira parada foi a casa que tinha sido um centro administrativo da Gestapo. Os judeus detiveram um casal. A mulher reconheceu que seu trabalho fora a classificação de todos os pertences de valor retirados de judeus da Itália e da Áustria. Quando ela estava prestes a ser executada com um tiro na nuca, o homem se ofereceu para ajudar os Vingadores em troca da vida de ambos. No dia seguinte, o esquadrão tinha em seu poder uma lista com trinta nomes de vizinhos que haviam sido membros ativos da Gestapo e da SS, com as respectivas datas de nascimento, formação, missões e funções no exército alemão.

Disfarçados de policiais militares, os Nokmin prenderam, um a um, todos os que faziam parte da lista. Depois de lidas as acusações contra eles, foram executados por estrangulamento. A equipe de Vingadores era formada por Israel Karmi,

Maier Shorea e Haim Harkov. O executor era Shev Kerem, que, anos depois, se uniria ao recém-criado Mossad.

A unidade atuava sempre num raio de ação de 100 quilômetros ao redor de Tarvisio, e as operações, realizadas perto de lagos, rios e barragens, não deixavam o menor rastro. Sua única meta era executar o maior número possível de assassinos nazistas. Toda tarde, o chefe dos Nokmin recebia uma lista de alvos e, à noite, vários esquadrões saíam em missão sem que nenhum deles soubesse o que os demais faziam. A unidade de executores judeus atuou apenas durante alguns meses e jamais se soube o número de nazistas mortos. Meses depois, enquanto os aliados começavam a libertar milhares de prisioneiros de guerra, os judeus concluíram que as nações vencedoras queriam esquecer o passado. Mas eles não estavam dispostos a isso.

Tuviah Friedman, Manus Yiaman e Alex Anilevich, irmão de Mordechai Anilevich, o famoso herói que liderou o levante do gueto de Varsóvia contra os alemães, decidem se unir em Viena sob o nome de Represália. Os membros desse grupo realizavam tarefas judiciais ao deter os antigos membros da SS e da Gestapo: como juízes, julgando-os e condenando-os; e como carrascos, executando-os. As missões levadas a termo pela Represália também continuam sendo um mistério, assim como o número de nazistas executados.

Também no final da guerra, ativistas judeus, partidários e guerrilheiros uniram-se para formar o mais significativo grupo de vingadores. Antes separados por diferentes ideologias, agora estavam unidos pelo legado das milhões de vítimas. Beshalel Mihaeli era um dos membros. Antes de ver o pai morrer, prometeu-lhe que sobreviveria para levar adiante sua vingança particular contra os carrascos. Em Lublin, a primeira cidade polonesa libertada, estabelece contato com outros judeus que já haviam cometido atos de vingança. No número 55 da rua Fisinskigo, partilham ideais, desejos de vingança e seus poucos pertences. A nova equipe decide dividir suas operações em duas fases:

— A primeira: identificar os judeus ainda vivos na Europa e ajudá-los a chegar à Palestina.

— A segunda: vingar-se.

A vingança deveria ter a mesma magnitude do assassinato em massa conduzido pelos alemães. O líder da nova unidade é Abba Kovner, poeta e antigo guerrilheiro (partisan) em Vilna.[1] Em Bucareste, a capital da Romênia, são decididos dois atos de vingança: o plano A, que consiste no envenenamento da água de várias cidades alemãs; e o plano B, centrado nos prisioneiros da SS detidos pelos aliados em campos de prisioneiros, envenenando o pão que lhes era servido.

Kovner precisa de ajuda e decide viajar para a Palestina. O grupo necessita de uma boa quantidade de veneno para contaminar a água de Nuremberg, cidade-símbolo do Partido Nazista, e de Hamburgo. O quartel-general da equipe se estabelece em Paris. Kovner só revela o plano A a três altos oficiais de Haganah, que lhe negam apoio. Os líderes da Palestina têm outra prioridade agora: a criação de um Estado judeu. O dia da vingança é adiado várias vezes. Kovner finalmente fala com Haim Weizman, que viria a ser o primeiro presidente de Israel, a quem expõe apenas o plano B. Este sugere uma substância química. Em 14 de dezembro de 1945, o chefe dos Vingadores viaja num barco a vapor rumo à França. O veneno o acompanha em latas de leite condensado.

Pouco antes de chegar a Toulon, quatro dos cinco membros da equipe são chamados à presença do capitão. Entretanto, o quinto se livra do veneno, atirando as latas para fora do barco. Os chefes decidem então acionar o plano B. Num campo de prisioneiros próximo à Nuremberg, concentram-se cerca de 15 mil antigos membros da SS. O pão, feito todos os dias numa padaria alemã, é o único alimento que não é fornecido pelo exército norte-americano. Três dos Vingadores fazem-se passar por padeiros e conseguem trabalho na padaria que fornece pão ao campo. Em Paris, um químico judeu de Milão dedica-se a fabricar o veneno: dois quilos de arsênico sem refinar.

Em 13 de abril de 1946, um domingo de Páscoa, os Nokmin entram em ação. Dedicam-se durante toda a noite a untar com pincéis o arsênico nas bolas de pão. Quase 3 mil pães foram envenenados. Se cada membro da SS recebesse um quarto de um pão, seriam quatro mortos por pão, ou 12 mil mortos se os 3 mil pães fossem ingeridos.

Ao amanhecer, os pães são entregues no campo de prisioneiros. O efeito do veneno começa a se espalhar pelo campo de Nuremberg. Equipes de médicos norte-americanos fazem o possível para salvar os oficiais da SS que ingeriram os pães. Milhares ficaram doentes, embora apenas alguns poucos tenham sucumbido. Os aliados jamais tornaram público o número de mortos, mas a operação devolveu aos Nokmin, de certa maneira, a honra perdida nos campos de morte nazistas.

Cinco anos após essa operação, e apenas três depois da criação do Estado de Israel, David Ben-Gurion ordena a criação do Mossad, em março de 1951. A primeira tarefa dos Nokmin do Mossad, herdeiros dos homens de Abba Kovner, seria a Operação Garibaldi. Depois do sequestro de Adolf Eichmann, primeiro grande êxito dos serviços de inteligência israelenses, Ben-Gurion ordenaria ao novo *memuneh*, Meir Amit (1963-1968), a criação de uma unidade "secreta" que só poderia ser "ativada" e "desativada" pelo primeiro-ministro. O próprio Amit, que batizaria a unidade de Kidon ("Baioneta"), estabeleceu a norma básica para suas atuações:

> Não haverá matança de líderes políticos; estes devem ser tratados através de meios políticos. Não se matará a família dos terroristas; se seus membros se puserem no caminho, não será problema nosso. Toda execução tem de ser autorizada pelo primeiro-ministro. E tudo deve ser feito segundo o regulamento. É necessário redigir uma ata da decisão tomada. Tudo limpo e claro. Nossas ações não devem ser vistas como crimes patrocinados pelo Estado, mas sim como a última ação judicial que o Estado pode oferecer. Não devemos ser diferentes do carrasco ou de qualquer executor legalmente nomeado.

Em 1972, sob o governo da primeira-ministra Golda Meir e o mandato de Zvi Zamir como *memuneh* do Mossad, se estabeleceria o chamado Comitê X, uma estrutura judicial tão secreta que nem sequer o Supremo Tribunal de Justiça do Estado de Israel sabia de sua existência. Segundo o testemunho do ex-*katsa* do Mossad Victor Ostrovsky, em seu livro *By Way of Deception*:

> O Comitê X é composto de militares, pessoal dos serviços de inteligência e do Poder Judiciário, faz as vezes de tribunal marcial e julga os acusados *in absentia*. As audiências, semelhantes a um tribunal, são realizadas em lugares distintos para cada caso, geralmente em domicílios particulares ou em casas clandestinas do Mossad. Não são redigidas atas das sessões do Comitê X.

Ostrovsky relata, também, em seu magnífico livro:

> Embora o imputado, neste caso o líder do Hezbollah, o xeique Abbas Musawi, jamais o tenha sabido, dois advogados, um representando a defesa e outro a promotoria, encarregaram-se do seu caso. De nada valeu a alegação da defesa aduzindo que Musawi era na verdade um elemento "moderado" dentro do fundamentalismo xiita e que tinha desempenhado um papel crucial na libertação dos reféns ocidentais. A promotoria fez valer seu argumento: o novo líder do Hezbollah tinha recentemente realizado um chamamento para uma escalada bélica contra o que ele mesmo denominava "o cancro de Israel". Musawi foi declarado culpado, o que implicava que o Comitê X podia decidir "transferi-lo" para Israel, de modo a ser submetido a um julgamento regular, ou autorizar sua execução na primeira oportunidade em que isso fosse possível pelo Kidon.

Nenhuma dessas opções poderia ser iniciada sem a autorização expressa do primeiro-ministro, ainda que, na verdade, desde a criação do Kidon, quase todos os chefes de governo israelense, de David Ben-Gurion a Ariel Sharon, do Likud ao Partido Trabalhista, com Prêmio Nobel da Paz ou sem ele, assinaram ordens de sequestro ou execução.

Tanto o Comitê X quanto o Kidon foram mantidos em absoluto segredo, até mesmo para muitos dos ministros que fizeram parte dos diferentes gabinetes dos sucessivos governos, até que o jornalista israelense Yoel Marcus revelou a história de ambas as organizações no jornal *Haaretz*, em julho de 1986.

O Kidon era composto de três equipes de doze pessoas cada, que, sob o eufemismo de "braço longo da justiça" de Israel, haviam se ocupado em "saldar contas" nos últimos 45 anos, desde a criação da unidade. Criminosos de guerra nazistas, líderes da Organização para a Libertação da Palestina (OLP), do Hamas ou da Jihad Islâmica, terroristas do "Setembro Negro", magnatas, cientistas, traficantes e projetistas de armas têm sido alguns dos alvos claros da Metsada, o departamento de operações especiais do Mossad de que depende o Kidon.

Ao contrário de outros clérigos, cujas limusines blindadas e fortemente escoltadas raras vezes se aventuravam para além de Beirute ou do Vale de Beqaa, Musawi tinha atravessado, várias vezes, a chamada zona de segurança, estritamente vigiada por Israel e pelo exército do sul do Líbano. Precisamente em Jibsit, uma aldeia de 12 mil habitantes localizada no extremo sul desse país que constituía o último posto avançado do fundamentalismo islâmico. Sob as ordens de Yitzhak Rabin, que ocupava então o cargo de ministro da Defesa, e de Shabtai Shavit, *memuneh* do Mossad, uma unidade da Sayeret Matkal (grupo de elite do Exército de Israel conhecido como "A Unidade") e o Kidon se encarregaram de "executar" Musawi.

Em 16 de fevereiro de 1992, quando os helicópteros Apache israelenses abriram fogo contra a caravana de veículos que partia de Jibsit, matando Musawi, sua esposa e o filho Hussein de 5 anos, Moshe Arens, o ministro da Segurança, justificou a morte de Musawi como uma das formas legítimas que o Estado de Israel utiliza na luta antiterrorista. Os membros do Kidon haviam conseguido colocar um localizador na parte de baixo do veículo do xeique assassinado. O míssil apenas seguiu o rastro do localizador.

Desde então, os inimigos têm sido envenenados, voado em pedaços, estrangulados, afogados, simplesmente executados com um tiro na nuca ou sequestrados pelo Kidon, em nome de Israel e com a autorização do primeiro-ministro, na França, na Itália, em Malta, no Chipre, na África do Sul, na Bélgica, na Noruega, no Líbano, no Uruguai, na Argentina e em um sem-número de outros países. Na verdade, o Kidon e seus membros elevaram o assassinato político ao máximo nível de perfeição, graças a agentes como Zvi Steinberg, um judeu brasileiro de 36 anos, capaz de estrangular um homem em questão de segundos. Dizia-se que, um dia, entrou num ônibus em Praga, perseguindo um terrorista palestino, aproximou-se dele, esmagou-lhe com uma só mão a traqueia, matando-o de imediato, descendo então do ônibus e desaparecendo em meio à multidão. Ninguém se deu conta da execução até que o ônibus chegou ao ponto final e descobriram o cadáver.

Este livro de espionagem e aventuras, mas também tragicamente real, é um pequeno capítulo da longa história de conflitos que o Oriente Médio vive há décadas; só que, neste caso, a guerra se desenvolve nas sombras. Este livro reúne **vinte e seis** operações encobertas de assassinato e sequestro realizadas pelo Mossad e sua subunidade da Metsada, o temível Kidon, ao longo de 44 anos de história, de acertos e desacertos.

Nele relatam-se, por exemplo, os êxitos do Kidon em operações como Ira de Deus, Átomo, Barba Azul ou Engenheiro, mas também grandes erros, como quando a unidade de executores do Mossad assassinou, em 21 de julho de 1973, por engano, na cidade norueguesa de Lillehammer, um garçom marroquino que foi confundido com o líder do Setembro Negro, Ali Hassan Salameh, ou quando dois *kidon* foram detidos em Amã, em 26 de setembro de 1997, enquanto tentavam matar um líder do Hamas introduzindo nele um gás nervoso pelo ouvido utilizando um aerossol.

Está correto o que escreveu um dia o jornalista Yoel Marcus, do jornal *Haaretz*: "Apenas os equívocos do Mossad são públicos. Os triunfos devem permanecer guardados a sete chaves. Estes últimos são os que fazem com que o povo de Israel possa ir para a cama em segurança". Mas também não é menos correta a afirmação do lendário Rafi Eitan, antigo responsável pela Metsada e pelo Lakam, quando afirmou: "Nossa tarefa é fazer história e depois ocultá-la. No geral, somos honrados, respeitamos o governo constitucional, a liberdade de expressão e os direitos humanos. Porém, entendemos também que nada se deve interpor ao que fazemos".[19]

CAPÍTULO 1

OPERAÇÃO GARIBALDI

ALVO: Adolf Eichmann

POSIÇÃO: Dirigente nazista e responsável pela logística da Solução Final

DATA: 11 de maio de 1960

A primeira pista sobre o paradeiro de Adolf Eichmann chegou por intermédio de Jules Lemoine, um antigo tripulante do iate *Djeilan*, propriedade da condessa Marguerite d'Andurain. A condessa fazia parte da Operação Convento, ou Corredor Vaticano.

Marguerite era filha de um juiz francês e se casara com o conde Pierre d'Andurain quando tinha apenas 17 anos de idade. Entre 1918 e 1925, foi recrutada pelo serviço secreto francês, o *Deuxième Bureau*. Em 1925, divorciou-se do marido e se casou com um xeique wahabita chamado Suleyman. Algumas fontes asseguram que Marguerite o envenenou e regressou à Síria. Ali voltaria a se casar com o conde Pierre d'Andurain. Dois meses depois da celebração do matrimônio, o nobre apareceu morto com dezessete punhaladas, sem que se descobrisse o autor, ou autores, do crime.[2]

A mulher passou a viver uma vida de luxo em cidades como Nice e Cairo, acompanhada de homens jovens. Durante a ocupação da França por tropas do Terceiro Reich, Marguerite começa a trabalhar para o Escritório Central de Segurança do Reich (*Reichssicherheitshauptamt*, ou RSHA) e para seu temível chefe, Reinhard Heydrich. Nessa mesma época, estabelece estreitas relações com o serviço secreto do Vaticano, a Santa Aliança, por intermédio do bispo austríaco Alois Hudal, figura-chave na organização Odessa.[3]

Depois do fim da Segunda Guerra Mundial, o religioso austríaco contatou D'Andurain para que se unisse à Operação Convento, ou Corredor Vaticano. Proprietária de um luxuoso iate, o *Djeilan*, ela navegava constantemente de Gibraltar à cidade de Tânger. Nessas travessias, Marguerite d'Andurain ajudava figuras importantes do nazismo a fugirem através do Marrocos. Franz Stangl, comandante do campo de concentração de Treblinka; Erich Priebke, da alta cúpula da Gestapo na Itália; e Reinhard Kops, responsável pela deportação e pelo extermínio dos judeus da Albânia, foram alguns dos nazistas que D'Andurain ajudou a escapar.

Contudo, talvez o mais importante superior hierárquico nazista que a francesa ajudou a fugir usando o *Djeilan* foi Adolf Eichmann, um dos maiores responsáveis pela logística da Solução Final à questão judaica.[4]

Jules Lemoine sabia de todas as viagens e os passageiros que tinham viajado no *Djeilan* rumo à liberdade e para longe do alcance da justiça aliada do pós-guerra. Jules Lemoine disse que um "certo nazista importante" estava à espera na Cidade do Vaticano para obter o salvo-conduto de refugiado para a Argentina com o nome de Ricardo Clemente. Um agente de espionagem militar norte-americano disse que o marinheiro estava certo de que esse não era seu nome verdadeiro, e "que ele estava à espera dos documentos emitidos pelo Vaticano e que por essa razão não tinham levado muito a sério a informação dada pelo antigo marinheiro do *Djeilan*".

Só depois de passados alguns anos é que a espionagem israelense soube da existência de uma unidade especial pró-nazismo dentro do Estado do Vaticano que se dedicava a ajudar na fuga de pessoas do alto comando do Terceiro Reich para a América do Sul. Segundo o Mossad, a Santa Aliança, serviço de espionagem do Vaticano, tinha muito a ver com aquilo.

A Operação Convento, desenvolvida pelo Vaticano entre o final dos anos 1940 e o começo da década de 1950, consistia em tirar ex-dirigentes nazistas da Europa e colocá-los sob o manto protetor de ditadores latino-americanos da época.

O problema surgiu devido ao nome usado por Eichmann e revelado por Jules Lemoine, Ricardo Clemente, que não aparecia em nenhum relatório da espionagem israelense. Na verdade, o nome havia sido traduzido. O verdadeiro nome usado por Adolf Eichmann em sua fuga foi Ricardo Klement. O salvo-conduto entregue pelo Vaticano identificava o superior hierárquico nazista como um mecânico nascido em Bolzano, Itália, de pais alemães. Só anos depois o Mossad soube que Ricardo Klement e Ricardo Clemente eram a mesma pessoa: Adolf Eichmann.

Seria realmente um alto funcionário do governo alemão quem forneceria ao Mossad a localização de Eichmann. O doutor Fritz Bauer, chefe fiscal da província de Essen, havia obtido a informação do paradeiro de Eichmann pelos serviços secretos alemães. Seus agentes tinham interrogado dois membros da rede Odessa, que revelaram as rotas de fuga usadas, a procedência dos fundos para cobrir os gastos e os esconderijos dos criminosos de guerra.

Bauer, de origem judaica, fora juiz em Stuttgart até a chegada ao poder do Partido Nazista. Pouco depois, foi detido e condenado à prisão sob a acusação de "inimigo do Estado". Conseguiu fugir e se refugiar na Dinamarca até a ocupação do país, em 1940. Novamente detido e condenado a três anos de prisão, conseguiu fugir e se refugiou na Suécia até o final da guerra. Fritz Bauer passou a informação ao doutor Shinar, chefe da Missão de Reparações de Guerra na Alemanha Ocidental. Shinar, por sua vez, informou Walter Eytan, diretor-geral do Ministério dos Negócios Estrangeiros de Israel.[5]

Numa manhã de 1957, Eytan telefonou para Isser Harel, o todo-poderoso diretor do Mossad. Localizamos Adolf Eichmann na Argentina – disse ele. Harel telefonou para Rafi Eitan.

Nascido em 1929, Eitan havia se convertido numa espécie de herói lendário entre os membros do exército israelense por sua experiência em combate durante a Guerra da Independência. A unidade que comandava, a Harel, abriu caminho para Jerusalém. Comandante de uma unidade de paraquedistas, foi recrutado pelo Mossad no final dos anos 1950 para realizar operações especiais.[6]

Harel deu ordens a Eitan para que organizasse uma unidade especial dentro do Mossad, que seria chamada de Nokmin, ou Vingadores. Ele tinha como tarefa localizar, raptar e transferir Adolf Eichmann para Israel, para que fosse levado a julgamento.[7] Essa seria de fato a origem da Metsada, a unidade de operações especiais do Mossad.

Isser Harel disse a Eitan que os homens que formariam a unidade deveriam saber que realizariam um ato de justiça divina para Israel. "Isso não só colocará nas primeiras páginas de todos os jornais o que os nazistas fizeram com os judeus nos campos de concentração como também colocará o Mossad à frente de todas as agências de espionagem do mundo."[8]

A unidade só poderia atuar depois que o primeiro-ministro David Ben-Gurion desse sinal verde à operação. "Só o velho poderá ativar e desativar a unidade", afirmou Isser Harel, de modo contundente. Durante dois anos, Rafi Eitan aguardou o chamado para a ação. Os homens escolhidos para executar o sequestro, liderados por Peter Malkin,[9] também esperavam por ordens.

Ninguém em Tel Aviv queria dar um passo em falso que pusesse em perigo não só a segurança dos agentes do Mossad, que já estavam na Argentina, mas também a própria imagem do Estado de Israel no mundo. A descoberta da presença de agentes do Mossad ou de operações do Nokmin no país pelas autoridades policiais argentinas poderia representar um sério problema para o governo trabalhista de Ben-Gurion.

Eitan pôs-se a ler um extenso dossiê enviado pela Unidade 8513, encarregada de colher informações fotográficas do alvo. O líder do Nokmin folheava uma pasta marrom-escura com uma fotografia de Eichmann vestido com um uniforme da SS. Várias fotografias rosadas e amareladas misturavam-se na volumosa pasta.

> *SS-Obersturmbannführer* Karl Adolf Eichmann (1906), chefe do Departamento para Assuntos Judaicos da Gestapo entre 1941 e 1945 e chefe de operações na deportação de 3 milhões de judeus para os campos de extermínio. Uniu-se ao Partido Nazista austríaco em 1932 e, algum tempo depois, à SS. Em 1934, Eichmann serviu como cabo da SS no campo de concentração de Dachau. No mesmo ano, une-se ao SD e atrai a atenção de Heinrich Himmler e Reinhard Heydrich. Até 1935, Eichmann trabalhava na seção judaica, na qual investigava as possíveis "soluções para a questão judaica". Eichmann foi enviado para a Palestina a fim de discutir a viabilidade da imigração em grande escala para o Oriente Médio. As autoridades britânicas expulsaram-no de lá ao descobrirem o motivo de sua visita. Em março de 1938, Eichmann foi enviado novamente a Viena para promover a emigração judaica. Ele estabeleceu o chamado ***Zentralstelle für jüdische Auswanderung*** (Centro de Emigração Judaica). Foram abertos escritórios em Praga e Berlim. Em 1939, Eichmann regressou a Berlim, onde assumiu a direção da Seção IV B4, assuntos judaicos e evacuação, no Escritório Central de Segurança do Reich. Seria ele mesmo o organizador da Conferência de Wannsee, em janeiro de 1942, cujo ponto mais importante dos tratados foi a chamada "Solução Final" à questão judaica. Com o fim da guerra, Eichmann foi detido pelos norte-americanos e confinado a um campo de prisioneiros. Pouco depois, conseguiu escapar sem ser reconhecido. Com a ajuda dos serviços secretos do Vaticano, conseguiu fugir para a Argentina e viver lá durante dez anos com um nome falso.

Eitan deixou o relatório sobre a mesa. Ali estava exposta a vida do homem que levara ao extermínio milhões de judeus por toda a Europa. Sem dúvida que haveria de localizá-lo, e essa seria sua principal tarefa a partir daquele momento. O criminoso de guerra nazista chegara a Buenos Aires no final do verão de 1950. Seu documento de identidade fora expedido pela polícia argentina em 3 de agosto daquele ano. Eichmann levava uma vida simples, procurando não se socializar muito e desconfiando sempre de qualquer estrangeiro que entrasse em seu fechado círculo de amizades.[10]

Em 1952, muda-se para San Miguel de Tucumán e decide mudar também de profissão. Lá, aparece como cartógrafo. Essa mudança foi o que levantou as suspeitas da polícia argentina. Os serviços de inteligência locais descobriram que por trás da identidade de Ricardo Klement estava Adolf Eichmann. Apesar de o segredo ser conhecido por alguns poucos, decidiram colocar Eichmann sob contínua vigilância, o que complicaria as coisas para a equipe do Mossad e da Metsada.

O primeiro-ministro de Israel queria que o Mossad confirmasse em definitivo que Ricardo Klement e Adolf Eichmann eram a mesma pessoa. Para que David Ben-Gurion aprovasse e autorizasse o sequestro de Eichmann, Isser Harel devia dar plenas garantias de que aquele homem que vivia num bairro operário, nos subúrbios de Buenos Aires, era de fato o antigo *Obersturmbannführer* Adolf Eichmann. Ben-Gurion não aceitaria nenhuma dúvida a esse respeito.

Eitan ordenou a Malkin, então, que encontrasse Vera Eichmann. Segundo o relatório do doutor Fritz Bauer, após o fim da guerra, a esposa de Adolf Eichmann pedira uma certidão de óbito em nome do marido, que, segundo Vera, havia morrido em Praga durante um bombardeio. Vera Eichmann passou alguns anos em Viena, até um dia em que desapareceu sem deixar rastro. Voltou a aparecer na Argentina, instalada com os filhos no número 4.261 da rua Chacabuco, no bairro portenho de Olivos. Harel enviou para lá uma equipe de vigilância comandada pelo *katsa* Shalom Dani.[11]

O *katsa*, nome pelo qual são conhecidos os agentes de espionagem israelenses, era um especialista que trabalhara durante muitos anos em operações do Mossad na América Latina e, por isso, dominava o castelhano. Dani redigia, todos os dias, relatórios muito precisos destinados a Eitan e Malkin. Seu principal trabalho era investigar qualquer documento relacionado à família de Adolf Eichmann que se encontrasse nos arquivos argentinos. O *katsa* era um especialista nesse tipo de trabalho.

A equipe do Mossad na Argentina descobriu que Vera Eichmann tinha mudado seu nome para Verônica Liebl e que um passaporte argentino tinha sido emitido com esse nome. Dani encontrou também várias entradas e saídas da Áustria nos arquivos do Departamento de Imigração do país sul-americano, e, por fim, que a família, ela e seus filhos, havia se mudado para uma humilde casa formada por duas construções na rua Garibaldi.

Ben-Gurion dissera a Harel que, antes de dar sinal verde à operação, os colaboradores deviam reunir material fotográfico do alvo. Isser Harel, Rafi Eitan e Peter Malkin sabiam que seria muito difícil se aproximarem de Eichmann, e que seria ainda mais difícil fotografá-lo sem levantar suspeitas. Eitan disse a Shalom Dani para ordenar a seus *katsa* que, enquanto investigassem Vera Eichmann/Verônica Liebl, fotografassem todas as pessoas com as quais ela entrasse em contato.[12]

A equipe do Nokmin precisava com a máxima urgência provar a identidade de Adolf Eichmann. Se ele percebesse que estava sendo vigiado, talvez fugisse, escondendo-se em algum canto do mundo onde o longo braço de Israel, o Mossad, não pudesse chegar.

O relatório sobre a investigação de Ricardo Klement era absolutamente exaustivo, constando até o mais ínfimo detalhe. Chegaram a ponto de mostrar fotografias de Klement a vários israelenses que haviam visto Eichmann nos campos de concentração. Muitos deles, que asseguravam conhecê-lo bem, afirmaram, de modo categórico, que Ricardo Klement e Adolf Eichmann não eram a mesma pessoa.[13]

Os *katsa* de Dani também não estavam seguros de que aquele homem que trabalhava na fábrica da Mercedes-Benz, no distrito de Suárez, fosse o criminoso de guerra nazista que procuravam. Klement parecia muito mais velho que Eichmann. Mas a sorte estava prestes a mudar para o Mossad.

Um *katsa* que seguia Klement informou que o tinha visto parar numa floricultura para comprar um grande ramalhete de flores. A princípio, a informação, escrita numa folha de papel com a data de 21 de março encabeçando o relatório, não era mais que um simples e trivial detalhe dentro da busca, mas, para Shalom Dani, era muito mais que isso. O *katsa* decidiu estudar as datas importantes na vida dos Eichmann. Aquele simples detalhe marcaria toda a Operação Garibaldi e o destino de Klement/Eichmann, sem que ele sequer desconfiasse.

Em Buenos Aires, Nicolas e Dieter Eichmann preparavam-se para a celebração do vigésimo quinto aniversário de casamento dos pais, e este seria o erro que levaria o Mossad a confirmar que Klement e Eichmann eram a mesma pessoa.

Adolf e Vera Eichmann tinham se casado em 21 de março de 1935, mas, segundo os documentos, Vera Eichmann e Ricardo Klement, seu suposto segundo marido, haviam se casado em 11 de agosto de 1958. Assim sendo, por que os Klement celebrariam seu aniversário de casamento na mesma data que os Eichmann deveriam celebrar?

Para Shalom Dani, aquele homem era Adolf Eichmann; para Rafi Eitan e Peter Malkin, responsáveis pelo Nokmin do Mossad, a certeza de que aquele homem era Eichmann estava cada vez mais próxima; para Isser Harel, aquela explicação sobre datas não era suficiente; e David Ben-Gurion precisava de mais provas conclusivas.

A segunda pista importante para descobrir a identidade de Klement chegou ao Mossad por intermédio de Lothar Hermann, um alemão judeu que estivera enclausurado em Dachau, onde ficara cego, e que agora morava na Argentina. Por ironia do destino, a filha de Hermann havia estabelecido uma relação de amizade com um jovem de origem alemã chamado Nicolas Klement. Era, com certeza, o filho de Adolf Eichmann.

Ela comentou que, durante um encontro de amigos, Nicolas disse abertamente que Hitler devia ter acabado com todos os judeus, e que o pai dele tinha a mesma opinião. Lothar pediu à filha que lhe descrevesse o pai de Nicolas. Lothar Hermann afirmou ter certeza absoluta de que aquele homem era de fato Adolf Eichmann.[14]

A terceira pista veio da antiga amante alemã de Eichmann. Ela acompanhara o dirigente nazista até a Argentina depois de terminada a guerra; contudo, ao chegar à América do Sul, fora abandonada. Sem dinheiro, a mulher conseguiu emprego de garçonete no restaurante da fábrica da Mercedes-Benz na qual trabalhava Ricardo Klement. A mulher revelou o paradeiro de Eichmann a um judeu georgiano chamado Adolf Tauber, informante do Mossad.

Era claro que Klement/Eichmann se sentia seguro em seu refúgio argentino, escondido atrás da fachada construída à base de mentiras e documentos falsos. Shalom Dani saberia, anos mais tarde, que Eichmann havia sido convidado a ir embora do país pelas autoridades argentinas. O ex-dirigente nazista viajou para a Bolívia, onde adotou o nome de Rodolfo Spee. Obviamente, a hierarquia dos serviços de inteligência argentinos sabia, desde dezembro de 1959, que o Mossad vinha seguindo Klement por algum motivo. Para o governo argentino, a presença de Adolf Eichmann em seu país representava um problema.

Ante Pavelic, ditador croata pró-nazista e assessor de Juan Domingo Perón, ajudou Eichmann, entregando-lhe um passaporte e contatos para que se estabelecesse na Bolívia ou no Paraguai. Um memorando do serviço de espionagem argentino demonstra que eles haviam "detectado agentes israelenses muito ativos em território da República Argentina". Isser Harel soube, por intermédio do presidente Frondizi, que eles não interviriam no caso de se descobrir uma tentativa de sequestro de Eichmann por parte dos *kidon* do Nokmin.

Em finais de 1959, o comandante Jorge Messina, diretor-geral da Central de Inteligência argentina, recebeu um relatório que afirmava que Ricardo Klement fora visto com um antigo nazista de alto grau hierárquico nas vizinhanças de La Gallareta, na província de Santa Fé. A descrição feita pelos agentes demonstrava que o outro homem era Josef Mengele, o "Anjo da Morte" de Auschwitz.[15]

Com todas as provas na mão, e dado o sinal verde por David Ben-Gurion, Isser Harel decidiu que o melhor era supervisionar pessoalmente a operação no próprio terreno, junto a Peter Malkin e Rafi Eitan.

Quando a ordem de partida foi dada, Eitan e Malkin, os líderes da equipe de ação, começaram a fazer perguntas, como o que aconteceria se, uma vez com Eichmann em seu poder, fossem descobertos pela polícia argentina. "Decidi que estrangularia Eichmann com minhas próprias mãos. Se me prendessem, argumentaria perante os tribunais que se tratava do conceito de justiça bíblico do 'olho por olho'", afirmou Rafi Eitan.[16]

Para tirar Adolf Eichmann do país, seria usado um avião *Britannia* com os distintivos da El Al, que deveria levar Abba Eban, ministro das Relações Exteriores de Israel, em viagem oficial à Argentina para a celebração do centésimo quinquagésimo aniversário da Independência.[17] No compartimento de carga do avião, havia sido construída uma cela especial, onde o ex-dirigente nazista viajaria até Israel. A Metsada tinha a missão de levar Eichmann ao avião, o que era um outro problema a ser resolvido.

Em 1º de maio de 1960, os membros do Mossad que deveriam executar o plano voaram para Buenos Aires com Isser Harel, o *memuneh*. Uma vez na capital argentina, os *katsa* instalaram-se em sete apartamentos, um dos quais, a *Maoz* (ou "Fortaleza"), seria usado como centro de operações. Outro, o *Tira* (ou "Palácio"), serviria como prisão para Adolf Eichmann até que ele pudesse ser levado ao aeroporto a fim de embarcá-lo no avião da El Al que o levaria a Israel. Para esta última etapa, os membros do Nokmin haviam alugado doze veículos da mesma marca e cor. Estava tudo pronto para o sequestro.

Dois carros, cada um deles com quatro *katsa* do Mossad, participariam da ação. Os *kidon* do primeiro veículo vigiariam a esquina da rua Garibaldi para o caso de a polícia argentina aparecer. No segundo, viajariam um condutor, com Rafi Eitan a seu lado e Shalom Dani e Peter Malkin atrás. Eles executariam o sequestro. Apesar das ordens dadas por Isser Harel de abandonar tudo caso a polícia argentina chegasse, Dani, Malkin e Eitan tinham combinado, naquela mesma noite, antes de saírem do esconderijo, que, se algo desse errado, um deles devia acabar com a vida de Adolf Eichmann sem pensar duas vezes. Era um pacto de honra entre os *kidon* da Metsada.

A operação foi planejada para a tarde de 11 de maio. Uma hora antes do horário marcado para a ação, o primeiro carro de agentes do Mossad entrou na rua Garibaldi. Pouco depois, o segundo veículo pôs-se a uma distância prudente do primeiro, com perfeito campo de visão da entrada da casa de Eichmann.[18] Agora, restava esperar.

Não havia tensão no interior do segundo carro. Todos sabiam o que deviam fazer. Tinham ensaiado aquilo várias vezes durante as últimas duas semanas.

Por volta das 20 horas, Aarón, um dos *katsa* encarregados da vigilância, começou a ficar nervoso ao ver que Klement não aparecia como previsto. Eitan olhou para o relógio e disse a Malkin que se Klement não chegasse naquela noite, tentariam no dia seguinte, e assim por diante, até que conseguissem cumprir a missão.

Às 20h10, os faróis de um veículo foram avistados pelos *katsa* que estavam no carro à espera. Era um ônibus da linha 202, o que levava Eichmann todos os dias para a fábrica da Mercedes-Benz, onde trabalhava. O veículo parou e, ao abrirem as portas, pequenas luzes iluminaram o interior. Os agentes israelenses tentavam vislumbrar as pessoas que estavam de pé junto às portas para sair.

Desceu apenas um vulto do ônibus. Para Rafi Eitan, parecia a imagem de um "homem cansado". Para Peter Malkin, era um assassino, um criminoso de guerra, um genocida. Lembrava-se de sua irmã Frumma, de seus primos, dos familiares assassinados durante o Holocausto nazista, organizado por homens como o que aparecia diante dele agora, andando por uma escura rua de Buenos Aires.

A rua Garibaldi ficou vazia e silenciosa depois que o ônibus partiu. Malkin, Dani e Eitan já estavam fora do carro, acelerando os passos para se aproximar de Eichmann. Malkin repetia em silêncio: "Sair, safanão, para dentro. Sair, safanão, para dentro" – as mesmas palavras que havia repetido durante semanas nos ensaios do sequestro.

Enquanto os *kidon* se aproximavam da presa, ouviram o carro segui-los com uma das portas aberta. Nesse momento, Peter Malkin chamou sua atenção: "Um momento, senhor". Eichmann se voltou e cruzou seu olhar com o de Malkin, que já se inclinava sobre ele, com Dani e Eitan prontos para ajudar, caso fosse necessário. O homem tropeçou num dos cadarços do sapato e quase caiu, mas várias mãos o impediram de ir ao chão.

Malkin agarrou-o com tanta força pelo pescoço que quase lhe esmagou a carótida. "Se ele tivesse resistido, eu o teria matado nesse preciso momento", diria ele, já aposentado, 36 anos depois do sequestro, no Museu do Holocausto de Washington.

Shalom Dani já estava à espera de porta aberta, pela qual Malkin e Eitan quase fizeram Eichmann voar, atirando-o para dentro do carro. Malkin, com a mão enluvada, tapava a boca de Eichmann para que ele não gritasse. O veículo rodou pelas ruas sem asfalto, com Dani e Malkin segurando a presa de modo que não pudesse levantar a cabeça. O homem que na Segunda Guerra Mundial organizou o transporte de milhões de judeus para o extermínio nos campos de concentração estava agora metido num carro rumo a um apartamento de segurança máxima e nas mãos de uma unidade de operações especiais do Mossad.

Do assento dianteiro, Eitan podia ouvir a respiração entrecortada de Eichmann a poucos centímetros dele. Malkin começou a aliviar a pressão sobre sua garganta enquanto o ajudava a relaxar a mandíbula. Ninguém falou com ele. Ninguém se dirigiu a ele. De qualquer maneira, o sequestro de Eichmann deixaria sua família numa situação incômoda. Que denúncia fariam à polícia? O desaparecimento de um criminoso de guerra ou de um simples alemão? Essa ambiguidade dava aos *kidon* do Nokmin certa vantagem. Ainda assim, a operação tinha de ser executada de maneira rápida e eficaz. Adolf Eichmann podia ter aliados na Argentina.[19]

O silêncio foi quebrado quando Eichmann perguntou aos sequestradores o motivo daquele ultraje. Ninguém respondeu. Eitan e Malkin sabiam perfeitamente como proceder, algo que tinham repetido várias vezes.

Uma vez no *Tira*, Rafi Eitan obrigou Eichmann a se despir. De pé, apenas de roupa íntima, um dos *katsa* e o médico destinado a manter o criminoso de guerra saudável até ser transferido para Israel começaram a lhe tirar as medidas. Isser Harel queria ter certeza da identidade do homem que acabavam de sequestrar antes de comunicar o fato ao primeiro-ministro Ben-Gurion.

Com uma pasta aberta, o *kidon* começou a ler, enquanto o médico do Mossad auscultava Adolf Eichmann:

Uma cicatriz de três centímetros abaixo da sobrancelha esquerda.
Duas pontes de ouro na arcada superior.
Uma cicatriz de um centímetro à esquerda da décima costela.
Uma tatuagem abaixo da axila esquerda com seu grupo sanguíneo.
Altura: 1,73 centímetros.
Peso: 69,3 quilos (em 1934).
Cabelo: castanho-escuro.
Olhos: azuis-acinzentados.
Circunferência do crânio: 558,8 mm.
Número da SS: 45.326 e 63.752.
Número de afiliado do Partido Nazista: 889895.

O médico tirou também as medidas do joelho até o tornozelo, e do cotovelo ao pulso. Rafi Eitan queria estar totalmente certo antes de chamar Harel. Em seguida, Eichmann foi algemado à cama pelo tornozelo e mantido em isolamento completo durante dez horas. O silêncio foi quebrado de repente quando Eitan e Malkin entraram no apartamento e, depois de o acordarem bruscamente, perguntando qual era seu nome. Eichmann disse apenas: "Ricardo Klement". "Não, não! O seu nome alemão", gritava Eitan. Novamente, Eichmann pronunciou o nome que usara para fugir da Alemanha.

Rafi Eitan saiu do apartamento à espera de que Malkin o seguisse, porém, antes de fazê-lo, o *katsa* se voltou e tornou a perguntar: "Qual é o seu nome? Qual é o seu nome da SS?" Nesse momento, como que numa reação automática, o homem deitado na cama se pôs em posição de sentido e respondeu, clara e pausadamente: "Adolf Eichmann". Não lhe perguntaram mais nada.

Durante os sete dias seguintes, Eichmann e os *kidon* do Nokmin permaneceram isolados no apartamento. Ninguém falava com ele. O prisioneiro tomava banho, comia e ia ao banheiro em completo silêncio.

Para Rafi Eitan, manter silêncio era mais do que uma necessidade da operação. "Não queríamos mostrar a Eichmann que estávamos nervosos. Isso teria lhe dado esperança. A esperança é perigosa para um homem encurralado. Era preciso que ele se sentisse desprotegido, tal como se sentia a minha gente enviada por ele em trens para os campos de extermínio."[20] Contudo, Peter Malkin atuou de maneira diferente com Eichmann. Talvez o *katsa* procurasse respostas para muitas perguntas: Como? Por quê? Como uma pessoa é capaz de assassinar tantos seres humanos? As respostas só podiam ser dadas por aquele homem estendido em uma cama do outro lado da porta.

"Tratei-o como devia tratar. Na verdade, não sentia ódio por ele. Sentia apenas que tinha de cumprir meu trabalho até o fim", afirma Malkin em seu livro *Eichmann in My Hands*. O único objetivo dos membros do Mossad era levá-lo com vida a Jerusalém, de qualquer maneira.

Durante o cativeiro, só uma pessoa do Nokmin tinha autorização para falar com Adolf Eichmann, um interrogador especializado chamado Hans. Não obstante, Malkin não pôde resistir à tentação de dialogar com o criminoso nazista. Procurava de todos os modos possíveis descobrir o que se passava pela mente de um homem capaz de enviar milhões de pessoas à morte.

Certa manhã, quando o *katsa* abriu a porta para lhe servir o café da manhã, Eichmann quebrou o silêncio: "Você é o homem que me capturou?", perguntou. "Como sabe?", respondeu Malkin. "Nunca vou esquecer o que me disse: 'Um momento, senhor'. Lembro-me da sua voz", disse Eichmann a Malkin. Essa primeira troca de palavras abriu caminho para que Peter Malkin pudesse falar com Adolf Eichmann. Ali estavam, frente a frente, um agente do Mossad e um membro de alta patente da SS. Quem poderia imaginar?

A primeira coisa que o *kidon* Malkin fez foi lhe perguntar por seu filho. Eichmann, como que impulsionado por uma mola, deu um salto: "Vocês o mataram?" Malkin tranquilizou-o, respondendo que não tinham nada contra sua família e que o único objetivo deles era levá-lo, são e salvo, para Jerusalém.

A pergunta seguinte que Malkin fez a Eichmann foi: "Quero que me fale do seu filho, com quem o vi brincando e abraçando tantas vezes. Por que ele está vivo, enquanto o filho da minha irmã, que tinha os mesmos olhos azuis e cabelos loiros que ele, está morto?" Então o membro da SS se endireitou e respondeu com frieza: "Era um judeu, não era? Esse era o meu trabalho. O que eu poderia fazer? Eu era um soldado. Você também é um soldado. Veio me capturar. Está cumprindo uma ordem". Para Malkin, era impensável que o alemão comparasse as ordens que recebia de Ben-Gurion e Harel com as dadas por homens como Himmler e Heydrich.

"Não matei ninguém, só fui responsável pelo transporte de pessoas", disse Eichmann. "Mas para onde os levou? Aos campos de concentração, à morte. Havia mulheres, crianças, minha irmã, os filhos dela. Eles eram seus inimigos?", replicou o agente do Mossad. Adolf Eichmann não respondeu.[21]

Os membros do Nokmin que estiveram com Adolf Eichmann durante aqueles dias não se esqueceriam nunca como, apesar de saber que vivia suas últimas semanas, o rosto do prisioneiro ainda se iluminava quando ele se lembrava de Adolf Hitler.

> Para ele, Hitler era um deus. Disse-me que Hitler havia mudado a vida dos alemães, que lhes tinha devolvido a honra. Mas não gostava de Himmler nem de outros superiores hierárquicos. Contou que eles tinham escapado sem terminar seu trabalho. Pelo contrário, ele se vangloriava de ter ficado até o último momento da guerra. Para ele, sua tarefa era o mais importante. Contudo, assim como os outros, acabou fugindo, disfarçado de piloto.

Enquanto os *kidon* faziam planos para tirá-lo clandestinamente da Argentina, ocorreram algumas situações ridículas e até mesmo grotescas. Por exemplo, no comando do Mossad havia uma mulher chamada Rosa que, entre outras coisas, tinha como função cozinhar. Ela era muito religiosa e, por isso, toda a comida devia ser *kosher*. "Por que se preocupa com o fato de a comida ser *kosher*? Isto é para Eichmann, não para um rabino", diziam-lhe os agentes.

Outra situação caricata ocorreu em um dia em que Eichmann se recusou a ir ao banheiro, fazendo-o apenas quando Rafi Eitan lhe deu a ordem em tom militar. Então, em cada uma de suas flatulências, ele se desculpava, envergonhado. Nunca havia se desculpado por nada. Era alemão, muito eficiente, alguém do alto comando da SS. Jamais reconheceu sua culpa por nada. Nunca disse "lamento muito" ou se desculpou pelo que causou a milhões de seres humanos. Apenas pedia desculpas pelo que lhe acontecia no banheiro de um apartamento isolado de Buenos Aires.

Enfim, chegou o momento de tirá-lo da Argentina. Celebrava-se o centésimo quinquagésimo aniversário da Revolução de Maio, e delegações de todo o mundo foram convidadas para as celebrações, entre elas uma de Israel, liderada por Abba Eban, ministro das Relações Exteriores, que chegara à Argentina a bordo de um avião da El Al que pela primeira vez aterrissava em Ezeiza. O Mossad havia decidido levar Eichmann nesse voo. Malkin e Eitan disfarçaram o dirigente nazista com o uniforme de piloto da companhia aérea, o obrigaram a beber uma garrafa inteira de uísque e, por fim, injetaram-lhe um tranquilizante. Um falsificador do Mossad preparou um passaporte israelense para Adolf Eichmann. Os *kidon* do Nokmin vestiram-se com uniformes de tripulantes da El Al e, depois de se borrifarem com uísque, entraram no carro que os levaria ao aeroporto. À entrada da instalação, soldados argentinos pararam o veículo. Ao abrirem as janelas, saiu do carro um forte odor de álcool. Um oficial, que estava um pouco mais distante, aproximou-se para pedir identificações e documentos aos ocupantes. Nesse momento, Shalom Dani, que estava sentado ao lado do motorista, introduziu os dedos na garganta, provocando uma série de vômitos. Os soldados, ao verem aquilo, pensaram que o piloto da El Al não tolerava muito bem o álcool e os deixaram passar.

Envolto em eflúvios de uísque e vômito, o veículo se aproximou a toda a velocidade do avião *Britannia* com os distintivos da El Al pintados na cauda. A passos trôpegos, Eitan, Dani, Malkin e Eichmann subiram a bordo.

Logo em seguida, o antigo membro da SS foi algemado e colocado na cela construída exclusivamente para ele. A tensão se manteve entre os membros do Nokmin até passarem a ouvir o motor do *Britannia* aumentando as rotações para levantar voo até Israel. Era meia-noite do dia 21 de maio de 1960, exatamente dez dias após o sequestro na rua Garibaldi.

Adolf Eichmann não queria ir para Jerusalém. Perguntava aos *katsa* do Mossad por que não ir para Frankfurt, por que não ir para Munique. Talvez achasse que um tribunal da Alemanha Ocidental o condenaria à prisão perpétua, mas nunca à morte. Por fim, assinou uma declaração de que saía por livre e espontânea vontade da Argentina.

Quando Eichmann reapareceu, perante um tribunal de Israel dentro de uma grande caixa de vidro blindado, o ministro argentino dos Negócios Estrangeiros, Diógenes Taboada, exigiu publicamente ao embaixador de Israel na Argentina, Aryeh Levavi, que explicasse o que havia acontecido. A única resposta oficial dada ao governo de Buenos Aires chegou do próprio David Ben-Gurion: "Tomamos as medidas adequadas a um caso excepcional. Agora todos os inimigos de Israel, no passado, no presente e no futuro, ficarão sabendo que, se ameaçarem nossa segurança, o longo braço de Israel poderá alcançá-los onde quer que se escondam".[22] Talvez essas palavras tenham se convertido em premonição, visto que, depois do êxito dos *kidon* do Nokmin, ou "os Vingadores", no sequestro de Adolf Eichmann, o Mossad e seu novo diretor, Meir Amit, dariam sinal verde para a criação da temível unidade de operações especiais do Mossad, que se converteria no longo braço de Israel ao qual Ben-Gurion se referia.

No fim, Adolf Eichmann acabou pedindo a seu sequestrador, o *kidon* Peter Malkin, que fosse visitá-lo em sua cela quando estivesse preso em Jerusalém. O agente prometeu que assim o faria, e um dia apareceu na sala do tribunal durante o julgamento. Nessa ocasião, o *kidon* pôde ver sua presa dentro de uma caixa de vidro. Ambos se olharam à distância. Não havia nada a ser dito.

O *katsa* do Mossad deu meia-volta e se perdeu nos corredores entre a multidão que se apinhava para ver, como se se tratasse de um animal no jardim zoológico, um homem que havia levado para a morte milhões de pessoas sem o menor vestígio de arrependimento.

Em 12 de dezembro de 1961, o presidente do tribunal leu as acusações e a sentença. Adolf Eichmann foi considerado culpado de quinze acusações, entre elas de ser responsável pela deportação de meio milhão de poloneses e de 14 mil eslovenos para campos de concentração; de ser responsável direto pela morte de milhões de judeus e de dezenas de milhares de ciganos; e pela morte de 91 crianças de Lídice. Eichmann ouviu todas as acusações sem se alterar, assim como a sentença que o condenava a morrer enforcado num dia e lugar não divulgados.[23]

Depois de diversas apelações por parte dos advogados de Eichmann, Robert Servatius e Dieter Wechtenbruch, o Supremo Tribunal de Israel ratificou a sentença. Em uma manhã entre os dias 30 de maio e 1º de junho de 1962, Adolf Eichmann foi retirado de sua cela e, acompanhado pelo pastor protestante William Hull, levado até o patíbulo construído para a ocasião.

Nesse dia, estava presente Rafi Eitan, que dirigiu a equipe de Vingadores que o sequestrara pouco mais de dois anos antes. Eichmann o olhou com certo desprezo e lhe falou: "Chegará o dia em que você me seguirá, judeu". Eitan respondeu: "Mas esse dia não é hoje, Adolf, não é hoje".

Depois de breves palavras, o carrasco da prisão de Ramallah colocou a corda ao redor do pescoço do antigo membro da SS. Na sequência de uma indicação do diretor da prisão, acionou a alavanca, abrindo o alçapão sob os pés de Eichmann. O corpo se projetou para baixo, dando um pequeno solavanco. Eichmann morreu com o pescoço quebrado. O odor de fezes inundou toda a sala do patíbulo. Talvez Adolf Eichmann tenha experimentado a mesma sensação de medo antes da morte sentida por milhões de pessoas ao entrarem nas câmaras de gás.[24]

Havia sido construído um forno especial para cremar o cadáver de um dos principais responsáveis pela Solução Final à questão judaica. Dois soldados do exército israelense baixaram-no com a corda ainda presa ao pescoço, despiram--no e introduziram o corpo no forno, a milhares de graus de temperatura. Poucas horas depois, restava apenas um pouco de cinzas, que foram arremessadas ao mar, em uma zona ampla por ordem expressa de David Ben-Gurion. O primeiro--ministro não desejava que a morte ou o cadáver de Eichmann se convertessem num culto nazista. Em seguida, o forno foi desmantelado e destruído. Não restava mais nada de Adolf Eichmann na face da Terra.

O alvo seguinte da Metsada e de seus *kidon* seria outro nazista importante, Herbert Cukurs, que o Mossad apelidara de "Carrasco de Riga". Ao contrário de Eichmann, Cukurs assassinara pessoalmente quase 30 mil judeus, homens, mulheres e crianças, na capital da Letônia. Eichmann não passava de um "burocrata", um dos responsáveis pelo Holocausto. Cukurs, porém, era pura e simplesmente um assassino e um carniceiro.

A Operação Garibaldi gerou intenso debate na Argentina e um enérgico protesto do governo de Arturo Frondizi contra Israel. O governo de Buenos Aires chegou a pedir a devolução de Adolf Eichmann.

Adolf Eichmann foi julgado em Israel entre os dias 2 de abril e 14 de agosto de 1961. Condenado à morte, foi enforcado na prisão de Ramallah, entre 30 de maio e 1º de junho de 1962. Sua família, filhos e netos, ainda vivem na Argentina.

Isser Harel, o homem que tornou possível a primeira operação da unidade de operações especiais do Mossad, que pouco depois seria conhecida como Metsada, demitiu--se do cargo de *memuneh* no dia 1º de abril de 1963, após uma série de divergências com o primeiro-ministro David Ben-Gurion.

Peter Malkin faleceu no dia 1º de março de 2005. Até o momento de sua morte, morou com a filha e as netas em Washington D.C.. O último contato que tive com ele foi num domingo, 13 de outubro de 1996, durante uma celebração no Museu do Holocausto, na capital norte-americana.

Rafi Eitan teve em Israel uma longa carreira no Mossad, no qual assumiu o cargo de chefe de operações especiais da Metsada. Como militar, atingiu o posto de general e chefe do Estado-Maior. Como político, foi membro do Parlamento até sua morte, em 23 de novembro de 2004, aos 75 anos.

CAPÍTULO 2

OPERAÇÃO RIGA

ALVO: Herbert Cukurs

POSIÇÃO: Membro da SS na Letônia e responsável pelo assassinato de 30 mil judeus no gueto de Riga

DATA: 23 de fevereiro de 1965

O maior Holocausto da história aconteceu na Europa, durante a Segunda Guerra Mundial. Cerca de 6 milhões de judeus foram assassinados em consequência do regime de terror imposto por Adolf Hitler. Organizações como a SS ou a Gestapo foram a mão executora do assassinato em massa. Eram formadas por homens e mulheres que atuavam de modo mecânico, sem sentimentos nem remorsos. Depois da guerra, muitos deles conseguiram escapar para a América do Sul, mas Israel e o Mossad não estavam dispostos a esquecer.

O sequestro e a posterior remoção de Adolf Eichmann para Jerusalém, a fim de que fosse julgado e executado, apenas cinco anos antes, converteu os Nokmin ("Vingadores") do Mossad no longo braço de Israel. Em 1964, Meir Amit, o *memuneh* do Mossad, com autorização do primeiro-ministro Levi Eshkol, decidiu criar a seção mais secreta de todo o serviço de espionagem israelense, a unidade de operações especiais do Mossad, a Metsada.[25]

Seus membros, conhecidos como *kidon* ("Baioneta"), se tornariam assassinos, sequestradores ou carrascos, tudo em nome de Israel. Rafi Eitan seria o primeiro chefe da Metsada e afirmaria, durante uma reunião com Amit, que aquela unidade seria formada por "aqueles que nunca esquecem", e que este seria o lema da nova unidade.

O primeiro alvo da Metsada seria novamente um antigo nazista, conhecido no Mossad como "Carrasco de Riga". Seu nome era Herbert Cukurs.

As primeiras notícias sobre ele são de 1919, como simpatizante do regime bolchevique. Pouco depois, torna-se um famoso piloto. Entre 1924 e 1929, Cukurs projeta e constrói três aviões. Num deles, o C-3, realiza um voo saindo de Riga, a capital da Letônia, para a Gâmbia. Dois anos depois, outro voo, da capital letã com destino a Tóquio.

Quando o exército do Terceiro Reich invadiu os países bálticos, no final de 1941 – a famosa Operação Barba Ruiva (*Unternehmen Barbarossa*, em alemão) –, Herbert Cukurs uniu-se aos *Einsatzgruppen* da SS (forças-tarefa da SS), os esquadrões da morte incumbidos de exterminar todos os judeus da Europa. Para Amit, Adolf Eichmann era um burocrata dentro da maquinaria da morte imposta pelos nazistas na Europa, mas Herbert Cukurs era, pura e simplesmente, um carniceiro.[26]

Na cama de um pequeno e confortável hotel parisiense, Anton Kuenzle recordava como, exatamente há um quarto de século, haviam começado a soar os primeiros disparos da Segunda Guerra Mundial. Fazia vinte e cinco anos que as tropas alemãs haviam cruzado a fronteira com a Polônia. Ele aproximou-se da janela, de onde podia observar os telhados de Paris, e o telefone tocou. Do outro lado da linha, Yoav, um agente do Mossad que tinha sido designado como *kidon* da Metsada para essa operação, estabeleceu um ponto de encontro naquele 1º de setembro de 1964.

Kuenzle e Yoav caminharam discretamente pela calçada, às margens do Sena, até um pequeno café. Numa mesa isolada, encontrava-se um tal de Michael, amigo de Yoav. Este fez as apresentações.

Sobre a pequena mesa de mármore, Michael deslizou uma pasta, enquanto expressava sua emoção. "Devem ficar contentes com o que ofereço a vocês. Aqui estão todas as informações sobre um criminoso de guerra nazista, assim como seu paradeiro", disse. "Ele agora vive na América do Sul com a família e sob a proteção dos serviços de segurança do país".[27]

Dentro de alguns meses, mais precisamente no dia 8 de maio de 1965, se celebrariam os vinte anos da derrota da Alemanha na guerra, e algumas vozes, não na Alemanha, pediam o esquecimento dos horrores e a aplicação do Estatuto de Limitações aos Crimes de Guerra Nazistas aos antigos líderes do Terceiro Reich e a seus delitos.

"Você sabe, a Europa Ocidental está num processo de unificação e não quer perder de vista a Alemanha frente ao avanço da União Soviética", disse Michael. Ele talvez tivesse razão. Naquela ocasião, várias publicações perguntavam aos maiores líderes da Alemanha o que haviam feito entre 1933 e 1945. Em geral, as respostas eram "não me lembro", "lutamos contra os nazistas" ou "estivemos no exílio". Nenhum dos mais de duzentos inquiridos respondeu: "Defendemos a Alemanha nazista, Hitler e seu regime". Yoav ironizou: "Imagine alguém responder: 'Eu passei aqueles anos matando judeus ou ligando câmaras de gás em Dachau ou Auschwitz'". Desde o fim da guerra, 61 mil criminosos de guerra nazistas haviam sido levados a julgamento na Alemanha. Apenas 6.100 foram condenados,[28] e Anton sabia que essa situação não mudaria. A Metsada daria sua colaboração à justiça internacional ou, pelo menos, tentaria fazê-lo.

"Nosso amigo Dova'le foi à América do Sul para verificar uma informação que tínhamos recebido", disse Yoav. "Segundo ela, um criminoso nazista que executara e torturara mulheres judias com as próprias mãos, e que disparara na nuca de crianças com idades entre 4 e 9 anos, tinha conseguido fugir com milhares de nazistas para um país sul-americano qualquer. O nome do nazista em questão seria Herbert Cukurs."

"Já ouvi esse nome antes", disse Kuenzle, enquanto pegava a pasta que estava à sua frente. Ao abri-la, a primeira imagem que aparecia era a fotografia um tanto manchada de um homem vestido com um uniforme da SS, o braço direito estendido e a mão empunhando uma pistola. Ao fundo viam-se mulheres nuas e fossas escavadas diante delas. O *kidon* continuou a ler o relatório: "Herbert Cukurs era um nazista letão que ganhou o respeito dos superiores por sua crueldade. Participou pessoalmente da execução de várias dezenas de crianças judias no bosque de Rumbula, dançando sobre as sepulturas delas, e do extermínio de 30 mil judeus de Riga, ganhando com isso os apelidos de 'Carniceiro de Riga' e 'Carrasco de Riga', segundo algumas versões". Para o *kidon* da Metsada, o mais incrível não era que tivesse matado tanta gente com as próprias mãos, mas que se dedicasse em seu refúgio sul-americano a dar entrevistas aos jornais brasileiros. Este seria seu maior erro.

Yoav aproximou-se de Anton Kuenzle e, quase sussurrando, disse: "Proponho que você, eu, Michael e Dova'le viajemos para o Brasil, o localizemos e o executemos, como ele fez com nossos compatriotas em Riga". Com a fotografia em preto e branco ainda na mão, Anton pediu vários dias para pensar no assunto. Era evidente que semelhante missão deveria ser discutida com Tel Aviv e o *memuneh*, o general Meir Amit, e com Rafi Eitan, chefe de operações especiais do Mossad.

A centenas de quilômetros de onde estavam, Meir Amit e Rafi Eitan combinaram um encontro para analisar os prós e contras de uma operação que implicaria a ativação de vários *kidon* da Metsada e o envio deles a um país sul-americano para tratar de um alvo protegido pelas autoridades. Tinham de ter tudo muito bem planejado antes de pedir a participação da Metsada ao primeiro-ministro Levi Eshkol.

Amit falou com Yoav e Anton e lhes pediu um último relatório sobre como conseguiriam ultrapassar o círculo de segurança de Cukurs. Esse era o principal problema. Dova'le afirmou a Yoav que seria melhor fazer com que o próprio Herbert Cukurs viajasse para um país menos rígido quanto às medidas de segurança, como, por exemplo, o Uruguai, para então executar o plano.[29]

O segundo problema era como levá-lo do Brasil para o Uruguai. Yoav propôs uma operação parecida com a de Eichmann, mas para Anton aquele alvo não valia a pena: "Sai mais barato executá-lo no Brasil, e ainda é preciso localizá-lo", disse.[30] Mas ele não sabia que um *katsa* do Mossad já o tinha identificado. "O que acharia se eu lhe dissesse que sei onde vive o Carrasco de Riga?", comentou Yoav. Anton Kuenzle olhou-o surpreso e, em um salto, exclamou: "Vamos atrás dele!". Em Tel Aviv, Eshkol não tinha dado autorização para executá-lo. Amit e Eitan comunicaram-lhe que Cukurs era nada menos que um carniceiro que matara com as próprias mãos mais de 30 mil judeus na Letônia ocupada pelas tropas nazistas. "Se sabemos onde ele está e o deixamos viver, significa que estamos esquecendo os judeus que morreram nas mãos de Herbert Cukurs e de outros carrascos como ele", disse Eitan.[31] Depois de uma breve pausa, o primeiro-ministro Eshkol disse: "Vão em frente". Esse era o sinal verde tão esperado pela Operação Riga. Foi Rafi Eitan quem ordenou a Yoav e Kuenzle que se encarregassem da execução do Carrasco de Riga. "Não vamos trazê-lo a Israel para ser julgado. As provas que temos contra ele são suficientes para executá-lo", afirmou Eitan.

As melhores pistas sobre Cukurs vieram de seu ex-sócio nas tarefas de executar judeus em Riga, o também letão Viktors Arajs. Viktors tinha sido elevado à posição de *SS- Sturmbannführer* (major) da Seção de Segurança Letã e promovido pela SS, em razão de seu fanatismo e antissemitismo. Seu gosto por ocupar-se pessoalmente da execução de prisioneiros do exército soviético e judeus valeu-lhe a Cruz de Ferro com espadas. Nos primeiros dias de julho de 1941, ao lado de Herbert Cukurs, formou um grupo conhecido como Bando Arajs, que ganhou fama em Riga por conta da brutalidade contra os membros da comunidade judaica.

Um de seus divertimentos favoritos era deter mulheres jovens, obrigando-as a se despirem no meio da rua e a saírem correndo, enquanto eram perseguidas por disparos próximos aos pés. Várias das vítimas sofreram a amputação de um pé à altura do calcanhar, em consequência de um tiro mal calculado. Também eram comuns as incursões nos bairros judaicos, durante as quais os membros do Bando Arajs se dedicavam a roubar joias e objetos de valor das famílias mais abastadas.[32]

Quando a administração alemã determinou a deportação e execução de judeus, Arajs e Cukurs, desejosos de ganhar pontos junto às autoridades de ocupação da Gestapo e da SS, organizaram a matança dos judeus no gueto de Riga e realizaram as execuções no bosque de Rumbula. Existem fotografias de várias mulheres nuas correndo em fila, tapando os seios a caminho de uma vala comum. Algumas delas levavam nos braços recém-nascidos.

Depois da guerra, Viktors Arajs escondeu-se numa zona rural da Alemanha com nome e identidade novos. Pouco depois, foi detido pelas autoridades aliadas e levado a julgamento, tendo sido condenado à prisão perpétua em Hamburgo. Seu sócio, Herbert Cukurs, simplesmente desapareceu.

Um *katsa* do Mossad, se passando por jornalista austríaco, conseguiu entrevistá-lo na prisão. Arajs disse que sabia que Cukurs estava em algum lugar no Brasil, protegido pela organização Odessa, que tinha dado a ele um novo nome e uma nova identidade. O criminoso de guerra letão chegou mesmo a assegurar que Cukurs chegara ao Brasil graças à intermediação do doutor Josef Mengele, o "Anjo da Morte" de Auschwitz. Este último dado nunca foi comprovado, mas serviu de incentivo a Meir Amit e Rafi Eitan. Se porventura conseguissem estabelecer contato com Cukurs, poderiam localizar o esconderijo de Mengele, e este, para o Mossad, era uma presa ainda mais importante.[33]

Antes de deixar a sala, o criminoso de guerra Arajs relatou ao suposto jornalista que Cukurs fora o responsável pelo incêndio da Grande Sinagoga de Riga, na rua Gogol. "Eram 2 de julho de 1941 quando Cukurs e mais algumas pessoas chegaram à sinagoga. Depois de queimar os pergaminhos sagrados, eles prenderam no primeiro andar do edifício quase trezentos judeus que tinham ido até lá à procura de refúgio. Cukurs ordenou que trancassem as portas da sinagoga com todos dentro e que atirassem granadas pelas janelas. Ele pessoalmente salpicou gasolina em todo o edifício com os judeus lá dentro e ateou fogo. Ali morreram muitas crianças",[34] relatou Arajs ao *katsa* do Mossad.

Na verdade, Herbert Cukurs nem sequer se dera ao trabalho de mudar de nome. Residia com a família num bairro de São Paulo chamado Interlagos e tinha vários negócios, entre os quais uma agência de aluguel de barcos e hidroaviões na praia e plantações de banana no interior do Estado. O problema continuava a ser o mesmo. Como ultrapassar o círculo de segurança ao redor de Cukurs para que os *kidon* da Metsada pudessem executá-lo?

Por fim, decidiu-se que seria o *kidon* Anton Kuenzle, que dominava o alemão, quem se encarregaria de ganhar a confiança do criminoso de guerra. Para isso, o Mossad providenciou ao *kidon* um passaporte austríaco e um perfeito perfil financeiro, apoiado por relatórios bancários de importantes entidades europeias, como o Amro Bank e o Credit Suisse. Tudo falso. Também foram produzidos cartões comerciais com o endereço de um correio na cidade holandesa de Roterdã. Era o momento de tentar levar a cabo a primeira aproximação ao alvo.

Herbert Cukurs chegara ao Brasil no dia 4 de março de 1946 e declarara às autoridades de imigração ser um refugiado letão, agricultor de profissão e vítima de comunistas, que arriscara a vida tentando salvar mulheres judias das perseguições nazistas. A única informação verdadeira era a nacionalidade letã.

A Metsada sabia que Cukurs se instalara no Rio de Janeiro, no famoso bairro de Copacabana, no número 645 da rua Barata Ribeiro, e que era portador de uma cédula de identidade brasileira com o número 217.180. Cukurs acreditava estar a salvo do longo braço da justiça. Anton Kuenzle sabia que ele estava de fato à salvo da justiça alemã, mas não da justiça israelense. Contudo, um problema burocrático atrasaria a Operação Riga.

A essa altura, Cukurs tentava conseguir a nacionalidade brasileira, mas, quando estava a ponto de consegui-la, organizações de judeus brasileiros tentaram paralisar o processo. Isso colocou Herbert Cukurs na primeira página de todos os jornais do país, sendo, portanto, pouco recomendável executá-lo naquele momento.

Kuenzle consultou Tel Aviv. Tanto Amit como Eitan ordenaram ao *kidon* que esperasse no Brasil por uma nova oportunidade. O desejo de capturar Josef Mengele era ainda maior que o de executar um simples criminoso de guerra letão.[35]

Em razão da pressão da imprensa, Cukurs e a família decidiram se mudar para São Paulo, sob a proteção do serviço secreto brasileiro, o DOPS (Departamento de Ordem Política e Social), que concedeu a Herbert Cukurs uma licença para portar armas para defesa pessoal. Um leitor judeu, Moshe Beilison, escreveu em iídiche no jornal nova-iorquino *Der Tog Morgen*: "O sangue dos inocentes judeus de Riga pede justiça e demanda a colocação perante o tribunal da SS Hauptmann Herbert Cukurs, o Eichmann de Riga. Devemos detê-lo antes que desapareça".

Naquela manhã, Anton Kuenzle almoçava tranquilamente um prato de ostras frescas e lagosta, especialidade da casa. O *kidon* olhou para o gramado bem cuidado que rodeava o restaurante e acabava num enorme lago artificial. Era o local preferido no fim de semana pelos moradores de São Paulo. Vários jovens nadavam e remavam em barcos de cores diferentes, e outras embarcações permaneciam amarradas a um cais de madeira.

Depois do almoço, o agente do Mossad aproximou-se do cais, onde estava uma linda jovem de cerca de 20 anos de idade com um maço de dinheiro na mão. Com um forte sotaque alemão, o *kidon* dirigiu-se a ela perguntando-lhe se falava francês ou inglês. A jovem respondeu que falava alemão. Anton Kuenzle apresentou se como um homem de negócios à procura de novas oportunidades de investimento no setor turístico da região. A jovem respondeu às perguntas do austríaco. Pouco depois, o agente do Mossad descobriria que a jovem era esposa de um dos filhos de Cukurs.[36] Ela explicou-lhe que falava alemão porque nascera na pequena cidade de Dresden, completamente destruída após o bombardeio aliado em fevereiro de 1945, e que, desde 1964, fazia parte da República Democrática Alemã. Depois de várias perguntas, a jovem começou a se cansar de responder, dirigindo-se então a Kuenzle e lhe dizendo, enquanto apontava um homem vestido de maneira informal e com chapéu: "Está vendo aquele homem de cabelos brancos? Ele é quem conhece melhor o setor turístico dessa região. Fale com ele; com certeza ele o ajudará. Ele fala alemão, assim como o senhor". O tal homem era Herbert Cukurs, o Carrasco de Riga.

Depois de um breve cumprimento com forte sotaque alemão, o homem tirou os óculos e observou o recém-chegado. "Aquela bela e amável jovem disse-me que falasse com o senhor. Sou Anton Kuenzle, um homem de negócios, e estou interessado em investir no setor turístico. Ela me disse que o senhor é um especialista", falou o *kidon* da Metsada. Cukurs levantou-se e, dirigindo-se ao recém-chegado, perguntou: "Gostaria de sobrevoar São Paulo num hidroavião?" O agente respondeu afirmativamente e, quando estava prestes a se levantar da cadeira, o homem estendeu-lhe a mão e lhe disse: "Sou Herbert Cukurs". Quando o avião começou a se mover, o *kidon* teve certeza de que estabelecera contato com o alvo e, portanto, informou Tel Aviv naquela mesma noite.

Na sequência de um voo de vinte minutos sobre as áreas industriais da cidade brasileira, o hidroavião voltou a pousar na água. Durante o voo, em razão do ruído do motor, foi impossível estabelecer um diálogo.

Já em terra, quando o agente do Mossad pensava ter perdido a oportunidade, Cukurs dirigiu-se a ele e perguntou: "Gostaria de beber uma cerveja comigo no meu barco? Assim poderei responder às suas perguntas".

Depois de várias cervejas e de falar sobre temas mais corriqueiros, Cukurs aproximou-se mais do interlocutor e lhe disse: "Estou sendo acusado de ser um criminoso de guerra. Eu! Depois de ter salvado uma moça judia e de tê-la protegido durante toda essa merda de guerra", disse Cukurs.

O objetivo de Herbert Cukurs ao dar essa informação era conhecer as ideias políticas do interlocutor. O *kidon* não esboçou uma reação, e Cukurs perguntou: "Você serviu na guerra?" "Sim", respondeu Kuenzle, "na Frente Russa, até que uma bala bolchevique me atingiu numa batalha, na frente oriental. Eu lutava para deter o avanço dos comunistas rumo à minha pátria". "Chegou a que patente?", perguntou Cukurs. "Cheguei a tenente", respondeu o *kidon* da Metsada. Cukurs achava que Kuenzle servira com patente mais alta na *Wehrmacht*, mas que preferia ocultar o fato.

De imediato, Cukurs levantou-se e disse ao novo amigo: "Bem, *herr* Kuenzle, espero que voltemos a nos ver num jantar em minha casa. Moro no bairro da Riviera, não muito longe daqui. Venha um dia da semana, e lhe apresentarei à minha família".

Alguns dias depois, Anton Kuenzle recebeu uma ligação de Cukurs, convidando-o para jantar em sua casa. O *kidon* repetia várias vezes para si próprio: "Calma, calma". "Preciso ir a Brasília e à Bahia a negócios", respondeu a Cukurs.

No quartel-general do Mossad, Meir Amit leu a seguinte mensagem: "Fiz contato com o Defunto".* Espero um novo contato de forma casual. Assinado: Anton".

A identidade do chefe de equipe do Mossad esteve perto de ser descoberta na recepção do hotel Nacional, em Brasília, quando um dia, enquanto recolhia suas mensagens, Anton Kuenzle ouviu alguém dizer em voz alta: "Ei! Isaac!" Num primeiro momento, o *kidon* tentou passar despercebido, dirigindo-se à área de cabines telefônicas. O homem o seguia e continuava a chamá-lo: "Isaac, Isaac, sou o Josef ". Ao virar-se, em posição defensiva, viu Joseph Nachmias, o embaixador de Israel no Brasil, abrindo os braços para cumprimentá-lo. Nachmias tinha conhecido o *kidon* da Metsada quando este era comissário-chefe da Polícia de Israel. O diplomata pôs-se a perguntar em hebraico ao agente do Mossad por sua esposa, enquanto este tentava desconversar.

A certa altura, o *kidon* agarrou fortemente o braço do embaixador e afirmou: "Sinto muito, mas está equivocado. Sou Anton Kuenzle, um homem de negócios austríaco", desaparecendo em seguida pela porta lateral do hotel.[37] Nessa mesma época, o *kidon* se encontrou com outros dois grandes amigos, Efrayim Ben-Artzi, diretor-geral da El Al, e Shlomo Lahat, um dos diretores da mesma companhia. Ambos conheciam Anton Kuenzle, mas, ao cruzarem com ele, nem sequer o cumprimentaram. Anos depois, ele soube que o embaixador Nachmias advertira-os para fingirem não conhecer o agente do Mossad caso o encontrassem. Os três homens entenderam que o *kidon* Anton Kuenzle estava no Brasil em missão para o Mossad.

Ao voltar para São Paulo, Anton tinha recebido ordens de Tel Aviv para tentar apertar um pouco mais o cerco sobre o Defunto. O encontro seguinte com Herbert Cukurs aconteceria numa sexta-feira, 25 de setembro de 1964. Já havia se passado uma semana desde o primeiro convite para jantar.

---

* Mais à frente, o autor explicará que "Defunto" foi a alcunha escolhida para nomear o criminoso nazista em questão. (N. do E.)

O agente israelense conduziu seu Volkswagen laranja pela estreita estrada que levava à Riviera. Ao chegar a uma enorme porta de ferro, cercada por vários pastores-alemães com uma atitude pouco amigável, tocou a campainha. Um homem armado com uma pequena pistola Beretta foi ao seu encontro. Sem se alterar, o *kidon* da Metsada disse-lhe: "Estou à procura de *herr* Cukurs". "Sim, procura o meu pai", disse o jovem armado.

Um caminho limpo rodeado por um jardim com grama bem aparada e flores levava a uma grande casa. O Mossad sabia que, entre 1941 e 1944, Herbert Cukurs tinha juntado uma grande fortuna roubando suas vítimas judias. O criminoso de guerra letão gastara parte de sua fortuna tentando escapar do avanço do Exército Vermelho para o Ocidente. A rota de fuga de Riga até São Paulo era dispendiosa para um assassino nazista.

O interior da casa era simples. Móveis baratos misturavam-se com tapetes coloridos tecidos à mão por alguma tribo indígena do Brasil. A família Cukurs vivia com modéstia, embora em nível superior à de Adolf Eichmann.

Uma mulher pequena saiu da cozinha e se dirigiu ao *katsa* com a mão estendida. "*Guten Tag*", disse Milda Cukurs.

Herbert Cukurs e Anton Kuenzle detiveram-se diante de uma grande parede repleta de condecorações. A Ordem de Santos Dumont, concedida por seu voo à Gâmbia, era a que lhe dava maior orgulho. Num dos cantos do escritório, o letão exibia uma vitrine na qual expunha uma grande quantidade de armas. Uma Beretta 6,35 mm, uma Mauser 7,63 semiautomática e uma carabina 5,56 mm, entre outras. Era evidente que Cukurs tentava impressionar um alto e heroico oficial da *Wehrmacht* ferido em combate na Frente Russa. "Não vai ser fácil executar Cukurs", pensou o *kidon* da Metsada.

Depois de um almoço frugal, Herbert Cukurs propôs ao convidado visitar seus negócios na cidade. Na oficina de conserto de barcos, disse a Kuenzle que também era proprietário de duas plantações no interior. "Duas plantações?", perguntou o *katsa* do Mossad. "Quer visitá-las?", propôs o criminoso de guerra.

Nessa mesma tarde, Anton Kuenzle comunicou a notícia a seus superiores em Tel Aviv e a outros *kidon* da Metsada que esperavam em Paris. Talvez o plano pudesse ser executado durante a visita à plantação. Por isso, decidiu informar o fato à Apam (*Avtahat Paylut Modienit*), unidade encarregada da segurança das operações do Mossad. Antes de lhe dar autorização, os *katsa* da Apam prepararam a operação para que a Metsada executasse Herbert Cukurs, o Carrasco de Riga.

Terça-feira, 29 de setembro de 1964, foi o dia escolhido para visitar as plantações. O caminho, partindo de São Paulo para as plantações de Cukurs, foi bastante monótono. Uma grande extensão de palmeiras alinhava-se em ambos os lados da estrada. Fizeram apenas uma parada numa loja que vendia material esportivo. Cukurs comprou ali uma navalha de lâmina pequena. Nada parecido com uma arma de combate, pensou o *kidon*. No porta-malas do carro, o criminoso de guerra transportava um fuzil semiautomático. No caminho para Piedade, a cidade mais próxima das plantações, Herbert Cukurs disse a Kuenzle que o capataz era um antigo assassino profissional e guarda-costas do presidente Kubitschek. Por volta do meio-dia, o veículo chegou a uma área cercada, com uma grande placa onde estava escrito *Rancho Corujas,* o nome do sítio de Cukurs. O letão reparou que não conseguira impressionar seu convidado.

"Depois iremos ao *Rancho Esclavados,* que também é meu, e é muito maior", disse Cukurs. "Lá, tenho cerca de 120 mil pés de banana." Ao chegar à casa do sítio, um homem alto e forte veio ao encontro do veículo. O agente do Mossad pôde ver como lhe sobressaía a empunhadura de uma pistola do coldre que levava pendurado no ombro. Era evidente que aquele era o pistoleiro de que Herbert Cukurs havia falado.

Em seguida a um curto passeio pela mata que rodeava a plantação, o Carrasco de Riga tirou do estojo a semiautomática e perguntou ao *kidon* se ele queria treinar sua pontaria. O agente do Mossad sabia que ele queria testá-lo. "É pra já", respondeu. Cukurs, o criminoso de guerra, fez dez disparos seguidos, todos eles agrupados num raio de cinco centímetros. "Sua vez", disse-lhe Cukurs, enquanto lhe passava a pistola sem recarregá-la. O ex-nazista estava convencido de que o convidado servira como oficial de alto grau da *Wehrmacht* na Frente Russa, quando, na realidade, Anton Kuenzle, *katsa* do Mossad e agora destacado como *kidon* na Metsada, servira durante seis anos no Sexto Regimento Rei Jorge e outros tantos nas Forças de Defesa de Israel, as FDI. O agente do Mossad pegou a arma, recarregou-a, apontou e disparou dez tiros. Todos os impactos ficaram dentro de um raio de três centímetros.

O eco dos disparos foi quebrado apenas pelos aplausos de Cukurs e do pistoleiro que estava a seu lado. "Vamos beber, amigo Anton", disse Cukurs. Era a primeira vez que chamava o *kidon* pelo nome, e não pelo sobrenome. Aquele era outro sinal de que o Carrasco de Riga estava cada vez mais próximo de sua execução.[38]

O ex-nazista apoiou o braço no ombro do agente do Mossad para reafirmar os laços de amizade surgidos entre dois velhos camaradas a serviço do *Führer*, Adolf Hitler. A certa altura do caminho de volta, o agente do Mossad disse que precisava parar porque algo havia entrado em sua bota. Por uma fração de segundo, passou-lhe pela cabeça pegar a pequena pistola que havia escondido na bota direita, destravá-la e disparar na nuca de Cukurs e do pistoleiro. Depois os enterraria num lugar seguro da plantação, e os corpos desapareceriam da face da Terra, adubando uma plantação de banana. Seus pensamentos foram interrompidos quando o antigo guarda-costas presidencial aproximou-se do *kidon* e lhe perguntou se precisava de ajuda para andar. Anton Kuenzle deu-se conta de que aquele não era o momento. Teria de esperar um cenário mais oportuno. Estava longe demais da cidade e precisava de uma rota de fuga rápida depois de executar o plano.

O relatório que Meir Amit e Rafi Eitan puderam ler em Tel Aviv sobre o desenrolar da Operação Riga refletia minuto a minuto o que acontecera desde que o *kidon* Kuenzle chegara ao Brasil, vindo de Paris, há exatamente dezessete dias. Para o agente e seus companheiros da Metsada, aquilo era uma eternidade.

Durante a viagem de volta, Cukurs comentou com Kuenzle que este devia conhecer Porto Alegre, um lugar ideal para investir dinheiro, não muito longe de São Paulo e bastante próximo à fronteira com o Uruguai.

O *kidon* lhe propôs uma visita a Porto Alegre com todas as despesas pagas. "Preciso que venha comigo, pois conhece a área e tenho muito dinheiro para investir. Talvez pudéssemos fazer negócios juntos", Kuenzle sugeriu a Cukurs. O Carrasco de Riga expressou sua alegria diante de tal hipótese.

As conversas entre os dois homens jamais versavam sobre política ou guerra, tampouco sobre o nazismo ou a figura de Adolf Hitler. Apenas em duas ocasiões o ex-nazista falou do passado. Na primeira, Herbert Cukurs mencionou o *Oberstrumbannführer* Josef Kramer,[39] comandante do campo de concentração de Auschwitz, e, mais tarde, Bergen-Belsen, que disse ter conhecido durante uma visita a Berlim. Kuenzle tinha certeza de que também desta vez era testado, para que Cukurs observasse sua reação. O *kidon* da Metsada apenas permaneceu calado. Na segunda ocasião, Herbert Cukurs, com a ajuda das duas garrafas de vinho que ingerira durante o jantar, começou a recordar os anos de glória em Riga, quando da ocupação alemã da Letônia.

Dias depois, Anton Kuenzle convidou Herbert Cukurs para jantar no elegante restaurante suíço do hotel onde estava hospedado, a fim de acertarem os detalhes da viagem a Porto Alegre. Coisas assim impressionavam Cukurs. Durante o jantar, o *kidon* da Metsada disse ao convidado que talvez precisasse de um passaporte com visto para o Uruguai. "Já que estaremos tão próximos, talvez devêssemos ir a Montevidéu para ver como estão os investimentos turísticos naquela área", disse Kuenzle. A Metsada já começava a preparar o golpe fatal.

Antes de voltar para o hotel, o agente israelense disse a Cukurs: "Devo fazer outra viagem ao Uruguai antes de voltar para a Europa. Ficarei hospedado no hotel Victoria Plaza. Tenho pensado em investir muito dinheiro lá e torná-lo sócio para que cuide dos meus negócios no Uruguai". "Quando chegar a Montevidéu, envie-me um telegrama, e eu o encontrarei lá", respondeu Cukurs.

Na mesma noite, Anton Kuenzle comunicou à equipe da Metsada que o golpe seria dado em Montevidéu e que todos deveriam reunir-se lá para planejá-lo. Nessa ocasião, o *kidon* recebeu um telegrama: "*Herr* Kuenzle, fiz tudo o que me pediu. Tenho o passaporte, inclusive com vistos para o Uruguai e para o Chile. Aguardo seu regresso e novas instruções para nossa viagem de negócios. Com amizade, Herbert Cukurs".[40] "Ok. Tudo preparado para o golpe final", disse Yoav. "Agora é esperar que tudo dê certo."

O encontro seguinte entre Cukurs e Kuenzle aconteceu no aeroporto de São Paulo. Ao desembarcar do avião, o agente do Mossad viu Cukurs pegar uma câmera, apontá-la para ele e clicar. Aquilo criava um problema, pois, se descobrissem a foto do *kidon* após o golpe, seu rosto se tornaria um dos mais procurados pela Interpol; se pedisse para Cukurs a câmera, ele suspeitaria. Por isso, Kuenzle comunicou à Apam o contratempo.

Certa noite, enquanto jantavam, alguém entrou na casa de Cukurs e, depois de retirar o filme da máquina fotográfica, substituiu-o por outro que já havia sido inutilizado pela ação da luz. Quando o ex-nazista fosse revelar as fotos no laboratório, perceberia que todo o negativo estava queimado.

"Meus sócios da Europa e eu desejamos nos concentrar em dois países nesta viagem: Uruguai e Chile. Trouxe bastante dinheiro para preparar tudo e comprar as passagens de avião para Santiago e Montevidéu", falou Kuenzle. "Você deverá ter tudo preparado para quando eu regressar de uma curta viagem que tenho de fazer a Buenos Aires", continuou a informar o agente israelense, sem levantar suspeitas.

Os alto-falantes do aeroporto já anunciavam a saída do voo da Air France com destino à capital argentina. "Tenho de ir, Herbert", disse Kuenzle. "Quando tiver tudo pronto, me informe." Apertou a mão de Cukurs e desapareceu por uma porta. Faltava pouco tempo. A contagem regressiva havia começado.

O primeiro *kidon* a chegar a Buenos Aires foi Oswald Taussing, agente do Mossad com quarenta e poucos anos que apresentara o passaporte austríaco para passar pelo controle do aeroporto. Pouco depois, chegaram à capital argentina, em voos diferentes, Yoav, Arieh e Dova'le, os outros três membros que formariam a equipe de execução da Metsada.

Na primeira reunião dos cinco *kidon*, Anton Kuenzle informou em hebraico a seus companheiros que não deviam se deixar enganar por Cukurs, apesar de seus 65 anos. "Ele é capaz de se comportar como um animal selvagem caso se veja encurralado. Não se pode dar a ele a mínima chance", afirmou Kuenzle aos companheiros. Oswald era um especialista em estrangulamento. Sua especialidade era agarrar as vítimas com um fio de aço e mantê-las vivas durante algum tempo, sustentadas apenas por um fio de vida. Anton queria que Oswald mantivesse Cukurs vivo durante esse breve período, para ter tempo de lhe explicar por que razão iria morrer. "Quero ver a cara dele antes de morrer", disse.

Em 10 de fevereiro de 1965, parte da equipe da Metsada chegou a Montevidéu, instalando-se no elegante hotel Nogaro. Nos dias subsequentes, seguiram-no Yoav e Arieh, um especialista em caratê capaz de quebrar o pescoço de qualquer pessoa na rua sem que a multidão ao redor se desse conta. Uma de suas especialidades era agarrar a vítima pelas costas, rodear-lhe o pescoço com o braço e, apenas com a pressão dos dedos, quebrá-lo.

Yoav, por outro lado, era um exímio atirador cujo pulso jamais tremia quando disparava contra sua vítima. Sua marca era o disparo no olho, muito mais eficaz do que na nuca, segundo ele.

Durante dias, os cinco *kidon* se dedicaram a compor mapas em que até mesmo semáforos eram marcados, assim como o tempo que demoravam para passar do vermelho ao verde, no caso de ser necessário procurar uma rota de fuga depois do golpe, ou se fossem perseguidos por uma patrulha da polícia. Também procuraram rotas de fuga a pé, concentrando-se em locais com grandes armazéns cujos edifícios tivessem várias portas de acesso, ou em ruas em hora de grande movimentação de pedestres. Tudo foi estudado nos mínimos detalhes.

Os dias se passaram sem que o comando da Metsada decidisse onde executaria Cukurs, até que, certa manhã, Oswald Taussing disse que conhecera um grego chamado Dionysos Maverides, que ele lhe dissera algo sobre uma grande casa num bairro de Montevidéu. Taussing dissera a Maverides que precisaria alugá-la por vários meses, mas que gostaria que a esposa a visse antes. O grego decidiu então retirar a placa de aluguel da casa, chamada Casa Cubertini, na rua Cartagena, no tranquilo bairro de Carrasco. A casa era grande demais, contudo o bairro no qual estava localizada era tranquilo. Pelas ruas quase não passavam veículos, o que era uma vantagem. O problema surgiu quando vários trabalhadores saíram da casa ao lado, na qual faziam reformas. Para Anton Kuenzle, aquilo era um problema. O chefe da Metsada disse a Taussing que, se Cukurs gritasse e lutasse pela vida, talvez os homens daquela obra, que trabalhavam ao lado da casa, o ouvissem. No dia seguinte, os *kidon* da Metsada decidiram inspecionar o local em detalhes. Taussing apresentou Kuenzle ao caseiro como um amigo chamado Antonio Jiménez. Depois de pagar adiantado o aluguel por seis meses, Maverides entregou as chaves a Taussing. Já tinham o lugar para exterminar o criminoso de guerra nazista.

Naquela mesma noite, os *kidon* da Metsada reuniram-se no quarto de hotel e, depois de uma série de deliberações, concordaram em pôr o plano em ação no próximo dia 23 de fevereiro.

Na manhã seguinte, Anton Kuenzle foi aos Correios e enviou um telegrama a Herbert Cukurs: "Caro Herbert: Os negócios andam bem. Preciso de sua ajuda. Ficaria muito grato se pudesse se encontrar comigo em Montevidéu na manhã de 23 de fevereiro. Seu amigo, Anton".[41]

Poucos dias depois, ao regressar ao hotel Victoria Plaza, o recepcionista fez um sinal ao *kidon* e lhe entregou um telegrama fechado. "Caro Anton: Chego no voo da Varig dia 23. Seu amigo, Herbert", dizia o telegrama. Quando ele informou os membros da Metsada sobre o telegrama, a alegria percorreu o ambiente. Tinham conseguido enganá-lo. Após uma breve conversa entre Kuenzle e Yoav, o chefe do comando dirigiu-se a seu quarto. Ao abrir a porta, encontrou um papel sobre o tapete verde. O *kidon* reconheceu o selo do serviço de correio do Uruguai. Naquele momento, várias ideias entraram em ebulição em sua mente. *Não pode vir, está doente, sabe de alguma coisa, desconfia...* Abriu a fita adesiva que lacrava o telegrama e leu: "Caro Anton: chego no voo 083 da Air France; desconsidere o telegrama anterior. Seu amigo, Herbert". Sentou-se na beirada da cama, suspirando aliviado. Pensara por alguns segundos que a Operação Riga teria de ser abortada.

Neste momento, Oswald e Dova'le percorriam vários armazéns com a intenção de adquirir um grande baú e três grandes tapetes. Pelo baú pagaram 720 pesos e, pelos tapetes, 900 pesos. Para não levantar suspeitas, Anton Kuenzle dirigiu-se à agência de viagens Thomas Cook, no centro de Montevidéu, comprou duas passagens de avião Montevidéu-Santiago do Chile para o dia 25 de fevereiro, com seu nome e o de Herbert Cukurs. A contagem regressiva continuava.

A noite de 22 de fevereiro seria a última em que todos os membros do comando israelense se veriam. Daquele momento em diante, Yoav seria o único contato entre os cinco *kidon* da Metsada que levariam a termo o golpe. Jantaram no restaurante Malecón para desejarem-se sorte. Quando estavam sentados, Kuenzle disse a Dova'le que, algumas semanas antes, estivera naquele mesmo lugar jantando com Cukurs e que o criminoso de guerra ocupara aquela mesma cadeira. O *kidon* estremeceu e se pôs de pé. "Não que eu seja supersticioso, mas prefiro mudar de lugar", falou.

No dia 23 de fevereiro de 1965, uma terça-feira, as primeiras páginas de todos os jornais do Uruguai anunciavam que o governo de Bonn se reuniria na manhã seguinte para debater os crimes nazistas. Kuenzle, Yoav, Oswald, Dova'le e Arieh pensaram se tratar de uma mensagem divina. Os *kidon* da Metsada estavam a ponto de capturar e executar um criminoso de guerra nazista que 24 anos atrás participara de crimes hediondos contra a humanidade.

Depois de um café da manhã reforçado, os agentes do Mossad entraram em dois veículos e se dirigiram ao aeroporto Carrasco para buscar o Defunto. Pouco depois, o trem de pouso do Air France 083 tocava o solo do Uruguai.

A tensão acumulada nos últimos seis meses era notada entre os *katsa* do Mossad. Anton Kuenzle esperou, até que uma longa fila de passageiros começou a aparecer pelas portas de vidro que davam acesso ao terminal. Olhou por entre os ombros das pessoas que estavam diante dele, até que pôde discernir, entre os rostos, o de Herbert Cukurs.

"Bom dia, caro amigo", disse-lhe Cukurs. Quando o *kidon* lhe deu as boas--vindas, pôde observar que o Defunto vestia uma roupa clara e uma gravata em tons de vermelho. "Parece mais um respeitável homem de negócios do que um criminoso de guerra nazista", pensou Kuenzle.

"Minha esposa Milda perguntou-me o que faríamos no Uruguai, e eu não soube responder", assegurou Cukurs. Já dentro do Volkswagen preto alugado por Kuenzle, que seguia pela estrada em direção ao centro de Montevidéu, o agente israelense respondeu: "Realizaremos grandes coisas, e lhe asseguro que fará parte delas". Depois, manteve-se em silêncio enquanto o veículo se embrenhava no tráfego, seguido por outro Volkswagen vermelho com três *kidon* da Metsada. Oswald esperava pela chegada deles na Casa Cubertini.

Já no hotel, Cukurs ocupou o quarto 1.719, de onde se avistava toda a capital. "Que vista magnífica se tem daqui", comentou o recém-chegado, enquanto se encostava à grade da varanda. Por breves instantes, Kuenzle pensou em empurrá--lo, mas tinham planejado a operação detalhe por detalhe, e não poderia agora dar nenhum passo em falso.

"Tenho de ir ao escritório da Lufthansa pegar as passagens para o Chile. Depois, tenho várias outras coisas para resolver", Kuenzle disse a Cukurs. "Descanse um pouco, depois virei buscá-lo." Logo a seguir, saiu do quarto, com o som das batidas do coração provocando estrondos nos ouvidos.

Algumas horas depois, o telefone do quarto 1.719 tocou. Uma chamada feita da recepção. A campainha acordou Cukurs. "Agora é preciso trabalhar", disse a voz do outro lado da linha. "Encontrei um escritório temporário. Você o verá mais tarde. Na realidade, não estou muito feliz com ele. Não é requintado. Planejo fazer grandes investimentos aqui, e temos de encontrar outro local." Anton Kuenzle desligou imediatamente o aparelho.

Poucos minutos depois, Kuenzle e Cukurs seguiam no Volkswagen preto rumo ao bairro de Carrasco. "Tenho de abastecer o carro", disse o agente israelense ao criminoso de guerra nazista. Numa zona isolada, aproximaram-se de um posto de gasolina, onde Dova'le e Yoav os esperavam, encarregados de assegurar que ninguém os seguia. Depois de partir, o veículo de Kuenzle e Cukurs foi seguido a certa distância pelo Volkswagen vermelho.

"Mais tarde", disse Kuenzle a um crédulo Cukurs, "temos de nos encontrar com o corretor para continuar a procurar um local para montar o escritório". O carro preto virou lentamente na rua Cartagena. Alguns metros adiante, Kuenzle avistou num relance o carro vermelho com os demais integrantes do comando israelense que os tinha seguido desde a parada no posto de gasolina.

Quatro casas à frente, e chegavam ao gramado recém-aparado que dava acesso à Casa Cubertini. "É aqui. É esta a casa", disse o israelense a Cukurs, enquanto ele descia com dificuldade do carro. Os dois homens caminharam alguns metros até alcançar a entrada principal da casa.

Kuenzle colocou a mão na maçaneta da porta e a empurrou. Ele ouvia os passos de Herbert Cukurs atrás de si. Segundos depois, ambos estavam no interior da casa. Os quatro membros da Metsada que formavam a equipe tinham despido as próprias roupas, ficando apenas de roupas íntimas.

Na penumbra, Kuenzle fechou a porta atrás de Cukurs e, nesse momento, os quatro *kidon* saltaram sobre a presa. Um deles prendeu o criminoso de guerra com um fio de aço à volta do pescoço, enquanto outros dois tentavam segurar os braços. Cukurs procurava o olhar de Kuenzle, tentando pedir ajuda, o rosto avermelhado devido à falta de ar nos pulmões, sem compreender que estava acontecendo.

Apesar de seus 65 anos, Herbert Cukurs defendia-se como um animal selvagem encurralado. Conseguiu libertar uma das mãos e procurava a maçaneta da porta para abri-la. Os cinco agentes da Metsada empurravam-no com força para afastá-lo dela e conduzi-lo ao centro do cômodo, onde o chão estava coberto por três enormes e grossos tapetes. Cukurs soube nesse exato momento que lhe restavam poucos minutos de vida.

Durante o ataque, o criminoso nazista havia conseguido libertar uma das mãos. "Deixem-me falar", suplicou uma voz entrecortada. O mais curioso de tudo é que o pedido foi feito em alemão, não em letão ou em português. O Defunto seguia lutando, embora com menos força. Em certo momento, Herbert Cukurs levou a mão ao bolso de trás das calças, para tentar tirar uma pequena Beretta que tinha escondida ali. De um só golpe, Yoav conseguiu tirá-la do criminoso, dando ao mesmo tempo um grito de dor. O agente israelense tinha quebrado um dedo. Um dos *kidon* pegou um martelo e bateu com ele no lado direito da cabeça de Cukurs. O sangue, que começou a jorrar em abundância, manchou um dos tapetes.

O plano original era neutralizar Cukurs, e não executá-lo instantaneamente. Os membros da Metsada tinham planejado formar uma espécie de tribunal para ler as acusações que o Estado de Israel tinha contra ele. Meir Amit, o *memuneh* do Mossad, tinha dado ordens para que tentassem lhe arrancar os nomes de outros criminosos de guerra nazistas refugiados na América do Sul e seus respectivos paradeiros. Mas, devido à resistência de Cukurs, um *kidon* colocou-lhe o cano com silenciador da pistola na nuca e disparou duas vezes. As duas balas acabaram com a vida de Herbert Cukurs, o Carrasco de Riga, ou Carniceiro de Riga, na terça-feira, dia 23 de fevereiro de 1965, às 12h30.

O clima na casa era tenso, e não havia tempo para celebrações. A Operação Riga ainda não tinha terminado.

Oswald dirigiu-se às janelas e fechou as venezianas de madeira para não deixar escapar nenhum som para fora. Os miolos saíam da cabeça do cadáver de Cukurs em decorrência dos tiros, e o sangue cobria-lhe o rosto e o casaco.

Em seguida, os *kidon* esvaziaram seus bolsos e colocaram os objetos num saco plástico. Um passaporte brasileiro com o número 27.999, expedido em 2 de fevereiro de 1965, óculos um pouco riscados e uma pistola Beretta 6,35 mm, modelo 950 e com número de registro B78137.

O corpo de Cukurs foi colocado dentro do baú de madeira e, antes de fecharem os três cadeados, os agentes israelenses colocaram lá dentro um papel em que se podia ler:

VEREDICTO

Tendo em conta a gravidade dos crimes de HERBERT CUKURS, pela acusação de ser pessoalmente responsável pelo assassinato de 30 mil homens, mulheres e crianças, e considerando a terrível crueldade mostrada por HERBERT CUKURS no cometimento dos crimes, condenamos o mencionado CUKURS à morte. Foi executado em 23 de fevereiro de 1965 por "aqueles que nunca esquecem".

Em seguida, Kuenzle fechou a tampa do baú, limparam todo o sangue, vestiram-se e desapareceram. Yoav e Kuenzle dirigiram-se ao aeroporto no Volkswagen preto, e o resto da equipe no Volkswagen vermelho.

No aeroporto, antes de entrarem no avião da Lufthansa que levaria os agentes para fora do Uruguai, Anton telefonou para o hotel a fim de informar que receberiam pelo correio as chaves dos quartos dos senhores Kuenzle e Cukurs. Ambos tinham sido pagos adiantados.

Em 6 de março, dias depois de a equipe da Metsada ter executado o criminoso de guerra nazista, um carro da polícia estacionou na frente de uma casa na rua Cartagena. Como ninguém respondia, um dos agentes decidiu quebrar uma pequena janela para olhar lá dentro. Nesse momento, um fétido odor vindo do interior da casa inundou-lhe o nariz. Ao entrarem, os dois agentes encontraram, a alguns metros da porta de entrada, um baú de madeira e três cadeados grandes. De um lado saía uma grande mancha de sangue ressecado que sujara o chão.

Um dos agentes correu para o carro e deu sinal de alarme. No interior do baú tinham descoberto um cadáver num avançado estado de decomposição de um homem ainda por identificar. O outro agente pegou o papel em que estava escrito o veredicto. Era o corpo de Herbert Cukurs, criminoso de guerra da Letônia, que fora executado por um grupo anônimo que se autoproclamava "aqueles que nunca esquecem".

A notícia da descoberta do cadáver numa casa deserta do Uruguai correu de Moscou a Nova York, e de Buenos Aires a Tel Aviv. A imprensa de todo o mundo estava muito interessada em escrever sobre "aqueles que nunca esquecem", e a imaginação de muitos jornalistas começou a fervilhar.

Tinham-se passado somente três anos desde a execução de Adolf Eichmann, e diversos meios de comunicação, como o jornal *The Times*, publicaram na primeira página: "Aqueles que nunca esquecem' só podem ser israelenses". Os jornais uruguaios, argentinos e brasileiros fizeram eco da notícia. Um jornalista amigo de Herbert Cukurs publicou que ele talvez tivesse sido assassinado por homens do círculo de Josef Mengele, porque ameaçara divulgar seu esconderijo.

Os historiadores Gerald L. Posner e John Ware, na biografia completa sobre o "Anjo da Morte" de Auschwitz, *Mengele: The Complete Story*, explicam que Cukurs enfrentava graves problemas financeiros e talvez tenha estado a ponto de trair Josef Mengele para ganhar uma vultosa recompensa.[42]

Em 12 de março de 1965, o jornal israelense *Ma'ariv* publicou uma reportagem com o seguinte título: "Interpol pede ajuda à Polícia Criminal de Israel no caso do assassinato do criminoso nazista Cukurs". A notícia apareceu ilustrada com um retrato falado enviado pela polícia de Montevidéu do homem de negócios austríaco que tinha sido visto com Cukurs poucas horas antes de sua morte. Em 16 de março de 1965, uma revista semanal brasileira publicou uma entrevista com Milda Cukurs, a viúva do criminoso de guerra nazista, na qual ela assegurou que o esposo, antes de partir em viagem para o Uruguai, dissera-lhe: "Se algo me acontecer, o único responsável será o meu novo amigo austríaco, Anton Kuenzle, o homem que esteve aqui em casa tomando café com bolo". Essas palavras confirmaram as suspeitas de Anton Kuenzle de que Cukurs nunca confiara 100% nele.

Aquele olhar do criminoso de guerra letão enquanto Oswald o segurava pelo pescoço com o fio de aço, segundos antes de morrer, era apenas a confirmação de suas suspeitas. Cukurs obteve tal confirmação segundos antes de sucumbir.

Enquanto isso, em Tel Aviv, Rafi Eitan entrou no escritório do *memuneh* e disse: "A Operação Riga foi concluída". Depois, fechou a porta, enquanto Amit continuou a trabalhar, com um ligeiro sorriso nos lábios.[43]

Depois da Operação Riga, levada a cabo pela Metsada e que terminou com a execução do criminoso de guerra Herbert Cukurs, Israel e seu serviço de espionagem decidiram mudar de plano. Em junho de 1967, Israel estava quase se envolvendo em uma nova guerra com os vizinhos árabes, a chamada "Guerra dos Seis Dias", que acabou com a ocupação da Faixa de Gaza e da Cisjordânia, território habitado por um milhão e meio de palestinos.

Depois da guerra, mudaram as prioridades e os alvos inimigos a serem abatidos por Israel, pelo Mossad e pela Metsada. Os criminosos de guerra nazistas estavam escondidos, mortos ou simplesmente tinham deixado de interessar à opinião pública mundial. Agora, os novos alvos dos *kidon* já não eram mais os nazistas da SS ou da Gestapo: eram os terroristas palestinos de organizações como a Frente Popular para a Libertação da Palestina (FPLP), Abu Nidal ou o Setembro Negro. Os inimigos eram diferentes, e os métodos a serem utilizados pela Metsada também o seriam.

Yoav, *kidon* da Metsada, antigo soldado durante a Guerra da Independência em 1948, foi recrutado em 1956 pela Aman, inteligência militar na qual comandou unidades de operações especiais. Quando Meir Amit assumiu o cargo de *memuneh* do Mossad, levou-o com ele da Aman. Até se aposentar, Yoav participou de várias ações da Metsada. Morreu em 1998, aos 75 anos de idade.

Dova'le, *kidon* da Metsada, juntou-se ao Mossad vindo da unidade de comandos do exército israelense. Morreu em ação em 1973, durante a Guerra do Yom Kippur.

Oswald Taussing, *kidon* da Metsada, uniu-se ao Mossad em 1950 e, depois de uma longa carreira com a Metsada e na espionagem israelense, aposentou-se. Hoje vive em Israel.

Anton Kuenzle, pseudônimo do chefe da unidade da Metsada na Operação Riga, vive atualmente em Israel com a família. Em 1991, escreveu, com o jornalista Gad Shimron, o livro *The Execution of the Hangman of Riga*: *The Only Execution of a Nazi War Criminal by the Mossad*, no qual relata sua experiência na localização e execução do Carrasco de Riga.

Meir Amit abandonou o cargo de *memuneh* do Mossad em 1968, sendo substituído por Zvi Zamir.

CAPÍTULO 3

OPERAÇÃO IRA DE DEUS

ALVOS: Terroristas do Setembro Negro

POSIÇÃO: Responsáveis pelos assassinatos dos atletas israelenses nos Jogos Olímpicos de Munique de 1972

DATA: 16 de outubro de 1972 a junho de 1973

Munique, 4h30, 5 de setembro de 1972

"Esta é a equipe israelense?", perguntou um homem de rosto moreno e com péssimo sotaque alemão. Moshe Weinberg, treinador da equipe de luta livre ficou em alerta quando observou que o outro homem colocava a ponta do pé na abertura da porta. Weinberg perguntou: "Quem quer saber a essa hora da madrugada?" Nesse momento, o israelense sentiu que o perigo estava à espreita. Com um forte golpe, conseguiu fechar a porta, enquanto gritava para os companheiros, que dormiam no mesmo dormitório: "Pessoal, fora daqui. Fora todos!".

Gad Zavarj, lutador que dividia o quarto com Weinberg, saltou da cama, abriu a janela de vidro que dava para a varanda e preparou-se para saltar. Enquanto isso, Moshe Weinberg segurava a porta com força, para impedir que o grupo de assalto entrasse no quarto. Por fim, um dos desconhecidos tirou de uma bolsa esportiva um fuzil de assalto AK-47 e abriu fogo.

Segundos antes de saltar da varanda, Zavarj viu como o corpo do amigo era projetado para trás com uma força incomum, e sua camisa se tingia de vermelho. Gad nunca soube que Moshe acabara de salvar sua vida, nem que, ao mesmo tempo, havia se tornado a primeira vítima dos onze atletas israelenses que seriam assassinados na Olimpíada de Munique de 1972.[44]

O comando palestino entrou na sala que dava acesso aos outros quartos da equipe olímpica israelense. No primeiro quarto, encontraram dormindo Joe Romano, o campeão de levantamento de peso que, dois dias antes, abandonara a competição por conta de uma lesão no pulso. Romano levantou-se rapidamente e se lançou ao ataque contra o primeiro homem que entrou no quarto. Mas não viu o segundo terrorista, que chegava armado com um fuzil de assalto e que disparou contra ele, fazendo de Romano a segunda vítima.

O barulho e os disparos puseram em alerta os demais atletas, que tentaram fugir pela saída mais próxima, mas os membros do grupo de assalto já invadiam o terceiro quarto. Nele, Joseph Gutfreund, árbitro de luta livre, lançou-se sobre a porta para travá-la com o próprio corpo, sacrificando-se pelos companheiros. Converteu-se, desse modo, no primeiro refém.

Tuvia Sokolsky, treinador de luta livre, que dormia no outro lado do corredor, viu, momentos antes, um grupo de homens armados tentando derrubar uma porta, tendo um deles disparado contra ela. Sokolsky fechou a sua em silêncio e liderou a saída de onze atletas israelenses da equipe de esgrima e judô, colocando-os a salvo nos fundos do prédio. Alguns, que dormiam no mesmo lado de Weinberg, tiveram menos sorte, e nove foram tomados como reféns.[45]

Os integrantes do grupo de assalto identificaram-se como membros do grupo palestino Setembro Negro e afirmaram ter se preparado para aquela ação, estando prontos até mesmo, se necessário, para morrer. Cinco deles haviam chegado a Munique vindos de um campo de treinamento nos arredores da cidade de Trípoli. Os outros três trabalhavam na Vila Olímpica. As armas tinham sido armazenadas numa bilheteria da estação central de Munique.

O edifício situava-se no número 31 da Connolystrasse, e o Setembro Negro sabia que aquela era a sede da equipe olímpica de Israel. O comando terrorista chamou essa ação de *Iqrit e Kafr Birim*, nomes das duas aldeias cristãs maronitas do norte da Palestina que tinham sido forçadas a se restabelecer após a divisão que dera origem à criação do Estado de Israel.

Ali Hassan Salameh, chamado de "Príncipe Vermelho", principal líder do Setembro Negro, tinha gerado, com o assalto à Vila Olímpica de Munique, o primeiro drama de nível global. Salameh sabia que os Jogos Olímpicos seriam transmitidos pelas redes de televisão em caráter mundial e que a repercussão da ação, assim como sua reivindicação, chegaria a todos os cantos do planeta.[46]

Connolystrasse, 7 horas, 5 de setembro de 1972

Depois que os atletas israelenses que escaparam da Vila Olímpica deram o alarme, quase quinhentos policiais formaram um cordão ao redor do edifício. O primeiro oficial graduado a chegar ao local foi Manfred Schreiber, chefe da polícia de Munique. Ele tentou contatar o líder do grupo de assalto, um sujeito chamado Tony, que usava óculos escuros e um boné branco esportivo. O Mossad o identificou como Mohammed Massalhad, arquiteto líbio que dominava várias línguas.[47]

Nesse exato momento, em Bonn, o chanceler Willy Brandt começava seu longo caminho pelo que seria um de seus piores pesadelos. Depois de ouvir as notícias sobre o que acontecera, Brandt telefonou para o ministro do Interior, Hans-Dietrich Genscher, e para o embaixador de Israel, Eliashiv Ben-Horin.[48]

Enquanto isso, o chanceler alemão informava constantemente o embaixador Ben-Horin e a primeira-ministra Golda Meir sobre as negociações com o grupo terrorista, além de transmiti-las para Zvi Zamir, o *memuneh* do Mossad.

À uma da tarde, por meio da rádio nacional Kol Israel, Golda Meir informou a nação sobre os fatos ocorridos em Munique, dando os nomes dos dois atletas assassinados e dos nove reféns em poder do Setembro Negro. Por fim, a primeira-ministra pediu a suspensão dos Jogos devido à crise que estava vivendo. Às 15h45, o Comitê Olímpico Internacional decidiu suspender os Jogos Olímpicos por vinte e quatro horas.[49] Enquanto as negociações prosseguiam, o Varash e a primeira-ministra Golda Meir decidiram enviar Zvi Zamir a Munique, onde prepararia uma possível operação de resgate com comandos israelenses.

Algumas horas antes, a própria Meir recebera um telefonema de Brandt, apresentando-lhe as propostas dos terroristas: “Só sairão da Vila Olímpica para um país árabe se estiverem protegidos pelos reféns. Assim que estiverem em segurança, vão libertá-los”, disse o chanceler alemão. “O meu governo estudará a proposta”, retorquiu Meir, “desde que o país árabe receptor se comprometa e garanta que os atletas não serão considerados prisioneiros, sendo imediatamente enviados ao nosso país”.

Depois da conversa, Willy Brandt telefonou para o presidente egípcio Anwar el Sadat, que recebera o Prêmio Nobel da Paz havia apenas dois anos. O chanceler alemão pretendia, por meio da diplomacia secreta, conseguir a libertação dos atletas israelenses. A resposta do Cairo foi imediata. Aziz Sedki, primeiro-ministro do Egito, comunicou pessoalmente ao chanceler que a questão dos reféns israelenses na Vila Olímpica não era assunto egípcio e que, ao mesmo tempo, o governo do Cairo não entendia como nem por que seu país teria de se envolver com o que estava acontecendo em Munique. Dessa maneira, o Egito e Sadat lavaram as mãos.

Às 22h15, os oito terroristas do Setembro Negro e os nove reféns israelenses deixaram a Vila Olímpica e entraram em dois helicópteros Huey Bell da Guarda de Fronteiras. Minutos antes, Golda Meir comunicava a Willy Brandt que Israel aceitava as condições de libertação. Os helicópteros eram seguidos de perto por um terceiro. Dentro dele, estavam Zvi Zamir, coronel do exército israelense, e Genscher e Schreiber como acompanhantes. Os três helicópteros dirigiam-se a Fürstenfeldbruck, a cerca de 80 quilômetros a oeste de Munique. No pequeno aeroporto, cinco atiradores de elite do exército federal esperavam sua chegada.[50]

O helicóptero do diretor do Mossad aterrissou em trinta minutos, e os ocupantes dirigiram-se à torre de controle. Os outros dois aterrissaram pouco depois. Mohammed saltou do primeiro Huey e dirigiu-se ao segundo, enquanto empunhava com nervosismo uma AK-47; muito próximo, um 727 da Lufthansa aguardava com as turbinas ligadas. Manfred Schreiber, responsável pela operação, sabia que esse avião nunca levantaria voo, visto que a companhia aérea alemã não conseguira uma tripulação para pilotá-lo. Outro dos erros cometidos por Schreiber foi providenciar apenas cinco atiradores de elite, três no telhado da torre de controle e dois perto da pista dos dois helicópteros, quando eram oito os terroristas a serem abatidos.

Às 22h44, quando Mohammed e os outros terroristas se dirigiam para o avião, o silêncio foi quebrado pelo som de um disparo de fuzil. O líder dos atiradores de elite disparou contra ele, mas falhou. A bala entrou pelo ombro esquerdo e saiu pelas costas. Os outros quatro atiradores abriram fogo. Dois dos terroristas que escoltavam a tripulação dos helicópteros caíram mortos. Outro dos árabes foi ferido com um primeiro disparo e abatido com o segundo. Os terroristas responderam ao tiroteio, protegendo-se atrás dos helicópteros, ainda ocupados pelos reféns. Um sargento da polícia morreu ao ser atingido na cabeça. O tiroteio durou cerca de seis minutos, até que Schreiber deu ordem de cessar fogo. A polícia, com a ajuda do *memuneh* do Mossad, dirigiu-se aos terroristas em árabe, alemão e inglês, exigindo que se rendessem, mas eles voltaram a abrir fogo contra a torre.[51]

À 00h05, um dos terroristas árabes levantou-se e lançou uma granada de mão para dentro de um dos helicópteros. A explosão iluminou a noite. Cinco dos atletas israelenses que estavam no interior da nave começaram a gritar pedindo ajuda, mas as chamas alcançaram os tanques de combustível, e o helicóptero explodiu. Na pista, três árabes tinham sido feridos a bala e se renderam. Os quatro atletas restantes, que estavam no segundo helicóptero, morreram ao serem atingidos por uma rajada de metralhadora. Era evidente que o Setembro Negro havia condenado os israelenses assim que os atiradores de elite abriram fogo.

Na manhã de 6 de setembro, o mundo acordou comovido pelo ocorrido nos Jogos Olímpicos. As bandeiras ondulavam a meio mastro enquanto a Orquestra Sinfônica de Munique tocava a *Marcha fúnebre* de Beethoven. Mas nem todas as nações estiveram presentes no funeral do Estádio Olímpico. Árabes, a União Soviética e alguns países do Leste não assistiram à cerimônia.

Nessa mesma tarde, Zvi Zamir voltou a Israel, convencido de que a ineficácia dos alemães custara a vida dos onze atletas. Porém, ao mesmo tempo, o todo--poderoso *memuneh* do Mossad sabia que o ocorrido em Munique não era um ato isolado, mas sim o mais importante dos atentados perpetrados pelo grupo Setembro Negro na Europa em meses. Zamir compreendeu que Israel era carta fora do baralho assim que os grupos árabes decidiram levar o conflito para a Europa. Grupos como o Setembro Negro haviam escolhido o campo de batalha, e isso implicava que Israel estaria indefeso no novo cenário de guerra. O *memuneh* tinha consciência de que, se seu país quisesse evitar perdas inúteis, deveria jogar da mesma maneira que os terroristas árabes e, ao mesmo tempo, investir rápida e cirurgicamente, desaparecendo em seguida.

Um avião da Força Aérea Israelense levou o general Zamir de Munique ao aeroporto de Lod, onde um helicóptero o esperava. O chefe do Mossad foi levado ao heliporto contíguo à Casa Vermelha, o gabinete do primeiro-ministro que, por motivos de segurança, ficava nos arredores do quartel-general do exército.

Ao descer do helicóptero, Zamir observou vários Dodges pretos blindados estacionados. O rude chefe de espionagem subiu as escadas acarpetadas com passos decididos, rumo à antessala do gabinete. Após uma breve espera, a assistente de Golda Meir autorizou sua entrada. Zvi Zamir observou os rostos sérios dos homens que ali se encontravam. "Estou à espera da sua opinião sobre os acontecimentos, general", disse Meir. "Senhora primeira-ministra, a única coisa que posso afirmar com certeza é que Israel continua sozinho em sua luta pela sobrevivência. Nesse caminho, não teremos ajuda de ninguém, muito menos dos alemães", replicou Zamir.

Pouco depois, o chefe do Mossad juntou-se à reunião do Comitê de Segurança e Relações Exteriores, cujas deliberações eram secretas. Golda Meir perguntou a Zamir; a Eli Zeira, chefe da Aman; e a Yosef Harmelin, chefe do Shin Bet, se seus homens seriam capazes de levar a guerra contra os terroristas árabes ao campo do inimigo. Tanto Zamir como Zeira e Harmelin responderam que estavam preparados para isso e que o massacre de Munique os deixara ainda mais decididos.

Tomando o velho ditado hebraico do "olho por olho, dente por dente", o Comitê votou unanimemente pela ativação de uma equipe do Kidon, a subunidade de operações do Mossad, apesar de a própria Golda Meir ter resistido a isso.

Zamir disse-lhe: "A senhora, primeira-ministra, não pode garantir a segurança de todos os cidadãos de Israel, mas, quando essa segurança for violada, os cidadãos deste país vão lhe perguntar o que a senhora e seu governo fizeram para punir tais violações". "Caro *memuneh*, a questão é saber quais serão as repercussões, diante do mundo, dos atos que iremos praticar. Como explicaremos aos nossos aliados o assassinato de um grupo de árabes?", perguntou a já idosa líder israelense.[52] O chefe do Mossad pouco se importava com o que pensavam ou opinavam os aliados depois de ter assistido, horas antes, ao funeral dos onze atletas israelenses no Estádio Olímpico. Para Zvi Zamir, não era novidade ordenar a ativação de uma equipe do Kidon. Apenas alguns dias antes do início dos XX Jogos Olímpicos, ocorrera a explosão de uma bomba instalada sob o veículo de Gassan Kanafani.[53] Kanafani, poeta e romancista, tinha sido o porta-voz e um dos que idealizaram a Frente Popular para a Libertação da Palestina (FPLP), uma facção especializada no sequestro de aviões e, para o Mossad, responsável pelo ataque ao aeroporto de Lod, em Tel Aviv, executado por três terroristas japoneses do Exército Vermelho.

Naquele 8 de julho de 1972, infelizmente, Kanafani entrou em seu Mercedes marrom com a neta Lamia. O Kidon não previra que nesse dia o líder palestino teria a companhia de uma adolescente, porém, ainda assim, o *kidon* apertou o botão que transmitia o impulso elétrico e acionava a bomba. O veículo voou pelos ares e a explosão foi ouvida por toda a Beirute. O corpo de Kanafani ficou espalhado pela rua, enquanto um homem com um *keffiyeh* vermelho na cabeça se afastava da área.[54]

Zamir, com o êxito da Operação Kanafani, recomendou ao Comitê Especial, após o desastre de Munique, a ativação de equipes de assassinos. Depois de ouvir as propostas do Comitê, Zamir esperou na antessala. Pouco depois, um porta-voz dirigiu-se ao diretor do Mossad: "O Comitê ouviu com atenção seu relatório e decidiu conceder à primeira-ministra total autoridade para dar os passos necessários à ativação do Kidon".

Os membros do Comitê foram saindo da sala sem olhar para Zamir. Talvez preferissem não olhar diretamente para o homem a quem acabavam de dar ordens para recrutar assassinos em nome de Israel. Golda Meir, que permanecia sentada na sala escura, chamou Zvi Zamir e Aharon Yariv, o ex-chefe da Aman. Meir ofereceu a Yariv o cargo de conselheiro especial para atividades antiterroristas. "Vou precisar do seu aconselhamento para levar a bom termo a decisão que acabo de tomar", disse Meir. Depois de lhes falar sobre o Holocausto e a vida dos judeus na Europa, ajeitou o cabelo grisalho e despediu-se dos dois homens.

Depois de vinte e quatro horas de suspensão, o Comitê Olímpico decidiu recomeçar os Jogos; a equipe de Israel, contudo, tinha se retirado da competição.

Todos os atletas embarcaram no voo 707 da El Al, acompanhando os dez caixões de pinho que, cobertos pela bandeira branca e azul, eram transportados por soldados das Forças de Defesa de Israel (FDI). O corpo da décima primeira vítima, David Berger, cidadão norte-americano, fora levado por um C-141 da Força Aérea dos Estados Unidos para ser enterrado em Cleveland. Dias depois, a pedido do ditador da Líbia, Muammar al-Gaddafi, os restos dos corpos dos cinco terroristas do Setembro Negro mortos em Munique foram despachados da Alemanha. Em Trípoli, os cadáveres foram recebidos como heróis e sepultados com honras militares. O funeral foi realizado na mesquita da praça dos Mártires, onde se recitou o *Ya Sin*, a oração dos mortos do Alcorão.

Depois do massacre de Munique, os jovens palestinos nos territórios ocupados passaram a gritar: "Todos nós somos agora do Setembro Negro".

Zvi Zamir estava em seu gabinete no quartel-general do Mossad, em Tel Aviv, localizado no edifício de escritórios Hadar Dafna, na avenida King Saul, lendo um longo relatório sobre o Setembro Negro redigido pela Unidade 504, encarregada de coletar informações sobre essa operação para os serviços secretos. Na capa da pasta marrom, repleta de carimbos, lia-se, em grandes letras negras, escritas à mão. SETEMBRO NEGRO, ou *Ailul al-Aswad* em árabe, Arquivo 29981032. Ao abri-la, notou diversas páginas em cores e com fotografias. Seu misterioso título simbolizava um dos meses mais significativos da história do Oriente Médio.[55]

HISTÓRIA: no verão de 1970, as guerrilhas palestinas começaram a atacar o território israelense a partir da Jordânia na tentativa de exportar a revolução à Faixa de Gaza e à Cisjordânia, mas contavam com a oposição do monarca hachemita. Nessa época, o rei Hussein tentava secretamente estabelecer contato com Israel, porém para isso precisava, antes, conter os ataques palestinos procedentes de seu território. Ao mesmo tempo, o secretário de Estado norte-americano, William Rodgers, tentava negociar um cessar-fogo entre Israel e dois de seus inimigos, Egito e Jordânia.

Um dos mais firmes defensores do fim de qualquer negociação entre as nações árabes e Israel era George Habash, o lendário líder da Frente Popular para a Libertação da Palestina (FPLP), que proclamava o regresso ao inferno de todo o Oriente Médio. Em 6 de setembro desse mesmo ano, o grupo palestino sequestrou um avião da El Al, sendo este o quarto avião sequestrado em menos de três meses. O ponto mais alto dessa campanha foi o sequestro de um Boeing 747 da companhia norte-americana Pan American, que, depois de ser desviado para o aeroporto do Cairo, foi dinamitado diante das câmeras de televisão que se concentraram nas instalações. O rei Hussein não estava disposto a aceitar que os sequestradores de aviões utilizassem seu território para realizar ações de sabotagem e sequestro, mas, ao mesmo tempo, sabia que devia agir com cautela, visto que palestinos ou pessoas de origem palestina representavam dois terços da população jordaniana. Por fim, num dia de setembro, o monarca lançou suas tropas beduínas de elite contra os campos de refugiados palestinos, provocando o chamado Setembro Negro. A artilharia arrasou grande parte das frágeis instalações, matando centenas de famílias. Os sobreviventes, que se viram obrigados a fugir para o Líbano, formaram seu espírito combativo ao longo de um dos períodos mais obscuros na já trágica história do povo palestino. Aquele Setembro Negro foi o mês em que as forças árabes destruíram a nação palestina, e os jovens guerrilheiros que testemunharam o massacre adotaram o nome daquele mês como símbolo de sua luta, e a vingança como razão da sua existência.[56]

ALVOS: seus inimigos seriam os europeus, que nunca protestaram contra a atrocidade cometida com o povo palestino na Jordânia; os norte-americanos, em razão da política imperialista no Oriente Médio e por armarem os israelenses; os jordanianos leais ao rei, por terem cometido alta traição contra o povo palestino; e os israelenses, por sua política expansionista.

"OLP: o Setembro Negro cultivou uma aura de mistério. Até mesmo o líder da OLP, Yasser Arafat, assegurou: 'Não sabemos nada sobre esta organização e não estamos envolvidos em suas operações. Mas podemos compreender a mentalidade desses jovens, que estão dispostos a morrer e entregar a vida pela causa palestina'. Alguns líderes palestinos também negam a existência do Setembro Negro e afirmam que trata-se de uma invenção da propaganda israelense para justificar o assassinato de árabes inocentes", concluía o capítulo do relatório que o *memuneh* tinha em mãos. Depois de um gole de café, Zamir continuou a ler.

Apesar de a OLP garantir que a organização não existe, as investigações no exterior não estão sendo bem-vindas. O jornalista britânico Christopher Dobson recebeu ameaças e Arnaud de Borchgrave, um dos editores da *Newsweek*, recebeu um telefonema de um diplomata do Iémen para lhe comunicar que poderia haver fortes represálias se a revista publicasse uma reportagem sobre o Setembro Negro.

O Mossad identificou o diplomata como Daoud Bakarat, um representante da República Democrática do Iémen baseado em Genebra e um dos líderes do grupo terrorista.

O relatório continuava, assim:

Nenhum país ocidental manteve os militantes do Setembro Negro por muito tempo na prisão, tendo sido postos em liberdade de um modo até mesmo muito diligente. Mas não só os países ocidentais, mas também os árabes. Por exemplo, os assassinos do primeiro-ministro jordaniano, Wasfi Tell, foram rapidamente postos em liberdade pelas autoridades egípcias e nunca foram levados a julgamento.

O chefe do Mossad folheou várias páginas e observou fotografias em preto e branco de rostos, aviões queimados ou corpos deitados e rodeados por poças de sangue seco no chão de uma rua sem nome, de alguma cidade desconhecida.

> ORGANIZAÇÃO: o Setembro Negro não tem sede, quartel-general ou porta-voz, mas é indubitavelmente uma organização com hierarquias e grande disciplina. Apenas um oficial do grupo foi detido e interrogado. Abu Daoud estava em Amã para arquitetar sequestros ou assassinatos de importantes políticos e militares do país. Durante o interrogatório, Daoud confessou que o Setembro Negro era o órgão de operações especiais afiliado aos serviços de inteligência da Al Fatah.

O chefe de espionagem israelense escreveu, no pé da página: "A OLP é o incitador dos ataques do ST [Setembro Negro] e, diante do mundo, lava as mãos". Depois, escreveu suas iniciais e a data. Na página seguinte, deparou com um esquema com grandes linhas que ligavam alguns nomes a outros.

No topo da página, estava o logotipo da Apam (*Avtahat Paylut Modienit*), a unidade encarregada da segurança das operações do Mossad.

> O chefe do Setembro Negro é Mohammed Yusif Najjar, conhecido como Abu Youssef. Ele tem experiência em assuntos de inteligência e é um dos principais conselheiros de Arafat. O segundo no comando é Ali Hassan Salameh. Foi Salameh quem disse: "Dará maior publicidade à nossa causa assassinar um judeu na Europa do que cem em Israel". As principais tarefas de Salameh no Setembro Negro são as operações na Europa, e Najjar lhe dá plenos poderes para planejá-las e executá-las sem consultar ninguém.
>
> MEMBROS: para o recrutamento, o Setembro Negro atrai seus futuros membros entre os estudantes da Universidade Americana de Beirute ou entre os estudantes universitários de outros países europeus. Depois de um duro treinamento de manejo das AK-47 e de explosivos, os novos membros prestam o juramento conhecido como "as três negações". Diante de um exemplar do Alcorão, o novo membro, depois de jurar lealdade ao povo palestino, deve responder a uma pergunta feita por Abu Daoud: "Quantas negações há, meu irmão?", ao que o jovem responde: "Três, meu ilustre amigo".

As três negações referem-se a: não ao assentamento pacífico, não ao Reino Árabe Unido e não a uma solução em que não esteja incluído o povo palestino.

Zvi Zamir continuou a ler o relatório cuidadosamente. Uma página amarela indicava, no cabeçalho, "FINANCIAMENTO":

> A maior parte dos recursos do Setembro Negro provém da OLP e de alguns países do Golfo Pérsico, principalmente dos xeiques do petróleo. O líder líbio Muammar al-Gaddafi é uma das principais fontes de recursos econômicos e de locais para refúgio.

Depois da matança de Munique, a Líbia transferiu 5 milhões de dólares para uma conta numerada na Suíça. A conta pertencia a uma empresa cujo presidente está ligado ao Setembro Negro.

A Líbia não só financia o grupo como também lhe dá cobertura diplomática por meio de suas embaixadas na Europa. Os setembristas circulam pelo mundo sob imunidade diplomática, atravessando aeroportos e fronteiras sem nenhum tipo de controle. Até mesmo armas e os explosivos são enviados da Líbia em suas bagagens diplomáticas. O armamento e os explosivos usados nos atentados procedem da Embaixada da Líbia em Bonn, de onde foram distribuídos.

"Se alguém acendesse um fósforo no edifício da Embaixada líbia, metade de Bonn voaria pelos ares", pensou Zamir enquanto fechava a pasta violentamente e a atirava sobre a mesa.

Apesar de, após cada ação, o Setembro Negro preparar eloquentes desculpas, como "nós não somos bandidos nem assassinos", o grupo palestino tornou-se o principal alvo a ser abatido pelo Mossad depois do que acontecera em Munique.

Curiosamente, o primeiro atentado do novo grupo terrorista não foi contra um alvo israelense, mas sim árabe. O Setembro Negro fez sua estreia na tarde de 28 de novembro de 1971. O primeiro-ministro Wasfi Tell, um dos mais obstinados defensores do fim da resistência palestina e um dos mais fiéis conselheiros do monarca jordaniano, estava no Cairo para participar de uma reunião dos chefes de Estado da Liga Árabe e foi assassinado com cinco tiros pelas costas na entrada do hotel Sheraton, no qual acontecia um almoço de trabalho.[57]

Um novo ataque do grupo palestino ocorreu apenas três semanas mais tarde. Desta vez, o alvo foi o embaixador jordaniano na Grã-Bretanha. Certa manhã, quando o diplomata se dirigia à Embaixada jordaniana em seu veículo, um homem em uma ilha de pedestres disparou contra ele, assassinando o motorista e deixando o embaixador gravemente ferido. As autoridades britânicas puseram-se no encalço do terrorista, que pouco tempo depois foi detido, na França. O Mossad informara o MI6 que o terrorista poderia ser um argelino chamado Frazeh Khelfa, mercenário dos grupos integristas. O governo britânico pediu à França sua extradição, mas Khelfa já tinha sido extraditado para a Argélia, onde responderia por dois atentados cometidos num quartel da polícia de Argel. Khelfa foi julgado pelos dois delitos, condenado à morte e executado.

No dia 8 de maio de 1972, quatro terroristas sequestraram um avião da companhia aérea belga Sabena durante o voo de Viena a Tel Aviv, com noventa passageiros e dez tripulantes. Depois de aterrissar no aeroporto de Lod, dois homens e duas mulheres tomaram como reféns os passageiros israelenses e exigiram a libertação de centenas de prisioneiros árabes que se encontravam nas prisões de Israel. Moshe Dayan dirigiu pessoalmente a operação. O lendário general encarregou a liderança do assalto a um jovem oficial chamado Ehud Barak.[58] Disfarçados de mecânicos, os agentes israelenses tomaram o avião, executando a tiros os dois homens e capturando as mulheres, que foram condenadas à prisão perpétua. O fracasso de Sabena representou um duro golpe para o Setembro Negro e obrigou o grupo a realizar um novo atentado para recuperar sua imagem no mundo árabe.

Nesse mesmo mês, a FPLP, cujos membros são conhecidos como *flops* pelo Mossad, organizou uma conferência internacional de grupos terroristas no campo de refugiados de Badawi, perto da cidade libanesa de Trípoli. O tema principal do encontro foi a coordenação entre os grupos para realizar ataques conjuntos. O Saifanim, departamento do Mossad encarregado de colher informações sobre a OLP, redigiu um relatório segundo o qual haviam participado da reunião representantes do Setembro Negro, do grupo Baader-Meinhof, da Alemanha Ocidental, do Exército Republicano Irlandês (IRA), do Exército Vermelho japonês e de diversas frentes de libertação do Irã e da Turquia. Num curto espaço de tempo, a chamada Conferência de Trípoli deu seus frutos. Alguns contatos da FPLP e do Setembro Negro contrataram três membros do Exército Vermelho japonês para realizar um atentado no aeroporto de Tel Aviv. Em 30 de maio de 1972, armados com fuzis de assalto tchecos, eles entraram no edifício do terminal principal e dispararam contra as pessoas que lá estavam. O resultado foram 27 mortos e 78 feridos com diferentes graus de gravidade. Alguns dos mortos eram peregrinos católicos porto-riquenhos que tinham como destino Jerusalém.

Após o massacre de Munique, e aconselhada por Zamir e Yariv, a primeira-ministra Golda Meir deu ordem às forças aéreas para que atacassem as bases guerrilheiras no Líbano e na Síria, incluindo o campo de refugiados de Deraa, onde tinham sido treinados os agressores da Vila Olímpica. Vinte e cinco caças-bombardeiros da FAI atacaram os alvos, deixando 66 mortos e 24 feridos.

Num sábado de setembro, o chefe do Mossad estava em casa quando recebeu uma ligação da residência da primeira-ministra para convocar com urgência o Tsiach (*Tsorech Yediot Hasuvot*), a reunião de organizações de serviços secretos civis e militares. Golda Meir, a essa altura uma senhora septuagenária, refletira durante toda a noite sobre o passo que decidira dar e que naquela mesma manhã seria comunicado aos chefes de espionagem. Com todos reunidos ao redor de uma grande mesa, a líder política dirigiu-se aos presentes: "Depois dos últimos e trágicos acontecimentos que atingiram gravemente nosso país, decidi que Israel combaterá com persistência e engenho numa primeira linha vital, perigosa e de longo alcance", disse, laconicamente, Meir. Yariv tentou fazer uma observação, mas foi interrompido pela líder israelense, que levantou a mão em sua direção. "Ninguém escapará do longo braço da justiça israelense", concluiu ela. Zamir dirigiu um olhar incrédulo a Yariv, que estava a seu lado, e perguntou: "Senhora primeira-ministra, o que a senhora decidiu?"."Decidi que seus homens executarão todos os responsáveis pelo massacre de Munique e qualquer terrorista que se interponha no caminho deles", disse ela. Naquele momento, a ampla sala do gabinete cobriu-se de um denso silêncio, que foi interrompido novamente por Meir. "Amigo Zamir, você acha que poderá preparar uma equipe para executar essa operação?". "É possível", confirmou o chefe do Mossad.

Desse modo, Golda Meir dava sinal verde à ativação de uma das maiores equipes do Kidon, a subunidade de assassinos da Metsada. Na mente dos responsáveis pela comunidade de inteligência israelense, ficara gravada uma frase que Golda Meir pronunciara enquanto deixavam a sala: "Aconteça o que acontecer a partir de agora, lembrem-se de Munique e do que nosso país perdeu lá".[59]

Depois de assimilarem a nova tarefa que lhes fora incumbida, Zvi Zamir e Aharon Yariv tinham que decidir a estrutura das equipes do Kidon, uma vez que os primeiros alvos eram evidentes. Tinham sido encarregados pessoalmente por Golda Meir para dirigir uma das principais e mais importantes batalhas contra o terrorismo palestino que seria executada pelo Mossad. A primeira-ministra assinara a sentença de morte de 35 terroristas árabes diretamente relacionados ao Setembro Negro ou a seu aparelho político. A "Operação Ira de Deus" estava em andamento.[60]

O *memuneh* convocou o responsável pelo *Melucha*, ou *Tsomet*, que em hebraico significa "Reino" – o departamento de recrutamento que forma os *katsa*. Depois de informá-lo sobre a decisão da primeira-ministra, Zamir disse: "Preciso de aproximadamente quinze 'combatentes' para uma missão especial. A maior parte deles deve ser especialista em execuções, comunicações e transporte. Você tem até amanhã pela manhã para me apresentar as fichas dos candidatos".

Para liderar a Operação Ira de Deus, o *Tsomet* elegeu Mike Harari, um *katsa* veterano, de 46 anos, que já há algum tempo dirigia os *kidon* da Metsada. Harari iniciara sua carreira em Roma durante a ocupação nazista na Segunda Guerra Mundial, ajudando judeus italianos a escapar para a Palestina. Em 1950, fora recrutado pelo Shin Bet e, em 1960, transferido para o Mossad. Dez anos depois, assumira o controle da temível Metsada.

As equipes do Mossad seriam formadas por cinco grupos: Aleph (a primeira letra do alfabeto hebraico), Beth (a segunda), Heth (a oitava), Ayin (a décima sexta) e Qoph (a décima nona).

Aleph seria formada por dois *kidon* especializados em execuções e combate corpo a corpo provenientes do Mossad ou dos comandos especiais do exército. Beth seria formada por dois *kidon* especializados em segurança, encarregados da proteção de Aleph. Heth seria formada por um homem e uma mulher, ambos *kidon* da Metsada, que operariam de forma independente em relação aos dois grupos anteriores. Ayin seria formada por uma equipe de seis a oito *kidon*, e sua missão seria realizar funções vitais para Aleph e Beth, como perseguir os alvos, reunir informações sobre eles e possíveis recomendações de formas e locais de ataque. A quinta equipe seria formada por dois agentes especializados em comunicações. Ao todo, entre catorze e dezesseis *kidon* da Metsada fariam parte da maior operação de represália conduzida pelo serviço de espionagem de Israel contra terroristas palestinos.[61]

Rafi Eitan, Aharon Yariv, Zvi Zamir e Mike Harari decidiriam qual seria o primeiro alvo a ser abatido da lista de 35 indivíduos relacionados ao Setembro Negro que deveriam ser executados.

Wael Zwaiter era um palestino residente em Roma há dezesseis anos, onde exercia trabalho administrativo na Embaixada da Líbia. Um de seus trabalhos era, também, traduzir textos para o italiano; por exemplo, a magnífica tradução de *As Mil e Uma Noites*. O Mossad sabia que Zwaiter tivera ligações muito próximas com o Setembro Negro, assim como com o conluio de agosto de 1972 para explodir um Boeing 727 da El Al em pleno voo, por meio de um mecanismo explosivo colocado num gravador. Enquanto os palestinos garantiam que Zwaiter era apenas um intelectual com muito boas amizades na cúpula do poder italiano, os israelenses garantiam que ele estava envolvido nos ataques do Setembro Negro em Roma.[62]

Em 16 de outubro de 1972, um *kidon* da equipe Ayin informou os assassinos da equipe Aleph que o alvo decidira sair naquela mesma noite para jantar com uma amiga. Logo depois que informou Harari, o *kidon* preparou-se para colocar o primeiro plano em ação.

Naquela tarde, o palestino saiu depressa de seu apartamento em direção à casa da amiga Janet Brown, uma australiana de 50 anos que vivia há algumas décadas na cidade italiana. Depois do jantar, os membros da equipe Beth seguiram Wael Zwaiter até sua casa, na Piazza Annibaliano, ao norte da cidade. Zwaiter levava nas mãos vários pacotes com comida e uma garrafa de vinho. Por volta das 22h30, o palestino dirigiu-se à porta de entrada. Enquanto procurava uma moeda de dez liras para introduzir no contador do elevador, dois *kidon* saíram das sombras. Um deles disse: "Lembre-se de Munique". Ao se virar, o segundo disparou seis vezes. O primeiro *kidon* fez o mesmo, mas o último disparo acertou-lhe a boca.

Segundos depois, ambos tinham desaparecido em um Fiat 125 verde, alugado em nome de um turista canadense chamado Anthony Hutton.

Quase dois meses depois, a estação do Mossad na França informou Mike Harari que o segundo alvo fora localizado em Paris. Era o doutor Mahmoud Hamshari. De meia-idade, o Mossad sabia que Hamshari era um homem realmente importante da OLP e representante oficial do Setembro Negro na França. Os *kidon* da equipe Ayin informaram os assassinos da Aleph que Hamshari não andava com guarda-costas e que vivia num elegante apartamento no número 175 da Rue d'Alésia com sua esposa francesa, Marie-Claude, e a filha Amina. Aparentemente, Mahmoud Hamshari não reforçara sua segurança depois da execução de Zwaiter.

Um dos *kidon* da equipe de assassinos decidiu usar um novo método para executar Hamshari, pois seria mais difícil aproximar-se dele na rua. No início de dezembro, um agente israelense se fez passar por um jornalista italiano interessado na questão palestina. O *katsa* combinou um encontro com Hamshari num pequeno café no centro de Paris. Ali, eles discutiram a situação no Oriente Médio, e o jornalista mostrou uma clara desaprovação com a política israelense. Entretanto, do lado de fora, eram vigiados por dois *kidon* da equipe Ayin.

Durante uma segunda reunião entre o falso jornalista e o palestino, dois *kidon* entraram em sua casa. Um deles abriu o bocal do telefone e colocou em seu interior um dispositivo explosivo preparado em Israel por técnicos do Mossad. Em 8 de dezembro, uma sexta-feira, de manhã bem cedo, o telefone tocou. Mahmoud Hamshari dirigiu-se da cozinha ao escritório para atender. Ao levantar o telefone do gancho, uma voz do outro lado da linha perguntou: "É o senhor Mahmoud Hamshari?". "Sim", respondeu o palestino. Nesse momento, Hamshari ouviu um pequeno estalo na linha e em seguida uma forte explosão que lhe arrancou parte do rosto. Mahmoud Hamshari morreria dias depois no hospital.

Para a OLP e os líderes do Setembro Negro, era evidente que se desencadeara uma guerra que tinha os dirigentes palestinos de um lado e os *kidon* da Metsada do outro.

Em janeiro de 1973, equipes do Kidon foram enviadas por Harari à ilha mediterrânea do Chipre. O alvo era Hussein Abdel Chir, também conhecido como Hussein Bashir ou Abdel Hir. Segundo o relatório do Mossad, o palestino, que tinha cerca de 36 anos de idade, havia se tornado um importante elo entre os serviços de segurança palestinos e a KGB soviética. Mike Harari deu carta branca quando os *kidon* da equipe Ayin informaram que Hussein Abdel Chir era na verdade o chefe supremo do Setembro Negro na ilha.[63] As unidades de rastreamento do Mossad sabiam que Abdel Chir ficaria pouco tempo em Nicósia, visto que, desde os assassinatos de Zwaiter e Hamshari, muitos palestinos tinham decidido se precaver.

Os *kidon* seguiram o palestino até um pequeno restaurante, onde ele se encontrou com outro homem que o Mossad identificou como agente da KGB destacado para a Embaixada soviética no Chipre. Quando o estabelecimento encerrou as atividades, o palestino e o russo despediram-se, e Hussein Abdel Chir dirigiu-se a pé até o hotel onde estava hospedado, o Olympic, na avenida Presidente Makarios. Em meados de janeiro de 1973, os assassinos do Kidon desembarcaram na ilha usando passaportes britânicos falsos e se registraram no hotel. Em um dia em que Abdel Chir saíra, os dois *kidon* entraram no quarto e plantaram uma carga explosiva sob a cama.

Na noite de 24 de janeiro de 1973, Hussein Abdel Chir voltou ao hotel e, depois de tomar banho, deitou-se para ler alguns documentos. Os agentes israelenses, da rua, vigiavam a janela do quarto. Quando o palestino apagou a luz, um dos *kidon* ativou o mecanismo explosivo com um comando à distância, e Abdel Chir voou pelos ares em pedaços. O terceiro alvo fora eliminado.

Durante os três meses e após o assassinato de três líderes palestinos, a equipe de carrascos viu-se obrigada a se manter às sombras até a localização de novos alvos. Abril seria um mês intenso para os homens de Harari e para a Operação Ira de Deus.

No início de abril, as equipes do Kidon viajaram de novo a Paris. Desta vez, o alvo era o doutor Basil Al-Kubaissi, um professor de Direito na Universidade Americana de Beirute. Segundo o Mossad, ele era um contato importante do grupo Setembro Negro na Europa, além de encarregado de fornecer armas e explosivos a seus homens.

Na noite de 6 de abril, o professor saiu do Café de la Paix após um magnífico jantar e foi a pé ao hotel, perto da igreja de Madeleine. Ao se aproximar de uma esquina, o palestino reparou que era seguido por dois jovens que aparentavam ser estudantes, com mochilas às costas. Ele ouvia as vozes de dois estudantes conversando em francês a respeito de algum exame. Quando se aproximaram de Al-Kubaissi, um deles pegou uma arma e disparou na nuca do palestino. Quando caiu ao chão, já estava morto. O segundo *kidon* aproximou-se do cadáver e lhe disparou na boca.[64]

Em 11 de abril, horas depois da denominada "Operação Primavera da Juventude",[65] os assassinos do Mossad deslocaram-se para Atenas, onde os *kidon* do grupo Ayin tinham localizado um novo alvo.

Zaiad Muchasi substituíra Hussein Abdel Chir no comando do Setembro Negro no Chipre e estava na capital grega para participar de uma reunião secreta.

Para assassinar Muchasi, os agentes da Operação Ira de Deus recorreram ao mesmo método usado para matar Abdel Chir. Um *kidon* entrou no quarto do hotel e colocou sob a cama um potente explosivo. Um telefonema fez com que o palestino se sentasse na cama e ativasse o explosivo. O corpo dele voou pelos ares, e seu cadáver foi encontrado dois andares acima. Com os três líderes da OLP e do Setembro Negro assassinados em Beirute pelo Kidon dentro da Operação Primavera da Juventude, já eram oito os líderes palestinos ligados ao Setembro Negro executados pelos vingadores de Munique, e a contagem avançava.

Poucos dias depois, a estação do Mossad em Roma lançou uma "Luz do Dia" – o estado de alerta máximo dos agentes dos serviços secretos israelenses. Aparentemente, um *katsa* instalado na Embaixada de Israel na capital italiana detectara Abdel Hamid Shibi e Abdel Hadi Nakaa, ativistas do grupo Setembro Negro que preparavam um ataque contra interesses israelenses na Itália. Mike Harari, depois de consultar Zvi Zamir, ordenou a seus *kidon* que fossem a Roma e executassem Shibi e Nakaa. Os terroristas deslocavam-se sempre num Mercedes-Benz preto. A unidade Ayin informou que em várias ocasiões, enquanto o seguiam, os homens haviam deixado o automóvel no mesmo estacionamento do centro da cidade. Seria ali que preparariam o golpe.

Certa tarde, duas equipes do Kidon seguiram Abdel Hamid Shibi e Abdel Hadi Nakaa. Quando deixaram o veículo, um *kidon* abriu a porta do Mercedes e colocou uma mina sob o banco do motorista. Antes disso, o agente colocou ali uma chapa de aço, para que a deflagração fosse ascendente.

Sete horas depois, Shibi e Nakaa voltaram. O último ocupou o lugar do passageiro, enquanto Shibi abria a porta do motorista. Ao se sentar, ambos ouviram uma espécie de clique – haviam acabado de ativar a mina. A explosão deixou Abdel Hamid Shibi gravemente ferido e Abdel Hadi Nakaa em estado grave. O teto do Mercedes foi separado da carroceria pelo choque e caiu a trezentos metros de distância. Ambos morreram a caminho do hospital.

A poucos metros dali, um carro com quatro homens abandonava o local da ação, enquanto se ouviam as primeiras sirenes da polícia se aproximando.

Ainda restavam três alvos importantes: Jamal Al-Gashey, Mohamed Safady e Adnan Al-Gashey, todos eles sobreviventes do comando do Setembro Negro que adentrara a Vila Olímpica de Munique. Para Mike Harari, Adnan Al-Gashey era um alvo prioritário, uma questão pessoal. Al-Gashey era o terrorista que havia disparado a rajada fatal na direção dos vários atletas israelenses num dos helicópteros estacionados no aeroporto de Fürstenfeldbruck.[66]

Por vários meses, Al-Gashey manteve-se escondido com a esposa em diferentes casas de Beirute, até o Mossad descobri-lo num país do Golfo Pérsico.

O palestino, sobrevivente da operação de Munique, tentava encontrar trabalho como pedreiro. Os *kidon* da Metsada vigiaram-no durante duas semanas, até a equipe Ayin informar Harari que o tinham descoberto com um primo. Quando o *kidon* entrou na sala da casa, o palestino estava sentado no sofá. O agente israelense o olhou e, depois de pronunciar a famosa frase "Lembre-se de Munique", disparou sua Beretta. A primeira bala, a que o acertou na cabeça, matou o terrorista do Setembro Negro.

Mohamed Safady foi localizado em Beirute, na casa da mãe. Ele nem sequer tentara se esconder. Sabia que os israelenses estavam atrás dele e que, mesmo que tentasse se esconder, os agentes do Mossad o encontrariam mais cedo ou mais tarde, como acabou por acontecer. Certa manhã, quando caminhava por uma rua de Beirute depois de sair de uma padaria, alguém se aproximou por trás e disparou várias vezes pelas costas. Quando o palestino caiu numa poça de sangue, o *kidon* da Metsada se aproximou, pôs o cano da arma na nuca dele e disparou. Em seguida, desapareceu nas sombras.

Os vingadores de Israel haviam conseguido matar ou neutralizar doze responsáveis pelo Setembro Negro ligados ao assassinato dos onze atletas israelenses durante os Jogos Olímpicos de Munique, mas ainda era preciso localizar os líderes principais: Ali Hassan Salameh, conhecido como "Príncipe Vermelho"; Mohamed Boudia; Abu Daoud; e Abu Iyad. Os homens de Mike Harari não permitiriam que nenhum deles escapasse do Kidon, o longo braço de Israel.

Jamal Al-Gashey, de nacionalidade líbia e único sobrevivente do comando do Setembro Negro que entrou na Vila Olímpica de Munique, sobreviveu à vingança do Kidon. Seu rastro se perdeu na Líbia.

CAPÍTULO 4

OPERAÇÃO DIAMANTE

ALVOS: Terroristas do Setembro Negro

POSIÇÃO: Salvar a primeira-ministra de Israel, Golda Meir

DATA: 15 de janeiro de 1973

Enquanto os esquadrões de execução da Metsada trabalhavam a pleno vapor, exterminando quase uma dezena de membros do grupo palestino Setembro Negro, responsáveis pelos assassinatos de onze atletas da equipe israelense nos Jogos Olímpicos de Munique, Ali Hassan Salameh, que o Mossad conhecia pelo apelido de Príncipe Vermelho, preparava um ataque surpresa para liquidar Golda Meir.

Os homens do Setembro Negro tinham descoberto, por meio de um elemento infiltrado no Vaticano, que a líder israelense planejava se encontrar com o Papa Paulo VI. Golda Meir tentava uma aproximação com o intuito de estabelecer relações diplomáticas entre Israel e a Santa Sé. Dois serviços secretos, o Mossad israelense e a Santa Aliança do Vaticano, teriam de trabalhar lado a lado se quisessem salvar a chefe do governo israelense.[67]

A Operação Diamante, para o Mossad, e a Operação Jerusalém, para a Santa Aliança, demonstraria a cooperação entre os dois serviços de espionagem, uma colaboração que daria frutos alguns anos depois, quando o Mossad, em guerra contra o Setembro Negro por causa dos assassinatos dos atletas israelenses no ano anterior, revelou ter conhecimento de um plano para sequestrar e assassinar o Papa Paulo VI.[68]

No final do outono de 1972, Golda Meir, por intermédio da Secretaria de Estado do Vaticano, recebeu um comunicado secreto do Papa Paulo VI informando que ele estava disposto a recebê-la numa audiência privada. Em 11 de dezembro do mesmo ano, Meir reuniu-se com seu gabinete e Zvi Zamir, o *memuneh* do Mossad, para pedir conselhos sobre as medidas de segurança que deveriam ser adotadas. Meir deixou claro a Zamir e a Aharon Yariv, seu consultor particular para assuntos ligados ao terrorismo, que "não pretendia ir a Canossa", um ditado popular israelense que faz referência ao castelo italiano onde o imperador Henrique IV, do Sacro Império Romano Germânico, se humilhou como penitente diante do Papa Gregório VII, no ano de 1077. Meir era orgulhosa demais para isso.

Zamir, por meio da Santa Aliança, e o Ministério dos Negócios Estrangeiros de Israel, por intermédio da Secretaria de Estado do Vaticano, foram informados que o dia 15 de janeiro de 1973 seria a data escolhida para o encontro. O poderoso cardeal Jean Villot informou que o encontro entre Paulo VI e Golda Meir duraria 35 minutos, que posteriormente se trocariam presentes e que em nenhum momento o encontro seria regido por uma agenda específica, significando a possibilidade de ser tratado qualquer tema por ambas as partes. A segurança ficaria nas mãos do Mossad, liderado por Zamir, e da Santa Aliança, em contato com o serviço de espionagem italiano.[69]

A agenda da primeira-ministra de Israel estava programada até os mínimos detalhes. Segundo o plano, Meir voaria para Paris durante os dias 13 e 14 de janeiro para assistir à Conferência da Internacional Socialista e de lá, viajaria a Roma em um avião sem identificação alugado pela El Al. Os acompanhantes de Golda Meir só seriam informados do destino final durante a viagem. Depois da reunião com o Sumo Pontífice, Meir viajaria até a Costa do Marfim para se reunir durante dois dias com o presidente Félix Houphouët-Boigny e regressaria então a Israel.

Zamir decidira viajar uma semana antes para Roma para preparar as medidas de segurança e estabelecer contato com os agentes da Santa Aliança. Mike Harari, responsável pela equipe de assassinos da Metsada, também foi informado da viagem de Meir pelo próprio *memuneh*. Para ele, a Cidade Eterna era um cenário favorável para um ataque de terroristas árabes. Desde o ataque à delegação israelense nos Jogos Olímpicos de Munique, a capital italiana tornara-se uma cidade de encontro de terroristas à procura de boas informações e de traficantes de armas em busca de bons clientes. Poucos meses antes, em 16 de outubro, os *kidon* de Harari haviam executado Wael Zwaiter, um intelectual, tradutor de *As Mil e Uma Noites* para o italiano e um dos homens do Setembro Negro na Itália.[70]

As conexões entre o Mossad e a Santa Aliança eram Mark Hessner, de parte israelense, e o padre Carlo Jacobini, de parte da Entidade, nome pelo qual o mundo da espionagem conhecia o serviço secreto do Vaticano. Shai Kauly, *katsa* responsável pela estação de Milão, se juntaria a Hessner. Num encontro secreto, Zvi Zamir colocou Jacobini, Kauly e Hessner a par de todos os detalhes da viagem de Golda Meir para se encontrar com o Papa Paulo VI. Era evidente que nenhuma informação poderia vazar se quisessem evitar um atentado contra Meir pelos homens de Ali Hassan Salameh, o Príncipe Vermelho.

Um dia depois, o serviço de contraespionagem do Vaticano, o *Sodalitium Pianum*, informou a Jacobini que alguém, possivelmente algum sacerdote ligado à Secretaria de Estado, transmitira uma informação sobre Meir a um contato em Roma conhecido por suas relações com o Setembro Negro. A Santa Aliança informou Zamir sobre o vazamento de informação. O *memuneh* chamou primeiro Aharon Yariv. Precisava de um bom aliado para convencer Golda Meir de que talvez fosse recomendável cancelar o encontro com Paulo VI. Por conhecer bem a primeira-ministra, Yariv sabia que uma simples ameaça não a faria voltar atrás em sua decisão de conseguir o reconhecimento de Israel pelo Vaticano, ainda que tivesse de assumir o risco de um atentado pelo mesmo grupo terrorista que, meses antes, ousara assassinar os atletas israelenses. A única resposta de Meir a Zamir foi: "*Memuneh*, seu trabalho é evitar que aconteça. Israel não pode recuar por causa de uma ameaça".

Para a segurança da reunião, o Vaticano destacou outro sacerdote, um especialista em assuntos de contraespionagem que fazia parte do *Sodalitium Pianum*, o padre Angelo Casoni, a pessoa que havia descoberto que a informação da viagem secreta de Golda Meir para se encontrar com o Papa Paulo VI poderia ter chegado ao conhecimento de Abu Yussef.[71] Carlo Jacobini, da Santa Aliança, e Zvi Zamir, do Mossad, sabiam que, mais cedo ou mais tarde, algum grupo terrorista apareceria.[72]

Yussef enviara um comunicado a Ali Hassan Salameh, o Príncipe Vermelho, líder supremo do grupo terrorista palestino Setembro Negro e cérebro da operação que vitimou os atletas em Munique. O texto do comunicado dizia: "Acabemos com aquela que derrama nosso sangue por toda a Europa".[73] O modo como se daria e o local exato do atentado contra Meir dependiam única e exclusivamente de Salameh. Enquanto para o Príncipe Vermelho o assassinato de Golda Meir seria uma surpresa aterradora na sua luta contra os israelenses, para Yussef representava uma oportunidade espetacular de demonstrar ao mundo que o Setembro Negro continuava sendo um poderoso grupo terrorista que devia ser considerado. O assassinato da líder israelense no Vaticano colocaria o grupo em destaque em todos os meios de comunicação.[74]

Em 10 de janeiro, cinco dias antes da reunião, o *memuneh* Zvi Zamir e os *katsa* Mark Hessner e Shai Kauly foram conduzidos num carro preto pelas ruas de Roma rumo ao Vaticano. Os guardas suíços que protegiam o portão bateram continência enquanto o automóvel adentrava a área administrativa da Santa Sé. Quando saíram do carro, o padre Carlo Jacobini os esperava. Zamir sabia, pelo relatório que tinha sobre Jacobini, que o sacerdote estudara nos Estados Unidos e que sua experiência em inteligência fora adquirida durante vários cursos realizados em Langley, o quartel-general da CIA, no estado da Virgínia.

O agente da Santa Aliança falava fluentemente seis línguas e era considerado no Vaticano um autêntico nobre por conta da relação familiar que tinha com altos membros da Cúria Romana, como o cardeal Domenico Maria Jacobini; o cardeal Ludovico Jacobini, secretário de Estado do Papa Leão XIII; e o cardeal Angelo Jacobini. Zvi Zamir sabia que o jovem espião era um bom contato para se movimentar pelos corredores do Vaticano, ainda mais depois que a Entidade perdeu a confiança na CIA.[75]

Nada se sabe da reunião secreta realizada no Vaticano entre o Mossad e a Santa Aliança. Ao atravessar a praça de São Pedro, o *memuneh* disse ao motorista que o levasse ao aeroporto a fim de que tomasse um avião para Tel Aviv.

No Instituto, nome pelo qual é conhecido o serviço de inteligência israelense, já se sabia, por meio do padre Angelo Casoni, que Ali Hassan Salameh fora informado da viagem de Golda Meir a Roma e que deviam estar preparados para evitar o atentado. Ao mesmo tempo, a estação do Mossad em Londres informou a Mike Harari que havia recebido um telefonema de um homem que dizia se chamar Akbar. Era um "agente antiquado" que chegara à capital britânica para estudar economia. Akbar mantinha ótimas relações com a cúpula da OLP em Londres. O relatório chegou à mesa de Harari, em Tel Aviv, por intermédio do código Berman, usado por todas as estações do Mossad. O chefe da Metsada pediu ao Saifanim, o departamento encarregado de recolher informações sobre a OLP, o dossiê sobre Akbar. Em poucos minutos, uma grossa pasta marrom com vários carimbos na capa estava diante de Mike Harari. Ao abri-la, o chefe da Metsada descobriu o rosto do palestino que dizia chamar-se Akbar. Uma fotografia grande na parte superior do relatório e outras três menores na parte inferior da folha mostravam o rosto do homem que telefonara para a estação londrina a fim de colocar o Mossad em guarda em relação à segurança de Golda Meir.[76]

Sempre que uma informação era recebida de uma fonte da OLP, por mais extraordinária que fosse, os *katsa* do Mossad deviam repassá-la à Metsada e à Apam. Depois que ambos os departamentos confirmassem a segurança da fonte, o *katsa*, vigiado por dois *kidon* da Metsada, estabelecia contato.[77]

Akbar suspeitava que o Setembro Negro preparava uma operação importante, e não havia dúvida de que queria dinheiro. Harari recomendou a Zamir que o serviço de espionagem do Vaticano não fosse informado até que soubessem do que se tratava.

O encontro deveria acontecer em Paris, e a segurança do Mossad escolheu a estação de metrô Pyramides. A estação parisiense da espionagem israelense começou a seguir Akbar de perto. Outros três *kidon* da equipe Ayin, liderados por Harari e destacados para a Operação Ira de Deus, também seguiam o informante palestino.

Uma vez estabelecido contato com Akbar, o *katsa* do Mossad perguntou: "Quem é o alvo?". "Um dos seus", respondeu Akbar. Espalhou-se o pânico nas facções do Mossad. Por um lado, os *kidon* da Metsada executavam aqueles membros do Setembro Negro ligados ao atentado de Munique; por outro, os *katsa* do Mossad tinham de saber o quanto antes a identidade do alvo dos terroristas palestinos.[78]

No dia seguinte ao contato, Akbar voltou a ligar para a estação de Paris para solicitar outro encontro. Desta vez, o local escolhido era Roma. O encontro entre um *katsa* e Akbar ocorreu numa rua do centro da capital italiana. O informante árabe disse ao agente que o Setembro Negro preparava um atentado contra uma figura importante do Estado de Israel e que ainda não tinha nenhuma informação sobre a identidade do alvo. Harari, já em Roma, diante da iminente visita de Golda Meir, decidiu pedir ao *memuneh* que a convencesse a cancelar a viagem. De acordo com o chefe da Metsada, um agente da KGB informara-o extraoficialmente que tinham detectado movimentação de palestinos, constantes nos arquivos da espionagem soviética, em diversos pontos da Itália. Zvi Zamir ignorou as recomendações de Harari porque, para ele, os grupos terroristas tinham uma relação especial com a KGB. Em Moscou, educavam-nos politicamente e os treinavam para assassinar e preparar explosivos, que depois colocavam em centros comerciais ou em terminais movimentados de aeroportos. Tanto o Mossad quanto a Santa Aliança sabiam que não podiam contar com a KGB para localizar os terroristas do Setembro Negro incumbidos de atentar contra a vida de Golda Meir. Se quisessem evitar o atentado, teriam de correr eles mesmos contra o relógio.

Os soviéticos não revelariam que os homens de Ali Hassan Salameh contavam com mísseis de fabricação russa escondidos num armazém industrial em um porto iugoslavo, e que seria com eles que tentariam abater o avião de Golda Meir quando este estivesse prestes a aterrissar no aeroporto de Fiumicino. O plano era simples. Consistia em embarcar os mísseis Strela, do tipo SA-7, num navio industrial no porto de Dubrovnik e levá-los ao porto de Bari, no Adriático italiano. Dali seriam transportados num caminhão até Roma, aguardando então a chegada da primeira-ministra de Israel. Para introduzir os mísseis na Itália, o próprio Hassan Salameh percorreu diferentes bares no porto de Hamburgo. Lá, contratou um alemão mais interessado em ganhar dinheiro rápido do que em fazer perguntas indiscretas, e também duas jovens com desejo de aventura em troca de um cruzeiro pelo Adriático. Não havia necessidade de saberem qual o conteúdo das caixas que guardariam em seus porões. O alemão e as duas mulheres tinham apenas que se dirigir a uma pequena ilha perto de Dubrovnik, esperar que alguns sujeitos levassem as caixas para os porões e regressar para uma praia deserta a norte de Bari. Ali, dois homens poriam as caixas num furgão Fiat e lhes pagariam uma boa quantia em dinheiro.

Um dos homens disse ao alemão para que ancorasse ali perto e esperasse por novas instruções. Naquela noite, enquanto o alemão e as duas mulheres amargavam a ressaca de uma festa, três homens se aproximaram do barco num bote inflável. Dois deles, enviados por Ali Hassan Salameh, se aproximaram do alemão. O marinheiro, ainda sob o efeito da ressaca, viu um dos recém-chegados sacar um punhal e, com um movimento rápido, cortar-lhe o pescoço. O segundo assassino desceu pelas estreitas escadas e descobriu as duas mulheres deitadas na mesma cama. Colocou o silenciador na boca da primeira mulher e disparou. O som seco acordou a segunda. O homem teve tempo de encostar o cano da arma na cabeça dela e disparar.

Em seguida, os terroristas do Setembro Negro enviados por Salameh rebocaram o barco e, quando estavam a mais de duas milhas da costa, abriram uma brecha na quilha e afundaram a embarcação com os três cadáveres dentro.[79]

O furgão Fiat, carregado com os mísseis, viajou até Roma por estradas secundárias, atravessando as cidades de Avelino, Terracina, Anzio e Ostia.

Zvi Zamir, Mike Harari e o padre Carlo Jacobini seguiam trabalhando juntos para descobrir quando e como seria o ataque.[80]

A tecnologia dos mísseis de fabricação russa era baseada no sistema norte-americano Redeye. Os foguetes eram disparados em direção ao alvo por um lançador de aproximadamente dez quilos que ficava apoiado sobre o ombro. Os mísseis pesavam nove quilos e contavam com um sólido e rápido motor, além de um sistema de orientação passiva por infravermelhos. Esse tipo de míssil era totalmente inútil para derrubar um caça, mas, se o alvo fosse mais pesado e lento, como um Boeing comercial, era extremamente eficaz e letal.

Para desviar a atenção do Mossad sobre Meir e Roma, o Príncipe Vermelho realizou um ataque-surpresa contra Israel nessas mesmas datas. Em 28 de dezembro de 1972, um comando do Setembro Negro atacou a Embaixada de Israel em Bangcoc.[81]

Angelo Casoni, do *Sodalitium Pianum*, disse que uma de suas fontes lhe indicara que o assalto do Setembro Negro à delegação diplomática israelense na Tailândia não era nada além de uma forma de distrair a atenção da opinião pública. Jacobini não acreditava, mas Zamir sim.[82] O Mossad sabia que jamais libertariam os reféns com um ataque de comandos israelenses, e Golda Meir também não permitiria que os tailandeses entrassem na Embaixada aos tiros. No final, e após horas de negociação entre o embaixador do Egito na Tailândia e o chefe do comando, concederam-se salvo-condutos aos integrantes do grupo de assalto para saírem do país rumo ao Cairo. Carlo Jacobini recomendou não baixar a guarda ante a possibilidade de um ataque em solo vaticano contra a líder israelense. Os homens do Setembro Negro estavam bem treinados, motivados e financiados, e também eram famosos pela extrema violência. Deixavam sempre um cadáver para trás.

Nas primeiras horas de 14 de janeiro, um dia antes do encontro entre Paulo VI e Golda Meir, um agente do *Sodalitium Pianum* comunicou ao padre Angelo Casoni que um informante seu em Bari lhe transmitira que circulava um boato sobre uma operação por parte de guerrilheiros palestinos em solo italiano. Ao mesmo tempo, um *sayan*[83] avisou a estação do Mossad na Embaixada de Israel na Itália de que ouvira uma conversa entre dois sujeitos com nítido sotaque árabe na qual um deles garantia ao outro que, em pouco tempo, receberia um "monte de velas".

Nesse mesmo dia, a estação do Mossad em Londres comunicou a Zvi Zamir que outro informante revelara que o alvo do Setembro Negro desta vez seria um cidadão israelense. O chefe do Mossad tinha certeza de que o "monte de velas" referido pelo contato podiam ser mísseis, mas Zvi Zamir estava certo de que nem Golda Meir nem Paulo VI cancelariam o encontro. Zamir chamou Hessner, membro da Metsada, e Kauly para solicitar uma reunião com os padres Jacobini e Casoni. Os serviços secretos do Vaticano deveriam ser informados de cada passo da operação, e com certeza a Santa Aliança tinha melhores fontes na cidade de Roma do que os serviços secretos israelenses.[84]

Ali Hassan Salameh, conhecido pelo codinome Abu Hassan, o Príncipe Vermelho, era um homem culto, diligente e cruel. Diz-se que matou o meio-irmão com um tiro no olho quando descobriu que passava informações a uma facção dissidente palestina. Salameh era casado com uma belíssima libanesa, Georgina Rizk, eleita Miss Universo em 1971.[85] De acordo com o Mossad, o Príncipe Vermelho estava por trás da tentativa de assassinato de Golda Meir; porém, para a Santa Aliança, dificilmente o terrorista palestino se movimentaria pela cidade de Roma sem que tivessem conhecimento do fato.

O dia em que o encontro se realizaria, 15 de janeiro, amanheceu frio e chuvoso. Tanto o Mossad e suas unidades da Metsada quanto a Santa Aliança e a Digos, unidade antiterrorista italiana, estavam em estado de alerta máximo. O padre Carlo Jacobini tinha certeza de que o Setembro Negro não deixaria Meir sair viva de Roma e informou isso ao Papa Paulo VI. Zamir e Mike Harari sabiam que, se o ataque envolvia mísseis, o único lugar em que poderiam usá-los era nas imediações do aeroporto e, definitivamente, quando o avião estivesse aterrissando ou levantando voo. Seria melhor disparar um SA-7 a curta distância, visto que o míssil seguiria o rastro do calor das turbinas do avião e, assim, a probabilidade de acerto seria maior.

O Mossad e a Santa Aliança colocaram agentes no aeroporto e nas proximidades para vigiar qualquer movimento suspeito.[86] Enquanto os agentes do Vaticano tinham recebido ordens para entregar os terroristas às autoridades italianas, os israelenses tinham instruções expressas de Zvi Zamir para executar todo terrorista que encontrassem pelo caminho.

O primeiro alerta chegou poucas horas antes da chegada de Golda Meir. Quando vigiavam os arredores das instalações aeroportuárias, um agente do *Sodalitium Pianum* avisou o padre Angelo Casoni de que avistara um furgão perto de uma das pistas mais distantes e que se aproximara para perguntar se precisavam de ajuda. Os homens dentro do veículo responderam com tom de voz nervoso que já tinham chamado um guincho. Casoni chamou Zamir, Harari e Hessner por rádio, que partiram para o local. Ao chegar, descobriram três homens num furgão Fiat bege, supostamente avariado e muito distante da estrada. Harari suspeitou de imediato. "Ninguém se distancia tanto de uma área de circulação se o que espera é um guincho", pensou.

Armados, os israelenses aproximaram-se do veículo estacionado e pediram ao motorista que saísse e se identificasse. Nesse momento, a porta de trás se abriu e começou uma chuva de balas. Harari deu um salto para trás e, enquanto caía, disparou várias vezes. Um dos disparos arrancou uma orelha de um dos terroristas. Hessner, que estava agachado, apontou a arma, através da janela, para o interior do carro e passou a disparar às cegas. Uma bala atravessou o ombro direito do segundo terrorista e a segunda lhe destroçou parte da bochecha esquerda. Ambos ficaram gravemente feridos, num assoalho encharcado de sangue.

Os agentes do Mossad conseguiram sair ilesos do tiroteio, mas, durante o confronto, o motorista conseguira fugir a pé. Uma equipe da Metsada que vigiava seu chefe perseguiu o terrorista fugitivo e conseguiu capturá-lo quando tentava saltar a grade de acesso às pistas do acroporto.

Entre socos, colocaram-no dentro de um carro. Na frente, sentaram-se Hessner, ao volante, com Jacobini a seu lado. Atrás, sentaram-se Zamir e Harari, com o terrorista entre os dois. O *memuneh* do Mossad perguntava insistentemente ao palestino a localização dos outros mísseis, enquanto o agredia a coronhadas. O ativista do Setembro Negro sorria, garantindo que jamais diria nada, mesmo que o matassem ali mesmo. Harari engatilhou sua arma e, enrolando-a no casaco, fez menção de dispará-la na cara do terrorista. O agente da Santa Aliança, contudo, impediu a execução.

Quando era possível ver o avião em que viajava Golda Meir ao longe, os agentes viram outro furgão branco perto da pista norte, cujo teto havia sido adaptado, podendo se vislumbrar nele espécies de tubos apontados para o céu.

Hessner pisou fundo no acelerador e bateu uma das laterais do veículo, fazendo-o capotar. Dois membros do Setembro Negro ficaram presos sob os mísseis e os lançadores. Zamir pediu então ao padre Jacobini para que dessem a volta para executar os terroristas, mas, antes que pudesse disparar, o agente da Santa Aliança disse ao chefe do Mossad que, se os matasse, ele não teria alternativa a não ser informar o fato ao Sumo Pontífice e que Israel ficaria novamente numa posição difícil.[87] Zamir preferiu não colocar mais um obstáculo nas complicadas relações entre Israel e o Vaticano, decidindo entregá-los à Digos. Cinco terroristas do Setembro Negro ficaram fora de combate, nas mãos das autoridades italianas.

Golda Meir conseguiu se reunir com o Papa Paulo VI e, embora o pontífice tenha assegurado que não era o momento indicado para estabelecer relações diplomáticas, comprometeu-se a visitar a Terra Santa. Ao sair do Vaticano, Golda Meir disse a Zvi Zamir que “o relógio do Vaticano é diferente do relógio do resto do mundo”, e talvez estivesse certa.

O fracasso na tentativa de matar Golda Meir representou para o Setembro Negro e seu líder supremo, Ali Hassan Salameh, uma derrota mais moral do que efetiva. O Príncipe Vermelho ansiava por vingança, e seu alvo seria, nada mais, nada menos que o próprio Mossad. Hassan Salameh queria deixar bem claro aos israelenses que era capaz de dar um contragolpe rápido, eficaz e demolidor. O alvo seria um homem de negócios chamado Moshe Hanan Yshai, que mais tarde se descobriria ser, na realidade, um *katsa* de 37 anos chamado Baruch Cohen.[88] O agente, um israelense que falava árabe, trabalhara durante anos para o governador militar de Nablus depois da Guerra dos Seis Dias. Cohen fazia parte do comando que havia tentado capturar Yasser Arafat.[89] Em 1970, juntou-se ao Mossad, sendo enviado a Bruxelas com a missão de estabelecer contato com jovens árabes que estudassem em universidades europeias. Pouco depois, seria destacado para Madri a fim de tentar recrutar um jovem estudante palestino. Durante dias, o próprio

Cohen seguiu o árabe de perto. O certo é que o indivíduo não levantou nenhum tipo de suspeita ao *katsa*, e esse foi seu erro. Em 26 de janeiro de 1973, por volta das 10h15, Cohen conseguiu estabelecer contato com o palestino de 25 anos no café Morrison, localizado na avenida central de José Antonio (atualmente Gran Vía). Em dado momento, enquanto conversavam, o árabe meteu a mão dentro do casaco e, diante da expressão surpresa do *katsa*, tirou uma arma com silenciador e disparou quatro vezes. O agente do Mossad ficou estendido no chão, gravemente ferido, em meio a uma poça de sangue. Levado para o hospital Francisco Franco, morreu na mesa de cirurgia, tornando-se, assim, o primeiro homem do serviço de espionagem israelense assassinado na Europa.[90] Mas o Setembro Negro não queria deixar nenhuma ponta solta.

Akbar, o informante do Mossad, estava convencido de que os assassinos que trabalhavam para Hassan Salameh o tinham descoberto. Sua primeira reação foi fugir de Londres, mas sabia que os homens do Setembro Negro o encontrariam onde quer que se escondesse. Akbar telefonou então para seu contato do Mossad, na Embaixada israelense da capital britânica, comunicando-lhe que fora descoberto e que precisava de uma grande quantia de dinheiro para fugir. O *katsa* respondeu que precisaria consultar Tel Aviv. Zvi Zamir ordenou que, antes de lhe dar dinheiro, Akbar tirasse dos escritórios da OLP na Grã-Bretanha uma série de documentos e os entregasse ao Mossad em Londres. O *katsa* voltou a contatar Akbar e lhe transmitiu as ordens recebidas do próprio *memuneh*. Akbar sabia que, se entrasse na delegação palestina, o mais provável era que não saísse vivo de lá. O agente do Mossad foi contundente em relação ao pagamento. Sem documentos, não haveria dinheiro. Akbar aceitou.

Certa tarde, o árabe disse a seu contato israelense que tinha em seu poder os documentos exigidos e lhe pediu que, no próximo encontro, levasse o dinheiro. O local escolhido foi uma esquina de Hyde Park. Os agentes do Mossad distribuíram-se em dois veículos. No primeiro, viajaram o *katsa* e dois membros da Apam; no segundo, dois *katsa* e um *kidon* de Harari. Akbar entrou no automóvel e atirou a pasta de capa marrom no banco da frente. O *katsa* pegou a pasta para confirmar a autenticidade dos documentos. Nesse momento, um som colocou Akbar em estado de alerta e ele gritou: "Não abra!". Uma grande explosão elevou o carro alguns metros no ar. Todos os ocupantes do veículo, menos o motorista, morreram. O motorista permaneceu em estado vegetativo pelo resto da vida.

Os agentes do Mossad que estavam no segundo veículo puderam apenas ser testemunhas do modo como o outro voava pelos ares. Novamente, o Mossad sentia na pele que a mão de Ali Hassan Salameh e do Setembro Negro era tão grande quanto a de Mike Harari e de seus *kidon* da Metsada.[91]

As suspeitas do *Sodalitium Pianum* sobre o indivíduo da Secretaria de Estado do Vaticano que poderia ter passado a informação aos terroristas do Setembro Negro em relação à viagem secreta de Meir recaíram sobre o padre Idi Ayad. O que o Mossad não sabia, e porventura nunca descobriu, é que Ayad era, na realidade, não só um agente da Santa Aliança como também um intermediário oficial entre o Papa Paulo VI e a cúpula da OLP.[92]

Enquanto isso, num escritório perdido nos corredores do Vaticano, um homem carimbava uma pasta com o nome Operação Jerusalém e ordenava sua entrega aos Arquivos Secretos, localizados na Biblioteca Vaticana. Para o mundo, aquela operação de corrida contra o tempo da Metsada para salvar a vida de Golda Meir em sua visita à Santa Sé simplesmente nunca existiu, embora a guerra e as execuções às sombras continuassem como vingança pela morte de onze atletas nos Jogos Olímpicos de Munique.

Os cinco terroristas do Setembro Negro, integrantes do comando que tentara assassinar Golda Meir no aeroporto de Roma, detidos pelos *katsa* do Mossad, foram postos em liberdade pelas autoridades italianas pouco depois e enviados à Líbia. Ali, tal como acontecera com os sobreviventes do comando que tinha assassinado os atletas israelenses em Munique, foram recebidos como heróis. Meses depois, a maior parte deles seria executada pelos assassinos da Metsada.

CAPÍTULO 5

OPERAÇÃO PRIMAVERA DA JUVENTUDE

ALVOS: Líderes palestinos em Beirute

POSIÇÃO: Responsáveis pelo Setembro Negro

DATA: 10 de abril de 1973

Desde que a primeira-ministra de Israel, Golda Meir, dera carta branca à Operação Ira de Deus, em setembro de 1972, os *kidon* da Metsada já tinham executado mais de uma dezena de membros do grupo terrorista Setembro Negro por toda a Europa.

Restava a Mike Harari, o chefe da Metsada, um sabor amargo por ter atingindo apenas membros de pequena ou média importância da rede terrorista. Para os assassinos de Israel, apareciam três novos nomes na lista de palestinos a serem executados com a autorização de Golda Meir. O primeiro era Mohamed Yussef Al-Najjar, conhecido como Abu Yussef, o número três da Al Fatah depois de Yasser Arafat e Abu Iyad. Najjar era o chefe de operações e de inteligência da Al Fatah para ataques terroristas no estrangeiro, figura do alto comando do Setembro Negro e um dos idealizadores do ataque de Munique. O segundo era Kamal Adwan, chefe de operações da OLP e de células terroristas em Gaza e na Cisjordânia. E o terceiro alvo era Kamal Nasser, porta-voz oficial da OLP com alta posição no Setembro Negro. Os três viviam em casas fortificadas na cidade de Beirute.[93]

O governo israelense autorizara Zvi Zamir e Mike Harari a eliminar os líderes da OLP como fizeram com seus militantes, executados em Roma, Paris e Nicósia. Quando decidiram quais seriam os três novos alvos e sua localização,

Harari afirmou que para o cumprimento da missão seria necessária uma força combinada de unidades do exército e de alguns *kidon* da Metsada. Durante algumas semanas, as equipes da Operação Ira de Deus se converteriam em autênticos soldados, no que se chamaria Operação Primavera da Juventude. Embora os assassinatos devessem ser executados por agentes do Mossad, os comandos da Unidade (Sayeret Matkal)[94] seriam os dirigentes da operação. Em fevereiro de 1973, o comandante desse esquadrão era o tenente-coronel Ehud Barak, o mesmo que 26 anos depois se tornaria primeiro-ministro de Israel. Barak tinha sido convocado para uma reunião secreta em Kirya,[95] o quartel-general do exército, as Forças de Defesa de Israel (FDI), em Tel Aviv. Ao entrar na grande sala de mapas, Barak e os segundos no comando, Muki Betser e Yoni Netanyahu,[96] encontraram-se com outros assessores importantes. Ao redor da mesa, estavam Moshe Dayan, ministro da Defesa; Aharon Yariv, conselheiro de Golda Meir para assuntos de contraterrorismo; Haim Bar-Lev, ex-chefe do Estado-Maior; David Elazar, chefe do Estado-Maior; o coronel Shaul Ziv, dirigente do Comando da Marinha; Zvi Zamir, memuneh do Mossad; e Mike Harari, líder da Metsada na Operação Ira de Deus.[97] Yariv atirou três volumosas pastas na direção de onde estavam Barak, Betser e Netanyahu. O comandante da Unidade leu os nomes que apareciam nas capas: Abu Yussef, Kamal Adwan e Kamal Nasser. Os três militares reconheceram rostos e nomes.

Os palestinos estavam envolvidos não só nas operações terroristas do Setembro Negro mas também em suas decisões. Elazar observava sobre a mesa dois grandes planos de edifícios situados no coração de Beirute. O chefe do Estado-Maior pediu a Barak que se aproximasse. Nos planos, era possível ver as plantas, os perfis dos edifícios e anotações escritas à mão pelos *katsa* do Mossad.

Num dos edifícios, situado na rua Jartum, encontrava-se o quartel-general da Frente Democrática para a Libertação da Palestina (FDLP), de Nayif Hawatme. No outro, localizado na esquina da rua Verdún, no bairro nobre de Ramlat al-Bida, muito perto da rua Hamra, principal artéria comercial da capital libanesa, residiam, no segundo andar, Kamal Adwan e, no terceiro, Kamal Nasser. Num edifício situado à frente, na mesma rua, no sexto andar, vivia Abu Yussef. "A Unidade será responsável por ajudar os *kidon* de Harari a entrar em Beirute, executar os três alvos e voltar sãos e salvos a Israel", disse David Elazar.[98]

Os *katsa* do Mossad tinham todas as informações necessárias para executar a operação. Plantas dos edifícios, retratos dos alvos, segurança e número de guarda-costas de cada um deles, fotografias das ruas de diferentes ângulos, número das placas e modelos dos veículos em que se movimentavam bem como outras coisas do gênero. Os comandos da Sayeret Matkal tinham pleno conhecimento da situação das praias em que desembarcariam seus homens, dos postos policiais de Beirute e dos quartéis das diversas facções que controlavam a capital do Líbano.

Barak não queria que, em plena luta, chegassem ao local guerrilheiros de alguma facção palestina e os encurralassem. Isso implicaria morte certa para ele, seus comandos e os agentes do Mossad.

O chefe da Unidade decidiu que a incursão não seria realizada com helicópteros, mas com potentes botes infláveis vindos de uma base naval ao norte de Israel. Dias antes, Barak e Betser entrariam em Beirute fazendo-se passar por turistas. Netanyahu se encarregaria de coordenar o desembarque dos comandos e de proteger os *kidon* que deveriam realizar as execuções dos três membros do alto escalão ligados à OL

Ao sair do quartel-general do exército israelense, os três militares entraram nos veículos e se dirigiram em completo silêncio ao quartel da Sayeret Matkal. À primeira hora da manhã seguinte, Muki Betser, como líder da primeira companhia, reuniu seus comandos e lhes deu informações sobre a missão cuja incumbência o governo de Golda Meir acabava de lhes passar. “Fomos notificados de que o governo decidiu atingir e executar cada um dos efetivos ou comandantes que tiveram alguma ligação com o que aconteceu em Munique”, disse Betser. “Sei o que se sente sendo israelense e muito mais quando se é soldado. A partir de agora, nossa unidade conduzirá uma guerra total contra cada uma das organizações terroristas que nos atacaram.”[99]

Muki Betser nascera na cidade de Nahalal, no Vale de Jezrael, e crescera no seio de uma cooperativa agrícola fundada pelos avós. Em 1964, juntara-se ao exército israelense, tornando-se um dos melhores comandos da Unidade. Era um dos mais contundentes defensores do assassinato dos responsáveis pela morte dos onze atletas na Alemanha. Seria o próprio Betser quem batizaria a operação conjunta da Sayeret Matkal e da Metsada com o nome de “Primavera da Juventude”.

Sob as ordens dos velhos Betser e Netanyahu, os comandos e os *kidon* treinaram arduamente durante semanas. Na base do Comando da Marinha foram construídas estruturas semelhantes às dos dois edifícios de Beirute que abrigavam os três alvos. A força combinada devia ter claro que a missão teria êxito se seguissem as diretrizes à risca: entrada nos edifícios, neutralização rápida da resistência, chegada ao alvo assinalado e saída rápida para entrar nos veículos, chegar à praia pelas rotas de acesso estabelecidas para entrar nos botes e regressar a águas territoriais israelenses.[100]

Cinco equipes, cada uma composta de quatro homens, foram designadas para cada um dos alvos. A equipe Avivah, sob as ordens do tenente-coronel Ehud Barak, com comandos e *kidon* da Metsada sob as ordens dos majores Yoni

Netanyahu e Muki Betser, se encarregariam dos assassinatos de Abu Yussef, Kamal Adwan e Kamal Nasser. A equipe Gilah, sob as ordens do tenente-coronel Amnon Shahak, seria responsável pela destruição do complexo da FDLP na rua Jartum. A equipe Vardah, sob as ordens do coronel Shaul Ziv, dos comandos navais, pela destruição do quartel-general da Al Fatah. A equipe Tzilah, sob as ordens do coronel Shumel Pressberger, da destruição do depósito de munições da Al Fatah num porto a norte de Beirute. E a equipe Yehudit, sob as ordens do tenente-coronel Amos Yarom, da destruição de outro depósito de munições da Al Fatah, a norte do porto de Sidon.

A Betser, junto a outro comando e dois *kidon*, foi confiada a tarefa, dentro da equipe Avivah, de executar Abu Yussef, o terceiro homem mais importante da Al Fatah. Este andava sempre fortemente protegido pelos homens da Força 17, a guarda pretoriana da OLP, o que era um inconveniente para os israelenses. O que já era evidente é que a Operação Primavera da Juventude teria repercussões internacionais e regionais, entre elas sanções de Washington e das Nações Unidas, mas um golpe de sorte para o governo de Golda Meir ajudaria a suavizar essa reação.

Na tarde de 1º de março de 1973, um comando do Setembro Negro atacou a Embaixada da Arábia Saudita em Jartum quando celebrava-se no local uma festa em homenagem a George Moore, o segundo no comando da missão norte-americana no Sudão. Para os terroristas do Setembro Negro, os sauditas eram colaboradores próximos dos norte-americanos e, portanto, contra os interesses da causa palestina na região. Alguns dos convidados conseguiram escapar pelos jardins da residência quando viram chegarem vários homens armados com granadas nas mãos. Outros não tiveram essa mesma sorte. Entre o grupo de reféns que ficaram cercados dentro da Embaixada encontravam-se Cleo Noel, o embaixador norte-americano no Sudão; George Moore, seu segundo homem no comando; Guy Eid, conselheiro político da Embaixada belga; e os conselheiros políticos das embaixadas da Arábia Saudita e da Jordânia.

Os integrantes do grupo de assalto exigiam a libertação de uma dúzia de terroristas alemães e palestinos, principalmente do Setembro Negro, que estavam confinados em prisões europeias e israelenses. Golda Meir já tinha se mostrado contrária a negociar com eles na ocasião da crise de Munique. Agora era o presidente Richard Nixon quem se negava a negociar com os terroristas na crise de Jartum.

Enquanto o presidente egípcio Anwar el Sadat tentava encontrar uma solução para a crise, os terroristas separaram o embaixador Noel, Moore e o belga Guy Eid do grupo de reféns. Numa sala contígua, obrigaram-nos a se colocarem de joelhos, e um membro do comando os executou com um tiro na nuca.[101]

Enquanto, nos Estados Unidos, aconteciam os funerais oficiais do embaixador Noel e de George Moore, a administração Nixon fez chegar a Golda Meir a notícia de que seu país fecharia os olhos diante de uma operação de vingança contra a OLP e o Setembro Negro, o que resultou no sinal verde à Operação Primavera da Juventude.

Em 1º de abril de 1973, um turista belga de 35 anos chamado Gilbert Rimbaud alugou um quarto no hotel Sands de Beirute para "descansar alguns dias"; o turista alemão Dieter Altnuder alegou o mesmo motivo para hospedar-se no hotel. O primeiro pertencia à Sayeret Matkal. O segundo era um *kidon* da Metsada.

No dia 6 de abril, o hotel Sands recebeu três novos turistas, dois ingleses e um belga: Andrew Wichelaw, George Elder e Charles Boussard. Os *katsa* alugaram quartos em outros hotéis com escadas de emergência nos fundos, algo muito útil caso precisassem fugir rapidamente. Também alugaram seis veículos com os quais realizariam a operação, que seriam abandonados na praia antes da evacuação. A frota era composta de um Renault 16, três Buicks modelo Skylark brancos, um Plymouth e um furgão. Outro turista com passaporte britânico, Andrew Macy, reservou um quarto no hotel Atlantic.

Estava previsto que a operação fosse realizada durante a noite para não levantar suspeitas nos funcionários dos hotéis; um dos *kidon* que viajava com passaporte britânico comentou em voz alta durante o café da manhã que um de seus maiores passatempos era a pesca submarina noturna. Outros agentes do Mossad, especialistas em fugas rápidas, dedicaram-se, ao volante dos carros alugados, a traçar rotas de fuga de todos os membros do comando que executariam os três líderes da OLP. As equipes de Ehud Barak e Mike Harari estavam prontas para o ataque.

Na manhã de 9 de abril, nove lanchas armadas com mísseis e dois barcos Dabur da patrulha naval já estavam preparados no cais da base de Haifa. Poucas horas depois, a comunicação com os radares e os meios de comunicação militares de Israel foram interrompidos. Por volta das 21 horas, os homens do comando Avivah avistaram o contorno dos edifícios de Beirute. De um barco Zodiac, Barak transmitiu por rádio a David Elazar: "Chegamos". Logo a seguir, a comunicação foi cortada.

A Operação Primavera da Juventude começara e, como em uma grande orquestra, todos os músicos deveriam estar rigorosamente no mesmo compasso. Se algum deles cometesse um erro, o concerto poderia se tornar um verdadeiro desastre. Os primeiros a entrar em ação foram os comandos de Barak e os *kidon* de Harari.

Passados alguns segundos da meia-noite, as equipes restantes começaram a desembarcar e a se aproximar dos veículos alugados pelos *katsa* do Mossad.

Três deles, avançando rápido, entraram na rua Verdún, perto do consulado iraquiano. Os comandos e os *kidon* da Metsada começaram a carregar as Berettas automáticas calibre 22 e suas metralhadoras Uzi de nove milímetros. Os executores israelenses tinham silenciadores em todas as armas.

Os primeiros membros dos comandos estavam preparados para atacar o primeiro edifício. Ehud Barak, vestido de mulher, com uma peruca loira, abraçava com ternura, na rua, um homem disfarçado de árabe, o major Muki Betser. Quando uma patrulha da Guarda Nacional libanesa passou, o casal fingiu se beijar.[102] Afastado o perigo, os dois soldados entraram no edifício. Encontraram dois guerrilheiros palestinos sentados em cadeiras, com os fuzis de assalto sem montar entre os joelhos. Quando Barak e Betser dispararam na cabeça de ambos, os dois viam um jogo de futebol na televisão. Logo a seguir, Barak deu sinal ao restante da equipe que esperava na rua. "Boa sorte", disse o militar a seus comandos e aos *kidon*, que já subiam as escadas rumo aos andares superiores.[103]

À medida que Betser, Dani e Zivka subiam ao sexto andar seguidos por Barak, os guarda-costas de Abu Yussef iam caindo mortos com os disparos. Ao chegar ao andar onde se encontrava o apartamento do líder da OLP, Muki Betser abaixou-se, colocou explosivo nas dobradiças da pesada porta e a fez explodir. Antes mesmo que caísse, Dani e Zivka já saltavam para dentro do luxuoso apartamento de cinco quartos.

Como se conhecessem a residência, os agentes do *kidon* correram em direção à parte norte do apartamento. Ao chegar ao quarto principal, Abu Yussef tentava alcançar um AK-47 que tinha debaixo da cama. Sua esposa, Maha, o protegia com o próprio corpo. O primeiro *kidon* já estava de pé diante dele. Sem dizer uma palavra sequer, acionou o gatilho da sua Uzi, de onde saíram vinte disparos pelo silenciador. O primeiro alvo estava morto.

Ao sair, o israelense percebeu que alguém o seguia pelo longo corredor. Ao virar-se, viu atrás de si a esposa de Yussef com algo na mão. Em questão de segundos, o *kidon* levantou sua arma e, gritando em árabe, ordenou à mulher que se atirasse ao chão. Esta continuou a avançar em direção ao *katsa* do Mossad, brandindo uma pistola na mão direita. O agente voltou a ordenar que ela se atirasse ao chão, mas a mulher preparou-se para disparar. O *katsa* agachou-se instintivamente e abriu fogo, matando-a no ato.

Barak e Muki Betser cobriam a saída caso chegasse algum guarda-costas atrasado. Enquanto isso, Zivka dirigiu-se ao escritório de Yussef para pôr num saco preto todos os documentos que conseguisse reunir em poucos segundos. Pastas, cartas, fotografias, tudo foi confiscado pelo Mossad.[104]

No outro edifício, bem em frente, acontecia, simultaneamente, uma ação parecida. As equipes israelenses formadas por comandos do exército e por alguns *kidon* da Metsada subiam rapidamente pelas escadas, eliminando qualquer indício de resistência. Ao chegarem ao segundo andar, os israelenses arrombaram a porta e entraram sem impedimentos. Um silêncio abateu-se sobre eles. Os assassinos do Kidon percorreram quarto a quarto, sem encontrar rastros de Kamal Adwan. O comandante da Sayeret Matkal pensou que teria de regressar a Israel sem ter cumprido sua missão, mas um pequeno ruído atraiu sua atenção. Dirigindo-se a um quarto no fundo, os agentes do Mossad descobriram alguém que se escondia atrás de uma cortina. Era Kamal Adwan, chefe de operações da OLP e de células terroristas em Gaza e na Cisjordânia. Um *kidon* desarmou Kamal. Não tinha ainda sequer destravado o AK-47 que tinha nas mãos. Obrigaram-no a se ajoelhar, e o agente do Mossad disparou-lhe na cabeça e na nuca. Sua mulher e os três filhos foram obrigados a permanecer em silêncio num quarto contíguo. O segundo alvo estava morto.

Kamal Nasser, o porta-voz oficial da OLP, estava sentado no escritório, preparando um comunicado para o dia seguinte. Um som semelhante a um baque seco chamou sua atenção. No momento em que se preparava para tirar os óculos e se levantar, um homem vestido com roupas árabes apareceu à sua frente. Segundos depois, o recém-chegado, empunhando uma Beretta, disparou. A primeira bala acertou o crânio daquele que brindara com champanhe ao saber do ataque à Vila Olímpica de Munique. Com o palestino já no chão, o agente da Metsada colocou o cano da arma na boca do homem e disparou duas vezes. O terceiro alvo estava morto.

Os israelenses queriam encontrar Abu Iyad ou Hassan Salameh, porém, para a sorte deles, tinham decidido dormir naquela noite em outro lugar, na zona norte de Beirute. Isso lhes prolongaria a vida por pelo menos mais alguns anos.

"Minha casa ficava a menos de quinhentos metros da casa de Abu Yussef", declararia pouco depois Ali Hassan Salameh, líder do Setembro Negro. "Os assassinos israelenses não vieram a minha casa por uma simples razão. Estava protegida por catorze homens."[105]

Enquanto as equipes de executores desciam as escadas, Ehud Barak falava pelo rádio, solicitando a rota de fuga. Ao saírem do edifício, os israelenses depararam com uma Land Rover da Guarda Nacional libanesa. Um atirador de elite da Sayeret Matkal que cobria a primeira equipe deu um primeiro disparo de um terraço próximo. A bala atravessou a garganta de um dos guardas. Outro disparo matou o segundo. Um terceiro disparo atravessou o ombro esquerdo do motorista da Land Rover, que tentava se proteger enquanto pedia reforços pelo rádio. Um quarto tiro o atingiu na cabeça.

Sem resistência, a equipe liderada por Barak conseguiu entrar num dos carros alugados e se dirigiu a Dove Beach, onde os barcos já começavam a recolher as equipes de comandos e da Metsada.

Mas as quatro equipes encarregadas de explodir o quartel-general da FDLP enfrentavam dificuldades. Avida Shor e Hagai Ma'ayan, ambos disfarçados de *hippies*, tinham se entrincheirado num local situado à frente do edifício da FDLP. Os israelenses estavam em clara desvantagem, visto que os guerrilheiros palestinos disparavam de posições mais altas.[106] Enquanto os israelenses se defendiam com armas leves, os palestinos os atingiam com granadas antitanque. Shor caiu morto e Ma'ayan ficou gravemente ferido. A batalha na rua Jartum estava sendo muito dura para os israelenses. Outro comando israelense, Yigal Pressler, tombou com uma perna ferida quando tentava resgatar um *kidon* que ficara estirado na calçada com dois tiros nas pernas. Pressler pediu ajuda por rádio aos homens que já se concentravam na praia para serem evacuados.

Os reforços chegaram pela parte norte do edifício, através de uma rua paralela. Os comandos passaram a instalar os cem quilos de explosivos nos pilares do quartel-general da FDLP enquanto os guerrilheiros palestinos se concentravam no ataque aos israelenses cercados. Quando acabaram de instalá-los, saltaram para a rua às pressas em direção aos sitiados. Dois veículos conseguiram evacuar todos para a praia.

Enquanto se distanciavam, os ocupantes de ambos os automóveis, assim como os cidadãos de Beirute, puderam ouvir a terrível explosão procedente da rua Jartum. Um edifício inteiro tinha voado pelos ares, desaparecendo da paisagem libanesa. Trinta guerrilheiros palestinos morreram na destruição do quartel-general da FDLP.

Os israelenses contaram dois mortos e três feridos, incluindo Pressler, que foram transportados de helicóptero até um hospital militar em Israel. À 1h40 do dia 10 de abril, uma força de comando liderada pelo coronel Ziv atacou o depósito de explosivos situado em Al-Ouzai. Foi possível ouvir a explosão a centenas de quilômetros. Fora a última unidade a entrar em ação e a primeira a ser evacuada. O ataque contra o segundo depósito de armas da OLP, a norte do porto de Beirute, também se encerrou sem incidentes. Os comandos sob as ordens do coronel Amos Yarom conseguiram cumprir seu objetivo em apenas 17 minutos.

A Operação Primavera da Juventude, que durou apenas 29 minutos, tornou-se um dos maiores êxitos da história do exército israelense. Foram os membros do exército que experimentaram a glória, ao serem recebidos em Israel como autênticos heróis. Foram eles que apareceram em coletivas de imprensa diante dos meios de comunicação.

Os agentes do *kidon* e os *katsa* do Mossad que participaram da operação não tiveram recepções gloriosas, nem banda de música, nem discursos bajuladores, nem medalhas, nem condecorações. Ao chegarem à base militar de Haifa, alguns agentes do Mossad receberam tratamento para ferimentos leves, outros dormiram durante horas e outros ainda deixaram a instalação no mesmo dia com destino desconhecido. Não receberam sequer um telefonema de agradecimento de Zvi Zamir, o *memuneh* do Mossad, ou de Mike Harari, chefe da equipe de executores na Operação Ira de Deus.[107]

Alvos tão importantes como o próprio líder do Setembro Negro, Ali Hassan Salameh, ou Mohamed Boudia, tinham conseguido escapar do longo braço da Metsada, a justiça de Israel. Mas não por muito tempo.

No Líbano, a cólera se disseminou durante o funeral dos três líderes palestinos. Mais de 250 mil pessoas acompanharam as cerimônias, enquanto o presidente do país, Soleiman Frangi, confessava a Yasser Arafat que era impossível protegê-los. "Façam-no vocês mesmos", disse.[108]

Para os comandos que participaram da Operação Primavera da Juventude, aquilo terminara; era apenas mais uma operação de retaliação. Mas, para os agentes do Mossad que também fizeram parte da missão, ainda restava um longo caminho para eliminar todos os responsáveis pelos assassinatos dos atletas israelenses nos Jogos Olímpicos de Munique, no ano anterior. A Operação Ira de Deus ainda vigorava por ordem da primeira-ministra Golda Meir, e muitos dos alvos marcados pela famosa "Lista dos 35"[109] ainda não tinham sido localizados nem executados.

CAPÍTULO 6

OPERAÇÃO BARBA AZUL

ALVO: Mohamed Boudia

POSIÇÃO: Líder do Setembro Negro na Europa

DATA: 28 de junho de 1973

O êxito da Operação Primavera da Juventude, apenas dois meses antes, que acabou com a vida de Mohamed Yussef Al-Najjar, conhecido como Abu Yussef, número três da Al Fatah, chefe de operações e de inteligência para ataques terroristas no exterior, pertencente ao alto comando do Setembro Negro e um dos idealizadores do ataque de Munique; de Kamel Adwan, chefe de operações da OLP e chefe de células terroristas em Gaza e na Cisjordânia; e de Kamal Nasser, porta-voz oficial da OLP e oficial superior do Setembro Negro, não era suficiente nem para Golda Meir, nem para Zvi Zamir, tampouco para Mike Harari. Ainda restava muito por fazer, e os agentes do Kidon continuavam à espera da localização de um novo alvo a ser eliminado.

Os líderes do Setembro Negro em Beirute sabiam que os assassinos do Mossad estavam atrás deles e que, mais cedo ou mais tarde, o longo braço de Israel os apanharia. Desejavam pôr a salvo Ali Hassan Salameh, tanto que o avisaram que deveria desaparecer por algum tempo. O Príncipe Vermelho aceitou o conselho. Para substituí-lo, os líderes do Setembro Negro designaram Mohamed Boudia, intelectual argelino, famoso nos elegantes círculos de Paris e que chegara a organizar sua própria célula terrorista, a chamada Célula Boudia. Por ora, e até nova ordem, o argelino se encarregaria apenas das operações na Europa.[110]

Os primeiros relatórios sobre Boudia, que o *memuneh* Zvi Zamir folheava sobre a mesa, eram de abril de 1971. Exatamente no dia 21 desse mês, um membro da segurança do aeroporto de Lod, de Tel Aviv, informou que duas atraentes loiras tinham chegado num voo procedente de Paris. Curiosamente, o *Shin Bet*, a segurança interna, informou que ambas haviam sido seguidas e que chegaram a Lod separadas, apesar de que, assim que se encontraram fora do terminal, tenham tomado um táxi juntas.[111] Isso levantou as suspeitas dos agentes da contraespionagem.

Durante três dias, elas fizeram turismo por Jerusalém e Tel Aviv, fazendo compras nas lojas mais caras da capital israelense. Passado esse tempo, voltaram ao aeroporto de Lod para regressar a Paris num voo da Air France. As duas apresentaram separadamente os passaportes aos agentes de segurança, que as detiveram na fiscalização. Uma delas disse se chamar Danielle River, tinha 26 anos de idade, era secretária e de nacionalidade francesa. A segunda, que também trabalhava como secretária, de nacionalidade francesa e com 21 anos, chamava-se Martine Garcier.

Em seguida, três agentes do Shin Bet aproximaram-se delas e lhes informaram que seriam interrogadas. Enquanto as mulheres eram colocadas em salas separadas, agentes do Shin Bet e os *katsa* do Mossad dedicaram-se a registrar, uma a uma, cada mala e cada caixa que já tinham sido embarcadas no avião da Air France.

Os agentes encontraram duas malas identificadas com os nomes das mulheres. Cautelosamente, as malas foram colocadas dentro de um caminhão do exército equipado de alarme antibomba e afastadas do aeroporto. O chefe do Shin Bet decidiu então chamar Zvi Zamir para informá-lo sobre o que se passava. O *memuneh* ordenou que estivessem presentes no interrogatório dois *katsa* do Mossad da Unidade LAP (Lohamah Psichlogit), especialistas em guerra psicológica e em interrogatórios de espionagem israelense.

Os *katsa* começaram a vasculhar as bagagens. Vestidos, camisolas, sapatilhas, *nécessaires*, roupa íntima, cremes, tudo foi inspecionado. A certa altura, um dos agentes do Shin Bet pegou uma caixa de absorventes internos cujo peso lhe pareceu suspeito. Com imenso cuidado, o israelense abriu a caixa. Dentro de cada absorvente, alguém introduzira um poderoso explosivo plástico.

Os *katsa* revistaram a mala da segunda mulher e descobriram, numa falsa dupla sola de madeira de uma sandália, explosivo plástico. Também encontraram dentro dos absorventes internos dois detonadores elétricos ligados a uma pequena quantidade de explosivo.

Os *katsa* da LAP começaram a pressionar as duas mulheres, até que um deles atirou em cima da mesa a caixa de absorventes internos e os detonadores. Nesse momento, ambas começaram a chorar e confessaram que seus verdadeiros nomes eram Nadia e Marlene Bardeli, filhas de um abastado comerciante marroquino. Nadia confessou aos agentes do Mossad que haviam sido enviadas a Israel por um homem que vivia na França, com o fim de transportar o explosivo plástico. Em Tel Aviv, deviam se encontrar com outros membros do grupo. Zvi Zamir perguntou: "Quem são os outros?"

Nessa mesma tarde, uma unidade de agentes do Mossad e agentes da polícia entraram de surpresa num quarto do hotel Commodore, situado na praça Dizengoff, em Tel Aviv. Nele, encontraram dois idosos chamados Pierre e Edith Bourghalters. Um *katsa* que inspecionava o local confiscou um radiotransmissor. Os especialistas do Mossad o desmontaram e descobriram em seu interior uma potente carga de explosivo plástico e um detonador elétrico para acioná-lo.

Quando o avião da Air France estava prestes a decolar, Zamir deu ordem à torre de controle para detê-lo e fazer com que todos os passageiros saíssem da aeronave. "Alegue problemas técnicos", disse o *memuneh* ao chefe da torre.

Os *katsa* da LAP misturaram-se aos passageiros, analisando a reação deles. A maioria mostrava-se indignada pelo atraso, outros pela falta de explicações, outros porque chegariam tarde a reuniões de negócios ou porque teriam de protelar assuntos importantes em seu destino, mas quem mais chamou a atenção dos agentes foi uma jovem sentada tranquilamente no fundo da sala conversando com um grupo de idosos. Um agente do Mossad dirigiu-se a ela, à medida que outro *katsa* o cobria, com a mão numa Beretta 22. Se a mulher fosse uma terrorista profissional, era possível que começasse a disparar em pleno terminal se detectasse algum sinal de perigo. Se ela fizesse o mínimo movimento, o *katsa* da segurança tinha autorização do próprio Zamir para abrir fogo. "É melhor uma do que vinte", disse o *memuneh* ao agente. O israelense se aproximou e inclinou-se sobre a mulher. A princípio, ela pensou tratar-se de algum jovem atrevido tentando paquerá-la, mas mudou logo de ideia ao vislumbrar o contorno da arma do *katsa* sob o casaco. Em seguida, avistou atrás dele um segundo *katsa* que dava cobertura ao primeiro.

Zvi Zamir sabia, após os interrogatórios e as lágrimas dos quatro interrogados, que as irmãs Bardeli e os Bourghalters eram apenas amadores. O chefe da espionagem israelense também sabia que no avião devia viajar alguém com maior preparo em questões terroristas.

A mulher apresentou um passaporte britânico com o nome de Francine Adeleine Maria. O Mossad tirou as impressões digitais dela e enviou um requerimento ao MI6 britânico. Na manhã seguinte, um extenso relatório sobre a mulher apareceu na mesa do *memuneh*.

A verdadeira identidade de Francine Adeleine Maria era Evelyne Barges. Apesar de seu rosto angelical, Barges era uma professora inglesa e marxista fanática que estivera envolvida em vários sequestros de aviões em setembro de 1970, e também com o tráfico de armas para grupos terroristas e na sabotagem de uma refinaria no porto de Roterdã.[112] Uma informação que chamou a atenção de Zvi Zamir foi que Barges, segundo o relatório do MI6, se envolvera sexualmente com vários dos árabes que posteriormente foram assassinados.

Durante quatro dias, Evelyne Barges recusou-se a pronunciar uma palavra sequer. A única coisa que expressou foi o pedido de um advogado. O agente do Mossad que vigiava constantemente sua cela disse-lhe que em Israel não lhe permitiriam ter um advogado e que, sem que ninguém soubesse, ela seria enclausurada perpetuamente numa prisão de segurança máxima em pleno deserto de Beersheba. Aquela ameaça deu resultado. No dia seguinte, Barges decidiu confessar que era a líder do comando. Sua missão consistia em montar nove poderosas bombas com o explosivo e os detonadores que os *katsa* do Mossad e do Shin Bet tinham encontrado na bagagem das irmãs Bardeli. As bombas deveriam ser colocadas em grandes hotéis de Tel Aviv durante o verão, o que causaria uma grande perda não só de vidas humanas, mas também prejuízo econômico para o setor turístico do país.

Para o Mossad, Evelyne Barges agia por convicções políticas e por fanatismo; Pierre e Edith Bourghalters por dinheiro; mas o que mais chamou a atenção de Zamir foi a motivação das irmãs Bardeli: ambas reconheceram que o faziam por amor a quem lhes confiara a missão, um homem com quem mantinham relações íntimas com grande encanto e que transmitia às amantes paixão e emoções fortes. "Seu nome é Mohamed Boudia", disse Nadia Bardeli. Os interrogatórios seguintes sobre a figura de Boudia elucidaram que ele dominava com absoluta precisão os jogos sexuais. Em razão desse talento, o Mossad o batizou com o codinome Barba Azul.[113]

Depois do ataque dos terroristas do Setembro Negro à Vila Olímpica de Munique, o Mossad qualificou Boudia como um dos líderes supremos do grupo terrorista palestino e, portanto, um alvo a ser abatido pelos *kidon* da Metsada.

Mohamed Boudia era um homem que gostava de desfrutar dos prazeres da vida, fazer refeições em elegantes restaurantes parisienses, dirigir carros esportivos italianos, vestir-se com trajes sob medida confeccionados na exclusiva Saville Row de Londres, calçar sapatos John Lobb, ser visto com mulheres espetaculares e assistir a leilões de arte em salas da Sotheby's ou da Christie's de Londres e Nova York. Durante a guerra da Argélia pela independência, Boudia tornou-se um importante combatente e líder da Frente de Libertação Nacional (FLN), sendo enviado para a França a fim de cometer atos de sabotagem. Detido pela contraespionagem gaulesa e enviado à prisão, foi posto em liberdade após a proclamação da independência da Argélia, em 1962. Depois de regressar ao país natal, Boudia tornou-se um intelectual aficionado por teatro. Em 1964, fundou a *Alger Ce Soir*, para mais tarde tomar posse como administrador do Teatro Nacional Argelino. Durante aqueles anos, Mohamed Boudia converteu-se em informante do presidente Ahmed Ben Bella. Em seguida ao golpe de Estado liderado por Houari Boumédiène, o presidente deposto foi condenado a quinze anos de prisão e Boudia foi obrigado a fugir do país, exilando-se na França. Segundo o Mossad, teria sido em Paris que ele estabelecera contato com a KGB soviética, que lhe abrira as portas da Universidade Patricio Lumumba, de Moscou.[114] Em suas aulas, Mohamed Boudia completou sua formação marxista e o treinamento em táticas de guerrilha, montagem de explosivos, criação de células revolucionárias e técnicas de propaganda e infiltração social. Tudo isso lhe seria de grande proveito na promissora carreira no Setembro Negro.

Depois de instalar-se novamente na capital francesa, Boudia tomou posse como administrador do Théâtre de l'Ouest Parisien. Enquanto dirigia obras de teatro de dramaturgos de esquerda, começava sua carreira como "Casanova". Casou-se com uma francesa, uma italiana, e novamente com uma francesa, e costumava ter casos com várias mulheres. Uma delas era a própria caixa do teatro, uma inglesa com ideias românticas sobre a revolução social chamada Evelyne Barges. Essa era a imagem que Boudia passava para o exterior, a imagem pública de um homem que, na verdade, tinha duas faces.

No final dos anos 1960, Mohamed Boudia já era um dos melhores homens da organização terrorista palestina na Europa, principalmente devido à sua íntima relação com o doutor George Habash, líder da FPLP. O argelino era um especialista no recrutamento de mulheres jovens. Por exemplo, para levar armas num veículo Volkswagen da França até a Alemanha para membros do grupo Baader-Meinhof, Boudia usou uma jovem italiana de 18 anos com quem tinha mantido relações sexuais. Os israelenses perceberam, por meio dos serviços secretos franceses, que Boudia também mantinha relações sexuais com a mãe dessa jovem e com a irmã menor, de 16 anos. A jovem foi detida pela BfV,[115] a agência de contraespionagem alemã, e julgada por colaborar com grupos terroristas, sendo condenada a dezoito anos de prisão.

Para sabotar uma refinaria em Trieste, Boudia usou duas jovens alemãs de 20 e 22 anos, com as quais supostamente vivia em um apartamento no bairro de Trocadero. As mulheres deviam deixar os explosivos o mais próximo possível dos depósitos de gasolina. Quando uma delas manipulava os explosivos dentro do carro, estes detonaram, matando-a na hora.

Para colocar nove bombas em hotéis de Tel Aviv, Mohamed Boudia usou as irmãs Bardeli, de Marrocos; Evelyne Barges, da Grã-Bretanha; e Edith Bourghalters, de 58 anos e nacionalidade francesa. Tinha mantido relações sexuais com as quatro.

O Mossad sabia que ele era o intermediário de importantes grupos terroristas na Europa e que se relacionava com o próprio Carlos, o Chacal, embora devesse lealdade apenas à Al Fatah e ao Setembro Negro, que bancavam seu altíssimo nível de vida em Paris.

Era o argelino quem coordenava o envio de combatentes terroristas e grupos de guerrilheiros como o Exército Vermelho japonês, o Exército Popular de Libertação turco, o IRA ou o grupo Baader-Meinhof ao campo de treinamento de Badawi, em Beirute.[116] Lá, eram recebidos por três homens do Setembro Negro: Ali Hassan Salameh, Abu Iyad e um terceiro indivíduo de quem o Mossad conhecia apenas o apelido, um tal de Shemali.

No início de 1972, a estação do Mossad em Paris informou ter localizado Mohamed Boudia numa estação de metrô da capital francesa. O *katsa* disse também ao quartel-general em Tel Aviv que, enquanto seguia Boudia, percebera que o alvo era vigiado por agentes franceses e alemães. Zvi Zamir ordenou a seus homens que atenuassem a vigilância do argelino. O *memuneh* sabia que seria impossível executá-lo enquanto os homens do SDECE[117] francês e da BND[118] alemã estivessem próximos a ele. Dois dias após estabelecer contato, Boudia desapareceu. Não havia dúvida de que os conhecimentos adquiridos nos treinamentos dados pela KGB sobre evasão quando em suspeita de estar sendo seguido tinham dado frutos.

Mohamed Boudia reapareceu uma semana depois num elegante hotel de Genebra. O serviço de segurança federal da Suíça informou ao Mossad que o argelino que procuravam fora visto na recepção de um estabelecimento dessa cidade acompanhado por duas jovens.[119] As polícias suíça, alemã, italiana e francesa já estavam em seu encalço. A questão agora era saber se o Mossad queria que alguma dessas forças de segurança o detivesse, ou se impediria que o prendessem para que eles mesmos o matassem.

Depois dos assassinatos dos onze atletas da equipe israelense nos Jogos Olímpicos de Munique, em setembro de 1972, pelo comando do grupo terrorista palestino Setembro Negro, todos os líderes do grupo, de agentes a comandantes militares e intelectuais, foram incluídos na famosa "Lista dos 35".[120] O nome de Mohamed Boudia aparecia como sétimo alvo a ser executado pela equipe do Kidon liderada por Mike Harari.

Desde o assassinato dos atletas, a morte de Boudia deixara de ser um assunto do Mossad e passara a ser assunto da Metsada. Os *kidon* de Harari não o deixariam escapar tão facilmente como os franceses e os alemães. Em novembro de 1972, chegara ao Mossad um novo relatório sobre Mohamed Boudia segundo o qual, por ordens expressas do alto comando do Setembro Negro em Beirute, o argelino tornara-se líder supremo do grupo terrorista na França e braço direito do próprio Ali Hassan Salameh na Europa.

O Mossad sabia que o argelino estava envolvido no assassinato, em novembro de 1972, em Paris, do jornalista sírio Khader Kanou, que o Setembro Negro desconfiava ser um informante do serviço de espionagem israelense. Kanou, de 36 anos, foi baleado à porta de seu apartamento parisiense por dois terroristas palestinos. Mohamed Boudia ordenara a execução do sírio acreditando que tratava-se de um agente duplo que passava informações a Tel Aviv sobre os círculos palestinos em Paris, o que não era verdade.[121] O antigo *katsa* do Mossad Victor Ostrovsky revelou em seu livro *By Way of Deception* que, na realidade, o Mossad usa poucos agentes duplos e que a maioria deles costumava se encontrar em estáveis ambientes burocráticos.

Em pouco tempo, Boudia tornara-se um dos mais poderosos chefes terroristas do continente europeu. Sua importante agenda de contatos ia de Paris a Moscou, de Londres a Munique, de Trípoli a Beirute, de Gaza a Damasco.

Após o assassinato de Mahmoud Hamshari,[122] o número dois no comando, por agentes do Kidon, em 8 de dezembro de 1972, Mohamed Boudia desapareceu da face da Terra. O argelino sabia que era considerado pelo Mossad um dos terroristas mais perigosos na Europa e, sendo o segundo no comando depois de Ali Hassan Salameh, tinha certeza de que, mais cedo ou mais tarde, os israelenses o encontrariam.

Boudia tinha um intermediário que viajava constantemente entre Paris e Beirute com um grande número de mensagens que levava guardadas na memória, um palestino chamado Michel Moukharbel. Na ocasião do ataque pelos comandos e os *kidon* da Metsada ao quartel-general do Setembro Negro em Beirute, em 10 de abril de 1973, durante a chamada Operação Primavera da Juventude,[123] o Mossad se apossou da ficha completa e das fotografias do intermediário de Boudia.

De Tel Aviv chegou a ordem para que o *katsa* Oren Riff, que dominava o idioma árabe com perfeição, entrasse em contato com Moukharbel. O intermediário costumava hospedar-se num elegante hotel de Londres, onde o Mossad o tinha sob vigilância constante. Riff decidiu entrar em ação e, certificando-se de que ele não carregava nenhum tipo de arma, seguiu-o e esperou que entrasse no quarto. Passados alguns minutos, o *katsa* bateu à porta. Em poucos segundos, um Moukharbel surpreso a abriu.

"Sou membro do serviço secreto israelense", disse Oren Riff, "e estamos dispostos a compensá-lo generosamente. Queremos que trabalhe para nós." O árabe era um homem alto e elegante. Pausadamente, ele respondeu: "Por que demoraram tanto?" O contato estava estabelecido.[124] O *katsa* do Mossad e o intermediário árabe mantiveram uma breve conversa e combinaram um encontro com medidas de segurança. O mais curioso era que Moukharbel não exigia uma grande quantia de dinheiro, o que foi considerado estranho em Tel Aviv. Mike Harari disse a Zvi Zamir que havia a possibilidade de o intermediário árabe desejar manter boas relações com os dois lados para, caso acontecesse alguma coisa, poder encontrar um terreno seguro. "Seria uma questão de sobrevivência", disse Harari. A primeira informação que Moukharbel passou a Riff foi uma lista de 22 locais que Boudia costumava frequentar.[125]

No dia 4 de maio de 1973, um grupo de estrangeiros chegou de avião e de trem a Paris com a missão de localizar Mohamed Boudia. O Mossad suspeitava que os franceses soubessem de seu paradeiro e que o tivessem sob vigilância. Os *katsa* recém-chegados tinham apenas de confirmar essa suspeita.

A primeira pista foi dada por uma jovem e bela professora de Direito da Universidade de Argel. Ao conversar com vários amigos, ela mencionou a inacreditável potência sexual de um homem que conhecera há pouco tempo em Paris. Referia-se a Boudia sem nomeá-lo, mas confidenciou que seu parceiro era capaz de manter-se ativo por nove ou dez horas seguidas. Esclareceu apenas que se tratava de um intelectual árabe amante de teatro. Duas noites depois, duas equipes de perseguição, formadas por dois *katsa* do Mossad cada uma, tornaram-se a sombra da professora argelina. Quando o casal saía do apartamento, os *katsa* tentavam vislumbrar em meio à penumbra o rosto do homem que a acompanhava. Para alguns dos israelenses, ele era Mohamed Boudia; para outros, não era o perigoso terrorista que procuravam. Em razão das dúvidas, os *katsa* tiveram que esperar ao ar livre em pleno inverno parisiense, até terem certeza se aquele árabe era ou não o líder supremo do Setembro Negro na França. Naquela manhã, apenas a mulher regressou ao apartamento da rua Boinod, dessa vez disfarçada com grandes óculos escuros, uma peruca loira e uma minissaia.[126] Mohamed Boudia voltara a desaparecer sem deixar o menor rastro. Apenas algumas semanas depois é que os *katsa* se deram conta do próprio erro. Um grande erro.

Boudia era um ator com ampla experiência em teatro e interpretação, e uma de suas maiores habilidades era se disfarçar de mulher. Aquela jovem de peruca loira, grandes óculos de sol e minissaia não era ninguém mais senão o próprio chefe do Setembro Negro. Quando os *katsa* regressaram ao apartamento da professora argelina, já fazia algum tempo que o terrorista abandonara o refúgio. Em Tel Aviv, Zvi Zamir se enfureceu e ordenou que todos os agentes instalados na França encontrassem Mohamed Boudia a qualquer custo.

Enquanto se tentava localizá-lo, chegaram ao Mossad rumores que indicavam que o terrorista planejava atentados contra a Embaixada de Israel na Europa. Mas a sorte estava a favor dos agentes do Mossad, porque, numa certa manhã, por volta das nove horas, um dos *katsa* informou que vira Boudia saindo de um trem do metrô na estação Étoile. O problema é que a Étoile era um cruzamento de linhas e corredores que davam acesso a outra dezena de linhas e corredores. Encontrar Mohamed Boudia em meio a centenas de pessoas era como procurar uma agulha num palheiro.

Nos três primeiros dias, as equipes israelenses esperaram durante horas, sem nenhum resultado. Dois agentes do Mossad que circulavam de carro pelas ruas de Paris, percorrendo repetidas vezes os locais que Boudia costumava frequentar, descobriram que o terrorista se deslocava num Renault 16. Ao segui-lo, puderam ver como ele dava voltas em vários blocos de edifícios, formando sempre um oito. Os *katsa* chamaram a estação de Paris por rádio e comunicaram que haviam localizado Mohamed Boudia perto do popular Bairro Latino.

Imediatamente, seis equipes de perseguição, em veículos diferentes, se deslocaram para apoiar a primeira. Em carros, furgões de entrega e até motocicletas, os *katsa* seguiam o perigoso argelino. Zvi Zamir queria que o alvo fosse localizado com precisão antes de dar carta branca aos *kidon* de Mike Harari ligados à Operação Ira de Deus, os quais aguardavam em várias capitais europeias.[127]

Agora o líder do Setembro Negro fora localizado e não o perderiam de vista. Curiosamente, o Mossad descobriu, por intermédio de um contato judeu no Departamento de Registros de Veículos, que o Renault 16 estava registrado em nome de Mohamed Boudia. Parecia inacreditável para Harari que um homem que tomava tantas medidas de segurança e precauções tivesse deixado escapar um detalhe como aquele.

Durante a vigilância de Mohamed Boudia, os *katsa* do Mossad observaram que toda manhã o chefe do Setembro Negro se aproximava do veículo, dava duas voltas ao redor dele, abria o porta-malas e o capô para confirmar que não havia sido tocado, e inspecionava os quatro pneus, para se assegurar de que os israelenses não haviam colocado nenhuma bomba. "Um homem precavido, sem dúvida alguma", pensou Zvi Zamir de uma distância prudente. Seria preciso colocar o explosivo em algum lugar que ele não suspeitasse.

A primeira proposta do Kidon foi colocar o explosivo na caixa de correio do prédio, mas tinham certeza de que Boudia também inspecionaria esse local. A segunda proposta foi o telefone, mas os *katsa* de vigilância informaram que Mohamed Boudia raramente usava o aparelho em casa. Um dos homens de Mike Harari que chegara a Paris teve uma boa ideia. "Se Mohamed Boudia verifica sempre o exterior do carro, então vamos colocar algo no interior", sugeriu. Para Zamir e Harari, parecia uma boa solução. Com isso, de modo simples, os agentes do Mossad colocaram sob o banco uma mina antipessoal, dessas que têm vários fusíveis. Para causar maior impacto, a explosão deveria se projetar para o alto, e não se expandir para os lados. Foi Mike Harari quem teve a ideia de colocar sob a mina uma grossa placa de aço, o que provocaria esse efeito.

Por volta das 23 horas do dia 28 de junho de 1973, os agentes do Mossad observaram Boudia sair do prédio. Vestido de maneira impecável, o terrorista dirigiu-se à Rua Fossés Saint-Bernard, no coração do Bairro Latino. Com imenso cuidado, aproximou-se do Renault 16, deu duas voltas ao redor do carro, abriu o porta-malas e o capô, colocou com cuidado um jornal no chão e se ajoelhou. Olhou atentamente de um lado e de outro, em busca de algum sinal estranho. Boudia procurava cabos ou qualquer outra pista de explosivos, mas não encontrou nada. Depois de limpar as mãos em um lenço branco, o argelino tirou as chaves do bolso e se aproximou da porta do motorista. Olhou para dentro do automóvel. Não parecia que tivesse sido mexido; introduziu a chave na fechadura e as travas subiram. O homem abriu lentamente a porta, olhou para dentro como se procurasse algo suspeito e começou a entrar no carro. Primeiro, apoiou a perna direita, abaixando-se para se sentar no banco do motorista. Em seguida a um breve silêncio, Mohamed Boudia ouviu o mecanismo que detonava a mina colocada sob o banco.[128] Em seguida, a explosão fez voar metade do carro, arrancando o teto. Milhares de estilhaços metálicos atravessaram em poucos segundos o corpo de quem até aquele momento era o líder supremo do Setembro Negro na França e o braço direito de Ali Hassan Salameh, o Príncipe Vermelho.

Mohamed Boudia estava morto. A uma distância razoável, um misterioso veículo Volkswagen, com vidros cobertos por cortinas, deu partida e se distanciou, numa imagem mais própria de Beirute do que de Paris. Em seu interior, encontravam-se o *memuneh* do Mossad e Mike Harari, líder da Operação Ira de Deus. Já podiam riscar outro nome da lista de alvos.

Apesar de o Setembro Negro não ter provas concretas de que a Metsada executara Boudia, sabiam que a espionagem israelense estava envolvida de alguma maneira no assassinato. O próprio Ali Hassan Salameh ordenou uma vingança na guerra do "olho por olho, dente por dente" que se estabelecera entre o Mossad e o grupo terrorista palestino. Para a missão, encarregaram um estudante palestino da UCLA (Universidade da Califórnia, em Los Angeles) de adquirir uma arma e se dirigir à Embaixada de Israel em Washington. No dia 1º de julho, o jovem aproximou-se do coronel Yosef Alon, ajudante do agregado da Força Aérea Israelense na capital norte-americana, e matou-o a tiros em plena rua.[129] Poucos dias depois, Michel Moukharbel telefonou para seu contato no Mossad, Oren Riff, e informou-o de que, por ordem do próprio Hassan Salameh, um tal de Carlos Ramírez Sánchez, de nacionalidade venezuelana, assumiria os poderes de Mohamed Boudia na Europa. Nascia uma lenda do terrorismo mundial.

A equipe de *kidon* de Mike Harari teve de esperar até 1979 para dar o golpe final da Operação Ira de Deus, que seria o assassinato de Ali Hassan Salameh, conhecido como o Príncipe Vermelho.

Michel Moukharbel, o melhor agente duplo do Mossad, que ajudou a localizar Mohamed Boudia, foi assassinado numa sexta-feira, 27 de junho de 1975, junto com três agentes da DST (Direction de la Surveillance du Territoire) francesa, num apartamento no número 9 da rua Toullier de Paris. Carlos pensou que Moukharbel o tinha denunciado à contraespionagem gaulesa. Os três agentes mortos eram Raymond Doubs, Jean Donatini e Jean Herranz.

Carlos Ilich Ramírez Sánchez, conhecido como Carlos, ou "o Chacal", se tornaria mundialmente famoso após o golpe de mestre do sequestro dos representantes da OPEP durante uma reunião em Viena, em 21 de dezembro de 1975. Em junho de 1992, foi condenado "em ausência" à prisão perpétua pelo assassinato dos três agentes franceses. Em 1994, com a colaboração da polícia sudanesa, uma equipe do serviço de espionagem francês, a DGSE, sequestrou-o e o enviou à França. Atualmente com 56 anos de idade, encontra-se recluso numa prisão francesa de segurança máxima, cumprindo pena de prisão perpétua.

CAPÍTULO 7

OPERAÇÃO RAIO

ALVO: Resgate de reféns e execução de sequestradores

POSIÇÃO: Voo AF139 da Air France em Entebbe, Uganda

DATA: 4 de julho de 1976

Em uma manhã de domingo, 4 de julho de 1976, uma equipe de resgate formada por comandos de paraquedistas israelenses da Unidade Sayeret Matkal e alguns *kidon* da Metsada especialistas em operações especiais e execuções libertava os reféns do voo AF139 da Air France no aeroporto ugandês de Entebbe. A Operação Raio, como ficou conhecida, durou apenas noventa minutos. Enquanto isso, em Maryland, as escutas eletrônicas da Agência de Segurança Nacional (ASN) detectavam conversas em hebraico entre os pilotos dos quatro gigantescos Hércules e dos dois Boeings 707, com os comandos e os *kidon* que combatiam nas instalações aéreas.[130] Para os agentes da ASN e para o próprio secretário de Estado, Henry Kissinger, que abandonara os festejos oficiais do bicentenário da independência dos Estados Unidos celebrados na Casa Branca, aqueles sons faziam sentido. Algumas horas antes, o próprio Kissinger falara ao telefone com o então chefe de governo, Yitzhak Rabin, sendo informado por este da operação de resgate em Entebbe, assim como sobre a rota dos aviões de transporte dos comandos do exército e da Metsada.[131]

Tudo começara às 6h17 do dia 27 de junho. Uma mulher com cerca de 30 anos, olhos avermelhados e profundas marcas no rosto causadas pela acne, permanecia silenciosa e afastada na sala de espera da Air France. Ao lado dela, um homem, que se fazia passar por seu namorado, olhava de um lado para o outro, inquieto. Ambos haviam chegado a Atenas vindos do Bahrein, no voo 763 da companhia Singapore Airlines.

Outro casal de jovens, também procedentes do Bahrein, preparava-se para entrar no voo AF139 da Air France que, procedente de Tel Aviv e com destino a Paris, fazia escala técnica em Atenas. Os procedimentos de segurança gregos não eram muito rígidos, e os quatro embarcaram no Airbus francês com armas nas malas e escondidas sob as roupas. Mais tarde, o Mossad identificaria os quatro; dois deles como: Brigitte Kuhlmann, uma terrorista de 29 anos pertencente ao grupo terrorista de extrema esquerda Célula Revolucionária (*Revolutionäre Zellen* ou ZR), que se autodefine como "Guerrilha Urbana", e seu companheiro, Wilfried Böse, membro liberto do grupo Baader-Meinhof.[132] O outro casal era composto de dois membros da Frente Popular para a Libertação da Palestina – Comando Especial (FPLP-CE). Ao entrar no avião, a mulher ocupou um lugar na primeira classe, e os outros três se acomodaram em poltronas do corredor da classe econômica. Às 12h15, um grito acordou os passageiros sonolentos que tentavam dormir. A cortina da primeira classe foi aberta, aparecendo a comissária de bordo com ar assustado, tendo atrás dela Kuhlmann, com uma pequena pistola.[133]

Kuhlmann, que parecia ser a líder do grupo de sequestradores, identificava-se como membro do grupo Unidade Gaza da FPLP-CE. Na parte de trás do avião, havia dois terroristas com pistolas numa mão e granadas na outra. Pouco depois, o voo AF139 desapareceu dos radares do controle do espaço aéreo iugoslavo.

O *memuneh* do Mossad, Yitzhak "Haka" Hofi, e o chefe da Aman (Inteligência Militar), Shlomo Gazit, foram os responsáveis por informar o desaparecimento do Airbus francês ao primeiro-ministro Rabin. "O avião que decolou do aeroporto Ben-Gurion, com um grande número de passageiros israelenses, sofreu um acidente ou foi sequestrado", afirmou Hofi, incisivo. O ministro dos Transportes, Gad Yaakobi, um economista de 41 anos, telefonou para o chefe de segurança do aeroporto Ben-Gurion para que enviasse a seu escritório a lista de passageiros israelenses e judeus que voavam no AF139.[134]

"Se o avião sofreu um acidente, o exército cuidará do caso, mas, se foi sequestrado, será você, amigo Gad, quem se responsabilizará, com a ajuda do Mossad", ordenou Rabin.

A lista de passageiros chegou ao gabinete do primeiro-ministro: eram 245 passageiros e 12 membros da tripulação. O Mossad sabia que 38 deles eram israelenses, embora não fosse possível saber quantos judeus de outras nacionalidades estavam no voo. Hofi também informou Rabin que um número não determinado de árabes embarcara no voo em Atenas, procedentes de um voo das linhas aéreas de Singapura.

"Acha que foi um sequestro?", perguntou Rabin. "Estou 100 % certo", respondeu o diretor do Mossad. "Temos certeza", confirmou Shlomo Gazit, chefe da Aman.

Enquanto isso, Paris vivia a pior onda de calor dos últimos cinquenta anos, e o presidente Valéry Giscard d'Estaing voava para Porto Rico para uma reunião com o presidente dos Estados Unidos, Gerald Ford. Com o mandatário francês, viajavam também os ministros da Administração Interna, da Defesa e dos Negócios Estrangeiros, os quais deviam encarregar-se das informações sobre o sequestro do voo da Air France.[135] Nos painéis do aeroporto Charles de Gaulle, a linha que indicava o voo AF139-TLV-Paris indicava a palavra "atrasado".

No mesmo horário em que deveria estar aterrissando em Paris, o voo sequestrado aterrissou no aeroporto líbio de Bengasi. O Mossad confirmou seus receios a respeito do voo AF139 ao receber no seu quartel-general um comunicado de um *katsa* da unidade Dardasim que operava em Trípoli, informando que um voo não previsto da Air France aterrissara no aeroporto líbio para abastecimento. Depois de o primeiro-ministro ser informado, foi criado um comitê de emergência formado pelo próprio primeiro-ministro, Rabin; o memuneh do Mossad, Yitzhak Hofi; o chefe da Aman, Shlomo Gazit; o ministro dos Transportes, Gad Yaakobi; o diretor da El Al, Mordechai Ben-Ari; o ministro da Defesa, Shimon Peres; e o chefe do Estado-Maior, o general Mordechai Motta Gur.[136]

Yitzhak Hofi tinha certeza de que os sequestradores estavam sob o comando de Wadi Haddad, chefe de operações da FPLP – Comando Especial, uma divisão da FPLP de George Habash. Haddad conseguira escapar de um atentado preparado pelo Kidon no Líbano, refugiando-se num país africano, de onde dirigia sequestros de aviões. Porém, fosse como fosse, os *katsa* do Mossad destacados na África e na Europa estavam à espera de algum sinal providencial.[137]

Esse sinal apareceu quando o serviço secreto britânico informou à estação do Mossad em Londres que uma das passageiras fora libertada pelos sequestradores. Patricia Heyman, com passaporte britânico, ainda que com residência própria em Israel, estava grávida, motivo pelo qual sua saída fora autorizada. Assim que chegou à capital britânica num voo da Lybian Airlines, a jovem foi enviada para a unidade da polícia do aeroporto de Heathrow, onde membros da unidade LAP (*Lohamah Psichlogit*), especialistas do Mossad em interrogatórios, já a esperavam. Heyman disse aos agentes israelenses que eram quatro sequestradores e que eles estavam bem armados, com pistolas, granadas e que tinham colocado nas portas do avião material explosivo camuflado em latas de tâmaras que seriam detonadas caso alguém tentasse uma missão de resgate. No relatório, o chefe da estação de Londres informou Hofi e o ministro da Defesa, Peres, de que o destino final do avião seria um país da África Central ainda a ser determinado. Em 28 de junho, Yitzhak Hofi já sabia que o voo AF139 aterrissara no aeroporto ugandês de Entebbe, seu destino final.[138]

O *memuneh* informou Peres de que, tendo em conta a tragédia por que estavam passando os passageiros no avião, Entebbe era o melhor lugar em que poderiam ter aterrissado. Poucos anos antes, membros da Força Aérea Israelense (FAI) haviam treinado pilotos ugandeses para pilotarem o Westwind, avião de fabricação israelense. Nas equipes de pilotos enviadas ao país africano foram infiltrados *katsa* do Mossad, que se dedicaram a fotografar todas as instalações do aeroporto, assim como a elaborar planos em relação a elas. "Também é preciso considerar que os terroristas têm o apoio do presidente Amin", confirmou Hofi; "podemos apenas contar com o apoio do Quênia, enquanto eles têm uma boa organização em Uganda e na Somália".[139] Peres debruçou-se sobre os grandes mapas postos sobre a mesa, concentrando a atenção em Djibouti, ainda sob domínio francês. O ministro da Defesa telefonou a seu colega do Ministério dos Negócios Estrangeiros, Yigal Allon, para que informasse oficialmente os franceses sobre a possibilidade de abastecimento de combustível na sua base no Nordeste Africano, e pediu a Yitzhak Hofi que informasse extraoficialmente o serviço secreto francês, o SDECE, sobre o mesmo assunto. Simultaneamente, o chefe do Mossad e o general Gur comunicaram aos chefes de operações que ficassem na Luz do Dia, o alerta máximo para agentes dos serviços secretos israelenses.

Na madrugada de 29 de junho, as estações do serviço secreto israelense em Londres, Roma, Paris, Bonn e Atenas informavam que os outros três sequestradores não identificados eram Wilfried Böse, um anarquista alemão amigo de Carlos Ramírez, o Chacal; Fayez Abdul-Rahim Jaber, nascido em Hebron em 1930 e fundador do grupo Heróis do Retorno, ligado à FPLP – Comando Especial; e Jayel Naj Al-Arjam, também membro da FPLP-CE. O Mossad tinha Jaber em seus arquivos. No seu longo currículo de terror, aparecia o ataque contra um avião das linhas aéreas norte-americanas Pan-Am, em dezembro de 1973, que causou a morte de 31 pessoas.[140]

Yitzhak Hofi precisava saber o máximo possível sobre o local onde o avião tinha aterrissado, e decidiu ativar as unidades 504, 8200 e 8513: a primeira, encarregada de levantar informações de âmbito militar; a segunda, de interceptar comunicações; a terceira, levantar dados fotográficos. Mas também precisava ganhar tempo.

Na tarde de 29 de junho, o comando listou, por meio da Rádio Kampala, quem eram os terroristas que deveriam ser libertados em troca dos passageiros do AF139. Quarenta estavam presos em Israel, seis na Alemanha Ocidental, cinco no Quênia, um na Suíça e um na França. Yitzhak Rabin, assim como Allon, Peres e Hofi estavam de acordo que receberiam o apoio da França e da Suíça, mas não sabiam se os governos de Bonn e de Nairóbi concordariam em libertar os terroristas detidos em suas prisões.[141]

Logo surgiu uma nova surpresa quando os *katsa* das estações africanas começaram a transmitir que os sequestradores do avião francês poriam em liberdade um número não determinado de reféns. De fato, os relatos se confirmaram quando a estação de Paris comunicou que 47 passageiros tinham chegado e sido colocados sob proteção do SDECE. Três *katsa* do Mossad participaram dos interrogatórios e um deles se chamava Ariel L., um *kidon* destacado para operações especiais e que mais tarde participaria da equipe de assalto ao Airbus.[142]

No resumo feito a partir dos interrogatórios, descobriu-se que os judeus tinham sido separados do grupo principal. Por fim, Yitzhak Rabin deu sinal verde ao chamado plano B, a alternativa militar para libertar os reféns israelenses e judeus do AF139, assim como a ativação do Kidon.[143]

Em Beersheba, ao sul do país, os comandos do exército israelense e os membros das equipes de operações especiais da Metsada treinavam duro. Vários engenheiros e arquitetos tinham sido chamados em segredo para reconstruir, naquela região desértica, o aeroporto de Entebbe em escala original. Ambas as equipes foram colocadas sob a liderança de um jovem general de 39 anos, Dan Shomron, que seria chefe do Estado-Maior de Israel durante a Guerra do Golfo. Para evitar que os serviços secretos estrangeiros detectassem a ligação de Shomron com a operação, foi decidido que ele se retiraria para uma casa em Ramat Gan, um bairro nos subúrbios de Tel Aviv, sob proteção dos *katsa* de Hofi. Diariamente, o general era informado dos avanços e dos retrocessos das negociações pelo chefe do Estado-Maior, Mordechai Motta Gur, pelo próprio Yitzhak Hofi ou pelo assistente do ministro da Defesa, Israel Tal.

Logo começaram a surgir sérios problemas no comando da missão quando Shomron discutiu com alguns dos membros das operações especiais do Mossad e, particularmente, com os assassinos da Metsada, sobre o modo de levar a termo o resgate. Foi necessária a intervenção do todo-poderoso Hofi para que se acalmassem os ânimos.[144] Hofi ordenou que três dos seus agentes viajassem a Nairóbi para iniciar os contatos com as autoridades. Os *katsa* que chegaram ao Quênia com passaportes britânicos eram Uri Delard, Dan Kovek e um gigante chamado Ariel Kleimann.[145] O presidente, Jomo Kenyatta, aprovou os três *katsa*, permitindo até mesmo que interrogassem dois terroristas de nacionalidade alemã que haviam sido detidos poucos meses antes, quando tentavam atacar um avião da El Al em Nairóbi. Delard, o chefe da equipe, informou Hofi de que o governo do Quênia dava todo o apoio à causa, embora não pudesse garantir que Kenyatta mostrasse a mesma predisposição para autorizar a aterrissagem de aviões militares israelenses em seus aeroportos, tendo em vista que estes iriam empreender uma ação bélica.

No dia 1º de julho, o Comitê de Emergência reuniu-se na sede do Ministério da Defesa por volta das sete da manhã para analisar todas as informações recebidas das diferentes estações do Mossad. Uma hora e meia depois, o gabinete votou, por unanimidade, conceder a máxima autoridade ao Comitê de Emergência, o que dava total liberdade de ação a Yitzhak Hofi e, consequentemente, aos *kidon* da Metsada.

Depois da reunião, o ministro dos Negócios Estrangeiros, Igal Allon, informou o embaixador Gazit, em Paris, de que o governo decidira discutir com os sequestradores a libertação dos terroristas que Israel tinha em seu poder e que isso deveria ser comunicado ao governo francês. A ideia desse comunicado era a de ganhar tempo para evitar que a França tomasse alguma decisão que colocasse em perigo a Operação Raio, que ainda não tinha sido decidida, mas que estava cada vez mais próxima de acontecer em razão do parco resultado obtido pelo governo israelense com o plano A, ou seja, a saída diplomática.[146]

À uma da tarde, a Rádio Kampala anunciava a intenção dos sequestradores de prorrogar o ultimato até domingo, dia 4 de julho. Era preciso tomar uma decisão o quanto antes.

Quinta-feira também foi um dia duro para Rabin, porque uma delegação formada por um grupo de familiares dos reféns exigiu, em seu gabinete, que Israel negociasse o quanto antes para que eles pudessem regressar a seus lares. Yitzhak Hofi participou da reunião, mas não disse uma palavra até a delegação sair do gabinete.[147] "É necessário dar sinal verde ao plano B", disse Hofi. "Nosso tempo está se acabando." Rabin soube então que se encontrava entre a cruz e a espada e que tinha de se decidir. Entretanto, seus comandantes e os *kidon* da Metsada continuavam a treinar no sul do país à espera da decisão.

"Se temos de fazê-lo, deve ser no domingo. Amin é um homem que gosta de controlar pessoalmente seu exército, e nesse domingo ele estará na conferência de cúpula dos Estados africanos para completar seu mandato como presidente da OUA – Organização da Unidade Africana", disse Rabin. Enquanto isso acontecia em Tel Aviv, os *katsa* do Mossad chegavam a Nairóbi num voo da El Al vestidos como homens de negócios. Yerucham Amitai, um veterano piloto da FAI, treinara os pilotos ugandeses até que os russos e seus caças Mig entraram em ação. Foram, inclusive, os engenheiros israelenses que realizaram as obras de ampliação do aeroporto de Entebbe para acomodar os caças soviéticos.

Novamente, o MI6 informou a estação do Mossad em Londres de que os sequestradores haviam libertado 101 reféns. Os agentes da unidade LAP deslocaram-se para o aeroporto, onde, depois de interrogar os libertos, descobriram que os terroristas mantinham retidos apenas os membros da tripulação e os judeus. A palavra *seleksia* voltava a aparecer nas mentes de Israel trinta anos depois, a mesma que os membros da SS usavam ao enviar os judeus para as câmaras de gás a partir das estações de trem em Auschwitz.[148] Outro passageiro informou a um *katsa* da LAP que o Airbus tinha sido batizado com o nome de Arafat e que a terrorista alemã confiscara os passaportes dos passageiros, separando os de nacionalidade israelense dos não israelenses com sobrenomes judeus.

Os reféns eram o tempo todo vigiados, tanto pelos terroristas como pelos soldados ugandeses armados com metralhadoras. Os agentes do Mossad produziram um esboço muito preciso a partir dos resultados dos interrogatórios realizados com os libertos. No relatório transmitido a Yitzhak Hofi, seus *katsa* indicavam que os reféns estavam vinte e quatro horas por dia rodeados por três círculos de segurança; o primeiro era formado pelos terroristas; o segundo, por membros da sede de Kampala da Frente de Libertação Palestina (FLP); e o terceiro, por soldados ugandeses.[149]

A cada dia que passava, Yitzhak Rabin, pressionado por Yitzhak Hofi, ficava mais convencido de que o plano B era o mais indicado para solucionar o sequestro do AF139. Na sexta-feira, 2 de julho, o chefe de governo já havia decidido que seus homens atacariam o aeroporto de Entebbe e libertariam os reféns israelenses e franceses. Desde então, ao quartel-general do Instituto começaram a chegar informações das estações do Mossad em Paris sobre detalhes técnicos do Airbus; da estação de Bonn, sobre o terrorista Wilfried Böse; e sobre os palestinos da estação de Montreal.[150] Tudo passava por um processo de triagem, que descartava a informação inútil e transmitia a útil para que fosse colocada no lugar que lhe correspondia.

Em seu gabinete em Tel Aviv, Peres convocou uma reunião de urgência com o chefe do Estado-Maior, Mordechai "Motta" Gur. "Temos apenas que decidir quando e a que horas será", disse Gur. Mas Peres esperava o relatório de Yitzhak Hofi para dar a aprovação do plano B a Rabin. Quase no início da noite, o *memuneh* apareceu no gabinete com uma única folha de papel. Era o relatório final. O documento tinha cinco pontos claros:

1. O presidente Amin está usufruindo da publicidade e é certo que Israel não conseguirá a cooperação do ditador africano em hipótese alguma.

2. O Mossad sabe que seis dirigentes terroristas viajaram de carro da Somália a Kampala. O presidente Amin falou do "número um" em conversas telefônicas com Bar-Lev. Talvez esse "número um" fosse o doutor Haddad.
3. O presidente Amin usará a conferência de cúpula da OUA como forma de propaganda e regressará rapidamente a Uganda para controlar a situação.
4. Os *katsa* do Mossad acreditam que, a partir de domingo, os terroristas começarão a executar os reféns.
5. O departamento estatal de investigação ugandês, pouco partidário de Amin, controlaria qualquer movimento do ditador antes de domingo. Poderia haver problemas com o serviço secreto ugandês, muito próximo do presidente.

Depois de analisar a informação explicada com precisão pelo diretor do Mossad, decidiu-se que o plano B seria executado em não menos de seis horas antes da madrugada de domingo, 4 de julho. A questão agora era a utilidade da captura dos sequestradores com vida. "A prioridade são os reféns. No entanto...", Peres olhou fixamente para Hofi, tentando saber se isso seria possível. "Podemos tentar", respondeu o poderoso chefe do Mossad.

Rabin ligou pela manhã para um telefone de um pequeno apartamento em um bairro suburbano de Tel Aviv. Do outro lado da linha, o lendário general Moshe Dayan ouviu suas explicações sobre a Operação Raio. "Se os deixarmos vivos, voltarão a atacar Israel com muito mais força, por terem perdido a batalha do AF139. Devemos executar todos eles. Convença-se logo disso e ative a Metsada", disse Dayan.[151]

Depois de consultar Hofi, decidiu-se unir um comando do Kidon com os outros que partiriam para Uganda. Suas ordens eram claras: enquanto os comandos paraquedistas libertavam os reféns, eles deviam matar todos os terroristas que encontrassem em Entebbe. Na cabeça de Yitzhak Hofi apareciam os rostos de Carlos Ramírez, o Chacal, e do doutor Wadi Haddad. O assassinato dos dois seria realmente uma grande vitória para a Metsada, o Mossad e, portanto, para Israel.

Na madrugada da sexta-feira, Shimon Peres reuniu os militares e os *kidon* da Metsada que fariam parte da missão de resgate.

> "Estou orgulhoso de vocês e do que vão fazer por seu país, mas também estou orgulhoso dos reféns que estão há vários dias lutando por suas vidas. Tenham cuidado, tragam para casa seus compatriotas e voltem sãos e salvos ao lar de vocês, que é Israel. É só. Boa sorte."[152]

Enquanto os paraquedistas treinavam para conhecer perfeitamente as instalações de Entebbe, os *kidon* da Metsada estudavam as fotografias dos terroristas que possivelmente estariam na região do aeroporto. Os rostos em branco e preto de cidadãos árabes e alemães passaram diante dos olhos atentos dos assassinos do serviço secreto israelense. Cicatrizes, expressões e traços faciais ficaram gravados em suas mentes.

Doutor Haddad, um palestino de 40 anos, segundo no comando da FPLP, logo abaixo de George Habash, era uma figura lendária no mundo terrorista, quase tanto quanto o Chacal. Haddad já havia sofrido dois atentados em Beirute, o primeiro organizado pelos homens de Abu Nidal, mas que ele atribuíra ao Mossad para, com isso, voltar a se destacar dentro do movimento nacionalista árabe.[153] O segundo atentado consistiu no lançamento de foguetes sobre a residência de Haddad, em 11 de julho de 1970, de forma muito similar ao realizado contra os escritórios da OLP em Beirute, em setembro de 1969. Aparentemente, uma equipe do Kidon seguira durante meses o líder da FPLP até descobrir onde ele morava. Às 2h14, ouviu-se uma forte explosão no terceiro andar do edifício Katarji, no distrito de Almalah, esquina com a rua Muhi Aldin Alhayat. Seis mísseis katyusha, de fabricação soviética, foram lançados de um apartamento situado no quinto andar do edifício em frente. Três penetraram na sala e no quarto de Haddad e dois não explodiram devido a falhas técnicas. Doutor Haddad saiu ileso, enquanto a esposa e a filha sofreram queimaduras graves, sendo transportadas para o Hospital Universitário Americano.[154] O apartamento de onde se lançaram os foguetes estava mobiliado com um armário e uma cama. Na janela, havia luvas cirúrgicas e um bilhete em árabe: "Isto é uma mensagem de Fatah". A polícia de Beirute identificou o inquilino como um homem chamado Ahmad Batzrat, com passaporte iraniano, que chegara à capital libanesa havia três meses. Na realidade, o assassino iraniano era Yariv Barlatov, um *kidon* da Metsada. O serviço de segurança da FPLP procurou averiguar como o Mossad descobrira que Haddad estava em Beirute, uma vez que ele tinha chegado de Paris havia apenas dois dias e que, em seu apartamento, dormia a guerrilheira palestina Leila Khaled,[155] que também saiu ilesa.

O primeiro-ministro Yitzhak Rabin sabia que, se quisesse libertar todos os reféns do voo AF139 da Air France, teria de fazê-lo à custa de Israel e da habilidade de seus comandos e membros da Metsada. Aconselhado por Hofi, decidiu conceder uma entrevista coletiva à imprensa na sexta-feira, dia 2 de julho, dois dias antes do ataque impetuoso, para afirmar que o sequestro do avião era mais um golpe contra Israel por parte da FPLP e de um de seus mais violentos líderes, o doutor Wadi Haddad.[156]

O rodapé do relatório confidencial do Mossad indicava que Wadi Haddad nunca se deixava fotografar e que era extremamente cauteloso em seus movimentos e nas suas viagens, tanto fora do Líbano como dentro de Beirute. A Operação Raio estava em curso. Depois de tomar essa decisão, Rabin comentou com seu chefe de espionagem: "Uma democracia só pode manter uma ação firme em política externa com grandes dificuldades e resoluções lentas. Se rompemos o processo democrático a fim de sobreviver, podemos perder as bases morais da nossa luta".[157]

Nos últimos quatro dias, Rabin tentara, por todos os meios, fazer seus chefes militares e de inteligência entenderem a necessidade de a Operação Raio ser conduzida dentro de alguns limites, algo difícil de fixar dentro de uma ação de guerra, e ainda mais quando o próprio Rabin autorizara a Yitzhak Hofi a participação do Kidon no grupo de comandos que deveriam libertar os reféns em Entebbe.

No sábado, 3 de julho, a unidade do Mossad na área continuava a informar Hofi, através da chamada "inteligência fibra", ou seja, baseada em observações, rumores ou sentimentos gerais procedentes dos *katsa* da área. Uma dessas informações, a que mais preocupava o Comitê de Emergência, indicava que, a partir de domingo, dia 4 de julho, os terroristas começariam a executar os reféns.

"A Operação Raio seria um êxito espetacular ou uma catástrofe terrível para Israel", segredou Rabin a Zbigniew Brzezinski, um dos principais conselheiros de política externa do então candidato presidencial Jimmy Carter durante um jantar em Jerusalém, cujo anfitrião era o ministro da Defesa, Shimon Peres.[158] Depois do banquete, Peres pegou o conselheiro norte-americano pelo braço e levou-o para outro lado do grande salão. Falando em polonês, falou, embora com pouca precisão, sobre a possibilidade de Israel agir por conta própria para solucionar o problema dos reféns no voo AF139 da Air France. Aparentemente, Yitzhak Hofi tinha recomendado a Rabin e a Peres que informassem Brzezinski, um catedrático cinquentão de Política Internacional da Universidade de Columbia, de que poderia vir a substituir Henry Kissinger se Carter vencesse as próximas eleições. O professor telefonou para sua casa de Nova York no domingo à tarde, quando o puseram a par da operação em Entebbe. Brzezinski se deu conta de que os israelenses podiam guardar um segredo e, no entanto, ao mesmo tempo, dar certa dose de informação, algo que para um analista como ele deveria ter sido suficiente. O próprio chefe do Mossad escreveu no rodapé num extenso relatório sobre Idi Amin Dada: "Nada pode debilitar mais sua posição e sua autoestima que uma derrota em Entebbe. Por essa razão, devo supor que Amin pode ser mais perigoso que nunca".

Na manhã de sábado, 3 de julho, um assistente de Hofi entrou em seu gabinete às pressas e entregou-lhe um envelope lacrado procedente do departamento de Dardasim, em Nairóbi, que um *baldar* (mensageiro) tinha transportado até o quartel-general do Instituto. O relatório mostrava que o líder ugandês não colaboraria com as forças israelenses para o resgate e também informava que ele permitira que outros membros da FPLP, procedentes da Somália, se unissem ao grupo de sequestradores do AF139. Ao todo, seis homens armados mais os quatro sequestradores formavam o grupo mais próximo aos reféns. Essa informação foi passada imediatamente a Ariel L., responsável pela equipe do Kidon que deveria matar os terroristas em Entebbe, e a Dan Shomron, chefe dos comandos e da Operação Raio.

Os sequestradores libertaram um novo grupo de passageiros. Um deles era Murray Schwartz, um produtor de televisão, que contou à SDECE e ao Mossad que, quando o AF139 da Air France chegou a Entebbe, tudo parecia indicar que o esperavam. Hofi confirmou então seus temores, uma vez mais, e informou ao primeiro-ministro Yitzhak Rabin: "Uganda está envolvida no sequestro".[159] Foi então que o chefe do Mossad ordenou que um caça Phantom da força aérea israelense seguisse o avião particular de Amin até as Ilhas Maurício, onde se realizaria a reunião de cúpula da OUA. Se o AF139 fosse dinamitado ou algum dos reféns executado, o piloto poderia derrubar o avião de Amin.[160] Para Yitzhak Hofi e Dan Shomron, era extremamente importante ter o presidente ugandês vigiado de perto durante o sábado, 3 de julho, e o domingo, 4 de julho, data prevista para o ataque.

Shomron e seus comandos, homens tenazes, pertencentes ao corpo de elite do exército israelense, sabiam que seriam novamente escolhidos para atacar em defesa de seu país em algum lugar do mundo. Aos comandos que iriam para Entebbe, a frase de Oliver Cromwell, "Saibei por que lutais e amai o que sabeis", se ajustava como uma luva. Por fim, o general Shomron obteve a aprovação final dos chefes militares para fazer as forças combinadas aterrissarem em Entebbe, sob seu comando: um grupo de forças especiais liderado por Yoni Netanyahu e outro de *kidon* da Metsada liderado por Ariel L.

A Unidade Dardasim e seus *baldar* do Mossad em Nairóbi e Kampala recolhiam uma grande quantidade de informações sobre o local onde os comandos deviam aterrissar e com o que se deparariam. A quantidade de defesas ugandesas era relativamente alta. Duzentos e cinquenta transportes blindados de tropas, uma quantidade desconhecida de obuses, mísseis e morteiros e, o mais preocupante, cinquenta aviões de combate Mig 17 e Mig 21, cuja base era a mesma de Entebbe.

Yitzhak Hofi ordenara o envio a Nairóbi, no voo da El Al 535, de uma unidade especial de informação do Mossad, composta de cinco equipes de seis *katsa* cada uma. Geoffrey Karithii, chefe da GSU (General Service Unit – Unidade de Serviços Gerais) queniana, garantiu ao Mossad que seu presidente aprovara a ajuda à força expedicionária israelense, algo que foi comunicado de imediato a Yitzhak Hofi e ao chefe da operação, Dan Shomron. Apenas Charles Njojo, procurador-geral do Quênia, comentou a Kenyatta que, segundo as leis internacionais de aviação civil, seu país não podia impedir que aviões de carga israelenses aterrissassem no aeroporto internacional de Nairóbi, mas recomendava que a pequena esquadrilha de aviões Hércules aterrissasse numa pista distante do terminal principal.[161]

O chefe da estação do Mossad na capital francesa enviou uma mensagem a seu chefe no Ministério da Defesa em Tel Aviv, transmitida pela Embaixada de Israel, em que se recomendava alterar as avaliações anteriores a respeito do presidente Amin. "A tendência dele tem sido prolongar as negociações por motivos publicitários. Achamos que o ditador está ansioso por satisfazer os sequestradores. A partir das evidências, acreditamos que Amin dará seu consentimento para começarem as execuções na madrugada de domingo, 4 de julho", terminava assim a mensagem. Depois de lê-la atentamente, Yitzhak Hofi enviou uma cópia "confidencial" ao ministro da Defesa, Peres, ao chefe militar da Operação Raio, Dan Shomron, e ao chefe da equipe dos *kidon*, Ariel L.

Em seu gabinete provisório em Tel Aviv, Rabin analisou todas as informações que tinha nas pastas vermelhas e azuis que haviam sido ordenadas sobre a mesa. Dentro do espaço, sem mais adornos além da bandeira com a estrela de Davi e os retratos de Theodor Herzl e Chaim Weizmann, Rabin falava com suas visitas sobre os prós e contras da Operação Raio. Depois de quatro horas de debate, exclamou: "Vamos em frente com a operação de resgate".[162]

Yitzhak Hofi e Motta Gur correram ao telefone e comunicaram aos chefes da operação que o governo de Israel dera carta branca ao plano B. Rabin saiu da sala e fez o mesmo com o chefe da oposição, Menachem Begin, para lhe informar da decisão e conseguir um consenso político para a ação militar que se realizaria poucas horas depois. Aconselhado pelo *memuneh* do Mossad, não descartou a decisão de continuar com a negociação. Nesse mesmo dia, Rabin informava Begin: "Acredito que podemos pôr em prática essa operação. Só falta o general Gur assistir a um ensaio da Operação Raio e, se ele ficar satisfeito, pediremos a aprovação do gabinete e da Comissão de Defesa da Knesset".

Na desértica Beersheba, os comandos israelenses e os *kidon* da Metsada sabiam que um primeiro ensaio geral seria realizado na sexta-feira à noite. O assalto simulado foi dividido em seções. Mordechai Gur decidiu reunir-se com os comandos e com os agentes do Mossad que deveriam voar nos Hércules e perguntou-lhes se estariam dispostos a fazer isso. Ariel L., o chefe dos *kidon*, disse: "Que os Hippo nos deixem em Entebbe e nós terminaremos a tarefa em uma hora". "Que sejam 55 minutos", replicou Gur.[163]

As equipes do Mossad deveriam encarregar-se não só de executar e identificar os terroristas mortos, mas também de proteger os reféns na longa distância entre o hangar em que se encontravam fechados e as plataformas dos C-130, com a equipe de atiradores da inteligência israelense que viajaria no primeiro Hércules o qual iria aterrissar em Entebbe.[164] Ariel L. sabia, assim como sua equipe, que disporia de apenas um minuto e quinze segundos para acabar com os terroristas antes que reagissem e começassem a matar os reféns.

O departamento de análise do Mossad foi obrigado por Yitzhak Rabin a preparar um relatório em que deviam fazer um cálculo das possíveis baixas o mais aproximado e pessimista possível. No relatório, que foi apresentado três dias depois, aparecia uma estimativa de 30 a 35 mortos. "É aceitável", dizia o relatório. Entretanto, o MI6 britânico informava que alguns estrategistas da OLP já tinham sido deslocados para Kampala, o que aumentava o risco de execuções de reféns do AF139. A equação pensada agora por Rabin era muito simples: ou o risco de perder 35 reféns ao agir, ou enfrentar a morte de 105 por omissão.

Sábado, 3 de julho, parecia um dia normal em Israel. As praias de Tel Aviv lotadas, o Hayarkon com tráfego intenso, Jerusalém vazia, assim como os serviços públicos, e os hotéis lotados em razão do grande fluxo de turistas que chegavam à Cidade Santa. Nesse mesmo dia, numa base ao norte do país muito próxima ao histórico lago Tiberíades, Dan Shomron reunia-se com Yitzhak Hofi, o general Motta Gur e Benni Peled. Diante deles, perfeitamente formados, estavam os escolhidos para a Operação Raio. Comandos da Sayeret Matkal, paraquedistas da 35ª Brigada Aerotransportada, *gadnas* (jovens militares) das forças antiterroristas, os *kidon* da Metsada e mulheres oficiais do corpo aéreo que deveriam prestar atendimento aos feridos dentro dos Hércules C-130. O ensaio geral estava previsto para essa mesma noite, para o qual os engenheiros da companhia construtora Solel Boneh tinham reproduzido em escala o aeroporto de Entebbe.

A primeira equipe a desembarcar do Hippo 1 seria a de Yehonatan Netanyahu, conhecido como Yoni, que deveria acabar com a primeira linha de resistência. Em seguida, seria a vez da equipe de Ariel L. com seus *kidon* da Metsada, incumbidos da execução dos sequestradores e a possível captura do doutor Wadi Haddad. Ambas as equipes estavam disfarçadas com uniformes do exército ugandês. A média de idade dos homens de Yoni era de 20 anos, enquanto a da equipe de assassinos da Metsada era de 25.

"Estavam nervosos porque não tinham conhecimento algum da África. Estávamos habituados a ataques noturnos e a combater em condições desconhecidas, mas Entebbe era diferente. Estávamos preparados para atacar poços de petróleo, aeroportos ou instalações militares, porém nenhum de nós pensara jamais em combater num país da África negra", disse Shomron após a operação.[165] Informações precisas sobre Entebbe chegavam a cada minuto no quartel-general do Mossad, até mesmo, por exemplo, se tinha começado a chover. Tais informações eram transmitidas pelos aviões israelenses que sobrevoavam o aeroporto ugandês, observando as mudanças de clima, os movimentos dos aviões ugandeses e a posição do presidente Idi Amin Dada e de seu avião particular.

Os 707 eram capazes de aterrissar em Nairóbi sem provocar nenhum distúrbio; pelo contrário, os Hércules, equipados para uma ação bélica, podiam provocar o alarme no aeroporto. Benni Peled informou explicitamente o Mossad, o ministro da Defesa e o primeiro-ministro, de que um dos Hércules C-130 carregaria tanques de combustível para que os outros Hippos fossem reabastecidos assim que aterrissassem em Entebbe. "O perigo seria para os pilotos e para a tripulação dos C-130, que deveriam reabastecer com os motores ligados", informava o chefe da FAI. O ministro dos Negócios Estrangeiros de Israel sabia que se a missão de Entebbe não fosse bem-sucedida e se tivessem de aterrissar com urgência em alguma base do Quênia, os quenianos seriam acusados de participar junto com Israel de uma ação bélica contra Uganda. Hofi informou Shimon Peres que no dia previsto para o resgate não haveria tráfego aéreo comercial entre Nairóbi e África do Sul, até as 2h30, quando aterrissaria ali um VC10 da British Airways fazendo a rota Londres-Ilhas Maurício.[166]

Yitzhak Hofi recomendara ao exército que os encarregados de vigiar as operações de carga e preparação de transportes fossem os homens de uma unidade de intervenção do Mossad. Os únicos oficiais presentes eram o general Dan Shomron, o tenente-coronel Yehonatan "Yoni" Netanyahu e Ariel L., do Kidon. Se a Operação Raio tinha-se mantido em segredo dentro do âmbito político, isso não foi nada comparado ao muro de silêncio levantado dentro do exército e das forças aéreas. Hofi ordenara a todos os responsáveis pelas equipes do Mossad implicados na Operação Raio que destruíssem todos os documentos para evitar um vazamento de informações.

Em um grande espaço que servia como hangar, os membros dos comandos, sentados no chão diante de um grande mapa de Entebbe e uma grande planta baixa do aeroporto, acompanhavam as instruções de Yoni Netanyahu: "É preciso chegar aos reféns com a máxima velocidade e deixar que os homens da Metsada se encarreguem de eliminar os sequestradores. Temos somente alguns segundos entre o êxito e a matança", disse ele.[167] "E se os reféns se levantarem e nós os confundirmos com os sequestradores?", perguntou um jovem oficial. "Devem deixar que a Metsada se encarregue dos sequestradores e é por isso que eles atacarão o hangar no qual se encontram os reféns", explicou Yoni.[168]

Entebbe parecia ser um lugar próximo e conhecido para todos, em razão do estudo feito do aeroporto por todos os membros que participariam da Operação Raio. Os únicos sentados num canto, afastados da grande sala, eram os cinco membros da Metsada. Vestidos com macacões pretos de piloto e com relógios de mergulho nos pulsos, pareciam ser os mais tranquilos, apesar de que seriam os responsáveis pela linha de frente do ataque a Entebbe.[169] "Seria melhor se você apressasse seu dirigente, Jaber", disse Yoni, "pois são assassinos. Não teremos uma segunda oportunidade". "Então cumprirei as ordens à risca. Executaremos todos eles", respondeu Ariel, enquanto se distanciava para se reunir novamente com seus homens.

Durante as últimas horas, e à espera da decisão final do gabinete do primeiro-ministro Rabin, 280 homens fortemente armados permaneciam num hangar ao lado de caminhões e jipes equipados com canhões sem recuo.

Ao sair do grande edifício, as equipes de resgate começaram a se acomodar nos aviões, em locais que já haviam sido determinados. Homens com uniforme de combate, integrantes do Kidon vestidos com macacões pretos e paraquedistas à paisana, como se fossem passar um fim de semana em um acampamento.

Nessa mesma tarde, em algum lugar de Tel Aviv, o governo reunia-se em sessão plenária, conduzida por seu chefe, Yitzhak Rabin. Ansioso, confessou a seus ministros que, se a Operação Raio não fosse bem-sucedida, ele assumiria a responsabilidade pelo fracasso, mas se, pelo contrário, o resgate de reféns fosse levado a êxito, o único vitorioso seria o Estado de Israel e seu desejo de sobrevivência.[170] Os ministros ouviam-no em silêncio quando anunciou que aprovara o plano, mas que de qualquer maneira levaria em conta as opiniões de todos os membros do gabinete. Se no fim da sessão houvesse uma maioria contra o anúncio, os aviões não levantariam voo. A discussão continuou durante horas.

Enquanto isso, na base aérea, os aviões já estavam preparados para decolar, à espera da senha: "*Zanek!*" (Salte!). Os motores rodavam aquecendo-se e lançavam fumaça e cheiro de combustível. "Por que não nos dão o *zanek*?", questionavam-se Ariel e Yoni. Finalmente, os aviões decolaram em direção a seu destino, ainda que sem a ordem final. Mantinham constante contato com Tel Aviv, para o caso de lhes pedirem para regressar à base. Com um forte estrondo, os Hippos começaram a levantar voo. "Vamos até Entebbe sem uma ordem do primeiro-ministro", disse Yoni Netanyahu. "Se não se decidirem rápido, em sete horas estaremos sobrevoando a casa de Idi Amin Dada em Uganda", confirmou Ariel.

O ambiente ia ficando mais tenso conforme os ponteiros do relógio avançavam. Um som seco, parecido com o de um trovão, indicou aos pilotos dos Hércules que três caças de escolta tinham-se unido à esquadrilha de aviões sem destino definido. Algumas horas depois, aterrissavam na zona de segurança máxima do aeroporto de Nairóbi. Um segundo 707 de apoio seguia o mesmo procedimento.

Surgiu um novo problema quando o serviço secreto sul-africano (BOSS) informou a estação do Mossad em Nairóbi que Idi Amin decidira regressar antes do previsto a Uganda, vindo das Ilhas Maurício. "E se os comandos e o avião de Amin aterrissassem no aeroporto de Entebbe ao mesmo tempo?", pensou Yitzhak Hofi, uma pergunta que só poderia ser respondida na própria instalação ugandesa.[171]

A esquadrilha de quatro Hércules sobrevoava o Sinai quando receberam de Tel Aviv a tão esperada senha: *Zanek*. A partir desse momento, os rádios ficaram mudos. O caça principal, com seu grande radar, informava aos outros três o caminho que os levaria ao coração de Uganda. David, o comandante do esquadrão, ia à frente quando recebeu a ordem de voar à velocidade máxima até Entebbe.

No último trecho, as variações atmosféricas extremas obrigaram a mudanças nos planos de voo. Cada Hippo voava em silêncio e isoladamente dos restantes durante a noite, caso algum fosse interceptado. Horas depois, desciam pelo escuro vale do Rift em direção ao lago Vitória. Dentro do primeiro Hércules, a equipe da Metsada comandada por Ariel preparava as armas com miras telescópicas infravermelhas e silenciadores, enquanto pintavam os rostos e as mãos com tinta preta. Dan Shomron, Yoni Netanyahu e Ariel L. reviam os últimos detalhes do plano operacional com suas equipes.

Ariel, o chefe da equipe de assassinos da Metsada, era um homem de contrastes. Nascido no bairro nova-iorquino do Brooklyn, esteve à frente de uma unidade especial durante a guerra dos Seis Dias, na qual acabou sendo ferido. Recebeu baixa das FDI e regressou aos Estados Unidos. Yitzhak Hofi, o poderoso chefe do Mossad, tinha um interesse pessoal por Ariel e foi seu "cavalo", nome que os agentes do Mossad davam ao apoio dentro do Instituto. O próprio Hofi fez com que o *kidon* tratasse sua ferida de guerra no hospital Hadasah. Estava tecnicamente incapacitado para realizar operações especiais na Metsada, mas Ariel estava decidido a fazer parte da unidade mais secreta e de elite do Instituto. Passou três meses no deserto do Neguev, treinando com os comandos do exército, até que um dia Ariel Sharon perguntou-lhe: "O que você pode oferecer ao Mossad?". Ele pensou durante alguns segundos e respondeu: "Posso recitar de cabeça os poemas de Nathan Alterman, um dos principais poetas de Israel". Sharon olhou-o surpreso e, depois de uma forte gargalhada, disse: "Certo, filho, e bem-vindo ao Instituto".[172]

Uma densa neblina cobria o aeroporto de Entebbe quando os Hércules se aproximaram, voando a uma distância de 750 metros entre si. Enquanto isso, em Tel Aviv, no escritório do ministro da Defesa, Peres, os membros do gabinete estavam reunidos por conta da proximidade da hora H. Depois de alguns minutos chegaram também Rabin, Mordechai Ben-Ari, diretor da El Al, e os membros de operações especiais. Sentaram-se em silêncio, à espera das primeiras mensagens. Todos os presentes na sala estavam atentos à grande mesa com intercomunicadores que ficava no fundo do gabinete. Às 23h03, hora local, ouviram o som dos primeiros disparos dos agressores nos emissores ali colocados.[173]

No precário terminal de Entebbe, os reféns suportavam o sexto dia em Uganda. Os vigilantes, nesse turno, eram dois alemães. Os passageiros padeciam de vômitos e forte diarreia, e um deles estava com malária. No sábado, dia 3 de julho, Idi Amin Dada apresentara-se diante deles dizendo que acabava de regressar das Ilhas Maurício e que estava fazendo o máximo possível para salvá-los. "Devem culpar o senhor Rabin se algo lhes acontecer, visto que seu governo se nega a negociar", afirmou Amin de modo contundente.

Um grupo de terroristas dispersou-se entre os reféns. Os que ficaram fora do terminal eram os melhores homens de Wadi Haddad. Na entrada, dois palestinos guardavam o acesso direto ao primeiro grupo de reféns. Um era Fayez Abdul-Rahim Jaber, oficial de operações da FPLP. Seu companheiro, um tanto nervoso, era Abdel Latif, que vigiava o lado de fora da porta do terminal tendo em mãos um fuzil Kalashnikov com a trava de segurança destravada. Jayel Naji al-Arjam, um palestino baixo e robusto próximo dos 40 anos usando uma boina ao estilo do Chacal, estava de guarda em outro lado do edifício. Sua tarefa na FPLP era supervisionar ações terroristas contra interesses israelenses na África do Sul. De acordo com um relatório em poder de Hofi, Al-Arjam ajudara o Chacal na tentativa de assassinato de Edward Sieff, o presidente judeu da empresa de lojas de departamento Mark & Spencer de Londres.[174]

Voando com a ajuda de um sinal, os Hércules aproximavam-se de Entebbe. No primeiro, a equipe da Metsada e os homens de Yoni esperavam, espremidos, que o avião aterrissasse e abrisse a grande plataforma traseira para saltar em terra. No avião, também era transportado um Mercedes-Benz preto parecido com o de Amin, ocupado por dois homens dos comandos que deviam dirigir-se à entrada principal do aeroporto para eliminar as sentinelas ugandesas.

A esquadrilha de quatro aviões cobriu o último trecho de aproximação em pouco mais de dez minutos, separando-se dela os dois primeiros Hércules. Um aterrissaria na nova pista principal, e o segundo na antiga pista, já em desuso. O caça principal já voava sobre o lago Vitória enquanto imensas gotas de água atingiram repentinamente os pequenos para-brisas. Num segundo, diante de seus olhos, apareceu uma iluminada Entebbe; este era o momento mais discutido pela liderança da operação e pelos *kidon* da Metsada que trabalhavam na zona antes da operação. O primeiro avião planou ao longo da margem ocidental do lago; Ariel viu que a velocidade do Hippo baixava de 150 a 90 nós, enquanto seu copiloto mantinha o avião em voo baixo para aterrissar na pista lamacenta. O piloto gritou sua passagem especial poucos segundos antes de o trem de aterrissagem tocar a terra de Uganda.[175]

Com os músculos do abdômen tensos, os homens da Metsada prepararam-se para saltar em terra assim que a plataforma se abrisse. Os cinco sabiam que o êxito do resgate e o destino de seus companheiros dependiam da rapidez em eliminar o maior número de terroristas no menor tempo possível. Ariel subiu na parte alta da cabine e, diante dele, apareceu o primeiro bloco de edifícios. Todos eram conhecidos, assim como a distância entre eles. O piloto deteve o monstruoso avião de setenta toneladas com seus 35 metros de envergadura de asas diante do hangar em que se encontravam os reféns. Nesse mesmo momento, Ariel gritou a seus homens: "Fechem os olhos para que a luz não os cegue. Verifiquem o armamento e boa sorte".

O ruído chilreante da plataforma rompeu o que bem se podia definir como um silêncio de morte. Estavam em Entebbe. Fora, o calor era úmido e pegajoso. Em questão de segundos, os cinco homens da unidade *kidon* dispersaram-se. O Mercedes desceu a rampa em direção à entrada principal. Abriram-se as portas diante de três soldados ugandeses que saudaram marcialmente o veículo recém-chegado. Em segundos, estavam mortos.

Os *kidon* da Metsada lavaram o rosto e as mãos, livrando-se da tinta preta e avançaram rapidamente para o hangar. Os comandos de Yoni já tinham tomado uma zona do aeroporto e dirigiam-se à torre de controle. Cada um deles sabia o que tinha de fazer.[176] Outro Hércules estava prestes a aterrissar perto do novo terminal, mas, aparentemente, na torre de controle perceberam que uma movimentação tão grande de aviões não era normal. Ao aterrissar, viu-se em meio a um fogo cruzado entre tropas ugandesas e comandos israelenses. Foram estes os disparos que ouviram em Tel Aviv.

Ylan, um dos *kidon* de Ariel, correu até o alvo designado, a alemã que se acreditava ser Brigitte Kuhlmann. O compatriota desta, Wilfried Böse, estava fora, fumando perto da janela, de costas para a imensa silhueta de um dos Hippos, ignorando o homem vestido de preto que se aproximava dele com botas silenciosas de sola de borracha.

Dentro do mal iluminado terminal, vários reféns permaneciam de pé. De repente, o alemão, alerta, levantou a arma. Ouviu-se um ruído seco, e Böse girou e caiu no chão com uma expressão de surpresa no rosto e com sua Kalashnikov ainda travada. O "encobridor" dos *kidon*, nome como é conhecido o segundo agente, que se faz de escudo, saltou e rodou sobre si mesmo até ficar de barriga para cima. Mesmo em perigo, vários reféns levantaram-se e correram até as instalações abandonadas da East African Airlines.[177]

Ylan, com a arma na mão, prendeu a respiração e olhou fixamente por uma fração de segundo para o rosto da terrorista alemã, que segurava uma granada. Ele viu a surpresa no rosto da mulher quando apontou a arma para a cabeça dela e disparou.[178]

Os atacantes do terceiro Hércules já estavam em terra quando os comandos de Yoni irromperam pelas janelas da sala onde se encontravam quase todos os reféns, gritando em hebraico. Entre o ruído e a confusão, os reféns deitaram-se. Jaber e Latif abriram fogo contra os atacantes com um fuzil e uma pistola, ferindo uma refém, Ida Borochovitz, de 56 anos. O tiroteio fez com que começassem a cair pedaços de gesso do teto. Os reféns tropeçaram uns nos outros tentando se proteger dos disparos.[179] Um tiro certeiro atingiu Latif na cabeça, deixando-o gravemente ferido no chão. Um segundo *kidon* concluiu o serviço, em cumprimento à ordem de não fazer prisioneiros. Outros dois *kidon* da Metsada saltavam por uma janela superior gritando: "Israel! Israel! *Tiskavu*!", a ordem para se deitarem em hebraico. Vários passageiros do AF139 deitaram-se sobre seus filhos tentando protegê-los com o corpo. O tiroteio dentro da sala dos reféns durou um minuto e 42 segundos. Jean Jacques Maimoni, um judeu do norte da África, foi morto ao se levantar.

A segunda equipe da Metsada informou que tinham executado Fayez Abdul-Rahim Jaber, um amigo íntimo do doutor Haddad. Os médicos israelenses moviam-se rapidamente entre os disparos para retirar os feridos, no total cinco reféns e quatro soldados. Quando começou o ataque israelense, Jaber escondeu-se nos fundos de um prédio. Ariel o surpreendeu ali, tremendo e escondido debaixo de um colchão. Apoiou o cano da arma na cabeça dele e, depois de dizer "Isto é por Israel", disparou.[180]

Enquanto isso, em um dos hangares, uma unidade de comandos era cercada pelos disparos de uma metralhadora instalada numa torre. Alguém gritou: "Yoni está ferido!". Netanyahu fora atingido com um disparo nas costas, caindo na entrada do edifício principal. Tentou levantar-se, mas voltou a cair para trás, sangrando pelo nariz e pela boca. Poucos minutos depois, estava morto.[181]

No outro extremo do aeroporto, um clarão iluminava o céu: eram os Mig russos em chamas. Na entrada principal, aconteceu um combate aberto entre israelenses e ugandeses, em que alguns desses últimos se renderam ao grupo de resgate. Começou a chover enquanto os executores do Mossad fotografavam os rostos sem vida e tiravam as impressões digitais dos terroristas mortos.

Os reféns, protegidos pelos comandos, corriam em direção aos Hércules, onde se reuniam os feridos na Operação Raio. Os primeiros Hippos começaram a virar para sair de Entebbe protegidos em terra por unidades israelenses. Minutos depois, os jipes rápidos com os últimos comandos e com os *kidon* entraram no último Hércules que decolava do aeroporto ugandês. No total, foram necessários noventa minutos para aterrissar, resgatar os reféns e levantar voo de volta para casa.

A Operação Raio fora um sucesso graças à informação recebida dos *katsa* do Mossad, dos serviços secretos britânico, francês, sul-africano e queniano, e a uma célere decisão política do primeiro-ministro, Yitzhak Rabin; de seu ministro da Defesa, Shimon Peres; e do *memuneh* do Mossad, Yitzhak Hofi, em coordenação com as Forças Armadas e a Força Aérea Israelense.

De um dos Hércules, que aterrissara numa base aérea secreta no norte do país, desceu um grupo de cinco homens da Metsada em trajes civis. Para eles, não haveria recepções honoríficas, bandas de música ou condecorações. Os cinco deixaram a base, tomaram caminhos diferentes e perderam-se entre um grupo de pessoas que saía de um *kibutz* próximo.

O doutor Wadi Haddad, cérebro por trás do sequestro do AF139, faleceu, vítima de câncer, dois anos depois da Operação Raio, num hospital público da Alemanha Oriental.

CAPÍTULO 8

OPERAÇÃO PRÍNCIPE VERMELHO

ALVO: Ali Hassan Salameh

POSIÇÃO: Líder supremo do grupo Setembro Negro

DATA: 22 de janeiro de 1979

Algumas semanas depois do massacre de Munique, a revista alemã *Quick* publicou uma reportagem sobre as atividades terroristas na Alemanha. O texto revelava detalhes sobre as estreitas relações entre a Al Fatah e o Setembro Negro, seu *modus operandi* e o nome de todos os líderes e suas respectivas funções dentro da organização terrorista. O principal "furo" da reportagem era a fotografia de um homem jovem, de pele escura, que teria sido o verdadeiro idealizador da operação na Vila Olímpica de Munique. Abaixo da fotografia, aparecia um nome e um cargo no Setembro Negro: Ali Hassan Salameh, chefe de operações.[182] Era a primeira vez que o nome e o rosto de Salameh eram revelados. No corpo principal da reportagem, ele era descrito como "um homem que gosta de boa vida, bebe champanhe, vive rodeado de mulheres deslumbrantes, mas que é, na verdade, um dos mais brutais e hipócritas assassinos do nosso tempo".

Alguns jornalistas alemães investigaram as fontes da *Quick* e descobriram que somente o Mossad poderia ter entregado semelhante documentação à revista. Por uma boa matéria exclusiva, estava claro que os editores alemães não fariam muitas perguntas. Depois da publicação, as autoridades federais puseram-se em ação e ordenaram a expulsão do país de milhares de jovens palestinos suspeitos de pertencer ou de dar assistência ao Setembro Negro. Como segunda medida, ordenou-se à BfV, a contraespionagem alemã, a localização dos seus principais dirigentes na Alemanha Ocidental e sua expulsão imediata do país.

Pouco antes da chegada de seis agentes da BfV em uma casa nos arredores de Berlim, um jovem de pele escura e bem vestido abandonou o edifício. Salameh conseguiu salvar-se novamente fugindo para Beirute, mas três de seus principais comparsas não tiveram a mesma sorte. Salameh, com permissão de Arafat, ordenou o sequestro de um avião da Lufthansa para forçar as autoridades alemãs a colocá-los em liberdade. Antes de libertá-los, a BND interrogou-os. Ficou claro nos depoimentos que Hassan Salameh era um verdadeiro profissional do terrorismo e um inimigo perigoso.[183]

Depois de uma curta estada na segura capital libanesa, Salameh viajou novamente para a Europa. Em Beirute, ele andava sempre fortemente armado e chegava a contar com uma dezena de guarda-costas recrutados entre os melhores guerrilheiros palestinos da Al Fatah. Mas, fora do Líbano, o líder do Setembro Negro movimentava-se sozinho para não chamar atenção. Usando sempre os serviços de um contador do Setembro Negro, Ali Hassan Salameh visitava alguns bancos suíços, onde depositava ou sacava milhões de dólares em dinheiro para financiar operações terroristas.[184] Também usava esses fundos para financiar operações particulares que lhe traziam imensos benefícios. Enquanto nas capitais europeias Ali Hassan Salameh vivia no luxo, rodeado de belas mulheres, quando regressava a Beirute transformava-se num autêntico pai de família.

Quando começou a queda de líderes do Setembro Negro em Roma, Paris, Nicósia e outras cidades, vítimas das balas ou das bombas do Kidon, Ali Hassan Salameh soube que não só havia sido declarada uma guerra entre seu grupo terrorista e os assassinos da Metsada, como também ele mesmo se tornara um alvo prioritário dos israelenses. Zvi Zamir e Mike Harari esperavam apenas um movimento em falso de Salameh para atacá-lo de modo implacável.

O Mossad sabia que a CIA mantinha, desde 1969, contatos diretos com a OLP por intermédio de seu chefe da estação de Beirute, Robert Ames, que recebera indicações da Casa Branca para se aproximar das facções moderadas palestinas.[185] Por essa época, Ames e Salameh tinham iniciado conversações que eram transmitidas pela CIA ao presidente Nixon e ao então poderoso conselheiro de Segurança Nacional, Henry Kissinger. Ali Hassan Salameh, para desgosto dos israelenses, tornou-se o representante pessoal de Yasser Arafat nas reuniões com os norte-americanos.

Tanto Zvi Zamir, do Mossad, como, anos depois, William Casey, da CIA, sabiam que o líder do Setembro Negro era um protegido do presidente Amin Gemayel e que este desejava distanciar-se das diretrizes de Tel Aviv e de

Washington e aproximar-se de seus vizinhos árabes. No fim das contas, Bashir, o irmão do novo presidente, fora assassinado por esse motivo.[186] A CIA oferecera a Ali Hassan Salameh 3 milhões de dólares em dinheiro para que trabalhasse para eles. O problema é que Salameh era um idealista e recusou a oferta, cortando a comunicação com Ames. Depois do massacre de Munique, a relação entre a CIA e Ali Hassan Salameh simplesmente esfriou.

Os agentes do *kidon* de Harari esperavam apenas um sinal para acabar com a vida daquele que liderara os assassinatos dos onze atletas israelenses durante os Jogos Olímpicos. A Operação Príncipe Vermelho seria o arremate da Operação Ira de Deus, ordenada por Golda Meir.

Em junho de 1973, Salameh iniciou uma campanha de desinformação com os israelenses. As estações da inteligência israelense começaram a informar o Mossad que Ali Hassan Salameh fora visto em Paris, Londres, Zurique e em um país escandinavo.[187]

No final de julho desse mesmo ano, os agentes da Ira de Deus estavam exaustos em razão das contínuas viagens por toda a Europa na tentativa de localizar o responsável pelo Setembro Negro. Mike Harari decidiu então montar uma nova equipe de *kidon* com o intuito de localizar Hassan Salameh e executá-lo.

A equipe de assassinos israelenses seria formada por quinze agentes da Metsada. Harari e mais dois agentes se encarregariam da execução de Salameh, outros dois lhes dariam cobertura e dois *katsa* especialistas em logística, um em comunicações e sete *kidon* ficariam apenas à espera das ordens de Harari.

O chefe da Operação Ira de Deus viajaria com passaporte francês, com o nome de Edouard Stanislas Laskier. Seu número dois, Abraham Gehmer, com passaporte britânico e o nome de Leslie Orbaum. Mike escolheu Sylvia Rafael para sua equipe da Metsada, uma bela sul-africana recrutada pelo Mossad num *kibutz* no norte de Israel. Ela viajava com passaporte canadense e usava o nome Patricia Roxborough, fazendo-se passar por fotojornalista.

O próprio Harari convocou também Marianne Gladnikoff, uma loira de 25 anos com dupla nacionalidade, sueca e israelense. Desde seus tempos de estudante, ela conhecia muito bem a Suécia, a Dinamarca e a Noruega, seus costumes, modo de vida e, o mais importante, os idiomas desses países.[188] O chefe da operação recrutou um judeu brasileiro de 36 anos chamado Zvi Steinberg. A única informação que existia sobre este último era a de que era capaz de estrangular um homem em questão de segundos. Corriam rumores de que houve um episódio em que Steinberg entrou em um ônibus em Praga seguindo um terrorista palestino, aproximou-se dele, esmagou sua traqueia com uma mão, matando-o no local, e desceu do ônibus, desaparecendo na multidão. Ninguém notou a execução até que o ônibus chegou à parada final e o cadáver foi descoberto.

Como especialista em comunicações, a Metsada recrutou Dan Aerbel, um judeu dinamarquês que tinha negócios no exclusivo bairro de Herzliyya, a norte de Tel Aviv. Dan seria o intérprete da equipe. O resto da equipe do Kidon era formado por Michael Dorff, Gustav Pistauer, Nora Heffner, Raoul Cousin, Jean-Luc Sévenier e outro *katsa* conhecido simplesmente por Tamar.

Em 11 de julho de 1973, três membros da Metsada chegaram a Estocolmo e alugaram, por seis meses, um apartamento que seria usado como esconderijo durante a operação. Heffner fez cópias das chaves para cada um dos agentes. Somente três dias depois, Mike Harari e seus homens receberam informação procedente da Unidade 8200, encarregada da interceptação de comunicações. Aparentemente, Ali Hassan Salameh recebera na Noruega um mensageiro chamado Kemal Benamane, que levara até o Príncipe Vermelho uma embalagem procedente de Beirute.[189] Zvi Zamir deu ordens expressas a Harari para que procurassem o mensageiro nos arredores de Oslo. O resto dos *kidon* já estavam prontos para ir à capital norueguesa.

Pouco depois, os agentes do *kidon* chegaram à Noruega com identificações falsas. Benamane desaparecera de Oslo e reaparecera numa pequena cidade, a 150 quilômetros ao norte, chamada Lillehammer. Harari e seu segundo no comando do Mossad, Abraham Gehmer, chegaram à conclusão de que Benamane podia ter viajado a essa cidade para encontrar-se com Ali Hassan Salameh.[190] Os oitos membros da equipe da Metsada viajaram até Lillehammer em dois carros alugados e encontraram Kemal Benamane no hotel Skotte, muito próximo da estação de trem. Fazendo-se passar por turistas, os dois *katsa* do Mossad jantaram ao lado do mensageiro árabe e até o ouviram dizer que estava cansado e que ia para a cama. No dia seguinte, o resto da equipe israelense começou a espalhar-se por Lillehammer à procura de qualquer árabe suspeito de ser o líder supremo do Setembro Negro. Durante a perseguição do mensageiro, perderam-no de vista, mas voltaram a localizá-lo no Karoline Café, perto do edifício da Câmara Municipal. Os *katsa* do Mossad sentaram-se perto de Benamane e de outro árabe que se reuniu com ele no local. Marianne Gladnikoff comparou o rosto da fotografia de Ali Hassan Salameh que tinha no bolso com o do árabe que estava ali sentado a poucos metros dela. Estava convencida de que aquele homem não era o alvo, mas o outro *katsa* afirmou ter certeza de que era. A segunda equipe do Kidon seguiu o árabe quando ele saiu do café. Chamou a atenção de Harari o fato de o árabe ter arregaçado as calças, montado numa bicicleta e saído em direção à rua principal. Para o Mossad, o chefe do grupo terrorista era um *playboy* que gostava de boa vida, mulheres bonitas e carros esportivos. "Se aquele sujeito era o Príncipe Vermelho", pensou Harari, "era um mestre do disfarce".

À tarde, Harari e Gehmer receberam uma comunicação dos dois *katsa* que estavam na estação ferroviária afirmando que tinham visto Benamane deixar Lillehammer e voltar para Oslo com um bilhete só de ida. Entretanto, outra equipe do Mossad seguia o árabe da bicicleta.

Por volta das quatro horas da tarde, o árabe parou numa piscina pública. Depois de alguns minutos no vestiário, apareceu com uma roupa de banho e uma toalha em volta da cintura. Cumprimentou o guarda e mergulhou na piscina aquecida. Marianne Gladnikoff, a *katsa* do Mossad, fez o mesmo, mas quando estava sentada na borda da piscina, ouviu o alvo falar fluentemente em francês com outro homem também de aspecto árabe. O Mossad sabia que Ali Hassan Salameh fora educado em bons colégios e que dominava várias línguas. Não restava a menor dúvida de que aquele árabe era o Príncipe Vermelho, o líder supremo do Setembro Negro e o cérebro que planejara os assassinatos dos onze atletas israelenses em Munique no ano anterior.

Quando o homem saiu da piscina, outra equipe israelense o seguiu. O alvo morava numa casa simples, na rua Rugdeveien 2-A. Nos carros alugados, os *katsa* do Mossad se revezavam em turnos para vigiar qualquer movimento ou pessoa que entrasse ou saísse dali.

Mike Harari, Abraham Gehmer e o brasileiro Zvi Steinberg formariam o esquadrão de execução. Por volta das duas da tarde do dia 21 de julho, os três chegaram num Mercedes-Benz verde-escuro e instalaram-se no hotel Oppland Tourist, de Lillehammer. Às três, o próprio *memuneh* do Mossad, Zvi Zamir, indicou a seus agentes que seria testemunha da execução. Queria ver pessoalmente como morreria o responsável pelo massacre de Munique. Zamir, com seu guarda-costas, deu entrada com o nome de Roland Tahl no hotel Esso Olrud, no sul da cidade.[191]

Às seis da tarde, o governo israelense, presidido pela primeira-ministra Golda Meir, deu sinal verde à Metsada para executar o assassinato. Agora era preciso esperar o melhor momento para concluir a Operação Ira de Deus. Na tarde de 21 de julho de 1973, os *katsa* do Mossad e os *kidon* da Metsada viram quando Salameh saía de casa acompanhado de uma mulher jovem. Os israelenses seguiram-no até um cinema próximo que exibia o filme *O Desafio das Águias*, com Richard Burton e Clint Eastwood.

Quase duas horas depois, o suposto Ali Hassan Salameh saiu do local abraçando a mulher e rindo, junto a outros dois casais. Os seis dirigiram-se ao ponto de ônibus de Furubakken. Ele usava um casaco curto verde, um suéter marrom de gola alta e calças com vários bolsos. Depois de se despedir dos outros, o casal começou a caminhar devagar em direção à rua Rugdeveien. Um Mazda branco parou perto deles. Dentro do carro estavam Marianne Gladnikoff, Sylvia Rafael, Zvi Steinberg e Tamar. Estavam sendo seguidos por um Volvo branco com Mike Harari, Abraham Gehmer e Dan Aerbel.[192]

Steinberg e Tamar saíram do veículo armados com duas pistolas Beretta. O árabe tentou correr, afastando instintivamente sua acompanhante, mas Steinberg já tinha começado a disparar. As primeiras balas atingiram Ali Hassan Salameh acertando-o no joelho esquerdo, amputando seu dedo indicador da mão direita, e outras duas balas atingiram-no no estômago. Quando estava estendido no chão, suplicando para que não disparassem, um dos *kidon* da Metsada se aproximou dele, colocou o cano da pistola atrás da orelha e apertou o gatilho. A bala ricocheteou dentro do crânio do árabe, matando-o na hora. Enquanto os agentes israelenses entravam novamente nos carros, a mulher correu até o cadáver chorando e pedindo ajuda.[193]

Mas os israelenses não tinham matado Ali Hassan Salameh, o Príncipe Vermelho, o cérebro do massacre de Munique, o lendário líder terrorista palestino e amigo íntimo de Yasser Arafat. Os *kidon* da Metsada, os assassinos de Israel, acabavam de matar Ahmed Bouchiki, um simples garçom argelino de 30 anos que voltava para casa com a esposa norueguesa grávida, Torill, depois de ver um filme. Acabavam de protagonizar um dos maiores desastres de que se tem lembrança em toda a história do Mossad.

Por volta das 22h50, a polícia norueguesa recebeu o primeiro telefonema alertando para o tiroteio. Quatro minutos depois, chegavam ao local dois carros de patrulha. Nesse momento, os esquadrões de execução do Mossad começavam a operação de evasão. Mike Harari já conduzia um Volvo verde pela autoestrada até Oslo; dentro de uma mochila esportiva, a seu lado, estavam as Berettas usadas na execução de quem acreditavam ser Ali Hassan Salameh. Em um Peugeot azul, escapavam Sylvia Rafael, Abraham Gehmer, Dan Aerbel e Marianne Gladnikoff.

O assassinato de Ahmed Bouchiki havia sido o primeiro em Lillehammer em quarenta anos. A primeira impressão da polícia era de um ajuste de contas por causa de drogas, mas a vítima, segundo os vizinhos, levava uma vida exemplar e participava com a esposa das atividades comunitárias. Numa cidade de 20 mil habitantes, alguns deles declararam ter visto vários estrangeiros circulando por ali dias antes do assassinato. A essa altura, os *katsa* e os *kidon* do Mossad tinham conseguido chegar a Oslo.

Mike Harari subiu a bordo de um *ferry* e conseguiu voltar a Israel; Dan Aerbel e Marianne Gladnikoff foram detidos quando tentavam devolver o carro alugado no aeroporto; Sylvia Rafael e Abraham Gehmer foram apanhados no apartamento; Tamar, Michael Dorff e Zvi Steinberg conseguiram refugiar-se na casa de um tal de "Zigal", que era Yigal Eyal, chefe de segurança da Embaixada de Israel em Oslo. Quando a polícia norueguesa entrou na residência, Eyal identificou-se como diplomata e os obrigou a saírem, mas antes prenderam Dorff, Tamar e Steinberg.[194]

Os primeiros detalhes da operação foram revelados por Dan Aerbel à polícia. Ele sofria de claustrofobia e fora fechado num cubículo escuro. Em troca de ser transferido para uma cela maior, com janela, revelou até os mais insignificantes detalhes do assassinato.[195]

A mais profunda humilhação sofrida pela Metsada em toda a sua história se consumou quando um de seus agentes foi detido num esconderijo em Paris pela polícia francesa e entregue à promotoria norueguesa. Os serviços secretos norueguês e francês já tinham começado a juntar as peças do assassinato de Lillehammer e os sucedidos em Roma, Paris e Nicósia no âmbito da Operação Ira de Deus. Estavam todos ligados, e seus executores eram membros de elite da espionagem israelense.[196]

Com as novas detenções, começou a espalhar-se o pânico em Tel Aviv entre os líderes do governo e os serviços de inteligência. A "perda" de agentes do Mossad e da sua ultrassecreta unidade de assassinos, o Kidon, colocava a própria Golda Meir em apuros. Quando os jornais noruegueses publicaram a verdadeira identidade de Ahmed Bouchiki, desapareceu, para muitos israelenses, a aura de mistério em volta do Mossad, o guardião secreto do povo judeu.

O governo de Israel tentou, por todos os meios, atenuar o escândalo e o papel do Mossad na questão Lillehammer, prometendo "estreita colaboração" com o serviço secreto norueguês, mas a polícia do país europeu não pensava da mesma maneira. Para a polícia e para Leif Lier, investigador-chefe, existiu uma clara conivência da espionagem norueguesa com o Mossad israelense, o que permitiu o assassinato de um pobre garçom argelino em Lillehammer. De acordo com o chefe da polícia norueguesa, seus serviços de inteligência deviam ter detectado uma operação tão ampla montada pelos israelenses em pleno coração do país. A oposição alegou então que, se estavam a par, deviam tê-lo evitado e que, se estavam a par e não evitaram, isso os tornava cúmplices do assassinato.

Dan Aerbel deu a seus interrogadores um número de telefone (256230), e o nome de Miko em Tel Aviv, a linha de emergência da espionagem israelense. Do outro lado da linha, confirmaram que Aerbel era um agente ativo do Mossad.

O certo é que, quando o pelotão de executores israelenses estava assassinando Ahmed Bouchiki em Lillehammer, Ali Hassan Salameh, o Príncipe Vermelho, estava também na região, só que em Estocolmo, mantendo reuniões secretas com terroristas árabes. Quando o chefe do Setembro Negro leu a notícia do assassinato em Lillehammer, soube logo que o alvo daquele assassinato era ele e que os israelenses não descansariam até vê-lo morto.[197]

No dia 6 de outubro de 1973, tropas egípcias e sírias cruzaram as fronteiras durante a festa mais sagrada dos judeus, o dia do perdão, ou dia do Yom Kippur. Tanques sírios entraram nas Colinas de Golã e os egípcios cruzaram o Canal de Suez. Os israelenses, assim que recuperados da surpresa, contra-atacaram e fizeram os egípcios recuarem até poucos quilômetros do Cairo. Aquela guerra representou o ponto final para a Operação Ira de Deus, porém, para o Mossad e a Metsada, o assassinato de Ali Hassan Salameh era mais uma questão de honra e orgulho patriótico do que qualquer outra coisa.

Em 3 de novembro de 1973, o Mossad soube que Hassan Salameh havia-se encontrado em segredo, no Marrocos, com Vernon Walters, o subdiretor da CIA. Os norte-americanos queriam saber qual seria a posição dos palestinos em hipotéticas negociações de paz para o Oriente Médio com o fim dos ataques terroristas sobre alvos norte-americanos.[198] As relações entre Salameh e a CIA eram tão estreitas que o líder do Setembro Negro chegou a avisar o serviço de espionagem norte-americano de uma conspiração para assassinar Henry Kissinger durante uma viagem dele pelo Líbano. A proteção de Kissinger em Beirute foi comandada pelos homens da Força 17, a unidade de proteção de Arafat.

Para lhe retribuir o favor, quando Arafat foi convidado a falar perante a Assembleia Geral da ONU, em Nova York, no dia 13 de novembro de 1974, Ali Hassan Salameh foi recebido com honras de Estado pela CIA e convidado a se hospedar, com tudo pago, numa elegante suíte no hotel Waldorf-Astoria.

No início de 1975, quando irrompeu a Guerra Civil no Líbano, centenas de cidadãos norte-americanos no país tiveram de abandonar suas casas. Os guerrilheiros da Força 17, fortemente armados, escoltaram os dois comboios com os refugiados norte-americanos, o primeiro através de Beirute e até as praias tomadas pelas marinas pertencentes à Sexta Esquadra da Marinha Americana no Mediterrâneo, e o segundo, através das montanhas do Shouf até Damasco. Todas as milícias combatentes no Líbano receberam a informação de que, se alguma atacasse os comboios, ganharia a inimizade da OLP e de seus guerrilheiros.[199] Henry Kissinger escreveu de próprio punho uma nota de agradecimento a Yasser Arafat pela ajuda prestada, enquanto Hassan Salameh era recebido novamente no quartel-general da CIA em Langley, Virgínia, como autêntico e sólido aliado.

Em junho de 1977, o idealizador da matança de Munique casou-se com Georgina Rizk, uma ex-Miss Líbano e Miss Universo que lhe deu dois filhos, Ali e Osama. Rizk era filha de um cristão libanês e de uma húngara católica. A CIA pagou todas as despesas da lua de mel do casal no Havaí e na Disney World.[200]

No final de 1978, o Mossad, desta vez sob o comando do poderoso Yitzhak "Haka" Hofi, ordenou a seus *katsa* que concentrassem novamente sua atenção no protegido de Yasser Arafat. O *memuneh* sabia que não teria muitos problemas em ativar o Kidon com a autorização do primeiro-ministro Menachem. Begin, um ex-líder do Irgun, a organização extremista judaica que vencera as eleições no ano anterior.[201] Porém, antes de apresentar o pedido a Begin, Hofi desejava reunir o maior número possível de provas. Por meio do chefe da estação da CIA em Paris, o Mossad avisou Langley de que Ali Hassan Salameh era um alvo para eles, mas antes precisavam saber se o líder palestino era ainda um de seus informantes. Se os norte-americanos não apoiavam Salameh, o Mossad não perderia uma boa oportunidade de eliminar o idealizador da matança de Munique.[202]

Na parte muçulmana de Beirute, todos os estrangeiros eram suspeitos de ser agentes israelenses, mas Erika Mary Chambers, de 30 anos e conhecida como "Penélope", era vista por seus vizinhos como uma mulher estranha e excêntrica. Chambers chegara à capital libanesa durante os combates, em novembro de 1978. Vivera durante vários anos na Alemanha, embora viajasse com passaporte britânico, expedido em 1975. Alugara um apartamento no oitavo andar de um edifício na esquina das ruas Verdún e Madame Curie. Saía apenas para comprar comida e para tomar notas para seus quadros, sua grande paixão. Todos os vizinhos a consideravam uma mulher amável, sempre seguida por dois gatos e que todo dia se debruçava à janela para observar o pôr do sol. O que não sabiam era que Chambers, ou Penélope, não olhava para o sol, mas sim para dois veículos, um Chevrolet Wagon e um Land Rover, que, quase sempre à mesma hora, passavam sob sua janela. Usando um bloco de notas organizado, a mulher anotava meticulosamente os números das placas dos veículos, sua cor, quantas pessoas havia dentro, que caminho seguiam assim que passavam pelo edifício etc. Os dois carros faziam todos os dias o mesmo caminho, sem tomar a mínima precaução. Com binóculos potentes, Erika Chambers pôde vislumbrar Ali Hassan Salameh no banco de trás do Chevrolet, sentado entre dois guarda-costas. No Land Rover que o seguia, viajavam sempre, armados até os dentes, seis guerrilheiros da Al Fatah. Yitzhak Hofi não tinha dúvidas de que o casamento com Georgina Rizk tornara Ali Hassan Salameh descuidado. O Príncipe Vermelho, um dos terroristas mais procurados pela Metsada, era um homem que confiava demais na sorte, e isso se tornaria seu principal inimigo. No início de janeiro de 1979, Erika Chambers já estava preparada.[203]

No dia 13 de janeiro, por volta das onze da manhã, o telefone da locadora de veículos Lenna Car Hire tocou. Era uma chamada de Zurique, o homem identificou-se como Peter Scriver e pediu um carro pequeno para o dia 18 de janeiro. No dia 17 de janeiro, Scriver aterrissou no aeroporto internacional de Beirute num voo da Swissair. O oficial de imigração checou o passaporte britânico número 260896, expedido em Londres em 15 de outubro de 1975. Um táxi levou o britânico até o hotel Méditerranée, muito perto da praia. Na manhã seguinte, por volta das 10 horas, Peter Scriver seguiu a pé até a locadora de veículos. Ao entrar, um homem ofereceu-lhe um café turco. Depois de vencidos os trâmites necessários, incluindo a contratação de um seguro total, o funcionário entregou ao britânico as chaves de um Volkswagen Golf. Uma vez dentro do automóvel, ele dirigiu até Beirute Ocidental. Scriver não voltou ao hotel.

Num café discreto, Peter Scriver encontrou-se com outro turista estrangeiro de nacionalidade canadense chamado Ronald Kolberg. No dia anterior, o canadense registrara-se no hotel Royal Garden com passaporte número DS 104227 e dissera ser representante de uma empresa de cutelaria de aço com sede em Nova York. Ele também tinha alugado um carro Simca-Chrysler na locadora Lenna Car Hire.[204]

Na sexta-feira, 19 de janeiro, Erika Chambers alugou um pequeno automóvel Datsun no mesmo local, dizendo ao funcionário que a atendeu que precisava do carro para fazer uma viagem às montanhas. O atendente da Lenna Car Hire recomendou-lhe que não viajasse sozinha, em razão das patrulhas de guerrilheiros sem controle que impunham sua lei nas diferentes zonas de Beirute. Chambers agradeceu o conselho e deixou o local.

No domingo, 21 de janeiro, Peter Scriver fez o *check-out* na recepção do hotel Méditerranée. Depois de pagar em dinheiro, disse ao recepcionista que se dirigia a Amã. Saiu do estabelecimento e, a bordo do Volkswagen Golf, foi para a rua Madame Curie, paralela à rua Verdún. Estacionou o Volkswagen na esquina e à vista das janelas do apartamento de Erika Chambers. Em seguida, pegou um táxi para o aeroporto e embarcou em um voo da Cyprus Airlines com destino a Nicósia. Chambers jamais estabeleceu contato com Scriver ou Kolberg, mas reconheceu perfeitamente o Volkswagen estacionado em frente à sua casa.

A segunda-feira, 22 de janeiro de 1979, amanheceu fria e úmida. Um vento gélido varria as ruas e avenidas de Beirute que davam para o porto e para as praias. Ronald Kolberg fez o *check-out* na recepção e saiu do hotel vestido com um elegante terno cinza. O representante de cutelaria conduziu seu veículo até a rua Verdún, passando em frente ao prédio onde viviam Ali Hassan Salameh e sua esposa, Georgina Rizk. Kolberg observou os guardas posicionados ao longo da rua e os veículos abertos armados com metralhadoras e pequenos canhões sem recuo. Seguiu pelo bairro cristão de Beirute Oriental e tomou o caminho para o porto de Junieh. Lá, registrou-se no hotel Montmartre e reservou um quarto para apenas uma noite.[205]

Em Damasco, Yasser Arafat discursava, abrindo a reunião da Assembleia Nacional Palestina. Estava ansioso pela chegada de seu jovem protegido, no final da tarde. Ali Hassan Salameh prometera discursar no encerramento das sessões da noite.

Em seu apartamento, Umalih, mãe de Ali Hassan Salameh, esperava a visita do filho para comemorar o aniversário de Yihad, irmã de Salameh. O homem mais procurado por Israel prometera passar por lá antes de ir para Damasco. Umalih estava orgulhosa do poderoso papel desempenhado pelo filho na OLP. Um pouco antes, Arafat nomeara-o comandante-chefe de todas as forças palestinas.[206] Curiosamente, dois dias antes, a mãe de Hassan Salameh perguntara-lhe sobre suas medidas de segurança. "Eu viverei cem anos, e você estará aqui para ver, mãe", respondeu o líder palestino.

Por volta das 15h45, Salameh saiu do edifício com seu motorista, Jamil, e dois guarda-costas. Atrás dele vinha o Land Rover com a escolta armada. Ali Hassan Salameh sentou-se no banco traseiro. Os dois veículos dirigiram-se à casa de Umalih. Um quilômetro à frente, Erika Chambers fechou as janelas de seu apartamento e esperou, como que hipnotizada sem deixar de olhar para o Volkswagen Golf que estava estacionado em frente ao edifício. Por entre um grupo de veículos, apareceu o reluzente Chevrolet Wagon, seguido pelo Land Rover. Ambos reduziram a velocidade e seguiram pela rua Verdún para virarem na rua Madame Curie. Pouco a pouco, o primeiro automóvel, que transportava Ali Hassan Salameh, aproximava-se do Volkswagen estacionado. Quinhentos metros, trezentos metros, duzentos metros, cem metros. Chambers mudou a expressão do rosto, abriu a boca para se proteger da onda de choque e apertou o botão vermelho do controle remoto que estava a seu lado no momento em que o Chevrolet passava ao lado do Golf azul. Milésimos de segundos depois, o carro estacionado explodiu, envolvendo tudo o que estava à sua volta numa enorme e destruidora bola de fogo.[207] O Chevrolet voou pelos ares, transformado numa massa de ferros retorcidos, pedaços de vidro e partes de membros humanos, que ficaram espalhados pela rua. O chassi do automóvel ficou praticamente destruído, enquanto o fogo consumia os corpos dos quatro passageiros. As sirenes dos carros de polícia e das ambulâncias quebraram o silêncio após a explosão. As primeiras ambulâncias do Crescente Vermelho retiraram os quatro passageiros do Chevrolet. O Land

Rover que o seguia desapareceu completamente, e seus seis ocupantes morreram no ato em consequência da onda de choque.[208]

Georgina Rizk chegou ao Hospital Universitário Americano dirigindo seu esportivo inglês. Centenas de quilos de explosivo plástico tinham matado dez pessoas e ferido dezenas, a maioria transeuntes. Durante o tumulto provocado pela explosão na esquina das ruas Verdún e Madame Curie, ninguém prestou atenção em Erika Chambers, que partiu em um Datsun alugado, afastando-se do local. Quinze minutos depois, pegava a estrada rumo ao porto de Junieh. Ronald Kolberg deixava o hotel Montmartre e seguia de carro à praia.

Nessa mesma hora, numa sala de cirurgia do Hospital Universitário Americano, um cirurgião tentava tratar as graves feridas de um dos corpos que se esvaía em sangue. Um fragmento da carroceria do Chevrolet estava espetado no cérebro e saía pela nuca de um homem jovem. Minutos após as dezesseis horas, Ali Hassan Salameh morria na mesa de cirurgia.[209]

Pouco depois, a polícia descobriria dois automóveis abandonados na praia, um Datsun e um Simca-Chrysler. Ronald Kolberg e Erika Chambers desapareceram entre as misteriosas sombras do Kidon, a subunidade de assassinos da Metsada. Por fim, e sete anos após a matança dos atletas israelenses nos Jogos Olímpicos de Munique de 1972, aquele que fora o líder supremo da organização terrorista Setembro Negro tinha sido alcançado pelo longo braço da justiça de Israel.

Nessa mesma noite, em Tel Aviv, líderes do governo e dos serviços de inteligência brindavam o êxito da Operação Príncipe Vermelho. Golda Meir, a mesma que em 1972 ordenara a chamada Operação Ira de Deus, não pôde testemunhar o golpe final nos responsáveis pelos assassinatos dos atletas israelenses. Ela falecera apenas alguns meses antes em sua casa, em Jerusalém. O "olho por olho, dente por dente" fora cumprido.

Peter Scriver, Ronald Kolberg e Erika Chambers faziam parte de um pelotão de execução do Kidon, a subunidade de assassinos da Metsada. O Kidon foi ativado por ordem do primeiro-ministro Menachem Begin ao *memuneh* do Mossad, Yitzhak Hofi, em novembro de 1978, dois meses antes do assassinato de Ali Hassan Salameh e dentro da chamada Operação Príncipe Vermelho.

Sylvia Rafael foi sentenciada a cinco anos e meio de prisão pelo assassinato em Lillehammer. Durante a reclusão, aprendeu a tocar guitarra e a falar hebraico, e estudou Psicologia. Quando o procurador norueguês que a condenara sofreu um acidente de carro e foi hospitalizado, Sylvia Rafael enviou-lhe um cartão desejando-lhe uma rápida recuperação. A agente do Mossad assinou o cartão com o nome de "005 e meio, a espiã que chegou do frio", em referência a seus anos de condenação. Ao ser posta em liberdade, depois de cumprir 22 meses de prisão, casou-se com seu advogado, Anneus Schodt, e estabeleceu-se na Noruega. As autoridades italianas reclamaram, sem êxito, a extradição de Sylvia Rafael como suspeita de participar do assassinato de Wael Zwaiter em outubro de 1972.[210]

Abraham Gehmer foi sentenciado a cinco anos e meio de prisão e posto em liberdade depois de 22 meses de reclusão. Abandonou o Mossad e acabou os estudos de Arte na Universidade de Tel Aviv. Atualmente, vive com sua família no bairro de Herzliyya.

Dan Aerbel foi condenado a cinco anos e posto em liberdade após cumprir 19 meses de reclusão. Regressou a Israel, onde ocupou o posto de chefe de publicidade da empresa OSEM Food Industries.

Marianne Gladnikoff foi condenada a dois anos e meio de prisão e Zvi Steinberg a um ano de prisão sob a acusação de espionagem. Os demais detidos, incluindo Michael Dorff, foram absolvidos pela Justiça norueguesa.

Mike Harari, chefe da equipe do Kidon e responsável pela Operação Ira de Deus e pelo assassinato de Ahmed Bouchiki, recebeu apenas uma severa reprimenda após o fiasco de Lillehammer e continuou em serviço como chefe da estação do Mossad, no México. Segundo dizem, Harari dirigiu a equipe do Kidon que executou Ali Hassan Salameh em janeiro de 1979. Anos depois, abandonou o Mossad e tornou-se assessor especial do ditador panamenho Manuel Antonio Noriega até dezembro de 1989, quando os Estados Unidos invadiram o Panamá.

Golda Meir, depois do fiasco de Lillehammer, ordenou a desativação do Kidon e o fim da Operação Ira de Deus. O irromper da quarta guerra israelo-árabe (guerra do Yom Kippur, em outubro de 1973) causou a queda de Meir, substituída por Yitzhak Rabin, tanto à frente do Partido Trabalhista como do governo israelense.

Familiares dos atletas israelenses assassinados em Munique viajaram para Montreal em 1976, durante os Jogos Olímpicos, para pedir ao Comitê Olímpico Internacional (COI) que decretasse um minuto de silêncio durante a cerimônia de abertura em memória das vítimas. O pedido foi rejeitado.

O Comitê Olímpico Internacional jamais admitiu sua responsabilidade na falta de medidas de segurança durante a realização dos Jogos Olímpicos de Munique, que levou aos assassinatos de onze atletas da equipe olímpica de Israel.

Ulrich Wegener, fundador do GSG-9, as forças especiais da polícia alemã, reconheceu que a atuação da polícia no aeroporto de Fürstenfeldbruck foi “um dos maiores erros cometidos pelo governo alemão naquele período e que aquilo não voltaria jamais a acontecer em solo alemão”.

Em 1996, o governo de Israel, liderado pelo trabalhista Shimon Peres, reconheceu oficialmente, 23 anos depois, que o argelino Ahmed Bouchiki não era um terrorista, afirmando que a Noruega era um país aliado e que o Mossad jamais voltaria a realizar operações secretas em seu território.

Torill Larsen-Bouchiki, viúva de Ahmed Bouchiki, e sua filha de 22 anos, Malika, receberam uma vultuosa indenização do governo de Israel.[211] O valor da indenização permaneceu em segredo.

CAPÍTULO 9

OPERAÇÃO ÁTOMO

ALVOS: Cientistas nucleares iraquianos

POSIÇÃO: Impedir o desenvolvimento nuclear do Iraque

DATA: 5 de abril de 1979 a 7 de junho de 1981

Entre abril de 1979 e junho de 1981, Yitzhak Hofi, o *memuneh* do Mossad, dirigiria uma das maiores campanhas secretas contra o Iraque em toda a história do serviço de espionagem israelense. Para essa guerra que iria acontecer, Hofi utilizaria uma das armas mais secretas do Mossad, o Kidon. O primeiro-ministro, Menachem Begin, daria seu total apoio e o de seu governo para impedir que o Iraque alcançasse seu tão ansiado sonho nuclear.[212]

Israel e Iraque viviam em permanente estado de guerra desde 1948, quando o país árabe contribuiu com tropas para uma força militar conjunta após a declaração oficial do Estado de Israel. Isso tornou-se uma verdadeira obsessão para o presidente iraquiano, Saddam Hussein, que, com um poder nuclear nas mãos, poderia pôr em risco o equilíbrio militar no Oriente Médio.

O programa nuclear iraquiano teve início formalmente, e em total segredo, em 11 de julho de 1970, quando os governos de Bagdá e de Paris assinaram um acordo de cooperação mútua através do intercâmbio de peças e material nuclear francês por petróleo iraquiano. O Mossad sabia, desde então, que Saddam Hussein ordenara a um de seus mais fiéis generais, Abdel Jabbar Shanshall, que entrasse em contato com os russos para tentar conseguir apoio de Moscou para o desenvolvimento de seu projeto nuclear armamentista.[213] O Kremlin deixou claro a Jabbar que nunca permitiria que se utilizasse o material nuclear russo para a produção de armas atômicas.[214] Contrariado, o líder iraquiano, depois de meditar sobre a decisão soviética, pensou que era melhor assim. Moscou, por intermédio da KGB, pretendia pressionar Bagdá com a intenção de terminar com a repressão do governo de Saddam Hussein contra os membros do Partido Comunista Iraquiano. Saddam não estava disposto a libertar os comunistas iraquianos em troca de resíduos nucleares.[215]

Zvi Zamir, então diretor do Mossad, sabia que os iraquianos e o Mukhabarat de Saddam, a espionagem iraquiana, andavam inquirindo, por diversos países, à procura de um fornecedor. Primeiro Golda Meir, e depois Yitzhak Rabin, haviam dado carta branca a Zamir para frear os desejos nucleares do líder iraquiano. Se fosse necessário, nenhum primeiro-ministro de Israel se negaria a ativar o braço executor da Metsada para impedir que Saddam Hussein produzisse a bomba nuclear.

Em 1972, a estação de Paris do Mossad informou Tel Aviv sobre movimentos dos iraquianos para se reunirem com altos dirigentes do governo francês e, em especial, com técnicos nucleares. Os *katsa* conseguiram até mesmo fotografar militares iraquianos visitando uma empresa de reciclagem de material nuclear nos arredores de Marselha.

Tanto o Mossad como o governo de Israel sabiam que o líder iraquiano tinha boas relações e contatos com as altas esferas do governo e da indústria bélica gaulesa. O Iraque adquiriu uma boa quantidade de armamento como recompensa ao governo francês pelo apoio de Paris à nacionalização do crude iraquiano.[216] Por um lado, Golda Meir tentava pressionar o governo e, por outro, o Mossad pressionava o SDECE, a espionagem gaulesa, com o intuito de prejudicar a cooperação franco-iraquiana em material nuclear, na verdade com muito pouco êxito.

Em março de 1974, Yitzhak Hofi recebeu uma comunicação por meio do Kaisarut,[217] o intermediário na Embaixada de Israel em Paris, o qual informava que Saddam Hussein estava investindo muito dinheiro na aquisição de armamento francês sofisticado por intermédio de uma sociedade chamada Arab Projects & Development (APD), que fazia parte de outra, chamada Arab Resources Management (ARM), presidida por Ramzi Dalloul. Os fundos da APD provinham de dois magnatas da construção palestinos chamados Hassib Sabbagh e Kamel Abdul Rahman. O Mossad soube que a Arab Projects & Development funcionava como uma ONG sem fins lucrativos para desenvolver projetos de cooperação e desenvolvimento em diversos países árabes. Tanto Sabbagh como Rahman eram ativistas palestinos que destinavam enormes quantias à OLP,[218] possuindo importantes contatos com os líderes no exílio, que tinham estudado em universidades norte-americanas e europeias.

Em um primeiro momento, Hofi tentou convencer o primeiro-ministro Rabin a levar a termo uma operação do Kidon contra ambos os empresários, mas o sucessor de Golda Meir era muito mais cauteloso na hora de usar o que o *memuneh* denominava "o bisturi de Israel". Na verdade, nenhum dos magnatas palestinos participava das decisões da APD. O Mossad concluiu que, para desferir um golpe contra a APD, seria necessário atacar os talentos que se reuniam em torno dela, como o empresário Basil Aql, o cientista nuclear Tony Zahlan ou o próprio presidente da Arab Projects & Development, Ramzi Dalloul.Este último dirigia a organização como uma espécie de consultora para países pobres com grande desejo de adquirir armamento sofisticado. Em razão das estreitas relações pessoais com Saddam Hussein, a APD tornou-se uma importante intermediária do governo iraquiano na sua intenção de desenvolver o projeto nuclear. A primeira missão encomendada a Dalloul foi procurar e repatriar para o Iraque cientistas árabes especialistas em física nuclear que estivessem naquele momento trabalhando para outras potências. Muitos deles colaboraram nesses programas na Alemanha, no Canadá, na Grã-Bretanha e até na França.[219] A essa altura, Hofi já sabia que era mais importante atacar os técnicos nucleares do que os líderes da APD. Estava claro que, se o Kidon eliminasse um executivo, ele seria facilmente reposto, mas se o eliminado fosse um cientista nuclear com anos de experiência, sua substituição seria certamente mais complicada.

Dalloul conseguiu que muitos especialistas árabes abandonassem seus confortáveis postos no Ocidente para trabalhar em Bagdá. O que não se sabe é se a APD ou ele mesmo sabiam que Saddam Hussein tinha o propósito de construir armamento nuclear. O jornalista e escritor palestino Saïd Aburish, na magnífica biografia sobre o líder iraquiano *Saddam Hussein: The Politics of Revenge*, afirma que alguém que ocupava um alto cargo daquela companhia, ao descobrir que o Iraque tentava construir armas atômicas, aconselhou seu líder a se concentrar no desenvolvimento de armas de destruição em massa, químicas ou biológicas, enquanto continuava a desenvolver o programa nuclear. Para os conselheiros de Saddam, as armas desse tipo eram eficientes e sua montagem mais fácil, mais rápida e mais barata, enquanto os processos relacionados às armas nucleares eram mais complicados, mais lentos e muito mais caros.

No início de 1975, a companhia Arab Projects & Development começou a trabalhar única e exclusivamente para Saddam Hussein. A CIA informou então ao Mossad que tinham viajado para o Iraque de 50 a 70 cientistas de várias nações árabes, especialistas em diferentes áreas, entre elas biologia molecular, química, física nuclear e materiais. Foram recrutados por dois organismos, um com sede em Bagdá, o Instituto Sahd Bin Heitham, e outro com sede na cidade suíça de Berna, o Instituto Árabe de Investigações. O Mossad, por meio do serviço de espionagem britânico MI6, descobriu que ambas as instituições estavam relacionadas a um cunhado do próprio Saddam Hussein. Novamente, Hofi propôs a Rabin atacar com maestria as instalações onde eles trabalhavam. As intenções do *memuneh* eram, em primeiro lugar, eliminar o maior número possível de cientistas e, em segundo, dar uma lição a outros que fossem tentados pelo Iraque no futuro a trabalhar em seu programa armamentista. Era preciso deixar claro a Bagdá que Israel não permitiria o progresso do projeto empreendido por Saddam Hussein.

A partir desse momento, o Iraque começou uma corrida contra o tempo para desenvolver em segredo os programas de armamento nuclear e biológico, enquanto Israel, com informações recebidas de britânicos e norte-americanos, começava a traçar estratégias para paralisá-los ou, pelo menos, atrasá-los. No dia 6 de novembro de 1975, a França aceitou formalmente o contrato para o fornecimento de material ao Iraque para a construção de dois reatores nucleares, um pequeno, para investigação e batizado com o nome de *Ísis*, e outro maior, com uma capacidade de setenta megawatts, denominado *Osíris*. O valor do contrato chegava a quase 275 milhões de dólares. Os franceses incluíam, como presente, cerca de doze quilos de urânio enriquecido a 93%, suficientes para poder montar quatro ogivas nucleares.[220]

Enquanto isso, num ponto de ônibus em Paris, Butrus Eben Halim olhava atentamente para uma loira deslumbrante que todas as manhãs se aproximava do local, aguardava a chegada de um homem a bordo de uma Ferrari BB512, entrava no automóvel e partia. Durante semanas, aquela jovem fez sempre a mesma coisa. Halim era um iraquiano que levava uma vida monótona e que passava todo o trajeto do ônibus pensando naquela mulher. Não falava com ninguém e, seguindo as recomendações dos serviços secretos iraquianos, mudava de caminho todos os dias para chegar sempre ao mesmo local, o ponto de ônibus próximo à sua residência em Villejuif.[221] A partir dali, o iraquiano fazia sempre o mesmo trajeto. Estação de metrô de Saint-Lazare e, dali, de trem até Sarcelles, a norte de Paris, onde trabalhava num projeto altamente secreto destinado à construção de um reator nuclear no Iraque.

Numa abafada manhã de agosto de 1978, o ônibus chegou antes da Ferrari. A loira olhou para os dois lados à procura do carro esportivo e, não o avistando, decidiu usar o transporte público. O ônibus do técnico iraquiano estava atrasado. Passados alguns instantes, a Ferrari parou a seu lado. O motorista saiu do veículo e começou a olhar de um lado para o outro à procura da mulher. Halim dirigiu-se a ele e explicou que ela tinha subido num ônibus havia pouco tempo. O homem, um pouco contrariado, agradeceu-lhe e, antes de voltar para o carro, perguntou ao iraquiano para onde ele ia e ofereceu uma carona. Então, Butrus Eben Halim entrou no carro. O motorista, que se fazia passar por um cidadão inglês chamado Jack Donovan, era na realidade Ran S., um *katsa* da estação do Mossad em Paris. O peixe mordera a isca.

O chefe do *Tsomet*[222] deu ordens para "atacar" o alvo mais fácil, e este acabou por ser Butrus Eben Halim. O Mossad escolheu o iraquiano porque era o único que vivia num apartamento privado. Os demais cientistas e técnicos viviam com suas famílias num bairro vigiado pelos serviços secretos de Saddam Hussein. Halim era casado, mas não tinha filhos. Sua esposa era uma atraente mulher árabe chamada Samira que levava uma vida monótona na capital francesa. O Mossad plantara escutas por toda a casa do cientista iraquiano. Depois de instaladas, um *shicklut*, o responsável por controlar as escutas, dedicou-se a gravar as conversas.

O contato foi estabelecido por uma jovem *katsa* chamada Dina. Uma manhã ela apresentou-se na casa dos Halim, fazendo-se passar por uma vendedora de cosméticos. A esposa do cientista, assim como o restante das mulheres do edifício, ficou encantada com o que Dina oferecia. O relacionamento entre as duas mulheres se estreitou a ponto de Samira passar a convidar a agente israelense para tomar café e conversar. Esta fingia ser a filha de uma família humilde do sul da França que, para ganhar um dinheiro extra, vendia cosméticos de porta em porta. Entretanto, outra equipe do Mossad tentava estabelecer contato com o cientista iraquiano. Usar a esposa para poder recrutar o marido parecia não estar dando resultado e era preciso mudar de tática.

Uma tarde em que Dina e Samira estavam experimentando novos cosméticos, Butrus Eben Halim chegou em casa. Num momento em que Samira saiu da sala, Dina, que usava um vestido vermelho justo, pôs-se a olhar para a estante de livros. A atraente jovem subiu uns poucos degraus para chegar à parte mais alta. De soslaio, observou como o iraquiano tentava olhar por sob seu vestido. O primeiro passo para o plano estava acontecendo sem que ele se desse conta. Através das escutas, os agentes do Mossad ouviram nessa mesma noite a esposa recriminando Halim por ter tentado cortejar a jovem vendedora de cosméticos. Depois daquele dia, a mulher árabe simplesmente cortou o contato com Dina, mas uma nova possibilidade surgira.

Na primeira vez que o iraquiano entrou na Ferrari, ele não falou sobre seu trabalho com o novo amigo, Jack Donovan. Apenas mencionou que sua esposa regressaria a seu país de origem, que gostava de comer bem e que não bebia álcool em razão de sua religião.[223] Nos dias seguintes, Donovan (Ran S.) continuou a apanhar a loira espetacular. Uma manhã, a mulher desapareceu, mas o inglês já tinha estabelecido uma relação de amizade com o iraquiano. "O que aconteceu com a mulher?", perguntou Halim a Donovan. "Era só alguém exigente demais", respondeu o inglês. Quando o Mossad soube que Samira regressara ao Iraque, a aproximação do *katsa* com o cientista foi intensificada.

Clubes noturnos, bebidas alcoólicas e mulheres eram algumas das novas atrações com que Jack Donovan presenteava Butrus Eben Halim. Em dado momento, o inglês disse a seu novo amigo que tinha planejado viajar a Toulon para finalizar um bom negócio que consistia na aquisição de contêineres em mau estado para vendê-los a países africanos para serem usados como casas para pessoas pobres. Nesse mesmo fim de semana, depois de realizar o suposto negócio, Donovan entregou ao amigo árabe um envelope com mil dólares. "Pegue. Ganhei muito dinheiro, e você tem me ajudado nisso", disse.

Ran S. recebera ordens do próprio Hofi para convertê-lo, ou *tachless*. No Instituto, estavam ansiosos por terem Halim como informante e, para o *memuneh* Yitzhak Hofi, esse momento havia chegado.

O *katsa* do Mossad decidiu dar o golpe fatal, para o qual reservou uma elegante suíte no hotel Sofitel-Bourbon, no número 32 da rua Saint-Dominique. Contratou uma prostituta chamada Marie-Claude Magalle e organizou um encontro casual com ela no restaurante do estabelecimento, para que se fizesse passar por uma de suas tantas amigas. Enquanto os três jantavam, um mensageiro do hotel aproximou-se de Ran e entregou-lhe um telegrama que acabara de chegar. Alguém solicitava a Donovan uma reunião de última hora. O agente israelense pediu licença e deixou Halim na companhia da mulher. A noite de sexo de ambos na suíte foi filmada por uma unidade especial do Mossad.[224]

Dois dias depois, Jack Donovan (Ran S.) voltou e encontrou-se com Halim. O israelense disse a ele que um alemão lhe propusera um negócio de venda de tubulações com material radioativo para uso médico e que para isso precisava encontrar algum especialista no ramo. "Eu poderia ajudar", disse o iraquiano. "Obrigado, mas preciso de alguém que conheça do assunto. Alguém com experiência em matéria nuclear", respondeu Donovan. "Sou cientista e vivo aqui na França destacado pelo Iraque para desenvolver um projeto secreto. Posso ajudar", afirmou taxativamente Butrus Eben Halim.

A reunião aconteceu em Amsterdã com outro *katsa* chamado Itsik E., além de Benjamin Goldstein, cientista nuclear israelense, que tinha passaporte alemão. Depois de tratar dos termos durante horas e fechar o suposto negócio, Donovan e Itsik deixaram Goldstein e Halim a sós. Nesse momento, o iraquiano falou-lhe sobre seu trabalho.

Durante o jantar desse dia, Goldstein e Itsik propuseram a Halim que lhes facilitasse o acesso a desenhos da nova planta nuclear com o objetivo de copiá-los para vendê-los a países menos favorecidos. "Pagaremos muito bem por qualquer informação", disse Goldstein, "mas deixaremos Donovan fora disso". Butrus Eben Halim vislumbrou a possibilidade de ganhar grandes somas de dinheiro e aceitou.

Enquanto Itsik pressionava Halim por mais informações sobre o reator que estava sendo desenvolvido pelos iraquianos, o árabe começou a sentir remorsos. Em uma manhã, telefonou a Donovan para lhe confessar tudo. O agente israelense tranquilizou-o, mas sugeriu-lhe que Itsik e Goldstein talvez trabalhassem para a CIA. Halim assustou-se ainda mais. "Eu sei quem pode ajudar", disse-lhe Donovan. "Vão me matar se em Bagdá souberem que passei informações à CIA", respondeu Halim. Os iraquianos desenvolviam em segredo o chamado "projeto Tammuz.[225]

Desde que Menachem Begin assumira como primeiro-ministro, em 1977, o governo de Israel vinha pressionando, diplomaticamente, a França, o Brasil, a Itália e outros países para que abandonassem a ideia de fornecer equipamentos ao Iraque. Os *katsa* do Mossad localizados em Bagdá informaram o *memuneh*, Yitzhak Hofi, que tinham detectado um fluxo contínuo de material nuclear para o Iraque. Relataram até mesmo a chegada de um carregamento especial que continha urânio enriquecido procedente de um país europeu.

Begin tentou pressionar os Estados Unidos. Numa reunião secreta na Casa Branca, o primeiro-ministro israelense pediu ao presidente Jimmy Carter que obrigasse os países fornecedores a cessar os envios a Bagdá. Israel acreditava que Washington aceitaria intermediar, posto que Carter temia cada vez mais o poder que a França vinha adquirindo na sua política de desenvolvimento e proliferação nuclear.[226] O presidente Valéry Giscard d'Estaing e o iraquiano Saddam Hussein garantiam que em nenhum momento o Iraque desenvolveria uma política atômica que pudesse provocar uma escalada nuclear no Oriente Médio. Todavia, a realidade era que o Iraque estava cada vez mais perto de se tornar o primeiro país árabe com capacidade de produzir bombas nucleares e não havia dúvida de que Saddam Hussein, seu presidente, tentaria utilizá-la militarmente se fosse necessário.

Menachem Begin decidiu então mudar sua política moderada e passar a atacar para depois perguntar. Para isso, convocou o *Tsiach*,[227] espécie de conselho secreto formado por todos os chefes da espionagem israelense. Seus membros tinham a certeza de que, se o Iraque conseguisse pôr em funcionamento o reator nuclear, o desenvolvimento de armamento estaria ao alcance de Saddam Hussein e isso representaria uma clara ameaça para a segurança de Israel. Begin ordenou aos responsáveis pela inteligência que concentrassem esforços na coleta de informações sobre Tammuz Uno.

O primeiro ataque do Mossad ao programa nuclear iraquiano ocorreria no dia 5 de abril de 1979.[228] Para isso, Menachem Begin ordenou a Yitzhak Hofi a ativação de uma equipe do kidon.[229] Os *kidon* chegaram à cidade francesa de Toulon de diferentes pontos da Europa. O alvo era um armazém, propriedade da companhia *Constructions Navales et Industrielles de la Méditerranée* (CNIM), situado num dos principais cais da cidade de Seyne-sur-Mer, onde se encontravam armazenados os dois núcleos para os reatores da Tammuz que, no dia seguinte, seriam embarcados secretamente rumo ao Iraque.

Um comboio formado por dois caminhões de grande porte circulava devagar pela estrada que levava a Toulon, com vários motores para aviões Mirage procedentes das fábricas de Dassault Breguet. Num cruzamento, antes de entrar na cidade, um Peugeot conduzido por um *katsa* os fez frear bruscamente. Ninguém reparou que havia um terceiro caminhão. No interior, havia seis agentes do Mossad, dois pertencentes ao departamento encarregado das sabotagens na espionagem israelense, três *kidon* da Metsada e um especialista nuclear. O comando sabia que seria mais simples passar pelas portas das instalações numa fila de veículos, visto que os guardas tinham menos cuidado na hora de registrar os enormes caminhões com contêineres lacrados com cadeado. Outra vantagem era a hora em que cruzariam o controle de segurança. O primeiro caminhão chegaria à guarita às três e meia de uma manhã tão fria e chuvosa que os vigilantes não teriam muito interesse em detê-lo.[230]

Já no interior do armazém, e seguindo as instruções do especialista nuclear, os *katsa*, protegidos pelos *kidon*, colocaram os explosivos em lugares estratégicos. Às sete da manhã, ouviram-se quatro fortes explosões que deixaram as peças destinadas ao Iraque inutilizáveis. Os prejuízos com as perdas de materiais chegaram a um número próximo de 20 milhões de dólares.

Um grupo ecologista francês autodenominado *Groupe des Écologistes Français*, se responsabilizou pelo ataque, mas o SDECE, o serviço de espionagem gaulês, concluiu sua investigação com um relatório dirigido ao primeiro-ministro. No documento, classificado de "altamente secreto", garantia-se que, em razão da eficácia do trabalho, estavam certos de que se tratava de uma operação organizada pelo Mossad.[231]

Menachem Begin esperava que o ataque na La Seyne-sur-Mer fizesse com que o governo francês reconsiderasse a ideia de ajudar Saddam Hussein a desenvolver um programa nuclear. Pouco tempo depois, as esperanças do político israelense foram frustradas quando o relatório da Aman[232] confirmou que o fluxo de peças da França para Bagdá, para o projeto Tammuz, não tinha cessado.

Begin reuniu-se novamente com Yitzhak Hofi e disse a ele que, se o Kidon não podia acabar ou atrasar o programa nuclear iraquiano por meio de sabotagens, deveria considerar a possibilidade de exterminar todos os que colaborassem com o Iraque em seu sonho de se tornar uma potência nuclear. Para o *memuneh*, era evidente que chegara o momento de escolher os alvos a serem atacados.

O primeiro alvo era o doutor Yahia al Meshad, um cientista egípcio que crescera no Iraque e que fazia parte da equipe que aconselhava o presidente Saddam Hussein e a Comissão de Energia Atômica em Bagdá. Meshad era, junto a Salman Rashid e Abdel Rahman Abdul Rassool, um dos mais importantes cientistas recrutados pela Arab Projects & Development para trabalhar no programa secreto iraquiano de armas de destruição em massa. Meshad era o especialista em energia atômica, Rashid em combustíveis e Rahman em materiais.[233]

Yitzhak "Haka" Hofi tinha sobre a mesa um relatório que indicava que Meshad nascera em 11 de janeiro de 1932 na cidade egípcia de Banham e que era um dos cérebros formados na exclusiva Universidade de Alexandria. Os israelenses tinham interceptado uma comunicação dos franceses em que se mostrava todo o plano de viagem do cientista à França. O Mossad sabia que se hospedaria no quarto 9041 do hotel Meridien, de Paris, o que lhes permitiu colocar escutas. Apenas Hofi tinha autoridade suficiente para recomendar ao primeiro-ministro Begin a ativação de uma equipe da Metsada, mas estava decidido a tentar capturar Meshad antes disso e, se isso não fosse possível, sempre poderia dar ao Kidon a ordem de "execução". O cientista egípcio poderia ser uma valiosa fonte de informação para os israelenses, não só por conta de seus conhecimentos do programa nuclear iraquiano e da central de Osirak, mas também pela relação próxima que mantinha com Saddam Hussein.[234]

O *memuneh* do Mossad decidiu encarregar a um *katsa* chamado Yehuda Gil o contato e recrutamento de Yahia al Meshad. Gil era um agente do serviço de espionagem israelense e especialista em efetuar alistamentos desse gênero, e nisso lhe ajudava muito seu perfeito domínio do idioma árabe.

No dia 13 de junho de 1980, o *katsa* chegou ao Meridien, atravessou o amplo *hall* e entrou num dos elevadores. Ao chegar ao nono andar, dirigiu-se lentamente ao quarto 9041. Bateu na porta e esperou. Esta entreabriu-se, e Meshad espreitou com o cabelo desgrenhado. O cientista iraquiano perguntou ao homem o que desejava.

O *katsa* comunicou-lhe unicamente a mensagem que o *memuneh* lhe ordenara dar: "Trabalho para uma potência estrangeira e gostaria de lhe oferecer uma boa quantia em dinheiro para se juntar a nós". "Vá embora, maldito judeu", gritou Meshad. Sem responder, Yehuda Gil saiu do hotel em direção ao aeroporto e apanhou um voo da El Al com destino a Tel Aviv. Horas depois, o agente israelense informou pessoalmente Hofi sobre o acontecido. Depois de ouvir o breve relato, Menachem Begin ordenou a Meshad que contatasse uma equipe do Kidon com o objetivo de assassinar Yahia.[235]

Para essa operação, contaram com cinco agentes que atuariam individualmente. Como isca, os *kidon* usaram Marie-Claude Magalle, a prostituta perita em trabalhos especiais que já colaborara em outras ocasiões com o serviço de espionagem israelense, como no contato com Butrus Eben Halim.

Meshad era um entusiasta do fetichismo e do sadomasoquismo, o que facilitou o contato de Magalle com ele. Na noite de 19 de junho de 1980, o egípcio estava na recepção do hotel quando uma mulher, Magalle, começou a se insinuar para ele. Minutos depois, ambos tomavam uma bebida no bar e, em seguida, subiam para o quarto de Yahia al Meshad. Algum tempo depois, a prostituta saiu, deixando a porta entreaberta, enquanto Meshad dormia na cama. Segundos depois, três assassinos da Metsada chegaram. Enquanto o primeiro dos israelenses vigiava a entrada, os outros dois colocavam o cientista egípcio de barriga para baixo, segurando sua cabeça para o alto e cortando-lhe a garganta com uma faca. Na manhã seguinte, o cadáver, coberto de sangue, foi encontrado dentro da banheira.

Ao tomar conhecimento do assassinato, em Bagdá, Saddam ordenou o envio de quatro agentes do Mukhabarat, a espionagem iraquiana, para uma investigação paralela à da polícia francesa. Os espiões de Saddam procuraram a prostituta durante meses, sem resultado. Os israelenses encontraram-na antes.

Na noite de 12 de julho, a prostituta fazia o *trottoir* em busca de algum cliente no bulevar Saint-Germain quando um Mercedes-Benz preto parou a seu lado. Enquanto negociava o preço com o motorista, outro Mercedes surgiu na direção contrária em alta velocidade. No último momento, o motorista que conversava com Magalle empurrou-a com força para a rua, no instante em que o outro carro passava, derrubando a prostituta e matando-a no ato – a única testemunha incômoda da execução do homem que mais ajudara o Iraque e Saddam Hussein a desenvolver seu programa nuclear.[236]

Os alvos seguintes do Kidon seriam os cientistas Salman Rashid, o especialista em combustíveis, e Abdel Rahman Abdul Rassool, o especialista em materiais. O problema para o Mossad era que, desde o assassinato de Yahia al Meshad, Saddam Hussein ordenara expressamente a seus serviços secretos que protegessem ambos. Apesar disso, Hofi não deixaria de tentar executá-los.

Salman Rashid estudara na Grã-Bretanha, onde participara no projeto e na construção de um magneto para urânio enriquecido. Tinha relações muito boas com o Centro Europeu de Investigação Nuclear em Genebra. No dia 16 de julho de 1980, Rashid saiu sem aviso prévio da capital suíça alegando que veria a família e sem a proteção dos agentes do Mukhabarat. Permaneceu desaparecido por nove horas, reaparecendo num hotel em que se reuniam vários cientistas e técnicos árabes. Nessa mesma noite, após o jantar, Rashid começou a sentir-se indisposto, com uma espécie de resfriado. Com o passar das horas, a saúde do cientista piorou; cada vez lhe era mais difícil respirar. No meio da noite, Salman Rashid sofreu um colapso, tendo que ser levado com urgência ao Hospital Americano de Genebra. Saddam enviou dois de seus médicos particulares para tratar de Rashid, mas foi-lhes negada a autorização de entrada no hospital. Depois de dez dias de agonia, o cientista morreu com fortes dores e com o rosto, os testículos, a boca e a área entre os dedos das mãos e dos pés cheios de feridas.[237]

Os quatro agentes do Mukhabarat designados para protegê-lo foram chamados a Bagdá pelo chefe de espionagem, Barzan al Tikriti. Dois deles afirmaram que nunca tinham perdido Rashid de vista, nem quando o cientista se encontrava a sós em sua residência. Os outros dois confirmaram a versão dos primeiros.

Um relatório confidencial envaido a Saddam e redigido por agentes na Embaixada do Iraque em Genebra garantia que Salman Rashid fora visto nessa mesma noite sem nenhum tipo de proteção ou cobertura num local famoso frequentado pela comunidade diplomática e por funcionários dos organismos do sistema das Nações Unidas.[238]

Na presença de Barzan al Tikriti, Saddam Hussein chamou os quatro agentes iraquianos. Sem dizer uma palavra, o líder iraquiano tirou sua arma do coldre e disparou entre os olhos de um deles perante o olhar atônito dos presentes. Em seguida, Saddam perguntou a outro membro da segurança se alguma vez tinham perdido de vista Salman Rashid. Com lágrimas nos olhos, o espião confessou que tinha sido despistado numa rua de Genebra famosa por suas zonas de prostituição. Os outros dois membros do Mukhabarat confirmaram a versão. Depois, e sem o menor sinal de compaixão, Saddam Hussein ordenou a Barzan al Tikriti que executasse os três agentes por alta traição ao país.[239] O cientista morto tinha tido contato, no bar, com uma jovem de não mais de 20 anos vestida com um uniforme escolar. A jovem suplicou a Rashid que lhe pedisse uma bebida, porque era menor de idade. Se ele o fizesse, ela iria ao banheiro masculino com ele. O cientista iraquiano aceitou. Enquanto faziam sexo em uma das cabines, Salman Rashid sentiu uma leve picada no couro cabeludo. A moça pediu desculpas, garantindo-lhe que o picara com a pequena pulseira de prata. A jovem era na verdade uma *kidon*, e o fecho da sua pulseira tinha sido besuntado com um potente veneno criado nos laboratórios do Mossad. Dias depois, o segundo alvo estava morto.

O terceiro a ser eliminado por ordem de Menachem Begin era Abdel Rahman Abdul Rassool, especialista em materiais de alta resistência. Há meses, ele era vigiado por uma unidade especial do Mossad à espera de novas ordens. Os *katsa* informaram Yitzhak Hofi, o *memuneh*, de que seria difícil assassinar o cientista em razão da rígida vigilância dos espiões de Saddam Hussein.

Hofi dera ordens explícitas a seus *katsa* para não tocarem em Abdel Rahman. O *memuneh* ainda tinha a vaga esperança de que algum dos membros da ultrassecreta equipe de cientistas, que colaborava no desenvolvimento nuclear e biológico iraquiano, passasse para o lado deles por uma boa quantia de dinheiro.

Os *katsa* encarregados da vigilância de Abdel Rahman Abdul Rassool informaram o Instituto de que ele gostava da companhia de homens jovens e que, enquanto o seguiam, tinham visto como o iraquiano fugia da vigilância e procurava pelos bairros por esse tipo de companhia. Para entrar em contato com Rahman, o Mossad usou um *kidon* que devia estabelecer um relacionamento com o cientista. Isso permitiria eliminar a implacável segurança em torno dele pela espionagem iraquiana, que vinha ocorrendo desde o assassinato de Salman Rashid, seis meses antes.[240]

Uma noite, Rahman Abdul Rassool violou sua própria segurança e foi, acompanhado de sua nova conquista, a um jantar oficial oferecido por uma instituição científica ligada ao governo francês. O jovem, alto, robusto e aparentando entre 20 e 25 anos, tinha-se registrado no mesmo hotel que o cientista, provocando um encontro entre eles. Uma noite, quando o *kidon* observou que a comitiva composta do iraquiano e de dois agentes do Mukhabarat se dirigia ao elevador, entrou com eles. Enquanto Abdel Rahman olhava o jovem fixamente, este observava os movimentos dos agentes.

O quarto do israelense ficava apenas a duas portas do quarto do cientista. Alguns minutos depois de entrar, o agente do Kidon ouviu que alguém batia à porta. Abriu e encontrou-se com o próprio Abdel Rahman Abdul Rassool. Depois de trocarem algumas palavras, os homens combinaram de se encontrar nessa mesma noite para beber algo no bar do hotel.

Quando se encontraram, o iraquiano convidou o agente israelense para acompanhá-lo a um jantar ao qual iria naquela mesma noite. Ao terminar o banquete, o cientista e seu acompanhante dirigiram-se a uma sala privada, onde permaneceram durante cerca de uma hora e meia. Na sequência, saíram juntos em direção a um Mercedes-Benz preto que os esperava à porta. Depois de passarem algum tempo num endereço no centro de Paris, despediram-se, e Abdel Rahman Abdul Rassool voltou ao hotel regozijante, saboreando as trufas que seu novo amante lhe dera de presente, amante esse com quem tinha combinado um encontro na manhã seguinte. Poucos quilômetros antes de chegar, começou a sentir-se indisposto, com fortes enjoos. Durante toda a noite, o cientista iraquiano especialista em materiais sofreu dores fortes e espasmos musculares. Levado a um hospital, os médicos, após vários exames, não conseguiram descobrir o motivo da indisposição. Não restava a menor dúvida de que o homem havia sido envenenado com alguma substância desconhecida. No dia seguinte, Abdel Rahman Abdul Rassool, o terceiro alvo do Kidon, estava morto.[241]

O SDECE francês tinha certeza de que o longo braço de Israel, mais especificamente o Kidon, atacara de novo. Aparentemente, as primeiras investigações mostraram que o acompanhante do cientista poderia ter sido visto nos arredores da Embaixada israelense e que poderia ter colocado o veneno nas trufas com que o presenteara. A questão foi que tanto o caso de Rashid como o de Rahman ficaram sem solução, apesar dos protestos formais do governo francês ao governo de Tel Aviv.

Depois dos ataques contra as instalações de Toulon e os assassinatos dos cientistas Yahia al Meshad, Salman Rashid e Abdel Rahman Abdul Rassool, Israel esperou antes de tomar outra decisão que pudesse complicar as tensas relações diplomáticas entre Tel Aviv e Paris. Menachem Begin esperava que as ações realizadas pelo Mossad dessem a entender a Saddam Hussein que Israel jamais permitiria que o Iraque desenvolvesse seu poder nuclear no coração do Oriente Médio.[242] Por outro lado, o líder iraquiano não estava disposto a ceder um centímetro em sua intenção de conseguir armas nucleares, ainda que para isso tivesse de pagar cinco vezes mais pelas peças e pelo material nuclear.

Begin voltou a reconsiderar a opção militar para acabar de uma vez por todas com o ímpeto do líder iraquiano. Juntamente com o chefe do Estado-Maior, o general Rafi Eitan, outrora responsável por ações nas origens do Kidon, de operações como Garibaldi ou Riga, Begin ordenou ao Mossad e à Aman que averiguassem a possibilidade de dirigir um ataque militar direto contra Tammuz utilizando forças aerotransportadas. Depois de uma longa reunião, a ideia foi posta de lado, visto que nenhum explosivo portátil poderia provocar dano suficiente ao núcleo, e sua inutilização não seria definitiva.[243]

Eitan apresentou então um plano para realizar um ataque aéreo controlado. Para isso, decidiu-se construir no deserto de Beersheba, ao sul de Israel, um modelo da instalação nuclear iraquiana. À medida que se tomavam decisões políticas sobre a conveniência ou não do ataque ao Iraque com eleições gerais no horizonte, Menachem Begin decidiu convocar o chefe da oposição, Shimon Peres. O líder dos trabalhistas conhecia o plano em razão de suas relações com os serviços secretos, muitos deles dirigidos por antigos companheiros de armas. Publicamente, Peres enviava sinais ao Likud sobre sua oposição a um ataque ao Iraque, pelas possíveis repercussões nas relações entre Israel e Washington. Shimon Peres até ouvira rumores de que Yitzhak Hofi, chefe do Mossad, e o general Yehoshua Saguy, chefe da Aman, não estavam muito seguros da eficiência de um ataque aéreo.

O principal problema para ele mesmo eram que os caças israelenses F-16 tinham de evitar a vigilância dos radares iraquianos, operando em alerta máximo em consequência do estado de guerra que o país vivia com o vizinho Irã há um ano. Por outro lado, Begin contava com o apoio incondicional de outro representante dos falcões do Likud, o ex-general Ariel Sharon.

Por fim, decidiu-se, numa reunião secreta, dar sinal verde ao plano assim que passassem as eleições, que estavam prestes a acontecer. Se Menachem Begin fosse reeleito, a Operação Babilônia seria levada a cabo. O primeiro-ministro israelense calculava os danos diplomáticos que o país sofreria nas relações com Washington[244] e Moscou, que fechavam os olhos para o desenvolvimento nuclear iraquiano. O papel mais importante era o desempenhado pela França e por seu recém-eleito presidente, o socialista François Mitterrand. O carismático político gaulês já deixara claro a Israel que não restituiria ao Iraque o material destruído pelo Mossad no armazém do porto de La Seyne-sur-Mer.[245]

Na noite de sábado, 6 de junho de 1981, Begin telefonou para Eitan, dando-lhe ordem para atacar o reator nuclear de Osirak, na periferia da cidade iraquiana de Al-Tuweitha, a norte de Bagdá. Às quatro da tarde do dia 7 de junho, 24 caças F-15 e F-16 partiram de uma base aérea no coração de Israel. O piloto mais jovem da missão era Ilan Ramon.[246] O plano consistia em sobrevoar quase 1.050 quilômetros sobre diversos países inimigos, localizar e destruir um alvo no Iraque e regressar à base. As esquadrilhas iriam protegidas por um Boeing 707 da Força Aérea Israelense, a FAI, com cobertura da Air Lingus, as linhas aéreas irlandesas. Os bombardeiros voariam em formação fechada ao 707, o que faria com que os radares jordanianos, sírios e iraquianos detectassem um simples voo comercial em direção a alguma rota na Ásia. A ordem dada aos pilotos era que se mantivessem em comunicação.[247]

Quando os aviões sobrevoavam o espaço aéreo sírio, o Boeing começou a virar para oeste até a ilha de Chipre, escoltado por dois F-16, após abastecer o resto da esquadrilha, que em poucos minutos entraria em posição de ataque. Os bombardeiros começaram a alinhar-se em formação de combate por pequenos grupos, armados com mísseis Sidewinder, bombas blindadas e bombas de novecentos quilos dirigidas por laser. A ideia era concentrar a primeira onda de ataques na cúpula central do reator, a fim de deixar o interior descoberto.

Os pilotos israelenses tinham dois sistemas claros para localizar o alvo.[248] O primeiro era localizá-lo a olho nu, algo difícil quando se está voando a 1.500 quilômetros por hora e o alvo é relativamente pequeno. O segundo, por meio de radiofaróis móveis. Para o ataque a Osirak, usaram-se dois destes, um exterior e outro interior. O exterior funcionava com um agente do Mossad que enviava sinais de radiofarol apontando para o alvo, o que permitia que os pilotos lançassem bombas com maior precisão. O interior foi depositado por um engenheiro nuclear francês, recrutado pela espionagem israelense, chamado Damien Chassepied.[249] O técnico escondeu, perto do núcleo, uma mala em cujo interior havia um sofisticado radiofarol que lançava sinais intermitentes aos caças. Às seis e meia da tarde do dia 7 de junho, duas das esquadrilhas começaram a elevar-se a seiscentos metros. Os primeiros F-16 da Força Aérea Israelense se exibiram para atrair o fogo da artilharia antiaérea iraquiana. O restante dos F-15 iniciaram um devastador ataque à central nuclear de Osirak.

A primeira onda de ataques derrubou a cúpula até o chão, além dos grossos muros reforçados. A segunda danificou gravemente dois edifícios contíguos onde se encontrava parte do material que seria montado nos dias seguintes pelos técnicos franceses e iraquianos. A terceira irrompeu sobre o núcleo do reator, que desmoronou no poço de refrigeração.

Três horas depois do início do ataque, os bombardeiros regressavam às suas bases em Israel, atravessando o espaço aéreo da Jordânia. William Casey, diretor da CIA, recebeu a comunicação do ataque três horas depois do começo do bombardeio. Curiosamente, os norte-americanos tinham descoberto que, recorrendo a um acordo de cooperação aprovado pelo próprio diretor da CIA, os israelenses tinham usado o material fotográfico dos satélites de espionagem norte-americanos para preparar o ataque a Osirak.[250] Não havia dúvidas de que Casey havia sido muito generoso com a inteligência israelense e seu *memuneh*, mas o problema era que o ataque de Israel sobre solo iraquiano colocava a administração do presidente Ronald Reagan em sérios apuros.

Em uma reunião secreta na Sala Oval da Casa Branca, da qual participaram Caspar Weinberger, então secretário da Defesa, George Shultz, secretário de Estado, o presidente Ronald Reagan, o vice-presidente George Bush e o diretor da CIA, William Casey, Shultz acusou o chefe de espionagem norte-americano de pôr Washington numa situação delicada caso os aliados árabes descobrissem que Israel estava para lançar bombas pelo Oriente Médio usando material delicado procedente da CIA.

A partir desse dia, todo o material da CIA ficou restrito a Israel, menos o que implicasse países altamente perigosos para a segurança do Estado hebraico ou que simplesmente partilhassem linhas fronteiriças. Como medida contra o governo de Begin, Reagan decidiu impor sanções a Israel, suspendendo a entrega de 75 caças F-16 que já tinham sido pagos. Casey disse a Weinberger e a Shultz que a medida servia apenas para contentar os aliados e os países árabes do Golfo produtores de petróleo. Pessoalmente, para os falcões de Reagan, a medida era realmente estúpida, destituída de sentido e sem nenhum tipo de resultado, visto que, no final, Washington era um dos mais interessados em que o Iraque não desenvolvesse um programa nuclear numa zona do planeta tão explosiva e instável como o Oriente Médio.[251] Desde a administração democrata de Jimmy Carter, o Mossad vinha tentando convencer Washington a obrigar o Iraque a parar o desenvolvimento do programa de armas de destruição em massa, mas Carter estava demasiadamente ocupado em tentar libertar os reféns da Embaixada dos Estados Unidos em Teerã e, portanto, preferia não perturbar um aliado como o Iraque.[252] O que mais perturbava Casey era que o *memuneh* do Mossad não tinha comunicado absolutamente nada a respeito da Operação Babilônia antes de sua realização.

Desde aquele ano, William Casey contatou diretamente o general Yehoshua Saguy, que todos conheciam pelo cognome Sagi. O chefe da Aman, a inteligência militar, se encarregaria, a partir de então, de informar diretamente e de modo extraoficial a CIA sobre qualquer operação que os serviços de inteligência israelenses executassem fora de suas fronteiras ou contra dirigentes da OLP dentro das fronteiras do Estado hebraico.[253] O primeiro-ministro Menachem Begin esperava, reunido com seu gabinete em sua residência em Tel Aviv, a tão ansiada chamada de Rafi Eitan. O ataque destruíra por completo a instalação iraquiana.

A Operação Átomo, levada adiante pelos homens do Kidon, e a Operação Babilônia, pela Força Aérea Israelense, em colaboração com alguns *katsa* do Mossad, foram um sucesso. Os dois ataques de Israel acabaram temporariamente com o desejo de Saddam Hussein de alcançar um poder nuclear que pudesse ser usado como arma de destruição em massa no caso de um conflito armado entre as nações.

CAPÍTULO 10

OPERAÇÃO VANUNU

ALVO: Mordechai Vanunu

POSIÇÃO: Técnico nuclear na central de Dimona

DATA: 30 de setembro de 1986

A cidade de Sydney amanheceu chuvosa no dia 24 de maio de 1986. Mordechai Vanunu, usando calças jeans e camiseta, caminhava pelas ruas do bairro de Darlinghurst em direção à igreja anglicana de St. John. Entrou num café nas proximidades para beber um copo de água e conversar com um catequista chamado David Smith, dirigindo-se à igreja em seguida. O recém-chegado disse ser judeu e querer converter-se. O pároco John McKnight acompanhou Vanunu ao interior do recinto, mas antes pediu que tirasse a pequena Estrela de Davi de ouro que levava pendurada ao pescoço. A conversa girou em torno da filosofia e, em especial, das ideias do filósofo dinamarquês Søren Kierkegaard. Depois de quatro horas de conversa, Vanunu confessou a McKnight sua desilusão com o judaísmo.[254]

Mordechai Vanunu era o segundo de nove irmãos de uma família muito unida em torno da figura paterna. Chegaram a Israel vindos do Marrocos, formando no novo lar uma das etnias mais humildes desse país. Os judeus marroquinos com dinheiro e instrução que chegavam do Canadá e da França eram acomodados em postos e profissões liberais, enquanto os marroquinos vindos dos guetos de Marrakech e das montanhas do Atlas eram direcionados para lugares desérticos, distantes dos grandes núcleos urbanos como Tel Aviv, Haifa e Jerusalém.

Em 1972, Mordechai Vanunu ingressou nas Forças de Defesa de Israel (FDI), chegando ao grau de primeiro-sargento numa unidade destacada nas Colinas de Golã. Depois de dar baixa, sem nenhum mérito especial, matriculou-se na Universidade de Ramat Aviv, em Tel Aviv. Gostava de Física, porém, após ser reprovado nos cinco primeiros exames, decidiu desistir e voltar para casa. No verão de 1976, Vanunu encontrou, na seção de classificados do diário *Yedioth Ahronoth*, uma oferta de emprego. O texto não dava muitos detalhes, apenas solicitava um técnico e fornecia um número de telefone de seis dígitos.[255] Mordechai discou o número, e do outro lado, uma voz feminina identificou-se como operadora do KMG, Kirya-le-Mehekar Gariny, o centro de investigação nuclear da Autoridade de Energia Atômica de Israel no deserto do Neguev.

Três meses depois, um homem do KMG entrou em contato com ele a fim de lhe informar que não fora escolhido para o trabalho, mas que, em razão de sua qualificação, poderia ingressar no curso de física, matemática, química e inglês oferecido pela Autoridade Nuclear. Em fevereiro de 1978, uma carta com um timbre que mostrava um átomo anunciava que ele havia sido aprovado nos testes e que deveria ingressar na Central Atômica de Dimona.[256]

Em seu primeiro dia de trabalho, antes de entrar no automóvel Volvo azul e branco, Mordechai Vanunu foi levado a um pequeno escritório e obrigado a assinar a chamada "Ata de Segredos Oficiais do Estado de Israel" e a "Ata 123". Depois, o silencioso homem que lhe entregara os documentos estendeu-lhe um pequeno cartão eletrônico com sua fotografia. O passe lhe permitiria atravessar as duas portas de aço que davam acesso ao Machon 2, a zona mais secreta do complexo de Dimona, onde se fabricavam as bombas nucleares.[257]

Os novos empregados dedicaram as primeiras semanas a conhecer os labirintos subterrâneos do local até a conclusão do treinamento, no final de junho. Nesse mesmo mês, Mordechai Vanunu foi chamado para atuar como reservista no exército numa unidade de engenheiros. Uma semana depois, a convocação foi anulada quando souberam que Vanunu fazia parte da equipe da secreta Dimona. Em 7 de agosto de 1977, passou nos testes, sendo destacado como controlador no turno da noite, trabalhando das 23h30 às 8h.

Em 1978, o técnico de Dimona matriculou-se na Universidade Ben-Gurion de Beersheba, dedicando o resto do tempo ao trabalho no Machon 2. Mas ele não sabia que passara a ser investigado pelo Shin Bet por ordem expressa do seu diretor, Avraham Ahituv, depois de chamar a atenção por conta de seus pontos de vista de extrema direita e por ser um kahanista intransigente, seguidor do rabino Meir Kahane.[258]

Na universidade, Mordechai Vanunu formou-se em Geografia e Filosofia, enquanto suavizava suas posições a respeito da questão palestina. Alguns estudantes descreviam-no como um homem introvertido, muito inteligente, de boa conversa e especialista em filosofia, ainda que os agentes do Shin Bet tivessem descoberto que Vanunu mostrava posições contrárias à política de segurança do governo e ao forte poder dos judeus *ashkenazi* na sociedade israelense. "Na realidade, o espírito *antiashkenazi* de Vanunu era até mais forte que seu espírito antijudeu ou anti-israelense", relatou ao *Jerusalem Post* seu antigo professor de História, doutor Zeev Tsakhor.[259]

O relatório do Shin Bet chegou às mãos do novo diretor, Avraham Shalom, que deu a ordem de convocar Vanunu para ser interrogado por seus agentes e por membros da segurança da Autoridade Nuclear. Como resultado do interrogatório, foi obrigado a sair da empresa em novembro de 1985, embora o motivo alegado para isso fora que ele fazia parte dos 180 empregados que seriam despedidos para redução de custos do KMG. Mas o que ninguém sabia era que Vanunu, semanas antes, fotografara as equipes e os processos de produção da instalação mais secretamente guardada, a fábrica de armas nucleares de Israel, conhecida como Machon 2. Burlando as medidas de segurança, o técnico conseguira entrar na fábrica com uma câmera e dois rolos Kodak de 35 mm, cada um com 36 poses. Depois de tirar fotos de todo o interior, colocou os filmes numa simples sacola de praia. Sem que fossem detectados, entrou num dos carros Volvo e atravessou os três perímetros defensivos eletrificados de Dimona.[260]

Assim que chegou a sua casa, Mordechai Vanunu comprovou que tinha em seu poder sessenta imagens em negativos de equipamentos, modelos em escala e componentes usados na produção do arsenal nuclear de Israel. Depois de vender seu carro e seu apartamento de Beersheba, viajou de ônibus até o aeroporto Ben-Gurion, em Tel Aviv, e comprou uma passagem para uma cidade europeia, para depois pegar um voo para a Austrália. Mas ele não sabia que, desde que atravessara a fronteira de Israel, seu caso passaria para as mãos do Mossad, conduzido nessa altura por Nahum Admoni, um *memuneh* muito predisposto a usar os esquadrões especiais de assassinos da Metsada, o temível Kidon.

Durante as três semanas que se seguiram à sua fuga de Israel, Vanunu dedicou-se, na igreja de St. John, a procurar um caminho que resolvesse o dilema entre seu patriotismo e lealdade a Israel e suas crenças morais. Foi David Smith, o catequista, quem lhe disse que sua intenção de se converter ao cristianismo era inseparável de sua obrigação de fazer alguma coisa com a informação que tinha a respeito de Dimona. Por fim, ele decidiu expor sua história sobre a fábrica de bombas nucleares de Israel, mas foi um homem chamado Óscar Guerrero quem lhe disse como fazer isso.

Guerrero era um refugiado colombiano que chegara a St. John em junho de 1986 para pintar o interior da igreja, como parte de um programa dc auxílio ao emprego do governo australiano. O hispânico afirmou ser um famoso jornalista em seu país, o que lhe tinha permitido conhecer pessoalmente figuras como Lech Walesa, Raúl Alfonsín, Issam Sartawi, um alto oficial da OLP assassinado em Portugal, e até o próprio primeiro-ministro Shimon Peres.[261] Guerrero contou que fora forçado a sair da Colômbia depois de ter escrito vários artigos criticando o governo, embora não tivesse como comprovar tal história. Para alguns, o colombiano era apenas um oportunista, como se constataria pouco tempo depois.

Num encontro entre Guerrero e Vanunu, o israelense revelou-lhe a informação de que dispunha e afirmou que não tinha interesse em receber nenhum tipo de pagamento por ela, algo com que Guerrero não concordou. Uma semana depois, o colombiano começou a pressioná-lo para que contasse a história aos contatos jornalísticos de seu país. Na verdade, Vanunu não sabia da péssima reputação de um homem que tentara vender algumas fotografias sobre um suposto massacre no Timor Leste cometido pelo exército indonésio ao *Sydney Morning Herald* em maio de 1986, que posteriormente se descobriria terem sido tiradas durante a guerra do Vietnã.

Mas os planos de Guerrero mudariam de repente quando, em um dia em que consertava o teto da igreja, "escorregou" misteriosamente, caindo de uma altura de dez metros. O pároco McKnight chamou a ambulância para que o levassem a um hospital e depois à polícia. Óscar Guerrero não quis falar com os agentes, mas uma espécie de medo começou a percorrer-lhe o corpo. Sabia o que o Mossad podia fazer com ele se descobrisse que estava ajudando Vanunu a tornar pública a informação sobre Dimona, até mesmo que não hesitariam em assassiná-lo.[262]

As coisas se acalmaram por algum tempo, até que entrou em cena Carl Robinson, o correspondente da *Newsweek* no Pacífico Sul. Guerrero oferecera novamente a história para sua revista, mas Robinson queria entrevistar o israelense. Para isso, viajou até Sydney em julho. Numa casa do subúrbio, encontrou-se com Óscar Guerrero, que se autodenominava Alberto Bravo, e com um tal de David. Depois de mais de três horas de entrevista e em seguida ouvir a história, o correspondente da *Newsweek* pediu a David seu passaporte ou algum documento que comprovasse que era técnico da central de Dimona. Três semanas depois, Robinson recebeu um telefonema de David em que este lhe pedia que não publicasse a história, porque tinha medo do que poderia acontecer com ele.

Em 10 de agosto de 1986, Mordechai Vanunu foi batizado, assumindo o nome cristão de John Crossman. Depois disso, Vanunu, ou melhor, Crossman, confessou a John McKnight: "Hoje a minha família deve estar realizando um funeral para mim. Eles pensam que estou morto".[263]

Nos meses seguintes, Guerrero abandonou a intenção de publicar a história na Austrália. O *Sydney Morning Herald* perdeu, desse modo, um dos melhores furos jornalísticos desde o Watergate e os Papéis do Pentágono. Com algumas das fotografias de Vanunu nas mãos, Guerrero voou para a Europa com o intuito de falar com alguns repórteres. Uma das escalas foi em Madri, onde entrou em contato com os escritórios do *The Sunday Times,* de Londres. Mordechai Vanunu sabia que suas convicções morais o obrigavam a tornar pública a informação de que dispunha; porém, ao mesmo tempo, sabia que, ao violar a Ata de Segredos Oficiais que assinara, colocaria a si mesmo na mira do Kidon e dos *katsa* de Nahum Admoni. Desde que uma unidade especial do Mossad sequestrara, em Buenos Aires, o criminoso de guerra Adolf Eichmann,[264] em 1960, Vanunu sabia que nada impediria que um dos comandos do Kidon fizesse o mesmo com ele ou o executasse em plena rua. Depois de ouvir a incrível história, o correspondente do diário entrou imediatamente em contato com o jornal em Londres, mas o *The Sunday Times* não moveria um só dedo antes de entrevistar Mordechai Vanunu, e para tal empreitada destinaram o repórter investigativo Peter Hounam. O jornalista era formado em física e, embora nunca tivesse trabalhado na área, tinha conhecimentos suficientes para saber se a história era verdadeira ou não.[265]

O encontro aconteceu no quarto 1.202 do hotel Hilton de Sydney. Durante a primeira hora, Vanunu dedicou-se a corrigir os exageros da história contada por Guerrero. Em primeiro lugar, informou que ele não era um cientista, mas sim um técnico na central de Dimona. Hounam declarou pouco tempo depois: "Durante o meu primeiro encontro com Vanunu, ele confessou que temia ser assassinado por um agente do Mossad, bem como não tinha certeza se eu não seria um agente do Mossad, ou do Shin Bet em vez de jornalista".

O israelense contou sua história ao jornalista, mas sem se identificar. Hounam comentou que precisaria de seu nome, já que a história devia ser personalizada e que, quando o texto viesse a público, isso lhe garantiria uma maior segurança pessoal, pois os agentes do Kidon ou os *katsa* do Mossad não ousariam tentar nada. No segundo encontro no apartamento do Hilton, Hounam, Vanunu e Guerrero fecharam as cortinas, deixando a sala às escuras para a exibição dos *slides* dispostos em sequência num projetor. As primeiras imagens mostravam controles, luzes e painéis que Hounam identificou como parte da operação de processamento de plutônio de Dimona. Então, o jornalista percebeu que tinha diante de si uma história verdadeira e que Vanunu de fato trabalhara na fábrica de bombas nucleares de Israel.[266]

Alguns diretores do *The Sunday Times* em Londres rejeitaram a história que Vanunu tinha contado. Apenas três anos antes, o jornal, junto a outras publicações de prestígio, fora enganado pelos chamados *Diários de Hitler*.[267]

Uma das questões, entre outras, que os fizeram duvidar da história de Vanunu foi que ele não soube informar com exatidão a localização da central de Dimona. Só agora se sabe que ela está localizada na autoestrada que vai de Beersheba a Sodoma. O complexo está rodeado por três barreiras eletrificadas e por vários metros de areia que é alisada a cada meia hora por tratores, para detectar se alguém atravessou. O espaço aéreo é patrulhado por helicópteros Cobra de combate, os mesmos usados para bombardear as posições do Hezbollah no sul do Líbano.[268]

As fotografias de Vanunu mostravam algumas imagens exteriores da instalação nuclear, mas o *The Sunday Times* não podia comprovar se eram autênticas ou não. Nesse momento, percebendo que o diário britânico estava pedindo informações sobre questões nucleares e que tudo isso tinha relação com um cidadão de Israel, o MI6 entrou em ação. O serviço secreto britânico sabia que a informação manipulada pelo jornal era verdadeira, mas, tal como este, outros grupos terroristas também poderiam tê-la. Foi desse modo que o Mossad soube que havia vazamento de informação.[269] Donald Wellerd, agente intermediário do MI6 com os diferentes serviços secretos aliados, avisou o chefe da estação do Mossad, em Londres, do o material obtido pelo jornal. De imediato, a mensagem foi transmitida ao Instituto e o pior dos medos de Vanunu começou a tornar-se realidade. Ele sabia que os *katsa* de Admoni não ficariam de braços cruzados.

A primeira notícia de que o Mossad estava no encalço de Vanunu veio do jornalista Peter Hounam. Numa manhã, ele recebeu um telefonema de seu editor, em Londres, afirmando que os homens, que tinham se identificado como agentes do Shin Bet, estavam à procura do técnico israelense para interrogá-lo. O jornal pediu a seu investigador que tivesse cuidado.

Nahum Admoni, o *memuneh* do Mossad, enviou dois agentes da unidade LAP a Beersheba para falar com os membros da família de Mordechai Vanunu a fim de saber onde este estava. Os interrogatórios duraram mais de três horas ininterruptas.

Certo dia, o Instituto recebeu uma comunicação de Sydney, proveniente do Serviço de Inteligência Australiano, a ASIO, informando que três agentes da contraespionagem tinham localizado o técnico naquela cidade, mas que dois dias depois tinham perdido a pista dele. Hounam sabia que tanto ele como Vanunu estariam em perigo se viajassem de avião para Londres, já que era isso que os agentes do Kidon esperavam.

Em 11 de setembro, ambos deixaram Sydney. A ASIO informou o Mossad de que localizara novamente Vanunu saindo do país via Sydney e com destino a Londres. Com toda a informação em mãos, Admoni deu ordem à estação de Londres, Luz do Dia, o estado máximo de alerta da espionagem israelense enquanto atualizava o primeiro-ministro Shimon Peres sobre a situação do caso Vanunu. Admoni tentava convencer o mandatário a dar ordens a uma equipe da Metsada para que eliminasse Vanunu caso este aparecesse em Londres. O chefe do governo não estava muito convencido de que deveria fazê-lo, pois sabia dos efeitos que a decisão poderia acarretar, tanto que a adiou até receber novos relatórios. John McKnight confidenciara seus medos a seu amigo Vanunu sobre o que o Mossad podia fazer com ele caso publicasse as fotografias de Dimona num jornal britânico.[270]

O voo na Continental Airlines foi longo, mas permitiu que os dois aliviassem a tensão acumulada de uma semana. Uma hora antes, alguém com uma voz desconhecida telefonou para o Gabinete Especial, em College Street, em Sydney, pedindo para falar com um oficial de operações especiais da ASIO. O desconhecido disse que Mordechai Vanunu saíra rumo a Londres, informando o número do voo, o que foi repassado ao oficial do MI6 no aeroporto londrino de Heathrow. Quando Hounam e Vanunu desembarcaram, três agentes do MI5, a contraespionagem britânica, já os esperavam para segui-los.

Para os serviços secretos da França, da Grã-Bretanha e dos Estados Unidos, o fato de as informações sobre Dimona tornarem-se públicas não representava um contratempo, já que havia quase trinta anos que sabiam de sua existência. Em 1960, Charles de Gaulle e seu ministro dos Negócios Estrangeiros, Maurice Couve de Murville, receberam a visita de Shimon Peres e do então chefe do Mossad, Isser Harel, para convencê-los de que Israel seria o único bastião do qual o Ocidente poderia se valer frente ao restante das nações árabes e antiocidentais.[271] Nessa mesma data, a CIA começou a fazer perguntas a seu aliado, o Mossad, sobre a instalação nuclear que dois aviões espiões U-2 tinham detectado no deserto de Neguev. Os norte-americanos receberam como resposta do próprio Harel: "As fotos são de uma grande fábrica de produtos têxteis que estávamos construindo". Mas a explicação não convenceu ninguém.[272] O diretor da CIA informou o presidente John F. Kennedy de que Israel provavelmente estava tentando desenvolver armamento nuclear. Em 3 de janeiro de 1961, Kennedy enviou Ogden Reid, o embaixador especial para o Oriente Médio, para se encontrar com David Ben-Gurion e a ministra dos Negócios Estrangeiros, Golda Meir. Ogden foi taxativo a respeito de suas perguntas, que deviam ter respostas claras antes da meia-noite. A CIA detectara um movimento de plutônio enriquecido no local onde os israelenses afirmavam haver uma fábrica têxtil.[273]

Harel e Meir afirmavam que os Estados Unidos estavam agindo de maneira hostil em relação aos assuntos internos de Israel, enquanto Ben-Gurion, mais diplomático, decidiu informar a CIA e a Casa Branca de que de fato desenvolviam uma central nuclear para gerar energia elétrica para o país e que o reator nuclear de Dimona tinha sido projetado para fins pacíficos, aceitando inspeções de cientistas norte-americanos.[274] Nos seis anos seguintes, durante os quais Dimona esteve em plena atividade, os norte-americanos cansaram-se de realizar inspeções de rotina e retiraram-se. Isso permitiu que Israel desenvolvesse a energia nuclear até o armamento atômico.

Em 1968, o diretor do Mossad, Meir Amit, ordenou uma das operações mais espetaculares levadas a cabo pelos serviços secretos israelenses. Uma unidade especial de comandos do Kidon capturou um carregamento de duzentas toneladas de urânio enriquecido procedente da Bélgica num navio de carga no meio do Mediterrâneo.[275] Carregado com urânio, o *Scheersberg A* partira de um porto belga com destino a uma indústria petroquímica de Milão. O navio foi interceptado em alto-mar por uma embarcação da ZIM, a companhia marítima nacional de Israel, que confiscou todos os barris. Quando o *Scheersberg A* atracou, vários agentes do serviço de espionagem alemão, o BND, inspecionaram as fichas de embarque e investigaram o registro de propriedade do navio, que pertencia à companhia de Dan Aerbel, agente do Kidon da Metsada detido anos depois por sua implicação no fiasco de Lillehammer.[276]

Anos depois, a CIA descobriu que 217 kg de plutônio tinham desaparecido misteriosamente dos depósitos da NUMEC, a corporação de equipamentos e materiais nucleares. Carl Duckett, subdiretor da CIA para assuntos técnicos e científicos, calculou que com essa quantidade de plutônio seria possível montar 45 bombas atômicas. As investigações concentraram-se num dos fundadores da companhia, Zalman Shapiro, um químico judeu que trabalhava no projeto Manhattan. Ele passava informações e grandes quantidades de plutônio ao Mossad para o desenvolvimento do armamento nuclear.[277] A CIA sabia exatamente do potencial atômico que Israel desenvolvera, tanto que, em 15 de março de 1976, o *The Washington Post*, citando Duckett como fonte, tornou pública a informação. O diretor da CIA pediu desculpas a Israel pela indiscrição do seu subdiretor, prometendo que a partir daquele momento os Estados Unidos não voltariam a pedir explicações a Israel sobre seu potencial nuclear. O diretor do serviço de espionagem norte-americano era um tal de George Bush.

Em Jerusalém, Shimon Peres; Yitzhak Rabin, ministro da Defesa; Yitzhak Shamir, primeiro-ministro anterior no governo de coligação; Nahum Admoni, diretor do Mossad; e Avraham Shalom, diretor do Shin Bet, reuniram-se para decidir o que fazer com Mordechai Vanunu. Shamir, Admoni e Shalom eram a favor de assassiná-lo ativando uma equipe do Kidon, enquanto Peres e Rabin preferiam tomar uma medida menos drástica e ordenar seu sequestro, para depois transferi-lo para Israel a fim de ser julgado por alta traição. Peres ordenou a Admoni que elaborasse um plano para sequestrar Vanunu e ativasse o Kidon para levá-lo a cabo. No *The Sunday Times*, já se considerava a possibilidade de sua melhor fonte no caso, o ex-técnico de Dimona, ser sequestrada pelos israelenses. Isso fez com que o diretor do jornal destacasse três repórteres com a missão de não perdê-lo de vista. Depois, concordou em pagar ao ex-técnico de Dimona 75 mil dólares pela exclusividade da história e das fotografias, mas Mordechai não estava muito contente, visto que o diretor do *The Sunday Times* ordenara que se confirmassem e reconfirmassem todos os dados entregues.

Ele queria deixar o hotel onde estava hospedado, a 90 quilômetros de Londres, e voltar à cidade, pois achava que, se o Mossad queria sequestrá-lo ou assassiná-lo, seria mais difícil numa cidade grande, cercado de gente, do que num hotel solitário em uma região rural inglesa, rodeado de vacas. O *The Sunday Times* deu sua aprovação, e Vanunu registrou-se com o nome de George Forsty no hotel Mountbatten, perto de Covent Garden.[278]

Mas ele não sabia que há semanas estava sob estrita vigilância de uma equipe do Yarid, o departamento responsável pela segurança das operações do Mossad na Europa. Em 20 de setembro, os repórteres do *The Sunday Times* enviaram à Embaixada de Israel, em Londres, um envelope com toda a história, as fotografias e uma cópia do passaporte de Vanunu, à procura de uma declaração oficial. O assessor de imprensa da delegação diplomática israelense declarou que não faria comentários sobre uma história absolutamente falsa.

Cada vez mais, Vanunu temia que, a qualquer momento, os agentes do Kidon caíssem sobre ele. Cindy Hanin, uma bela norte-americana de 25 anos, era a isca que a Metsada usaria para caçar o traidor; na verdade, a mulher era um membro da equipe de operações especiais do Mossad, uma *kidon*.[279]

O dia 24 de setembro foi o escolhido por Cindy, protegida por dois agentes do Kidon,[280] para tentar entrar em contato com a presa. Todas as manhãs, Vanunu aproximava-se de um pequeno café situado em Leicester Square, em West End, para observar as pessoas, até que um dia seu olhar fixou-se na jovem a seu lado lendo um exemplar do *Times*. Ela também o olhou, ainda que não fixamente, sem lhe dar importância. Vanunu pensou: "Está-se achando muito bonita e pensa que vou flertar com ela"; porém, nesse momento, ouviu uma voz ao fundo que dizia qualquer coisa sobre o café. Voltando à realidade, seu olhar fixou-se novamente na jovem loira de calças justas, que o olhava atentamente enquanto apontava para a pequena xícara branca de café que tinha à sua frente.[281] Vanunu sorriu ao se levantar; nesse momento, os dois agentes do Kidon que o vigiavam pensaram que ele não tinha sido fisgado, mas o pensamento se esvaiu quando viram que o ex-técnico de Dimona se sentava à mesa da mulher. Conversaram bastante sobre futilidades e combinaram um encontro para o dia seguinte. Nessa mesma noite, no Instituto, Nahum Admoni recebia um comunicado da estação de Londres com uma mensagem sucinta: "A presa mordeu a isca. Os caçadores estão atentos".

A identidade de Cindy foi mantida em segredo absoluto até que dois jornalistas do *The Sunday Times* a descobriram. Seu nome verdadeiro era Cheryl Bentov e ela vivia na cidade de Netany com o marido, Ofer Bentov, um major da inteligência militar israelense, a Aman. Cheryl adotara o nome de Cindy por causa de sua cunhada. Nascida no seio de uma família rica da Flórida, seus pais haviam-se divorciado quando ela era muito pequena, ficando sob a proteção de um rabino de seu bairro chamado Dov Kentof, que a enviara a Israel, por três meses, para fazer um curso sobre judaísmo. Ela, pelo contrário, estava mais interessada em política do que em religião. Ao final do curso, voltou aos Estados Unidos, mas sua mente ficara em Israel. Quando Cheryl regressou ao Oriente Médio, foi recrutada pela Nahal, uma organização encarregada da proteção dos colonos nos Territórios Ocupados. Não restava a menor dúvida de que Cheryl Bentov podia ser uma perfeita agente de operações especiais do Mossad, a Metsada, o que acabou se confirmando.[282]

Depois de ser recrutada pelo Mossad, Cheryl Bentov foi entrevistada. Perguntaram-lhe se dormiria com estranhos caso a missão exigisse. Ela disse a verdade. Se o sucesso da missão dependesse disso, iria para a cama com o alvo. Bentov aprendeu a usar o sexo para coagir, seduzir e dominar, mas também aprendeu a matar esvaziando o carregador. Aprendeu a roubar carros, a parecer bêbada e a enganar os homens.[283]

Sua primeira missão foi no Kaisarut, destacada em embaixadas de Israel na Europa, fazendo-se passar pela esposa norte-americana de algum *katsa* do Mossad. Por fim, em uma manhã, recebeu um telefonema do próprio *memuneh*. Ele pessoalmente a colocou a par da Operação Vanunu, ainda que ela já soubesse como conseguiria caçar sua presa e as armas que usaria para tal empreitada. No dia 23 de setembro de 1986, Cheryl Bentov, agora agente do Kidon, viajou para Londres para se juntar a outros nove *katsa* sob as ordens de Beni Zeevi, o responsável pela operação.

Nos dias posteriores ao primeiro encontro, Mordechai Vanunu telefonou todos os dias para o hotel Eccleston, situado muito perto da estação Victoria, onde a agente israelense estava hospedada. Vanunu violou assim todas as normas básicas de segurança, dando seu número de telefone, o nome do hotel em que estava hospedado, o número do quarto e o nome com o qual se registrara. Cindy retornou várias ligações de Vanunu, mas a escolta particular da *kidon* não a perdia de vista. Um dia, os telefonemas para Vanunu cessaram e ele começou a ficar nervoso, decidindo então procurá-la. Durante o encontro, Cindy disse que ia a Roma e que, se ele quisesse, poderia acompanhá-la. A agente israelense prometeu que, se ele fosse com ela à capital italiana, iria recompensá-lo com uma boa noite de sexo.[284]

Os repórteres do *The Sunday Times* aconselharam-no a ter cuidado no relacionamento com a loira que aparecera de repente, mas Vanunu, há tanto tempo só e animado com a possibilidade de ter relações sexuais com uma bela jovem, não deu ouvidos a ninguém. Cindy conseguira uma forte influência sobre Vanunu e, apesar de não ser Mata-Hari, sabia como controlar sua presa. O jornal pediu a Vanunu que aceitasse um guarda-costas pago por eles, mas o técnico israelense recusou a oferta taxativamente. "Ele não queria nenhuma interferência na sua relação com Cindy", explicaria um dos repórteres do *The Sunday Times*, "e esse foi seu erro. Acho que menosprezou sua importância para o Mossad e para Israel."

Num domingo, dia 28 de setembro, o colombiano Óscar Guerrero voltou a aparecer em cena, ameaçando o *The Sunday Times* e dizendo que, por não ter recebido nenhum dinheiro pela história de Mordechai Vanunu, iria levá-la ao *The Sunday Mirror*. A reportagem acabou sendo publicada pelo *Mirror* com uma grande manchete: "O estranho caso de Israel e seu poder nuclear". O proprietário do jornal, o magnata Robert Maxwell, foi quem telefonou para o próprio *memuneh* para informá-lo sobre a história que tinha em mãos.[285]

Antes, a direção do *Times* tinha telefonado para o *Mirror* afirmando que Guerrero tinha um acordo com eles e que, se fosse violado, poderiam reclamar os pagamentos recebidos. Óscar Guerrero queria vingar-se de Vanunu por ter sido ridicularizado diante dos repórteres do *Times* quando ele corrigiu seus exageros. O que ficou claro é que se tratava de um oportunista, um charlatão e uma fraude, e que nunca chegou a perceber o quão perto esteve de ser executado por uma equipe do Kidon que seguia seu rastro. Foi Nahum Admoni, o *memuneh* do Mossad, quem decidiu que o colombiano não valia a pena.

Peter Hounam, o jornalista do *Times*, tentou fazer Vanunu entender que Cindy podia fazer parte de um plano da espionagem israelense para capturá-lo ou até para assassiná-lo. Mas ele se recusava a ouvir os conselhos de Hounam. Numa dessas tentativas, o jornalista convidou Vanunu para jantar em sua casa, numa terça-feira à noite, e pediu que levasse Cindy, para que conhecesse sua esposa, mas novamente ele recusou o convite, alegando que nesse dia talvez fossem viajar pelo país ou para além de suas fronteiras. Ao ouvir a desculpa, Hounam começou a ficar nervoso, porque sabia que se Mordechai Vanunu saísse da Grã-Bretanha, talvez o perdessem para sempre, e com ele sua incrível história.[286] Continuou a pressioná-lo para saber em qual cidade e em que hotel se hospedariam, mas Vanunu não disse uma só palavra. A direção do jornal pressionava Hounam para que o israelense assinasse o contrato ou, pelo menos, a autorização para publicar a primeira versão do caso Dimona.

O técnico sabia que, se assinasse um contrato com o *The Sunday Times*, teria que se envolver de tal modo que ficaria obrigado a aparecer em coletivas de imprensa e dar entrevistas a outros meios de comunicação quando a história viesse à tona. Vanunu prometeu voltar quinta-feira para assinar o contrato, mas a questão fundamental era fazer Vanunu entender o perigo que corria se saísse da Grã-Bretanha. Peter Hounam tentou convencê-lo por todos os meios a ficar, dizendo que sua identidade poderia ser descoberta, e ele seria obrigado a permanecer no país, mas Vanunu sabia que isso não era possível, visto que, tanto para o governo britânico como para o MI6 e o MI5, livrar-se definitivamente desse assunto era a melhor solução.[287]

Àquela altura, dois acontecimentos tornavam a livre circulação de Vanunu algo perigoso. O primeiro era o chamado "julgamento Hindawi", em que a Grã-Bretanha pedia aos países-membros da Comunidade Econômica Europeia (CEE) que adotassem sanções econômicas contra a Síria, quando a espionagem britânica descobriu que o governo de Damasco estava envolvido numa conspiração para derrubar um avião da British Airways.[288] O segundo foi o chamado "Caso Dikko", em que agentes do Mossad se viram envolvidos na tentativa de sequestro e assassinato de um diplomata nigeriano suspeito de vender armas a grupos palestinos. O Mossad cometeu o erro de atentar contra ele em solo britânico, violando assim a palavra dada ao MI6 de que nenhum membro da comunidade da espionagem israelense cometeria jamais uma ação ou operação secreta em solo britânico. O "Caso Dikko" provocou um esfriamento nas relações entre os governos de Londres e de Tel Aviv assim como entre o MI6 e o Instituto.[289] Mordechai Vanunu sabia dos riscos a que se expunha se atravessasse a fronteira da Grã-Bretanha, e que se o fizesse poderia cair nas mãos dos homens do Mossad.

Na manhã de 30 de setembro de 1986, Vanunu fez um único telefonema ao amigo, o reverendo John McKnight, da igreja de St. John, mas, como não o encontrou, preferiu não deixar mensagem e desligou. Quando McKnight retornou à igreja e o informaram que um homem com um sotaque carregado telefonara, ele soube que era Mordechai Vanunu, e decidiu telefonar para Peter Hounam, do *The Sunday Times*, para perguntar por ele. O jornalista disse que a credibilidade de Vanunu tinha sido questionada pela direção do jornal em razão da péssima história que Guerrero vendera ao *The Sunday Mirror*. Também lhe disse que Vanunu dera autorização ao *Times* para publicar seu relato. McKnight compreendeu que o ex-técnico de Dimona estava em perigo e que deveria informar o fato à polícia, enquanto dizia a Peter Hounam que se preparasse para comunicar o desaparecimento de Vanunu. Este seria o último contato entre os dois homens. Depois disso, Vanunu simplesmente desapareceu.[290]

Quando o *The Sunday Times* finalmente publicou a primeira reportagem sobre Dimona, a direção do jornal não sabia que Mordechai Vanunu estava em perigo. Curiosamente, foi o próprio primeiro-ministro de Israel, Shimon Peres, que convenceu os diretores do *Times* a publicarem a reportagem. Antes, porém, reuniu-se com um comitê em que estavam os dirigentes dos principais veículos de comunicação de Israel para informá-los de que o periódico britânico tinha em seu poder a história de Vanunu e Dimona, a qual em poucos dias seria publicada.

Mas estes não ficaram muito tranquilos, tanto que o editor do jornal *Ha'aretz* pediu a seu correspondente em Londres que confirmasse a história. Este telefonou ao *The Sunday Times* para comunicar a Hounam que o Comitê de Editores de Israel decidira não fazer eco do que o jornal publicasse por ordem expressa do primeiro-ministro Peres. Isso era esclarecedor. "Quando soubemos da censura imposta pelo próprio Shimon Peres, nos demos conta de que a história relatada por Vanunu era totalmente verdadeira e que era isso que assustava os israelenses", declararia o próprio Hounam anos depois.

Em 5 de outubro de 1986, a capa do *The Sunday Times* trazia uma manchete em letras garrafais: "Revelação: os segredos do arsenal nuclear de Israel". Na parte interna do jornal, outra manchete: "Dentro de Dimona, a fábrica de bombas nucleares de Israel". Um trecho destacado com dez linhas informava: "[...] durante vários anos suspeitava-se de sua existência. Agora, um técnico que trabalhou na fábrica relata como seu país se tornou uma das maiores potências nucleares". A notícia vinha acompanhado de um desenho do edifício onde ficava o Machon 2, reproduzido com a ajuda de Vanunu e de suas fotos. A notícia apresentava detalhes precisos sobre os pesos e as temperaturas, como o urânio era dissolvido depois de submerso em ácido nítrico e como posteriormente a mistura era removida em razão da radioatividade para, com uma solução, extrair o plutônio dela.[291] O *The Sunday Times* revelou que o plutônio nas instalações de Dimona dava a Israel total capacidade para produzir armas termonucleares, mais poderosas que as nucleares convencionais. Os materiais usados para a fabricação das bombas tinham sido transferidos em vários caminhões para um local secreto perto de Haifa, cidade na qual se encontra a maior base naval de Israel.

A reportagem concluía: "Israel produziu plutônio para cem bombas nucleares de não menos de duzentas quilotoneladas de potência cada. Se os cálculos realizados são aproximados, pode-se dizer que Israel tem, neste momento, um arsenal nuclear próximo de duzentas bombas". Israel, dizia o jornal, tornara-se uma das maiores potências nucleares, atrás apenas dos Estados Unidos, da União Soviética, da Grã-Bretanha, da França e da China, sem considerar a possibilidade de que a Índia, o Paquistão e a África do Sul também o tivessem conseguido.

O testemunho de Mordechai Vanunu indicava que Israel tinha recursos e bons técnicos para projetar e construir uma bomba de nêutron. A reportagem vinha acompanhada de um texto escrito pelo doutor Frank Barnaby, um físico nuclear que trabalhara no centro britânico de investigação de Aldermaston e que era diretor do Instituto de Investigações para a Paz na Suécia, e pelo doutor Theodore Taylor, ex-chefe do programa de testes de armas nucleares do Pentágono e um dos melhores discípulos do criador da bomba, Robert Oppenheimer. Ambos afirmavam que Israel estava capacitada para construir bombas termonucleares e de destruição em massa.[292]

A matéria publicada pelo *The Sunday Times* foi citada por todos os meios de comunicação do mundo, confirmando a história de Mordechai Vanunu, incluindo o rádio e a televisão de Israel. O conservador *Jerusalem Post* dava nota dela na primeira página do dia seguinte, com um título que dizia: "Israel é agora o sexto poder nuclear do mundo". A segunda reportagem publicada no *The Sunday Times* tinha o seguinte título: "Por trás das portas do Machon 2". Quando essa matéria foi publicada, Shimon Peres já tinha tomado a decisão de neutralizar Vanunu com a ajuda de um dos comandos do Kidon.

McKnight, suspeitando de que alguma coisa pudesse ter acontecido a Vanunu, saiu à caça de informações para tentar descobrir onde ele estava. Primeiro, entrou em contato com Terry Waite, do escritório do arcebispo de Canterbury, depois com o vice-secretário de estado dos Negócios Estrangeiros e os chefes dos departamentos do Oriente Médio e do Oriente Próximo e Norte da África. Os pedidos do clérigo foram atendidos, embora o comunicado final fosse que ele deveria entrar em contato com a polícia, uma vez que o desaparecimento de Vanunu não era assunto da diplomacia britânica. McKnight telefonou da Austrália para o Ministério do Interior, e estes, do mesmo modo, disseram que o desaparecimento do técnico israelense não era problema deles, e sim do Ministério das Relações Exteriores. Ele então concluiu que, se quisesse fazer algo de concreto, deveria pegar um avião para Londres, mas só depois de convocar uma coletiva de imprensa para comunicar o desaparecimento de Vanunu. Em 7 de outubro, uma terça-feira, McKnight deixou a Austrália.[293]

Poucas horas depois, o clérigo aterrissava no aeroporto de Heathrow e registrava o desaparecimento de Vanunu no departamento de polícia de Holborn. McKnight hospedou-se no Conselho Consultivo Anglicano e entrou em contato com dois detetives do Gabinete Especial da Scotland Yard. Estes interrogaram-no sobre todo tipo de questões relacionadas ao técnico israelense. Ele estava ansioso para saber o que havia acontecido ao amigo e, ao mesmo tempo, achava que o Mossad o sequestrara. Em 12 de outubro, o *The Sunday Times* publicou um artigo no qual relatava, resumidamente, o caso Vanunu e o desaparecimento do israelense.

Por fim, McKnight decidiu viajar para Jerusalém, onde esperava obter mais respostas. Ao chegar, convocou uma coletiva de imprensa com o intuito de pressionar os israelenses a explicarem onde estava Vanunu. A censura militar de Israel soltou um comunicado à imprensa estrangeira e nacional informando que tudo o que se falasse na coletiva estaria sob censura. Se algum deles a violasse e publicasse alguma informação sobre os serviços secretos, correria o risco de ser detido e condenado à prisão. De qualquer forma, os jornalistas que assistiram estavam muito interessados no caso. No final, um deles, israelense, passou um bilhete a McKnight marcando um encontro no parque em frente ao Consulado dos Estados Unidos, na parte oeste de Jerusalém.

O que o reverendo não sabia era que, desde que aterrissara no aeroporto Ben-Gurion, em Tel Aviv, os *katsa* de Nahum Admoni não o tinham perdido de vista um só instante.

Certo dia, esperando o ônibus, McKnight viu um homem ao seu lado que lia o jornal *Yedioth Ahronoth*, no qual aparecia uma fotografia de Mordechai Vanunu. McKnight pediu ao homem que lhe traduzisse a notícia. O texto em hebraico explicava que Vanunu estava detido na prisão de segurança máxima de Gedera, perto de Rehoboth, sob vigilância vinte e quatro horas por dia, por ordem do juiz Aaron Simcha. Alguns dias depois, citando fontes da segurança israelense, o *Financial Times* confirmava a informação.[294]

Enquanto isso, uma tempestade desencadeava-se na Austrália. Quando os jornais publicaram informações relacionadas a Vanunu e seu suposto sequestro, vários parlamentares começaram a perguntar aos serviços secretos australianos que papel tinham desempenhado nesse evento. A ASIO informou que nada teve a ver com o sequestro nem com o Mossad. Definitivamente, mentia. Numa entrevista para a televisão australiana, John McKnight disse que os serviços secretos tinham informado diretamente o Mossad e que o chefe da ASIO, Alan Wrigley, mantivera diversos contatos com Nahum Admoni. Um dia, quando o clérigo caminhava pela rua, foi interceptado por um veículo com dois homens que se identificaram como agentes da ASIO. Um deles pediu a McKnight que os acompanhasse.[295] Quando chegaram ao destino, Alan Wrigley, diretor-geral da ASIO, garantiu a McKnight que suas conversas sobre o caso Vanunu estavam gravadas e que, na verdade, apenas informara sobre os passos de Vanunu ao MI6 britânico, e não ao Mossad. Quando a notícia saiu nos jornais, Wrigley negou categoricamente que a ASIO tivesse colaborado com o Mossad.

Em 30 de setembro, dias após o desaparecimento de Mordechai Vanunu, surgiram novos rumores. Alguém informou que o israelense, depois de sequestrado, fora internado numa clínica clandestina do Mossad para ser submetido a uma cirurgia plástica para mudar o rosto, mas aquilo não poderia estar mais distante da realidade.

Na segunda-feira, dia 29 de setembro, Shimon Peres dera carta branca a Admoni para que os homens do Kidon levassem a cabo a operação. Nesse mesmo dia, Cindy telefonou a Mordechai para obrigá-lo ou, pelo menos, pressioná-lo a comprar uma passagem de avião para Roma. Meia hora depois, Vanunu dirigiu-se à agência Thomas Cook, em Berkeley Street, não muito longe de Leicester Square, e comprou uma passagem de classe turística por 426 libras esterlinas, ainda que por sua mente passassem rapidamente os conselhos de Hounam. Indeciso, telefonou novamente para Cindy, no hotel, para dizer que talvez não pudesse acompanhá-la porque não tinha muito dinheiro, mas o que podia fazer era encontrar-se com ela posteriormente em Roma.

A agente israelense tentou convencê-lo de várias maneiras, chegando a dizer-lhe que na capital italiana não seria necessário pagar um hotel, já que sua irmã tinha um pequeno apartamento onde ambos poderiam hospedar-se. Desde o momento em que Vanunu decidiu sair de Londres, Cindy não se separou dele um só instante.

Às 10h30 de terça-feira, 30 de setembro, Vanunu saiu do hotel Mountbatten e foi-se encontrar com ela no monumento ao almirante Nelson, na central Trafalgar Square, para dali partirem juntos, num táxi, em direção ao terminal internacional do aeroporto de Heathrow. O que ele não sabia era que uma equipe de *katsa* do Mossad não o perderia de vista.

O trajeto para o aeroporto foi tranquilo, com paradas em razão das obras que se realizavam na pista. Cindy não parava de falar sobre como seria boa a estada deles em Roma e que, se tivessem tempo, poderiam passar um dia na praia. Mordechai Vanunu não suspeitava que já estava totalmente envolvido em uma operação de sequestro do Kidon.

Às 14h30, o casal embarcou no voo da British Airways BA504, previsto para aterrissar no aeroporto Leonardo da Vinci, nos arredores de Roma, às 18h35. Cópias da passagem conseguidas pelo *The Sunday Times* mostraram que Mordechai Vanunu usou o próprio nome, ainda que isso já não tivesse importância. Pouco a pouco, a presa aproximava-se das garras dos predadores, da própria boca do lobo.[296]

O avião aterrissou às 18h28. Quando saíram da aeronave, Cindy mostrava-se muito mais carinhosa. Tomou a mão de Vanunu, e foram pegar a bagagem no terminal principal. Levavam apenas uma mochila e uma bolsa verde, o que fez com que a passagem pelo controle de passaportes fosse bastante rápida. Assim que chegaram à saída, Cindy pediu a Vanunu que esperasse alguns minutos enquanto telefonava solicitando um táxi. Isso fez o técnico israelense suspeitar, estranhando o fato de não entrarem em um dos veículos estacionados na entrada do aeroporto.

Enquanto falavam de coisas sem importância, um pequeno Fiat amarelo com a típica sinalização que indicava tratar-se de um taxi chegou em alta velocidade. Entraram no automóvel e minutos depois seguiam em alta velocidade pelo rodoanel de Roma. Talvez tenha sido o primeiro momento em que Vanunu realmente sentiu medo. Dentro do carro, notava-se uma certa tensão, mas ele não conseguia entender o motivo. Chegou um momento em que até sentiu que o perigo se aproximava cada vez mais dele, mas já era tarde demais. Vinte minutos depois, o veículo parou diante de um prédio cinzento de apartamentos modestos nos arredores de Roma, num lugar que Vanunu não conseguiu identificar.[297] Subiram por uma estreita escadaria até chegarem a uma porta no segundo andar. Cindy tocou a campainha, mas não atenderam. Tocou mais três vezes, com toques curtos, mas ninguém apareceu. A mulher abriu a bolsa, de onde tirou um molho de chaves: "A minha irmã não deve estar em casa, mas de qualquer modo tenho as chaves", explicou a Vanunu.

A porta foi destrancada, abrindo caminho a uma grande escuridão. Eram seus últimos segundos de liberdade, e talvez Mordechai Vanunu soubesse disso. Cindy deixou o técnico entrar primeiro. Não havia um só móvel, nem sequer um quadro nas paredes. Vanunu deu-se conta de que estava num esconderijo do Mossad. Voltou-se para tentar sair e percebeu então que Cindy mudara de expressão. Aquele rosto doce transformara-se num rosto de expressões duras. Não soube de onde saíram, mas nesse momento sentiu quatro braços fortes o agarrando, enquanto Cindy, ou melhor, Cheryl Bentov, injetava nele uma forte dose de soníferos. Vanunu perdeu os sentidos, e as horas se passaram.[298]

Os três *katsa* da Metsada, liderados por Beni Zeevi, envolveram o corpo do técnico num saco de dormir, enquanto Cheryl pegava uma grande caixa de papelão vazia, para que os vizinhos não suspeitassem que estavam colocando um corpo num caminhão de transporte. Mordechai Vanunu acha que ficou drogado de 30 de setembro a 4 de outubro. Um médico do Mossad controlava as doses de soníferos que lhe ministravam. Queriam-no adormecido, não morto. Nesse tempo, o pequeno caminhão tinha percorrido os 425 quilômetros que separam a cidade de Roma do porto de La Spezia.

Na tarde de 4 de outubro, as autoridades portuárias italianas receberam uma comunicação de avaria vinda de um navio que navegava com bandeira israelense, propriedade da companhia naval pública ZIM. O *Noga* tinha 11 mil toneladas e descarregava no porto de Barcelona, regressando em seguida à sua base, no porto israelense de Haifa.[299]

Para o Mossad, era mais simples vencer a débil segurança de um porto do que passar pela sofisticada segurança que existia nos aeroportos. Quatro horas depois de o *Noga* ter-se lançado ao mar, os efeitos das drogas começaram a desaparecer do organismo de Vanunu. Ele abriu os olhos lentamente; sentia uma forte dor de cabeça, e descobriu que estava acorrentado e fechado num camarote sem claraboias. Durante dias, os dois guardas, os mesmos *katsa* do Kidon que o tinham agarrado dentro do apartamento, foram as únicas pessoas que Vanunu viu. Os dois só se dirigiam a ele em inglês, com sotaque hebraico. Não lhe faziam perguntas, e a única coisa que diziam era: "Quando quiser ir ao banheiro, peça". Apenas no último dia, um deles dirigiu-se a Vanunu e disse-lhe: "Sabemos tudo. Sabemos até que se converteu ao cristianismo, mas para nós você continua sendo israelense".

Por fim, seis dias depois da partida de La Spezia, o *Noga* chegou ao porto de Haifa, em Israel. Colocaram um capuz preto na cabeça do prisioneiro e o puseram em um carro da polícia. O trajeto, segundo calcula o próprio Vanunu, foi bastante curto. Pararam diante de um grande portão de ferro, a prisão de segurança máxima de Ashkelon, aproximadamente 50 quilômetros a sul de Tel Aviv.

O prisioneiro foi escoltado por quatro agentes até uma cela sem janelas, com um colchão no chão como única mobília. Ali ele permaneceu dois dias, até que foi levado para ser interrogado por quatro pessoas, um oficial do Mossad, um do Shin Bet, outro da polícia e, o último, um membro da segurança da *Kirya-le-Mehekar Gariny* ou KMG, a autoridade nuclear de Israel.

"Vê o que você fez?", disse-lhe este último, enquanto lhe atirava um exemplar do *The Sunday Times*. No jornal amassado, podia-se ler, em grandes manchetes e em três páginas, as informações sobre os segredos nucleares israelenses em Dimona.

Os interrogatórios sucediam-se dia após dia, sem nenhum resultado. Vanunu sabia que, independentemente do que respondesse, seria condenado por alta traição e que cumpriria uma longa pena de prisão. Até dois meses depois do sequestro, não foi permitido que Mordechai Vanunu falasse com um advogado. O escolhido foi Ammon Zichroni, um famoso ativista dos direitos humanos. Zichroni foi a única pessoa de fora a ter permissão para entrar na pequena cela de dois por três metros de largura e três de altura em que estava Vanunu. Todas as suas conversas e encontros eram vigiados através de um circuito fechado de televisão instalado na cela. O prisioneiro, agora sem nome, sem número de identificação e separado dos outros presos, era constantemente castigado sem ver o advogado, em razão de este se divertir tapando a lente da câmera com espuma de barbear. Durante essa fase, apenas duas pessoas estavam autorizadas a falar com o prisioneiro David Enosh, novo nome dado a Vanunu: seu guarda e o diretor da prisão.

Em 11 de novembro de 1986, o porta-voz do governo de Yitzhak Shamir anunciou que o técnico israelense Mordechai Vanunu estava detido em território israelense. Em 28 de novembro, o procurador-geral, Yosef Harish, apresentou acusações contra Vanunu no Tribunal de Comarca de Jerusalém, invocando o artigo 96 do Código Penal, referente à ajuda ao inimigo em tempo de guerra, o que podia levar Vanunu a ser condenado à prisão perpétua ou à pena de morte. Dois dias depois, o juiz Zvi Cohen rejeitou o artigo 96, visto que este só poderia ser aplicado quando Israel se encontrasse em conflito armado com outro país, o que não era o caso, fazendo com que o procurador Harish apresentasse novas acusações. Yosef Harish invocou, dessa vez, o artigo 90 do Código Penal, referente à violação da lei de segredos oficiais; o artigo 113, o qual diz respeito à entrega de informação secreta com a intenção de causar danos à segurança do Estado; e o artigo 99, relativo à ajuda ao inimigo na sua guerra contra Israel.

O caso foi conduzido em hebraico e classificado como "O procurador-geral contra X". Em 21 de dezembro, enquanto Vanunu era transferido num carro da polícia para o tribunal a fim de ouvir as acusações do juiz Cohen contra ele, vários fotógrafos de agências estrangeiras o fotografaram. Ao revelarem os negativos, em várias delas, Vanunu aparecia com a mão apoiada contra o vidro do carro.[300] Na mão dele, podia-se ler:

> Vanunu M FUI SEQUESTRADO EM ROMA ITL,
> 30/9/86, 21h, cheguei em Roma PELA BA VOO 504

A mensagem na mão resultou no confisco, por parte das autoridades da prisão de Ashkelon, de seu *walkman*, seus livros e seus jornais. O prisioneiro iniciou uma greve de fome como protesto pela medida, até que após 34 dias à base de água como único alimento, o juiz Cohen ordenou que lhe devolvessem seus objetos.

Em 8 de março, Vanunu despediu Zichroni, em razão de um mal-entendido entre o advogado e seu irmão. Em julho, o *The Sunday Times* publicou na primeira página, em letras grandes: "Como os agentes israelenses caçaram Vanunu". Em 30 de agosto de 1987, teve início o julgamento, que durou até o dia 24 de março de 1988, quando o Tribunal de Comarca de Jerusalém considerou o réu culpado das acusações de espionagem, traição e revelação de segredos de Estado. No domingo, 27 de março de 1988, o caso foi ouvido para sentença. Os três juízes do tribunal, depois de escutarem os argumentos do advogado Avigdor Feldman e lerem o documento de clemência enviado por vinte cientistas, dos quais doze eram detentores do Prêmio Nobel, tiveram que decidir entre prisão perpétua ou vinte anos de prisão. Às 18h15, o Tribunal condenou Mordechai Vanunu a cumprir dezoito anos de reclusão numa prisão de segurança máxima.

Mordechai Vanunu foi condenado a dezoito anos de prisão, acusado de alta traição. Passava os dias numa cela da prisão de segurança máxima de Shikma, em Ashkelon, escrevendo e lendo livros do filósofo dinamarquês Søren Kierkegaard. Na quarta-feira, 21 de abril de 2004, foi posto em liberdade condicional vigiada. Depois de conseguir a liberdade, afirmou publicamente que já não guardava mais segredos e que desejava esquecer o passado, cidadania e qualquer ligação com Israel. Negou-se a voltar a falar hebraico e mostrou a intenção de emigrar para a França, a Noruega ou os Estados Unidos. Diante de tal ideia, o Supremo Tribunal de Israel decretou cinco medidas restritivas a Vanunu:

- Devia fixar residência em Israel.
- Devia informar à polícia se quisesse viajar de uma cidade para outra dentro do território israelense.
- Durante os seis meses seguintes à sua libertação não podia deixar o território de Israel, e esta medida podia ser renovada por tempo indefinido.
- Não lhe era permitido o contato, seja telefônico ou pessoal, com estrangeiros.
- Não lhe era permitido entrar em embaixadas, visitar locais de embarque, nem aproximar-se a menos de quinhentos metros das fronteiras internacionais.

Em 22 de abril de 2004, Vanunu pediu asilo político à Noruega, mas, em 11 de novembro do mesmo ano, um comando especial da polícia israelense entrou na igreja anglicana onde ele vivia desde a libertação, e ele foi preso. Em 5 de fevereiro de 2004, o ex-*memuneh* Shabtai Shavit declarou que, em 1986, consideraram a hipótese de ativar uma equipe do Kidon para matar Vanunu, mas a ideia não foi levada a cabo porque "os judeus não se comportam assim com outros judeus".

Em 11 de outubro de 2010, Vanunu apresentou um recurso para que lhe abrandassem a restrição para poder viajar para fora de Israel e falar com estrangeiros. A petição foi negada pelo Supremo Tribunal.

Cheryl Bentov, conhecida por Cindy Hanin, integrante do Kidon, ainda vive na cidade israelense de Netanya com o marido, o coronel Ofer Bentov, da inteligência militar, a Aman. Em abril de 1997, foi encontrada por um jornalista do *The Sunday Times* na Flórida, com as filhas, enquanto visitava a família. Quando confrontada pelo repórter, a *katsa* do Kidon não negou sua participação na Operação Vanunu.

Shimon Peres, então primeiro-ministro de Israel, foi o principal responsável pelo sequestro de Vanunu por parte de uma unidade do Kidon e viu-se obrigado a dar explicações aos governos de Margaret Thatcher e Bettino Craxi pelo incidente diplomático provocado pelo ocorrido.

CAPÍTULO 11

OPERAÇÃO 17

ALVO: Jalil Ibrahim Mahmud al Wazir, conhecido como "Abu Jihad"

POSIÇÃO: Comando militar supremo da OLP

DATA: 16 de abril de 1988

Fazia frio nas primeiras horas daquele 8 de dezembro de 1987. O sol ainda não havia aparecido na devastada Faixa de Gaza e os trabalhadores palestinos se alinhavam em frente ao controle israelense. Era a mesma rotina de toda manhã, e os únicos carros que passavam diante dos soldados armados eram os longos Mercedes-Benz transformados em desconjuntados táxis coletivos. Um veículo militar atravessou o primeiro controle, sem que o guarda desse muita importância ao motorista. Apenas levantou a mão direita, enquanto com a esquerda segurava um fuzil Galil. O veículo começou a avançar entre a longa fila de palestinos que se apinhavam esperando autorização de entrada em Israel para conseguir um trabalho na construção, única hipótese de ganho de dinheiro para um palestino de Gaza. Na estrada cheia de buracos, na área do campo de refugiados de Jabalia, onde se amontoavam 60 mil pessoas, o automóvel alcançou mais velocidade até que, não se sabe bem por que, o condutor virou bruscamente e derrapou até um estacionamento onde havia vários trabalhadores árabes.

O choque foi brutal e quatro deles perderam a vida na hora. Para Israel foi um trágico acidente, enquanto para as autoridades palestinas aquilo parecia ser um atentado judeu contra os árabes. O pavio da rebelião acabava de ser aceso, mais uma vez. O funeral coletivo no dia seguinte converteu-se num violento protesto contra a ocupação israelense. As primeiras pedras lançadas por jovens palestinos começaram a cair sobre os soldados israelenses que patrulhavam até esse momento com calma, mais ou menos estabelecida, nos campos de refugiados e nas cidades dentro dos territórios de Gaza e da Cisjordânia.[301] Dois dias depois do incidente que marcou o início da rebelião palestina nos territórios, conhecida como Intifada, as manifestações expandiam-se por toda a Faixa de Gaza e, pouco depois, pelas principais cidades palestinas da Cisjordânia. Em 10 de dezembro, Yitzhak Rabin, ministro da Defesa, saiu de Israel em viagem oficial aos Estados Unidos. Nenhum político israelense se referiu à revolta. Não deram suficiente importância à Intifada.

Dan Shomron, chefe do Estado-Maior, garantiu: "Em poucos dias se acalmarão". O general Samuel Goren, ex-membro do Mossad, afirmou: "Nunca haverá uma revolta nos territórios". Nahum Admoni, *memuneh* do Mossad, fez breves análises banais, enquanto o próprio Rabin fez uma declaração pública que ficará na história dos erros de cálculo: "Quebrarei pessoalmente os braços dos palestinos que atirarem uma pedra". Mas a situação certamente começava a escapar ao controle das autoridades israelenses.

Para agravar ainda mais a situação, em 15 de dezembro, o ministro Ariel Sharon inaugurou sua segunda residência no bairro árabe de Jerusalém, em plena cidade velha, ocupado por Israel desde a Guerra dos Seis Dias. Jovens palestinos invadiram as estreitas ruas e enfrentaram os soldados enquanto incendiavam agências bancárias israelenses. O comando do exército deu uma ordem a seus soldados: "É preciso atingi-los. Não há nada melhor que uns bons golpes. Os baderneiros têm que ser feridos". Pouco a pouco, começaram a chegar árabes e palestinos aos hospitais com ferimentos na mão direita, para impedir que jogassem pedras ou escrevessem *slogans* antijudeus nas paredes.[302] Arafat, que estava em Bagdá, declara que a luta palestina entrava numa nova etapa, que a Intifada nos Territórios Ocupados expressava a vontade do povo de se livrar do jugo do imperialismo sionista. "Esta revolta vai durar muito tempo", expressou o próprio Arafat. Três semanas depois do início da rebelião, a OLP criou, em seu quartel-general em Túnis, o chamado Comando Nacional Unificado (CNU), a Intifada. Arafat colocou na liderança da entidade um de seus homens de maior confiança e amigo pessoal, Jalil Ibrahim Mahmud al Wazir, conhecido como "Abu Jihad".

No CNU, unificaram-se as políticas que deveriam ser seguidas pelos palestinos dos territórios, mas, para maior segurança, decidiu-se manter em segredo o nome de seus membros. É óbvio que tanto Arafat como Abu Jihad temiam o ataque dos israelenses, que chegaria mais cedo ou mais tarde. Por meio de panfletos e folhetins clandestinos, o CNU transmitia suas ordens. Desobediência civil; demissão dos funcionários palestinos, professores, polícias da administração de

Israel; ruptura de relações e comunicações dos *mukhtar* (chefes das aldeias) com o poder israelense; e boicote a todos os produtos procedentes de Israel. Abu Jihad, apoiado pelo próprio Arafat, ordenou a proibição total de usar armas de fogo. "A proibição de usar armas de fogo no contexto da Intifada pretende impedir que os israelenses cometam um massacre. A nossa força não reside na natureza das armas, mas na justiça da nossa causa", explicou o próprio Arafat.[303]

Enquanto aumentava o número de mortos e feridos palestinos, o CNU honrava os "meninos das pedras". Os palestinos e os meios de comunicação árabes escrevem, em todos os lugares, relatos elogiosos à "Revolta das Pedras", à *hidjara* (pedra), a arma que levaria o povo palestino à vitória, segundo o próprio Arafat. As relações entre Túnis e os territórios de Gaza e da Cisjordânia continuavam a ser próximas. Nada devia ameaçá-las. Abu Jihad, responsável militar na Intifada, tinha nessa relação uma melhor informação do terreno em que se combatia e das debilidades do exército israelense nesse mesmo terreno. A coordenação entre Túnis e a Intifada em Gaza e na Cisjordânia era total.

Yitzhak Shamir, primeiro-ministro de Israel, sabia que a única maneira de romper essa relação tão próxima era atacando diretamente o CNU. Em meados de janeiro de 1988, Shamir convocou uma reunião de emergência do Varash, o comitê ultrassecreto composto dos chefes dos serviços secretos. Tanto o *memuneh* do Mossad como os chefes do Shin Bet e da Aman, concordavam que a única forma de quebrar o bloco de liderança do CNU era assassinando alguns de seus membros mais importantes. "Quanto mais pedras eles lançarem, mais líderes do Comando nós mataremos", afirmou Shamir.

Depois da reunião, Shamir ordenou a Nahum Admoni que permanecesse na sala. Enquanto os demais líderes dos serviços de inteligência começavam a sair, o líder de Israel pedia a Admoni que preparasse um plano concreto para o assassinato dos líderes do CNU. O *memuneh* ficou em silêncio, sabendo que essa ordem implicaria a ativação do Kidon. Admoni desejava restabelecer a primazia do Mossad sobre os outros serviços de inteligência e preparava-se para a ação, enquanto Rabin continuava a declarar publicamente sua nova política para enfrentar a Intifada: "Força, poder e espancamentos".[304] As imagens de soldados israelenses quebrando com pedras os braços de um prisioneiro palestino sentado e com os braços atados atrás das costas, correram o mundo.[305]

No dia 2 de fevereiro, a Metsada, a unidade de operações especiais do Mossad, e o Kidon, seu braço de execução, já tinham o primeiro alvo escolhido. Restava apenas esperar pelo sinal verde do primeiro-ministro Shamir.

Na manhã de 22 de fevereiro, ele recebera um alerta da Unidade 8200, a encarregada da interceptação de comunicações. Aparentemente, tinham detectado conversas entre Túnis e altos comandos militares da Intifada no Chipre, mais concretamente em Limassol, uma cidade turística situada no sul da ilha mediterrânea. Seguindo a linha das praias, dezenas de hotéis agrupavam-se diante de milhares de cidadãos rosados da Grã-Bretanha que chegavam à cidade ávidos por sol.

A mensagem da Unidade 8200 pôs em alerta o Saifanim, o departamento do Mossad encarregado de colher informações sobre a OLP, e o Yarid, responsável pela segurança das operações do Mossad na Europa. Antes de pedir autorização ao primeiro-ministro Shamir, o *memuneh* Admoni deveria assegurar-se da veracidade da informação recebida. Deveria ter a certeza de quais eram os alvos, localizá-los e identificá-los antes de ativar o Kidon.

No dia 10 de fevereiro, os *katsa* do Mossad reconheceram os três palestinos que se comunicavam com Túnis e que falavam de táticas de resistência dentro da Intifada. Eram Mohamed Bassem Sultan Tamimi, Marwan al-Kayali e Mohamed Buhais. Segundo o Shin Bet, os três faziam parte de um grupo pró-iraniano chamado Jihad Islâmica – O Templo (*al-Yihad al-Islami-Bait al-Maqdas*), responsável pelos atentados terroristas contra Israel. Nahum Admoni reviu uma pasta com fotografias e relatórios da polícia e do Shin Bet sobre o grupo e seus membros. Os três ativistas palestinos vinham de outro grupo, chamado Comitê de Estudantes. A primeira ação destes foi o atentado, em 1º de abril de 1980, contra uma sinagoga em Hebron, que causou a morte de seis israelenses.

Admoni continuava folheando as páginas do relatório com fotos em preto e branco de corpos despedaçados. O segundo ataque importante do grupo, já inserido na disciplina da Jihad Islâmica – O Templo, ocorreu em plena Jerusalém, em 15 de outubro de 1986, quando vários de seus membros lançaram granadas contra soldados israelenses e suas famílias que iam rezar no Muro das Lamentações.

Assim que terminou a leitura, o *memuneh* tirou o fone de ouvido e, depois de confirmar a identidade dos ativistas palestinos na cidade cipriota, decidiu pedir para falar com Yitzhak Shamir, o primeiro-ministro. Admoni precisava da autorização deste para ativar o Kidon.

Nessa mesma noite, quatro *kidon* saíram num voo comercial da El Al rumo a Larnaca. Ali os esperava um *katsa* com um carro cujas janelas estavam fechadas por cortinas. Em 12 de fevereiro, os membros do Kidon tinham decidido executar o plano. O chefe do comando de assassinos observou que todas as manhãs Mohamed Bassem Sultan Tamimi, Marwan al-Kayali e Mohamed Buhais entravam num Volkswagen Golf e dirigiam-se à rodovia em direção a Nicósia. Os membros do Kidon decidiram levar a cabo o assassinato dois dias depois, no dia 14 de fevereiro.

Na noite anterior, o líder do grupo de executores israelenses revisou várias vezes os relatórios procedentes de Tel Aviv. O primeiro alvo era Marwan al-Kayali, um coronel que pertencia ao Conselho Militar da OLP e à Força 17, a guarda pretoriana de Arafat. Ambos os grupos militares estavam sob o comando de Abu Jihad. O segundo era Mohamed Buhais, um dos principais responsáveis pelo Gabinete da Pátria Ocupada e importante intermediário do CNU em Túnis. E o terceiro, Mohamed Bassen Sultan Tamimi, tenente-coronel com um alto cargo no Gabinete da Pátria Ocupada e um dos mais importantes membros de inteligência da Al Fatah, o chamado Comitê 77. Tamimi atendia pelo codinome "Hamdi", e o Mossad definia-o como um especialista em operações clandestinas.[306]

Na tarde do dia 13 de fevereiro, os *kidon* seguiram-nos e fotografaram-nos enquanto eles recebiam de dois agentes dos serviços secretos líbios uma mala com um milhão de dólares para ajudar a causa palestina. Era certo que se deveria decidir como e quando atacar.

Na madrugada do dia 14, os assassinos do Kidon ajoelhavam-se no chão enquanto os demais vigiavam as ruas vazias. Ao fundo, ouviam-se ingleses ruidosos. Um dos *kidon* tirou de uma mala metálica um artefato explosivo e o afixou à parte de baixo do Volkswagen Golf, atrás da roda dianteira. Agora só restava esperar.

Como acontecia em todas as manhãs, os três homens que faziam o trajeto até a rodovia para Nicósia apareceram na rua vindos de um edifício próximo. Os *kidon* observavam a cena de um carro estacionado nas proximidades. Os palestinos entraram no carro e o ligaram. A luz de marcha à ré acendeu. Parou e, quando começou a ganhar velocidade, uma grande explosão lançou-o vários metros para cima. Quando a capota do carro bateu contra o chão na queda, os três ocupantes já estavam mortos. Entre o ruído, a fumaça negra, os vidros estilhaçados espalhados por toda a rua e uma grande confusão, um misterioso carro abandonava as imediações.

A segunda equipe de *kidon* da Metsada, que foi ativada concomitantemente à primeira, também estava preparada para atacar. Desta vez, o alvo seria o *Sol Phryne*, um antigo *ferryboat* grego de passageiros, construído em 1947, que a OLP adquirira por 750 mil dólares para uma operação de relações públicas. Com vários membros da imprensa internacional a bordo, o *Sol Phryne*, rebatizado com o nome de *Al-Awda* (O Retorno), dirigia-se para Haifa com a intenção de recordar aos israelenses a viagem do Êxodo que, quarenta anos antes, desafiara a Marinha britânica, trazendo os sobreviventes do Holocausto à terra de Israel. Só que, neste caso, os israelenses não eram os britânicos, como o Kidon da Metsada também não era a Marinha de Sua Majestade.

Durante a noite de domingo, 14 de fevereiro, dois homens-rã mergulharam nas águas do porto de Limassol levando consigo duas minas magnéticas.[307] A primeira foi colocada embaixo da quilha da proa, a segunda na da quilha da popa, sob a linha de flutuação.

A ação havia sido aprovada no final da tarde de quarta-feira, dia 10. A operação de relações públicas realizada pela OLP fez com que os membros do Varash se reunissem em caráter de urgência. Segundo Admoni, os palestinos contavam com o fato de que a Marinha israelense jamais se atreveria a atacar o navio quando, a bordo, se encontrassem jornalistas do mundo todo, cinegrafistas e membros de partidos israelenses de Esquerda e de organizações pacifistas. Mas o primeiro-ministro Shamir não estava disposto a aguentar aquela propaganda da OLP em pleno solo israelense, visto que nessa mesma tarde aprovou, ao mesmo tempo, o plano de assassinato de homens do alto comando palestino em Limassol, bem como o afundamento do *Sol Phryne*.

Na segunda-feira, dia 15 de fevereiro, o porto de Limassol estremeceu com uma forte explosão. Quando as primeiras unidades de bombeiros chegaram ao lado norte do cais, o navio já estava inundado, com apenas os andares superiores na superfície. O sonho do *Al-Awda* não passava disso, de um sonho.

A OLP não estava disposta a se deixar destruir pelo Mossad, tanto que, depois dos dois ataques do Kidon contra os palestinos, desencadeou-se uma nova onda de violência por todos os cantos dos territórios.

Em março, um grupo de agentes do Mossad chegou a um edifício no centro de Tel Aviv. Pegaram o elevador e subiram até o oitavo andar, onde entraram num grande salão. Meticulosamente, tiraram das pastas dispositivos de rastreamento à procura de microfones escondidos. O lugar em que acabavam de entrar era um andar seguro do Mossad que, em poucas horas, seria o cenário de uma reunião ultrassecreta na qual se decidiria o destino de um dos principais líderes da OLP e da Intifada.

Dois dias depois, quando se avistava o sol na linha da costa e as luzes dos bares e restaurantes da orla de Tel Aviv começavam a ser acesas, um grupo de veículos sem nenhuma identificação foi chegando às proximidades do edifício. Escoltas armadas vigiavam os passos dos que participariam da reunião, entre os quais estavam Ezer Weizman, presidente de Israel; Shimon Peres; Yitzhak Rabin, ministro da Defesa; Yitzhak Navon, ex-presidente de Israel; o general Haim Bar-Lev, ministro do Interior; Yitzhak Shamir, primeiro-ministro; Yigal Pressler, conselheiro de antiterrorismo do primeiro-ministro; Ariel Sharon; Moshe Arens; David Levy; Moshe Katsav; o general Amnon Shahak, chefe da Aman; e o *memuneh* do Mossad, Nahum Admoni.[308]

Em menos de sessenta minutos tinha-se conseguido um acordo quase unânime. Sem contar com os trabalhistas Weizman, Navon e Peres, os demais participantes votaram a favor de ativar uma equipe do Kidon com o fim de executar Abu Jihad, o todo-poderoso chefe militar da OLP e do CNU. Ezer Weizman protestou contra a medida adotada, alegando que com essa ação não se alcançaria a paz e que, pelo contrário, matar Jihad provocaria mais violência nos territórios. Vários dos falcões do Likud, apoiados por Rabin, defenderam a necessidade da "execução" por parte dos assassinos do Mossad.

Yitzhak Rabin fez o papel de acusador. De acordo com o ministro da Defesa e ex-general, o Kidon podia matar Abu Jihad porque, primeiro, este tentara, em várias ocasiões, penetrar as defesas israelenses, fazer seus oficiais como reféns e entrar no perigoso jogo de desafiar o governo de Israel e seus serviços de inteligência. Segundo, porque, graças a Abu Jihad, a OLP estabelecera laços estreitos com o Hezbollah e com o Líbano, tendo como resultado ataques conjuntos contra unidades israelenses. Terceiro, não havia dúvidas de que Abu Jihad era o líder militar da OLP e do Comando Nacional Unificado da Intifada e, portanto, o principal responsável pela rebelião palestina nos territórios ocupados.

Tudo seria cuidadosamente preparado até o mais ínfimo detalhe e, para isso, nomearam os generais Dan Shomron, chefe do Estado-Maior; seu segundo no comando, Ehud Barak; e o general Moshe Yaalon para dirigir a operação no cenário do ataque. Os três experientes militares seriam os chefes da ação denominada Operação 17, em honra ao alvo, o chefe da Força 17, a guarda pessoal de Yasser Arafat.[309]

Admoni, sentado em seu gabinete do quartel-general do Mossad, sabia que seria mais fácil desembarcar uma força de assalto em Túnis em 1988 do que quando o fizeram em Beirute, em 1973, dentro da Operação Primavera da Juventude.[310] O problema com Túnis era a distância até Israel e como evacuar os agentes do exército israelense e do Kidon assim que a ação fosse concluída.

Repetindo o plano de Beirute, Admoni queria que uma força de comandos especiais do exército, a Sayeret Matkal, ajudasse quatro *kidon* a chegar à residência de Abu Jihad, no bairro tunisiano de Sidi Bou Said, desse-lhes cobertura enquanto assassinavam o principal líder da Intifada e os levasse até a praia de Rouad para serem enviados novamente para Israel. O último relatório do Mossad redigido por Admoni deixava clara a ligação de Abu Jihad com a Intifada: até sua esposa, Um-Jihad (Mãe da Guerra Santa), encabeçava o chamado Fundo dos Mártires, encarregado de ajudar economicamente as famílias daqueles que tinham sido detidos pelos israelenses enquanto realizavam atos na Intifada. O *memuneh* também fora alertado por Yosef Harmelin, diretor do Shin Bet, sobre o assassinato de informantes palestinos. Os líderes da espionagem israelense descobriram que, numa notificação do Comando Nacional Unificado da Intifada, Abu Jihad ordenava às suas forças em Gaza e na Cisjordânia o assassinato de todo homem ou mulher suspeito de ser informante de Israel.[311] À maior parte deles foi exigido que se apresentassem nas mesquitas, que deixassem de informar o Shin Bet e entregassem as armas e aparelhos de comunicação. Se não aceitassem, seriam executados ou enviados ao exílio de seus próprios povoados. Abu Jihad precisava livrar-se dos informantes. Um dos que se negaram a cumprir as ordens foi Mohamed al-Ayad, responsável por um grupo de informantes valioso do Shin Bet. Ayad, que vivia numa grande casa em Qabatiya, ao norte da Cisjordânia, criara uma verdadeira rede de informantes que incluía todos os bairros da cidade e chegava até a zona oriental de Jerusalém. Suas relações com o serviço de segurança israelense fizeram-no prosperar. Ayad era proprietário de um açougue e de um café.[312] As listas de informantes do Shin Bet, embora supostamente secretas nas pequenas povoações palestinas, eram conhecidas por todos.

Depois da notificação chegada de Túnis e redigida por Abu Jihad, a casa de Mohamed al-Ayad foi pichada com a seguinte frase: "Com o nosso corpo e o nosso sangue destruiremos os traidores e libertaremos a nossa terra". No dia seguinte, o carro dele apareceu incendiado na frente de sua casa. Apesar de seus 40 anos, Ayad sentia certa segurança ao circular com sua pequena Uzi debaixo do braço. Ele sabia que mais cedo ou mais tarde teria de defender sua vida, sua família e suas propriedades. Na manhã seguinte, vários jovens palestinos, com os rostos cobertos com *keffiyeh* vermelhos, começaram a disparar através das janelas da casa de Mohamed al-Ayad. Ele pediu à mulher que telefonasse para a autoridade militar israelense em Jenin, uma cidade situada a apenas 6 quilômetros dali, para que enviassem uma força de resgate. Ayad precisava resistir apenas algumas poucas horas até que os militares ou agentes do Shin Bet chegassem para ajudá-los. O problema foi que nesse dia o exército estava muito ocupado e o Shin Bet não estava disposto a arriscar-se abertamente por um palestino. A esposa de Ayad conseguiu escapar atravessando a linha de fogo. Quando conseguiu avisar o exército e o Shin Bet, o combate tinha terminado há horas. Encontraram o corpo de Mohamed al-Ayad pendurado pelo pescoço num poste elétrico. Antes, tinha sido espancado quase até a morte, tendo as orelhas e o nariz decepados. Essa imagem tornou-se uma mensagem dos palestinos ao Shin Bet: "Terminou o controle dos territórios de Gaza e da Cisjordânia". Ayad era a vítima número 75 da Intifada. O jovem de 14 anos que ele matou segundos antes de ser capturado, a de número 74.[313] Para Nahum Admoni, do Mossad, e para Yosef Harmelin, do Shin Bet, estava claro que não queriam perder seus informantes. Abu Jihad devia morrer.

O Varash, acrônimo de *Va'adat Rashei há-Sherutim*, ou o comitê composto dos chefes dos serviços secretos, apoiava unanimemente o primeiro-ministro Yitzhak Shamir e seu ministro da Defesa, Yitzhak Rabin, na sua decisão de assassinar Abu Jihad. Nahum Admoni, cujo mandato expirava no fim de 1988, desejava candidatar-se novamente, por isso não queria se indispor com Shamir, líder do Likud, nem com Rabin, líder trabalhista. Estava claro que a execução de Abu Jihad pelos *kidon* da Metsada era aceita pelas duas facções políticas.[314]

Muitas decisões deveriam ser tomadas para dar forma à Operação 17, que seria liderada por um comando único dirigido por um militar e em coordenação com a unidade Saifanim do Mossad, o departamento encarregado de colher informações sobre a OLP, e o Yarid. Assim que estes tivessem recolhido todos os dados necessários, o Kidon, a subunidade de assassinos da Metsada, seria ativado. Um grupo de *katsa* e *sayanim*, informantes do Mossad que trabalhavam como simples colaboradores sem remuneração, entrariam em Túnis e seriam evacuados quando a operação chegasse ao fim.

No início de abril, Admoni e Barak decidiram planejar o ataque tal como lhes ordenara o primeiro-ministro Shamir. Era evidente que o líder do Likud não queria nenhuma surpresa e, muito menos, baixas ou prisioneiros israelenses num país árabe, e foi essa informação que passou ao ministro da Defesa, Rabin. A estratégia devia ser planejada e estudada por todos os que participassem da Operação 17. Yitzhak Shamir deu um prazo de dois dias para estar de posse dessas informações.[315]

Os líderes do Mossad e do exército puseram mãos à obra para estabelecer um plano de ação perfeito que lhes garantisse a aprovação dos responsáveis pela decisão final. Quarenta e oito horas depois, uma pasta vermelha com as palavras "*Top Secret*" e "Operação 17" na capa chegava à mesa do gabinete. Yitzhak Shamir abriu-a e leu: PLANO DE AÇÃO em grandes letras vermelhas. Em seguida, aparecia a palavra "Equipe": Para as equipes, serão utilizadas quatro lanchas lança-mísseis, classe Corvette; duas Sa'ar 4.5 e outras duas Sa'ar 4, estas últimas para evacuar feridos. A primeira das Sa'ar 4.5 transportará uma equipe médica especializada. Ehud Barak, o líder no campo de operações, viajará a bordo da segunda Sa'ar 4.5. Com Barak viajará também Shabtai Shavit,[316] líder da Metsada, e o chefe de operações navais, que dirigirá os comandos da Marinha, a Esquadrilha 13, até a praia tunisiana.

Os membros da Esquadrilha 13 deverão estabelecer uma cabeça de ponte na mesma praia e juntar-se aos agentes do Mossad, que aguardarão o destacamento armados com fuzis de assalto caso haja resistência por parte da polícia ou do exército tunisiano na praia próxima às históricas ruínas de Cartago.

A Esquadrilha 13 manterá a segurança da área até que sejam evacuados os kidon do Mossad e os comandos da Sayeret Matkal, uma vez concluída a operação. Dois aviões Boeing 707 sobrevoarão o alvo, o primeiro como quartel-general de toda a operação e o segundo como unidade de guerra eletrônica com a finalidade de interferir em todas as comunicações na zona do alvo. No primeiro Boeing, com o código 4X-007, viajará o general-mor Avihu Ben-Nun, chefe da Força Aérea, que coordenará todas as ações com Ehud Barak. O *memuneh* do Mossad e o chefe da Aman, o general Amnom Shahak, voarão no segundo 707, com o código 4X-497. Dois aviões com combustível se manterão no ar para reabastecer os demais em voo durante a operação. Quatro caças F-5 escoltarão os dois 707 e assumirão a tarefa de proteção aérea no caso de os comandos da Sayeret e do Kidon ficarem encurralados.

Para a Operação 17 serão necessários quase cem homens e mulheres, incluindo os mais altos comandos do exército, das Forças Naval e Aérea e os principais responsáveis pelos serviços de inteligência civil e militar; também será necessária uma pequena esquadrilha de barcos e quase uma dezena de aviões. O documento confidencial que Shamir estava lendo terminava com a seguinte explicação:

> "O tamanho do contingente necessário para o assassinato de Abu Jihad deve refletir sobre a prioridade que deve ter o ataque israelense para eliminá-lo e sobre a grandeza do plano que deve ser preparado para garantir o êxito final. Se assim não for, as repercussões para Israel serão piores. A missão deve ser efetivada."

O primeiro-ministro continuou a ler. "Agentes":

> Os homens escolhidos para a Operação 17 devem ser os efetivos da Sayeret Matkal,[317] as forças especiais israelenses. Seus membros, tendo entre 20 e 27 anos de idade, apoiarão os membros do Kidon que entrarão na casa do alvo para executá-lo. A operação terá a liderança do chefe do Estado-Maior, o general Dan Shomron, antigo membro da Sayeret Matkal, e do general Ehud Barak, antigo comandante da Sayeret Matkal entre 1969 e 1972. O atual chefe da Sayeret Matkal é o filho do ex-chefe do Estado-Maior e membro do gabinete, Haim Bar-Lev.[318]

Todos os homens escolhidos para irem a Túnis estavam preparados física e psicologicamente, e eram especialistas em combate corpo a corpo, escalada, explosivos e no uso de diferentes armas. Aquelas que seriam utilizadas na Operação 17 não teriam um só sinal de identificação de terem sido fabricadas em Israel. Os números de série seriam apagados.

A missão seria realizada por quatro equipes da Sayeret, cada uma composta de seis homens. As equipes A e B, que usariam metralhadoras Uzi com silenciador, seriam as encarregadas de escoltar o *kidon* até a própria casa de Abu Jihad e abrir-lhe caminho até o interior da residência. A equipe de "limpeza" da Metsada usaria pistolas Beretta de calibre 22 com silenciadores. A equipe C, da Sayeret, com fuzis Galil, ficaria encarregada de proteger as linhas de evacuação das equipes A e B e a equipe D, com fuzis de precisão com miras telescópicas, se encarregaria dos pontos altos de observação, para acabar com possíveis ameaças.[319]

A partir do início de abril, todos os efetivos que participariam da missão seriam recolhidos na base naval de Haifa, a norte de Tel Aviv. Os comandos israelenses e os *kidon* do Mossad estavam concentrados num local secreto do deserto de Beersheba, onde construíram uma réplica da casa de Abu Jihad e dos arredores, viabilizada graças a informações recebidas dos *katsa* infiltrados em Túnis. Desde fins de março, o Mossad colocara seus agentes no país para controlar a área e avaliar os possíveis riscos que as equipes da Sayeret e do Kidon enfrentariam assim que desembarcassem na praia. Durante a segunda semana de abril, os *katsa* do Mossad no interior do país somavam seis homens e uma mulher, que conseguiram manter-se em atividade graças a identidades falsas. A *katsa* Sandra, que se passava por uma agente de viagens francesa, tinha como missão pegar no aeroporto outros dois, um de nacionalidade canadense e um italiano, que chegariam à capital tunisiana com o fim de estabelecer contatos com empresários atacadistas do país. Na verdade, os homens eram o comandante da Sayeret Matkal e o chefe do comando do Kidon, que levariam a Operação 17 a cabo.[320]

A agente do Mossad, o *kidon* e o chefe dos comandos percorreram várias vezes a rota de fuga a partir da casa de Abu Jihad, no bairro de Sidi Bou Said, até a praia situada perto de Ras Cartago, ao longo do porto da histórica cidade de Cartago. Durante as noites seguintes, os dois homens e a mulher faziam o mesmo caminho na escuridão com o intuito de conhecer até o mais ínfimo detalhe da estrada, cada curva, cada buraco, cada canto. Daniel, o chefe dos comandos, devia localizar pontos onde sua unidade pudesse se entrincheirar no caso de o exército ou da polícia tunisianos apresentarem resistência. Para a operação, o Mossad alugou três veículos: um Peugeot 305 com a placa 66TI2505 e dois carros Volkswagen com as placas 328TI48 e 8405TI53. Os outros *katsa* se manteriam em seus postos de vigilância sobre a casa do alvo. Em 13 de abril, a três dias da operação, tudo já estava preparado.

No dia 14, Shomron, Barak e Bar-Lev, por parte do exército, e Admoni, Shavit e Uri, por parte do Mossad, reuniram-se para estabelecer os alvos a serem abatidos. Bar-Lev, Admoni e Shavit eram a favor de eliminar qualquer líder palestino que encontrassem pelo caminho até Abu Jihad, enquanto Shomron, Barak e o próprio chefe do comando do Kidon que viajaria a Túnis achavam que o único a ser assassinado deveria ser o líder militar da Intifada. O general Dan Shomron afirmou que o primeiro-ministro Yitzhak Shamir só teria condições de justificar politicamente a execução do líder militar da OLP e responsável pelo CNU, mas teria problemas se o Kidon executasse outros membros menos relevantes da OLP.[321] Faltava apenas o sinal verde à operação para que mais de uma centena de soldados e agentes do Mossad se pusessem a caminho de Túnis com o único propósito de assassinar um dos homens fortes de Yasser Arafat. Esse sinal verde só poderia ser dado pelo primeiro-ministro de Israel.

Para complicar ainda mais as coisas, o *memuneh* Admoni avisou Shabtai Shavit, responsável pelas operações especiais do Mossad, que a estação de Paris detectara comunicações entre a DGSE, o serviço secreto francês conhecido como "A Piscina",[322] e os comandos da OLP em Túnis. Na realidade, a DGSE informara a OLP que haviam detectado movimento por parte do Mossad com o objetivo de assassinar um líder da OLP no exílio. Curiosamente, a única medida de segurança que a Força 17 adotou foi a de reforçar a segurança de Arafat, pensando que seria esse o alvo dos israelenses.

Depois da meia-noite do dia 15 de abril, a esquadrilha israelense convergiu num ponto estabelecido dentro das águas territoriais de Túnis, mesmo fora do alcance dos radares tunisianos que vigiavam a costa. Os 707 tinham decolado de uma base aérea de Israel e há horas transmitiam informações às lanchas lança-mísseis. As duas lanchas Sa'ar 4 com os comandos e os *kidon* a bordo estavam à espera do sinal verde nas águas escuras do Mediterrâneo e muito próximas da entrada do golfo de Túnis. A essa hora, em um gabinete em Tel Aviv, Shamir, reunido com a elite política do Estado de Israel, como Yitzhak Rabin, Ezer Weizman, Moshe Arens, Ariel Sharon, Yitzhak Navón, Shimon Peres e Haim Bar-Lev, cujo filho liderava os comandos em Túnis, decidiu dar a aprovação final à Operação 17.[323] Foi o próprio Yitzhak Rabin, o ministro da Defesa, quem chamou Shomron para informar da decisão do governo e do partido da oposição: "É preciso eliminar Abu Jihad". A sentença de morte do líder palestino acabava de ser decidida, ratificada e assinada, a centenas de quilômetros de Túnis.

De um 707 chegou a ordem de ação para Barak, e este a transmitiu aos comandos da Sayeret Matkal e ao Kidon da Metsada.

Por volta de uma da manhã de 16 de abril, a primeira leva de botes Zodiac tocou a areia da praia tunisiana e seus homens começaram a se dispersar pela zona onde os esperavam os agentes do Mossad com o Peugeot e duas peruas Volkswagen. Neles, iriam até o bairro de Sidi Bou Said, onde ficava a residência do alvo. O chefe dos *katsa* mostrou então ao responsável pelo Kidon as casas vizinhas à de Abu Jihad. Bem em frente morava Jalil Abdul Hamid, conhecido como Abu al-Chol, chefe do pessoal de segurança da OLP e de seus serviços de inteligência. Foi ele quem recebeu a informação dos serviços secretos franceses sobre o possível ataque a um líder da OLP. Perto da casa de Abu Jihad morava também Mahmoud Abbas, conhecido como Abu Mazen,[324] responsável pelas negociações de paz da OLP com os israelenses. Uri, o chefe do Kidon na Operação 17, lembrava-se perfeitamente das ordens: não assassinar nenhum outro líder da OLP ou de qualquer outro grupo palestino.

Uma vez realizada a primeira inspeção, os israelenses descobriram que o alvo não estava em casa. A movimentação que se detectou dentro da residência vinha da esposa de Abu Jihad e da filha adolescente. Uri informou o fato a Barak e que, se Jihad não chegasse no prazo de trinta minutos, a Operação 17 deveria ser abortada. Quase trinta israelenses vigiavam a casa de um líder da OLP em pleno coração de um país árabe. Ehud Barak informou o problema ao general Dan Shomron. Se esperassem demais corriam o risco de que os comandos e agentes fossem capturados pelos tunisianos e, possivelmente, mortos. Se retornassem, podia levar muito tempo até que tivessem acesso a Abu Jihad novamente. O chefe do Estado-Maior, o general Dan Shomron, decidiu esperar por trinta minutos.

Os comandos da equipe A começaram a tomar posições nas proximidades do muro sul que cercava a residência, enquanto os da equipe B cortavam os cabos dos sistemas de alarme das casas vizinhas. Os demais membros desta última equipe escoltaram a equipe do Kidon até a porta principal que dava acesso ao jardim da frente da propriedade do líder da Intifada. Uma vez assegurado o cerco exterior, os comandos deixaram o caminho livre até a porta principal da casa para a equipe de "limpeza" da Metsada. De longe, a operação era seguida pelos franco-atiradores da equipe D. Por volta da 1h30, foram vistos os faróis de dois veículos que se dirigiam em alta velocidade até a casa. No primeiro carro, estava Abu Jihad com seu motorista e um de seus guarda-costas; no outro, mais dois guarda-costas, armados com pistolas e fuzis automáticos.[325]

Eles pararam bruscamente diante da porta. Os ocupantes do segundo veículo começaram a se dispersar, vigiando os passos do chefe. Assim que Abu Jihad se encontrasse dentro de casa, os guarda-costas voltavam para perto do carro. Uri informou Ygal, Dani, Hofi e os outros kidon do número de alvos a serem abatidos fora da casa. Ao todo, três guarda-costas e o motorista.

Em questão de segundos, os quatros assassinos do Mossad, armados com Berettas com silenciador, começaram a se movimentar silenciosa e rapidamente sob o comando de Uri: "Vamos, vamos". Seguiram-no Ygal e Dani, com Hofi mais atrás. Eles dividiram os alvos a serem abatidos. O primeiro *kidon* chegou em silêncio até o motorista, que estava fumando um cigarro. Hofi colocou-lhe o cano do silenciador atrás da orelha e disparou. Estava morto. Dani e Ygal aproximaram-se de Mustafa Ali al-Auwall e Nabib Suleiman Crissan. O primeiro foi derrubado com um disparo na testa e depois com outro à queima-roupa no olho. O segundo tentou pegar sua arma no porta-luvas do carro para responder ao ataque, mas era muito tarde. Ygal já se aproximava dele e lhe deu um tiro na nuca. Para garantir que não sobreviveria, coloca-lhe o cano da arma na área do coração e voltou a disparar. Não era preciso porque já estava morto.[326]

Uri, o chefe da equipe do Kidon, subiu às pressas as escadas que davam para a sacada e, com um disparo certeiro na nuca, derrubou o quarto e último guarda-costas. Agora faltava apenas entrar na casa e liquidar o alvo principal, Abu Jihad.

Enquanto isso, dentro da residência, ninguém percebeu o que estava acontecendo a poucos metros dali. Um dos atiradores de elite da equipe D alertou que a luz de um dos cômodos havia sido acesa. Era Abu Jihad, que entrava em seu escritório.

Os quatro *kidon* subiram as escadas, entraram na casa e se esconderam no *closet*, em frente ao quarto de Abu Jihad. Uri, escoltado por Ygal, entrou no escritório do líder militar da OLP e o encontrou sentado, escrevendo uma mensagem aos jovens líderes da Intifada em Gaza e na Cisjordânia.[327] Com expressão de surpresa, levantou-se bruscamente, e o primeiro *kidon* disparou-lhe quatro vezes no peito, derrubando-o sobre uma mesa com papéis atrás dele. Ygal se posicionou e disparou seis vezes, uma delas na nuca e outra na cabeça. Em seguida, ainda com as armas fumegantes nas mãos, quando os quatro *kidon* começaram a sair, Um-Jihad, a esposa de Abu Jihad, apareceu diante dos assassinos do Mossad com o filho nos braços. Uri, num árabe perfeito, disse a ela que voltasse para o quarto.

Já do lado de fora, os comandos da Sayeret Matkal cobriram os assassinos da espionagem israelense de volta aos dois automóveis Volkswagen que os esperavam para levá-los à praia perto de Cartago.[328] Já na praia, os *kidon* da Metsada e os comandos da Sayeret Matkal entraram nos botes Zodiac que os levariam até as lanchas antimísseis ancoradas nas proximidades. Quando todos os homens já estavam a bordo, os barcos rumaram para Israel. A missão encomendada pelo primeiro-ministro Yitzhak Shamir e o ministro da Defesa Yitzhak Rabin fora cumprida, e o principal líder da Intifada, de 52 anos, executado a centenas de quilômetros de Israel. Mais uma vez, o longo braço de Israel tinha atacado seus inimigos por meio do temível Kidon.

Depois da fuga dos assassinos do Mossad, a esposa de Abu Jihad entrou no escritório com Hanan, a filha de 16 anos. Ali, sobre uma grande poça de sangue, repousava o cadáver daquele que fora o chefe supremo do CNU, o chefe militar da OLP, o companheiro de tantas batalhas de Yasser Arafat, o comandante da sua guarda pretoriana Força 17.[329] Dez disparos dados por membros do Kidon puseram fim à sua vida.

Os demais *katsa* do Mossad sairiam do país árabe no dia seguinte, enquanto as primeiras notícias do assassinato se difundiam através das emissoras de rádio e televisão de Túnis e eram confirmadas pela Rádio Montecarlo.[330]

No dia 20 de abril de 1988, Jalil Ibrahim al Wazir, conhecido como "Abu Jihad", foi enterrado no Cemitério dos Mártires, no campo de refugiados de Al-Yarmuk, nos subúrbios de Damasco. Foi a vítima número 142 da Intifada.

A **Intifada** alterou o cenário político do Oriente Médio, escapando até mesmo ao controle dos líderes palestinos no exílio e de israelenses, políticos e militares. A revolução das pedras contra a poderosa máquina militar de Israel teve como resultado a concessão da Autoridade Nacional Palestina (ANP) e o fim da ocupação israelense na Faixa de Gaza, em 2005. Abu Jihad não seria o último líder da Intifada a morrer assassinado pelos carrascos do Kidon, o braço de operações especiais da Metsada. Em poucos anos, outros lhe seguiriam.

Abu Mazen substituiria Abu Jihad após o assassinato e dirigiria pouco depois as negociações de paz entre árabes e israelenses. Ele seria nomeado primeiro-ministro da ANP pelo presidente Arafat.

CAPÍTULO 12

OPERAÇÃO ZULU

ALVOS: Gerald Bull, Alan Kidger, Wynand Van Wyk, Don Lange e Dirk Stoffberg

POSIÇÃO: Engenheiros e traficantes sul-africanos

DATA: 22 de março de 1990 a 22 de julho de 1994

Em julho de 1993, o ainda primeiro-ministro da África do Sul, Frederick de Klerk, tornava pública a Operação Armagedon. Pouco depois, a polícia sul-africana revelava um segredo guardado há anos, por indicação do Mossad ao ainda governo segregacionista de Pretória e ao serviço secreto sul-africano, o BOSS (Gabinete de Segurança do Estado). Alan Kidger, um homem de negócios de Joanesburgo de 48 anos, fora misteriosamente assassinado. O coronel Charles Landman, chefe da polícia sul-africana, afirmou que o Mossad executara Kidger por fornecer armas químicas ao Irã e ao Iraque.[331] Mas este não era o primeiro nem seria o último dos alvos executados pela espionagem israelense dentro da chamada Operação Zulu e com o apoio do BOSS.[332] Kidger era apenas a ponta do *iceberg* de uma das ações mais sofisticadas do Kidon desde sua criação, nos anos 1960.

Por ordem dos primeiros-ministros de Israel, Yitzhak Shamir e Yitzhak Rabin, e por recomendação dos *memuneh* do Mossad, Nahum Admoni e Shabtai Shavit, havia sido ordenada ao Kidon a execução sistemática de vários homens de negócios em diferentes partes do mundo. Gerald Bull, na Bélgica, em 1990; Alan Kidger, na África do Sul, em 1991; Wynand Van Wyk, na Cidade do Cabo, em 1993; Don Lange, em Joanesburgo, em junho de 1994; e Dirk Stoffberg, também nesta última cidade, em julho do mesmo ano. Mas o mundo todo questionava o que eles teriam em comum.

Eram homens que levavam uma vida próspera, educados nas melhores universidades de engenharia do mundo, que viajavam constantemente a países do Oriente Médio e do Golfo Pérsico, e que tinham relações estreitas com chefes de Estado e de governo bem como com serviços de inteligência de várias partes do mundo. Mas havia outros dois pontos que os uniam. Os cinco estavam ligados ao comércio de armas e tinham como clientes o Irã e o Iraque, países inimigos do Estado de Israel. Isso os transformava automaticamente em alvos dos assassinos do Kidon.

Quando o exército de Saddam Hussein atravessou as fronteiras do vizinho Kuwait, na manhã de 2 de agosto de 1990, nenhuma agência de espionagem poderia imaginar o que viria depois. No mês seguinte à ocupação, quase 600 mil iraquianos "blindavam" o pequeno e rico emirado. Em muito pouco tempo, Saddam conseguira levantar o quarto maior exército do mundo, atrás apenas da China, da Índia e da União Soviética. A este número se somariam quase 5,5 mil tanques, 6 mil veículos de transporte de tropas blindados e 689 aviões de combate. Do lado oposto, o Kuwait contava apenas com um exército de 20.300 homens, 254 tanques, 200 veículos de transporte blindados e 23 aviões de combate. Analistas militares em Londres, Washington e Tel Aviv questionavam-se como era possível que alguém como Saddam Hussein conseguisse semelhante arsenal sem o mínimo controle de nenhuma organização internacional.[333] A resposta era bem simples: traficantes de armas. Homens como Gerald Bull, Alan Kidger, Wynand van Wyk, Don Lange e Dirk Stoffberg tinham colaborado bastante com o ditador iraquiano para fazer de seu país uma autêntica potência militar na zona, mas também um dos maiores perigos na região. Gerald Bull era um canadense especialista no desenvolvimento de peças de artilharia e munição; Alan Kidger, um sul-africano diretor de vendas da corporação Thor Chemicals; Wynand van Wyk, também de nacionalidade sul-africana, era especialista em engenharia química; Don Lange, também da África do Sul, traficava peças de artilharia e materiais químicos de alta tecnologia para desenvolver armas químicas e bacteriológicas; e Dirk Stoffberg, mais um sul-africano, era um traficante de armas com boas relações em Bagdá e em Teerã.

Um relatório do Mossad exporia as relações entre os cinco homens e vários países árabes declaradamente inimigos de Israel. Há meses, o primeiro-ministro Yitzhak Shamir pedira ao *memuneh* Nahum Admoni um extenso relatório sobre países, empresas ou traficantes que forneciam armas ou materiais perigosos a países árabes. Num primeiro momento, Admoni pensou que o resultado do estudo fosse publicado com o intuito de descobrir as ramificações dos traficantes, mas a ideia de Shamir era bem diferente. "Se algumas pessoas optam por continuar a vender armas ao Iraque, ao Irã ou à Síria, Israel deverá tomar as medidas necessárias para que isso tenha um fim", disse Shamir ao chefe do Mossad.

Nascido em 9 de março de 1928 em North Bay, Ontário, Gerald Bull era o segundo de dez filhos de uma próspera família de advogados criminalistas do Canadá e de membros do chamado Conselho Real. Depois da morte da mãe, os Bull mudaram-se para Toronto, onde a tragédia continuou a perseguir a família. Lucy, uma das irmãs, morreria de câncer, outro dos irmãos mais novos faleceria num acidente de carro e, por último, o pai, George Bull, abandonaria os filhos para se casar com uma mulher que não queria assumir o papel de mãe de filhos que não eram dela.[334] Em 1944, aos 16 anos, Bull queria ser médico, mas, em razão da pouca idade, não o aceitaram na Universidade de Medicina. O único lugar em que podia entrar tão jovem era no Departamento de Engenharia Aeronáutica da Universidade de Toronto. Seus professores logo perceberam um talento inato no jovem Bull, e, em 1948, formou-se em engenharia aeronáutica. Com outros vinte colegas, Bull apresentou-se como candidato a um posto no "Programa de Dinâmica Supersônica" desenvolvido pelo Ministério da Defesa do Canadá. Ele foi aceito.

Shamir continuou a ler o relatório sobre Bull enviado pelo Mossad. Os homens de Admoni haviam cumprido bem seu dever. O líder israelense continuou lendo o grosso dossiê. Sem dúvida, o pior ano para Gerald Bull seria 1980, quando um tribunal norte-americano o condenou a um ano de prisão por tráfico ilegal de armas para a África do Sul por meio de sua empresa, a Space Research Corporation (SRC). Em 30 de agosto de 1980, Gerald Bull entregou-se às autoridades para cumprir a pena na prisão de segurança mínima de Allenwood, na Pensilvânia. Pouco antes de ser preso, o canadense visitara a Bélgica em três ocasiões. Sabia que, assim que o caso contra ele fosse encerrado, sua empresa jamais poderia voltar a funcionar dentro dos Estados Unidos ou no Canadá. Como investida, Bull enviou seus dois filhos, Michel e Stephen, a Bruxelas. O primeiro tratava das finanças da SRC enquanto o segundo ajudava o pai no departamento de engenharia da empresa.

Durante os meses em que Gerald Bull esteve preso, seu ódio pelos burocratas que o tinham acusado e condenado floresceu. Sua vingança seria fazer sua própria guerra no mundo. China, Vietnã, Angola e Iraque seriam os novos clientes da SRC da Bélgica. O que Bull ainda não sabia é que, a milhares de quilômetros dali, num escritório em Jerusalém, discutia-se a necessidade do Mossad vigiar de perto seus movimentos.

Os primeiros relatórios do Mossad sobre Bull vinham do Dardasim ou Smerf, o subdepartamento do Kaisarut. Seus agentes operavam unicamente na China, na África e no Extremo Oriente. Aparentemente, quando ainda estava na prisão de

Allenwood, Bull recebeu uma carta do governo chinês através de um intermediário em Londres. Era um convite, como mandam as regras, para visitar Pequim com a finalidade de "discutir questões de interesse mútuo". Até aquele momento, o canadense jamais estivera na China e tampouco havia entrado em contato com os chineses.[335] O mais curioso de tudo é que Gerald Bull era um declarado anticomunista, embora não olhasse para o gigante asiático como um irmão da União Soviética.

Ao sair da prisão e após duas semanas de férias no Caribe com a esposa Mimi, Gerald Bull decidiu viajar a Pequim para ouvir a proposta. Para sua surpresa, as autoridades científicas e militares chinesas trataram-no com absoluta veneração. Queriam saber mais sobre suas investigações no desenvolvimento do programa HARP (High Altitude Research Project) e sobre suas novas ideias em sistemas de artilharia. A estação do Mossad em Hong Kong, por intermédio de seus *katsa* do Dardasim, redigiu um relatório muito preciso sobre as intenções chinesas: "Os chineses estão muito interessados no sistema desenvolvido por Bull nas peças de artilharia de longa distância usadas por eles em suas fronteiras com a União Soviética. Os chineses alegam que as peças soviéticas são muito mais eficientes que as suas". Nahum Admoni, o diretor do Mossad, fechou a pasta e decidiu esperar para ver como se desenvolveria a relação entre Gerald Bull e o governo de Pequim. Por meio da Unidade 504, encarregada de coletar informações de âmbito militar, o Mossad seguiu os passos de Bull de 1983 a 1990, mas um movimento do engenheiro canadense colocaria a espionagem israelense em estado de alerta máximo: o chamado Projeto Babilônia.[336]

Entre 1980 e 1989, o Iraque adquiriu da França, da Alemanha Ocidental e da Grã-Bretanha um montante de armamentos que chegou a valores próximos dos 80 bilhões de dólares. Indubitavelmente, os países que desejavam aumentar suas reservas de crude com o petróleo iraquiano tinham de entrar no jogo do tráfico de material bélico. Da Itália, o Iraque comprou fragatas e navios-patrulha lança-mísseis; da Grã-Bretanha e da Holanda, equipamento eletrônico e rádios de baixa frequência; da França, modernos sistemas de armamento, incluindo 133 caças-bombardeiros Mirage F-1, 49 helicópteros armados, mil veículos blindados, 884 mísseis Exocet, 20 mil mísseis antitanque HOT e Milan e 2.500 mísseis para combate aéreo; da Coreia do Norte e da União Soviética, mísseis Scud; e da China, mísseis Silkworm. O imenso inventário de armamento adquirido por Saddam Hussein fazia do Iraque um dos países mais perigosos para Israel, e tanto Yitzhak Shamir como Nahum Admoni sabiam muito bem disso.[337]

O Iraque e Gerald Bull fizeram acordos no campo do desenvolvimento dos mísseis balísticos. Em 1982, o Iraque, a Argentina e o Egito decidiram trabalhar juntos no desenvolvimento de um novo míssil, conhecido pelos argentinos como

Condor-2. Ele tinha um raio de ação de 937 quilômetros e podia ser usado como arma nuclear, química, biológica ou convencional. O Mossad sabia que os argentinos tinham fornecido a tecnologia, os egípcios os sistemas de guia e disparo e os iraquianos o financiamento. Era evidente para Shamir que Saddam Hussein precisava de um míssil capaz de atingir o Irã sem necessidade de depender dos fornecimentos da China ou da União Soviética; o Egito precisava de um míssil capaz de superar o Jericó, desenvolvido pelos israelenses; e os argentinos queriam uma arma capaz de atacar do continente as ilhas Malvinas, em poder dos britânicos. Admoni sabia que, se algum dos três países conseguisse o Condor-2, haveria uma desestabilização no equilíbrio estratégico em suas regiões. Yitzhak Shamir pediu então a seu *memuneh* uma lista de empresas que forneciam equipamento eletrônico ou de outro tipo ao Iraque. Os *katsa* do Mossad demoraram quase um ano para descobrir a rede de empresas-fantasma montada pelo Iraque, o Egito e a Argentina para apoiar a fabricação do Condor-2.[338] Admoni deu ordens ao Yarid, o departamento responsável pela segurança das operações do Mossad na Europa, para que desse cobertura aos *katsa* da Unidade 504 durante suas investigações nas diferentes capitais europeias.

Seis meses depois, Nahum Admoni entregava pessoalmente ao primeiro-ministro de Israel um relatório completo sobre as companhias usadas pelo Iraque, o Egito e a Argentina para seu rearmamento. A sede delas estava radicada no cantão suíço de Zug. A mais importante era a Consen, com escritórios em Montecarlo. Havia também a Desintek e a Cóndor Projetke, em Zurique. Todo o pessoal especializado, segundo conseguiu averiguar o Mossad, fora recrutado entre as fileiras da companhia alemã Messerschmitt-Boelkow-Blohm (MBB), que havia desenvolvido o Condor-1.[339]

O Iraque tinha construído um grande centro de testes de mísseis, com o codinome Saad-16, muito próximo de Mossul, na zona do Curdistão iraquiano. A instalação fora erguida pela Saad General Establishment (SGE), uma companhia que desenvolvia projetos para a Organização Estatal de Indústrias Técnicas, dependente do governo do Iraque. O Mossad descobriu que a SGE era apenas uma construtora e que na realidade a Saad-16 fora construída com a ajuda de diversas empresas estrangeiras, como a Gildemeister, de Düsseldorf, a Tektronix, do Oregon, a Scientific-Atlanta, de Atlanta e, indiretamente, a Hewlett-Packard, que forneceu o equipamento eletrônico à MBB, que, por sua vez, o transferiu para a SGE.[340]

Em 18 de março de 1988, o quartel-general do Mossad em Tel Aviv recebeu uma comunicação da CIA indicando que um cientista egípcio nacionalizado norte-americano fora colocado no comando da Saad-16. Era Abdelkader Helmy, que conseguira a nacionalidade norte-americana em outubro de 1987 e que se especializara, na empresa Aerojet General Corporation da Califórnia, no desenvolvimento de um novo projétil para um canhão de 120 milímetros. A estação do Mossad em Washington foi alertada para que Helmy fosse colocado sob estreita vigilância.

Os *katsa* informaram Admoni de que o cientista havia-se encontrado com dois cidadãos de origem árabe. Um deles era adjunto militar da Embaixada do Egito em Washington. O Mossad local também descobriu que Abdelkader Helmy recebera um depósito bancário de mais de um milhão de dólares com intuito de adquirir o material necessário para revestir as peças de artilharia. O material devia ser comprado de duas empresas californianas, a Kaiser Aerotech e a Greenleaf Technical Ceramics. A estação do Mossad em Genebra descobriu que o dinheiro fora enviado pelo coronel Hussan Yossef, um egípcio que vivia em Viena. Os iraquianos precisavam de cerca de trinta toneladas de diversos materiais.[341]

Por ordem expressa de Nahum Admoni, o Mossad, através do Kidon, devia começar uma campanha de intimidação contra todos os envolvidos no Condor-2. O próprio *memuneh* autorizava os *kidon* da Metsada a se utilizarem de qualquer método para tornar essa campanha eficaz, incluindo ameaças, sequestros e cartas-bomba. Por enquanto, a execução de algum dos envolvidos só poderia ser ordenada pelo primeiro-ministro de Israel e ainda era muito cedo para isso. Antes, deveriam esperar pelo resultado da campanha que iniciariam por ordem do *memuneh*.

No dia 27 de maio de 1988, às três da tarde, um Peugeot vazio estacionado numa rua da cidade de Grasse, no sul da França, voou pelos ares sem causar vítimas. A bomba fora detonada por controle remoto. O automóvel pertencia a Ekkehard Schrotz, diretor-geral da Consen, a empresa com sede em Zug que coordenava o projeto Condor-2.

No dia 3 de junho de 1988, a esposa de Helmy recebeu um telefonema. A voz do outro lado da linha avisava que, se seu marido continuasse com o desenvolvimento do Condor-2, sua família pagaria por isso. Dois dias depois, o cientista recebia fotografias de uma de suas filhas saindo do colégio acompanhada por algumas amigas. Havia um círculo vermelho ao redor do rosto da jovem.

Um grupo pró-iraniano chamado "Os Guardiães do Islã" telefonou para os escritórios da agência France Presse assumindo a responsabilidade pela bomba de Grasse e afirmando que a tinham colocado para punir um "alto funcionário do regime de Saddam Hussein". Não obstante, para todas as autoridades policiais e dos serviços de espionagem, por trás do atentado estava a mão do Mossad israelense e seus agentes da Metsada.

O ataque seguinte do Mossad contra Abdelkader Helmy aconteceu no dia 24 de junho de 1988, quando, misteriosamente, alguém alertou as autoridades alfandegárias dos Estados Unidos sobre um contêiner com 194 quilos de fibra de carbono, material usado na fabricação dos cones das pontas dos mísseis, que estava prestes a ser embarcado num C-130 da Força Aérea do Egito. Com a ajuda do FBI, os agentes da alfândega detiveram Abdelkader Helmy, sua esposa, Abia, e um sócio dele, Jim Huffman. Foram todos acusados de exportação de materiais proibidos e de lavagem de dinheiro. Foi permitido aos egípcios deixarem o país em razão de sua imunidade diplomática. Com a perda de Helmy e de seus conhecimentos no uso da fibra de carbono para o desenvolvimento de mísseis, o Iraque precisava urgentemente de outro engenheiro com experiência nesse tipo de armamento. O escolhido foi Gerald Bull.

Os israelenses detectaram os movimentos de Bull entre novembro e dezembro de 1987, quase três anos antes de sua execução. Naquela data, por meio da Embaixada do Iraque em Bruxelas, Bull e seus filhos, Michel e Stephen, receberam um convite para visitar Bagdá com todas as despesas pagas. Os iraquianos tinham relações muito boas com os chineses e, por meio deles, conheceram o trabalho do engenheiro canadense. Saddam Hussein desejava especialmente a versão sul-africana do canhão de 155 mm desenvolvida por Bull. Seu filho Michel foi o único que questionou a colaboração do pai e da SRC com o regime iraquiano. Antes de tomar qualquer decisão a respeito de seu novo cliente, Gerald Bull dirigiu-se ao Ministério dos Negócios Estrangeiros da Bélgica para conhecer a posição desse país perante o Iraque. Apesar das advertências dos diplomatas sobre a colaboração com o Iraque, Bull decidiu aceitar o convite. Em janeiro de 1988, Bull e seus filhos fizeram uma viagem da Alemanha até Bagdá na primeira classe de um voo da Iraqui Airways. No Iraque, os Bull hospedaram-se em luxuosas suítes do hotel Al Rashid. Seus guias no país seriam Hussein Kamel,[342] genro de Saddam Hussein e ministro da Indústria e da Industrialização Militar, e Amir Saadi, o adjunto deste, que atuaria como intermediário entre Bull e o governo do Iraque.

O primeiro ponto abordado foi o canhão GH N-45 austríaco de que os iraquianos se sentiam muito orgulhosos. Kamel queria saber se Bull podia projetar outro com as mesmas características, mas autopropulsado. Durante essa visita, os iraquianos também se mostraram muito interessados no programa HARP. Em março de 1989, Michel Bull voou para Washington a fim de informar o Gabinete de Controle de Munições (GCM) dos Estados Unidos da intenção da SRC de alterar alguns aspectos da artilharia iraquiana. O que não disse foi que a empresa de seu pai tinha previsto construir um canhão capaz de pôr em órbita pequenos satélites de comunicação. Os funcionários da GCM responderam a Michel que não acreditavam que houvesse algum problema, sobretudo depois que a guerra entre o Irã e o Iraque acabasse.[343]

Em abril de 1989, Gerald Bull regressou ao Iraque quatro vezes e teve várias reuniões com diplomatas da Embaixada iraquiana em Bruxelas. Mas o canadense não sabia que o Mossad já seguia seus passos. Ainda que a GCM permitisse a ajuda de Bull no desenvolvimento e modernização da artilharia iraquiana, nem Israel, nem seu primeiro-ministro Yitzhak Shamir, nem o *memuneh* Nahum Admoni o consentiriam. O programa acordado entre Gerald Bull e o governo de Saddam Hussein receberia o nome de "Babilônia". Ao voltar para Bruxelas, Bull disse a seus filhos que o ditador havia aceitado assinar o contrato com a SRC por um valor de 20 milhões de dólares, mas Michel disse ao pai que a colaboração da SRC com os iraquianos provocaria "sérias reações em muitos lugares do mundo". Certamente que o filho mais novo de Gerald Bull tinha razão. Israel não permitiria que ninguém ajudasse o Iraque a desenvolver armamentos que no futuro pudessem ser usados contra seu território.[344]

Decidiu-se que o Projeto Babilônia seria um programa altamente secreto e que as pessoas envolvidas conheceriam apenas uma pequena parte dele. Somente Gerald Bull e os iraquianos com altos cargos saberiam do desenvolvimento do supercanhão.[345] No mês de novembro, o Iraque assinou o contrato com a SRC para a modificação do GH N-45 austríaco, e Gerald Bull tornou-se um alvo do Kidon.

O Projeto Babilônia estava dividido em duas fases: a primeira, conhecida como "Pequena Babilônia", tratava da construção de um canhão com esse nome, que tinha uma longitude de 52 metros, montado sobre carris; e a segunda, "Grande Babilônia", consistia na fabricação de um canhão com longitude de 155 metros e com um peso aproximado de 2.100 toneladas. Só a recâmara pesaria aproximadamente 180 toneladas e cada um dos quatro mecanismos da culatra, por volta de 60. O "Grande Babilônia" seria montado num fosso de mais de 31 metros de profundidade.

A determinação de Gerald Bull de levar a cabo o Projeto Babilônia provocou as primeiras discórdias na sua família. Michel alegava que desenvolver semelhante arma em pleno coração do Oriente Médio poria os membros da família em sério risco. O mais novo dos Bull talvez começasse a pensar nas repercussões que a decisão do pai teria em países como Israel. Stephen alegava que a construção de semelhante arma não passaria despercebida e que os problemas que isso acarretaria fazia com que não valesse a pena correr o risco. O certo é que Gerald Bull não ouviu os conselhos e seguiu adiante. Seus filhos o acompanhariam na aventura, mas só se o engenheiro canadense aceitasse criar uma nova empresa dedicada apenas ao desenvolvimento do Projeto Babilônia. Desse modo, Michel e Stephen acreditavam que os israelenses (o Mossad) e os norte-americanos (a CIA) perderiam o rastro da empresa fabricante do supercanhão e deixariam de vigiar a SRC de Bruxelas.

A nova empresa, Advance Technology Institute (ATI), radicada em Atenas, seria a responsável por tudo que estivesse relacionado ao Projeto Babilônia. Ainda que as operações da ATI fossem conduzidas na capital grega, a Space Research Corporation (SRC) e vários de seus altos executivos em Bruxelas controlavam o projeto, e os israelenses sabiam disso. Finalmente, a ATI foi obrigada a instalar uma filial em Bruxelas, a apenas três ruas da sede da SRC. Um dos primeiros a ser recrutado foi o britânico Christopher Cowley, um especialista em engenharia metalúrgica. Em poucos meses, Cowley assumiu o papel de conselheiro de Gerald Bull, posto até então ocupado por seu filho Michel. Como o projeto não avançava, Bull resolveu despedir Cowley e entregar o comando da empresa novamente ao filho Michel, que se mudara com toda a família para o Canadá. Enquanto se tornava a sombra do pai, passou a adverti-lo constantemente sobre os perigos relacionados ao desenvolvimento do Projeto Babilônia. Em agosto de 1989, o protótipo já tinha sido construído num local secreto que o MI6 britânico identificou como sendo Jabal Hamrayn, a cerca de 125 quilômetros ao norte de Bagdá. Tratava-se de uma versão em escala menor do supercanhão, que devia começar a ser construído nos primeiros meses de 1990. O primeiro teste foi realizado em dezembro de 1989, quando os iraquianos lançaram o míssil balístico Al-Abid.

O governo de Saddam Hussein justificou a ação alegando tratar-se de uma tentativa de pôr em órbita um satélite projetado pelo cientista canadense Gerald Bull.[346] Dois dias depois, chegou a Tel Aviv um relatório dos *katsa* da Unidade 504, informando a detecção de uma forte explosão numa zona ao norte do Iraque. O texto do espião israelense indicava que os iraquianos talvez pudessem estar às voltas com testes nucleares de baixo nível. Aquilo serviu de alerta a Admoni, que solicitou uma reunião urgente com o primeiro-ministro Shamir. Se o Iraque conseguisse capacidade nuclear, era evidente que Israel ficaria em perigo.

Durante o encontro entre o político e o espião, Shamir deixou bem claro que, se descobrisse quem estava fornecendo armamento e tecnologia para armas de destruição em massa a Saddam Hussein, não hesitaria em ativar o Kidon para detê-lo.

No final desse mês, o MI6 descobriu que a Trebelan, uma empresa espanhola com sede em Vitória, estava fabricando peças para um supercanhão. O MI6 alertou então o CESID, a espionagem espanhola, para que investigasse a empresa e seus diretores.[347] Além da Trebelan, outra empresa que forneceu grandes quantidades de armamento ao Iraque foi a alavesa Forexsa (Forjas Extrudidas Sociedade Anônima). Ambas as empresas pertenciam ao grupo IMG (International

Manufacturing Group) e tinham ligações diretas na capital kuwaitiana, através do grupo KIO. Entre esse material destacavam-se uma fábrica de obuses, possivelmente para os canhões Al-Fao (Forexsa), cápsulas de bombas e quinhentos cartuchos de munição de artilharia (Trebelan).[348]

O Serviço de Inteligência Britânico (MI6) decidiu alertar todas as agências de espionagem de países aliados, entre elas o Mossad, sobre qualquer componente suscetível de ser usado numa grande peça de artilharia ou material destinado a qualquer outro uso militar. Essa grande operação foi batizada com o nome de Bertha em honra ao grande canhão usado pelos alemães durante a Primeira Guerra Mundial.

Em pouco tempo, os serviços de inteligência de outros países começaram a detectar e a barrar envios destinados ao regime de Saddam Hussein. Em janeiro de 1990, o SISDE[349] italiano conseguiu deter um envio de quase noventa toneladas de *hardware* para uso militar direcionado ao Iraque. Em fevereiro do mesmo ano, o Serviço Estratégico de Inteligência[350] suíço interceptou, no aeroporto de Genebra, dois grandes contêineres com uma grande quantidade de componentes eletrônicos com destino a Bagdá. O Serviço Federal de Inteligência[351] alemão localizou, em maio de 1990, dezessete contêineres com maquinário que iriam para o Iraque. Os equipamentos tinham sido fabricados pela empresa belga Rexroth, uma divisão da gigante alemã Mannesmann. A companhia alemã alegou que o material tinha como destino uma fábrica petroquímica do Iraque. Ainda assim, o BND não permitiu a saída do carregamento.

Entretanto, Nahum Admoni decidira enviar para o Iraque um de seus mais experientes *katsa*, Michel Rubiyer. Fazendo-se passar por um jornalista francês do jornal *Le Figaro*, o agente do Mossad aterrissou em Bagdá com a intenção de contactar um repórter britânico de origem iraniana chamado Farzad Bazoft. O homem, de 31 anos de idade, trabalhava como colaborador para o jornal *The Observer*.[352]

Rubiyer vivera muitos anos na França, até que decidiu voltar a Israel para se juntar às Forças de Defesa de Israel (FDI). Especializou-se em coletar sinais de inteligência como escutas, interceptação de comunicação e coisas do gênero. Acabou sendo recrutado pelo Mossad e destacado para a estação de Paris. Durante o primeiro encontro, Rubiyer disse a Bazoft que ele poderia ser pago para ajudá-lo em algumas histórias que estava investigando para o *Le Figaro*. O agente do Mossad queria que Bazoft lhe desse informações sobre uma misteriosa explosão ocorrida em Al-Iskandariah, uma base militar a 60 quilômetros ao sul de Bagdá. O jornalista do *The Observer* tinha-se interessado anteriormente pelo doutor Cyrus Hashemi, executado pelo Kidon em julho de 1986. A partir de então, o iraniano foi-se transformando em um dos maiores especialistas em obter informações sobre áreas proibidas do Iraque.[353]

Algumas semanas depois, Bazoft foi detido pelo serviço secreto iraquiano junto com sua namorada, Daphne Parish, uma britânica de 51 anos que trabalhava como enfermeira num hospital. Imediatamente, Admoni ordenou ao chefe do Mossad nos Estados Unidos que entrasse em contato extraoficialmente com os iraquianos e lhes propusesse uma troca. O *katsa* comunicou a um diplomata iraquiano na Holanda que só lhes interessava o homem. O governo da Grã-Bretanha que pressionasse Saddam Hussein pela libertação de sua cidadã. A partir daquele momento, o Mossad acabara de expor Farzad Bazoft. Os iraquianos já não tinham dúvidas de que o jornalista do *The Observer* trabalhava para os israelenses.

No dia 15 de março de 1990, o embaixador britânico em Bagdá visitou Bazoft na prisão de Abu Grahib, 20 quilômetros a oeste da capital. O diplomata disse ao jornalista que o governo de Margaret Thatcher estava pressionando Saddam Hussein para conseguir sua libertação. Minutos após a saída do diplomata da prisão, os iraquianos tiraram Bazoft da cela, levaram-no para um pátio interno e enforcaram-no. A notícia da morte de Farzad Bazoft circulou rapidamente pelas redações de todos os meios de comunicação do mundo. Um *sayan* do Mossad em Nova York entregou uma série de documentos à rede de televisão ABC segundo os quais o regime de Saddam Hussein tentava produzir urânio enriquecido numa fábrica secreta. A informação inventada pelo Mossad era realmente convincente. Segundo ela, havia apenas três meses, no dia 5 de dezembro de 1989, os iraquianos teriam lançado um míssil balístico chamado Al-Abid. Como explicação diante das organizações internacionais, Bagdá alegara que o míssil era um satélite desenvolvido por um cientista canadense. O Mossad sabia que a tentativa fora um fracasso, mas agora usariam isso contra Saddam, por ter executado Bazoft. Nahum Admoni, por sua vez, sabia que mais cedo ou mais tarde Saddam Hussein conseguiria uma arma capaz de atingir o coração de Israel se o Mossad não pudesse evitar isso.

Enquanto Farzad Bazoft era detido, Gerald Bull estava desenvolvendo e produzindo o supercanhão iraquiano, o Projeto Babilônia. Na tarde de 9 de março, a secretária de Bull informou-lhe que dois homens, que se identificaram como "velhos amigos" do canadense, tinham vindo visitá-lo. Na verdade, os recém-chegados aos escritórios da Space Research Corporation (SRC) na capital belga eram David Biran, intermediário principal do Mossad, e Ron Vintrobe, chefe do Gabinete Iraquiano no quartel-general do Mossad. Biran e Vintrobe eram os mesmos que tinham posto Gerald Bull em contato com os sul-africanos quando o governo segregacionista de Pretória desejava modernizar suas peças de artilharia de longa distância. Bull redesenhou o G-5 155 mm e o autopropulsado G-6 155 mm.[354] O departamento psicológico de espionagem israelense, a unidade LAP (acrônimo de *Lohamah Psichlogit*, ou Guerra Psicológica), estudou a posição de Bull e analisou seu caráter. As conclusões dessa avaliação foram determinantes para a visita de David Biran e Ron Vintrobe.

O relatório afirmava que Bull estava trabalhando sob forte pressão, o que lhe provocava contínuos ataques de estresse. Isso tornava mais difícil convencê-lo a abandonar o projeto de desenvolvimento de armas iraquianas. Nem sequer acreditavam que ameaças anônimas à sua segurança servissem de alguma coisa. Foi Biran quem garantiu ao *memuneh* que tentaria convencê-lo a abandonar o projeto. Admoni não estava muito convencido do resultado da visita. No dia anterior, tinha até mesmo conversado com o primeiro-ministro Yitzhak Shamir para cogitar a possibilidade de oferecer dinheiro a Gerald Bull para que ele desistisse do Projeto Babilônia. O rígido político israelense rejeitou a proposta. Se Bull não abandonasse o plano de desenvolvimento bélico iraquiano, seria o Kidon quem lhe faria mudar de opinião, mas essa decisão não seria tomada até se esgotarem todas as hipóteses.

Os dois agentes israelenses tentaram convencer Gerald Bull de todas as maneiras possíveis. Vintrobe até disse ao cientista canadense que eles não poderiam garantir sua segurança se ele decidisse seguir em frente. Michel e Stephen Bull comentaram com vários amigos que, desde aquele dia, seu pai estava mais calado e até se recusava a levar algum familiar em seu automóvel. Michel viu um dia o pai olhando a parte de baixo do carro antes de entrar. Era evidente que Gerald Bull sabia que mais cedo ou mais tarde o longo braço de Israel acabaria por atingi-lo, visto que ele não tinha a intenção de abandonar o Projeto Babilônia.[355]

No dia em que Farzad Bazoft foi executado na prisão iraquiana, o *memuneh* do Mossad, Nahum Admoni, ordenou o envio de uma equipe do Kidon a Bruxelas. Os três assassinos israelenses, quando lá chegassem, deveriam esperar por novas ordens.

No dia 16 de março, Michel R., Daniel L. e Ran P. entraram em contato com o Kaisarut na Embaixada de Israel em Bruxelas. Este lhes indicou um esconderijo onde poderiam permanecer até novas ordens do Yarid. Na tarde de 17 de março, o Yarid informou Michel de que tinham conseguido alugar um apartamento em frente ao de Gerald Bull. Dois dos membros da equipe do Kidon se mudariam para lá, enquanto o terceiro, responsável pela vigilância, permaneceria no esconderijo. Em 21 de março à tarde, o primeiro-ministro Yitzhak Shamir já tinha tomado a decisão de executar Gerald Bull e a comunicou ao *memuneh* do Mossad.[356]

No dia 22, Bull passou a manhã toda em seu escritório da SRC. A primeira coisa que fez foi ler a oferta recebida dos Emirados Árabes para a aquisição do canhão sul-africano criado por ele. Aquela era uma boa notícia depois da paralisação de suas relações comerciais com a China em razão das pressões que recebera de Washington e diversas capitais da União Europeia, após o massacre de Tiananmen no ano anterior.[357] Gerald Bull tinha certeza de que, se os testes do supercanhão iraquiano fossem bem-sucedidos, poderia reatar as relações com Pequim por intermédio de Bagdá, evitando assim os controles impostos pelos Estados Unidos e pela Europa.[358]

Ao meio-dia, Monique Jaminé, sua secretária, anunciou a chegada de Christopher Gumbley, que fora o diretor da Astra Holding, gigante fabricante de armas, que Bull queria recrutar para a SRC. A reunião se estendeu para um almoço.

Depois de se despedirem e de combinarem um novo encontro para uma semana mais tarde, Gerald Bull regressou a pé à sede da SRC. Nem sequer se preocupava com sua própria segurança, apesar de os filhos lhe avisarem, assim como seus amigos israelenses, e os iraquianos terem lhe oferecido um serviço de escolta. Bull ignorou tudo isso.

Por volta das 19h15, quando a noite já caíra sobre a capital belga, Monique entrou no escritório de seu chefe para avisar que iria embora. Bull pediu que esperasse, pois sairia com ela. Os dois desceram de elevador e chegaram à rua. A jovem ofereceu-se para levá-lo para casa. Bull olhou para o céu e aceitou a oferta. Alguns segundos depois, Monique aproximava-se dele dirigindo um Renault Station Wagon azul. Fustigado pelo vento gélido, Bull abriu a porta e sentou-se no banco do passageiro. Parecia feliz, pois passou todo o trajeto assoviando. Monique dirigiu pela rue de Stalle até a praça Georges Marlon. Bull se mostrava ansioso para chegar à casa dele. Meia hora depois, o Renault entrava na avenida François Folie, onde Bull morava. A rua estava tranquila quando o veículo parou diante da porta do edifício. Antes que Bull saísse do automóvel, a secretária disse que o assunto da Espanha estava acertado. Aparentemente, o cientista canadense tinha planejado férias, com a esposa Mimi, no sul da Espanha, para o mês seguinte. Em seguida, ele se esticou para beijar a secretária no rosto enquanto empurrava todo o corpo para fora do Renault. Com uma pasta na mão e uma velha mala de couro na outra, Gerald Bull tentou tirar do bolso das calças as chaves da porta do prédio em que morava. Com dificuldade, introduziu por fim a chave na porta de vidro e a girou. Um pequeno empurrão lhe deu acesso ao interior. Bull não havia reparado que, do outro lado da rua, um homem, Daniel L., fazia um sinal aos outros dois membros do Kidon que já estavam lá dentro.

O alvo dirigiu-se devagar para o elevador, cansado e a passos lentos. Gerald Bull vivia no apartamento número 20, no sexto andar. Uma discreta campainha indicou-lhe que já tinha chegado. Michel R., o chefe do Kidon, esperava nas escadas entre o quinto e o sexto andar, caso Ran precisasse de ajuda. O canadense aproximava-se da porta, quando as chaves escaparam-lhe da mão. Enquanto se ajoelhava para apanhá-las, ouviu atrás de si uma porta se abrindo. Enquanto procurava pegar o molho de chaves, Ran P., o carrasco do Kidon, disparou com a pistola 7.65 mm com silenciador. O primeiro disparo acertou-lhe a cabeça. A bala entrou por trás e saiu pela frente, danificando uma parte do cérebro. As balas do segundo, terceiro e quarto disparos atingiram a parte superior da espinha dorsal e a cervical. O corpo de Gerald Bull ficou apoiado na porta, como se dormisse. Antes de deixar o local, Ran P. apoiou novamente a pistola na cabeça dele e disparou um quinto tiro. O cientista canadense já tinha morrido após o primeiro disparo.[359]

Uma vizinha de Bull, que morava logo abaixo do apartamento do cientista, ouviu cinco ou seis golpes secos que não conseguiu identificar. A mulher decidiu subir e, ao entrar no corredor, viu o corpo de Bull rodeado por uma grande poça de sangue. Nos bolsos, ainda tinha os quase 20 mil dólares em notas de cem, o que fez com que a polícia belga descartasse a hipótese de roubo.

O primeiro a chegar ao apartamento de Bull foi seu médico particular. Enquanto o segurava, pôde observar os cinco orifícios de bala que o amigo tinha na parte de trás da cabeça. Era evidente, para todos, que o homem que ajudava Saddam Hussein a projetar o supercanhão tinha sido assassinado por um profissional. Quando, no dia seguinte, o assassinato foi divulgado por todos os meios de comunicação belgas, os três *kidon* já estavam muito longe dali. Mas essa não seria a última execução que teriam de realizar dentro da Operação Zulu.

A polícia belga telefonou para Michel Bull, em Montreal, e para Stephen Bull, no hotel Al Rashid, de Bagdá, para informá-los de que o pai, Gerald Bull, havia sido assassinado. No dia 11 de abril de 1990, apenas vinte dias após o assassinato de Gerald Bull pelo Kidon, o MI6, com a ajuda das autoridades alfandegárias britânicas, interceptou o envio de um carregamento para o Iraque que consistia em várias peças que aparentavam ser parte um canhão de enormes proporções.

Ainda que Bull não fizesse realmente parte da Operação Zulu, sua execução pelo Kidon implicou o início de uma vasta série de assassinatos iniciada por Yitzhak Shamir e o *memuneh* Nahum Admoni e continuada por Yitzhak Rabin e seu novo *memuneh* do Mossad, Shabtai Shavit. A questão do Mercúrio Vermelho estava prestes a estourar.

Em agosto de 1991, as estações do Mossad em Paris e Estocolmo informaram o quartel-general em Tel Aviv de que tinham detectado envios a Bagdá, vindos da África do Sul, de uma misteriosa substância química por meio de diversos intermediários radicados na Rússia. Os relatórios indicavam que, há vários anos, existia uma nova arma que consistia em uma bomba de fusão nuclear (bomba H) de fabricação mais barata que as "normais" e possivelmente acessível a grupos terroristas, o que a tornava um grande perigo em mãos inimigas.[360] Quando Shabtai Shavit terminou de ler o longo relatório feito pela unidade de assuntos científicos da espionagem israelense, decidiu solicitar com urgência uma reunião com o primeiro-ministro Yitzhak Rabin.

O que o *memuneh* transmitiu a Rabin provocou a ativação da chamada Luz do Dia no Mossad. Uma bomba daquelas podia ser muito pequena, do tamanho de uma bola de tênis, mas poderia destruir dez quarteirões de prédios em Tel Aviv, Haifa ou Jerusalém. Rabin ordenou então a Shavit que mandasse o Mossad reunir todas as informações possíveis sobre o Mercúrio Vermelho e quem estivesse por trás de sua venda ilegal.[361] No final de setembro de 1991, Shavit entregou um relatório mais preciso ao primeiro-ministro Rabin:

> O Mercúrio Vermelho é obtido a partir de uma mistura de mercúrio puro e óxido de antimônio de mercúrio. Esse composto, ao ser comprimido por uma explosão convencional, liberaria energia suficiente para que os átomos de trítio e deutério de um recipiente situado no interior da bomba se fundissem, sem a necessidade de contar com uma bomba de fissão como 'iniciadora', necessária nas bombas nucleares convencionais. Começaria assim uma reação em cadeia.

No fim do relatório secreto, o serviço de espionagem explicava que redes anônimas comercializavam o produto no mercado clandestino, e a maior parte dele procedia da Rússia, onde se fabricariam aproximadamente sessenta quilos por ano. O preço do quilo do Mercúrio Vermelho estava entre 200 mil e 250 mil euros.[362]

Os *katsa* do Mossad descobriram que o Mercúrio Vermelho era fabricado desde 1965 num centro de investigação secreto em Dubna, perto de Moscou. Mas o que também viriam a descobrir é que alguém da África do Sul vinha vendendo o produto a países árabes do Oriente Médio. Shavit ordenou então à estação do Mossad em Joanesburgo que investigasse quem estava oferecendo o Mercúrio Vermelho. Na primeira semana de novembro, os agentes do Mossad em Moscou começaram a enviar ao quartel-general informações cada vez mais precisas sobre essa nova arma.

"O negócio do Mercúrio Vermelho está sendo controlado por membros de grupos mafiosos, alguns deles próximos ao governo do presidente Boris Yeltsin", garantiam. Os *katsa* informaram também que várias fontes tinham indicado que o material era enviado à África do Sul e, de lá, por meio de intermediários, ao Irã, ao Iraque, à Líbia ou ao Paquistão.[363]

Shabtai Shavit ordenou então à estação do Mossad no país africano que conseguisse a lista de intermediários que faziam parte da "Conexão Sul-Africana" usada pelos russos. As primeiras pistas conduziram os israelenses até uma corporação britânica chamada Thor Chemicals e a um de seus mais altos executivos.

Alan Kidger, de 48 anos e abundantes cabelos brancos, pertencia a essa classe empresarial que morava em bairros de luxo. Casado com uma deslumbrante brasileira, o sul-africano era diretor de vendas internacionais da Thor Chemicals. Rapidamente, a estação do Mossad informou Tel Aviv que tinham identificado o primeiro alvo. Nessa mesma noite, o primeiro-ministro Yitzhak Shamir autorizou a seu *memuneh* a ativação de um esquadrão do Kidon. Shavit ligou em seguida a outro interlocutor e informou que a ordem tinha sido dada. Em 11 de novembro de 1991, os *kidon* seguiam de perto um possante BMW azul-metálico que corria a toda velocidade pela estrada que liga Pretória a Joanesburgo. O motorista não percebera que estava sendo seguido a pouca distância por um Volkswagen preto, no qual viajavam quatro agentes israelenses. Num semáforo, o carro bateu de leve no BMW para forçar o motorista a descer, mas os executores do Mossad não contavam com a onda de insegurança vivida pelo país há anos. Kidger não tinha a menor intenção de sair do carro para verificar o que acontecera. Quando o semáforo ficou verde, o BMW se afastou velozmente com o alvo dentro. O segundo automóvel, um Ford verde conduzido por um agente de segurança de operações da Metsada, arrancou e conseguiu localizar novamente o veículo de Kidger num pequeno engarrafamento. Através de um canal de transmissão, o israelense informou o ponto exato em que o BMW estava encurralado. Numa rua sem nome, Alan Kidger viu como um carro preto o fechou pela frente, enquanto um Ford verde o fazia por trás. Dois homens armados com Berettas saíram do carro e obrigaram o executivo sul-africano a acompanhá-los. Um terceiro agente do Kidon se pôs ao volante do BMW e seguiu o Volkswagen.

Seis dias depois, dois garotos negros encontraram um BMW azul metálico estacionado à beira de uma autoestrada nos subúrbios de Joanesburgo. Depois de se certificarem de que o alarme não estava ligado, decidiram levá-lo até uma área do Soweto para ficarem com o sistema de som. Longe de olhares indiscretos, os dois jovens começaram a desmontar os alto-falantes e para isso abriram o porta-malas.

Com horror, descobriram ali um tronco humano envolvido em plástico. Alguém lhe cortara as pernas, os braços e a cabeça.

A polícia sul-africana pensou a princípio que poderia tratar-se de um assassinato inspirado em algum ritual zulu, visto que essa etnia corta as extremidades do corpo dos inimigos para que, quando mortos, não possam caminhar para o outro mundo. Por fim, os médicos-legistas descobriram que o corpo era de Alan Kidger, chefe de vendas da Thor Chemicals.[364] Durante dois anos, o Serviço Nacional de Investigação Criminal da África do Sul manteve aberta a investigação sobre o assassinato de Kidger, mas, finalmente, em janeiro de 1993, encerrou-a formalmente sem ter descoberto os responsáveis.

Nesse mesmo mês, a estação do Mossad na África do Sul informou Tel Aviv da descoberta de um encontro entre traficantes de armas sul-africanos e vários cidadãos iranianos. Parecia tratar-se de intermediários enviados pelo Hezbollah. O contato com os iranianos era Wynand Van Wyk, um dos melhores engenheiros químicos da África do Sul e um dos maiores especialistas do mundo em Mercúrio Vermelho. Ele também fazia parte do perigoso círculo de amizades de Alan Kidger. No dia 18 de abril de 1993, Van Wyk decidiu organizar para seus ilustres visitantes uma viagem de lazer à Cidade do Cabo, hospedando-se num dos hotéis mais luxuosos do destino turístico.[365]

Justamente uma semana antes, a milhares de quilômetros da África do Sul, Shabtai Shavit pedira autorização ao primeiro-ministro de Israel, o trabalhista Yitzhak Rabin, para acionar uma equipe do Kidon. Na noite de 19 de abril de 1993, o engenheiro sul-africano se tornaria o terceiro alvo do Kidon no contexto da Operação Zulu.

Ao meio-dia, após um almoço frugal com os iranianos, o sul-africano começou a se sentir mal. Ao chegar ao hotel, as dores misturavam-se com uma espécie de sonolência que quase o impedia de falar. Era evidente que alguém pusera algo na sua comida. Na manhã do dia 20 de abril, os visitantes iranianos impacientavam-se na recepção enquanto esperavam por Wynand Van Wyk. O sul-africano havia-lhes prometido um passeio para observar de perto os temíveis tubarões-brancos, mas não apareceu. Desconfiados, avisaram a segurança do hotel. Ao chegarem à suíte, encontraram Van Wyk nu, de barriga para baixo, amordaçado e com as mãos e pernas atadas atrás das costas. Alguém entrara durante a noite em seu quarto e, depois de prendê-lo, o espancara até a morte. A autópsia conduzida pelo médico-legista mostrou que algum sádico tinha lhe quebrado os principais ossos do corpo com um objeto contundente. Os agressores tinham abandonado o local do crime sem serem vistos.[366]

Exatamente um ano depois, o *memuneh* do Mossad, Shabtai Shavit, precisava novamente da autorização do primeiro-ministro Rabin. Dois novos nomes tinham-se juntado à lista de alvos da Operação Zulu que tivera início após o assassinato de Gerald Bull. O primeiro alvo do Kidon seria Don Lange, um traficante de armas sul-africano com relações estreitas com a Líbia e o Irã, a quem tentava vender uma pequena remessa de Mercúrio Vermelho. Lange era conhecido nos ambientes homossexuais de Joanesburgo. Os *katsa* do Mossad tinham conseguido, enquanto o vigiavam, tirar fotografias dele em intermináveis sessões sadomasoquistas num local de Green Point, um subúrbio da Cidade do Cabo.

Na noite de 6 de junho de 1994, Lange entrou em contato com um jovem australiano que disse ter chegado à África do Sul para praticar surfe. Na verdade, o jovem era Ariel L., um executor do Kidon. Don Lange convidou-o a ir à sua elegante casa, situada num bairro nobre de Joanesburgo. Dois dias depois, na manhã de 8 de junho, a central de emergências do Departamento da Polícia Metropolitana recebeu uma chamada de Dora Kalunda. Em forte crise nervosa, a mulher informava um "suicídio" numa residência de um bairro nobre de brancos. Dora trabalhava há anos para Don Lange.

A primeira patrulha chegou à casa por volta das nove horas. Quando os agentes entraram na residência, encontraram o traficante de armas vestido com uma roupa de látex preto e com um saco na cabeça. Do saco, saía um tubo que estava ligado a um recipiente de gás de cianeto. Oficialmente, embora as pistas indicassem mais um assassinato, as autoridades encerraram o caso declarando que Don Lange tinha se suicidado. Um mês depois, em 22 de julho de 1994, o esquadrão de assassinos do Kidon decidiu fazer uma visita a Dirk Stoffberg, o traficante de armas que no passado se envolvera no obscuro caso do Irangate, que implicou altos funcionários da administração do presidente Ronald Reagan. Stoffberg herdara de seu amigo Lange os negócios com iranianos e líbios. Shabtai Shavit conseguira convencer Rabin a autorizar a execução de Stoffberg, apesar das objeções iniciais do político trabalhista. Os israelenses conheciam as estreitas relações entre a Agência Central de Inteligência norte-americana e o traficante de armas, e Yitzhak Rabin não desejava ter a CIA como inimiga.

Na noite de 22 de julho, três executores do Kidon entraram na residência de Stoffberg, subiram as escadas até o andar superior e dirigiram-se ao quarto no final do corredor. Para surpresa deles, a esposa de Dirk Stoffberg, que estava na cozinha, apareceu de repente. O primeiro agente israelense reagiu disparando na cabeça da mulher utilizando sua Beretta com silenciador. O segundo *kidon* entrou no quarto e, depois de se posicionar ao lado da cama, apoiou a arma na cabeça do homem, que estava dormindo, e disparou duas vezes. A primeira bala, na cabeça, matou-o na mesma hora. A segunda entrou pela boca e saiu pela nuca até transpassar a cabeceira. Quando foi assassinado, o traficante de armas negociava um misterioso envio para Teerã através da Namíbia e de Angola. O Mossad acreditava que se tratava do enigmático Mercúrio Vermelho.

Dirk Stoffberg, o quinto alvo da Operação Zulu, foi executado quase quatro anos depois do assassinato, em Bruxelas, do engenheiro canadense Gerald Bull por membros do Kidon, a subunidade de assassinos da Metsada.

CAPÍTULO 13

OPERAÇÃO TYCOON

ALVO: Robert Maxwell

POSIÇÃO: Magnata da Imprensa

DATA: 5 de novembro de 1991

Yitzhak Shamir lia atentamente um relatório do Mossad sobre Robert Maxwell enquanto o *memuneh* Shabtai Shavit permanecia sentado à sua frente. Horas depois, o próprio Shavit teria uma reunião com a alta cúpula do Mossad, na qual seria decidido o destino de um dos mais importantes magnatas da imprensa. O relatório sobre o milionário vinha ilustrado com várias fotografias, suas medidas, o nome dos seus médicos, familiares, amigos, inimigos etc. Também havia vários cartões codificados que davam acesso à residência de Maxwell. Uma pequena pasta do "relatório Maxwell", redigido por um *shicklut*, um funcionário do departamento de escutas do Mossad, especificava que todos os dias os membros da segurança de Maxwell faziam inspeções de microfones na residência, no iate e nos diferentes escritórios do magnata espalhados pelo mundo. Também mostrava que todos os cartões de segurança codificados eram trocados diariamente. Robert Maxwell gostava de ler o relatório sobre sua segurança durante o café da manhã.[367] Um analisador espectral detectaria qualquer microfone ou escuta colocado pelo Mossad ou por qualquer outra agência de espionagem, por mais sofisticado que fosse o equipamento.

Todas as informações sobre o magnata tinham sido guardadas em pastas, colocadas ordenadamente sobre a grande mesa de conferências no quartel-general do Mossad. Participariam da sigilosa reunião o diretor de operações; o responsável pelo Yarid, o departamento encarregado da segurança das operações do Mossad na Europa; o responsável pela Metsada, a unidade de operações especiais do Mossad; o chefe do CNT, o gabinete central do Mossad na Europa, que chegara da sede, em Haia; os quatro membros do Kidon que deveriam pôr o plano em ação; e um assessor jurídico do Mossad.

Shavit, o *memuneh*, ainda despertava desconfiança entre os membros mais antigos do Instituto. Chegara ao Mossad há apenas um ano, para substituir Nahum Admoni, depois de ter sido um eficaz *katsa* na Etiópia, em Paris e em Washington.[368] Ele foi o primeiro a falar. O diretor-geral dirigiu-se aos presentes e, após umas breves palavras introdutórias sobre o tema a tratar, duas perguntas ficaram no ar naquele ambiente pesado. Se o Kidon eliminar Maxwell, quem será o bode expiatório? E a segunda: se descobrirem que o Mossad matou Maxwell, de que modo isso afetará Israel? Desde esse momento, o debate ficou aberto entre os nove homens sentados em torno da mesa. A Operação Tycoon[369] acabava de ser iniciada.

Nascido Abraham Leib, na aldeia de Slatinske Doly (Tchecoslováquia), no dia 10 de junho de 1923, e sétimo filho de Mechel e Hanna, Robert Maxwell era, desde o primeiro minuto de seu nascimento, um autêntico mistério. Este mistério o acompanharia até o dia de sua morte, sessenta e oito anos depois.

O menino cresceu na mais rígida norma religiosa, entre os *jasidim* e o *sabat*. Esse foi o ponto culminante de sua vida familiar. Curiosamente, quando os pais do magnata decidiram registrá-lo, o funcionário tcheco acrescentou o nome de Jan. Nos anos seguintes, Robert Maxwell se apresentaria como Jan Abraham Ludvik.[370]

O próprio Maxwell definiria perfeitamente, anos mais tarde, seu sentimento judeu:

> Minha família e eu éramos judeus praticantes. Acredito em Deus, o Deus de Israel. Acredito nos ensinamentos éticos do judaísmo. Adoro e admiro a devoção do meu povo pelo estudo da Torá. Definitivamente, considero-me judeu. Nasci judeu e morrerei judeu se o meu Deus assim o desejar.[371]

Curiosamente, os nove homens do Mossad reunidos naquela sala em setembro de 1991 decidiriam o castigo que imporiam a Maxwell por ter prejudicado muitas pessoas que partilhavam desse mesmo sentimento pelo judaísmo. Para o próprio Shavit e até para o rígido primeiro-ministro de Israel, Yitzhak Shamir, Robert Maxwell dera, em muitas ocasiões, oportunidades, através de seus meios de comunicação, àqueles a quem interessava reavivar o antissemitismo. Para o *memuneh*, Robert Maxwell simbolizava a calúnia segundo a qual não se pode confiar num judeu, mas o mais curioso é que essa teoria seria confirmada nessa mesma reunião de nove homens sem piedade.

As festividades judaicas mais importantes marcaram a infância de Maxwell, do Bar Mitzvah ao Yom Kipur, do Sukot à Hanukah. A grande depressão europeia, a República de Weimar, a ascensão e queda de Adolf Hitler e de seu "Reich dos Mil Anos" marcariam a própria ambição de Maxwell e o levariam a falar fluentemente oito idiomas.

Os *katsa* de Shabtai Shavit se dedicaram durante anos a desenterrar as mentiras que acompanhavam a romântica biografia que o próprio magnata criara em torno de si. Por exemplo, Robert Maxwell disse à BBC: "Abordaram-me numa rua de Budapeste em dezembro de 1939 para que me alistasse no movimento tcheco de resistência local que combatia os nazis na cidade. Eu tinha apenas 16 anos, mas disse ter 19 para poder me juntar à luta". O Mossad sabia que naquela época não existia uma resistência tcheca em Budapeste, simplesmente porque não havia soldados alemães na capital húngara.

A espionagem israelense sabia que Maxwell chegara em 1940 ao porto de Marselha, onde se alistara na Legião Tcheca antes de embarcar para Liverpool. No mesmo relatório que Shabtai Shavit distribuíra aos assistentes, reuniam-se várias declarações do próprio magnata feitas a companheiros judeus da Legião Tcheca. Numa delas, Maxwell expressava seu ódio pelos companheiros tchecos, de quem ouvira expressões como "Estes judeus nos meteram na guerra" ou "Que nos importa o que lhes aconteça?". Maxwell limitava-se apenas a sorrir; afinal, agora encontrava-se na Grã-Bretanha, uma terra de oportunidades para ele, mesmo em plena guerra. Nessa altura, Maxwell voltara a mudar de nome, para Jan Hoch.[372] Durante toda a guerra, Robert Maxwell dedicou-se a tentar perder seu sotaque centro-europeu em troca de outro absolutamente britânico. Isso também faria parte do disfarce que o próprio magnata estaria construindo para o futuro. Anos depois, explicaria: "Não demorei a me acostumar aos valores, aos costumes, à linguagem e à conduta dos ingleses e imitei-os de imediato, adotando assim o refinamento que me faltava".[373]

Shavit continuou a relatar a seus oito interlocutores, com certo sarcasmo, as mentiras de Maxwell. Em novembro de 1943, o magnata enviou uma carta à Divisão de Infantaria explicando que falava alemão e tinha experiência em combate. Não apenas nenhuma das informações era de todo verdadeira, como assinou a carta como Leslie du Maurier, seu quinto nome depois de Abraham Leib, Jan Abraham Ludvik, Jan Ludvik e Jan Hoch. Em junho de 1944, depois de participar da segunda fase do desembarque da Normandia, quando foi promovido a sargento, começou a se autodenominar Leslie Jones. Antes de completar

20 anos e ser promovido a alferes, alguém lhe tinha dito que Jones não era um sobrenome apropriado para um oficial e cavaleiro do Exército de Sua Majestade. No dia seguinte, ele apresentou-se ao departamento de registro e mudou-o pela sétima vez, agora para Ian Robert Maxwell. A partir desse momento, para o resto do mundo, o futuro magnata da imprensa seria conhecido simplesmente como Robert Maxwell.

A segunda reunião para decidir o futuro de Maxwell foi realizada num esconderijo da rua Pinsker, em pleno centro de Tel Aviv. No dia anterior, dois técnicos da Apam (*Avtahat Paylut Modienit*), a unidade encarregada da segurança das operações do Mossad, entraram no edifício de escritórios. Um dos *katsa* pegou um aparelho parecido com um controle remoto e apertou um botão. Uma porta corrediça moveu-se, abrindo caminho para um grande salão. O apartamento tinha sido mobiliado com objetos usados, cadeiras, alguns quadros e um tapete fornecido pelo exército. Em cada quarto, havia duas camas e um telefone. Na cozinha, uma linha de segurança ligava-se a um potente computador portátil, um fax, um cofre, uma geladeira e uma trituradora de papel de alta velocidade.[374] As janelas do apartamento ficavam constantemente fechadas. Os técnicos da Apam passavam um rastreador eletrônico em formato de antena por todos os cantos. Desde as paredes e debaixo das mesas e tapetes até os chuveiros. Durante semanas, o apartamento tinha sido usado por estudantes da academia do Mossad, mas, depois, foram proibidos de se aproximarem do local sob ameaça de expulsão do serviço de espionagem. Naquele mesmo lugar, quatro membros do Kidon, a subunidade de assassinos da Metsada, decidiriam o destino de Robert Maxwell, ou, pior ainda, se Maxwell devia viver ou morrer.

Victor Ostrovsky, antigo membro do Kidon, relata, no livro *By Way of Deception*: "A primeira coisa que uma equipe do Kidon tinha de fazer era analisar com perfeição o seu 'homem', ou seja, seu estilo e seu modo de vida. Como ele reage em determinada situação, o que o afeta, o que não o afeta. Só então uma operação poderia ser formada. Para isso, um dos *kidon* tinha-se instalado num dos quartos do apartamento com o objetivo de analisar todos os vídeos sobre o alvo; reportagens, entrevistas, notícias relacionadas a ele ou a seu negócio etc.

As imagens que o Kidon via no monitor seguiam os passos do magnata desde 1959, quando decidiu dar o salto para a política no Partido Trabalhista. Conseguiu um lugar no Parlamento mas, em 1970, quando tentou a reeleição, perdeu. Os noticiários das televisões britânicas mostravam um homem desesperado com a derrota, arrasado. Aquele homem de aço aparecia aos prantos, de cabeça baixa.[375] O *kidon* soube que este era um sinal de fraqueza e que Maxwell era uma pessoa instável, com fortes altos e baixos e claros sinais de depressão.

Nas imagens seguintes, via-se um magnata renascido das cinzas por ter salvado a British Printing Corporation da ruína e que renasceu com o nome Maxwell Communications Corporation. Três anos depois, adquiriu o Mirror Group Newspapers, tornando-se assim um personagem assíduo nos noticiários das televisões e um rosto conhecido entre os poderosos.[376]

Uma nova imagem mostrava-o ostentando riqueza, por exemplo, experimentando roupas de grife em Saville Row, dentro de um Rolls-Royce, ou acompanhado por um séquito de ajudantes e secretárias. Outro desses sinais era a comida. Um repórter de uma emissora desconhecida entrevistava-o enquanto o magnata engolia lagosta, caviar iraniano e salmão, tudo isso regado a vinhos envelhecidos. Depois acendia um charuto, garantindo ao jornalista que fora o próprio Fidel Castro quem os tinha enviado.

O *kidon* seguia com atenção as imagens de Maxwell, tomando notas em diferentes pastas. Traços psicológicos, modos de agir, propriedades etc. Outro *kidon* analisava o império empresarial. Londres, Hungria, Bulgária, Moscou, África, Israel, Estados Unidos ou Canadá eram sedes de um conglomerado de empresas com nomes difíceis de pronunciar: Line Nominees, Sindron, Camberry Legionstyle, Visafood Magna Cell e coisas do tipo. Ao todo, o *kidon* conseguiu detectar até quatrocentas empresas, divididas entre mais de uma dúzia de países e paraísos fiscais.[377]

Maxwell tinha esquematizado há anos uma estratégia que consistia em esconder as enormes perdas de alguma de suas empresas a qualquer um que quisesse xeretar em seus livros contábeis, incluindo seus filhos, Ian e Kevin. O *kidon* que analisava a rede empresarial informou sobre sua grande habilidade para disseminar pistas falsas ou barreiras de segurança com respeito à saúde financeira de alguma de suas empresas. Eram dignas do Mossad, chegou a dizer Shabtai Shavit, o *memuneh*.

De repente, um nome chamou a atenção do *kidon*. Ele pegou o telefone instalado no apartamento e discou um número de quatro dígitos. Do outro lado da linha, uma voz indicou-lhe um prédio em Tel Aviv e sua localização. Duas horas depois, o assassino do Mossad estava no quarto de um grande hotel falando com um homem que se ocultava nas sombras.

"Detectamos um nome que poderia violar a segurança da operação", disse o *kidon*. "Ao analisar a Citex Corporation,[378] descobrimos que seu diretor israelense é o filho do primeiro-ministro Yitzhak Shamir." Curiosamente, o homem oculto nas sombras ordenou ao agente que voltasse ao apartamento e redigisse um relatório sobre as ligações entre o próprio Shamir e Maxwell. As relações entre as duas famílias começaram no mesmo dia em que o magnata pisou em Israel. Este, a ponto de chorar enquanto orava diante do Muro das Lamentações em Jerusalém, prometeu ao homem que tinha a seu lado que faria o possível para proteger Israel e o que ele significava. Aquele homem era o primeiro-ministro Yitzhak Shamir, o mesmo que autorizaria a execução de Robert Maxwell pelos membros do Kidon. Shamir segurou o braço de Maxwell tentando confortá-lo. Nessa mesma noite, enquanto jantavam, uniram-se numa aliança entre pública e secreta. Shamir chegou a confessar ao magnata seu antiamericanismo, que remontava aos anos anteriores à Segunda Guerra Mundial. Segundo o poderoso líder israelense, Roosevelt deveria ter chegado a um acordo econômico com Hitler para que este permitisse a saída dos judeus da Europa, mas os Estados Unidos não o fizeram, permitindo que Hitler e seus homens assassinassem quase 6 milhões de judeus.[379] No dia seguinte àquele jantar, Maxwell reuniu-se com a elite das finanças de Israel e prometeu torná-los ricos. No meio de tanto alarido, só um homem permaneceu em silêncio, nas sombras. Nahum Admoni, o então *memuneh* do Mossad. Ele preferia esperar e analisar os futuros acontecimentos.

Ainda se lembrava da visita de Maxwell a Israel em 1988 e do jantar oferecido em sua honra. Haim Herzog, presidente de Israel; Yitzhak Shamir, líder do Likud; Shimon Peres, líder dos trabalhistas; Ido Dissentjik, editor do jornal Ma'ariv; e Ya'akov Niman, o prestigiado advogado que ajudou Maxwell a entrar nas herméticas finanças de Israel, estavam entre os presentes. Também havia ali alguns homens que não viam com tão bons olhos aquele que afirmava chegar com o desejo de salvar Israel. Admoni lera, na noite anterior ao jantar, o relatório "Degem Computers", em que Maxwell não saía com muito boa imagem, mas o diretor-geral do Mossad preferiu não dizer nada a ninguém.

Maxwell tinha adquirido a Degem Computers, uma companhia com sede em Tel Aviv que desenvolvia *softwares*. Seus clientes eram principalmente países da América Central e da América do Sul. Já sob a direção de Robert Maxwell, a Degem seguiu dando cobertura ao Kidon, que identificava seus agentes como vendedores da empresa. Uma das divisões mais ativas era a de Nairóbi, que era usada pela Metsada para atacar grupos estabelecidos na África, como o Congresso Nacional Africano (CNA). Vários de seus membros apareceram amarrados a árvores e abandonados em plena selva enquanto sangravam. A polícia de parques nacionais do Quênia encontrou vários deles devorados por animais ferozes.[380]

O Kidon colocou uma bomba no quarto de um emissário de Yasser Arafat que se encontraria com um enviado do CNA em Brazzaville (Congo). Como represália, um *katsa* do Mossad foi sequestrado por um grupo guerrilheiro, que, depois de lhe amputar as mãos, o atirou vivo no rio Limpopo. Sua luta desesperada contra os crocodilos que tentavam devorá-lo foi filmada e a fita enviada para a

Embaixada de Israel na África do Sul. Dois dias depois, o quartel-general guerrilheiro foi pelos ares com 450 quilos de dinamite, provocando a morte de dezenas de homens.[381] Nessa operação, o Kidon trabalhou em conjunto com o BOSS, o serviço secreto sul-africano.

A lista elaborada pelo Kidon sobre as obscuras relações de Maxwell continuava a crescer, com nomes de financistas pouco recomendáveis. Entre eles, constava o de Semión Yukovich Moguilevich, um importante membro da máfia russa. Segundo o Mossad, Moguilevich estava envolvido em sérias negociatas financeiras, mas Maxwell abrira-lhe as portas do grande banco internacional em Genebra, nas Ilhas Caimã, no Oriente Médio e na África. Misteriosamente, foram entregues passaportes do Estado de Israel a Moguilevich e a outros vinte e três membros do seu bando. Também Edmond Safra,[382] o banqueiro multimilionário, mantivera estreitas relações com Maxwell, com o mesmo intuito de tirar sãos e salvos os judeus da Rússia.

Durante uma viagem a Israel, Maxwell foi convocado para uma misteriosa reunião que seria realizada em sua suíte do hotel King David. Dela participariam Shimon Peres, Nahum Admoni, do Mossad, e um assistente do político trabalhista. Os três interessavam-se pela proximidade das relações do empresário com a cúpula soviética. Desde 1978, Robert Maxwell estabelecera fortes ligações com o Kremlin, em pleno apogeu do mandato de Leonid Brezhnev, e tinha conseguido reunir-se com todos os membros importantes do poder soviético. Um desses contatos era nada mais, nada menos que o poderoso Vladimir Alexandrovich Kriuchkov,[383] presidente da KGB. Depois de ouvir Peres, Maxwell dirigiu-se aos três homens e lhes prometeu que traria todos os judeus da União Soviética para casa.

O empresário ainda se lembrava das palavras que Rafi Eitan, chefe da unidade de operações especiais do Mossad, a Metsada, lhe dissera vários anos antes: "Nossa tarefa é fazer história e depois ocultá-la. No geral somos honrados, respeitamos o governo constitucional, a liberdade de expressão e os direitos humanos. Porém, entendemos também que nada se deve interpor ao que fazemos". Aquelas palavras converteram-se no primeiro mandamento de Robert Maxwell, tanto na sua vida privada como na empresarial, e na vida que começaria a serviço de Israel.

Antes de deixar a suíte, Admoni propôs-lhe que se transformasse no homem capaz de abrir qualquer porta ao Mossad e que lhes facilitasse a passagem para averiguar todas as informações impossíveis de alcançar para o serviço de espionagem israelense.

O primeiro encontro entre Maxwell e Kriuchkov teria lugar em Lubyanka, o quartel-general da KGB em Moscou. Estava previsto que a reunião não duraria mais do que 45 minutos, mas acabou durando duas horas e meia. Entre cafés e *brandy*, o poderoso Kriuchkov declarou diante do convidado: "O camarada Maxwell será um bom amigo deste país". Quando a reunião terminou, o presidente da KGB chamou ao seu gabinete o coronel Viacheslav Sorokin, membro da Direção de Inteligência Exterior, e o incumbiu de um estudo detalhado sobre Robert Maxwell, com a intenção de recrutá-lo.[384] Mais tarde, num relatório a Kriuchkov, o próprio Sorokin considerou que o único inconveniente para finalizar o recrutamento era o tempo que seria necessário. Era evidente que os métodos usados pela KGB para recrutar agentes estrangeiros, como a chantagem, o suborno ou a coação, não funcionariam com Maxwell. Vladimir Alexandrovich Kriuchkov deu a ordem estrita de não fazer nem dizer nada que o empresário pudesse interpretar como uma ameaça contra Israel ou contra os judeus que ainda estavam na União Soviética. Para fomentar a confiança de Maxwell em Kriuchkov, e poder assim ser recrutado pela KGB, o Kremlin começou a emitir vistos de saída com destino a Israel a um grande número de cidadãos judeus. Muitos destes começaram a chamar Maxwell de Moshe, o nome hebraico de Moisés, que também tinha convencido um tirano a libertar o povo de Israel.[385]

No início de outubro de 1991, dois agentes do Kidon haviam conseguido reunir uma grande quantidade de informações sobre seu alvo. Os dados foram introduzidos num grande computador, na base da Metsada, no coração do deserto do Neguev. Os outros dois membros da equipe de carrascos do Mossad tinham visitado Londres para garantir pessoalmente as medidas de segurança do magnata enquanto ele estava na capital britânica.

Uma vez em Israel, o chefe do Kidon enviou um relatório detalhado a Shabtai Shavit, o chefe do Mossad. O sótão da residência de Maxwell era uma autêntica fortaleza. O andar de baixo, de onde dirigia seus negócios, era ainda mais secreto e confidencial do que a residência, no andar de cima. O relatório com dados, números e pontos de vista do Kidon especificava a localização de um grande cofre instalado pela prestigiada empresa inglesa Chubb, assim como outras medidas de segurança. Por exemplo, todos os computadores, a que apenas Maxwell tinha acesso, só podiam ser ligados por meio de três senhas que se alteravam diariamente e uma identificação de retina.[386]

Shavit continuou a ler atentamente o relatório. Num dossiê de apenas três páginas, o Kidon fazia um estudo detalhado do sótão de Robert Maxwell, projetado pelo prestigiado *designer* de interiores australiano Jon Bannenberg,[387] o mesmo que, em 1986, se encarregara da decoração do iate do milionário, o *Lady Ghislaine*. Apesar do bom gosto do australiano, o sótão parecia decorado mais por Maxwell do que pelo próprio Bannenberg. Tapetes vermelhos, móvcis dc fibra dc vidro pintados e imitando madeira e coisas do gênero eram a tônica geral. Shabtai Shavit pensou que seria um bom cenário para pôr seu plano em ação, assim que o Mossad conseguisse as plantas que, era quase certo, Jon Bannenberg teria guardado em algum lugar.

Entretanto, o Mossad decidira estabelecer um *sayan* no interior da residência de Maxwell, que dependeria de Ya'akov Barad, um especialista *katsa* do Mossad pertencente à Embaixada de Israel em Londres. Barad operava com o disfarce de terceiro secretário do adido comercial na delegação diplomática israelense. Sob seu comando estavam cerca de 2 mil *sayanim* dispostos a deixar tudo para ajudar o Mossad a qualquer momento.[388]

Robert Maxwell mudava de vez em quando de pessoal, em parte em razão de sua doentia obsessão de que todos os seus empregados eram espiões em potencial. Essa prática, que seria supostamente um inconveniente, se transformou, para Barad, numa oportunidade única para introduzir um *sayan* na organização de Maxwell.

Uma semana depois de ser admitido na residência de Maxwell, o *sayan* começou a enviar informações a Ya'akov Barad na Embaixada de Israel sobre os hábitos do magnata e seus gabinetes particulares, assim como a rotina do pessoal que trabalhava para ele. Desde pontos importantes, como a localização das câmeras de segurança de circuito fechado, a outros quase insignificantes, como a mania do empresário de não usar papel higiênico, mas pequenas toalhas de algodão para se limpar. Uma das tarefas menos gratificantes de Juliet e Elsa, as duas empregadas filipinas, era retirar essas toalhas e lavá-las na máquina de lavar roupas.[389]

Quando os dois *kidon* chegaram a Londres, o *katsa* do Mossad já tinha preparado um minucioso relatório sobre Robert Maxwell. Ainda faltava decidir onde executariam o plano. A equipe de assassinos israelenses estudou o helicóptero Aerospatiale 335 que o magnata usava para ir a Londres, assim como os hábitos do piloto, Richard Crowley, e os dois aviões, um Gulfstream-4 e um Gulfstream-2. Ambos os aviões estavam estacionados em Farnborough, a poucos quilômetros de Londres. Não foi preciso que os dois *kidon* os inspecionassem. Bastava entrar na página da Gulfstream[390] na Internet para tirar os dados técnicos dos modelos. O Mossad conhecia também os horários e os hábitos de Simon Grigg, o camareiro que viajava sempre com Maxwell, e de Carina Hall, a comissária de bordo.

Os dois alvos seguintes do Kidon seriam o *Lady Ghislaine*, o luxuoso iate que Maxwel tinha comprado do irmão de Adnan Khashoggi por quase 18 milhões de euros, e a mansão que tinha em Oxfordshire. O Mossad conseguira as plantas do iate por intermédio de um *katsa* na Holanda.[391]

Dias depois, dois homens caminhavam tranquilamente, como qualquer funcionário que acabasse de sair do escritório, pela rua Bograshov em direção à rua Pinsker, onde os esperavam outros dois. Os quatro formavam a equipe de executores do Mossad escolhidos para planejar o assassinato de Robert Maxwell. Os *kidon* eram um grupo de elite exclusivo que acreditava que aquele magnata se tornara uma ameaça tão grande para o Mossad e para a segurança do Estado de Israel que deveria morrer.[392] Restava apenas, segundo o antigo *katsa* do Mossad e ex-membro do Kidon, Victor Ostrovsky, "traçar um plano para realizar o que parecia ser impossível. Isso fazia parte da magia dos *kidon*".

As relações de Maxwell não só chegavam ao presidente da KGB, Vladimir Kriuchkov, mas também ao chefe do serviço de espionagem húngaro, Kalman Cocsis, e ao todo-poderoso chefe da Stasi, a principal organização de polícia secreta e de inteligência da Alemanha Oriental, Markus Wolf.[393]

Durante os anos 1980, Robert Maxwell, que o mundo inteiro já conhecia como "o embaixador itinerante do Mossad", ajudou a espionagem israelense a vender o *software* Promis a vários serviços de inteligência do mundo. Na Holanda, o BVD utilizou-o para seguir o rastro das atividades da máfia russa, que enviava armas e drogas por meio do aeroporto de Schipol; o BND alemão usou-o para seguir a pista de materiais nucleares "extraviados" da União Soviética; na França, a DGSE usou o Promis para identificar terroristas que entravam no país vindos do norte da África; na Espanha, o CESID o usou para vigiar os movimentos de terroristas bascos; na Grã-Bretanha, o MI5 o utilizou para seguir os movimentos dos membros do IRA quando passavam a fronteira entre a Irlanda do Norte e a República da Irlanda; em Hong Kong, o MI6 fez uso do *software* para controlar os negócios das máfias chinesas na colônia britânica; no Japão, o Naicho o utilizou para interceptar as comunicações entre a Yakuza e seus associados na Coreia do Norte e na China; na Polônia, o UB fez uso do programa para espiar os movimentos dos líderes do sindicato Solidariedade.[394] Na verdade, o Promis era uma espécie de alçapão, um "Cavalo de Troia" ou "porta traseira" para que o Mossad pudesse se infiltrar nas comunicações e sistemas mais sofisticados e seguros das agências de espionagem do mundo, e Maxwell o vendeu a todas elas.

O empresário também cooperou com a venda de armas ao Irã, que levou ao escândalo Irangate. Robert McFarlane, conselheiro do presidente Ronald Reagan, o almirante John Poindexter e o tenente-coronel Oliver North, do Conselho de Segurança Nacional, usaram o Mossad de Nahum Admoni como intermediário, e este usou Maxwell. A ideia era fornecer aos iranianos armas polonesas, de qualidade inferior, para sua guerra contra o Iraque. Esse apoio clandestino facilitaria a libertação de reféns norte-americanos das mãos do Hezbollah. O trabalho do magnata foi pôr os israelenses em contato com os poloneses, por meio de suas excelentes relações com a KGB. Cobrou pelo trabalho uma comissão próxima dos 8 milhões de dólares.

Maxwell fez também misteriosas viagens à China para vender alta tecnologia israelense ao Exército Popular Chinês por ordem do Mossad, incluindo o programa Promis.

Não restava a menor dúvida de que os conhecimentos que o magnata tinha das operações clandestinas do Mossad poderiam transformá-lo em alguém muito perigoso se algum dia ele decidisse voltar-se contra Israel. Esse dia poderia não estar muito longe.

John O'Neill,[395] o chefe do FBI em Nova York, declararia pouco depois:

> "Alguns dos sócios de Maxwell estavam metidos com drogas, armas e assassinatos pagos, que poderiam somar até quinhentos por ano. Também se dedicavam ao contrabando de metais preciosos e à falsificação. Tinham ligações com o exército russo. Qualquer banqueiro russo que não cumprisse suas ordens sabia o que podia esperar: que lançassem uma granada em seu carro. Um ataque desses podia ser combinado por apenas duzentos dólares. Quem os contrariasse não tinha escapatória. Poderiam segui-lo até o fim do mundo. Suas operações abarcavam meio mundo", explicava O'Neill, "na Grã-Bretanha faziam lavagem de dinheiro. Na Suíça, a mesma coisa. Na Itália, traficavam drogas e pessoas, basicamente mulheres para a prostituição. Na Bélgica e na Alemanha, vendiam carros roubados e lavavam mais dinheiro. Na Albânia e na Polônia, dedicavam-se as fraudes, armas e drogas. Maxwell demonstrou como uma rede obscura e complexa de sociedades fictícias, protegidas por um grupo, podia movimentar dinheiro por todo o planeta. Quando Nova York se tornou o alvo dos grupos criminosos do Bloco Leste e percebemos como funcionavam, nos foi possível partir do modelo de Maxwell".[396]

Os primeiros problemas financeiros dos grupos Maxwell Communications Corporation (MCC) e Mirror Group Newspapers (MGN) foram detectados na primavera de 1990. Por meio dos executivos da Goldman Sachs, decidiu-se pôr à venda ações de ambas as empresas, inflacionando o preço de modo abusivo. Maxwell sabia que, assim que começasse, o fluxo de venda das ações não pararia mais e, desse modo, obteria liquidez para poder continuar a investir em operações de alto risco. Para dar maior credibilidade à operação, Maxwell, através de três sociedades nas Ilhas Virgens, em Gibraltar e no Liechtenstein, comprou, secretamente, milhões de títulos para mostrar a possíveis investidores que a procura era maior que a oferta. Enquanto aquela operação fazia as ações do grupo MCC subirem de valor, Maxwell não teve problemas, mas eles surgiram quando o magnata pôs, como aval para conseguir mais créditos bancários, as ações sem valor que adquirira de forma secreta das próprias empresas. Os juros dos créditos já concedidos a Robert Maxwell continuavam a subir vertiginosamente.

A pressão fez com que o magnata decidisse roubar seus próprios empregados. Para isso, começou a tirar grandes somas de dinheiro do fundo de pensão de seus 24 mil empregados da MGN. Maxwell dava sinais de estar cada vez mais obcecado com a possibilidade de ser assassinado por alguém, até pelo próprio Mossad ou pela CIA. A misteriosa morte de Amiran Nir, um dos mais importantes intermediários na questão do Irangate, não fez mais do que aumentar sua mania da perseguição. Nir fora conselheiro de contraterrorismo do então primeiro-ministro, o trabalhista Shimon Peres, e um amigo íntimo de Robert Maxwell.

Com o passar dos meses, o magnata começou a mostrar uma atitude bastante doentia. Negou-se a participar de uma recepção do príncipe Charles, de um jantar em Downing Street e de uma reunião informal na residência particular do presidente da Câmara de Londres. Queria mostrar a seus possíveis perseguidores que podia mudar de ideia de repente, dificultando sua vigilância. Por essa época, as amortizações às quais tinha de fazer frente aproximavam-se de 415 milhões de libras esterlinas ao ano. Maxwell pediu novamente à Goldman Sachs que pusesse à venda outro lote de ações, mas os banqueiros propuseram-lhe que vendesse o seu. Se fizesse isso, a desconfiança se apoderaria do mercado, por isso ele propôs à Goldman Sachs que voltasse a comprar todas as ações para ele. Maxwell pagaria pessoalmente a comissão, e desse modo todos ganhariam. Para fazer com que as ações que compraria da Goldman Sachs fossem valorizadas, o empresário providenciou um registro financeiro que garantia a venda de duas empresas de seu grupo por 120 milhões de libras esterlinas. As ações da MCC dispararam, incluindo as de Maxwell, mas, quando a Goldman Sachs tentou transferir as ações que tinha adquirido ao magnata, este se fez de desentendido e começou a adiar a compra. Por fim, aquele papel não valia nada.[397]

Para tentar sair do buraco em que se encontrava, Robert Maxwell continuou a se afundar em areia movediça ao convencer o governo búlgaro a pedir um crédito ao Fundo Monetário Internacional (FMI) de 132,4 milhões de dólares. O magnata propôs aos búlgaros que, se o fizessem, assim que chegasse o dinheiro, ele trataria pessoalmente de reduzir a dívida externa. Na verdade, ele precisava ficar com 86 milhões de dólares do total que o FMI emprestaria à Bulgária.

Em julho de 1991, Maxwell tornou-se um alvo importante do MI5 e do MI6, em razão das relações estreitas com Vladimir Kriuchkov e a KGB, num momento de grande desestabilização na União Soviética. A ordem de colocá-lo sob vigilância chegou diretamente de Sir Colin McColl, o "C"[398] do MI6 sob o governo de Margaret Thatcher. Enquanto isso, o *sayan* introduzido pelo Mossad na Maxwell House continuava a informar seus chefes em Tel Aviv.

No final daquele verão de 1991, a Grã-Bretanha e os Estados Unidos entraram em recessão e a bolsa do Japão começou sua queda vertiginosa até o buraco negro da falência. Os investimentos do Ocidente na Rússia de Gorbachev não davam o resultado esperado, enquanto a situação continuava a agravar-se no Cáucaso. A necessidade do presidente russo de conseguir fundos quase o levou a "vender" as Ilhas Curilas[399] ao Japão por 24 bilhões de dólares. Enquanto isso, o primeiro-ministro Yitzhak Shamir continuava a pressionar Maxwell para que garantisse que nenhum grupo terrorista conseguiria o material nuclear que pudesse ser usado para destruir Tel Aviv ou qualquer outra cidade de Israel. Seguramente, Maxwell não tinha como garantir isso, mas seu erro foi continuar a garantir a Shamir e a Shabtai Shavit, o diretor do Mossad, que estava tudo tranquilo na Rússia. Seu grande amigo, Vladimir Kriuchkov, e um grande grupo de militares e funcionários do Partido Comunista preparavam um golpe de Estado contra Gorbachev. Em julho de 1991, as ações de Maxwell na MCC tinham perdido 60% do valor.

Em setembro, Robert Maxwell começou a dar os primeiros sinais de alarme ao Mossad sobre sua situação financeira cada vez mais instável, mas a espionagem israelense estava ocupada com as tratativas de paz com os palestinos e com a grande confusão em que tinham se metido com a Alemanha. Aparentemente, a polícia tinha confiscado um carregamento de armas que seriam contrabandeadas para Israel. O envio foi organizado pelo BND, a espionagem alemã, violando assim a lei federal que proibia a Alemanha de enviar material bélico a países em estado de guerra. Para solucionar o conflito, Shabtai Shavit enviou um especialista oficial, Efrayim Halevy, o mesmo que, sete anos depois, seria nomeado *memuneh* pelo primeiro-ministro Benjamin Netanyahu.

Na segunda-feira, dia 22 de julho, Maxwell recebeu a notícia de que o recém-criado Robert Maxwell Group (RMG) seria declarado insolvente se não recebesse, em questão de horas, uma injeção de 50 milhões de libras. Na manhã de terça-feira, dia 23, Maxwell e seu filho Kevin conseguiram levantar o dinheiro, mas tratava-se apenas de um pequeno remendo em uma grande teia que se desfazia lentamente.

Em Tel Aviv, tanto Shamir como Shavit estavam preocupados com as notícias que chegavam de Moscou. Seus *katsa* informavam que Kriuchkov tinha reuniões na Lubyanka até altas horas da noite com personalidades como Yazov, ministro da Defesa, ou Yuri Lukianov, presidente do Soviete Supremo. Valentin Pavlov, o primeiro-ministro, anunciava publicamente que a saúde de Gorbachev estava se deteriorando cada vez mais. Shavit temia que ele pudesse ser assassinado.

Pouco depois, o próprio Mossad descobriria que Robert Maxwell estava a par do golpe de Estado contra Mikhail Gorbachev e que teve várias reuniões secretas com Vladimir Kriuchkov, até no iate *Lady Ghislaine*, sem avisar o Mossad ou Shabtai Shavit. O *memuneh* podia ignorar qualquer excentricidade de Robert Maxwell, afinal ele conseguia informações valiosas para a inteligência israelense, mas organizar um golpe de Estado num país como a Rússia já era outra história. Nesse momento, Shabtai Shavit compreendeu que Maxwell havia se transformado num perigo real para a segurança do Estado de Israel e, por conseguinte, para o Mossad.

Em 15 de agosto de 1991, o prestigiado jornal *Financial Times* publicou a notícia de que a Goldman Sachs possuía 143 milhões de ações da MCC como garantia de créditos ao magnata Robert Maxwell. Isso foi a machadada final no instável império Maxwell. No dia seguinte, os banqueiros faziam fila em frente à casa de Maxwell para reclamar os juros dos empréstimos, que se aproximavam dos 415 milhões de dólares anuais. Por outro lado, os banqueiros israelenses não estavam tão otimistas como seus colegas britânicos e fizeram com que Shavit soubesse disso. Estava claro para muitos que, se Robert Maxwell caísse, cairiam com ele muitas cabeças poderosas.

No dia 18 de agosto, às nove da noite, o telefone particular de Shabtai Shavit tocou. Seu rosto ficou pálido. Do outro lado da linha alguém lhe informava que, há apenas três horas, um grupo de importantes líderes tinha dado um golpe de Estado contra Mikhail Gorbachev. Efetivamente, por volta das seis da tarde, enquanto descansava em sua *datcha* com a família, Gorbachev viu Yuri Plejanov, um oficial da KGB, do lado de fora, acompanhado por uma unidade de forças especiais do Ministério do Interior. Percebeu o perigo e correu ao telefone para ligar para o Kremlin. A linha fora convenientemente cortada. Seria o próprio chefe do Estado-Maior de Gorbachev, Valeri Boldin, quem lhe informaria da situação como enviado do recentemente autoproclamado Comitê de Emergência do Estado, que reunia os golpistas.[400] Boldin pressionou Gorbachev para assinar o documento que autorizava o decreto do Estado de Exceção e, por conseguinte, a tomada de controle de toda a Rússia pelo exército. Gorbachev negou-se, permanecendo preso, enquanto os oficiais da KGB lhe arrancavam a maleta com os códigos nucleares. O erro do líder da KGB e do golpe, Vladimir Kriuchkov, foi o de não prender de imediato os líderes da oposição, dirigidos por Boris Yeltsin. Estes se fortaleciam no edifício do Parlamento enquanto faziam circular a notícia de que precisavam que as pessoas saíssem às ruas em oposição ao golpe de Estado.[401]

Na manhã do dia 21, o terceiro do golpe, os conspiradores estavam escondidos. Boris Yeltsin deu a ordem para prender todos e enviou tropas especiais à *datcha* para colocar Mikhail Gorbachev a salvo e permitir seu regresso a Moscou.

Robert Maxwell manteve-se nos bastidores até ter a certeza do desenlace do golpe de Estado. Em seguida, começou a lançar, utilizando-se de seus meios de comunicação, dura artilharia contra os golpistas, muitos deles antigos sócios em negócios obscuros. Shabtai Shavit e os altos oficiais do Mossad começaram a pensar que posição Israel tomaria se Gorbachev descobrisse que Maxwell estava por trás do golpe ou, pelo menos, que tinha conhecimento dele. Yahalomin, a unidade de comunicações do Mossad, afirmou que havia sido informada sobre um telefonema do primeiro-ministro búlgaro, Andrei Lukanov, para o *Lady Ghislaine*. Ao que parece, ele tentou convencer Maxwell a interceder junto a Gorbachev para que pusessem Kriuchkov em liberdade. Maxwell não fez nada a esse respeito.

Cansado e pressionado por todos os lados, o magnata tornava-se cada vez mais perigoso. Via-se entre dois pagamentos que devia efetuar sem demora, um de 60 milhões de dólares à Goldman Sachs e outro de 755 milhões que tinha assinado em empréstimos para salvar a MCC.[402] Mas os banqueiros e os credores não eram os únicos que se juntariam à longa lista de perseguidores de Robert Maxwell. A milhares de quilômetros dali, Zvi, Efraim, Uri e Nahum, os quatro *kidon*, tiveram a terceira reunião no apartamento da rua Pinsker para decidir o destino do magnata. Era outubro de 1991.

Numa página do extenso "dossiê Maxwell", aparecia uma informação interessante que mostrava o hábito de o magnata automedicar-se com Halcion e Xanax, dois soníferos potentes. Uri pediu ao departamento científico do Mossad uma análise detalhada dos dois medicamentos. Dias depois, o *kidon* tinha sobre a mesa, num envelope fechado, o relatório solicitado. "Os primeiros efeitos colaterais do Halcion foram detectados num trabalho chamado 'Protocolo 321' realizado em 1972, no qual 28 prisioneiros tomaram Halcion durante 42 dias", explicava o relatório do Mossad. "De acordo com o laboratório, o número de casos de ansiedade e nervosismo, como consequência do Halcion, foram quatro, e houve mais dois incidentes de paranoia. Mas as verdadeiras conclusões do trabalho (quarenta casos de ansiedade e sete prisioneiros com paranoia), ocultas no relatório apresentado à FDA, foram descobertas por Ian Oswald, professor emérito de psiquiatria de Edimburgo".[403]

O segundo medicamento que Maxwell ingeria sem nenhum controle era o Xanax, pertencente ao grupo das benzodiazepinas, que atuam como receptores no cérebro. O magnata tomava grandes quantidades do fármaco para reduzir a ansiedade e regular o sono. A bula indicava que o medicamento tinha efeitos colaterais e que sua supressão devia ser feita de modo gradual. Suspender seu uso de forma brusca provocaria comportamentos anormais, confusão, ansiedade, depressão e alterações nervosas, entre outros problemas.

Depois de ler o relatório, o *kidon* colocou o documento novamente no envelope e anexou-o ao dossiê. Aquele relatório talvez fosse a chave para a ação que o Kidon levaria a cabo contra Robert Maxwell. Agora, a principal preocupação dos líderes do Mossad era o não vazamento da existência de uma conspiração para matá-lo, o que poderia provocar a queda do governo.[404] Os quatro *kidon* passaram por alto os imprevistos políticos que poderiam surgir e que levariam à ruína todo o planejamento da operação. Uri disse aos outros assassinos do Mossad que deviam trabalhar e planejá-la como se fossem executá-la no dia seguinte.

Tudo estava tranquilo no esconderijo da rua Pinsker, assim como na sede do Mossad. Mas essa tranquilidade foi quebrada quando um *katsa* da estação de Nova York telefonou para seu intermediário e informou que, durante um jantar, alguém lançara mão de um exemplar do livro *The Samson Option: Israel's Nuclear Arsenal and American Foreign Policy*, escrito pelo famoso jornalista Seymour Hersh. Um dos capítulos descrevia como o magnata Robert Maxwell tinha denunciado Mordechai Vanunu ao Mossad.[405] Outra informação revelada por Hersh em seu magnífico livro foi a perigosa relação Mossad-Maxwell-Casa Branca, um duro golpe não só para a inteligência israelense, mas também para o próprio Estado de Israel e seus altos dirigentes, em especial para Yitzhak Shamir e Shimon Peres.

Uma epidemia de pânico começou a se espalhar nas altas esferas do Mossad. Alguém telefonou para o apartamento na rua Pinsker e deu a um dos *kidon* a ordem de "alerta vermelho", anterior à de Luz do Dia, o estado de alerta máximo dos agentes dos serviços secretos israelenses. Em meio à tormenta que se aproximava, Robert Maxwell, pressionado por dezenas de banqueiros que exigiam a devolução dos empréstimos, telefonou para Shabtai Shavit pedindo a ajuda do Mossad ou de Israel para conseguir 400 milhões de libras esterlinas para cobrir o primeiro rombo na grande teia que se rompia. Shavit disse ao magnata que nada podia fazer e que o Mossad não tinha dinheiro para ajudá-lo. Com isso, o *memuneh* dava a Robert Maxwell a punhalada final. Maxwell já era passado. Um novo telefonema para o apartamento na rua Pinsker pôs a equipe do Kidon em "Luz do Dia".

Os quatro *kidon* começaram a preparar tudo para o ataque ao alvo, incluindo suas identidades apoiadas por passaportes franceses. Os quatro se passariam por amigos que partilhavam o gosto pela pesca. Um *sayan* em Madri havia alugado para eles uma potente embarcação que os esperava no porto de Las Palmas, nas Canárias. A Yahalomin, a unidade de comunicações do Mossad, e o Yarid, departamento responsável pela segurança das operações do Mossad na Europa, trataram de apoiar a equipe de *kidon* que tinha de chegar à Espanha. Tudo devia estar bem organizado.

Em 30 de outubro, quatro homens desembarcaram no aeroporto de Las Palmas em um voo procedente de Zurique à espera de novas ordens. Os quatro *kidon* faziam parte da equipe de elite da Metsada, a unidade de operações especiais do Mossad. Enquanto isso, no sétimo andar do edifício da avenida King Saul, quartel-general do Mossad em Tel Aviv, havia sido instalada uma sala de operações para controlar os movimentos dos *kidon*.

Maxwell esperava encontrar-se a bordo do *Lady Ghislaine* com alguém da alta cúpula do Mossad, na esperança de receber os 400 milhões de libras esterlinas de que precisava para remediar suas finanças. O magnata mostrava-se otimista diante dessa perspectiva. Em Gibraltar, o capitão Gus Rankin supervisionava todos os detalhes do iate antes da chegada do grande chefe.

Robert Maxwell dera instruções a Rankin sobre a rota do *Lady Ghislaine*. Ilha da Madeira, Santa Cruz de Tenerife, Ilhas Canárias e, em seguida, Nova York. O magnata queria passar o Natal na cidade dos arranha-céus, a bordo do iate.

Em 31 de outubro, às 11h30, o Gulfstream de Maxwell sobrevoava a cidade de Cádiz, descendo até o pequeno aeroporto de Gibraltar, aos pés do imponente penhasco. Maxwell estava de muito bom humor quando, chegando ao cais, avistou o *Lady Ghislaine*, com seus 55 metros de comprimento e nove de largura, com suas quinhentas toneladas que podiam ser deslocadas a uma velocidade de dezessete nós. O iate podia navegar cerca de 5.100 quilômetros sem precisar abastecer, com uma capacidade para 78 mil litros em seu tanque de combustível. No seu interior, contava com uma sala de controle e outra de comunicações dotada com as mais modernas tecnologias, o mais recente computador IBM, três faxes, um sofisticado sistema VHF e um receptor e emissor de alta frequência.[406] Segundo o diário de bordo, Robert Maxwell embarcou no *Lady Ghislaine* às 13h15 do dia 31 de outubro para aquela que seria sua última viagem.

Às 13h30, o iate já navegava entre os navios de guerra britânicos rumo ao Estreito de Gibraltar, em direção ao Atlântico, até a Ilha da Madeira. Nesse momento, em Londres, os banqueiros da Goldman Sachs, da Lehman Brothers e da Swiss Bank Corporation (SBC) reclamavam a presença de Maxwell para lhe exigir o pagamento dos empréstimos concedidos. O empresário esperava ansiosamente chegar à Ilha da Madeira para ter notícias dos 400 milhões de libras esterlinas que o Mossad supostamente lhe emprestaria. Naquele 31 de outubro de 1991, a dívida da Maxwell Communications Corporation (MCC) alcançava os 2 bilhões de libras esterlinas.

Enquanto o *Lady Ghislaine* seguia seu percurso, nas Ilhas Canárias, quatro *kidon* esperavam ordens de Tel Aviv. A senha para entrar em ação era "Tycoon", e só o quartel-general do Mossad poderia pronunciá-la.

No dia 2 de novembro, o *Lady Ghislaine* começou a reduzir a marcha para entrar no estreito porto de Funchal. Ao sul do porto de Las Palmas, agindo apenas como quatro pescadores, os *kidon* continuavam à espera da senha. Uma vez na capital da Madeira, Maxwell dirigiu-se ao hotel Reid's Palace, um dos melhores do mundo. Entrou pela porta principal e, trinta minutos depois, voltou a sair rapidamente para pegar um táxi e voltar ao cais onde o iate estava ancorado.

Depois de uma rápida ducha e um belo prato de lagosta, caviar e champanhe, Maxwell regressou ao seu camarote ansioso por um telefonema que demorava a acontecer. No dia 3 de novembro, farto de navegar nas águas da Ilha da Madeira, ordenou a Rankin que fosse rumo às Canárias, enquanto pedia para que telefonassem a um de seus advogados para que se encontrasse lá com ele.

O capitão do *Lady Ghislaine* telefonou para David Whiteman, o segundo piloto de Maxwell, e disse a ele que o magnata desejava voar de Tenerife para Londres assim que atracassem na ilha. Na segunda-feira, dia 4 de novembro, os filhos de Maxwell voltavam a enfrentar uma multidão de credores em Londres. Kevin e Ian Maxwell tentavam lutar contra o tempo para salvar o que pudessem do império que afundava. A milhares de quilômetros da cidade londrina, o *Lady Ghislaine* chegava à entrada do porto de Santa Cruz de Tenerife. Do outro lado da ilha, quatro tripulantes preparavam-se para sair para "pescar" numa pequena embarcação, só que, desta vez, o peixe seria um dos grandes magnatas da mídia.

Maxwell fez uma chamada interna a Rankin e disse que queria tomar banho de mar nu em alguma baía deserta. O veterano capitão rumou para o sul, até perto de Poris de Abona. O *Lady Ghislaine* era seguido de perto por uma embarcação menor.

Por volta das 21h45, Robert Maxwell voltou a ordenar ao capitão que o levasse até Los Cristianos, quase no outro extremo da ilha de Tenerife, muito perto do aeroporto. A viagem duraria cerca de doze horas, visto que primeiro iriam pela costa até o extremo norte de Tenerife e depois se dirigiriam à extremidade setentrional das Ilhas Canárias. Assim que chegassem lá, o *Lady Ghislaine* rumaria para o sul, em direção a Las Palmas, até o extremo meridional.[407] Às 22h, o iate de Maxwell navegava rumo ao alto-mar. Outra pequena embarcação fazia o mesmo percurso.

Os *kidon* tinham recebido da unidade Yahalomin as informações sobre a rota do iate. Os *katsa* informaram que o *Lady Ghislaine* faria uma navegação noturna em águas solitárias. Maxwell acabava de falar com seu filho Ian, mas não tinham falado sobre negócios. Naquela noite, Robert Maxwell desejava apenas ficar naquele oceano azul. Queria esquecer-se dos credores que o esperavam como abutres em Londres.

O iate navegava silenciosamente, seguido a poucos metros de distância por uma pequena embarcação com quatro assassinos do Mossad a bordo. Às 4h25 de terça-feira, 5 de novembro, o chefe de máquinas, Leo Leonard, inspecionou a pressão dos três geradores Mercedes. Ao sair da casa das máquinas, encontrou-se com Maxwell: "Ele vestia uma camisa azul e estava de pé num canto a estibordo, com a mão esquerda apoiada na beirada da embarcação", diria depois. Aquele local era o único ponto cego das câmeras de segurança do iate, e Maxwell sabia disso. Utilizara-o centenas de vezes para ter relações sexuais com alguma amante.

Às 4h45, o convés recebeu uma chamada do magnata dizendo que sentia frio no seu camarote e que elevassem a temperatura do aquecimento. Foram as últimas palavras que a tripulação ouviu.

Entre 4h45 e 5h, um bote inflável com motores potentes e três *kidon* aproximou-se a bombordo do *Lady Ghislaine*. O quarto ficara na pequena embarcação caso fosse necessário agir para resgatar os companheiros.

Os três estavam vestidos com roupas de neoprene preto e com os rostos pintados. Dois deles seguravam ganchos revestidos com borracha para não fazer barulho ao prendê-los nos corrimões do *Lady Ghislaine*. Com um salto, os dois assassinos do Mossad subiram à embarcação. O primeiro abria caminho para o segundo. Este tinha consigo uma seringa cheia de uma potente substância fabricada no Instituto de Investigação Biológica de Tel Aviv.

Poucos passos à frente, os dois homens encontraram-se diante de Maxwell. Com um só golpe, o *kidon* cravou a agulha no pescoço do magnata, por trás da orelha direita, e a apertou, introduzindo toda a substância em seu corpo. O outro segurou Maxwell e, aplicando-lhe uma chave de braço, fez com que ele perdesse o equilíbrio, atirando-o ao mar. Em seguida, do mesmo modo que chegaram, os executores do Mossad saltaram da embarcação, enquanto o *Lady Ghislaine* se distanciava. Antes de serem recolhidos pelo bote inflável, viram um grande vulto à mercê das ondas. Era o cadáver de Robert Maxwell.[408]

A tripulação não se deu conta do desaparecimento de Maxwell até as 11h15 do dia 5 de novembro. Foi quando Rankin acionou o alarme com a mensagem "prioridade 3" ou "homem ao mar". Depois, o Serviço de Resgate e Salvamento Marítimo começou a busca pelo homem que tinha sido capaz de mexer com a política mundial por capricho, sem se preocupar com quem destruiria ao fazer isso.

A essa altura, os membros do kidon e do Yahalomin já tinham retornado ao seguro refúgio de Israel. Os líderes do país começavam a inteirar-se do acontecido por meio dos meios de comunicação. O próprio Yitzhak Shamir fora informado nessa mesma manhã pelo embaixador de Israel em Madri. Às 13h40, a operação de resgate estava em pleno curso. Às 17h45, um pescador enviou uma mensagem avisando que tinha visto um corpo flutuando. Um helicóptero Puma dirigiu-se para a área. Cerca de quinze metros abaixo, flutuava o cadáver de Robert Maxwell com os olhos abertos e os braços cruzados sobre o corpo. Um membro da equipe de resgate pulou na água e colocou o cinturão de resgate em volta do volumoso corpo do magnata, que foi içado e levado para a base militar de Gando.

Depois de uma série de autópsias com resultados divergentes e imprecisos, o cadáver de Robert Maxwell foi levado a Jerusalém para ser enterrado dentro da mais rigorosa norma ortodoxa judaica, aos pés do Monte das Oliveiras. A filha preferida do magnata, Ghislaine, foi quem comunicou oficialmente à imprensa a morte do pai. Em seguida a um breve discurso, um jornalista perguntou à jovem: "Como acha que seu pai morreu?" Ghislaine Maxwell respondeu laconicamente: "Acho que o assassinaram".

Na sexta-feira, dia 8 de novembro, o avião civil que levava o corpo de Maxwell para Israel foi surpreendido por dois caças F-16 da Força Aérea. Um dos pilotos indicou que eram sua escolta para Jerusalém. Era evidente que aquele gesto teria agradado o magnata morto, tão pomposo que era.

No domingo, dia 10 de novembro, o funeral de Estado foi presidido pelo presidente de Israel, Haim Herzog, e pelo primeiro-ministro, Yitzhak Shamir. Entre os presentes que observaram o corpo de Robert Maxwell sendo colocado no túmulo de mármore branco com uma inscrição em hebraico, encontrava-se o poderoso *memuneh*, Shabtai Shavit.[409] Shimon Peres, o mesmo que estava presente quando o então *memuneh* Nahum Admoni propôs ao magnata tornar-se espião do Mossad, disse o seguinte sobre Maxwell durante o funeral: "Ele fez mais por Israel do que é possível dizer aqui e agora". Mas para o atual chefe da espionagem israelense, estava claro que aquele corpo de 140 quilos era apenas o resultado de um problema incômodo que o Kidon acabava de tirar de cima do Mossad e do Estado de Israel. Depois, uma espessa cortina de fumaça envolveu tudo que era relacionado com a Operação Tycoon. Não havia perguntas nem respostas. Nada, absolutamente nada.

Andrei Lukanov, o homem de Maxwell e da KGB na Bulgária, saiu do seu apartamento no bairro residencial de Iztok, em Sofia, em 1º de outubro de 1996. Na rua, esperava ver o seu motorista e o seu guarda-costas, mas eles não estavam lá. De um portão próximo, saiu um homem armado com uma Makarov 9mm e disparou no peito e na cabeça de Lukanov, matando-o na hora.

Miho Mihov, diretor do Credit Bank, deu um tiro na própria nuca; **Sasho Danchev** e **Peter Boichev** suicidaram-se convenientemente; **Ivo Janchev** apareceu enforcado em um banheiro público. Os quatro mantinham estreitas relações com Maxwell.

Janos Pasztor, um financista amigo de Maxwell que canalizara vários fundos ilegais de suas empresas e que conhecia as estreitas relações do magnata com o Mossad, sentiu-se indisposto um dia. Em 5 de novembro de 2000, faleceu em razão de uma misteriosa doença que ninguém soube explicar como contraíra.

O jornalista **Danny Casolaro**, que investigou as obscuras relações de Robert Maxwell com o Irangate e com o ultrassecreto programa Promis, desenvolvido pelo Mossad, foi assassinado no banheiro do hotel Martinsburg, na Virgínia. Havia dez cortes em cada um de seus pulsos, para que parecesse que se tratara de suicídio.

O jornalista **Jonathan Moyle**, que investigou as ligações de Robert Maxwell com as atividades das Indústrias Cardoen, propriedade de Carlos Cardoen, um dos principais vendedores de armas da América do Sul, apareceu enforcado com a própria camisa dentro do armário do seu quarto num hotel de Santiago do Chile.

Em setembro de 1992, **Kevin Maxwell** declarou falência por um montante total de 405 milhões de libras esterlinas. **Betty Maxwell**, a viúva do magnata, continua se dedicando a instituições de caridade e, de vez em quando, visita o túmulo do marido em Israel.

FOTOS

Emblema do Mossad.

Quartel-general do Mossad.

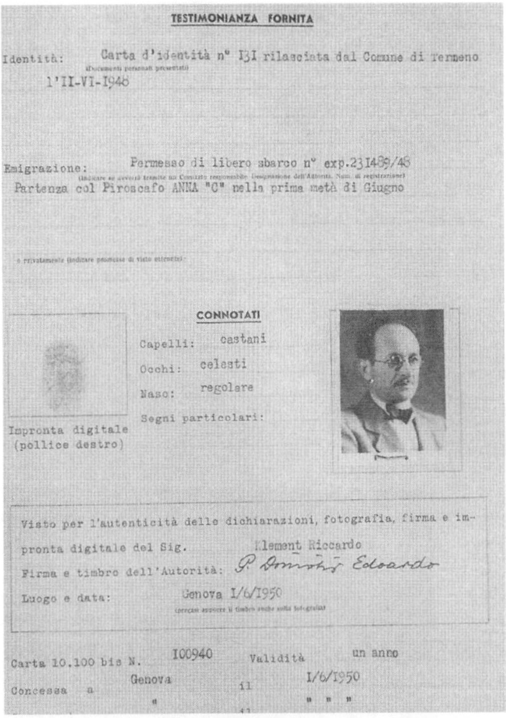
TESTIMONIANZA FORNITA

Identità: Carta d'identità n° 131 rilasciata dal Comune di Termeno 1'II-VI-1948

Emigrazione: Permesso di libero sbarco n° exp.231489/48
Partenza col Piroscafo ANNA "C" nella prima metà di Giugno

CONNOTATI

Capelli: castani
Occhi: celesti
Naso: regolare
Segni particolari:

Impronta digitale (pollice destro)

Visto per l'autenticità delle dichiarazioni, fotografia, firma e impronta digitale del Sig. Klement Riccardo
Firma e timbro dell'Autorità: P. Dömöter Edoardo
Luogo e data: Genova 1/6/1950

Carta 10.100 bis N. 100940 Validità un anno
Concessa a Genova il 1/6/1950

Documento da fuga de Adolf Eichmann emitido pela Cruz Vermelha Internacional graças à mediação realizada pelo Vaticano.

Depois de seu sequestro e transferência para Israel, ele foi julgado e condenado à morte por enforcamento.

Anton Kunzle (à esquerda) liderou a equipe que eliminou o "Carrasco de Riga" Herbert Cukurs (à direita).

Depois da execução, o corpo de Herbert Cukurs foi colocado em um baú, no qual foi encontrado pela polícia uruguaia.

Famosa foto de um dos terroristas do "Setembro Negro" na sacada da Vila Olímpica de Munique, em 1972.

Fotografia da equipe de luta livre israelense, apenas um dia antes do ataque. Onze deles morreriam pouco tempo depois de tirada a foto.

O Papa Paulo VI ordenou que a inteligência do Vaticano, “A Entidade”, protegesse Golda Meir em sua primeira visita à Santa Sé.

O jovem Ehud Barak segura pelo braço a terrorista ferida Thereseh Halaseh após libertar um voo belga sequestrado, em 9 de maio de 1972.

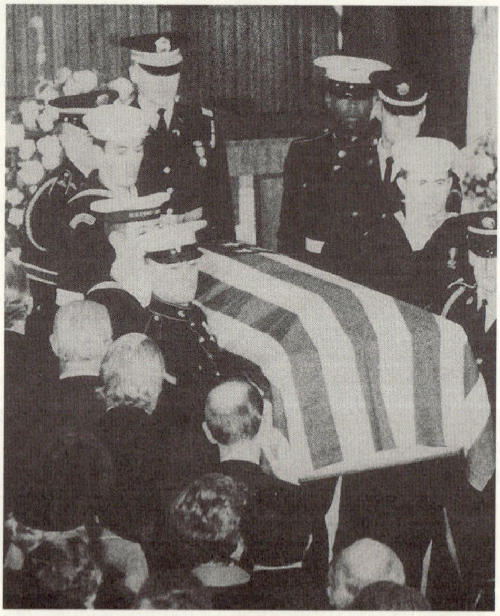

Funeral do embaixador norte-americano Cleo Noel, assassinado pelo Setembro Negro no Sudão em 2 de março de 1973.

Rua Toullier 9, onde Carlos "O Chacal" matou seu ex-colaborador Moukharbel e três agentes da contrainteligência francesa. Pouco tempo depois, Carlos substituiria Mohamed Boudia após este ser morto pelo Mossad na Operação "Barba Azul".

Ali Hassan Salameh, conhecido como "Príncipe Vermelho" e fundador do Setembro Negro, foi assassinado pelo Kidon nas ruas de Beirute em 22 de janeiro de 1979, em consequência de uma bomba colocada em seu carro.

Soldados israelenses foram enviados ao aeroporto de Entebbe, em Uganda, para libertar reféns judeus mantidos por terroristas palestinos e alemães. Israel tentou pressionar Idi Amin Dada, sem sucesso.

Acima, usina nuclear na cidade iraquiana de Osirak, após o ataque da força aérea israelense. Abaixo, a mesma instalação em 2009.

Vista externa da instalação nuclear secreta em Dimona, no deserto israelense.

Dois kidon do Mossad fotografados por uma câmera de segurança em uma rua de Londres enquanto protegiam seu alvo, o técnico nuclear Mordechai Vanunu.

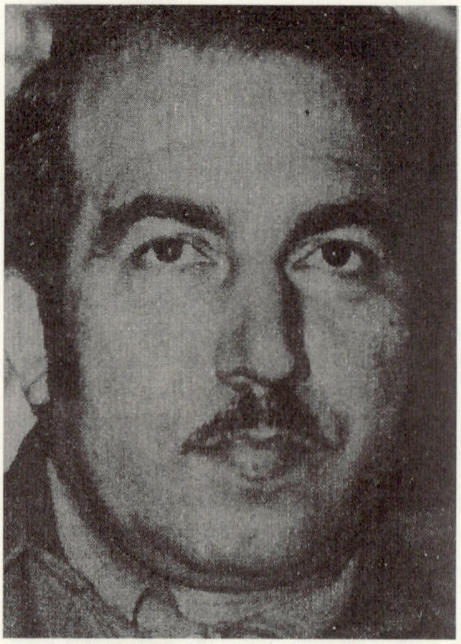

Abu Jihad, o número 2 da OLP, seria assassinado em sua casa na Tunísia por agentes e soldados israelenses em 16 de abril de 1988.

O engenheiro canadense e especialista em armas Gerald Bull foi o principal responsável pelo projeto de um supercanhão para o líder iraquiano Saddam Hussein. Bull foi assassinado em 22 de março de 1990, em Bruxelas.

O magnata da mídia Robert Maxwell sabia demais sobre as operações obscuras da inteligência israelense. Ele estava em seu iate de luxo quando caiu misteriosamente no mar, no dia 5 de novembro de 1991.

Fathi Shaqaqi, secretário-geral da Jihad Islâmica Palestina, seria eliminado pelo Mossad em 26 de outubro de 1995.

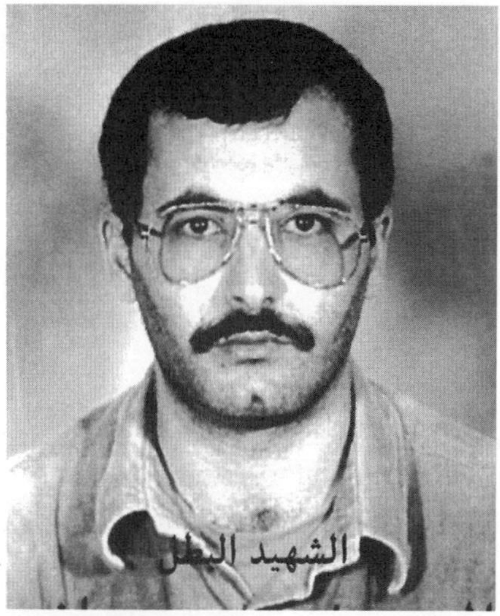

Yahya Ayyash, conhecido como "O Engenheiro", era o especialista em explosivos do Hamas. Foi assassinado pelo Mossad em 5 de janeiro de 1996 com a detonação de um explosivo colocado dentro do seu próprio telefone celular.

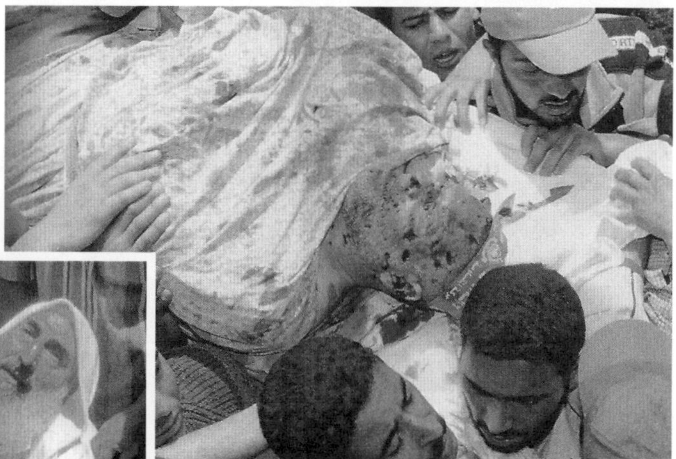

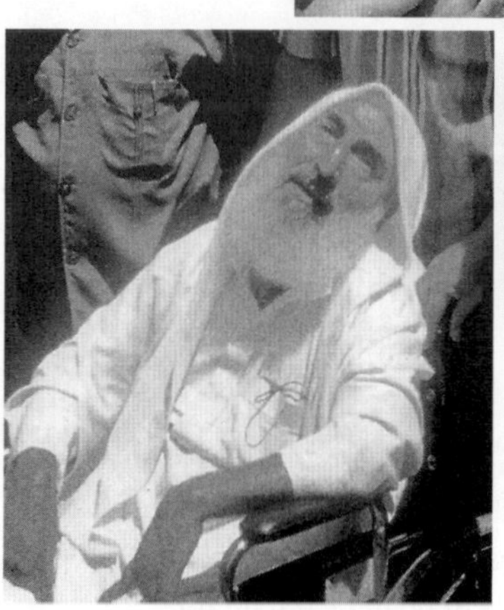

O xeique Ahmed Yassin, fundador e líder máximo do Hamas, declarou guerra terrorista contra Israel. O Mossad colocou um detector em sua cadeira de rodas e um míssil lançado de um helicóptero Apache fez o restante do serviço em 22 de março de 2004.

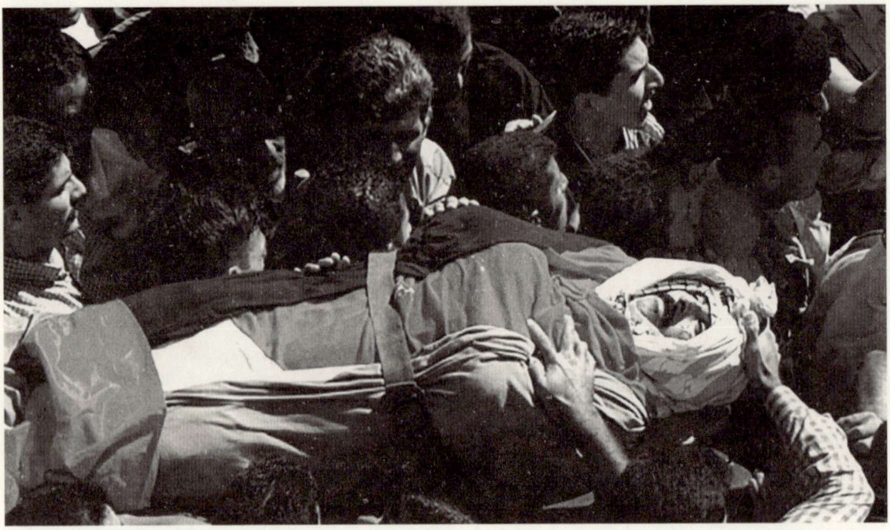

Hussein Abayat liderou uma campanha de tiros contra soldados israelenses. Em 19 de novembro de 2000, Israel o localizou em seu Mercedes-Benz preto. Um ataque de míssil acabou com a sua vida.

Abu Ali Mustafa, secretário-geral da FPLP, seria assassinado em agosto de 2001, depois de liderar uma campanha de atentados com bombas em boates e restaurantes israelenses.

Meir Dagan, o todo-poderoso chefe do Mossad, mantinha sobre sua mesa de trabalho uma fotografia de seu avô materno, Ber Erlich Sloshny, segundos antes de ser executado pelos nazistas. Ela tinha como função lembrá-lo de que isso jamais aconteceria novamente.

Beirute tornou-se uma zona devastada após o ataque do Hezbollah ao primeiro-ministro Rafic Hariri.

Ahmed Jabari, segundo no comando das Brigadas Izz ad-Din al-Qassam, ordenou a intensificação do ataque contra Israel com foguetes Qassam. Um míssil lançado por um drone MQ-9 atingiu seu veículo em uma rua de Gaza, matando-o e a seu guarda-costas instantaneamente.

Um míssil lançado por um drone MQ-9 matou o fundador e porta-voz do Hamas, Ismail Abu Shanab, em 21 de agosto de 2003. Shanab era a favor de ataques realizados em ônibus israelenses por homens-bomba.

O Kidon promoveu uma intensa campanha de assassinato de técnicos e cientistas nucleares iranianos. Dois de seus alvos foram Majid Shahriari (à esquerda), por meio de uma bomba plantada em seu veículo, e Ardeshir Hosseinpour (à direita).

O Kidon tentou por muito tempo localizar e executar Imad Mughniyeh, líder militar do Hezbollah. Depois de várias tentativas, o assassinato foi bem-sucedido em 12 de fevereiro de 2008, quando instalou um poderoso explosivo no encosto de cabeça do banco do motorista do seu 4x4.

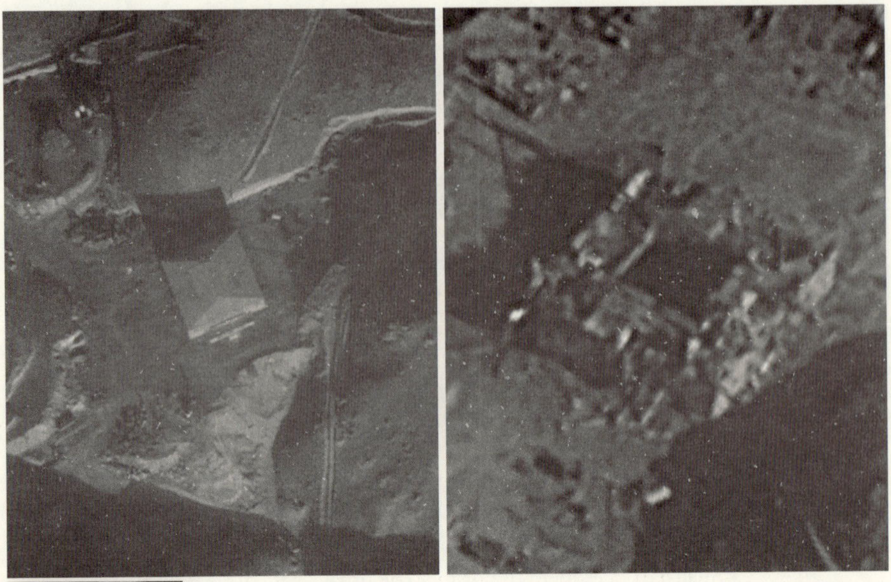

A instalação nuclear síria em Al-Kibar se tornaria o principal alvo de Israel depois que o Mossad descobriu que se tratava da fábrica de bombas nucleares do regime sírio. O presidente George W. Bush lavou as mãos diante da ameaça.

A Interpol tornou públicas imagens dos agentes israelenses que participaram da chamada Operação Raquete.

Em 7 de agosto de 2020, o Mossad matou Abdullah Ahmed Abdullah (à esquerda), conhecido como "Abu Mohamed al-Masri", o número 2 da Al-Qaeda, em uma rua de Teerã. Sua filha, que também morreu no ataque, era a esposa de Hamza, filho de Osama bin Laden.

Memorial aos cientistas nucleares iranianos mortos pelo Mossad.

CAPÍTULO 14

OPERAÇÃO CESÁREA

ALVO: Fathi Shaqaqi

POSIÇÃO: Principal líder da Jihad Islâmica

DATA: 26 de outubro de 1995

Aquele 22 de janeiro de 1995 amanhecia para o primeiro-ministro, o trabalhista Yitzhak Rabin, como qualquer outro dia no seu gabinete em Jerusalém. Fortes pressões dos colonos por conta da possível devolução de terras aos palestinos; fortes pressões dos partidos ortodoxos na Knesset por conta das negociações concluídas, no ano anterior, com Yasser Arafat; e fortes pressões do partido conservador Likud, que o acusava de ter se vendido aos desejos dos Estados Unidos e dos palestinos. As negociações secretas ocorridas em Oslo já estavam muito distantes para aquele homem já um tanto cansado, com 70 anos, que assumira novamente o cargo de primeiro-ministro de Israel no dia 13 de julho de 1992.[410] Também estava muito distante o tratado de paz assinado com o rei Hussein da Jordânia, no dia 26 de outubro de 1994, ainda que na realidade fizesse apenas três meses que o assinara como líder de Israel. As pressões que Rabin vinha sofrendo faziam com que aqueles bons momentos fossem ofuscados pela distância. O Prêmio Príncipe de Astúrias da Concórdia, que compartilhara com seu inimigo histórico Yasser Arafat, ou o Prêmio Nobel da Paz, também compartilhdo com o líder palestino e com seu colega de partido, Shimon Peres, estavam no passado. Seus pensamentos foram interrompidos repentinamente pelo som do telefone.

Rabin voltou à realidade e atendeu à ligação. Enquanto ouvia com atenção, seu rosto ia mudando de expressão. Do outro lado da linha, o general Ehud

Barak,[411] chefe do Estado-Maior do Exército Israelense, informava-o de um ataque suicida cometido por terroristas da Jihad Islâmica em um ônibus em Beit Lid, a 25 quilômetros de Tel Aviv. Rabin tentou recuperar a fala e lançou ao seu interlocutor um lacônico: "Quantos?". "Por enquanto, 21 mortos, vinte militares e um civil, e mais de 65 feridos", respondeu Barak. Yitzhak Rabin desligou e fez uma chamada interna ao ministro dos Negócios Estrangeiros, Shimon Peres, convocando uma reunião de emergência do gabinete. Horas depois, os presentes em torno da grande mesa mostravam semblantes sérios e afetados em decorrência do atentado que Israel acabava de sofrer. A primeira decisão foi a proibição aos palestinos da Faixa de Gaza e de Jericó de entrarem em Israel, além da suspensão da livre circulação entre as duas zonas aos residentes desses territórios.

Enquanto estavam reunidos, Karmi Gilon, diretor do Shin Bet,[412] passou uma nota a Rabin. Na televisão palestina, Yasser Arafat, com quem partilhara meses antes o Prêmio Nobel da Paz, declarava: "Mataremos e seremos mortos, assassinaremos e seremos assassinados [...], nossos irmãos, heróis da Jihad Islâmica". Ao final da reunião, Rabin convocou ao seu gabinete Karmi Gilon; o *memuneh* do Mossad, Shabtai Shavit; e o general Uri Saguy, chefe do serviço de inteligência militar, a Aman. "Quero detenções. Quero culpados. Quero os responsáveis", disse o primeiro-ministro aos três homens ali reunidos.

No dia 23 de janeiro, Rabin decidiu renovar o período de isenção de três meses que permitia o recrutamento de mais agentes pelo Shin Bet. Em 5 de fevereiro, o primeiro-ministro ampliou o período máximo de "prisão administrativa" para um ano, renovável, para delitos de terrorismo islâmico. De outubro de 1994 a fevereiro de 1995, 2.400 pessoas haviam sido presas por questões de segurança. Ainda assim, o país começava a afundar num lamentável período de tensão, e nada disso ajudava a evitar atentados como os ocorridos em Tel Aviv, no dia 19 de outubro do ano anterior, em um ônibus da linha 5, quando 22 pessoas perderam a vida, e o sucedido em Beit Lid no dia anterior, com 21 vítimas.

Na tarde do mesmo dia 23 de janeiro, Yitzhak Rabin dirigiu-se à nação pela televisão israelense. O discurso fazia sobretudo um apelo à unidade: "Nesta hora difícil, não há esquerda ou direita, seculares ou religiosos: todos somos o povo de Israel. E, em nome deste povo de Israel, que conheceu dias difíceis e grandes momentos, partilhamos a dor e as lágrimas", disse. Rabin também lançava uma clara mensagem aos líderes islâmicos:

> "Os que foram severamente feridos ontem, o foram por uma nova forma de terrorismo que está sendo usada por nossos inimigos, os extremistas islâmicos palestinos. Vimos esse tipo de terrorismo em Israel apenas nos últimos dois anos. Antes, tínhamos visto com o Hezbollah, no Líbano. É um tipo de terrorismo usado por gente

desequilibrada, disposta a colocar explosivos em seus corpos ou em seus automóveis para matar israelenses e eliminar a possibilidade da paz no conflito mais complexo que existiu entre nós e o mundo árabe: o conflito entre nós e os palestinos. Temos de enfrentar esses fanáticos cheios de ódio, e estou convencido de que, assim como impedimos alguns dos ataques, podemos combatê-los com todas as nossas forças. Estou certo de que, com o tempo, também encontraremos uma solução para eles, que escolheram nos atacar nos lugares em que ainda têm liberdade de movimento. Isso nos obriga a estarmos alertas, sermos cuidadosos, denunciarmos coisas suspeitas. Não há outra alternativa. A realidade hoje é que todos somos um exército e todo o país está na linha de frente de combate, até que saiamos vitoriosos.

No final do discurso emoldurado pela bandeira de Israel, coroada pela Estrela de Davi, Rabin lançou uma mensagem clara aos homens que deviam proteger o país por meio das operações de inteligência, Shabtai Shavit, do Mossad; Karmi Gilon, do Shin Bet e o general Uri Saguy, da Aman. "Aos nossos inimigos, dizemos, como no passado: vamos combatê-los, agora e no futuro [...] continuaremos a procurar a paz, enquanto os perseguimos e atacamos. Nenhuma fronteira cruzará nosso caminho. Serão eliminados. Venceremos. Nenhum inimigo poderá nos derrotar", disse o primeiro-ministro.

Yitzhak Rabin ia moldando a voz enquanto finalizava o discurso: "Temos de encontrar o denominador comum de todos nós e assim conseguir o sonho de gerações de judeus nos dois mil anos de exílio. Cumpriremos a fé judaica do regresso a Sião, a construção de um país forte no qual possamos viver em paz e segurança. Boa noite". À medida que as câmeras eram desmontadas e o veterano político se levantava da mesa e recolhia os papéis que ali estavam, Gilon fez-lhe um sinal. "Primeiro-ministro, temos em nosso poder o testamento dos terroristas suicidas dos atentados de Tel Aviv e Beit Lid", disse o chefe do Shin Bet. Rabin deu então a ordem de convocar ao seu gabinete os membros do Varash, o Comitê de Chefes dos Serviços Secretos.

Uma hora e meia depois, Rabin sentava-se diante de uma grande mesa rodeada pelos membros de um dos comitês de espionagem mais secretos do mundo. Karmi Gilon colocara sobre a mesa uma pasta vermelha com a palavra "Confidencial" na capa, laureada pelo brasão do Serviço Geral de Segurança. Dentro, várias cópias mostravam dois textos em árabe. O primeiro fora escrito, com a data de novembro de 1994, por Hisham Hamed, antes de se sacrificar e matar três soldados israelenses em Nazarim. "Queridos familiares e amigos! Escrevo este testamento com lágrimas nos olhos e tristeza no coração. Quero dizer-lhes que os deixo e peço o perdão de vocês, porque decidi me encontrar hoje com Alá, e esse encontro é muito mais importante que continuar vivo nesta terra...". Os membros do Varash leram o segundo texto: "Vou vingar-me dos filhos dos macacos e dos porcos, dos infiéis sionistas e inimigos da humanidade. Vou encontrar-me com o meu irmão na fé Hisham Hamed e o meu mestre Fani al-Abed, e com todos os mártires e santos no paraíso. Por favor, perdoem-me", pedia o terrorista que no dia anterior matara 21 israelenses em Beit Lid.

Rabin passou então a palavra ao *memuneh* Shabtai Shavit. Muitos dos seus colegas da comunidade de inteligência classificavam-no como um porteiro de hotel barato, que se vestia com roupa cuidadosamente engomada, que apertava a mão sem força e não olhava as pessoas nos olhos.[413] O *memuneh* levantou-se e explicou aos poderosos interlocutores: "O terrorismo suicida moderno surgiu no início dos anos 1980, no Líbano. Os pioneiros foram os militantes do grupo xiita libanês do Hezbollah, o pró-iraniano Partido de Deus, quando, em 1983, atacaram simultaneamente os quartéis-generais dos fuzileiros navais norte-americanos e da força multinacional francesa, em Beirute, deixando mais de trezentos mortos", disse. Os chefes do Mossad e do Shin Bet relatavam diante do Varash a situação vivida nos bairros das cidades palestinas em Gaza e na Cisjordânia. Os pássaros verdes, que simbolizavam os suicidas, apareciam em cartazes e em grafites nos muros cinzentos das zonas árabes. Distribuíam-se clandestinamente calendários ilustrados com "o comando do mês" ou pôsteres com seus retratos, mostrando-os no paraíso, triunfantes e rodeados de pássaros verdes. O símbolo baseia-se numa frase do profeta Maomé, que disse que a alma de um mártir é levada para Alá num pássaro verde. Os jovens cantavam os nomes dos suicidas, fazendo o gesto islâmico da vitória, o punho direito fechado com o dedo indicador levantado em direção ao céu. "A biografia de Muawiya Ruqa, que explodiu a si mesmo dentro de uma carroça puxada por um burro perto de um assentamento israelense em Gaza, conta como a sua alma foi levada para o céu num pedaço da bomba. O pequeno exemplar é um dos mais lidos pelos jovens palestinos", disse Karmi Gilon.

Rabin deixou claro que queria os responsáveis, quase o ordenou. Precisava deles para entregá-los a Israel. Eram culpados e tinham de pagar pelo ataque infligido a todo o país. Novamente, o velho ditado hebraico do "olho por olho, dente por dente" voltava à luz e devia ser o Kidon a fazer cumprir essa regra escrita com sangue desde o nascimento da temível unidade do Mossad.

Enquanto o carismático líder israelense continuava com a política de apertar a mão do seu antigo inimigo Yasser Arafat diante dos meios de comunicação de todo o mundo, encontrava-se secretamente com Shabtai Shavit para a ativação de um esquadrão do Kidon, o longo braço de Israel.

Em setembro, o *memuneh* voltou a se reunir com os membros do Varash. Desta vez, o Saifanim, departamento de inteligência israelense responsável por coletar informações sobre a OLP, conseguira juntar todas as peças do quebra-cabeça num amplo dossiê que seria apresentado ao primeiro-ministro Rabin assim que ele voltasse de Washington. No dia 28 de setembro, Yitzhak Rabin e Yasser Arafat assinariam na Casa Branca os Acordos de Oslo II. Isso aumentaria os poderes da ANP sobre as zonas de Jenin, Tulkarm, Nablus, Ramallah, Kalkilia, Hebron e Belém.

No dia 7 de outubro, o Mossad já tinha o primeiro alvo a abater. Seu nome era Fathi Shaqaqi. Rabin ouviu atentamente as explicações de Shavit sobre Shaqaqi e sobre a Jihad Islâmica, responsável pelos atentados em Tel Aviv e Beit Lid.

A *Harakat al-Jihad al-Islami al-Filastini*, mais conhecida como Jihad Islâmica Palestina, foi fundada em 1979 por Fathi Shaqaqi e outros estudantes radicais palestinos no Egito. A revolução islâmica ocorrida no Irã nesse mesmo ano teve uma notória influência em Shaqaqi, que acreditava na necessidade da libertação da Palestina por meio da união de todo o mundo muçulmano e da destruição de Israel empregando-se a jihad, ou "Guerra Santa". Por fim, o governo egípcio decidiu pela expulsão de todos os seus membros para Gaza, em razão de suas estreitas relações com o grupo radical que, em 1981, assassinou o presidente Anwar el Sadat. Yitzhak Rabin seguia lendo atentamente o relatório que tinha diante de si.

Em fevereiro de 1990, no Egito, membros da Jihad Islâmica atacaram um ônibus de turistas, matando doze deles. Nove eram israelenses. Como consequência da pressão das forças de segurança egípcias, que a impediam de atuar no país, a Jihad Islâmica iniciou uma forte campanha terrorista contra Israel. Em agosto de 1988, os líderes Fathi Shaqaqi e Abdul Aziz Odah foram expulsos para o Líbano, onde se reorganizaria a chamada Facção Shaqaqi. Ali, eles estabeleceram fortes ligações com a Guarda Revolucionária Iraniana e o Hezbollah.

"Depois de assinados os Acordos de Oslo, que completam agora dois anos, Shaqaqi expandiu as relações políticas com a Síria", explicou Shavit. "Em seguida ao estabelecimento da ANP, em 1994, o Hamas e a Jihad Islâmica firmaram uma cooperação terrorista para a execução de ataques suicidas". Yitzhak Rabin dirigiu-se a Shabtai Shavit e ordenou a ativação de uma equipe do Kidon. "A partir de agora o assunto é seu, *memuneh*", disse o político.

Eis as normas que Meir Amit, quando era chefe do Mossad, estabeleceu para serem seguidas na conexão Kidon:

> Não haverá matança de líderes políticos; estes devem ser tratados pelos meios políticos. Não se matará a família dos terroristas; se seus membros se puserem no caminho, não será problema nosso. Toda execução tem de ser autorizada pelo primeiro-ministro. E tudo deve ser feito segundo o regulamento. É necessário redigir uma ata da decisão tomada. Tudo limpo e claro. Nossas ações não devem ser vistas como crimes patrocinados pelo Estado, mas sim como a última ação judicial que Estado pode oferecer. Não devemos ser diferentes do carrasco ou de qualquer executor legalmente nomeado.

Em meados do mês de outubro, três homens caminhavam em direção a um esconderijo do Mossad na rua Pinsker, no centro de Tel Aviv. Fazia alguns anos que, nesse mesmo lugar, os membros do Kidon haviam recebido ordens para executar o magnata da comunicação social Robert Maxwell. Os três tinham em comum o fato de serem altos dirigentes dos serviços de espionagem de Israel e de estarem de acordo com o uso do Kidon para executar os inimigos do Estado. E essa seria a decisão que tomariam em poucos minutos. Participaram da reunião, além de Shavit, Saguy e Gilon, o general Doran Tamir, oficial de inteligência militar; três *kidon* encarregados de finalizar a operação; e um membro da Apam. Reinava o silêncio no apartamento quando Shabtai Shavit tomou a palavra: "O primeiro-ministro deu a ordem para atacar a Jihad Islâmica. Decidimos que o alvo será Fathi Shaqaqi. Essa ação deve ser *Ain Efes*, uma operação que não admite fracasso. Devemos isso aos nossos compatriotas mortos em Tel Aviv e em Beit Lid". A relação entre os homens que ali se encontravam era cordial, embora, de certa maneira, todos se mantivessem a uma distância prudente. Nenhum dos chefes da comunidade de inteligência queria interferir nas funções dos outros.[414] Uri Saguy declararia, anos mais tarde: "Não podíamos nos comparar uns com os outros. Como chefe da Aman, eu poderia lhes dar instruções. Havia competição entre nós, mas, enquanto servíssemos ao mesmo propósito, tudo correria bem".

A reunião duraria cerca de duas horas. Todos os papéis, documentos e fotografias relacionados a Fathi Shaqaqi estavam sobre a mesa. Assassinar Shaqaqi era um simples ato de vingança. Estudariam primeiro as informações pessoais de Shaqaqi, seus hábitos, seus interesses, sua família, coletadas por um "combatente"[415] em Damasco.

Em 1988, o doutor Fathi Shaqaqi, um dos fundadores da Jihad Islâmica, escreveu um texto em que destacou a importância de penetrar no território inimigo (Israel) e fixou as regras para o uso de operações com mártires. Fazia-o para responder às críticas religiosas aos ataques com carros-bomba e caminhões-bomba que se tornaram frequentes no Líbano. Shaqaqi encorajava o que ele próprio definiu como "martirológio excepcional", uma tática na **Jihad fi Sabeel Alá** (a luta da causa de Alá).

No mundo dos jovens suicidas, Shaqaqi era idolatrado por seu povo, quase como um Deus que lhes prometera que a primeira gota de sangue derramada na Jihad lavava instantaneamente todos os pecados. "No dia do juízo, o mártir não será julgado. No dia da ressurreição, pode interceder por setenta entes queridos para que entrem no céu, e tem à sua disposição 72 *huris*, as belas virgens do paraíso", explicava Fathi Shaqaqi àqueles jovens sem futuro que estavam dispostos a dar a vida levando com eles, com seus potentes cinturões-bomba, várias dezenas de israelenses.

Em Damasco, capital da Síria, na sua confortável vida junto à esposa e aos dois filhos, o líder da Jihad Islâmica tinha pagado a necrologia nos jornais islâmicos dos suicidas de Tel Aviv e Beit Lid e, nas orações sagradas de sexta-feira, tinha louvado os sacrifícios e garantido às famílias que seus entes queridos ganhariam um lugar no paraíso.[416]

Nos bairros carentes das cidades palestinas empobrecidas, era uma questão de honra entregar um filho ou uma filha a Shaqaqi. Escolhido o suicida, eram os chefes militares da Jihad Islâmica no Líbano que, após estudar as fotografias do alvo, calculavam a quantidade de explosivos necessária para provocar o maior dano possível e, assim, o maior número de vítimas. Apenas os planejadores conheciam palavras como "explosivo", "oxidante", "densificador", "detonadores" e coisas do gênero. Ao suicida apenas era ensinado como acionar o detonador para explodir a dinamite que levava às costas numa mochila ou colada ao corpo num cinturão.

Os participantes da reunião no apartamento da rua Pinsker continuavam a estudar cuidadosamente os relatórios sobre Fathi Shaqaqi. Era preciso ainda decidir onde, como e quando dar o golpe. O relatório que os membros do serviço de espionagem estavam lendo naquele momento, redigido por um *shicklut* do departamento de escutas do Mossad que havia desenvolvido um *Neviof*, o sistema para penetrar na residência de Shaqaqi para colocar escutas, mostrava um modo de vida muito diferente dos palestinos que viviam em Gaza e na Cisjordânia. A casa do líder da Jihad Islâmica e de sua esposa Fathia localizava-se em uma das melhores áreas de Damasco. Carpetes, tapeçaria, talheres e louças caras amontoavam-se entre obras de arte retratando Shaqaqi ofertadas por líderes como o presidente da Líbia, Muammar al-Khaddafi, ou o da Síria, Hafez el Assad. Na rua, convenientemente camuflados, ficavam dois veículos com membros dos serviços secretos sírios. No portão, quatro escoltas armadas com metralhadoras protegiam Fathi Shaqaqi e sua família.

A vestimenta usada pelo líder da Jihad Islâmica, composta de longas túnicas brancas e sandálias baratas, diferia muito das roupas que enchiam seus amplos armários. Trajes cortados à mão na exclusiva Saville Row londrina e sapatos feitos sob medida pelos melhores sapateiros italianos alinhavam-se de forma ordenada.

Shavit dedicou-se ao estudo de uma grande pasta na qual havia, presa a um clipe, uma fotografia em preto e branco de um homem de rosto redondo, com densa barba preta e óculos com lentes grossas. Lembrava mais um professor primário do que um líder terrorista.

Nascido na Faixa de Gaza, em 1951, Shaqaqi cresceu no seio de uma família refugiada de Jaffa. Estudou matemática na Universidade de Birzeit e medicina no Egito. Inspirado pela Irmandade Muçulmana, decidiu voltar aos territórios para praticar a medicina. Nos anos 1980, fundou o Movimento da Jihad Islâmica, na Palestina. Em 1983, foi detido e sentenciado a um ano de prisão. Em 1986, foi novamente detido por atividades políticas e condenado, dessa vez a três anos de prisão. Em agosto de 1988, foi deportado para o sul do Líbano. No final desse ano, instalou-se no campo de refugiados de Yarmouk, nos arredores de Damasco. Janeiro de 1994 foi crucial para a formação da coligação de oito forças da OLP contrárias aos Acordos de Oslo.

Shabtai Shavit não tinha dúvidas de que Fathi Shaqaqi estava por trás dos atentados de Tel Aviv e Beit Lid.

Naquele mesmo instante, Fathi Shaqaqi encontrava-se com a esposa na residência de Damasco. Enquanto comia, o líder da Jihad Islâmica garantia à mulher que os líbios se encarregariam de sua segurança na viagem que ia fazer a Malta. Shaqaqi esperava regressar ao seu refúgio sírio depois de dois dias com um milhão de dólares procedentes do Libian Arab Foreign Bank. A viagem do palestino encheu seus filhos de alegria. Eles encomendaram meia dúzia de camisas de uma loja na qual já tinham comprado anteriormente. Fathia, a esposa de Fathi Shaqaqi, garantiu algum tempo depois: "Meu marido insistia na ideia de que, se os israelenses planejassem alguma ação contra ele, já a teriam posto em prática". "Os judeus sempre respondem com rapidez a algum incidente", teria dito Shaqaqi à esposa.[417] E o líder do grupo islâmico tinha razão quanto a isso, ao menos em parte. Yitzhak Rabin tinha planejado atacar Shaqaqi já no início do mês de julho de 1995, mas Saguy, chefe da Aman, e Shavit, chefe do Mossad, fizeram-no desistir, ao detectarem "uma mudança de ares em Damasco" com respeito a Israel. Era evidente que, se o Kidon atacasse Shaqaqi na capital síria, a "mudança de ares" vinda de parte do presidente Assad se voltaria outra vez contra Rabin e Israel. O primeiro-ministro seguiu o conselho dos dois chefes da espionagem civil e militar. Era preciso esperar. Rabin adiou a decisão de atacar Shaqaqi, mas só por alguns meses. O verão e o Prêmio Nobel tinham-no atrasado, mas essa situação não se arrastaria por muito mais tempo. Um "combatente" em Damasco informou o quartel-general do Mossad em Tel Aviv que detectara um certo movimento entre as pessoas no entorno de Shaqaqi. Era evidente que ele preparava uma viagem. Agora só faltava saber qual seria o destino.

Por meio do *Keshet* (Arco), e das informações obtidas por microfones instalados na casa de Shaqaqi, o Kidon soube que o líder dos ataques de Tel Aviv e Beit Lid seguiria de avião até Malta e de *ferryboat* a partir de La Valetta, a capital maltesa, até Trípoli, na Líbia. Para voltar à Síria, Shaqaqi faria o mesmo trajeto, mas em sentido contrário. Era evidente que teriam de atacar o principal líder da Jihad Islâmica num desses pontos.

Na manhã de 22 de outubro, com todos os dados reunidos, Rabin deu sinal verde à Operação Cesárea. No dia seguinte, Gil Avner e Ran Giloh, dois homens de cerca de 30 anos de idade, saíram em voos separados do aeroporto Ben-Gurion, em Tel Aviv. Avner voou diretamente para Atenas e Giloh para Roma. Nas capitais grega e italiana, um *bodel* (correio), mensageiro do Mossad encarregado de levar mensagens de um esconderijo a uma estação, uma Embaixada ou ao próprio quartel-general da espionagem israelense, entregou-lhes um envelope amarelo lacrado. Dentro dele havia um passaporte britânico no qual apenas a fotografia havia sido alterada. Os *kidon* chegaram naquela mesma tarde a La Valetta. Na manhã de 24 de outubro, telefonaram, da recepção do hotel, para Gil Avner. O telefone tocou várias vezes até que o *kidon* o atendeu. Do outro lado, uma voz indicava que alguém lhe trouxera uma moto Yamaha. Avner explicou que era para fazer turismo pela ilha.

Todas as manhãs, os dois *kidon*, vestidos como turistas, saíam do hotel com mochilas, guias de turismo de Malta e câmeras fotográficas. Queriam estabelecer uma rotina. Nada deveria levantar suspeitas a respeito da missão que os levara até a pequena ilha mediterrânea. Em 25 de outubro, os dois assassinos tiravam fotografias enquanto um grande *ferryboat* branco, pertencente à companhia marítima estatal líbia, fazia manobras para entrar no porto maltês. Giloh, com uma teleobjetiva, focava em um homem de óculos e barba apoiado no convés. A pouca distância dele, dois indivíduos não o perdiam de vista. O israelense percebeu que os dois homens eram agentes do serviço secreto líbio. Por alguns instantes, pareceu que a operação seria complicada. Mas só por alguns instantes. Quando os passageiros do *ferryboat* já caminhavam para o cais, Gil Avner e Ran Giloh observaram Fathi Shaqaqi apertando as mãos dos dois homens e saindo sozinho para o cais. Os líbios tiveram de escoltá-lo apenas no trajeto entre Trípoli e Malta.

Depois de passar pelo controle de passaportes – o líder da Jihad Islâmica portava um passaporte líbio com o nome de Ibrahim Dawish –, Shaqaqi pegou um táxi no porto.[418] A pouca distância, uma moto Yamaha não o perdia de vista.

O táxi entrou no bairro de Sliema e parou no número 173 da Tower Road, um envidraçado e impessoal edifício de sete andares. O porteiro do hotel Diplomat abriu a porta de trás do táxi e Fathi Shaqaqi apareceu confiante em plena rua e foi depressa para a recepção. Mostrou o passaporte líbio e o funcionário do hotel entregou-lhe a chave do quarto 616.

Giloh manteve-se num posto de observação discreto, enquanto Avner voltava na Yamaha ao seu hotel para falar com Tel Aviv. Assim que se encontrou na segurança do quarto, o *kidon* abriu a pasta preta que guardava um sofisticado emissor de rádio. Os dispositivos da Samsonite deviam ser abertos em sentido contrário para desativar os fusíveis que provocavam a ignição do pequeno explosivo presente no interior da pasta, que poderia explodir no rosto de quem não seguisse as instruções. Gil Avner esticou a antena e entrou em contato com o centro de operações da Metsada, no deserto do Neguev. O pessoal de Israel disse ao *kidon* que, após a operação, ele e o colega deveriam dirigir-se ao aeroporto de La Valetta e embarcar num cargueiro das linhas marítimas israelenses ZIM que saíra do porto de Nápoles com destino a Haifa. Eles tinham apenas vinte e quatro horas para agir, caso contrário a Operação Cesárea iria por água abaixo e teriam de esperar uma nova oportunidade. Nem Shabtai Shavit nem os dois *kidon* queriam que isso acontecesse. Os três homens queriam vingar a todo custo as 43 mortes e os 125 feridos israelenses vítimas dos suicidas da Jihad Islâmica nos atentados de Tel Aviv e Beit Lid. Era agora – ou talvez nunca.

Na quinta-feira, 26 de outubro de 1995, os dois *kidon* observaram Fathi Shaqaqi saindo sozinho do hotel e andando devagar, como qualquer outro turista, até um café ali perto. Bebeu um café e, depois de pagar, dirigiu-se a um grande centro comercial situado na mesma Tower Road. Numa das lojas, comprou doze camisas para os filhos. Em seguida, começou a voltar ao hotel carregado de sacolas. Era esse o momento. Gil Avner, sobre a Yamaha, posicionou-se na esquina da rua, enquanto Ran Giloh segurava uma Beretta 9 mm escondida sob um exemplar do *Times of Malta*.

O *kidon* viu Fathi Shaqaqi aproximar-se descendo a rua na sua direção, mas o palestino ainda não tinha percebido o perigo. Quando Shaqaqi passava diante de Giloh, o israelense levantou a arma como fizera centenas de vezes e disparou um primeiro tiro na nuca do líder da Jihad Islâmica. Em seguida, aproveitando o torpor das pessoas que caminhavam ali por perto, o *kidon* disparou mais quatro vezes na cabeça e no peito de Fathi Shaqaqi. Rodeado por uma poça de sangue, Ran Giloh, da Metsada, agachou-se, colocou o cano da arma na boca de Shaqaqi e disparou pela sexta e última vez. Em seguida, caminhou até o seu companheiro Gil Avner, que o esperava sobre a Yamaha, para darem início à fuga. Uma hora depois do ataque, um barco de pesca levava os dois homens até um dos cargueiros da ZIM. O capitão informou as autoridades do porto de La Valetta de que as máquinas haviam sido consertadas e que continuariam seu caminho até Haifa.[419] Shaqaqi, de 44 anos, estava morto. O Kidon, o longo braço de Israel, dessa vez atacara em Malta o principal líder da Jihad Islâmica.

As autoridades maltesas tentaram estabelecer um cerco para impedir a fuga dos assassinos, mas já era tarde demais. Entre os funcionários do hotel em que se hospedaram os israelenses, ninguém se lembrava de nenhuma característica específica dos dois homens que costumavam passear com Yamahas, segundo declararam à polícia de Malta, o corpo policial mais antigo da Europa.[420]

Aquele cadáver rodeado de uma grande poça de sangue numa rua de Malta era do homem que escrevera: "Viver para morrer numa realidade tangível e inexorável, mas morrer para renascer ou para reencarnar é um ato de convicção apenas admissível como aceitação de uma irremissível realidade ou como resultado de um sacrifício moral ou de valores, que acarreta a possível desventura da morte".

No Irã, pátria espiritual de Shaqaqi, os máximos dignitários do Qom, verdadeiro centro ideológico do xiismo, decretaram dia de luto nacional. Em Israel, ao ser interrogado pela imprensa sobre o "assassinato" de Shaqaqi, o próprio Yitzhak Rabin respondeu: "Desde já, não estou triste por essa perda".

Na noite do mesmo 26 de outubro, um avião tunisiano fretado pelo governo sírio levou o corpo de Fathi Shaqaqi para Damasco. Na quarta-feira, dia 1º de novembro, cerca de 40 mil pessoas assistiram ao funeral do líder da Jihad Islâmica na capital síria, sendo o seu corpo escoltado por membros do Hezbollah armados com fuzis de assalto Kalashnikov AK-47.

O clima de exaltação e revolta vivido em Israel durante todo o ano de 1995 foi fomentado pela direita nacionalista, oposta à política do governo de Rabin e que se lançou numa campanha de descrédito dirigida contra o mandatário. Esses setores convocavam manifestações que classificavam Yitzhak Rabin como um "traidor". O ambiente ficou ainda mais tenso por conta da rigidez da linguagem do primeiro-ministro, que se referia a seus difamadores e opositores com certo desprezo, e criticava abertamente a posição tomada por "alguns rabinos", que insinuaram que a lei judaica determinava efetivamente que a entrega de terras aos palestinos seria uma traição que deveria ser evitada a todo custo.

Esse seria o gatilho do explosivo que seria detonado no dia 4 de novembro de 1995. Naquele sábado, apenas três dias depois do enterro de Fathi Shaqaqi, aconteceu um comício que reuniu uma multidão em Tel Aviv, na praça dos Reis de Israel (hoje praça Yitzhak Rabin), convocado com o objetivo de reforçar os partidários do processo de paz. O comício abriria uma grande manifestação, com a participação de artistas e políticos de esquerda e centro-esquerda, liderada pelo próprio Rabin. Ao terminar seu discurso, por volta das 21h40, o veterano político decidiu deixar o local, escoltado por agentes do Shin Bet. Enquanto descia do palanque por escadas laterais, um fanático chamado Igal Amir atirou duas vezes em suas costas, instantes antes de ele entrar no carro oficial. Yitzhak Rabin, gravemente ferido, foi levado com urgência para o hospital Ichilov, muito próximo à praça em que ocorrera a manifestação pela paz. O agente do Shin Bet Yoram Rubin também foi alvejado.

Quarenta minutos depois de ter dado entrada no hospital, exatamente às 22 horas, Yitzhak Rabin morria na mesa de cirurgia, rodeado por médicos que tentaram em vão salvar-lhe a vida. Por obra do destino, Yitzhak Rabin morreu assassinado apenas oito dias depois do seu inimigo Fathi Shaqaqi. Talvez nesse caso tenha-se cumprido o famoso dito judeu do "olho por olho, dente por dente". Só o destino o saberá.

Na segunda-feira, 6 de novembro de 1995, centenas de líderes políticos de todo o mundo assistiram ao funeral de Yitzhak Rabin no Cemitério Nacional do Monte Herzl.

Karmi Gilon, diretor do Shin Bet, demitiu-se em 1996, depois de assumir pessoalmente o fracasso do Serviço Geral de Segurança na proteção do primeiro-ministro Yitzhak Rabin, que terminou no seu assassinato. Shabtai Shavit rejeitou a hipótese de pedir demissão, garantindo que a proteção do primeiro-ministro Rabin era responsabilidade de Gilon, e não do Mossad. Pouco depois, porém, com a nomeação de Benjamin Netanyahu como primeiro-ministro de Israel, Shavit deixou – ou foi "obrigado" a deixar – o cargo de *memuneh*, em junho de 1996. Foi substituído pelo polêmico Danny Yatom.

De 26 de outubro de 1995, quando aconteceu a execução de **Fathi Shaqaqi** por membros do Kidon, até 12 de julho de 2005, a Jihad Islâmica realizou 23 ataques, matando 98 pessoas e ferindo 754. E a contagem continua a aumentar.[421]

CAPÍTULO 15

OPERAÇÃO ENGENHEIRO

ALVO: Yahya Ayyash, conhecido como "O Engenheiro"

POSIÇÃO: Responsável por explosivos do Hamas e comandante da Brigada Izz ad-Din al-Qassam

DATA: 5 de janeiro de 1996

Por volta da meia-noite, viaturas policiais vigiavam os acessos rodoviários a Tel Aviv. Um dos veículos, com os policiais Aharon Bin-Nun e Leon Cahalon, estava em uma estrada na região de Dan, ao norte da cidade. Eles eram parte da operação montada pelas Forças de Segurança Israelenses chamada Atividade Terrorista Hostil (ATH). Os voluntários da polícia estavam treinados para tratar de delitos menores, como roubo de veículos, brigas domésticas e coisas do gênero, enquanto as forças policiais mais experientes eram destinadas ao combate de possíveis ataques terroristas. Na manhã de 19 de novembro de 1992, os dois agentes, a bordo da viatura azul e branca, suspeitaram de um carro Fiat, com a placa 19-380-54 e faróis apagados e o seguiram. Bin-Nun, pelo alto-falante da viatura, deu ordem ao Fiat para parar à beira da estrada. Naquela hora, os moradores do bairro de Ramat Efal ainda dormiam. Em dado momento, as portas do carro suspeito abriram-se e três homens que estavam no interior do veículo saíram correndo. Dois deles foram detidos por Bin-Nun e Cahalon. Eram palestinos. Leon Cahalon aproximou-se do Fiat com a lanterna na mão. Sem quase poder falar, conseguiu dizer ao companheiro: "Dê o alerta. Chame a Unidade Antibombas". Trinta minutos depois, a área estava completamente cercada e os moradores haviam sido evacuados para refúgios antiaéreos, enquanto as unidades de desativação se aproximavam do carro estacionado.

No interior do veículo havia cinco tanques de gasolina, várias baterias e dezenas de recipientes fechados hermeticamente com detergente e acetona, usados para produzir bombas potentes. "Bambi", nome do robô da unidade antibombas, começou a manipular o explosivo para desativá-lo. Segundos depois de cortar um cabo verde, aconteceu uma grande explosão. Partes do robô colidiram com a vitrine de uma loja de brinquedos, enquanto uma parte do motor do Fiat foi parar no telhado de um edifício de dez andares perto dali. O oficial, chefe da unidade, não tinha reparado no cabo-armadilha que ligava o detonador à bateria. Quando Bambi cortou o cabo de união, desativou a corrente contínua e acionou a bomba. Era evidente que se Aharon Bin-Nun e Leon Cahalon não tivessem interceptado o carro com os três palestinos, o explosivo provocaria centenas de mortes.[422]

Yakov Peri, chefe do Shin Bet, a agência de contraterrorismo e contraespionagem de Israel, seria o encarregado de informar o primeiro-ministro Yitzhak Rabin. Segundo Peri, os terroristas tinham planejado deixar o Fiat no estacionamento do centro comercial da praça Dizengoff e fazê-lo explodir por controle remoto. Rabin perguntou então a Peri se aquilo era obra do Hamas. O chefe do Shin Bet respondeu: "Dizem que operam sob ordens do comandante da Brigada Izz ad-Din al-Qassam. Parece que ele tem 27 anos e projetou a bomba. Segundo nossas informações, o chefe dos dois terroristas detidos é casado, muçulmano devoto, antigo ativista do Hamas e graduado em engenharia elétrica pela Universidade de Bir Zeit".[423] Desde o incidente de Ramat Efal, o maior alvo do Shin Bet passaria a ser um homem sem rosto nem nome, conhecido pelo cognome "O Engenheiro".

Nissin Toledano, um oficial da Polícia de Fronteiras que nada sabia sobre terrorismo ou contraespionagem, preparava-se para sair, vestido de uniforme, às cinco horas, tal como fazia há seis anos. Toledano trabalhava no Quartel-General da Polícia de Fronteiras em Ha'Chashmonaim, a apenas 2 quilômetros de sua casa. Embora esses homens fossem conhecidos nos territórios como boinas-verdes, os palestinos identificavam-nos como "os homens de Kfar Qassen", em referência ao massacre de 33 civis na cidade com esse nome, ocorrido em 1956. Na verdade, os membros dessa unidade eram metade policiais, metade militares.

Por volta das 5h15 do dia 12 de dezembro de 1993, o sargento-mor Nissin Toledano saiu de casa. Às seis horas, o telefone na casa dos Toledano tocou. Rivka, a esposa, mãe de seus dois filhos, atendeu. Do outro lado da linha, o comandante da Polícia de Fronteiras perguntou pelo paradeiro do marido. "Não chegou ao trabalho?", perguntou a mulher.

Entre 5h15 e 5h30, um veículo branco aproximou-se do oficial de 29 anos, que foi espancado, amordaçado e jogado no porta-malas do automóvel.

Pouco depois, no edifício da Cruz Vermelha, em Ramallah, dois homens que se identificaram como membros da Brigada Izz ad-Din al-Qassam aproximaram-se de uma jovem palestina e entregaram-lhe um envelope com as condições dos sequestradores para libertar Nissin Toledano. O texto, em árabe, acompanhava uma cópia da identificação do agente e naquela mesma tarde chegou à mesa do primeiro-ministro Rabin. Os terroristas, após vários parágrafos louvando Alá, o misericordioso, e se identificando como a Unidade Especial na companhia dos mártires de Izz ad-Din al-Qassam, o braço armado do Hamas, exigiam o cumprimento de cinco pontos concretos. Se não fossem atendidos, matariam o oficial israelense. O grupo palestino exigia a libertação do xeique Yassin, sob supervisão da Cruz Vermelha e dos embaixadores da França, da Turquia e da Suécia.

O xeique Ahmed Yassin era o fundador e guia espiritual do movimento integrista islâmico Hamas. Doente há anos e paralítico desde a infância, era a figura mais emblemática da resistência palestina.

Yitzhak Rabin, reunido na sala do gabinete com todos os ministros, sabia que há décadas Israel não negociava com terroristas, como era o caso dos homens do Hamas. Nesse momento, iniciou-se uma caçada humana para resgatar Toledano antes do fim do ultimato. Em 14 de dezembro, milhares de soldados israelenses entraram de casa em casa na Faixa de Gaza e na Cisjordânia à procura do companheiro sequestrado. Vários líderes do Hamas conseguiram safar-se daquela grande operação. Um deles seria Yahya Ayyash, com o número de identificação israelense 932116239. Naquela noite, 1.129 ativistas do Hamas foram cercados por uma força combinada da polícia, do exército e do Shin Bet. Na manhã de 16 de dezembro, Fatma Abu Dahuk, uma jovem beduína, caminhava por uma estrada perto de Kfar Adumin, na Cisjordânia, entre Jerusalém e Jericó. Numa curva do caminho, onde cresciam flores de inverno, a jovem viu um corpo coberto por um casaco verde militar. Horas depois, unidades do exército, helicópteros de combate, médicos-legistas e agentes do Shin Bet cercavam o local. Nissin Toledano não havia sido apenas executado, mas também esquartejado. Meshulam Amit, comandante-chefe da Polícia de Fronteiras, observou o cadáver do seu oficial. Havia sinais de tortura. Ele não tinha unhas nem nas mãos nem nos pés. Tinha sido espancado nos testículos e apresentava marcas claras de ter sido estrangulado com um fio de aço. Fora esfaqueado 32 vezes. Como vingança pelo assassinato, o Shin Bet prendeu 1.129 ativistas do Hamas, dos quais 415 foram selecionados para deportação.[424]

No dia 17 de dezembro, em uma manhã chuvosa, vários carros escoltados saíram de diferentes centros de detenção. Horas depois, protegidos por atiradores de elite do exército israelense, cruzavam a fronteira com o Líbano. Ali, no meio do nada, em terras de ninguém, os 415 ativistas do Hamas foram obrigados a sair dos veículos e abandonados à própria sorte.

O primeiro-ministro Yitzhak Rabin pediu aos chefes do Shin Bet e do Mossad, Yakov Peri e Shabtai Shavit, um relatório exaustivo sobre o Hamas. Poucas horas depois, Rabin lia o extenso dossiê preparado pelos serviços de espionagem e contraespionagem.

> O Hamas, acrônimo de ***Harakt al-Muqaqama al-Islamiya*** (Movimento de Resistência Islâmica), não foi originalmente um movimento terrorista. Suas ideias de base estavam mais próximas de Marx, Engels e Mao do que do islamismo radical. Pouco a pouco, suas posições foram se tornando cada vez mais extremistas, até se converter no que realmente significa seu nome, um movimento de resistência islâmica contra o Estado judeu na Palestina.

Rabin olhou por cima dos óculos e perguntou a Peri: "Por que razão se distanciaram da OLP?" O chefe do Shin Bet respondeu: "Creio que os odeiam tal como odeiam a nós. O Hamas acredita que a Autoridade Nacional Palestina os traiu e tornou-se um agente de Israel".[425]

O Hamas estava cada vez mais organizado. Através de células herméticas, seus membros distribuíam as tarefas dirigidas a combater os ocupantes judeus. Extremamente dedicados e altamente motivados, dividiam-se em unidades ou brigadas. A *Dawa* ocupava-se dos recrutamentos, da repartição de fundos e de nomeações políticas e militares; a *A'Alam*, da coleta de informações nos territórios, da codificação de mensagens à impressão de panfletos; a *Al-Majahadoun Al-Falestinuon*, das operações militares; o *Jehaz Aman*, ou seção de segurança, das tarefas de inteligência, vigilância e detecção de colaboradores dos israelenses; e o *Majd*, acrônimo de *Majmouath Jihad u-Dawa*, da Guerra Santa e de fazer proselitismo. Os membros da unidade *Majd* eram jovens, pobres e devotos recrutados nas mesquitas e escolas corânicas.[426]

O primeiro golpe importante do *Majd* ocorreu no dia 15 de fevereiro de 1989. Nessa manhã, um jovem soldado, Avi Sasportas, desapareceu sem deixar rastro quando voltava à sua unidade pedindo carona. Há vários anos os militares israelenses recebiam ordens explícitas para não entrarem em veículos com placas azuis (dos Territórios Ocupados), das Nações Unidas, das Forças Multinacionais de Observação ou diplomáticas. Sasportas não suspeitou de nada quando um Subaru branco com placa israelense e três judeus ortodoxos parou diante dele. Em perfeito hebraico, o motorista disse ao jovem militar que o levaria. Assim que fechou a porta, os três homens começaram a bater no cabo e, por fim, deram lhe um tiro na cabeça com uma pistola de calibre 22. O corpo, esquartejado, foi atirado em uma estrada deserta.

Três meses depois, o cabo Ilan Sa'adon foi aparentemente sequestrado por três árabes disfarçados de judeus ortodoxos a bordo de um Subaru branco. O Shin Bet descobriu que cerca de 250 homens da unidade *Majd*, sob ordens do xeique Yassin, estavam envolvidos nos sequestros e assassinatos dos militares. Num lugar de Jerusalém, o primeiro-ministro Rabin e seus chefes da espionagem decidiam se matariam ou não Yassin. Por fim, Ahmed Yassin foi preso e julgado por acusações de terrorismo, por pertencer a um grupo terrorista e por financiar um grupo terrorista. O carismático religioso foi condenado a quinze anos numa prisão israelense de segurança máxima.[427]

De acordo com o Mossad, os primeiros contatos entre o governo iraniano e o Hamas aconteceram no final de outubro de 1991, por meio do general Ali Duba, chefe do serviço de espionagem sírio. Participaram da reunião o próprio Duba; Mohamed Nazzal, representante do Hamas em Amã; Ibrahim Ghosheh, porta-voz oficial do Hamas; e Ali Akhtari, embaixador do Irã em Damasco e coordenador da polícia iraniana no Líbano. Para o Mossad, era incompreensível como a teocracia xiita podia financiar o devoto Hamas sunita, mas no Oriente Médio tudo era possível. Enquanto isso, as 415 deportações ordenadas por Yitzhak Rabin e a não permissão de entrada dos deportados no Líbano por parte do primeiro-ministro libanês, Rafik Harari, provocava o repúdio da Assembleia Geral das Nações Unidas.[428]

Em janeiro de 1992, um nova e misteriosa organização terrorista, a Brigada Izz ad-Din al-Qassam, começou a aparecer nos comunicados oficiais do Hamas relacionados a ataques ao exército israelense, a policiais e a civis. Al-Qassam nascera na cidade síria de Latakia, em 1882, e aprendera a arte do *jihad* quando era um adolescente, no Cairo. Combateu contra os italianos, na Líbia, e contra os franceses, na Síria. Em 1922, instalou-se no porto de Haifa, onde se familiarizou com o nacionalismo islâmico e a resistência à ocupação britânica na Palestina. Em 1935, foi assassinado durante um combate contra as forças britânicas, convertendo-se, segundo reza a lenda, no primeiro *shaheed* (mártir) da história da Palestina.[429] Cinquenta e sete anos depois, as células do Hamas e seus jovens membros dedicavam-se a disparar contra os soldados israelenses que faziam patrulhas a pé e a sequestrar informantes para executá-los e colocá-los em postes nas cidades e campos de refugiados palestinos. Pouco depois, os alvos se ampliaram para traficantes de drogas, vendedores de revistas pornográficas, cafetões, prostitutas e até para os que se divertiam às sextas-feiras.

O 10 de dezembro de 1992 seria um dia decisivo para a equipe de elite Yamam, a unidade de resgate de reféns e contraterrorismo da Polícia Nacional Israelense, que naquela manhã recebera do Shin Bet uma comunicação de "ação imediata". Um informante indicara que Issam Barhama, um alto membro da Brigada Izz ad--Din al-Qassam, do Hamas, estava escondido numa casa no povoado de A'nza, de grande atividade islâmica. Vários policiais, militares, guardas de fronteira e agentes do Shin Bet tinham perdido a vida em combates abertos com os homens do Hamas, e Barhama era um dos chefes militares do grupo. O palestino assumira o comando depois da execução de Imad Aqal, o jovem *a-jaish* (soldado) e comandante da Brigada Izz ad-Din al-Qassam, por parte de uma unidade conjunta secreta do Mossad e do Shin Bet. A qual ficou famoso por ser um hábil interrogador e torturador, que gostava de cortar os dedos, um a um, de seus prisioneiros.

Parecia que a ação em A'nza seria uma operação de rotina. Os primeiros membros do Yamam começaram a dispersar-se pela aldeia. Um atirador de elite posicionou-se no telhado em frente à casa de Barhama. A operação estava sendo controlada de um posto de comando pelo chefe do Comando Central do Exército israelense, o major-general Danny Yatom, futuro *memuneh* do Mossad.[430] O informante que dera a pista ao Shin Bet estava dentro da casa, e era importante tanto para David Tzur, chefe do Yamam, como para Yakov Peri, diretor do Shin Bet, tirá-lo vivo de lá. Minutos depois, o sinal verde para a operação foi dado pelo rádio. A primeira unidade invadiu a casa. Ronen Razieli foi ferido gravemente num olho, enquanto os palestinos do Hamas batiam em retirada pelos fundos, incluindo o informante.

Os terroristas começaram a barricar-se num anexo da casa, o que obrigou os israelenses a recuarem. Yatom deu então a ordem a seus homens para entrarem no edifício e lutarem contra Barhama. Tzur sentiu o perigo no ar. Sabia que o comandante do Hamas não se deixaria apanhar vivo. O primeiro a entrar foi Sasson Mordoch, com um cão da unidade antibombas. Barhama matou-o com uma rajada de metralhadora. Doron Madmon, o operador de rádio da unidade, também foi assassinado por Barhama com um tiro na nuca. Então, o atirador de elite recebeu sinal positivo para disparar caso conseguisse ter Issam Barhama na mira. De fato, segundos depois, o comandante do Hamas apareceu na mira telescópica do fuzil. Um pequeno zumbido partiu a janela, e a bala atingiu a cabeça do terrorista palestino.

Em Teerã, Damasco e Virgínia, onde o diretor político do Hamas, Musa Abu Marzouk, vivera nos últimos trinta anos, começaram a chegar faxes de Jenin, Gaza, Nablus e Hebron, anunciando uma grande ofensiva contra os israelenses em geral e contra os agentes do Shin Bet e do Mossad em particular. Depois do sequestro de soldados, das execuções de agentes do Shin Bet e da escalada de ataques a bomba, começou uma nova ofensiva islâmica. O homem no comando desta ofensiva chamava-se Yahya Ayyash.

O novo comandante-chefe da Brigada Izz ad-Din al-Qassam tinha apenas 27 anos e falava devagar. Ayyash era conhecido nos territórios por ser um homem valente, que não tinha medo de nada. À base de pancadas e esfaqueamentos, conseguiu construir sua reputação entre outros jovens que desejavam alcançar a liderança em alguma unidade do Hamas. Aquilo lhes dava prestígio.

Yahya Abdel-Atif Ayyash nasceu em 22 de fevereiro de 1966 na cidade de Rafat, situada numa pequena zona que separa a antiga fronteira do Estado judeu e o Reino da Jordânia. Ayyash, o mais velho de três irmãos, foi educado numa família de camponeses muito religiosa. Seu mundo era como o de qualquer criança palestina que cresce entre os ataques de unidades da Al Fatah sobre as zonas agrícolas israelenses e os contra-ataques dos paraquedistas israelenses sobre as zonas agrícolas palestinas, como Rafat. Quando Ayyash decidiu juntar-se às fileiras do Hamas, Rafat contava com cerca de 3 mil habitantes. A família Ayyash, unida pelo seu fervor ao Islã, atuava quase como um clã dentro da zona. Aos 6 anos, Ayyash começou a estudar a ciência islâmica e o Alcorão. Várias fotografias mostram Yahya Abdel-Atif Ayyash recebendo prêmios das autoridades islâmicas pela sua perfeita aprendizagem das suras do Alcorão e por ter memorizado passagens importantes do livro sagrado.

Em 1985, Ayyash graduou-se no instituto de Bidya, a 5 quilômetros de sua cidade natal. Depois de realizar diversos trabalhos para ganhar algum dinheiro, matriculou-se, em 1987, na Universidade de Bir Zeit, a norte de Ramallah, onde estudou engenharia elétrica. O centro já era conhecido pelo Shin Bet e pelo Mossad como um autêntico centro de cultura do nacionalismo palestino e para o recrutamento de futuros talentos. A maior parte dos estudantes de Bir Zeit, incluindo Ayyash, falava de política e participava de atividades ilegais contra os israelenses. A Al Fatah, facção liderada por Yasser Arafat, controlava a universidade e o *campus*. "O Engenheiro" mostrava desde então um aberto ressentimento para com Arafat e os seus, que chamava, com certo desprezo, de "comandantes em exílio de três martínis no almoço".[431] O Hamas era diferente. O Grupo de Resistência Islâmica mostrava uma verdadeira fé espiritual e virtudes do Islã mais puras e honestas, segundo Ayyash. Em 1991, Yahya Ayyash finalmente graduou-se, com distinção, deixando para trás sonhos de liberdade, tornando-se um simples mecânico. Os membros de sua família levavam para ele rádios velhos, televisões em preto e branco ou toca-discos com peças faltando para serem consertados. Seus conhecimentos sobre eletricidade permitiram que sua casa fosse a única dos territórios a ter luz após os ataques israelenses com mísseis Scud. Israel cortou o fornecimento de energia a todos os territórios palestinos como punição pelas celebrações após os ataques de Saddam Hussein durante a Guerra do Golfo.

Yitzhak Rabin já tinha dado ordens ao Shin Bet e ao Mossad, em 1995, para que reunissem a maior quantidade possível de informações sobre Yahya Ayyash e de como este, de humilde eletricista, se transformou no perigoso Engenheiro, o homem que projetava as bombas para o Hamas.

Karmi Gilon e Shabtai Shavit se encarregaram dessa tarefa. Rabin prometera pessoalmente ao *memuneh* que, assim que Ayyash fosse localizado pelos agentes do Shin Bet, seria o esquadrão do Kidon que se encarregaria de enviá-lo para o paraíso.

Sobre a mesa do primeiro-ministro, havia uma simples pasta marrom com o símbolo do Shin Bet e o nome de Ayyash na capa, em letras grandes. Não havia nenhuma fotografia do Engenheiro, o que surpreendeu Rabin. Gilon disse que seus agentes haviam detectado Ayyash, mas que tiveram dificuldades para fotografá-lo. As únicas fotos entre os documentos mostravam uma casa humilde (a residência de seus pais), um homem com o rosto desfocado que desviava o olhar e algumas crianças jogando bola numa rua que, segundo a inscrição no verso da foto, retratava um dos locais frequentados pelo homem do Hamas.

Rabin começou a ler o relatório. Yahya Ayyash queria já há algum tempo abandonar os territórios para fugir da ocupação israelense e da pobreza que esta provocava a seus compatriotas palestinos. Tinha o sonho de se mudar para a Jordânia para montar uma pequena oficina. Como bom nativo da Cisjordânia, Ayyash odiava os agentes do Shin Bet, que chamava depreciativamente de *shabakniks*.[432] Eles faziam detenções arbitrárias, fechavam negócios e fábricas sem ordens judiciais e invadiam casas à procura de suspeitos sem nenhuma garantia legal enquanto os palestinos precisavam de autorizações para trabalhar e de licenças militares para construir casas. Aos agentes do Shin Bet cabia concedê-las ou negá-las.

Ayyash não tinha ficha no Shin Bet, talvez porque até então não havia participado de atividades subversivas; tampouco sua família. O primeiro contato formal de Yahya Ayyash com o Hamas ocorreu após a recusa das autoridades militares israelenses em lhe conceder uma autorização para abrir uma oficina de consertos de aparelhos elétricos. Sem poder trabalhar, Ayyash passava horas sentado no sofá de sua casa sem fazer absolutamente nada. Pouco a pouco, o Engenheiro começou a preencher essa inatividade com a prática da fé, mas era evidente que não tinha nascido nem para ser assassino do Hamas, nem para se tornar um mártir da causa. Yahya Ayyash não era nenhum psicopata disposto a lançar-se com um carro-bomba contra uma patrulha israelense. O Engenheiro era um homem muito inteligente, com uma grande capacidade de persuasão, que falava fluentemente árabe e hebraico e, o mais importante, não tinha ficha no Shin Bet. Somado a tudo isso, seus amplos conhecimentos de engenharia elétrica e circuitos fizeram com que se tornasse o chefe de projetos de bombas do Hamas. Em poucas horas, Yahya Ayyash era capaz de inventar um engenhoso explosivo, de acordo com as necessidades da ação terrorista em questão. Podia projetar uma bomba para camuflá-la num carrinho de bebê, para ser introduzida numa caneta que fizesse explodir uma mão ao ser usada ou para ser colocada num carro-bomba, com várias armadilhas para evitar que fosse desativada pelos israelenses, como aquela que montou no Fiat de Ramat Efal, em novembro de 1992, que acabaria por explodir enquanto a Unidade Antibombas da polícia a manipulava. Era evidente, para palestinos e israelenses, para os líderes do Hamas e para os agentes do Shin Bet e do Mossad, que Yahya Ayyash era um verdadeiro mestre, com um grande carisma e uma grande inteligência.

Quando o Engenheiro se tornou um homem do alto comando do Hamas, casou-se com Heyah, uma prima de segundo grau. Em setembro de 1992, nasceria seu primeiro filho, Bara'a. O amor que sentia pela família, esposa e filho, estava no mesmo nível de seu ódio por qualquer judeu israelense, fosse ele civil, militar ou policial. Enquanto acariciava o filho recém-nascido, projetava bombas que matavam bebês recém-nascidos em centros comerciais de Israel. Enquanto acompanhava a esposa grávida a aulas de preparação para o parto, projetava bombas para carrinhos de bebê para matar grávidas judias. Sua vida era um autêntico paradoxo. Ayyash caminhava sempre na linha fina entre o feroz comandante militar do Hamas e o adorável pai de família.[433]

Aos poucos, Yahya Ayyash se tornou um grande especialista em bombas e foi o primeiro a propor que o Hamas usasse homens-bomba. O primeiro-ministro Yitzhak Rabin passou a chamá-lo de "O Engenheiro" e o apelido se espalhou como um incêndio pelas ruas palestinas. Ayyash, de acordo com fontes do Hamas, escreveu uma carta, que teve grande influência, explicando a necessidade do uso de homens-bomba: "Pagamos um alto preço quando usamos pedras e estilingues. Temos que exercer mais pressão, fazer com que o custo de vidas humanas da ocupação suba, tornando-o absolutamente insuportável para Israel, os israelenses e o seu governo". No fim de 1993, Ayyash recebeu da cúpula do Hamas ordens para realizar operações em "grande escala" a fim de demonstrar a vulnerabilidade de Israel. O caminho estava aberto.

Trabalhando num local secreto perto de Nablus, Yahya Ayyash desejava a todo custo colocar o nome do Hamas nas manchetes dos meios de comunicação mais importantes do mundo. O plano consistia em realizar um ataque maciço com carros-bomba ao Kirya, o complexo que o Ministério da Defesa e o quartel-general das Forças de Defesa de Israel (FDI) partilhavam, em pleno coração de Tel Aviv. A bomba projetada e montada por Ayyash seria instalada num carro Volkswagen Transporter, ao qual se acrescentaria um tanque extra de combustível, um depósito de explosivos ligado a três enormes tanques de propano e estes, por sua vez, a um interruptor principal que o motorista poderia acionar sem soltar o volante, detonando, assim, a bomba. O sistema mortífero estava rodeado de grandes sacos plásticos que continham todo o gênero de estilhaços, desde pregos a pedaços de ferro, vidros partidos e porcas.

O plano do Engenheiro era diabólico, mas foi impedido pelo fato de que os israelenses tinham fechado os territórios após o assassinato de dois agentes da polícia. Ayyash decidiu então desferir o golpe num local mais afastado dos olhares atentos do Shin Bet e próximo de sua casa. Sem dúvida, sentiria grande prazer em ouvir a explosão de um engenho projetado por ele. No cruzamento de Mehola, havia um dos postos de gasolina mais movimentados entre os que abasteciam os veículos que circulavam pelo Vale do Jordão. No pequeno café ali localizado, costumavam parar soldados, colonos e ônibus de turistas a caminho do Mar Morto e de Masada. No dia 16 de abril de 1993, Shahar al-Nabulsi estacionou o Volkswagen Transporter entre dois ônibus e acionou o detonador. O corpo do árabe voou vários metros pelos ares. Milagrosamente, após a explosão, a onda de choque se expandiu para cima em vez de para os lados, como o Engenheiro previra, provocando duas mortes, entre elas a do suicida, e deixando vinte feridos, entre civis e militares. Poucas semanas depois, o Shin Bet já tinha a família Ayyash sob vigilância.

Para Rabin, Peri e Shavit, a prioridade máxima era deter o homem conhecido como "O Engenheiro". Em 6 de junho de 1993, o Shin Bet anunciou a prisão de 124 membros do Hamas, alguns deles pertencentes ao Esquadrão Secreto das Brigadas Izz ad-Din al-Qassam, unidade especial formada em 1992. As notícias de um possível acordo de paz entre Rabin e Arafat injetaram sangue novo no Hamas. Muitos dos jovens recrutas do Movimento de Resistência Islâmica começavam a considerar da mesma forma o traidor Arafat e Rabin.

No inverno de 1993, Yahya Ayyash e seu segundo homem no comando, Ali Osman Atssi, testaram o novo sistema de bombas numa patrulha das FDI, na cidade de Zawiya. O ataque falhou, pois a acetona não conseguiu detonar todo o circuito. Em janeiro de 1994, Ayyash e Atssi fizeram uma nova tentativa. Desta vez, o circuito funcionou parcialmente, e dois soldados ficaram gravemente feridos. As bombas seguintes deram melhor resultado e o Engenheiro decidiu fabricá-las em série. Esse novo artefato de Yahya Ayyash mudaria dramaticamente o curso da guerra entre o Hamas e Israel.

Em 25 de fevereiro de 1994, Baruch Goldstein, um físico judeu nascido no Brooklyn e seguidor do movimento Kach, entrou na mesquita de Hebron armado com um fuzil Galil capaz de disparar 550 balas por minuto. Àquela hora, o local estava cheio de fiéis que se preparavam para a oração. Goldstein começou a disparar de forma indiscriminada, cobrindo de sangue paredes e tapetes. O extremista certamente não disparava ao acaso, mas sabia o que estava fazendo. Quando se preparava para recarregar o fuzil, um palestino o golpeou na cabeça com um extintor de incêndio. Enquanto o agressor caía, o árabe continuou a lhe bater na cabeça até que seus miolos se esparramaram pelo chão da mesquita. Num coquetel de ódio, o sangue judeu do homem misturou-se com o sangue dos cinquenta palestinos que ele acabara de matar e com o sangue dos mais de setenta feridos, muitos deles gravemente, que gemiam de dor.[434] Yitzhak Rabin convocou Shabtai Shavit, *memuneh* do Mossad; Yakov Peri, chefe do Shin Bet; e Karmi Gilon, chefe da divisão antissubversiva não árabe do Shin Bet. Gilon era um especialista em grupos nacionalistas da extrema direita judaica. Nos assentamentos judaicos de Kiryat Arba, os colonos celebravam a matança de Hebron com disparos para o ar.

No dia 27 de fevereiro, o jornal *Ma'ariv* publicou em letras garrafais: "O massacre de Hebron dará novas asas ao Hamas". Sem dúvida, tinha razão. Para Yahya Ayyash, a matança de palestinos na mesquita de Hebron representou um golpe tão duro como o sentido pelos norte-americanos após o ataque a Pearl Harbor, declararia pouco depois um colaborador seu. A Brigada Izz ad-Din al-Qassam decidiu mobilizar todas as suas forças e retribuir o golpe de Hebron em cinco ataques concretos. Um oficial da inteligência jordaniana declararia meses depois: "Yahya Ayyash ficava sempre parado, como um semáforo. Ele apenas esperava para ver a luz vermelha ou a luz verde. Se a luz fosse verde significava que podia ligar um de seus aparelhos e matar dezenas de pessoas".[435] A ordem de mobilização de Ayyash e seus homens chegou de Damasco por fax, em uma mensagem escrita por um alto dirigente político do Hamas. A vingança pelas mortes em Hebron implicaria uma nova série de ataques com carros-bomba contra o modo de vida israelense. Quando a ordem chegou, Ayyash começou a se movimentar.

O Shin Bet e o Mossad souberam que algo estava acontecendo por intermédio de um informante, que disse a eles que a Brigada Izz ad-Din al-Qassam agora empreendia uma ampla campanha de recrutamento e que, para tanto, seus agentes estavam indo até os mais recônditos cantos dos territórios. Precisavam de homens jovens, sem ficha no Shin Bet, de famílias pobres, que tivessem perdido qualquer esperança no futuro, que tivessem substituído a inatividade pela religião e, obviamente, que mostrassem um grande ódio pelos ocupantes judeus. Esse retrato podia realmente ser o de Yahya Ayyash, mas também o de um suicida. Um dos recrutados foi um jovem de 19 anos chamado Ra'id Zaqarna, vindo de Qabatiya.

Segundo o plano estabelecido por Ayyash, Zaqarna e o seu companheiro Mohamed Ahmed Haj Salah Kamil tinham como alvo um ônibus cheio de soldados que fazia o trajeto entre Jenin e Netanya, no cruzamento de estradas em direção a Beit Lid. Os membros da inteligência do Hamas entregaram os resultados de sua vigilância ao ônibus que, curiosamente, realizava sempre o mesmo percurso à mesma hora. O próprio Ayyash atribuiu o fato à "mentalidade israelense que ainda não conhece as suas verdadeiras vulnerabilidades".

Escondido numa oficina quase às escuras, Ayyash executava o trabalho que lhe dera grande notoriedade. Dentro, via-se um Opel Ascona azul, ano 1987, que fora roubado havia três dias. O Engenheiro instalou o mecanismo com perícia. A bomba consistia em sete cilindros de gás, presos a uma potente carga de vinte quilos de explosivos, provenientes de cinco minas antipessoais que foram desmontadas. Ayyash incluíra uma série de recipientes cheios de pregos que serviriam de estilhaços. Estes voariam a uma velocidade de 620 metros por segundo. Tudo isso seria introduzido numa caixa metálica que, ao explodir, faria com que toda a fibra de vidro da carroceria do Opel se tornasse uma chuva de morte. A detonação faria ir pelos ares qualquer veículo que estivesse num raio de ação de dez metros.

O primeiro ato terrorista aconteceria na quarta-feira, 6 de abril de 1994. O movimento em Afula era o habitual, uma cidade de classe média no coração do Vale de Jezrael, por onde passavam várias estradas que conduziam até o mar da Galileia. Em menos de vinte e quatro horas, Israel celebraria uma de suas festas mais sagradas, o Yom HaShoah (Dia de Lembrança do Holocausto), quando são lembrados os 6 milhões de judeus que perderam a vida nos campos de concentração nazistas, os soldados que morreram nas cinco guerras israelo-árabes e as vítimas do terrorismo. Às onze horas, começariam a soar as sirenes por todo o país.

Na manhã do dia 6 de abril, Zaqarna conduziria o veículo ao longo das estradas do Vale de Jezrael, entre as verdes colinas no sopé do majestoso Monte Tabor. Às 12h15, Zaqarna pegou o cruzamento da rua da Nona Divisão, perto de onde um grupo de estudantes passeava tranquilamente. Zaqarna avistou um ônibus cheio de estudantes, o de número 348. Os jovens levavam pastas, livros do instituto e uma ou outra lata de Coca-Cola nas mãos. O membro do Hamas mudara de opinião sobre seu alvo. Provocaria mais dano à sociedade israelense matando seus jovens estudantes do que soldados, algo a que estavam mais habituados em razão das cinco guerras travadas desde 1948. O Opel parou antes de uma faixa de pedestres para deixar passarem três garotas que chegaram até a sorrir para o motorista. Nesse momento, e depois de piscar o olho para uma delas, Ra'id Zaqarna apertou o botão junto ao volante, e a bomba que estava no veículo explodiu. Uma forte luz amarela e laranja deu lugar a uma bola de fogo que incinerou tudo à sua volta, num raio de quarenta metros. Os pedaços de ossos e carne humana misturavam-se com fragmentos de metal e pregos. O 348 era agora uma massa disforme de ferros retorcidos e o seu interior era uma caixa de morte, sangue e pedaços de corpos humanos. Adolescentes que iam para um jogo de futebol acompanhados pelas namoradas transformaram-se em tochas enegrecidas. Poucos minutos depois da explosão, o pessoal de resgate de ambulâncias, bombeiros, policiais, desativadores de explosivos e agentes do Shin Bet misturavam-se com mães desesperadas que procuravam no meio daquele inferno algum resquício reconhecível dos que até há alguns minutos eram seus filhos e filhas.[436]

Tanto o Shin Bet como o Mossad se perguntavam muitas coisas. Quem era o suicida? Quem o enviou? Quem montou a bomba? Quem tinha ordenado essa nova onda de ataques? As manifestações pedindo a morte dos árabes e louvando o que Baruch Goldstein havia feito em Hebron se misturavam com as exigências dos partidos de extrema direita ao primeiro-ministro, Yitzhak Rabin, e ao seu ministro dos Negócios Estrangeiros, Shimon Peres, para que pusesse fim às negociações com Yasser Arafat.

Horas depois do ataque em Afula, quando os rabinos recolhiam os restos das vítimas e os colocavam em sacos plásticos, um deles encontrou um texto em árabe, que entregou a um policial que estava a seu lado, e este a um agente do Shin Bet. A mensagem dizia: "Esta operação é um trabalho da célula Abdel el-Rahman Hamacan, pertencente à Brigada Izz ad-Din al-Qassam. Transformarás nosso *Eid al-Fitr* (Fim do Ramadã) num dia negro e, assim, farás de teu dia da independência um inferno". Por fim, o texto prometia mais quatro ataques para vingar a matança de Hebron.

O Shin Bet jamais tinha ouvido os membros da Brigada Izz ad-Din al-Qassam falarem em código. Os agentes israelenses, depois de analisarem os fragmentos da bomba e o sistema de detonação, souberam que era mais uma invenção daquele a quem chamavam de "O Engenheiro", que acabara com a vida de nove pessoas, deixando outras 55 feridas.

O segundo ato terrorista aconteceria no dia 13 de abril de 1994, na cidade de Hadera. Por volta das 9h30, uma longa fila de passageiros, muitos deles trabalhadores, esperavam a chegada do coletivo para Tel Aviv num trajeto de não mais de trinta minutos. Quando o ônibus chegou, soldados, estudantes, idosos, mulheres e turistas entraram no veículo. A eles juntou-se um homem robusto portando uma bolsa preta. Era Amar Salah Diab Amarna, de 21 anos e residente na cidade de Yabed. Às 9h40, Amarna baixou a bolsa à altura da cintura e ativou o explosivo. A deflagração ficou hermeticamente fechada dentro do veículo, em razão do pequeno espaço em que detonou a bomba. Seis pessoas morreram e trinta ficaram seriamente feridas.

Depois de participar dos atos oficiais do Yom HaShoah, o primeiro-ministro Rabin convocou com urgência os diretores do Shin Bet e do Mossad, Yakov Peri e Shabtai Shavit. Pediu-lhes que fizessem todo o possível para localizar o responsável pelos ataques. Era evidente que, assim que o Shin Bet tivesse um nome e um rosto, o caso ficaria a cargo do Kidon. Para ambos os homens aquilo implicava trabalharem juntos, estabelecer uma operação *Zahav Tahor*.[437] O Shin Bet cuidaria da localização de Yahya Ayyash e o Mossad de assassiná-lo.

Ayyash não só tinha-se tornado um mago da eletrônica, um alvo para o Shin Bet e o próximo a ser eliminado pelo Kidon, mas também um autêntico herói nos territórios de Gaza e da Cisjordânia. Os jovens podiam ler as aventuras do Engenheiro contra os israelenses em romances ficcionais baratos. Num deles, Ayyash conseguira matar o primeiro-ministro de Israel com um artefato explosivo projetado por ele e, em outro, dava-se ao luxo de dar conselhos ao próprio Maomé. Tudo era permitido a Yahya Ayyash. A caça ao rato começara, e era evidente que o gato, o Kidon, iria apanhá-lo, mais cedo ou mais tarde.

O primeiro golpe contra Ayyash iria atingi-lo muito de perto. Dessa vez, o alvo dos israelenses seria Ali Osman Mohamed Atssi, oficial executivo da célula, confidente e amigo pessoal do Engenheiro.[438] Os agentes do Shin Bet estavam havia quase um ano atrás de Atssi, mas sempre, na última hora, ele conseguia escapar sem deixar rastros. De nível inferior a Ayyash na hierarquia do Hamas, Atssi não tinha o mesmo carisma do Engenheiro, um homem de clara inteligência e um grande estrategista, enquanto Atssi era um homem de ação, que começou a sua luta contra os ocupantes realizando grafites anti-israelenses nos próprios muros dos quartéis. Durante dias interrogaram-se testemunhas, informantes e fontes. No dia 11 de julho de 1994, tudo já estava pronto.

Uma força combinada com homens do Shin Bet, do exército e do Mossad começou a tomar posições num bloco de edifícios de Nablus. Enquanto os primeiros tinham esperança de encontrar Ayyash e Atssi juntos, os *katsa* e os *kidon* do Mossad apenas desejavam ter este último na mira. Peri ordenara que seus homens detivessem Atssi para interrogatório, e Shavit, que os seus dessem um tiro na nuca do Engenheiro. Durante os primeiros minutos, tentou-se negociar com Atssi a sua rendição, mas ele não estava disposto a fazê-lo. Um atirador de elite do Kidon se posicionou num telhado perto dali. O número dois de Ayyash, armado com uma AK-47, abriu fogo sobre as posições israelenses. Estava claro que não pensava em render-se.

Armados com mísseis antitanque, os israelenses dispararam contra o edifício, reduzindo-o a um monte de escombros. Depois do combate, agentes do Shin Bet aproximaram-se para vasculhar entre as pedras e o metal incandescente. Sob um armário destroçado, encontraram o corpo sem vida de Ali Osman Mohamed Atssi, de 30 anos. Alguém tinha acertado um tiro entre seus olhos.

Aquele incidente provocou uma séria disputa entre Yakov Peri, do Shin Bet, e Shabtai Shavit, do Mossad. Os *kidon* da Metsada acabavam de executar um dos homens que mais sabiam sobre Yahya Ayyash, seu confidente, um dos líderes do Hamas que mais sabia sobre a cúpula da organização terrorista. O Kidon acabava de assassinar o número quatro da lista, atrás do próprio xeique Ahmed Yassin, fundador do Hamas; Jalid Meshal, no campo político; e Yahya Ayyash, conhecido como Engenheiro. Shabtai Shavit sabia que mais cedo ou mais tarde esses três também sucumbiriam.[439]

Durante um tempo, as operações da Brigada Izz ad-Din al-Qassam foram reduzidas ao mínimo por ordem expressa do xeique Yassin. Este tinha sido visitado por Arafat no mesmo mês de julho, quando se estabeleceu a Autoridade Nacional Palestina na Faixa de Gaza, segundo determinavam os Acordos de Oslo. O velho líder do Hamas desejava dar uma oportunidade ao Ra'is (o Líder) até ver como ele atuava diante do ainda ocupante israelense. O que Yassin não sabia é que Arafat estava desenvolvendo uma poderosa força de inteligência para controlar os movimentos do Hamas. Para lutar contra homens como Yahya Ayyash, Arafat contava com o Aparato de Segurança Nacional (*al-'amn al-watani*); a Polícia Civil (*al-shurta*); a Segurança Pública (*Aa-'amn al-'ammi*), que exercia na Palestina as mesmas funções que o Shin Bet; o serviço de segurança preventivo (*al-'amn al--wiqa'i*), que tratava da coordenação com os serviços de segurança israelenses; o Departamento de Investigação Criminal (*al-bahth al-jina'i*); o Departamento de Inteligência (*mukhabarat*), a cargo das detenções de dissidentes políticos; a Inteligência Militar (*istikhbarat*), encarregada de espionar os serviços de segurança israelenses; a Força 17 (*quwa sab'a 'asher*), a guarda pretoriana de Arafat; a Guarda Costeira (*bahriyya*), uma das agências mais corruptas da ANP; e as Forças Especiais (*al-quwat al-khassa*).[440]

Durante o verão de 1994, Yahya Ayyash permaneceu no mais completo anonimato. Ainda que o Shin Bet tenha tentado localizar, sem êxito, o Engenheiro; todos os palestinos detidos diziam chamar-se *Há'Mehandes* ("O Engenheiro"). Ainda nesse período, o Shin Bet e o Kidon precisavam de um rosto e de um nome. Mas a tranquilidade foi quebrada em 9 de outubro de 1994, quando, em plena visita do secretário de Estado norte-americano, Warren Christopher, dois companheiros de Ayyash, Hassan Mahmoud Abbas e Isma Mahna Ismail Juabay, entraram num centro comercial de Jerusalém armados com pistolas Jericho 9 mm e granadas de fragmentação. Os palestinos mataram duas pessoas e feriram outras trinta. O eco das explosões chegou até o hotel King David, pondo em alerta máximo o Serviço Diplomático de Segurança do Departamento de Estado que devia proteger o enviado do presidente Bill Clinton.

Semanas depois, Israel recuperou a tensa normalidade e os cafés e lojas voltaram a encher-se. Um dos centros mais importantes era o da rua Dizengoff, que os israelenses qualificavam como a Quinta Avenida ou a Oxford Street de Israel. Atravessando essa exclusiva avenida todas as manhãs, o ônibus número 5 circulava desde a zona norte da cidade até o coração comercial de Tel Aviv ao longo da rua Allenby, a avenida Rothschild e a rua Pinkas. Não havia a menor dúvida de que o ônibus número 5 era um alvo ideal para Ayyash. O Engenheiro gostava de fazer voar os ônibus pelos ares porque o próprio material dos veículos costumava provocar mais danos e vítimas que a própria explosão. O membro escolhido para essa missão seria Saleh Abdel Rahim al-Souwi.

Em 19 de outubro, às 8h30, Al-Souwi entrou no ônibus número 5 na zona norte de Tel Aviv. Depois de pagar a passagem, o palestino se posicionou no meio do veículo. Deu uma olhadela rápida nos companheiros de viagem. Mulheres que se dirigiam ao centro, executivos lendo os jornais da manhã e um jovem casal com uniformes militares que não parava de se beijar. Vinte e seis minutos depois, o enviado de Ayyash agarrou com força a bolsa que levava consigo e, depois de recitar uma breve sura do Alcorão, acionou o dispositivo que provocaria a ignição da carga de vinte quilos de TNT militar de uma bomba egípcia. A força da explosão quase cortou em duas a carroceria do ônibus, matando 21 pessoas e ferindo outras 50. Rabin estava furioso. Precisava de um culpado, um rosto para associar ao nome do Engenheiro, e precisava disso imediatamente. O mesmo valia para o Kidon.

Em 24 de outubro de 1994, o primeiro-ministro Yitzhak Rabin deu formalmente carta branca ao Kidon para matar Yahya Ayyash, e ao exército e à polícia, a ordem estrita de "atirar para matar" em caso de dúvida.[441]

O ano de 1995 seria trágico para a história de Israel. Yakov Peri seria substituído na liderança do Shin Bet por Karmi Gilon em plena guerra contra o Hamas, seus comandantes e, obviamente, contra Yahya Ayyash. Gilon, residente em Jerusalém, de 44 anos, antigo protegido de Peri e um especialista em grupos de extrema-direita judaica, assumiria o comando do Shin Bet num momento delicado, não só na sua luta contra grupos extremistas palestinos como o Hamas ou a Jihad Islâmica, mas também na própria história do país, numa época em que se estabeleciam tratados de paz com vários vizinhos árabes. O novo chefe do Shin Bet pertencia à quinta geração de advogados e juízes. Em 1º de março de 1995, Gilon entrou pela primeira vez em seu gabinete no quartel-general do Shin Bet. O primeiro relatório que encontrou sobre a mesa foi o de Yahya Ayyash e a Operação Engenheiro, o planejamento do assassinato do comandante do Hamas por uma unidade do Kidon.

Enquanto isso, nos territórios, as crianças da Intifada continuavam a propagar as lendas de Ayyash. Uma delas, por exemplo, dizia que um soldado israelense tinha atirado nele e que as balas tinham atravessado-lhe o corpo sem causar nenhum dano. Outra, que três soldados israelenses tinham rendido Ayyash desarmado e que este pegara a arma de um dos soldados e os matara. Mas nem o Shin Bet, nem o Mossad, nem o Kidon se deixariam impressionar por tais histórias. Os agentes do Mossad pagariam a Ayyash com sua própria moeda.

Na tarde de 2 de abril de 1995, uma forte explosão num edifício situado no coração do campo de refugiados de Sheikh Radwan cobriu toda a área de uma espessa nuvem de pó e sangue. Nove pessoas foram mortas, entre elas duas crianças, além de outras trinta feridas. Entre os mortos encontravam-se Kamal Kahil, oficial de operações às ordens de Ayyash, e Hatim Hassan, um jovem tenente da Brigada Izz ad-Din al-Qassam. Tanto Kahil como Hassan estavam na lista dos vinte mais procurados pelo Shin Bet. O ataque fora obra do Kidon, mas Yahya Ayyash conseguira fugir do local apenas alguns minutos antes da explosão.

O Engenheiro sabia que o Shin Bet e o Mossad aproximavam-se cada vez mais dele, porém tentaria dificultar-lhes a vida.

No final de 1995, o até então ministro dos Negócios Estrangeiros, Shimon Peres, tomava posse do cargo de primeiro-ministro de Israel após o assassinato, pelas mãos de um extremista judeu, de Yitzhak Rabin, em 4 de novembro, depois de um comício pela paz na praça dos Reis de Israel. Peres foi muito claro durante a reunião com Karmi Gilon, do Shin Bet, e Shabtai Shavit, do Mossad. Yahya Ayyash continuava a ser um alvo prioritário de Israel. Shavit pediu então a Peres para que ratificasse a ordem de execução pelo Kidon de Yahya Ayyash, conhecido como O Engenheiro . A ordem foi ratificada pelo novo primeiro-ministro. Nessa altura, os homens do alto comando do Hamas tinham transformado Ayyash num "lutador da liberdade" da causa palestina, e por isso fizeram-lhe a proposta de sair da linha de frente da luta na Cisjordânia para ocupar um cargo em alguma das embaixadas do Hamas em Jartum ou Teerã. Ele respondeu que preferia continuar a luta contra os israelenses no próprio território. Sabia fazer bombas, não política.

Peres tinha sido claro com o Shin Bet e com o Mossad; era preciso capturar Ayyash vivo ou morto e, se para isso fosse necessário "pressionar" os familiares dele, assim seria feito. Uma tarde, cinco agentes do Shin Bet apareceram na casa de Aisha, a mãe do Engenheiro, e prenderam-na. Com 55 anos de idade, diabética, com olhos amarelados e quase sem dentes, a mulher mostrava naquela cela minúscula o mesmo orgulho que o filho. Ela jamais falaria com aqueles judeus. Os interrogatórios realizados por agentes do Shin Bet eram sempre acompanhados por três homens que se ocultavam entre as sombras. Os três *kidon* tinham a missão de calar e ouvir o que a mulher pudesse dizer. Desafiadora, com arrogância e um profundo desprezo para com seus captores, a mulher foi levada perante o juiz, que a condenou por entrada ilegal na Faixa de Gaza com documentos falsos e por conspirar com uma organização terrorista contra o Estado de Israel. Tanto o Shin Bet como os *kidon* da Metsada esperavam, com essa medida, que Ayyash desse as caras.

No dia 16 de dezembro de 1995, Gaza vibrava com o oitavo aniversário da fundação do Hamas. Num estádio, ativistas com o rosto coberto brandiam bandeiras e emblemas da organização. Do lado de fora, a polícia palestina patrulhava entre quiosques que vendiam camisetas estampadas com o rosto de Yahya Ayyash, como se fosse uma estrela *pop*. Era evidente que, embora por um lado Arafat prometesse a Israel cooperação para capturar Ayyash, por outro lado suas forças de segurança continuavam a dar-lhe cobertura, proteção e informação sobre os movimentos do Shin Bet e do Mossad em Gaza e na Cisjordânia. O general Musa Arafat, chefe do serviço secreto palestino e primo de Yasser Arafat, era o intermediário entre a ANP e Yahya Ayyash.[442]

Os pais, mulher e filhos do Engenheiro estavam agora sob a proteção do serviço secreto de Arafat, ainda que o Shin Bet e o Mossad soubessem que seria sempre melhor matar Ayyash em Gaza ou na Cisjordânia do que no Sudão, no Irã ou na Síria, para o que seria necessário elaborar uma operação mais complexa.

O certo é que, a essa altura, o Engenheiro mostrava uma autêntica paranoia que o obrigava a tomar medidas extremas de segurança. Tinha o desejo ardente de prolongar a sua vida, mas os israelenses não o permitiriam, e estavam prestes a ter uma oportunidade de ouro para executá-lo.

Numa tarde de dezembro, no quartel-general do Shin Bet, soaram as sirenes de alarme. Aparentemente, Yahya Ayyash aparecera em Gaza, na casa de Osama Hamad, um amigo íntimo, membro do Hamas. A casa ficava no número 2 da rua Shaheed al-Khaluti, a poucos metros do departamento da polícia palestina em Gaza. Ayyash adotara o nome de Abdullah Abu Ahmed.

Dentro da casa, Yahya Ayyash falara com todos os comandantes do Hamas por um celular descartável fornecido por Osama Hamad. Ao digitar esse nome no computador do Shin Bet, surgiu a ficha de Kamal Hamad, de 43 anos, tio de Osama, casado com três mulheres, pai de dezoito filhos, com um enorme limite de crédito no Cairo-Palestine Bank, vendedor de carros usados, que conseguira misteriosamente fazer uma pequena fortuna numa das áreas mais pobres do planeta, sem pagar os impostos e fazendo um ou outro pequeno negócio diante dos olhos fechados das autoridades israelenses. Graças a seus contatos com Musa Arafat, e depois de pagar um pesado suborno, conseguiu que pusessem o seu sobrinho em liberdade após ter sido detido em Gaza pelos ataques a bomba em Ramat Gan e Jerusalém. Os comandantes da Brigada Izz ad-Din al-Qassam estavam intrigados pelas relações do jovem Osama Hamad com o círculo de Musa Arafat, mas a sua intimidade com Yahya Ayyash os fez desistir de fazer mais perguntas. O Mossad sabia também que Hamad viajava num Mercedes-Benz preto, usava roupas inglesas e voava rotineiramente à Europa acompanhado de belas jovens, algumas delas menores de idade. Uma tarde, quando Kamal Hamad parou num semáforo, vários homens do Kidon abordaram-no, entrando no carro. Um dos homens disse a Hamad que o ajudariam se ele os ajudasse, mas se, pelo contrário, ele os traísse, a visita seguinte seria com o propósito de "executá-lo". Antes de sair, um dos *kidon* disse a Hamad que o novo negócio que lhe tinham proposto o deixaria ainda mais rico. O Shin Bet garantiria a Kamal Hamad não só a sua segurança e a de todos os seus familiares, mas também a de sua fortuna.

Antes de dar o golpe, o Kidon e o Shin Bet precisavam de toda informação que pudessem ter sobre Yahya Ayyash, como quando se levantava da cama, quando se deitava, quando tomava banho, quem o visitava e coisas do tipo. Enquanto o Engenheiro permanecesse na casa de Osama Hamad, estaria sob controle.

Os agentes do Shin Bet sabiam que todas as comunicações de Ayyash com a família eram feitas utilizando celulares, ou "pelephones", como são chamados em Israel. Quase 2 milhões desses aparelhos funcionavam diariamente em Israel e nos territórios. Depois de sua saída do Shin Bet, Yakov Peri foi nomeado presidente da Cellcom, a mais importante empresa de serviços de celulares do país. A ideia do Kidon era eliminar Yahya Ayyash por meio de seu celular, numa operação semelhante à realizada em 1973, quando acabaram com a vida de Mahmoud Hamshari, o chefe do Setembro Negro na França.[443] O que tornava essa operação mais difícil era que, no caso de Hamshari, foi usado um telefone fixo, e, além disso, ele não esperava um ataque do Kidon, enquanto Ayyash usava sempre um celular e permanecia alerta diante de um possível ataque da espionagem israelense. O principal inconveniente era como colocar o celular nas mãos de Yahya

Ayyash. Em 25 de dezembro de 1995, Ayyash telefonou para o pai para dizer que tinha sido pai novamente. O Engenheiro estava muito alegre e satisfeito. Disse-lhe que voltaria a telefonar no próximo dia 5 de janeiro. Ao desligar, o líder do Hamas ouviu um ruído suave. Teve a certeza de que o Shin Bet tinha detectado o telefone e ouvido a conversa. Estava claro que precisaria de um novo celular, e naquele mesmo dia. Para isso, Kamal Hamad entregou um celular ao seu sobrinho Osama, comprado na loja de produtos eletrônicos Nabil, no centro de Gaza. O aparelho fora entregue por um fornecedor israelense ao vendedor palestino. Tudo limpo e sem pistas da mão do Shin Bet ou do Mossad. Osama deixava sempre a Ayyash o seu celular Motorola para realizar chamadas pessoais e para que, por meio do número 050-507-497, se comunicasse com o pai, Abdelatif Ayyash. Na verdade, Kamal Hamad não fazia ideia do que o Kidon tinha feito com o celular. Só lhe disse que o fizesse chegar às mãos do sobrinho.

Em 5 de janeiro de 1996, a Embaixada dos Estados Unidos vivia um grande alvoroço em razão da iminente chegada do vice-presidente, Al Gore, e do secretário de Estado, Warren Christopher. A poucos quilômetros dali, num esconderijo, Ayyash trabalhava preparando diversos dispositivos que deviam explodir em vários lugares de Tel Aviv e Jerusalém. Nada era deixado ao acaso. Por volta das 4h30, Ayyash apareceu na casa de Hamad. O terrorista estava vestido de mulher e, debaixo de sua larga túnica, levava um fuzil de assalto Glion. Assim que entrou em casa, o Engenheiro abriu sobre a mesa um grande mapa de Tel Aviv. Era preciso decidir onde atacar Israel. Antes de tentar dormir um pouco, Yahya Ayyash deu uma olhadela à procura do celular de Osama Hamad. Depois, fechou os olhos e dormiu por três horas seguidas.

Com as primeiras luzes do amanhecer, Ayyash acordou. O dia estava frio e as chuvas tinham transformado as ruas de Gaza em autênticos pântanos. Era uma paisagem muito diferente à da sua Cisjordânia natal. Por volta das 8h40, o celular de Hamad tocou. Ayyash decidiu atendê-lo ao reconhecer o número de telefone da casa do pai. Abdelatif Ayyash disse ao filho que estava tentando contatá-lo há várias horas. A linha tinha sido devidamente cortada. Quando o Engenheiro perguntou ao pai sobre sua saúde, a chamada caiu. O pai voltou a discar o número 050-507-497 e uma voz feminina gravada disse que o telefone estava desligado ou fora de área. Assim que a linha foi cortada, o telefone que Yahya Ayaash tinha na mão voltou a tocar, mostrando no pequeno visor o número do pai. Ao atender, uma voz perguntou-lhe: "O senhor é Yahya Ayyash?". Quando o Engenheiro respondeu afirmativamente, um *kidon* apertou o botão de um pequeno comando a distância que provocava a ignição da carga de cinquenta gramas de explosivo TDX colocada no compartimento da bateria do celular. A explosão rompeu-lhe o crânio, deixando parte do cérebro e toda a mandíbula expostos. O rosto que, até aquele momento, era o do homem mais procurado de Israel, tinha desaparecido por completo. Yahya Ayyash, conhecido como "O Engenheiro", estava morto. O longo braço de Israel tinha atingido novamente um inimigo, por ordem do primeiro-ministro Shimon Peres, mas a glória dessa brilhante operação se macularia pelo fiasco de uma nova operação contra o Hamas em Amã, a capital da Jordânia, apenas um ano depois, exatamente no dia 25 de setembro de 1997.

Karmi Gilon, diretor do Shin Bet, recebeu a notícia num escritório cheio de caixas contendo seus bens pessoais. A Operação Engenheiro era apenas o ponto final de uma das carreiras mais curtas de um diretor do Shin Bet. Em 8 de janeiro de 1996, ele apresentou a sua demissão a Shimon Peres, sendo substituído por Ami Ayalon.

Shabtai Shavit, *memuneh* do Mossad, seguiria Gilon no mesmo ano. Depois da chegada de Benjamin Netanyahu, do Likud, ao poder, Shavit foi demitido e substituído por Danny Yatom.

Yahya Ayyash foi enterrado com a presença de uma guarda de honra da Polícia Palestina enviada por Yasser Arafat, em 6 de janeiro de 1996, no cemitério de Shajai ya, na Faixa de Gaza. Ao seu funeral compareceram milhares de pessoas com faixas que diziam: "O Hamas rende tributo ao seu herói, o herói de todas as bombas, que é agora o nosso mártir".

Dias depois, **Kamal Hamad**, com passaporte israelense e acompanhado por dois agentes do Shin Bet, viajava na primeira classe rumo a um exílio num lugar qualquer dos Estados Unidos.

CAPÍTULO 16

OPERAÇÃO VINGANÇA

ALVOS: Jalid Meshal e o xeique Ahmed Yassin

POSIÇÃO: Principais dirigentes do Hamas

DATA: 25 de setembro de 1997 a 22 de março de 2004

A morte pelo Kidon de Yahya Ayyash, "O Engenheiro", em 5 de janeiro de 1996, desencadeou uma série de ataques suicidas. O Hamas e seus líderes não estavam dispostos a permitir tal derrota moral. Entre a data da execução de Ayyash por uma unidade do Kidon e 25 de setembro de 1997, dia em que teve início a Operação Vingança, o Hamas cometeu seis atentados, resultando em 69 mortos e 493 feridos. O mais grave deles aconteceu em 25 de fevereiro de 1996, quando dois homens-bomba do Hamas explodiram dentro de um ônibus em Jerusalém, causando 26 mortes.

O cansaço dos israelenses, que viam sua segurança sendo violada repetidas vezes enquanto ouviam as brandas palavras dos políticos trabalhistas, levou a uma reviravolta eleitoral que deu a vitória ao Likud e ao seu líder, o duro Benjamin Netanyahu, de 47 anos. Irmão do lendário Yonni Netanyahu, a única baixa israelense na Operação Raio,[444] o político não estava disposto a deixar-se convencer pelas brandas palavras de paz que Arafat lhe transmitiu após sua nomeação. O novo primeiro-ministro sabia que fora eleito pelo povo israelense em razão de seu duro discurso com respeito às concessões aos palestinos e pela defesa absoluta de fazer o que fosse necessário para manter a segurança do povo de Israel.

Assim que tomou posse de seu gabinete, na primavera de 1996, Netanyahu telefonou para Shabtai Shavit, *memuneh* do Mossad, e o demitiu. Logo em seguida, anunciou a nomeação de Danny Yatom como novo chefe dos serviços de inteligência israelenses. Era evidente que esse ex-major-general esperava duas frentes de uma árdua tarefa. Por um lado, teria que lutar contra os inimigos de Israel, personificados nos suicidas do Hamas, na Jihad Islâmica, na Brigada Izz ad-Din al-Qassam e nas Brigadas dos Mártires de Al-Aqsa. Por outro lado, teria que fazer uma política de contenção em razão das pressões do próprio primeiro-ministro. "Bibi" Netanyahu queria resultados imediatos.

Yatom fora seu comandante nas Forças de Defesa de Israel. Posteriormente, Netanyahu fora embaixador de Israel nas Nações Unidas e, mais tarde, um famoso analista de terrorismo internacional na CNN. O novo *memuneh* era um soldado de carreira, com um brilhante currículo, que chegara ao cargo de assessor militar do primeiro-ministro Yitzhak Rabin. Agora ocupava o posto mais alto da inteligência israelense, talvez uma das mais importantes agências de espionagem do mundo. Ele era agora o todo-poderoso diretor-geral do Mossad.

Durante os primeiros meses, Netanyahu e Yatom foram inseparáveis. O *memuneh* passava pelo menos uma tarde por semana com o primeiro-ministro, relembrando histórias de guerra enquanto bebiam cerveja e comiam azeitonas.[445] Em pouco tempo, aquela história de amor e amizade se tornaria o pior pesadelo para Danny Yatom. Três acontecimentos, um na Jordânia, outro na Suíça e o último em pleno coração do Mossad, provocariam uma ruptura de relações entre ele e o gabinete do primeiro-ministro.

No verão de 1997, o Hamas voltou a atacar duramente. Dois terroristas suicidas explodiram-se em 30 de julho no mercado de Mahane Yehuda de Jerusalém, deixando 15 mortos e 178 feridos. Dias depois, exatamente em 4 de setembro, três suicidas do Hamas explodiram-se na rua comercial de Ben Yehuda, também em Jerusalém, deixando 4 mortos e 181 feridos. Cinco dias depois, em 9 de setembro, dois terroristas disparariam contra dois agentes do Shin Bet que realizavam a segurança da recém-inaugurada Embaixada de Israel em Amã. Nessa mesma tarde, Yatom recebeu um telefonema de Netanyahu.

Por volta das seis da tarde, o *memuneh* estava sentado em frente ao primeiro-ministro. Dessa vez não havia cerveja nem azeitonas, apenas repreensões. Netanyahu queria saber como a estação do Mossad na capital jordaniana não tinha previsto o ataque do Hamas em Amã. Em dado momento, Yatom disse ao seu chefe que tinham conseguido identificar o responsável pelos últimos atentados realizados por esse grupo. Netanyahu solicitou um amplo dossiê para a manhã seguinte. O primeiro-ministro queria saber tudo sobre o inimigo, até seus traços faciais, seus gostos, se era casado, se gostava de mulheres, quando dormia e para onde viajava. Tudo, absolutamente tudo.

Durante toda aquela noite, o departamento do Mossad encarregado das fichas de terrorismo trabalhou em um relatório sobre aquele que seria o novo alvo do Kidon. Chamava-se Jalid Meshal, tinha 41 anos e havia nascido em Ramallah. Em 1967, mudara-se para o Kuwait, onde começara a estabelecer relações com grupos islâmicos dos países do Golfo Pérsico, enquanto graduava-se em Física. Em 1990, mudara-se para a capital jordaniana com mulher e filhos e, seis anos depois, assumira o comando do Gabinete Político do Hamas, sob ordens diretas do xeique Ahmed Yassin. Yatom disse a Netanyahu que, embora Meshal fosse de fato o número dois do Hamas, no plano militar era o número um. Era o palestino quem ordenava as operações suicidas sobre alvos israelenses.[446]

Havia anos que o Hamas e seus líderes tinham-se tornado o pior pesadelo das Forças de Segurança Israelenses. Pior até que Abu Nidal, a Frente Popular para a Libertação da Palestina ou o Setembro Negro. "Seus principais líderes passaram vários anos na Universidade Patricio Lumumba, em Moscou; nos quartéis da Stasi, na Alemanha Oriental; nos campos de treinamento militar em Cuba e em Pyongyang", dizia o relatório do Mossad.[447]

Netanyahu continuou a ler, enquanto Yatom permanecia sentado à sua frente:

> Em 1978, o xeique Ahmed Yassin fundou um pequeno grupo fortemente estruturado, chamado Hamas. Oficialmente controlado com o nome de ***Al-Mujama*** (A Assembleia), o Hamas tornou-se em pouco tempo uma seção palestina da Irmandade Muçulmana do Egito. Um ano depois, a primeira célula do Hamas começou a operar na Faixa de Gaza. Em poucos anos, aquela pequena organização foi crescendo em número de adeptos até estabelecer sucursais em Damasco, Bagdá, Trípoli, Teerã e, agora, em Amã. Com fundos de países árabes, como a Arábia Saudita, o Kuwait e o Irã, estabeleceram-se também em Londres e Arlington, na Virgínia.[448]

Até então, os principais líderes do Hamas eram quase invisíveis para as câmeras de vigilância do Shin Bet; podiam circular livremente por Gaza e na Cisjordânia. Mas em novembro de 1987, tudo isso mudou. No dia 25 desse mês, à meia-noite, um comando terrorista palestino conseguiu invadir uma base militar da infantaria israelense situada nos arredores da cidade de Qiryat Shmonah, matar seis soldados e ferir mais uma dúzia, antes de eles mesmos morrerem. Esse ato, na verdade, foi o despertar para muitos grupos integristas que até então viam os soldados do exército israelense como invencíveis. Na noite de 25 de novembro, descobriram que também eram seres humanos e que podiam morrer.[449] Durante os dias que se seguiram, a rebelião estendeu-se por todos os territórios ocupados. Adolescentes que até então se escondiam com a chegada do exército israelense, dedicavam-se agora a atirar coquetéis molotov. Davi insurgia-se contra Golias.

Finalmente, depois de ler todo o relatório com o selo do Mossad, Benjamin Netanyahu disse ao seu *memuneh*: "Vão à Jordânia e acabem com ele. Executem-no. Envie o seu pessoal a Amã para que façam isso".[450] O *memuneh* tentou explicar a Netanyahu que matar Meshal em Amã podia pôr em perigo o acordo de paz assinado com os jordanianos. "Seria melhor assassinar Meshal em qualquer outro país árabe ou na Europa, para onde ele costuma viajar", disse Yatom. O primeiro-ministro gritou com o seu chefe de espionagem, acusando-o de arranjar desculpas: "Quero ação, e a quero agora".[451]

A partir desse momento, era tarefa da Metsada preparar uma operação com o fim de executar Jalid Meshal. Antes de ativar o Kidon, a subunidade de assassinos da Metsada, tudo devia estar planejado. "Não quero erros nessa operação. A Operação Vingança deve ser *Ain Efes*, em que não se admite o fracasso", disse seriamente Danny Yatom.

A Metsada, em colaboração com a estação do Mossad na Jordânia, a Unidade 8200, encarregada da interceptação de comunicações, a Unidade 8513, responsável pela obtenção de informação fotográfica dos alvos, e a *Yahalomin*, que se ocupava das comunicações do Mossad, trabalharam durante muitos dias. Tanto Danny Yatom como Benjamin Netanyahu queriam um plano, e sem demora.

No dia 20 de setembro de 1997, o plano que fazia parte da Operação Vingança foi apresentado para a aprovação do primeiro-ministro. Yatom sabia que, se a operação corresse bem, Benjamin Netanyahu ficaria com os louvores políticos, mas, se corresse mal, seria ele quem deveria arcar sozinho com a culpa. Às 21h, "Bibi" Netanyahu autorizou o início da operação.

No dia 24 de setembro, dois jovens, com jeito de executivos em férias, chegaram à capital jordaniana de avião, vindos de Roma. Ao passarem pelo posto policial, os dois homens mostraram os passaportes canadenses. Em seguida, entraram no terminal e dirigiram-se ao ponto de táxi. Um deles disse ao motorista que os levasse até o hotel Inter-Continental, situado em Queen Zein Street. Na verdade, Barry Beads e John Kendall, nomes falsos, eram *kidon* que haviam desembarcado na Jordânia para executar um golpe contra o Hamas. Quando chegaram ao quarto do hotel, esperava por eles um membro do Kaisarut, o departamento de mediações nas embaixadas de Israel, conhecido como oficial de inteligência pelas agências de espionagem locais. O homem entregou-lhes uma ficha e várias fotografias de Jalid Meshal. Kendall pegou uma que mostrava um homem robusto, com uma espessa barba preta, que parecia ser um dedicado pai de família, visto que, em muitas outras fotos, era possível vê-lo brincando com alguns dos seus sete filhos.

No mesmo dia 24, os dois *kidon* reuniram-se com o resto da equipe para deixarem completamente definidas as rotas de fuga caso a operação não corresse bem. Nessa mesma tarde, as equipes de assassinos do Mossad realizaram várias vezes os trajetos de fuga com o cronômetro na mão. Nada podia ser deixado ao acaso. Às 21h, Barry Beads dirigiu-se a uma locadora de automóveis e escolheu um Toyota azul. A essa mesma hora, em outra empresa, John Kendall fazia o mesmo com um Hyundai verde. Estava tudo preparado para o ataque ao alvo.[452]

No dia 25 de setembro, logo pela manhã, a primeira unidade do Kidon avistou um Mercedes-Benz preto que se aproximava. No banco da frente, estava Jalid Meshal e, no de trás, três dos sete filhos do líder do Hamas. Antes de deixá-los na escola, o motorista devia levar Meshal até a sede do Hamas de Amã. O Mercedes virou à esquerda para entrar no distrito do Jardim. Nesse momento, o motorista de Meshal olhou pelo retrovisor e avisou seu chefe que alguém os seguia. Este pegou o celular, e o motorista ditou os números da placa. Do departamento da polícia jordaniana, uma voz disse-lhe que se acalmasse, pois o carro tinha sido alugado a um turista canadense. Em dado momento, John Kendall, ao volante do Hyundai, decidiu ultrapassar o Mercedes-Benz preto antes de ficar preso no trânsito.

Às 10h30, Jalid Meshal, acompanhado de seus filhos, chegou à rua Wasfi al-Tal. Curiosamente, a rua em que se encontrava a sede da organização terrorista palestina Hamas fora batizada em honra do primeiro-ministro jordaniano assassinado no Cairo por terroristas palestinos do Setembro Negro no dia 28 de novembro de 1971. Só no Oriente Médio podia acontecer algo do gênero.

Em meio a um grupo de pessoas que se aglomerava em frente à porta da sede do Hamas, encontravam-se os dois membros do Kidon. Quando Meshal beijava os filhos no rosto, Beads aproximou-se dele enquanto Kendall, ao seu lado, mexia num objeto dentro de uma bolsa. Meshal olhou-os com desconfiança, mas, nesse momento, Kendall pulverizou o conteúdo de um *spray* no ouvido esquerdo do palestino, diante do olhar atônito das crianças e dos demais presentes. Jalid Meshal pulou para trás para evitar o segundo ataque do *kidon*, enquanto com uma mão secava o líquido que tinham tentado lhe introduzir no ouvido. Nesse momento, vários membros da segurança do Hamas chegaram e agarraram-lhes com força as mãos, pensando que tentavam tirar uma pistola. Beads começou a lutar enquanto gritava ao seu companheiro que fugisse. A essa altura, a equipe de apoio já tinha chegado, mas tiveram que recuar diante da investida do veículo de Meshal que não os deixava avançar. Por fim, a segunda equipe do Kidon fugiu, abandonando os dois companheiros à própria sorte.[453]

A polícia jordaniana, que acabava de chegar, prendeu os membros do Kidon e os conduziu a uma cela no quartel-general da polícia. Tanto Beads como Kendall declararam-se inocentes, mas a chegada de Samih Batithi, o poderoso e influente chefe do Departamento Geral de Inteligência (GID nas siglas em inglês), os fez mudar as respostas. Batithi acabava de reunir-se com o chefe da estação do Mossad na Embaixada de Israel em Amã. O chefe do GID ordenou que ninguém tocasse nos dois agentes israelenses. Jalid Meshal foi internado num hospital jordaniano e ligado a um respirador artificial para a estabilização do seu coração e pulmões. O *kidon* não tinha conseguido introduzir todo o veneno no ouvido dele e, em razão de sua boa forma física, o líder do Hamas conseguira sobreviver, embora não se soubesse por quanto tempo.[454]

Por volta das 22h, o chefe de gabinete do primeiro-ministro de Israel anunciou ao seu superior que recebia, por meio do telefone particular, uma chamada do rei Hussein da Jordânia. Quase aos gritos, o monarca *hachemita* relatou a um perplexo Netanyahu o ocorrido horas antes nas ruas de Amã. Também lhe revelou que os dois *kidon* tinham confessado, e que a confissão assinada por Beads e Kendall fora enviada à secretária de Estado norte-americana, Madeleine Albright.

"Se não quer que os nossos dois países voltem ao estado de guerra que viveram desde 1948, vou impor-lhe uma série de condições que deverá cumprir. Não há negociação em nenhuma delas. Assim que as cumprir, libertarei os seus dois agentes, que serão entregues na ponte de Allenby", disse o rei da Jordânia a um primeiro-ministro de Israel que ainda não tinha conseguido pronunciar uma palavra sequer. As condições também haviam sido enviadas à Casa Branca e autorizadas pelo próprio presidente Bill Clinton.[455]

Danny Yatom, o *memuneh*, soube do desastre da operação no próprio gabinete, por meio de um telefonema do chefe da estação em Amã. Logo a seguir apresentava-se no gabinete de seu chefe, Benjamin Netanyahu, que já tinha atendido a chamada do monarca jordaniano."Hussein me perguntou que merda que eu estava fazendo e se tinha o antídoto para o gás tóxico usado contra Meshal", disse o político ao seu chefe de espiões. Antes de encerrar a ligação, Hussein exigira a "Bibi" Netanyahu a libertação imediata do xeique Ahmed Yassin e de vários líderes palestinos, bem como o envio a Amã do antídoto para salvar a vida de Jalid Meshal.[456]

Nessa mesma tarde, Danny Yatom telefonou ao seu homólogo Samih Batithi para lhe pedir desculpas e anunciar que uma operação do Mossad jamais se repetiria em solo jordaniano. Outro problema surgiu com o governo do Canadá, quando os jordanianos informaram que tinham confiscado passaportes canadenses falsos com os dois *kidon* detidos. O Ministério dos Negócios Estrangeiros do país norte-americano retirou o seu embaixador de Tel Aviv e avisou Israel que, se algo parecido voltasse a acontecer, implicaria a ruptura imediata de relações diplomáticas. Foram os piores dias na vida, não só política, do orgulhoso Benjamin Netanyahu. Em poucas horas, ele teve que balbuciar desculpas a Bill Clinton, a Madeleine Albright, ao primeiro-ministro canadense, Jean Chrétien, e ao rei Hussein da Jordânia. Yatom foi obrigado a levar o antídoto à capital jordaniana.

Exatamente uma semana mais tarde, o xeique Ahmed Yassin foi libertado, sendo louvado por multidões que o esperavam às portas da prisão israelense. Ao mesmo tempo, Kendall e Beads entravam em Israel pela ponte de Allenby. Foram dias tenebrosos não só para o Mossad e o Kidon, mas também para todo o Estado de Israel.

Com o fiasco na tentativa de assassinato do líder do Hamas na Jordânia, Danny Yatom tornou-se um chefe desautorizado, um *memuneh* sem nenhum poder de decisão. Até o Estado-Maior sabia que Yatom fora incapaz de deter Netanyahu ou de rejeitar suas ordens. Por fim, alguém do gabinete do primeiro-ministro tratou de fazer vazar convenientemente à imprensa que "os dias de Yatom no Mossad estavam contados". Isso não ajudou a elevar o moral dos *katsa* e dos agentes da espionagem israelense.

O segundo golpe contra o moral do Mossad aconteceria no final de outubro de 1997, quando um *katsa* do departamento sírio da espionagem israelense pôs em dúvida a fonte manipulada durante vários anos por Yehuda Gil,[457] um dos mais respeitados *katsas* do Mossad, antigo membro do Kidon e oficial reconhecido da Metsada. O analista, sabendo do poder de Gil no Mossad, decidiu falar dos seus receios ao próprio *memuneh*. O agente suspeitava de uma antiga fonte de Yehuda Gil, depois de rever um relatório sobre uma possível invasão de Israel pela Síria.

Interrogado por Danny Yatom, Yehuda Gil confessou que inventara a fonte e que, graças a isso, andava roubando fundos reservados do Mossad há vinte anos. Yatom apareceu novamente na mira de Netanyahu, apesar de o *memuneh* tentar explicar que Gil roubara o Mossad durante o mandato de quatro diretores-gerais, desde Yitzhak Hofi, passando por Nahum Admoni, Shabtai Shavit e ele próprio.

O Kidon cometeria um terceiro deslize quando uma de suas equipes foi detida na cidade suíça de Liebefeld, no sábado, 24 de fevereiro de 1998. Aparentemente, os cinco *kidon* preparavam-se para matar Abdullah Zein, que ocupava um alto cargo no Hezbollah. Enquanto preparavam a ação, à noite, uma idosa com insônia decidiu chamar a polícia ao ver vários sujeitos suspeitos, três homens e duas mulheres, entrando e saindo de um edifício de apartamentos no número 27 da Wabersackerstrasse. Quando a polícia chegou ao local, encontrou vários membros do Kidon em plena atividade. Solly Goldberg, Rachel Jacobson e Efraim Rubinstein estavam ainda na porta quando chegou a primeira patrulha. No carro de apoio, estavam Leah Cohen e Matti Finklestein. Rubinstein simulou um ataque de coração, enquanto o restante dos companheiros fugiam. No hospital, confirmou-se que ele não padecia de nenhuma doença cardíaca, e o chefe da polícia ordenou a sua detenção imediata. Mais uma vez, em menos de doze meses, uma equipe do Kidon fora apanhada com a mão na massa.

Às quatro da manhã, hora de Tel Aviv, tocou o telefone que Yatom tinha junto à cama. Há meses que ele não conseguia regularizar o sono. Do outro lado da linha, um *katsa* do Mossad informava seu chefe sobre o incidente que acabara de acontecer na Suíça. Yatom teve que acordar Netanyahu para dar-lhe a notícia.

Imediatamente ligaram para Efraim Halevy, o embaixador de Israel em Bruxelas, para que tentasse estabelecer contato extraoficial com as autoridades suíças. Jacob Kellerberger, um alto oficial do Serviço Estratégico de Inteligência suíço, foi escolhido como interlocutor por Halevy. O diplomata israelense disse ao espião suíço que algo correra mal numa operação do Mossad em seu país. "Mal quanto?", perguntou Kellerberger. "Prenderam um dos nossos agentes", respondeu Halevy com tranquilidade.

No início, parecia que o entendimento entre ambos ia bem, mas, assim que desligou, Jacob Kellerberger decidiu telefonar para a beligerante procuradora federal da Suíça, Carla del Ponte. Na quarta-feira, 28 de fevereiro de 1998, ela decidiu tornar público o assunto e denunciar as práticas do Mossad num país supostamente aliado. Poucas horas depois, Danny Yatom, oitavo *memuneh* desde a fundação do serviço de espionagem israelense, demitia-se do cargo.

Em 5 de março de 1998, Efraim Halevy tornou-se o nono diretor-geral, depois de ser nomeado pelo primeiro-ministro Netanyahu, anunciando ao mesmo tempo que em 3 de março de 2000 seria substituído por Amiram Levine, novo diretor-geral adjunto. Halevy tornou-se assim o primeiro *memuneh* do Mossad a ser eleito por um período determinado.

Os anos de Halevy resultariam na normalização do Mossad e numa subida de moral dos oficiais, *katsa* e até *kidon* da Metsada. O principal inimigo, não só do Mossad, mas também do Estado de Israel, continuava a ser sempre o mesmo, os suicidas palestinos de grupos como a Jihad Islâmica, a Brigada Izz ad-Din al-Qassam, as Brigadas dos Mártires de Al-Aqsa e o Hamas. Para muitos membros do Mossad, a libertação do xeique Ahmed Yassin, fundador e principal líder do Hamas, implicou um duro golpe que não demorariam a desforrar, mas nem Halevy nem Benjamin Netanyahu poderiam ver isso.

O Mossad e a sua unidade do Kidon passavam por uma das piores crises desde a sua criação, que levou à demissão em poucos meses de seis dos seus altos comandos por divergências com o atual *memuneh*, Meir Dagan. Havia pouco tempo, um jornal de Israel tinha o título: "Terremoto no Mossad". O jornal descrevia uma situação caótica, que se revelara muito mais grave do que o esperado, com uma profunda falta de confiança por parte de todos os departamentos implicados, incluindo a Metsada e, por conseguinte, o Kidon.

O *memuneh* Dagan fora nomeado pelo primeiro-ministro Ariel Sharon em 2003 com o objetivo prioritário de pôr ordem no Mossad, mas estava fracassando na tentativa, e o serviço de espionagem via-se outra vez contra a parede.

Entre os chefes do Mossad que estavam abandonando os cargos encontravam-se, por hierarquia, o número 2; o número 3; o responsável pelas relações com os serviços de inteligência de outros países; o chefe da Metsada para operações especiais; o chefe da luta antiterrorista; e o chefe de recursos humanos. Os diretores que foram embora acusaram Dagan de ter violado uma promessa de promover o número 3 do Mossad e de ter rompido relações com o major-general Aharon Ze'evi-Farkash, chefe do Serviço de Inteligência Militar (Aman), e com Abraham Deichter, diretor do Shin Bet.

Estava claro que Meir Dagan precisava de uma operação que lhe devolvesse a confiança não só do seu chefe, Ariel Sharon, mas também dos comandantes do Mossad. O primeiro-ministro estava muito satisfeito com ele e com o trabalho que realizara no serviço de espionagem durante esses anos, mas também precisava de algo surpreendente que o fizesse conquistar pontos de popularidade. Para isso, nada melhor que uma operação do Kidon.

Dagan concordava com a posição de muitos oficiais do Mossad que se mostraram contrários à libertação do xeique Ahmed Yassin e pensou que esse poderia ser um bom alvo. Para isso, o *memuneh* recuperou o dossiê aberto há sete anos pelo deposto Danny Yatom, e nunca encerrado, da Operação Vingança, que estabelecia o assassinato pelas mãos do Kidon dos principais líderes do Hamas.

Em menos de quatro anos, exatamente de 20 de dezembro de 2000 a 14 de março de 2004, o Hamas levara a termo 38 ataques terroristas contra Israel, deixando 256 mortos e quase 1.700 feridos. Era evidente, para Sharon e para o seu *memuneh*, que era preciso deter essa onda de violência, ainda que para isso o Kidon ou o exército tivessem que executar todos os líderes do Hamas, um a um. E o xeique Ahmed Yassin estava no topo da pirâmide.

Antes de atacar o alvo principal, o Mossad teria de atacar vários chefes militares do Hamas. Em 22 de janeiro de 2002, após três meses de vigilância por parte do Mossad e da Aman, conseguiram eliminar dois dos seus mais importantes membros, cujos nomes apareciam na lista dos terroristas mais procurados.

Uma unidade conjunta entre a Sayeret Matkal e o Kidon cercou em uma casa Khasser Samaro, conhecido como o Engenheiro 2, e Nassin Abu Rus, conhecido como o Engenheiro 3, junto com dois tenentes do Hamas, Yousef Suraj e Karim Masarja. Samaro e Abu Rus foram mortos por disparos de atiradores de elite do

Kidon, enquanto Suraj e Masarja morreriam em combate com a primeira unidade da Sayeret que entrou na casa. Na verdade, os chefes militares e da Aman, assim como o *memuneh* Dagan, tinham claro, após a execução do Engenheiro 2 e do Engenheiro 3, responsáveis pelo projeto de bombas e explosivos do Hamas, que as operações de assalto implicavam assumir perdas, enquanto executar um chefe do Hamas por meio de ataques seletivos com mísseis era muito mais eficaz e seguro para os agentes israelenses. Quando o míssil lançado de um helicóptero acabava com o alvo, o *katsa* que tivesse colocado o detector estaria jantando em casa com a família.

Em 30 de junho de 2002, o chefe de bombas do Hamas, Mohamed Taher, conhecido como o Engenheiro 4, e o seu número dois, Imad Draoza, foram assassinados por comandos navais. Durante o combate entre os israelenses e os palestinos, dois homens ficaram gravemente feridos. Para Ariel Sharon e o seu *memuneh*, Meir Dagan, a escalada continuava aberta enquanto o líder do Hamas, o xeique Ahmed Yassin, não estivesse morto.

Ahmed Yassin nascera em 1938, na pequena aldeia de Majdel, perto de Ashkelon. O velho muçulmano de 66 anos era não só o fundador e guia espiritual do movimento integrista islâmico Hamas; doente há muito tempo e paralítico desde a infância, era a figura mais emblemática da resistência palestina. O seu corpo inerte contrastava com um olhar expressivo e uma voz penetrante.[458]

De baixa estatura, com barba grisalha e o capuz branco dos militantes islâmicos, o fundador do Hamas movimentava-se na cadeira de rodas desde os 12 anos, quando levara uma pancada na coluna vertebral jogando futebol no campo de refugiados onde vivia, na Faixa de Gaza. Para Sharon e Dagan, eram suficientes as recorrentes declarações de Yassin mostrando-se contrário ao fim dos atentados contra Israel enquanto durasse a ocupação dos territórios palestinos e enquanto o exército israelense continuasse "a matar mulheres, crianças e civis inocentes".

Pai de onze filhos, Yassin fazia parte dos refugiados expulsos do território que formava o novo Estado de Israel durante a guerra israelo-árabe em 1948. Nesse mesmo ano, a sua aldeia, como muitas outras, fora arrasada pelas forças israelenses, e Yassin refugiou-se na Faixa de Gaza, onde terminou os estudos secundários. Apesar de sua paralisia, mudou-se para o Cairo, onde passou um ano na Universidade Al-Azhar, embora por falta de dinheiro tivesse que interromper os estudos. Esse ano seria decisivo para o seu futuro, já que no Cairo estabeleceu contato com os fundamentalistas do movimento da Irmandade Muçulmana.[459]

Na década de 1970, fundou a sua própria organização e começou a recrutar jovens desejosos de entrar em ação. Nesse momento, Israel permitiu que fizesse isso, até mesmo encorajando secretamente os integristas que estendiam a sua influência na Faixa de Gaza, com o fim de debilitar o movimento político Al Fatah, liderado pelo ex-presidente palestino, Yasser Arafat. No início dos anos 1980, na confusão da revolução iraniana, o xeique Yassin criou uma organização integrista mais radical, *Majd al Mujaidin* (Glória dos Combatentes do Islã), mas em 1984 seria detido pelos agentes do Shin Bet por realizar atos de terrorismo contra Israel e as suas Forças de Defesa bem como por posse de armas e explosivos. Permaneceu apenas um ano na prisão, sendo libertado em um processo de troca de prisioneiros.[460]

Assim que saiu da prisão, Ahmed Yassin fundou, em 14 de dezembro de 1987, a organização chamada Movimento de Resistência Islâmica, que seria tragicamente conhecida como Hamas.

Preso novamente em maio de 1989 pelo Shin Bet, foi condenado à prisão perpétua em outubro de 1991. O xeique Yassin permaneceu imperturbável ao escutar o veredicto. "O povo judeu bebeu do copo do sofrimento e viveu disperso pelo mundo. Hoje, é esse mesmo povo que quer forçar os palestinos a beber desse copo. A história não os perdoará, e Deus nos julgará a todos", disse aos juízes.

Yassin seria libertado, nos primeiros dias de outubro de 1997, por ordem do primeiro-ministro Benjamin Netanyahu e o seu *memuneh* Danny Yatom, e exilado para a Jordânia, graças à intervenção do rei Hussein. O monarca, indignado pela tentativa do Kidon de assassinar, em Amã, o chefe do gabinete político do Hamas, Jalid Meshal, obteve a libertação de Yassin em troca da libertação dos dois *kidon* israelenses retidos numa prisão jordaniana. Depois de uma breve estadia num hospital de Amã, o religioso regressou a Gaza. Desde então, manteve relações conturbadas com a ANP e com o seu presidente, Yasser Arafat.

Em setembro de 2003, o xeique Yassin e vários dirigentes do Hamas saíram ilesos de um ataque perpetrado pelo exército israelense contra algumas casas em Gaza onde se encontrava reunida a cúpula do movimento integrista. O primeiro-ministro Ariel Sharon tinha ordenado o ataque; Meir Dagan e os seus agentes do Mossad tinham obtido a informação necessária e o major-general Aharon Ze'evi-Farkash, chefe da inteligência militar, liderara a investida. Depois do fracasso da operação, o xeique Ahmed Yassin disse aos jornalistas, na sua casa na cidade de Gaza: "Estou aguardando o meu martírio. Eles querem me matar e eu lhes digo que nós não temos medo da morte porque, quando morremos, morremos como mártires". Mais cedo ou mais tarde, os três israelenses tornariam aquelas palavras proféticas.

Sharon dera há algum tempo sinal verde à Operação Vingança, que consistia no assassinato do xeique Ahmed Yassin pelo Mossad e pelo seu braço executor, o Kidon. Dagan e Ze'evi-Farkash sabiam que para levá-la a cabo tinham de realizar uma *Zahav*

Tahor (Ouro Puro). Assim se denominavam as operações combinadas entre o Mossad e qualquer outra agência de inteligência israelense, unidade do exército ou da polícia. Uma equipe do Kidon e duas da Aman se encarregariam de executar a ação. Em 19 de março de 2004, um membro da inteligência militar conseguiu fotografar o xeique Yassin saindo da mesquita de Gaza depois das orações. As imagens foram enviadas para o quartel-general do Kidon, no deserto de Beersheba. A ampliação de imagens revelou que a cadeira de rodas usada pelo líder do Hamas era da marca Ottobock. O chefe do comando conseguiu uma descrição técnica do modelo com o fabricante. Horas depois, os *kidon* e os agentes da Aman analisavam detalhadamente cada uma das peças que a compunham. A Ottobock de Yassin era muito leve e desmontável, com uma estrutura muito compacta e adaptável às necessidades do xeique – por exemplo, o encosto e a coluna da cadeira podiam se ajustar individualmente, até adequar-se à espessura da almofada. Além disso, contava com seis opções de ajuste para diferentes posições da coluna. Isso poderia implicar um problema para o ataque se Ahmed Yassin estivesse subindo uma ladeira. Ainda que a cadeira fosse empurrada por um dos guarda-costas, era evidente que o nível do disparo seria diferente. O plano estava quase fechado, o que foi comunicado a Meir Dagan.

Naquela mesma noite, no gabinete do primeiro-ministro, Ariel Sharon ouviu o plano relatado pelo *memuneh*. O duro líder israelense assentiu com a cabeça e apenas pronunciou um: "Vá em frente".

No domingo, 21 de março, membros do Kidon espalharam-se pela Faixa de Gaza com transmissores de alta frequência. Sabiam que Yassin, com o seu filho e confidente, Abdul Aziz Yassin, e os seus dois guardas e chefes militares do Hamas, Khalil Abu Jiab e Ayoub Atallah, ia todas as tardes visitar várias famílias e depois rezar na mesquita. Fazendo-se passar por trabalhadores de obras públicas da Autoridade Nacional Palestina, os agentes militares da Aman tiraram medidas e alturas das ruas por onde supostamente deveriam passar Yassin e a sua escolta ao voltarem para casa após a oração.

À noite, ordenou-se a um informante do Shin Bet para que tirasse uma pequena tampa de plástico localizada sob o chassi de alumínio da cadeira de rodas do xeique Ahmed Yassin e que colocasse no seu interior um sistema que emitia um sinal, recolocando em seguida a tampa de plástico de volta ao seu local de origem.

Na segunda-feira, 22 de março de 2004, a Faixa de Gaza amanhecia ainda exaltada pelo êxito do ataque realizado havia poucos dias, em 14 de março, quando dois homens-bomba do Hamas e das Brigadas dos Mártires de Al-Aqsa explodiram-se no porto israelense de Ashdod, matando dez pessoas e ferindo outras dezesseis. Yassin fez um longo discurso louvando a ação dos dois terroristas.

Depois de receber vários membros do Hamas e de escrever cartas destinadas aos seus "embaixadores" em Teerã, Damasco, Trípoli e Jartum, Yassin saiu de casa em direção à mesquita mais próxima. Três homens escoltavam Ahmed Yassin: seu filho Abdul Aziz e os seus dois homens de confiança, Khalil Abu Jiab e Ayoub Atallah. Uma chuva fina caía sobre seu capuz branco enquanto ele seguia estendendo sua mão ossuda aos palestinos que se aproximavam para beijá-la.

A poucos quilômetros dali, estabeleciam-se dois postos de comando, um sob a liderança de Meir Dagan e do major-general Aharon Ze'evi-Farkash da Aman, e o segundo sob o comando do chefe da Força Aérea Israelense. Enquanto isso, um helicóptero de combate Apache, com o codinome "Peten" (Víbora), sustentava-se no ar em posição estável à espera de ordens. Armado com mísseis AGM-114 Hellfire ar-terra, o piloto mantinha-se em posição de alerta.

O Hellfire era um míssil ar-terra, de curto alcance e guia laser. Os pilotos israelenses se orgulhavam ao explicar que o nome do míssil era um acrônimo de Míssil Helitransportado, Laser, Dispara e Esquece (Heliborne, Laser, Fire and Forget). Desenvolvido nos anos 1970, foi inicialmente projetado como uma arma multimissão antiblindagem e de ataque, mas os israelenses deram-lhe outra utilização. Dentro das modificações desenvolvidas pela Força Aérea Israelense, o Hellfire era capaz de abater alvos parados ou em movimento.

Por volta das seis da tarde, após o final das orações, o xeique Yassin e seus acompanhantes dirigiram-se a uma ampla avenida que cruzava a Faixa de Gaza de um lado ao outro, com destino à residência do líder do Hamas. Nesse momento, o piloto do Apache recebeu a ordem através do fone: "Luz Verde". "Víbora Um, entendido", respondeu o piloto enquanto manobrava para o sul, tirando o aparelho da sua estabilidade e colocando-o em posição de combate. A mão enluvada levantou o interruptor do sinalizador de alvos AN/AAQ-11 e o acionou. Este contava com um bloco de sensores noturnos instalado no nariz do Apache. O Víbora Um colocou-se sobre uma zona de casas baixas em pleno coração da Faixa de Gaza e acionou o comando de disparo. O corpo cilíndrico com empenagem estabilizadora em forma de cruz desprendeu-se do suporte. O míssil de construção modular: *seeker*, ogiva, sistema de guia, propulsão e controle, começou a procurar a presa sobre uma Gaza que começava a se encher de pequenas luzes. O *seeker* de laser semiativo ou de radar ativo milimétrico fora modificado pelos israelenses, assim como a ogiva, à qual tinham anexado um explosivo de impacto e fragmentação. Certamente, restavam poucos segundos de vida ao xeique enquanto o Hellfire procurava o sinal emitido por um pequeno equipamento escondido na cadeira de rodas.

O jovem filho de Yassin empurrava a cadeira, tratando de tirá-la de um buraco no qual ficara presa. A única coisa que chegou a dizer foi uma breve maldição no momento em que o Hellfire chocava-se contra a cadeira de rodas do xeique Ahmed Yassin. Os quatro palestinos desapareceram da face da Terra em consequência da forte explosão. O fundador e líder espiritual do Movimento de Resistência Islâmica era agora apenas um pedaço de carne inerte no telhado de uma casa perto dali.

Em Jerusalém, a noite já avançada, um telefone tocou. Meir Dagan, o *memuneh* do Mossad, informou o primeiro-ministro Ariel Sharon de que a Operação Vingança fora concluída com êxito e de que um inimigo de Israel acabava de ser executado. Israel jamais assumiu qualquer responsabilidade pelos assassinatos de Yassin, Ayyash ou algum outro. Para Israel, o Kidon era apenas mais uma lenda, um perigoso fantasma que aparecia e desaparecia após a morte de algum inimigo declarado do Estado judeu.

Jalid Meshal, depois de se recuperar da tentativa de assassinato do Kidon, seria expulso finalmente da Jordânia em novembro de 1999. Meshal liderou a delegação do Hamas nas conversações do Cairo, em novembro de 2002, com a Al Fatah para estabelecerem uma estratégia comum com Israel, que devia iniciar-se com um cessar de operações do Hamas e da Brigada Izz ad-Din al-Qassam contra os israelenses. Meshal continua a fazer parte da cúpula do Hamas e reside atualmente em Damasco com a família.

Benjamin Netanyahu teve que sofrer a reprimenda do rei Hussein da Jordânia, o que implicou um sério golpe, não só para a sua honra, mas também para o seu orgulho. Posteriormente, a Comissão de Investigação formada em fevereiro de 1998 estabeleceu que Netanyahu fora o maior responsável por aquele desastre e que, em razão de seu orgulho, poderia ter colocado em perigo as relações com a Jordânia.

Abdel Aziz Rantissi, de 57 anos, sucedeu o xeique Ahmed Yassin, assassinado, à frente do Hamas. Em 17 de abril de 2004, precisamente 26 dias depois da execução de Yassin, um míssil Hellfire, lançado de um helicóptero Apache da Força Aérea Israelense, chocou-se contra seu carro, matando-o no ato, junto aos membros de sua escolta.

Muitos disseram terem visto a sombra do Kidon...

CAPÍTULO 17

OPERAÇÃO MASMORRAS E DRAGÕES

ALVO: Iyad Batat, Hussein Abayat, Iyad Haradan, Osama al-Jawabra, Abu Ali Mustafa

POSIÇÃO: FPLP, Fatah, Hamas, oficiais da Jihad Islâmica

DATA: 11 de dezembro de 1999 a 27 de agosto de 2001

O primeiro problema para o novo comando do Shin Bet, liderado por Ami Ayalon, foi Moshi al-Din Sharif, um fiel discípulo de Yahiya Ayyash, o Engenheiro, assassinado pelo Mossad em 5 de janeiro de 1996. Sharif era conhecido pelos serviços de inteligência de Israel como Engenheiro 2, pois havia se tornado o principal especialista no preparo de dispositivos explosivos com peróxido de acetona, uma substância altamente sensível à temperatura, fricção ou impacto. Moshi al-Din Sharif foi o especialista que montou as quatro bombas usadas pelos terroristas que se explodiram para vingar a morte de Ayyash. As bombas foram inseridas em fitas cassetes VHS e telefones celulares ou colocadas em casas lotéricas. Em 11 de fevereiro de 1998, um dos dispositivos de Sharif explodiu em uma parada de ônibus em Netanya, matando dez pessoas.

Um dos mais graves ataques realizados pelo Engenheiro 2 ocorreu no dia 29 de março de 1998, quando Sharif colocou um poderoso explosivo em um Fiat Uno. A unidade de operações do Shin Bet, conhecida como Pássaros, descobriu que o veículo seria posicionado em um centro comercial durante as festividades da Páscoa. O terrorista suicida saiu de uma garagem em Ramallah dirigindo o veículo e detonou o explosivo quando os agentes israelenses estavam a caminho do local, matando dezenas de pessoas.

Os analistas concluíram que Moshi al-Din Sharif liderava várias células independentes e que os membros de cada uma delas não tinham conhecimento do que estava sendo feito pelas outras células. Assim, se um deles fosse preso, não seria capaz de dar informações sobre as demais divisões e seus membros. Mas o Shin Bet descobriu que havia um palestino que talvez conhecesse todas as células, tivesse acesso às comunicações de cada uma delas e soubesse os nomes de seus membros. Esse homem era Adel Awadallah,[461] chefe do braço militar do Hamas na Cisjordânia, o mesmo cargo ocupado por Mohamed Deif na Faixa de Gaza.

Awadallah estava na lista dos terroristas mais procurados por Israel porque fazia parte da rede de assistência do Hamas. O Shin Bet conhecia seu irmão mais novo, Imad, que havia escapado de uma prisão da Autoridade Palestina. Agora os dois começavam a planejar os próximos ataques terroristas, que eram ainda mais ambiciosos e audaciosos. Entre eles estava a explosão de cinco carros-bomba, que seriam colocados na região central de cinco grandes cidades israelenses. De acordo com o plano, o primeiro veículo explodiria em Tel Aviv; se o governo israelense não aceitasse um ultimato concreto, eles explodiriam o segundo veículo em Netanya, e assim por diante. Ao mesmo tempo, eles planejavam sequestrar soldados ou políticos israelenses, como Ehud Olmert, prefeito de Jerusalém; Rafael Eitan, ex-chefe de gabinete das Forças de Defesa de Israel (FDI), membro do Knesset e ministro; e dois ex-chefes do Shin Bet, Yakov Peri e Karmi Gilon.

Embora fossem líderes operacionais eficientes, os irmãos Awadallah não tinham conhecimento das novas tecnologias usadas pelo Shin Bet, como a vigilância remota e escutas telefônicas que permitiam saber quem havia feito uma ligação e a localização dos envolvidos na chamada telefônica. O Shin Bet era capaz de mapear os movimentos dos irmãos Awadallah. Ami Ayalon decidiu então encarregar Yuval Diskin, chefe de operações em Jerusalém e na Cisjordânia, do monitoramento da localização dos irmãos palestinos.[462] Diskin havia entrado no Shin Bet em 1978, atuando como oficial de campo nos territórios palestinos e no Líbano. Sua fluência em árabe lhe permitira ascender rapidamente na hierarquia do serviço de segurança. Se alguém era capaz de descobrir a rede dos irmãos Adel e Imad Awadallah, certamente esse alguém seria Yuval Diskin. "Adel estava no topo da nossa lista. Ele havia criado uma autêntica rede clandestina HUMINT, cujos membros mostravam absoluta lealdade a ele, como líder", assegurou o próprio Diskin em entrevista ao escritor Dror Morer.[463]

Mas Adel e Imad estavam adotando estritas precauções, conscientes do destino de Moshi al-Din Sharif e de vários de seus comandantes. Os irmãos suspeitavam que algum líder do Hamas estaria colaborando com as forças de segurança israelenses ou com a Autoridade Nacional Palestina, repassando a elas segredos e identidades.

Isso fez com que decidissem, sem o conhecimento da liderança do Hamas, criar uma estrutura paralela, mantendo-se ao mesmo tempo leais à causa palestina. Imad recrutou com esse objetivo membros da Frente Popular de Libertação da Palestina (FPLP), conhecida pela inteligência israelense como "flopis"[464].

Adel e Imad Awadallah cresceram em uma fazenda na aldeia de Khirbet al--Tayibeh, a oeste de Hebron. Muitos membros de sua família haviam sido ativistas na FPLP, fundada em 1967 por George Habash. A casa dos Awadallah logo se tornou uma rica fonte de informações para a inteligência israelense, que ali descobriu o objetivo seguinte dos irmãos: envenenar o sistema de abastecimento de água de Tel Aviv. Ami Ayalon, chefe do Shin Bet, informou a descoberta ao primeiro-ministro Benjamin Netanyahu, que cogitou a possibilidade de liquidar os irmãos. A inteligência israelense poderia direcionar uma equipe para assassiná--los, mas Ayalon e Diskin queriam prendê-los para extrair deles informações sobre células terroristas palestinas. Era importante capturar os irmãos Awadallah vivos e o Shin Bet teria de esperar pelo melhor momento para pegar ambos quando estivessem juntos em seu esconderijo.[465]

Os irmãos voltaram ao seu centro de operações, onde o Shin Bet registrou todas as suas conversas com os principais colaboradores do FPLP e do Hamas. Com as escutas, o Mossad teve acesso não apenas a detalhes específicos sobre planos de ataques terroristas, mas também a uma ampla perspectiva da rede de células de ataque montadas pelos Awadallah, incluindo informações de que o Hamas estava fabricando foguetes e que o Hezbollah estava tentando fornecer foguetes a grupos palestinos. Em uma das conversas interceptadas, Imad Awadallah, que havia sido torturado pelos serviços de segurança da Autoridade Nacional Palestina, disse a seu interlocutor: "Da próxima vez que eles vierem me pegar, vou abrir fogo antes de ser capturado".[466]

O Shin Bet também precisava saber como eles financiavam as atividades, e o serviço de inteligência descobriu que Adel Awadallah havia dividido uma cela com Salah Sarsour, um próspero homem de negócios palestino. Era essa a conexão. Salah e seu irmão Jamil foram presos pouco depois, e Jamil confessou aos israelenses que "vinha fornecendo grande quantidade de dinheiro ao Hamas desde 1991. Adel Awadallah me pediu ajuda financeira porque Israel e a Palestina estavam atrás dele. Em pouco tempo lhe demos de 2 a 3 mil dólares de nossos lucros da fábrica de móveis. Entregávamos os valores em dinheiro, pois os cheques podiam ser rastreados pelas autoridades".

Yuval Diskin informou a polícia da descoberta e entregou a eles o comando da operação para prender os irmãos. A Yamam, a unidade antiterrorismo da polícia israelense, foi encarregada de liderar a operação. "Precisamos que a ação seja rápida, para impedir que os irmãos Awadallah destruam as informações que estão em seu poder", disse Diskin. Apesar do desejo de Yuval Diskin de matá-los, Ayalon ordenou que fossem levados vivos, exceto em caso de risco para a unidade.

Netanyahu deveria autorizar a operação, mas precisava garantir seu absoluto sucesso após o erro cometido por uma equipe do Kidon um ano antes, no dia 25 de setembro de 1997, quando o Mossad tentou matar Jalid Meshal, em Amã. A operação na capital jordaniana expusera a inteligência israelense ao mais absoluto ridículo internacional. O primeiro-ministro recusava-se a assinar a Página Vermelha, mas Ayalon disse que sua posição como chefe do governo israelense trazia também a responsabilidade de proteger seus cidadãos. "Se não detivermos os Awadallah, não será possível garantir que eles não serão responsáveis, num futuro próximo, por um ataque contra cidadãos israelenses, um ataque com vítimas fatais civis. E haverá apenas uma pessoa que será apontada como responsável por isso, caso venha a acontecer". Se o senhor não assinar a Página Vermelha, eu pedirei demissão do cargo de chefe do Shin Bet", disse Ayalon a Netanyahu.[467] Os conselheiros de Benjamin Netanyahu sabiam que as pesquisas de opinião não estavam muito favoráveis ao primeiro-ministro. A maior parte dos israelenses criticavam o líder do Likud por não travar uma guerra eficaz contra o terror. Assim, poucas horas depois dessa conversa, Netanyahu assinou a autorização para a execução dos irmãos.

O plano era incapacitar Adel e Imad antes da incursão da Yamam. O Shin Bet sabia que Imad Awadallah era louco por *baklava*, o tradicional doce árabe, e conhecia o local onde ele costumava comprar a famosa iguaria. Assim, por meio de um colaborador, eles introduziram um poderoso sonífero em um doce, que seria vendido a Imad. Adel, por outro lado, não apreciava *baklavas*, por isso era mais difícil encontrar uma forma de incapacitá-lo antes da incursão. Quando o sinal verde foi dado, os agentes da Yamam lançaram-se ao ataque. Adel teve tempo de pegar um rifle e atirar em um cão pastor alemão que o atacava, mas foi dominado por dois agentes. Seu irmão Imad tentou pegar uma pistola, mas for morto por um membro da Yamam antes que atirasse. Depois que o líder da unidade da Yamam informou pelo rádio que os quartos estavam livres, uma equipe de Pássaros de Diskin foi ao local e, sob um alçapão, encontrou os arquivos dos irmãos Awadallah.

Enquanto tudo isso acontecia, Netanyahu ordenou que Ayalon fosse ao Mukataa, a sede da Autoridade Nacional Palestina em Ramallah, para informar pessoalmente a Yasser Arafat que Israel havia assassinado os dois irmãos. "Antes que me diga que não sabia das atividades de Imad e Adel Awadallah, peço-lhe que não me faça perguntas. Sabemos que você tinha conhecimento das atividades dos Awadallah. Tudo o que peço é que impeçam o Hamas de iniciar uma nova escalada de violência contra Israel", disse a Arafat o chefe do Shin Bet. "Por favor, peça a

Jibril [Rajoub] e [Mahmoud] Dahlan, responsáveis pela segurança palestina, que não façam nada, porque se a violência contra Israel aumentar, nossa reação será a mais dura possível, incluindo uma interrupção absoluta e total do processo de paz", advertiu Ami Ayalon ao líder palestino. Arafat ordenou que seus chefes de segurança agissem de forma decisiva e enérgica contra o Hamas. Naquela mesma noite, dezenas de seus membros foram presos, e a organização foi notificada de que a Autoridade Nacional Palestina seria forçada a responder com severidade caso cometessem algum ato de violência contra Israel. Rajoub e Dahlan estavam tentando convencer Ayalon e Efraim Halevy, um *memuneh* do Mossad, de que Arafat estava fazendo sua parte para acabar com os ataques contra Israel.

Os analistas do Shin Bet começaram a examinar os milhares de dados coletados na casa dos irmãos Awadallah. Tratava-se de uma verdadeira mina de informações sobre os movimentos do Hamas: datas, identidades de membros, células, dados militares, esconderijos de armas, nomes de comandantes, especialistas em explosivos, fornecedores de armas, locais de fabricação de bombas, campos de treinamento e membros do Dawah, o braço social do Hamas, entre muitas outras informações cruciais. O primeiro-ministro Benjamin Netanyahu decidiu autorizar a chamada Operação Masmorras e Dragões para atacar os principais alvos da lista dos Awadallah. O primeiro alvo seria Moshi al-Din Sharif, um dos principais líderes das Brigadas Izz al-Din al-Qassam, que seria assassinado por agentes israelenses no dia 29 de março de 1998, em Ramallah. Os serviços de inteligência palestinos disseram que a morte de Sharif era resultado de lutas internas dentro da liderança das Brigadas, mas isso foi fortemente negado por vários líderes do Hamas. Pouco tempo depois, o Hamas acusou formalmente os serviços de inteligência israelenses pelo ocorrido.[468]

Outro nome encontrado entre os documentos dos Awadallah foi o de Iyad Batat, um oficial de alto escalão do Hamas responsável por ataques na Cisjordânia. Batat estava envolvido em sequestros de soldados israelenses e ataques a unidades das Forças de Defesa de Israel (FDI) na Cisjordânia. Depois de vários meses de vigilância constante a locais que poderiam ser frequentados pelo terrorista do Hamas, o Shin Bet conseguiu localizá-lo em um esconderijo na aldeia de Beit Awwa. Moshe Ya'alon, que havia deixado recentemente o cargo de chefe da Aman, agora chefiava o comando central das FDI, o que colocava em suas mãos a operação para assassinar Iyad Batat. Ele foi pessoalmente a um posto avançado montado em Beit Jubrin, muito próximo a Beit Awwa. Chamou-lhe a atenção o fato de que nenhum membro da Unidade 8200 (coleta de sinais) ou da Unidade 9900 (drones) havia estado no local. Para um general como Ya'alon, vindo de uma unidade tão especializada como a Sayeret Matkal, a inteligência militar, o fato de seus soldados não conhecerem o cenário onde atuariam era um grande problema, e ele deixou isso claro a Ami Ayalon, chefe do Shin Bet. "É inconcebível que o Shin Bet envie meus homens para uma operação em um cenário sobre o qual não contam com a mais básica informação. Eles estão indo de forma cega para Beit Awwa", advertiu o general Ya'alon. A operação acabou sendo cancelada e adiada para a semana seguinte.[469]

Yuval Diskin, que era o encarregado das operações do Shin Bet, estava sempre se desentendendo com Moshe Ya'alon a respeito dos procedimentos que deveriam ser adotados nas operações Página Vermelha. Em 11 de dezembro de 1999, tudo estava pronto para a ação. Há dias os operadores do Shin Bet vinham vigiando a casa e os arredores. Apesar das precauções adotadas por Batat, que não usava seu telefone celular, seu guarda-costas fez uso do aparelho sem seu conhecimento e os israelenses conseguiram localizá-lo. Um drone com uma câmera voou sobre a área e parou sobre um pequeno prédio onde Iyad Batat estaria escondido. O pequeno vilarejo estava todo dormindo quando, por volta das 23h, uma unidade das FDI e do Shin Bet tomaram posições. Alon Kastiel, comandante das FDI, recebeu ordem para atirar. O primeiro a cair foi um palestino que estava fazendo a guarda no telhado da casa. Resistindo ao ataque de dentro da casa, Iyad Batat jogava granadas de mão na direção de seus atacantes. No final, o que seria uma operação secreta se transformara em uma verdadeira batalha. Um franco-atirador israelense conseguiu alvejar Batat e dois outros membros do Hamas.

Imediatamente após o fim do tiroteio, os membros da unidade Shin Bet entraram na casa e encontraram uma valiosa documentação. Em Gaza, os líderes do Hamas elevaram os dois homens à categoria de mártires e acusaram as forças israelenses do assassinato deliberado de ambos. Porta-vozes das FDI disseram que os palestinos foram mortos após abrirem fogo contra uma unidade de vigilância secreta que os avistou na aldeia de Beit Awwa, na Cisjordânia. Os militares explicaram que um deles, Iyad Batat, era um dos líderes da ala militar do Hamas e estava no topo da lista dos mais procurados pelos serviços de segurança israelenses.[470]

Os agentes do Shin Bet encontraram dois poderosos dispositivos explosivos no local. "Os terroristas mortos estavam prestes a realizar um atentado e foram surpreendidos por nossos homens, que neutralizaram o ataque", disse o general Yitzhak Eitan, comandante das forças israelenses na Cisjordânia. Moradores de Beit Awwa disseram que os soldados dispararam foguetes contra a casa depois de trocar alguns poucos tiros com os militantes palestinos. "A unidade das FDI e o Shin Bet receberam ordens para tentar capturar Iyad Batat e seus homens vivos. Era o que pretendíamos fazer, mas se um terrorista não se rende, ele morre", disse o vice-ministro da Defesa, Ephraim Sneh. Para os líderes do Hamas, esse comentário foi a confirmação de que as forças israelenses tinham a intenção de matar os dois.[471]

O porta-voz do Hamas, Ismail Abu Shanab, disse: "Israel foi o grande responsável por este assassinato e afirmamos nosso direito de nos defender e reagir a esse ato criminoso". O general Sneh confirmou que Batat, comandante das forças do Hamas na área de Hebron, foi acusado de matar a tiros um policial da fronteira. "No dia da morte do policial, eu disse que seus assassinos estariam mortos em menos de um ano, e levamos menos de um ano para acabar com todos eles", disse. Israel queria deixar claro que a política na luta contra os terroristas palestinos do governo trabalhista de Ehud Barak, que substituíra Netanyahu como primeiro-ministro apenas cinco meses antes da Operação Masmorras e Dragões, seria a mesma de seus antecessores do Likud.[472] As atividades da Operação Masmorras e Dragões nos dois anos seguintes de Barak no cargo, até março de 2001, seriam intensas.

Em setembro de 2000, apenas dois meses após as nomeações de Yuval Diskin como chefe do Shin Bet e de Moshe Ya'alon como subchefe do Estado-Maior das FDI, os dois propuseram a Barak a aplicação do mesmo modelo desenvolvido pelo Comando Central em todo o país e que uma "sala de guerra" monitorasse todas as operações de assassinato. Diskin propunha que a decisão de colocar um alvo na Página Vermelha deveria ser tomada pelos representantes da inteligência israelense na sala de guerra. Tudo o que Ehud Barak tinha que fazer era dar sinal verde ou vermelho para a operação, depois de ouvir os prós e contras de seus consultores de segurança e inteligência, sempre avaliando a possibilidade de ser mais aconselhável antes a busca de uma saída política de Israel com os palestinos.

Essa situação ocorreria em julho de 2000, quando o presidente Bill Clinton convidou Ehud Barak e Yasser Arafat para ir a Camp David negociar um acordo de paz entre israelenses e palestinos. Clinton estava a poucos meses de deixar a Casa Branca, que seria ocupada pelo republicano George W. Bush. Entre os dias 11 e 25 daquele mês, as duas delegações se reuniram a portas fechadas na propriedade que tradicionalmente serve de local de descanso para os presidentes dos Estados Unidos a fim de tentar um acordo, mas a cúpula terminou sem alcançar seu objetivo. Segundo consta, Barak teria oferecido abertamente a Arafat a criação da República Árabe da Palestina, a capital conjunta de Jerusalém para Israel e Palestina e a internacionalização do Monte do Templo, o terceiro local mais sagrado do Islã, depois de Meca e Medina, onde estão a Mesquita Al-Aqsa e a Cúpula da Rocha. Arafat não pôde aceitar a oferta em razão das terríveis pressões que vinha enfrentando do Hamas, da Jihad Islâmica Palestina e de grupos como a FPLP. O único documento produzido pela cúpula contém cinco princípios que até hoje são nada além de letra morta.[473] Durante esses dias de duras negociações, Barak ordenou que todos os seus chefes de inteligência, Avi Dichter, do Shin Bet; Efraim Halevy, do Mossad; e o general Amos Malka, da Aman, mantivessem seus agentes em casa para evitar qualquer incidente que pudesse prejudicar a Cúpula para a Paz em Camp David.

O fiasco da cúpula de julho de 2000 levou novamente à ativação da Operação Masmorras e Dragões. Em 28 de setembro, vários políticos do setor mais radical do Likud, liderados por Ariel Sharon, organizaram uma manifestação defendendo "o direito de todo judeu em Israel de visitar e orar no Monte do Templo. O Monte do Templo é nosso". Em poucos minutos, o grupo foi cercado por manifestantes palestinos que chamavam Sharon de "carniceiro do Líbano" e "assassino de mulheres e crianças". A polícia israelense interveio e a multidão passou dos gritos ao arremesso de objetos contra o grupo de Sharon. A confusão terminou com a polícia abrindo fogo contra o grupo de palestinos, matando sete deles.

Na manhã seguinte, quase 20 mil muçulmanos se reuniram para rezar no Monte do Templo, mas decidiram enfrentar os soldados e atirar pedras e outros objetos contra os judeus que rezavam do outro lado, no Muro das Lamentações. O primeiro-ministro Ehud Barak ainda não sabia que a Segunda Intifada acabara de explodir e que ela perduraria pelos cinco anos seguintes, resultando em centenas de mortes de ambos os lados.[474] O *memuneh* do Mossad alegou que o incidente com Sharon beneficiou Arafat, cujo poder estava sendo desafiado pelo Hamas, principalmente na Faixa de Gaza. "Arafat estava perdendo poder e precisava de uma boa revolta para apaziguar sua própria casa com os fundamentalistas do Hamas e da Jihad Islâmica. Sharon simplesmente colocou a desculpa na mesa. Arafat gostava de controlar o tamanho das chamas, e era especialista nisso", escreveria o próprio Halevy em sua biografia, publicada anos depois.[475]

Os protestos dos palestinos acabavam sempre em ataques contra as Forças de Defesa de Israel (FDI), com inevitáveis baixas. O Hamas percebeu então que pedras não seriam suficientes para enfrentar a poderosa máquina de guerra de Israel e que era preciso causar danos maiores. Isso seria feito por meio da explosão de bombas contra alvos civis.

No dia 1º de outubro de 2000, dois seguranças israelenses de um assentamento na Cisjordânia, Yossi Avrahami e Vadim Nurzhitz, com 38 e 35 anos, foram sequestrados quando se perderam nos arredores de Ramallah enquanto dirigiam um veículo. "Recebemos a informação de que a polícia palestina teria abordado o veículo com armas apontadas para os cidadãos israelenses, confiscado suas armas e levado ambos para a delegacia para interrogatório. Avrahami e Nurzhitz teriam agradecido aos policiais por terem evitado que fossem linchados pela multidão", disse Avi Dichter ao primeiro-ministro Barak. Os dois reservistas foram libertados na madrugada de 13 de outubro. Segundo as informações colhidas pelo Shin Bet, um grupo do Hamas aguardava os israelenses e, quando saíram da delegacia de polícia, foram sequestrados e colocados em um veículo sem identificação. Em um local desconhecido, os dois foram espancados até a morte. Seus olhos e unhas foram arrancados, e Vadim Nurzhitz foi decapitado. Um dos palestinos foi fotografado no primeiro andar da delegacia de polícia com as mãos levantadas, das quais escorria o sangue de uma das vítimas.[476]

Ehud Barak responsabilizou a Autoridade Nacional Palestina pelo ocorrido, afirmando que suas forças de segurança deveriam ter protegido os israelenses. Determinou que Israel deveria vingar as mortes de Avrahami e Nurzhitz e autorizou Dichter e Yuval Diskin, chefe de operações, a realizarem qualquer ação neste sentido. Os soldados que patrulhavam os territórios foram autorizados a usar armas para repelir ataques com pedras se isso se fizesse necessário. Várias delegacias de polícia palestinas foram bombardeadas durante a noite. Como resultado dessa ofensiva, 276 civis palestinos haviam perdido a vida em confrontos com militares israelenses até o final de 2000, um derramamento de sangue que representou um desastre político para Barak. Em dezembro de 2000, o primeiro-ministro do trabalho foi forçado a convocar eleições antecipadas, que seriam realizadas em fevereiro de 2001, tentando sem sucesso a reeleição. Acabou derrotado por Ariel Sharon.[477]

Sharon, o pária da política israelense, o radical que provocara a Segunda Intifada, o ex-ministro da Defesa que desencadeara a Guerra do Líbano, que resultara na morte de quase 5 mil soldados israelenses e de dezenas de milhares de libaneses, agora estava no topo do poder de Israel, e isso seria sentido na guerra suja contra as milícias palestinas. "Há momentos em que você está em cima e há momentos em que você está em baixo", disse Sharon, em frase publicada em sua biografia.

Quando Ariel Sharon assumiu pela primeira vez o cargo de primeiro-ministro de Israel, deixou a seguinte ideia clara para os chefes da inteligência:

> Toda vez que vocês me trouxerem notícias de um ataque suicida, de qualquer criança, mulher ou homem em Israel morto em um ônibus ou em um *shopping center*, vamos considerar que essas pessoas eram da nossa família. Não haverá negociação política enquanto houver ataques suicidas contra alvos israelenses. Vou pressionar vocês [Efraim Halevy, do Mossad; Aharon Zeevi-Farkas, da Aman; Avi Dichter, do Shin Bet; e Meir Dagan, Conselheiro de Segurança Nacional], da mesma forma que vocês devem pressionar seus homens. Quero que me tragam sempre ideias criativas. Ficarei aqui por alguns poucos ou por muitos anos, mas, enquanto eu estiver sentado nesta cadeira, minha prioridade número um será proteger todos os cidadãos deste país, e a número dois será eliminar qualquer pessoa que coloque em risco os cidadãos deste país.[478]

Quando a Primeira Intifada (1987-1993) começou, o então primeiro-ministro Shimon Peres tentou abrir negociações de paz, mas Arafat disse que primeiro precisava prender os principais líderes do Hamas e da Jihad Islâmica para a garantia da manutenção de um acordo estável depois de assinado. Mas seis meses após o início das negociações, em outubro de 2001, Arafat os libertou novamente. A apreensão do valioso arquivo dos irmãos Awadallah foi um duro golpe no coração do Hamas, mas a organização terrorista rapidamente começou a se reconstruir das cinzas sob a liderança de Ahmed Yassin.

No dia 18 de maio de 2001, um agente do Hamas, vestido com um sobretudo verde, aproximou-se do posto de segurança do *shopping center* HaSharon, perto de Netanya, e logo levantou as suspeitas dos dois guardas, que caminharam na direção do palestino com armas em punho. No momento em que um deles mirou no terrorista, ele puxou o detonador. A explosão provocou a morte de cinco pessoas próximas ao local, incluindo um dos guardas e o homem-bomba. Em 1º de junho, outro ataque suicida matou 21 jovens que se aglomeravam na porta de uma casa noturna localizada em frente à praia, em Tel Aviv.[479] Os ataques suicidas estavam gerando grande frustração nos serviços de inteligência e a população se perguntava cada vez mais para onde estava indo o pesado orçamento direcionado para defesa e segurança. Se os ataques terroristas não podiam ser evitados, Israel pelo menos responderia com uma política de assassinatos direcionados. "Todos os meios necessários serão empregados, Forças de Defesa de Israel, Força Aérea, inteligência, para eliminar o maior número possível de alvos", ordenou Sharon.

O fato é que, durante os primeiros meses do governo de Sharon, a inclusão de nomes na Página Vermelha foi feita de forma difusa, sem qualquer tipo de plano ou direção estratégica. O primeiro desses nomes seria o de Hussein Abayat. O Shin Bet sabia que Abayat estava ligado aos tiroteios contra soldados israelenses que ocorriam nas estradas da Cisjordânia. De Ramallah em direção a qualquer região sob controle da Autoridade Nacional Palestina, todas as áreas eram zonas de risco para Israel, e os militares precisavam agir com extrema cautela nesses locais. O primeiro plano era entrar na área onde Abayat morava para prendê-lo ou assassiná-lo. Foi decidido que a operação deveria ser combinada entre o Shin Bet, que localizaria o alvo, os comandos especiais das FDI, que tentariam capturá-lo, e os helicópteros Apache e Cobra da Força Aérea, que teriam a missão de matá-lo. A unidade do Comando Aéreo de Combate, com o codinome Shaldag (Rei Pescador), ficaria responsável por marcar o alvo com laser. Em 9 de novembro de 2000, Hussein Abayat foi visto por um informante palestino do Shin Bet dirigindo um Mercedes-Benz preto na estrada de Beit Sahour, perto de Belém. As informações fornecidas foram parar nos monitores da sala de guerra. A Shaldag localizou o veículo e o marcou com o laser. Dois helicópteros Apache que estavam sobrevoando a área receberam a ordem de ataque. O veículo com Abayat e três de seus homens parou em frente a uma casa. Alguns minutos depois, o Mercedes-Benz começou a se mover novamente, mas o comandante do esquadrão Apache já havia recebido o sinal verde para o ataque. Os dois helicópteros lançaram cada um deles um míssil, com suas ogivas em busca do sinal de laser. Segundos depois, o veículo, com seus quatro ocupantes, voava pelos ares. O assassinato de Abayat foi o primeiro realizado por via aérea em territórios palestinos.[480]

A partir desse momento, os alvos passaram a ser incluídos na Página Vermelha sem necessidade de consenso. Qualquer órgão de defesa ou inteligência podia incluir um alvo a ser eliminado. O Shin Bet decidiu qual seria o próximo alvo: Iyad Haradan, comandante da Jihad Islâmica no distrito de Jenin. Em 5 de abril de 2001, Haradan, escondido em um subúrbio de Jenin, decidiu usar um telefone pré-pago para não ser localizado pelos israelenses. Ele sempre pensou que seria assassinado por um míssil, mas dessa vez a unidade dos Pássaros do Shin Bet conseguiu, graças a um colaborador palestino, colocar um explosivo no aparelho da marca Motorola. Logo após a ligação, o agente israelense pressionou o detonador, transformando a cabeça de Haradan em um amontoado de sangue e ossos. Em 27 de junho do mesmo ano, o Shin Bet usou o mesmo método para matar Osama al-Jawabra, um dos principais membros das Brigadas dos Mártires de Al-Aqsa em Nablus.

O alvo seguinte da lista do Shin Bet era Abu Ali Mustafá, secretário-geral da FPLP na Palestina. Por vários anos, os agentes da inteligência israelense tentaram matar Mustafá de diversas maneiras, com envenenamento, explosivos plantados em seu celular ou bombas colocadas em seu carro, mas todos os planos haviam falhado. Em 27 de agosto de 2001, um helicóptero Apache da Força Aérea Israelense lançou um míssil pela janela do escritório de Mustafá em Ramallah. Israel disse que o líder da FPLP fora eliminado em razão de sua relação com grupos terroristas e não por sua ideologia, mas, para os palestinos, Israel havia passado dos limites. Depois do funeral de Abu Ali Mustafá, os grupos palestinos se reuniram secretamente para organizar uma resposta coordenada contra Israel, naquela que seria a maior ofensiva terrorista desde a criação do Estado de Israel.[481]

Em novembro de 2001, os ataques suicidas nas ruas de Israel atingiram a marca de quase um por semana. Em 1º de dezembro, três bombas mataram onze pessoas na conhecida rua Ben Yehuda, em Jerusalém. No dia seguinte, um palestino de Nablus se explodiu dentro de um ônibus em Haifa, matando quinze pessoas. Mas o golpe de maior impacto ocorreu na manhã de 17 de outubro de 2001, quando Hamdui Quram, um militante da FPLP, juntamente com outros três terroristas, dirigiram-se ao hotel Hyatt de Jerusalém. Naquela mesma manhã, o político, ex-general, ex-ministro e fundador do partido ultranacionalista Moledet, Rehavam Zeevi, estava tomando café da manhã com outros políticos e jornalistas. Depois do café da manhã, Zeevi se despediu de seus acompanhantes e dirigiu-se à porta principal. Quando estava atravessando a porta giratória, Quram e os outros três palestinos abriram fogo contra o político israelense. Transferido para o Hospital Hadassah, Rehavam Zeevi morreu antes do meio-dia.[482]

A Frente Popular para a Libertação da Palestina (FPLP) assumiu a responsabilidade pelo assassinato e disse tratar-se de uma vingança pelo assassinato de seu secretário-geral, Abu Ali Mustafá, perpetrado por Israel em agosto do mesmo ano. A inteligência descobriu que o assassinato de Zeevi fora ordenado por Ahmed Saadat. Os quatro terroristas, Hamdi Quran, Basel al-Asmar, Majdi Rahima Rimawi e Ahad Olma, fugiram e se refugiaram em diferentes cidades sob o controle da Autoridade Nacional Palestina. Israel montou um cerco militar em *Mukatah*, a sede do governo de Arafat em Ramallah, para forçar a rendição dos quatro suspeitos. Em abril de 2002, George W. Bush, juntamente com seu vice-presidente Dick Cheney e o secretário de Estado Colin Powell, intermediaram um acordo entre israelenses e palestinos. O plano era que os suspeitos se entregassem e ficassem presos na prisão de Jericó, sob o controle da Autoridade Nacional Palestina. Os quatro terroristas, juntamente com o chefe da FPLP, Ahmad Sa'adat, foram presos sob a custódia de guardas americanos e britânicos.[483]

Em março de 2002, 138 cidadãos israelenses já haviam morrido em ataques de homens-bomba. "No que se refere a ataques suicidas, 2002 foi nosso pior ano desde a criação do Estado de Israel", confessou Avi Dichter a Dror Moreh, autor do livro *The Gatekeepers: Inside Israel's Internal Security Agency*. Na época, o então chefe de gabinete das Forças de Defesa de Israel (FDI), general Shaul Mofaz, chegou a fazer a seguinte declaração: "Cada atentado era um trauma nacional. Cada vida perdida significava uma perda de confiança em nossa segurança nacional e em nosso sistema econômico. Os turistas pararam de viajar para cá com medo de morrerem em um *shopping*, no hotel, em um ônibus ou em um café". Ariel Sharon estava se sentindo frustrado com a impotência dos militares. Shaul Mofaz, chefe do Estado-Maior das FDI, não conseguia impedir os atentados suicidas. O primeiro-ministro decidiu, então, convocar para seu gabinete Dov Weissglass, o conselheiro em quem mais confiava, e Barak Ben-Zur, chefe da divisão de inteligência do Shin Bet. Dizem que Weissglass levou Ben-Zur até o centro da sala e perguntou: "O que você ouve aqui?". Ben-Zur ficou em silêncio por alguns segundos e disse: "Nada. Não escuto nada". "Exatamente, é isso que se ouve. Nada. Absolutamente nada. Os investidores estrangeiros não querem vir para Israel, não querem nos dar seu dinheiro simplesmente porque não sabem o que acontecerá amanhã. Se você, o Shin Bet, as Forças Armadas e o Mossad não fizerem nada e o país continuar afundando em sangue e na loucura do terrorismo, nossa economia entrará em colapso", disse Weissglass, sem meias-palavras. Dias depois, Avi Dichter estava novamente diante de Sharon e de seus ministros para apresentar a nova estratégia que o Shin Bet implementaria. Durante a reunião, porém, chegou a notícia de um ataque a um ônibus em Haifa. Neste momento, Sharon sussurrou para Dichter: "Vá atrás deles. Mate todos eles".[484]

A Segunda Intifada, que começou em 28 de setembro de 2000 e terminou em 8 de fevereiro de 2005, resultou na morte de cerca de 3 mil palestinos, quase mil israelenses e 64 cidadãos de outros países. Durante os quase cinco anos de distúrbios, ataques terroristas e assassinatos direcionados, cerca de 900 ativistas palestinos foram detidos pelas forças de segurança israelenses. Ao final da operação batizada de Masmorras e Dragões, os serviços de segurança de Israel, o Shin Bet, o Mossad, a Aman e as forças especiais da Polícia e das FDI haviam eliminado 11 alvos em 1999, 24 em 2000, 84 em 2001, 101 em 2002 e 135 em 2003. Embora os serviços de inteligência, Mossad e Shin Bet, estivessem por trás de todos esses assassinatos, os governos de Benjamin Netanyahu, Ehud Barak e Ariel Sharon, respectivamente, continuaram negando qualquer envolvimento. O certo é que 355 palestinos membros do Hamas, da Jihad Islâmica Palestina, do Fatah e da Frente Popular para a Libertação da Palestina foram assassinados em apenas quatro anos.[485]

Em 2006, Ahmed Saadat, líder da FPLP, responsável pela ordem para assassinar Zeevi; Fuad Shubaki, suspeito de tráfico de armas para o Hamas; e os quatro terroristas que executaram o atentado contra o político israelense estavam detidos na prisão de Jericó, sob vigilância dos Estados Unidos e Reino Unido. Mas as eleições legislativas palestinas de janeiro do mesmo ano, que alçaram Ahmed Saadat a um assento no Parlamento Palestino, mudariam essa situação.

O recém-eleito governo do Hamas anunciou oficialmente sua intenção de libertar os assassinos de Rehavam Zeevi e recebê-los em Gaza como "heróis da causa palestina". O líder do Hamas, Jalid Meshal, declarou ao jornal *Kul al-Arab* que "sua organização consideraria positiva a libertação de Saadat, pois o Hamas se opõe ao encarceramento de palestinos nas prisões da Autoridade Nacional Palestina, especialmente aquelas sob controle dos Estados Unidos e do Reino Unido, como é o caso na prisão de Jericó. Portanto, sua libertação será a máxima prioridade do nosso novo governo [...] é natural que iniciemos um processo para sua libertação para fortalecer nossa posição e poder agir no sentido da libertação dos detidos em prisões israelenses".[486]

O presidente da Autoridade Nacional Palestina, Mahmoud Abbas, afirmou: "Não vejo nenhum problema em libertá-lo [Saadat], mas o governo de Israel ameaça matá-lo. Então, quem será o responsável se ele for morto ou ferido? Se a FPLP está disposta a assumir a responsabilidade, não tenho objeções, vou libertá-lo, e ele próprio e a FPLP sofrerão as consequências: no momento em que ele sair da prisão, um Apache o matará".[487] Em 14 de março de 2006, os guardas britânicos e americanos que vigiavam os terroristas responsáveis pelo ataque abandonaram a prisão, acusando a Autoridade Nacional Palestina de violar o acordo com Israel sobre a situação dos prisioneiros no local. Seria a grande chance de vingança para o primeiro-ministro em exercício Ehud Olmert.[488]

Olmert convocou então o general Dan Halutz, chefe do Estado-Maior das FDI, e ordenou que ele invadisse a prisão de Jericó e capturasse os palestinos acusados pelo assassinato de Rehavam Zeevi. A chamada operação "Trazer os Bens para Casa" tinha acabado de ser lançada. O ataque seria realizado pelas forças especiais israelenses na manhã de 14 de março de 2006. Por volta das 9h, soldados israelenses no posto de controle viram os funcionários americanos e britânicos da prisão saindo da cidade. Forças de comando apoiadas por tanques convergiram imediatamente para o portão da prisão. Por volta das 9h30, cem soldados de infantaria cercaram o prédio principal. Os relatórios indicam que cinquenta veículos leves, três tanques e uma escavadeira blindada entraram em Jericó, escoltados por dois helicópteros Apache que sobrevoavam a área.[489]

Havia duzentas pessoas dentro da prisão, entre presos e carcereiros. O comandante da operação foi até o portão principal e comunicou aos responsáveis que eles só queriam seis dos presos, que seriam transferidos para Israel. Alguns detentos, provavelmente com permissão dos palestinos que dirigiam a penitenciária, tomaram o controle de um depósito de armas. As tropas israelenses cercaram o prédio enquanto a escavadeira derrubava as paredes laterais e os Apaches disparavam mísseis contra uma das paredes. Os militares israelenses ordenaram que todos os palestinos saíssem do prédio vestindo apenas roupas íntimas e com as mãos para cima. A maioria dos presos e agentes de segurança acataram a ordem. Ahmed Saadat enviou uma mensagem por meio da rede de televisão Al Jazeera: "Nossa escolha é lutar ou morrer. Nunca iremos nos render. [...] Não vamos nos render, vamos enfrentar nosso destino com coragem". Mas essa coragem não durou muito tempo. Os palestinos decidiram depor as armas e se render por volta das 19h. Pouco depois, o chefe do Comando Central, general Yair Naveh, anunciou que os seis homens procurados e vários militantes haviam se rendido. Os seis procurados apareceram nus no pátio principal. Os militares entregaram os seis palestinos aos agentes do Shin Bet para serem interrogados. A notícia do ataque israelense à prisão central de Jericó se espalhou por toda a Faixa de Gaza e Cisjordânia. Jovens palestinos atiraram pedras nas tropas israelenses. Os agentes da Segurança Preventiva da Autoridade Nacional Palestina também entraram em confronto com as unidades das FDI. Dois homens da segurança palestina morreram durante os combates e 28 ficaram feridos. Um terço da estrutura da penitenciária foi demolido por escavadeiras por ordem do general Naveh.[490]

Em dezembro de 2007, Hamdi Quran, o assassino confesso de Zeevi, juntamente com Basel al-Asmar, foi condenado à prisão perpétua. Em maio de 2008, Basel al-Asmar foi condenado a quarenta e cinco anos de prisão. Em julho de 2008, Majdi Rahima Rimawi, que forneceu aos terroristas uma foto de Rehavam Zeevi, plantas do hotel onde ele ficaria hospedado e informações sobre o esquema de segurança do hotel, foi condenado pela participação no planejamento do assassinato do político israelense. Ele foi condenado à prisão perpétua, além de mais oitenta anos de prisão por conspiração. Em dezembro de 2008, Ahad Olma, chefe da ala militar do FPLP na época do assassinato, foi condenado a trinta anos de prisão por seu papel na incitação e planejamento do assassinato. Em dezembro de 2008, um tribunal militar israelense condenou Ahmad Saadat, líder da FPLP, a trinta anos de prisão por liderar uma "organização terrorista ilegal" e por sua responsabilidade em todas as ações realizadas contra Israel e seus cidadãos por parte de sua organização.[491]

Atualmente, catorze anos passados da operação "Trazer os Bens para Casa", os seis prisioneiros palestinos seguem cumprindo suas longas penas na prisão de segurança máxima de Ktzi'ot, a cerca de 70 quilômetros a sudoeste do deserto de Beersheba. Ktzi'ot havia sido fechada em 1998 em razão das condições subumanas de tratamento aos presos, mas foi reaberta em 2002 por ordem do então ministro da Defesa Shaul Mofaz, para abrigar prisioneiros palestinos de segurança máxima envolvidos em ataques contra alvos israelenses durante a Segunda Intifada.[492]

CAPÍTULO 18

OPERAÇÃO LÁGRIMAS DE ABRAÃO

ALVOS: General Anatoly Kuntsevich, Savrid Gupta, Qais Obeid, Ramzi Nahara, Ali Hussein Salah, Ghaleb Awali e a base secreta de Al-Safir

POSIÇÃO: Responsáveis pelo programa químico da Síria e por suas instalações e membros da Unidade 1800 do Hezbollah

DATA: 2 de abril de 2002 a 25 de julho de 2007

Os protestos em Damasco começaram em março de 2011, após já terem afetado outras capitais do Oriente Médio e do Magrebe, durante a famosa Primavera Árabe. Os manifestantes queriam a libertação de todos os presos políticos, o fim dos governos de ditadores corruptos e o fim das leis restritivas impostas por eles e por seus temíveis serviços de segurança. Muammar Gaddafi foi capturado e executado na Líbia, Hosni Mubarak foi obrigado a deixar o poder no Egito, o tunisiano Ben Ali foi deposto e obrigado a se exilar no Egito e o líder iemenita Ali Abdullah Saleh foi destituído. Também ocorreram manifestações violentas no Marrocos, Iraque, Argélia, Irã, Líbano, Jordânia, Kuwait, Omã e Sudão. A Primavera Árabe se espalhou como um grito de liberdade até chegar a Damasco.

O estopim para os protestos na Síria aconteceu no dia 26 de janeiro de 2011, quando um policial agrediu e prendeu um idoso na rua Al-Hareeka, na cidade antiga de Damasco, o que provocou o início de protestos por sua libertação. Logo foi estabelecido o chamado "Dia da Ira" e convocada uma manifestação para os dias 4 e 5 de fevereiro. Em 6 de março, as forças de segurança sírias prenderam 15 crianças em Daraa, no sul da Síria, por escreverem *slogans* contra o governo de Bashar al-Assad em muros, o que gerou novos protestos. Daraa se tornaria a primeira cidade a protestar contra o governo baazista, que havia governado a Síria desde 1963. Milhares de manifestantes se reuniram no dia 15 de março em

Damasco, Aleppo, al-Hasakah, Daraa, Deir Ez-Zour e Hama, e o político oposicionista Suhair Atassi se tornou o porta-voz não oficial da revolução síria.

Há relatos de algo em torno de cerca de 3 mil detenções e algumas baixas no dia seguinte, mas não há números oficiais sobre a quantidade exata de mortos. Em 18 de abril de 2011, aproximadamente 100 mil manifestantes se reuniram na praça central de Homs exigindo a renúncia do presidente Bashar al-Assad. Os protestos continuaram até julho, mas o governo respondeu com medidas de segurança severas e operações militares em vários distritos, especialmente na região norte do país. Em 31 de julho, tanques do exército sírio atacaram várias cidades, entre elas Hama, Deir Ez-Zour, Abu Kamal e Herak, perto de Daraa. Pelo menos, 136 pessoas foram mortas, o maior número desde o início da revolta. Em 5 de agosto de 2011, houve uma manifestação contra o governo que ficou conhecida como "Deus está conosco". As forças de segurança sírias dispararam contra manifestantes desarmados, matando 11 pessoas.[493]

Estava claro que a liderança não deveria estar nas mãos de Bashar al-Assad. O herdeiro do poderoso líder sírio Hafez al-Assad deveria ser seu filho mais velho, Bassel, formado em engenharia civil e três anos mais velho que Bashar. Em 21 de janeiro de 1994, Bassel dirigia seu Mercedes-Benz em alta velocidade em direção ao aeroporto internacional de Damasco para pegar um voo para a Alemanha quando colidiu violentamente com um muro de concreto. Como não estava usando cinto de segurança, foi arremessado para fora do carro, morrendo instantaneamente. A segunda opção para sucedê-lo era seu filho mais novo, Maher, a quem Hafez al-Assad havia confiado a direção da polícia secreta, que havia seguido a carreira militar e se destacado liderando a Guarda Republicana e a famosa 4ª Divisão Blindada. Mas, em razão de conflitos com homens poderosos do regime, Maher não passou de apenas uma opção.[494]

Nascido e criado em Damasco, Bashar al-Assad formou-se em medicina pela Universidade de Damasco em 1988 e começou a trabalhar como médico no exército sírio. Quatro anos depois, fez pós-graduação no Western Eye Hospital, de Londres, especializando-se em oftalmologia. Em 1994, após a morte do irmão mais velho, Bashar foi convocado para retornar à Síria e assumir seu papel como herdeiro do regime. O primeiro passo foi ingressar na academia militar e, em 1998, ele assumiu o comando das forças militares sírias no Líbano.[495] No final dos anos 1990, todos já consideravam que Bashar seria o herdeiro do clã Assad. Seu pai morreu no dia 10 de junho de 2000 e ele assumiu a presidência da Síria no dia 17 de julho. Um oftalmologista se tornava o novo ditador da Síria.

Pouco antes de morrer, durante uma reunião de cúpula em Genebra, Hafez al-Assad havia recebido uma carta secreta do primeiro ministro Ehud Barak com uma ampla proposta de paz, entregue por ninguém menos que Bill Clinton. Israel se comprometia a abrir mão das Colinas de Golã e, em troca, a Síria se comprometeria a nunca mais posicionar soldados no Mar da Galileia. O velho Assad escutou a oferta trazida pelos Estados Unidos, mas decidiu sabotar a cúpula pouco depois de iniciadas as negociações entre os dois países. A Síria perdeu uma oportunidade única de chegar a um acordo de paz com seu vizinho, mas Israel também perdeu uma oportunidade única de alcançar a paz com seu beligerante vizinho do norte.

Alguns anos mais tarde, o então *memuneh* do Mossad Efraim Halevy escreveu, em sua biografia *Man in the Shadows: Inside the Middle East Crisis with a Man Who Led the Mossad*, que "[Hafez] al-Assad sofria de uma intransigência ilógica, talvez motivada por seus problemas estomacais e o início de uma demência senil. Aos olhos de Assad, um devoto das teorias da conspiração, a cúpula teria sido nada mais que uma tentativa dos Estados Unidos, um satélite de Israel, de colocar Damasco de joelhos. Ele tinha certeza de que, mesmo que assinasse um acordo, Israel jamais se retiraria das Colinas de Golã".[496] De fato, pouco antes de morrer, em seu leito de morte, Hafez fez com que o filho Bashar lhe prometesse que um dia retomaria as Colinas de Golã pela força e expulsaria o exército sionista do solo sírio.

O jovem presidente decidiu então firmar um acordo tácito e secreto com o Hezbollah e seu líder supremo, o Irã. A Síria prometeu a Teerã um acordo mútuo de defesa, fornecimento de suprimentos militares e o desenvolvimento de armas avançadas. O Irã deu a Bashar quase 1,5 bilhão de dólares para recompor suas forças militares. O mais curioso é que a teocracia iraniana via os sírios e a família Al-Assad como hereges alauitas, traidores da tradição sagrada e infiéis que ofendiam Alá. Mas, no momento, o Irã precisava do poder da Síria, de sua fronteira com Israel e de mais credibilidade internacional. Em janeiro de 2002, durante o discurso sobre o Estado da União, o presidente George W. Bush incluiu o Irã no que chamou de "Eixo do Mal", o que não ajudou Teerã a vender seu petróleo para outros países além de párias como Venezuela e Cuba. Misteriosamente, a Síria não foi incluída nesse eixo, e países ocidentais, como a França e a Alemanha, mantinham relações "amigáveis" com o jovem Al-Assad. Até mesmo Michael Hayden, que foi diretor da NSA e da CIA, afirmava que havia uma tentativa de cooperação com Bashar al-Assad contra os terroristas que lutavam no Iraque. Mas o jovem presidente realizou um movimento estratégico que o afastou do Ocidente ao unir a política de seu país aos radicais do Hezbollah e seu líder máximo, Hassan Nasrallah. A partir desse momento, Bashar al-Assad abriu seus arsenais para o Hezbollah, fornecendo ao grupo armas soviéticas modernas e mísseis superfície-superfície de longo alcance.

Assad queria criar no Líbano um pequeno teatro de guerra contra Israel, sem envolver a Síria, mas Damasco se viu diante de uma geração de líderes políticos e econômicos libaneses que desejavam a retirada total das tropas sírias do Líbano. Imad Fayez Mughniyeh,[497] chefe do Estado-Maior do Hezbollah, começou a matar todos esses líderes. O mais importante deles foi Rafic Hariri, que havia sido primeiro-ministro de 1992 a 1998 e novamente de 2000 a 2004. Em 14 de fevereiro de 2005, Hariri foi assassinado quando sua comitiva passou ao lado de um Mitsubishi carregado com 1.800 quilos de dinamite. Vinte e três pessoas morreram, incluindo Hariri, vários de seus guarda-costas e seu amigo e ex-ministro da Economia Bassel Fleihan.[498] A estação do Mossad em Beirute descobriu que todos os ataques do Hezbollah contra líderes libaneses que se opunham à presença síria no Líbano eram aprovados por um comitê secreto formado pelo próprio Mughniyeh, representando o Hezbollah; o general Qassem Suleimani, da Guarda Revolucionária Iraniana; o general Mohamed Suleiman, da Síria; e o xeique Mahmoud al-Majzub, líder da Jihad Islâmica Palestina no Líbano. O Hamas não fazia parte do comitê simplesmente porque o xeique Ahmed Yassin era sunita, o que era desprezado pelo xiismo iraniano. Por outro lado, Jalid Meshal, representante do Hamas fora da Palestina, participou de algumas das reuniões e se reportava diretamente a Yassin.

Com conexões e linhas de transporte para a linha norte da faixa de segurança do sul do Líbano, eles estavam assediando Israel. O Hezbollah apoiava os terroristas palestinos, chegando a pagar bônus às famílias de homens-bomba por cada israelense morto nos ataques. Teerã também repassou uma enorme fortuna a Jalid Meshal, do Hamas. Em Laqqis, reduto do Hezbollah no sul do Líbano, uma extensa rede de túneis e linhas de comunicação começou a ser construída para servir como base para ataques em solo israelense e contra unidades das Forças de Defesa de Israel (FDI) posicionadas na faixa de segurança.[499]

No início de 2002, o Hezbollah já contava com um amplo arsenal para usar contra Israel. Ariel Sharon e seus chefes de inteligência, Aharon Ze'evi-Farkash, Avi Dichter e Efraim Halevy, estavam acostumados a lutar contra os palestinos nos territórios, mas agora sabiam que seus inimigos estavam cada vez mais próximos: o Hezbollah, no sul do Líbano, a Jihad Islâmica Palestina, nos territórios, e a Síria, no norte, todos eles abastecidos com grandes somas de dinheiro e armas provenientes de Teerã. O Mossad sabia que Israel não podia permitir que a Síria se armasse demais, pelo menos não com armas de destruição em massa.

Ram Ben-Barak, vice-diretor do Mossad, estava mais inclinado a realizar ataques contra as iniciativas sírias de formar um arsenal de armas de destruição em massa, mas o diplomático Halevy preferia analisar melhor a situação para evitar incomodar os aliados ocidentais, especialmente a CIA. O *memuneh* do Mossad tinha sérias diferenças com o novo líder israelense, que, assim que assumiu o cargo, afirmou o seguinte: "Mate todos eles. Quero que você mate todos eles". Para Halevy, isso representava mais um desejo do que uma ordem precisa e, mesmo que fosse um comando, seria uma ordem difícil de ser cumprida.[500] O problema logo de saída era decidir o alvo a ser atacado; mas esse problema foi resolvido quando a estação do Mossad em Moscou enviou um relatório urgente por meio de um *bodel*, que trazia na caixa o selo *Soyi Beyoter*, a mais alta classificação de sigilo.

Halevy e Ben-Barak se encontraram na "câmara" da sede do Mossad, no norte de Tel Aviv. Assim que abriram o relatório, leram o nome "Kuntsevich, Anatoly". O texto, redigido pelos oficiais da estação de inteligência israelense em Moscou, vinha acompanhado de uma foto 3 por 4 e uma segunda foto de um sujeito com uniforme de general do ainda exército soviético. Halevy começou a ler.

> Anatoly Kuntsevich. General. Formou-se na Escola de Química de Defesa Militar de S. K. Timoshenko em 1959. Entre 1961 e 1984, trabalhou no ultrassecreto Instituto Soviético de Pesquisa de Armas Químicas em Schichany e fez parte do programa soviético de armas químicas desde 1972. A partir de 1984, foi vice-diretor das unidades militares especializadas em armas nucleares, biológicas e químicas e permaneceu nesse cargo até 1991 (seu chefe era Vladimir Karpovich Pikalov). Participou das negociações russas para o Tratado Internacional sobre a Destruição de Armas Químicas.
>
> Entre 1986 e 1989, participou dos trabalhos de descontaminação após o acidente do reator de Chernobyl. A partir de 1988, também estudou o legado químico-ecológico deixado pelo Agente Laranja lançado pelos norte-americanos durante a Guerra do Vietnã. Depois de Gorbachov oficialmente abandonar o programa de armas químicas, em 1987, Kuntsevich desempenhou um papel de liderança na eliminação do legado do programa soviético de armas químicas, incluindo a conversão de lewisita em tricloreto de arsênio e seu posterior uso no setor de semicondutores. Kuntsevich era um dos principais especialistas na manipulação de lewisita, um composto químico sintético de cor marrom de consistência semelhante à de um óleo, usado na fabricação de armas químicas e que age como agente vesicante e irritante pulmonar, aplicado em combinação com o famoso gás mostarda.

Halevy interrompeu a leitura por alguns instantes. "É necessário convocar o Comitê X e decidir o que faremos com este cara", disse ao seu assessor. Assim, começava a chamada Operação Lágrimas de Abraão.

A Unidade 504, responsável pela coleta de informações militares, também havia reunido dados de segurança sobre Kuntsevich. O antigo general fundara, em 1991, o Centro de Ecotoxicologia do Instituto de Físico-Química da

Academia de Ciências da Rússia N.N. Semenov. Foi o principal conselheiro do governo russo sobre controle de armas biológicas e químicas durante o mandato do presidente Boris Yeltsin, mas foi afastado do cargo em abril de 1994 depois que se descobriu que ele havia fornecido equipamentos e produtos químicos para a produção de armas químicas a um centro de pesquisa sírio. O Serviço Federal de Segurança (FSB) russo acusou Anatoly Kuntsevich de fornecer para a Síria clandestinamente precursores de agentes nervosos da série V. Em outubro de 1995, ele foi preso por uma unidade especial do FSB por ordem direta de seu então chefe, Mikhail Barsukov, quando tentava embarcar em um avião com destino a Damasco. Naquele momento, o já aposentado general era candidato à Duma e afirmou que as acusações contra ele tinham motivações políticas. Kuntsevich acusou diretamente Yeltsin e seus homens de inteligência de fabricar as denúncias. Alguns meses depois, as acusações foram misteriosamente retiradas. A partir desse momento, ninguém mais se preocupou em vigiar o ex-militar soviético nem deteve o tráfico ilegal de materiais químicos para Damasco.

Halevy, um defensor da "diplomacia inteligente" no lugar da "ação de inteligência", solicitou uma reunião com seus homólogos russos. Ram Ben-Barak, vice-diretor do Mossad, e Michael Ross, oficial de operações especiais do Katsa, foram enviados para a reunião. A equipe russa era composta de Nikolai Patrushev, todo-poderoso chefe do FSB, e pelo general Valentin Korabelnikov, chefe do GRU, a inteligência militar russa. Os israelenses revelaram a Patrushev e Korabelnikov o que eles sabiam sobre as negociações secretas de Kuntsevich com a Síria e voltaram para Tel Aviv com bastante clareza sobre o tema. "Eles demonstraram total indiferença em relação ao que podemos fazer com Kuntsevich. Não vão intervir. Parece que querem deixar claro que lavarão as mãos se Kuntsevich sumir do mapa", disse Ben-Barak ao *memuneh* Halevy.[501]

Para o *memuneh* do Mossad era recomendável informar a contraparte em qualquer operação, caso houvesse alguma dúvida ou objeção. E os russos aparentemente não queriam participar de uma decisão a respeito do destino do ex-general. O governo de Israel estava furioso com os russos por permitirem que Anatoly Kuntsevich fizesse negócios com Damasco e, se eles não fizessem nada, o Kidon faria. Por fim, Halevy informou ao primeiro-ministro Ariel Sharon, que convocou o Comitê X, responsável por decidir pelo assassinato de um alvo perigoso para Israel quando isso deveria ocorrer além das fronteiras do país. Efraim Halevy foi avisado do resultado naquela mesma tarde: recebera o sinal verde para eliminar o ex-militar russo. Uma equipe da Metsada foi ativada no final de janeiro de 2002. Os três *kidon* mantiveram Kuntsevich sob estreita vigilância durante suas viagens nos dias que se seguiram, tanto dentro da Rússia quanto em outros países da Europa. O especialista em produtos químicos visitou um centro de tecnologia na Suíça, uma fábrica de produtos químicos no norte da Alemanha e uma fábrica de fertilizantes no norte da Polônia, além de ter feito uma reunião em Londres com dois ex-colegas. Depois, retornou a Moscou.

Por meio de um *sayan*, um informante, a equipe do Kidon soube que Kuntsevich estava planejando viajar para a Síria. Ele iria primeiro para Damasco, para uma reunião com especialistas em armas nucleares, biológicas e químicas do exército sírio. O destino seguinte seria Alepo, para uma reunião com colegas sírios da Academia de Ciências, no domingo, 31 de março. O retorno de Kuntsevich para a capital russa estava previsto para terça-feira, 2 de abril de 2002, e o voo sairia de Alepo. Por volta das 18h, os passageiros começaram a embarcar no voo da Syrian Air para Moscou. Os *katsa* do Mossad avistaram seu alvo em um café no aeroporto internacional examinando alguns papéis, que colocou em uma pasta preta. O avião aterrissaria poucas horas depois no aeroporto de Vnukovo, em Moscou, de modo que a equipe do Kidon não teria muitas oportunidades para cumprir sua missão.

Pouco antes do jantar ser servido, os dois *katsa* viram Anatoly Kuntsevich levantar-se e caminhar em direção à parte traseira da aeronave. Um dos agentes israelenses levantou-se rapidamente e seguiu seu alvo, impedindo que outro passageiro se colocasse entre eles. Quando o especialista russo estava prestes a abrir a porta do banheiro, sentiu uma leve picada na mão direita, algo quase imperceptível. Ao se virar, viu um homem se desculpando enquanto olhava para seu próprio relógio. "Sinto muito, foi a pulseira de metal do meu relógio", disse o agente israelense. Passados alguns minutos, o químico russo retornou ao seu assento, jantou e adormeceu tranquilamente.

Quando o avião da Syrian Air pousou em Moscou, Kuntsevich não estava se sentindo bem. Ele só queria pegar um táxi e ir para casa descansar, pois ainda tinha muito trabalho a ser feito nos dias seguintes para cumprir os compromissos assumidos com os militares sírios. Quando chegou à sua residência, começou a suar frio e, naquela mesma noite, sofreu uma parada cardíaca enquanto dormia. Na manhã do dia 3 de abril, o ex-general Anatoly Kuntsevich foi encontrado morto por um de seus colegas de trabalho.[502] Uma onda de alívio tomou conta do quartel-general do Mossad, no exclusivo bairro de Herzliya Pituah, quando a morte do químico russo foi confirmada. Minutos depois, o próprio *memuneh* deu a Ariel Sharon a notícia sobre o sucesso da operação. A morte de Kuntsevich não seria o último golpe do Mossad no programa químico sírio como parte da Operação Lágrimas de Abraão.

O nome seguinte da lista era o do doutor Savrid Gupta, um especialista em mísseis que trabalhava no ultrassecreto centro de pesquisas de Imarat, perto de Hyderabad. Essa base secreta do exército indiano era responsável por pesquisar, desenvolver e testar armas convencionais e não convencionais. Agentes israelenses da estação do Mossad em Déli haviam relatado vários contatos de Gupta com Anatoly Kuntsevich, inclusive sobre um convite do russo para que o cientista indiano o acompanhasse em uma viagem à Síria. A viagem incluía várias reuniões com membros do exército sírio especialistas em armas químicas e foguetes.[503] Savrid Gupta e seus colegas estavam tentando vender para a Líbia e a Síria mísseis de curto alcance desenvolvidos por eles. Os mísseis *Prithvi* (que significa "terra" em sânscrito) não eram muito sofisticados para os padrões ocidentais, mas eram bastante eficazes para transportar ogivas químicas ou nucleares por distâncias curtas; o *Prithvi I* alcançava até 150 quilômetros com uma tonelada de explosivos; o *Prithvi II*, lançado de um caça, era capaz de alcançar a distância de 350 quilômetros com uma carga de meia tonelada; e o *Prithvi III*, lançado de um navio, atingia até 350 quilômetros levando uma tonelada. Para o general Aharon Ze'evi-Farkash, chefe da inteligência militar israelense, não importava se o alcance era de 150 quilômetros ou de 350 quilômetros: o certo é que os mísseis do doutor Gupta alcançariam Israel se fossem lançados da Síria. "Estes mísseis e este cientista representam um perigo para a segurança de nosso país. Se Bashar al-Assad tiver acesso a esses mísseis e colocar ogivas químicas dentro deles, nenhuma cidade de Israel estará segura", afirmou o diretor da Aman.

Ariel Sharon ouviu as diferentes opiniões de seus assessores. O *memuneh* Halevy queria compartilhar essas informações com a Agência de Inteligência Indiana (DIA, na sigla em inglês). Ze'evi-Farkash era muito próximo ao diretor geral do órgão, o tenente-general Kamal Davar. O chefe do Shin Bet também era a favor de compartilhar as informações com Brajesh Mishra, conselheiro de Segurança Nacional do primeiro-ministro da Índia. Os militares indianos ficaram surpresos quando tomaram conhecimento dos contatos de Gupta com os sírios, algo que foi analisado por Halevy como uma forma de lavar as mãos sobre qualquer consequência desses atos, assim como a Rússia havia feito no caso de Anatoly Kuntsevich. Isso poderia permitir ao Mossad eliminar o cientista indiano, mas Halevy disse a Ariel Sharon que não acreditava na versão dos indianos ao afirmarem não saber nada sobre a venda dos mísseis *Prithvi* para a Síria.

O Centro de Não Proliferação da CIA usava as informações de inteligência que coletava sobre o Paquistão para negociar com os indianos. Em 2002, a CIA enviou ao Congresso o "Report to Congress on Weapons of Mass Destruction and Advanced Conventional Munitions Technology Acquisition" [Relatório sobre Aquisição de Tecnologia de Armas de Destruição em Massa e de Munição Convencional Avançada]. A Índia era um dos países que davam suporte aos programas de mísseis balísticos da Líbia e da Síria. Segundo o relatório, o governo indiano usava o doutor Savrid Gupta para vender tecnologia balística desenvolvida no país. Efraim Halevy não queria eliminar um alvo de um país aliado como a Índia, mas o gabinete do primeiro-ministro era a favor de contragolpear, e da forma mais violenta possível. O *katsa* Michael Ross, nascido no Canadá, foi designado para monitorar Gupta. O Mossad havia detectado viagens dele ao redor do mundo: Londres, Genebra, Munique, Bombaim e, finalmente, Hong Kong. A inteligência israelense planejara eliminá-lo em Bombaim, mas, na véspera do dia programado para o ataque, um dos agentes foi abordado na rua por quatro homens que se identificaram como agentes da Agência de Inteligência Nacional. O agente israelense foi detido e a Embaixada israelense em Déli teve que entrar em ação para intermediar sua libertação. A equipe do Kidon precisou retornar para Israel e aguardar por uma nova oportunidade.

Três meses após o fiasco em Bombaim, Gupta foi localizado em Hong Kong e, mais tarde, jogando em um cassino de Macau junto com homens de aparência árabe. Os colegas de jogatina do cientista indiano eram oficiais do exército sírio que estavam sendo escoltados por agentes do Serviço de Inteligência Sírio, o MID. O órgão militar era comandado pelo poderoso Hassan Khalil, que tinha Assef Shawkat como seu braço direito, e ambos pareciam determinados a proteger os altos oficiais que negociavam com Savrid Gupta. A equipe do Mossad sabia que, se o cientista indiano escapasse novamente, Damasco estaria cada vez mais perto de obter um tipo de míssil que poderia lançar ogivas químicas em cidades como Tel Aviv ou Beersheba.

Duas noites mais tarde, Gupta foi ao restaurante do hotel para jantar e de lá seguiu para o bar, onde começou a assistir a uma partida de críquete em uma das televisões que ficavam posicionadas atrás do balcão. Ao seu lado, dois homens de origem britânica comentavam a partida em voz alta. Poucos minutos depois, o cientista indiano estava compartilhando várias rodadas de uísque com os estranhos. Depois de uma longa noite de críquete e álcool, o indiano se despediu dos companheiros de farra e subiu para o quarto. No dia seguinte, Savrid Gupta tinha uma reunião com os sírios, mas já era o começo da tarde e ele ainda não havia saído do quarto. Uma camareira encontrou o corpo do cientista indiano sem vida jogado no banheiro. Segundo a autópsia realizada pelos órgãos do governo local, o doutor Gupta sofreu um infarto fulminante.[504]

O problema do desenvolvimento de armas químicas pela Síria surgiu justamente quando a Intifada atingia um ponto crucial nos territórios. Sharon, talvez aconselhado por seu braço direito, Dov Weissglass, o mais importante representante dos falcões entre seus assessores, estava cada vez mais decepcionado com o Mossad e sua cúpula. O Hezbollah fornecia armas e dinheiro ao grupo terrorista Tanzim, com o qual planejava mais ataques suicidas contra Israel; e a Jihad Islâmica Palestina no Líbano apoiava os ataques suicidas de seus membros em Gaza e na Cisjordânia. Com a falta de boas informações de inteligência fornecidas pelos agentes do Mossad, a Aman tentou assumir a liderança. "O Mossad não era um bom parceiro operacional. Por outro lado, a Aman conseguiu identificar cerca de cinquenta alvos palestinos na Cisjordânia que estavam recebendo dinheiro e armas do Hezbollah do Líbano", disse Aharon Ze'evi-Farkash. "Essa situação é intolerável. [...] Devemos atingir os alvos do Hezbollah, onde quer que estejam escondidos, para mostrar aos seus líderes o preço que terão que pagar por seus atos", disse Sharon durante uma reunião com Meir Dagan, conselheiro de segurança nacional, e Weissglass. O líder de Israel estava cada vez mais insatisfeito com o Mossad por conta do perfil discreto imposto por Halevy aos seus agentes. Muitos dos melhores *katsa* haviam pedido baixa ou renunciado por não concordarem com as políticas do *memuneh*, a quem chamavam de "O Diplomata". Embora o apelido não seja exatamente depreciativo de forma geral, o é quando usado para designar o chefe de um serviço de inteligência como o Mossad.

Sharon queria ação, e o Mossad de Halevy não estava preparado para oferecer isso a ele. Embora o primeiro-ministro desse valor aos esforços de Ze'evi-Farkash, sabia que precisava de alguém mais enérgico como *memuneh*. Vários nomes estavam sendo ventilados como candidatos para o lugar de Halevy, incluindo veteranos das FDI e ex-oficiais do Mossad e do Shin Bet. Mas o primeiro-ministro tinha apenas um nome em mente: Meir Dagan. Dagan, um grande amigo de Sharon, era agressivo, uma característica que Sharon procurava para combater a chamada Frente Radical.

Nascido em 1945 em uma Europa devastada pela guerra e pelo Holocausto, Meir Huberman (Dagan) chegou a Israel com sua família em 1950. Em 1982, comandou tropas durante a Guerra do Líbano e ajudou a estabelecer e treinar o Exército do Sul do Líbano, favorável a Israel. Em 1995, quando se aposentou do exército, Dagan ingressou no Mossad como vice-diretor e, dois anos depois, o então primeiro-ministro Benjamin Netanyahu o nomeou conselheiro de contraterrorismo. O futuro diretor do Mossad permaneceu no cargo durante o mandato do primeiro-ministro Ehud Barak, até que renunciou por opor-se aos acordos de paz de Oslo. Mas o que Sharon mais gostava em Dagan eram suas ideias claras e diretas a respeito do terrorismo. "A execução de um terrorista não é política. É uma ferramenta de Estado para prevenir ataques e desencorajar novas iniciativas", disse ele certa vez.

Como assessor de Segurança Nacional de Sharon, Dagan criou a unidade secreta chamada *Spear* (lança), que se reportava exclusivamente a ele. Os homens da *Spear* tinham plenos poderes para investigar qualquer rastro de dinheiro, contas bancárias ou fontes de financiamento de grupos terroristas. A *Spear* não estava sujeita a nenhum tipo de controle governamental ou parlamentar. "Enquanto um fato não for conhecido, não será necessário dar explicações a respeito dele", disse Dagan a Sharon. Por exemplo, os homens da *Spear* descobriram que parte do financiamento do Irã para o Hamas era realizado por meio de um banco com sede em Zurique. "Não tem problema. Queime-o", Dagan ordenou. "Queimar o quê?", perguntou o chefe da unidade. "O banco, é claro. Nós temos o endereço, não temos?", disse Dagan sem alterar a expressão do rosto. Os participantes da reunião explicaram que não se tratava de dinheiro em espécie, mas de transferências eletrônicas, garantidas por outras instituições. "E daí? Vamos queimar tudo mesmo assim. Os administradores do banco sabem que esse dinheiro não é legítimo. Isso não causará nenhum dano", continuou afirmando Dagan. No final, seus assessores, incluindo o chefe da *Spear*, conseguiram convencer o futuro diretor do Mossad que queimar a sede do banco suíço não era uma boa ideia. Era esse o tipo de diretor do Mossad de que Sharon precisava. "Eu preciso de um *memuneh* que tenha uma faca entre os dentes", disse o primeiro-ministro ao seu amigo Dov Weissglass.

Meir Dagan foi finalmente nomeado diretor do Mossad em setembro de 2002, e logo Sharon o encarregou da tarefa titânica de acabar com o programa nuclear iraniano. "Desde o dia em que Ari [Sharon] nomeou Meir, ele começou a realizar coisas incríveis", afirmou Weissglass. A primeira atitude de Dagan ao começar a trabalhar na sede central do Instituto foi transferir seu escritório para o prédio principal e colocar uma foto desbotada do avô em uma prateleira atrás de sua mesa. "Essa imagem me fará lembrar todos os dias por que estou aqui", disse Meir Dagan ao seu novo Estado-Maior. A imagem desgastada mostrava um rabino de joelhos, com as mãos levantadas, e um soldado alemão olhando para a câmera. Segundos após a foto ser tirada, um dos soldados atirou na cabeça do homem de joelhos, Ber Erlich Sloshny, avô materno do novo chefe do Mossad. O novo *memuneh* era um homem muito apegado à família, pai de três filhos, vegetariano, e um pintor amador que estudara artes na Universidade de Tel Aviv. Essa descrição transmite uma imagem muito diferente do perfil que ele mostraria durante os oito anos em que esteve no comando do Mossad. "Estou aqui, ao lado de vocês, homens e mulheres do Mossad, para garantir que isso não aconteça novamente", disse Dagan durante seu primeiro discurso aos agentes da inteligência israelense, apontando para a foto do avô.

Sua primeira tarefa foi desmantelar completamente a estrutura do Mossad estabelecida por Halevy e reconstruí-la de acordo com suas visões. Dagan queria ter acesso a informações que lhe permitissem tomar decisões rápidas relacionadas a operações preventivas de sabotagem e assassinato. O Mossad, sob o comando do novo diretor, se tornaria uma agência de guerreiros, de soldados, e não de diplomatas. "Para isso temos nosso Ministério das Relações Exteriores e nossos embaixadores", disse Dagan, provocando risos entre os oficiais da inteligência.

Antes de colocar em prática as reformas no Instituto, Dagan se reuniu com Sharon no gabinete do primeiro-ministro. "Eu te digo, Arik [Sharon], e essa é minha opinião. [O Mossad] precisa de uma profunda reorganização. Mas é você quem deve decidir se levaremos isso adiante, e também é meu dever alertar que você terá que pagar o preço por isso. Os jornalistas tentarão descobrir tudo sobre mim, sobre você e sobre o Mossad. Não será fácil. Você está disposto a pagar o preço?", perguntou o *memuneh*. Ariel Sharon apenas o olhou e disse: "Vá em frente". A partir daquele momento, o Instituto de Inteligência e Operações Especiais (*HaMossad leModi'in uleTafkidim Meyuḥadim*) retornou às suas origens. "O verdadeiro coração do Mossad são seus olhos", afirmou Dagan aos seus subordinados em cargos de comando. Logo em seguida, o novo diretor nomeou Tamir Pardo para comandar a unidade operacional Rainbow [Arco-Íris]. Pardo, antigo membro da unidade de elite Sayeret Matkal, estava ao lado de Yonni Netanyahu quando ele foi mortalmente ferido durante a Operação Raio, em 4 de julho de 1976, em Entebbe.

Em maio de 2003, Pardo apresentou dois grandes planos estratégicos. O primeiro tinha como foco acabar com o programa nuclear do Irã ao colocar em prática a chamada Operação Nêutron, e o segundo se concentrava no ataque aos agentes do Hezbollah e aos líderes da Frente Radical onde quer que estivessem, fosse em Londres ou Teerã, em Laquis ou Paris. Todos poderiam ser eliminados pelos *Kidon* da Metsada. O plano de Pardo em relação ao Hezbollah era começar a eliminar os membros da organização que tivessem alguma relevância com base em uma lista elaborada pela Aman batizada de Os Doze Mosqueteiros.

O primeiro nome da lista era o de Qais Obeid, que foi informante do Shin Bet por muitos anos, mas desertou para o Hezbollah e se juntou à Unidade 1800, responsável por ajudar os palestinos envolvidos em operações contra Israel, fornecendo financiamento, orientação, armas e instruções para a preparação de bombas. Obeid esteve envolvido no sequestro de Elhanan Tannenbaum, um coronel das FDI da reserva, ocorrido no ano 2000. Obeid, um árabe-israelense, procurou o ex-militar, seu amigo de infância. Ele sabia que Tannenbaum estava endividado em consequência de seu vício em jogos de azar bem como de alguns maus negócios. Era muito perigoso para o Hezbollah sequestrar um ex-oficial das FDI e levá-lo para o Líbano, então a solução foi procurar um terceiro país. Qais Obeid ofereceu a Tannenbaum uma comissão para um suposto tráfico de drogas. A proposta era que o ex-militar fosse para Dubai, onde deveria estudar uma forma de introduzir drogas em Israel. A generosa comissão de 200 mil dólares, que permitiria que o israelense quitasse todas as suas dívidas, cegou-o para qualquer suspeita.[505] Na noite de 3 de outubro de 2000, Elhanan Tannenbaum viajou para Bruxelas, onde se encontrou com Qais Obeid e Qais Biro, outro agente do Hezbollah, que lhe entregou um passaporte venezuelano falso. De lá, pegou um voo para Frankfurt e, na cidade alemã, embarcou em um voo da Gulf Air com destino a Dubai. Foi recebido por um homem com uma placa com seu nome, que o conduziu até uma limusine. Tannenbaum foi levado para um bairro de alto padrão de Dubai, onde foi agredido por duas ou três pessoas, segundo seu relato. O ex-coronel israelense foi colocado em uma caixa lacrada com o selo diplomacia iraniana que foi embarcada em um voo especial com destino ao Líbano. O Mossad só ficou sabendo o que havia acontecido no dia 16 de outubro, quando, durante uma transmissão da Al-Manar, a rede de televisão do Hezbollah, o xeique Hassan Nasrallah, líder máximo da organização, disse: "Temos um coronel israelense em nosso poder". Israel não sabia a princípio quem seria a pessoa, até que Nasrallah confirmou tratar-se de Elhanan Tannenbaum, um oficial do Comando Norte das FDI, que tinha conhecimento de muitos segredos militares. Ronen Bergman relatou, no magnífico livro *Rise and Kill First: The Secret History of Israel's Targeted Assassinations*, que, cinco dias antes do sequestro, o coronel Tannenbaum estava de serviço no *bunker* central do Comando Norte, em Safed, supervisionando um exercício confidencial: uma simulação de uma guerra em grande escala contra o Hezbollah e o exército sírio.[506] O Mossad e a Aman se deram conta de que Tannenbaum poderia expor os detalhes de planos secretos de guerra de Israel contra as milícias pró-iranianas do Hezbollah e decidiram que deveriam resgatá-lo o quanto antes.[507] Qais Obeid desapareceu após o sequestro, mudando-se para o Líbano para evitar ser julgado em Israel. Embora o governo israelense o considerasse um fugitivo procurado, para o Mossad de Dagan ele era um traidor e, portanto, um alvo a ser eliminado. Além disso, Obeid ainda mantinha sua nacionalidade israelense e era fluente em hebraico, o que o tornava um recurso estratégico para o recrutamento de homens-bomba.

Em 5 de outubro de 2002, Obeid foi localizado por uma equipe do Kidon em um bairro no norte de Beirute. Curiosamente, estava sozinho, sem qualquer tipo de proteção. "Parecia que ele estava nos esperando", revelaria anos mais tarde Tamir Pardo. Qais Obeid foi vigiado durante meses por agentes da Unidade 8513 encarregados de coletar informações fotográficas sobre o alvo. O dia escolhido foi 7 de outubro, quando Obeid se dirigiria a um quartel-general do Hezbollah em um bairro próximo ao aeroporto internacional de Beirute, mas antes pararia, como fazia todas as manhãs, em uma barraca de rua para tomar um café turco. Dois *kidon* haviam colocado um potente explosivo dentro de uma bicicleta, que deixaram encostada em uma árvore próxima à modesta cafeteria. O Peugeot azul, com Obeid ao volante, estacionou no mesmo local em que estacionava todas as manhãs e saiu do veículo, caminhando em direção à barraca. Enquanto o atendente preparava sua bebida, os agentes da Metsada, que o estavam vigiando a poucos metros de distância, acionaram o detonador. A explosão matou Obeid instantaneamente.

O próximo nome na lista dos Doze Mosqueteiros era o de Ramzi Nahara, um traficante de drogas e ex-colaborador da inteligência israelense que havia mudado de lado quando Israel se retirou do Líbano.[508] No dia 6 de dezembro de 2002, Nahara estava viajando com o sobrinho Elie Issa, de 30 anos, membro das forças de segurança libanesas. Quando o Mercedes-Benz de Nahara estava passando por uma estrada estreita perto da cidade de Hatzbaya, no sudeste do país, uma bomba explodiu perto do automóvel, matando instantaneamente os dois ocupantes. Autoridades libanesas acusaram Israel pelo atentado, apresentando relatórios que indicavam o uso de uma poderosa bomba de 5 quilogramas camuflada como uma pedra à beira da estrada. O general Jamil Al Sayyed, que comandava a pasta da segurança no Líbano, disse à imprensa que os explosivos utilizados no ataque eram de grande potência e que o carro em que Nahara e o sobrinho estavam viajando ficou completamente destruído.[509] A notícia foi comemorada na sede do Mossad. Alguém por lá riscou mais um nome da lista dos Doze Mosqueteiros.

O terceiro nome da lista era Ali Hussein Salah, funcionário do Ministério de Segurança do Líbano e motorista da Embaixada da República Islâmica do Irã em Beirute. Salah também era um importante agente que atuava na Unidade 1800 do Hezbollah. Em 2 de agosto de 2003, ele dirigia um elegante BMW preto com placa diplomática, a caminho da sede da Unidade 1800, no bairro de Dahiya, em Beirute. Às 8h32, uma violenta explosão partiu o veículo ao meio, lançando-o a quinze metros de distância da cratera que foi aberta no asfalto. A explosão dividiu o corpo de Ali Hussein Salah em dois, cada uma das partes tendo ficado em uma das metades do carro. Tudo indica que o explosivo havia sido colocado sob o banco traseiro. O guarda-costas do líder militar do Hezbollah havia verificado a parte inferior da carroceria do BMW, o banco do motorista e o motor, mas não havia checado o banco traseiro. Os *kidon* do Mossad haviam colocado o dispositivo explosivo logo atrás do banco do motorista, ao lado de uma pequena placa de metal, para direcionar a onda de choque para a frente. O canal Al-Manar transmitiu a notícia com o rosto de Salah e a legenda: "Hezbollah chora a morte de um de seus grandes *mujahidin* (guerreiros santos)". A reportagem também afirmava que o ataque fora obra de Israel, mas, mais uma vez, o governo israelense não se manifestou.

O Hezbollah e seus líderes não tinham dúvidas de que Israel estava por trás dos assassinatos, especificamente o Mossad. Mas Ali Hussein Salah não seria o último alvo a ser atingido. Em 12 de julho de 2004, Ghaleb Awali, o substituto de Salah no comando da Unidade 1800, tomou café da manhã com seus três filhos. Antes de sair de casa, no bairro xiita de Haret Hreik, em Beirute, ele deu um beijo no rosto da esposa e dirigiu-se para um pequeno galpão onde seu Mercedes-Benz ficava estacionado durante a noite. Awali entrou no veículo e olhou para a esposa e o filho mais velho, que acenavam da porta da casa despedindo-se. O líder da Unidade 1800 inseriu a chave na ignição girou, mas o motor parecia estar afogado. Depois de pisar sobre o acelerador repetidas vezes, ele girou novamente a chave. O Mercedes-Benz explodiu, lançando o corpo de Ghaleb Awali para cima. O funeral foi presidido pelo próprio Hassan Nasrallah e o corpo destroçado estava coberto com a bandeira amarela do Hezbollah.[510] Ao que tudo indica, Ramzi Nahara, Ali Hussein Salah e Ghaleb Awali faziam parte de um grupo secreto da Unidade 1800 do Hezbollah focado no desenvolvimento de armas químicas sírias para atacar o norte de Israel, o que teria sido impedido pela Aman e pelo Mossad. Já o assassinato de Qais Obeid teria sido apenas uma vingança por conta do sequestro do ex-coronel das FDI, Elhanan Tannenbaum.

Em 20 de agosto de 2012, o então presidente Barack Obama declarou que, se o presidente sírio Bashar al-Assad começasse a transportar ou usar armas químicas, tal atitude seria considerada pelos Estados Unidos como "o cruzamento de uma perigosa linha vermelha". A atitude seria tão grave a ponto de justificar uma intervenção dos Estados Unidos na Síria. Alguns funcionários do Ministério das Relações Exteriores de Israel presumiram que Obama estabelecera tal linha porque acreditava firmemente que a Síria nunca teria a audácia de cruzá-la. No entanto, essa suposição baseava-se apenas em avaliações recebidas do próprio Mossad, que havia iniciado uma campanha secreta de assassinatos para impedir que o regime de Damasco desenvolvesse armas químicas.[511]

De fato, Tamir Pardo, que havia substituído Dagan como *memuneh* do Mossad em 2011, acreditava firmemente que Assad não usaria suas armas de destruição em massa e que mantinha seu arsenal químico apenas para o caso de precisar de uma moeda de troca para obter asilo político para ele, a família e seus aliados caso a balança da Guerra Civil síria pendesse para o lado dos fundamentalistas. Mas Pardo estava errado. Em 10 de março de 2013, o Mossad informou a CIA e o recém-chegado diretor da agência, John Brennan, de que o regime sírio havia usado, sim, suas armas químicas. Fontes da CIA presentes no Oriente Médio confirmaram as informações. O Mossad compartilhou suas descobertas com as agências de inteligência dos Estados Unidos, mas Washington não reconheceu ou optou por não reconhecer a veracidade dos relatórios. Para os israelenses, estava claro que Obama e seus assessores de segurança nacional viam a revelação como um problema delicado que o presidente estadunidense não estava disposto a enfrentar. Brennan pediu ao seu homólogo, Tamir Pardo, para que Israel evitasse dar publicidade à informação. O tenente-general Michael Flynn, diretor da DIA, fez o mesmo pedido ao seu homólogo israelense, tenente-general Aviv Kochavi. Mas Israel não pretendia manter a informação em segredo. Em 23 de abril de 2013, o general Itai Brun, membro da Aman, decidiu revelar o que sabia durante uma conferência que foi realizada no Instituto de Estudos de Segurança Nacional de Tel Aviv.[512] No meio de sua palestra, quando falava sobre a instabilidade provocada pela Primavera Árabe no Oriente Médio e sobre os problemas que poderiam advir caso grandes arsenais de armas de destruição em massa caíssem em "mãos radicais perigosas", o militar da inteligência israelense disse: "Nós [Israel] sabemos que o governo sírio usou armas químicas contra seus cidadãos".[513] A declaração causou um autêntico terremoto e enfureceu o governo dos Estados Unidos. Obama ligou para o primeiro-ministro Netanyahu para protestar e John Kerry fez o mesmo com Danny Ayalon, vice-ministro das Relações Exteriores. A revelação feita pelo general Brun também causou desconforto no universo da inteligência. Os diretores da CIA, da NSA e da DIA expressaram seu descontentamento aos seus homólogos do Mossad e da Aman.

Por fim, após um relatório oficial elaborado pelas Nações Unidas e endossado pela Grã-Bretanha e pela França, o governo Obama foi forçado a admitir que as informações israelenses estavam corretas. Para evitar futuros problemas com Washington, o ministro da Defesa, Moshe Ya'alon, e o chefe do Estado-Maior das Forças de Defesa de Israel (FDI), o general Benny Gantz, proibiram os oficiais da Aman de participarem de seminários e conferências públicas, uma regra que continua em vigor até hoje.

"Temos um amplo conhecimento do que está acontecendo na Síria e temos uma capacidade bastante desenvolvida de coletar informações naquele país. Israel é os olhos e os ouvidos, às vezes agindo sozinho, às vezes como apoio, do que a inteligência dos Estados Unidos é capaz ou não de coletar no território sírio", afirmou o general Uri Sagi, que comandou a Aman entre 1991 e 1995. O maior temor de Israel era que um ataque dos Estados Unidos contra a Síria fosse respondido por Bashar al-Assad retaliando o território de Israel. O relacionamento próximo entre agentes da CIA e do Mossad já era verificado havia muito tempo. "A informação que coletamos, especialmente a Unidade 8200 do Mossad, responsável pela interceptação de comunicações, sempre foi de grande valor para a NSA e para as outras agências de inteligência dos Estados Unidos", afirmou o general Sagi. Um memorando classificado como ultrassecreto revelou que a NSA transmitia regularmente interceptações de comunicações captadas na região do Oriente Médio para a Unidade 8200 do Mossad. Mas o Mossad estava prestes a iniciar uma nova guerra nas sombras contra o programa sírio de armas de destruição em massa. Dessa vez, a CIA, a NSA, a DIA e a Casa Branca prefeririam fechar os olhos e os ouvidos.

O Centro de Estudos e Pesquisas Científicas (SSRC) era a agência responsável pela administração das instalações sírias de fabricação e armazenamento de armas químicas. Sua principal base se chamava Al-Safir, no norte do país, onde as armas químicas e biológicas eram produzidas e armazenadas, assim como eram ali guardados alguns dos mísseis e lançadores Scud. Al-Safir seria um dos principais alvos para um possível ataque americano programado para o final de agosto. A unidade de Al-Safir era enorme: ocupava dezenas de quilômetros quadrados e incluía várias seções, cercadas por estradas com patrulhas fortemente armadas e cercas duplas eletrificadas.

Misteriosamente, em 25 de julho de 2007, aconteceu em Al-Safir um terrível incidente que destruiu a linha de produção de componentes de ogivas VX, que havia sido estabelecida por técnicos sírios e norte-coreanos. Ao que tudo indica, um dos tubos que alimentavam a linha de montagem explodiu e tudo se transformou em um inferno. A explosão foi tão violenta que as portas blindadas do prédio foram parar a mais de dois mil metros de distância e gases nocivos escaparam, espalhando-se por toda a área da unidade. Segundo o Mossad, a explosão matou quinze militares e cientistas sírios e cerca de dez engenheiros iranianos. Não se sabe exatamente o número de feridos, mas estima-se que cerca de 200 pessoas tenham sido afetadas em algum grau pelo acidente. As equipes de resgate permanentes de Al-Safir ficaram sobrecarregadas, e as autoridades precisaram enviar reforços para lidar com o fogo e realizar os resgates, violando assim o objetivo de manter o máximo sigilo sobre a instalação.[514]

As investigações levadas a cabo posteriormente por uma equipe especial designada pelo presidente Hafez al-Assad concluíram de forma inequívoca ter-se tratado "de um ato de sabotagem". Ainda que não tenham sido encontradas até hoje pistas dos responsáveis pelo ataque, todos os olhos se voltaram para a sede do Mossad. A inteligência israelense, o Mossad e a Aman, descreveram o ocorrido como "um maravilhoso acidente".[515] Em 2009, uma análise de imagens de satélite revelou que entre 2005 e 2008 foram realizadas inúmeras construções na área da base de Al-Safir, que então consistia em três instalações de produção de armas químicas e uma instalação de armazenamento de ogivas e mísseis Scud.[516] Damasco instalou uma quantidade considerável de mísseis Scud-D na base de mísseis adjacente e provavelmente poderia tê-los equipado com ogivas químicas. O complexo incluía extensos *bunkers* subterrâneos fortificados, nos quais a Síria podia armazenar mísseis e lançadores. Damasco protegia o complexo com amplas defesas perimetrais, pontos de controle e baterias SAM-2.[517]

Mas a verdade é que o "maravilhoso acidente" ocorrido em Al-Safir em 2007 não impediu que Bashar al-Assad reforçasse seu arsenal de armas químicas. Em 4 de agosto de 2018, onze anos após o incidente em Al-Safir, o cientista Aziz Asbar, um dos principais responsáveis pelo programa de armamento avançado da Síria, foi assassinado em Masyaf, na província de Hama. Uma bomba colocada sob o assento do motorista explodiu quando Asbar ativou o dispositivo com seu próprio peso. Uma fonte israelense afirmou ao jornal *The New York Times* que o Mossad estava por trás do assassinato, seguindo as ordens do *memuneh* Yossi Cohen. Quando assumiu a direção da inteligência israelense, em 2016, Cohen ouviu do primeiro-ministro Benjamin Netanyahu que sua principal missão era lutar contra o desenvolvimento do programa nuclear e químico da Síria e do programa nuclear do Irã.

Aziz Asbar trabalhava em um dos principais centros de desenvolvimento de armas de Bashar al-Assad. Como um dos principais comandantes do SSRC, tinha acesso direto aos ocupantes dos mais altos escalões militares da Síria e do Irã. No SSRC, Asbar liderou projetos que envolviam armas nucleares, químicas e biológicas. O Mossad descobriu que ele liderava um programa de armamento altamente secreto conhecido como Setor 4, era responsável pela produção de mísseis guiados de alta precisão do tipo Tishreen, desenvolvidos com base na tecnologia do míssil iraniano Fateh-110. Uma de suas características seria o amplo alcance do impacto em comparação com modelos anteriores, e foi isso que fez com que a inteligência israelense acionasse seu braço executor, o Kidon.

O cientista assassinado também atuava como um dos elos entre Bashar al-Assad e seu aliado Irã no campo da produção de armas e desenvolvimento de tecnologia militar. "Ele [Aziz Asbar] não era apenas um cientista inocente fazendo experimentos com medicamentos. Asbar estudava e desenvolvia formas de melhorar mísseis que seriam futuramente lançados sobre o território de Israel carregados com armas químicas", disseram fontes da inteligência israelense ao jornal norte-americano. Asbar foi eliminado em razão de seu papel destacado no programa de desenvolvimento de mísseis da Síria, e isso ocorreu antes do início da Guerra Civil, em 2011. Acredita-se que o pesquisador também estivesse envolvido no controverso programa de armas químicas nas instalações de Al-Safir antes da misteriosa explosão ocorrida no local. O governo de Netanyahu, por meio de agentes do Mossad e de sua unidade secreta da Metsada, o Kidon, além da unidade Sayeret Matkal, atacou repetidamente arsenais, fábricas, laboratórios de desenvolvimento de armas sírios, além de cientistas de origem civil e militar.[518]

Em setembro de 2017, caças F-15 israelenses bombardearam a sede do SSRC em Masyaf. Um novo ataque ao complexo foi registrado em 22 de julho de 2018 para impedir que a Síria o reconstruísse com o apoio técnico e financeiro do Irã. "Toda vez que ele [Bashar al-Assad] reerguer as instalações, Israel as destruirá, seguidamente", declarou Netanyahu em um comunicado público. O assassinato de Aziz Asbar fez parte de uma série de operações de assassinato que vinham sendo perpetradas por Israel em todo o mundo há décadas, chamadas pelo governo eufemisticamente de "tratamento negativo". O assassinato de Aziz Asbar foi a quarta execução extrajudicial israelense de um engenheiro de armamentos no exterior em três anos.[519] Enquanto isso, a sombra do Mossad continuava pairando sobre a Síria. O programa nuclear de Damasco também não estaria livre do longo braço de Israel.

CAPÍTULO 19

OPERAÇÃO PORTA-BANDEIRA

ALVOS: Salah Shehade, Mohamed Deif, Adnan Al-Ghoul e Ahmed Yabari

POSIÇÃO: Oficiais militares do Hamas

DATA: 27 de fevereiro de 2002 a 20 de agosto de 2014

De acordo com a inteligência israelense, Salah Shehade estava envolvido nos ataques que provocaram a morte de 474 pessoas e deixaram outras 2.649 feridas entre julho de 2001 e julho de 2002. Ele permanecia sob intensa vigilância, mas operava fora de Gaza, o que tornava quase impossível para Israel prendê-lo. Além disso, ninguém na Autoridade Nacional Palestina estava disposto a dar qualquer informação sobre o paradeiro de Shehade. Essa combinação de fatores fez com que o nome de Shehade fosse colocado na Página Vermelha e que fosse dado início à Operação Porta-Bandeira.

Salah Shehade era um assistente social de 24 anos que trabalhava na Faixa de Gaza. Ele havia sido um brilhante estudante de engenharia e medicina em universidades da Turquia e da antiga União Soviética. Mas como sua família era muito pobre, o jovem Salah foi obrigado a estudar para se tornar assistente social em Alexandria. Uma vez formado, começou a trabalhar em Al-Arish, uma cidade egípcia próxima à fronteira com Gaza. A primeira vez que o nome de Shehade chegou aos ouvidos de Avi Dichter, chefe do Shin Bet, foi em 1977, quando tentou recrutá-lo como agente ou colaborador. Os dois não chegaram a se encontrar.[520] Depois de cinco anos trabalhando como assistente social, Shehade começou a estudar na Universidade Islâmica de Gaza, tornando-se, em pouco tempo, um importante líder entre os estudantes e imã de uma mesquita próxima. Nessa época, conheceu o xeique Ahmed Yassin, fundador do Hamas, que reconheceu em Shehade um grande potencial de liderança. Em um de seus encontros, Yassin revelou a Shehade seus planos para a criação de um grande grupo religioso que, por sua vez, estabeleceria uma unidade militar-terrorista para operar contra Israel. Salah Shehade seria o comandante dessa unidade.

Em 1984, o palestino foi detido pelo Shin Bet e condenado a dois anos de prisão. Foi detido novamente em 1988 e condenado a dez anos de prisão por ligações com grupos terroristas. Mas Shehade continuou dirigindo as operações do Hamas, mesmo na prisão.[521] Pouco antes de cumprir sua sentença, foi colocado sob detenção administrativa, situação semelhante à dos prisioneiros na base de Guantánamo.[522] O líder do Hamas concluiu sua pena por terrorismo em setembro de 1998, mas as autoridades israelenses consideraram que Shehade continuava a representar um risco real à segurança e deveria permanecer na prisão. Os longos anos de reclusão fizeram surgir um brilho de herói em torno de Shehade aos olhos dos habitantes da Faixa de Gaza. Em 2000, a Autoridade Nacional Palestina solicitou a Israel a libertação de Shehade e de outros prisioneiros. Antes de ser libertado, o líder do Hamas assinou um documento comprometendo-se a não se envolver em atividades terroristas. Garantido pela ANP, a violação desse acordo previa prisão imediata, sem julgamento. No entanto, quatro meses após sua libertação, Salah Shehade já estava envolvido em atividades ilegais relacionadas à Intifada. No relatório secreto do Shin Bet sobre Shehade redigido à época, lê-se: "As posições de Shehade estão cada vez mais extremistas. Ele está apoiando, dirigindo, projetando e planejando ataques terroristas e liderando o Hamas". A violação do acordo assinado no momento de sua libertação fez com que o nome de Shehade fosse colocado na Página Vermelha.

Antes de dar início a uma missão de assassinato, a identidade do alvo a ser liquidado precisava ter sido confirmada por pelo menos duas fontes independentes ao mesmo tempo. O processo de reconhecimento fora desenvolvido para garantir que "o escolhido fosse de fato a pessoa correta e não seu irmão, um sósia ou qualquer outra pessoa inocente que estivesse passando por lá", disse Avi Dichter, diretor do Shin Bet. Os comandantes seniores da sala de guerra poderiam anular a operação de ataque se percebessem que havia pelo menos 15% de chance de que o alvo marcado não fosse o verdadeiro. Também poderiam cancelar a operação caso o alvo estivesse se movendo em um veículo e seu rastro se perdesse por alguns momentos durante o ataque. O fiasco de Lillehammer, ocorrido em 1973, era algo sempre presente na memória de todos na inteligência israelense.[523]

Dichter havia sido nomeado diretor da contrainteligência de Israel pelo primeiro-ministro trabalhista Ehud Barak e permaneceria no cargo durante a maior parte do governo de Ariel Sharon. Ele ingressou no Shin Bet em 1992, como chefe de inteligência no Distrito Sul da Faixa de Gaza, e passou a chefiar a Divisão de Segurança e Proteção alguns meses depois. Em 1999, foi nomeado vice-diretor do Shin Bet e, um ano depois, chegou à direção da instituição. A Segunda Intifada palestina foi lançada durante seu mandato. Sob sua liderança, o Shin Bet mudou seu *modus operandi* e reestruturou sua missão e seus deveres, passando a atuar na vanguarda dos esforços de segurança e contraterrorismo dentro das fronteiras de Israel. Daquele momento em diante, o Shin Bet, a Aman, o Mossad e a Força Aérea redobraram esforços para garantir que não houvesse erros nas tarefas de eliminação de alvos. Isso era algo que Dichter repetia com frequência. Enquanto Efraim Halevy, o *memuneh* do Mossad, tentava convencer Barak e Sharon de que seria possível pôr fim à violenta onda de ataques em solo israelense por meio de negociações com as partes palestinas envolvidas, Dichter, por outro lado, era favorável a uma política de eliminação de alvos palestinos como forma de reduzir os ataques suicidas em Israel.

O processo de reconhecimento de um alvo era algo complexo, sobretudo porque uma das duas fontes necessárias para autorizar o ataque era quase sempre um agente palestino, que provavelmente conhecia o alvo e poderia até identificar sua posição no estágio final da operação. A sala de operações precisava ter 100% de certeza. Mas os ataques seletivos contra alvos terroristas palestinos estavam dando resultado, e os números registrados em meados de 2002, com queda no número de civis israelenses vítimas de ataques suicidas, mostravam que a política de Dichter estava começando a funcionar: de 85 israelenses mortos em março, o número caiu para apenas 7 em julho, 7 em agosto e 6 em setembro. Em algumas ocasiões, os líderes da inteligência israelense consideraram "aceitável" a morte de pessoas inocentes em operações de eliminação de alvos. Em muitas das ocasiões em que houve decisões nesse sentido, as Forças de Defesa, o Shin Bet e o Mossad propuseram a presença de um representante do órgão que presta assessoria jurídica às Forças Armadas de Israel (ILD, na sigla em inglês). Daniel Reisner foi escolhido para esse cargo.

O Shin Bet preparava um relatório secreto sobre o alvo a abater e o enviava ao advogado-geral militar do ILD para análise. Em várias ocasiões, o Departamento Judiciário das FDI fez objeções aos ataques, mas as decisões da sala de guerra eram irrevogáveis. O papel do ILD na operação de ataque era, portanto, apenas no sentido de avaliar possíveis respostas frente a eventuais protestos por parte da opinião pública. Isso levou a sérios conflitos entre Dichter e Reisner, especialmente quando este último passou a exigir do chefe do Shin Bet a chamada "proporcionalidade". A ideia era a de que os danos da operação não podiam superar os benefícios. Os advogados do ILD estavam preocupados com a morte de inocentes, mas Dichter rebatia, afirmando que os terroristas por vezes usavam crianças para dirigir veículos com armamentos. "Eles [palestinos] sabem que não podemos atacá-los enquanto deixarem seus filhos transportarem armas e explosivos. Somos pais e eles sabem que jamais toleraríamos a morte de crianças", disse Avi Dichter.

A Operação Porta-Bandeira foi um caso espinhoso para Israel. Em 6 de março de 2002, Shehade movimentava-se confiante pelas ruas estreitas de Gaza, sem saber que havia sido marcado pela inteligência israelense, assim como o prédio onde se reunia com comandantes do alto escalão e residia com a família, sua esposa Leila e sua filha Imam, de 15 anos. O problema era que o prédio também abrigava vários civis. O ataque foi cancelado. Em 9 de março, a explosão de um homem-bomba enviado por Salah Shehade no Café Moment, em Jerusalém, um local muito próximo à residência do primeiro-ministro, matou 11 pessoas e feriu gravemente outras 54. Em 6 de junho, outro ataque contra Shehade foi cancelado no último segundo, quando um grupo de crianças foi descoberto perto do prédio brincando com uma bola. Dias depois, outro homem-bomba da ala militar do Hamas explodiu-se dentro de um ônibus de passageiros, matando 19 pessoas.

Mas o ponto alto dos ataques terroristas palestinos contra Israel ocorreria em 27 de março de 2002, durante a Páscoa judaica. O Park Hotel, na cidade costeira israelense de Netanya, realizava seu tradicional *seder* de Páscoa para 250 convidados na sala de jantar principal do estabelecimento. Abdel-Basset Odeh, um terrorista palestino disfarçado de judeu ortodoxo, entrou no hotel com uma mala cheia de explosivos, passou ileso pela segurança na entrada, atravessou o saguão, passou ao lado da recepção e entrou na sala de jantar do hotel lotada. Às 19h30, ele detonou os explosivos que trazia consigo, matando instantaneamente 28 civis e ferindo outros 140, 20 deles gravemente. Dois dos feridos não resistiram e acabaram morrendo mais tarde em decorrência dos ferimentos. A maioria das vítimas eram pessoas com mais de 70 anos, muitas delas sobreviventes do Holocausto, sendo que a mais velha delas tinha 90 anos de idade.

O ataque, que ficou conhecido como o Massacre da Páscoa, foi o clímax de um mês sangrento, em que mais de 135 israelenses, a maioria civis, morreram em ataques terroristas. A retaliação israelense foi imediata: o governo declarou estado de emergência, ordenou o recrutamento imediato de 20 mil reservistas e, no dia seguinte, lançou a operação antiterrorista em larga escala na Cisjordânia, conhecida como Operação Escudo Defensivo, mantida do fim de março a 10 de maio de 2002. Os nomes dos principais responsáveis pelo ataque também foram incluídos na Página Vermelha. O responsável pelo massacre, Qais Adwan, foi morto pelas forças especiais das Forças de Defesa de Israel (FDI) em 5 de abril de 2002, após ser capturado pela Yamam em Tubas, cerca de 70 quilômetros ao norte de Jerusalém. Um *bulldozer* blindado demoliu a casa onde ele estava escondido após sua recusa em se render.[524]

No dia 29 de março, dois dias após o Massacre da Páscoa, os membros do Conselho de Segurança Nacional de Israel reuniram-se no gabinete do primeiro-ministro, Ariel Sharon. O conselho era composto de Meir Dagan, o recém-eleito *memuneh* do Mossad; Avi Dichter, chefe do Shin Bet; Matan Vilnai, ministro dos Esportes; general Ygal Daran, comandante da Yamas, a unidade de operações especiais da Polícia de Fronteiras; e o major-general Aharon Ze'evi-Farkash, chefe da Aman, a inteligência militar. Sharon havia decidido criar a chamada Operação Porta-Bandeira com o objetivo de eliminar as peças mais importantes do jogo, os líderes mais perigosos do Hamas e chefes de seu braço armado, as Brigadas Izz ad-Din al-Qassam.[525]

A ala militar do Movimento de Resistência Islâmica (Hamas) adotou o nome do clérigo Izz ad-Din al-Qassam, que fundou o grupo Mão Negra (*Al kaff al-aswad*) durante o Mandato Britânico, em 1930, para combater os interesses sionistas e britânicos na Palestina. Em 1935, a organização tinha quase 1.000 membros. Seus principais alvos eram os assentamentos judaicos e as linhas ferroviárias britânicas na região. Depois do assassinato de um oficial britânico de alto escalão, a polícia iniciou uma caçada para a captura do clérigo e seus seguidores, que haviam-se refugiado nas montanhas de Jenin, no norte da região onde hoje está localizada a Cisjordânia. Em seguida a um intenso tiroteio entre a polícia e membros do Mão Negra que aconteceu perto da cidade de Sheikh Zeid, Al-Qassam e cinco de seus seguidores foram mortos. Para os partidários do Hamas, o clérigo transformou-se então em um herói e um símbolo da resistência armada contra Israel.[526]

Em maio de 2002, as forças israelenses prenderam outro mentor do ataque ao Park Hotel de Netanya, Abbas al-Sayed. Em 22 de setembro de 2005, Al-Sayed foi condenado a 35 sentenças de prisão perpétua para cada uma das vítimas fatais, além de outras condenações por cada um dos feridos. Fathi Khatib, que transportou o homem-bomba até o hotel; Mohand Sharim, que financiou a operação e ajudou a esconder o homem-bomba; Muammar Abu Sheikh, que recrutou o homem-bomba e enviou os cintos de explosivos usados no ataque a um especialista em explosivos para exame; e Nasser Yatiya, que ajudou a transportar os cintos de explosivos, foram julgados e condenados por um tribunal militar israelense em abril de 2003. Todos foram condenados a 29 sentenças consecutivas de prisão perpétua.[527]

O sentimento de frustração da segurança e da inteligência israelense era imenso. Em julho de 2002, o ministro da Defesa, Benjamin Ben-Elizer, aprovou outro plano para eliminar Shehade, explodindo o prédio onde ele morava com a família. Novamente, as restrições sobre possíveis vítimas civis impediram a execução do plano. "Se detectarmos a presença de mulheres e crianças perto do prédio, a operação não será autorizada, e a esposa de Shehade não seria uma exceção", disse Ben-Elizer. "No fim das contas, não temos escolha. Afirmamos repetidamente que o sangue judeu não será mais derramado, mas, no final, temos que aceitar que eles tenham vítimas civis, assim como temos que aceitar que, na guerra contra o terrorismo, nós também podemos ter baixas entre civis e inocentes", disse Moshe Ya'alon, chefe do Estado-Maior das FDI.

No dia 19 de julho, Shehade foi localizado em um prédio de três andares em Al-Daraj, um distrito densamente povoado localizado no norte de Gaza. Dois agentes de inteligência passaram as informações para o grupo da sala de guerra, que foi ativado após ter sido detectado o nome do alvo na Página Vermelha. Segundo as informações, o andar principal do prédio estava completamente vazio e cortinas grossas proporcionavam privacidade para as reuniões secretas de Salah Shehade com seus comandantes das Brigadas Izz ad-Din al-Qassam. O primeiro a receber as informações foi Yuval Diskin, vice-diretor do Shin Bet. Ele então pediu a seus agentes em campo que coletassem mais dados sobre o local a ser atacado. O prédio era cercado por favelas de alta densidade populacional, composta de moradias construídas com placas metálicas. Os membros da sala de guerra analisaram a situação, refletindo sobre as possibilidades para eliminação de Shehade, como o uso de franco-atiradores, um ataque de uma unidade de comando ou talvez uma bomba que seria lançada de um caça. O departamento de inteligência da força aérea expressou seu temor com relação a um possível ataque com bomba guiada a laser em razão do "alto número de vítimas" que poderia resultar, e muitas dúvidas foram levantadas entre os militares quanto à eficácia do ataque. O total de 48h seria o tempo dado pelo general Gabriel Ashkenazi, chefe da equipe de defesa. Ashkenazi também tinha reservas quanto à possibilidade de atacar o prédio com um jato de combate, mas as pressões que estava sofrendo do gabinete de Ariel Sharon para liquidar Shehade o forçavam a ceder o máximo que pudesse ao calcular a quantidade de possíveis baixas e suas consequências.[528]

Diskin recebeu um relatório garantindo que os barracos de lata ficavam desabitados durante a noite. Segundo as informações enviadas, os ocupantes das moradias precárias passavam a noite em instalações da UNRWA, a agência das Nações Unidas que assiste refugiados da região, onde também se alimentavam. Diskin repassou as informações a seu chefe, o diretor Avi Dichter, que decidiu dar sinal verde para o ataque, decisão que teve o apoio do chefe da Aman, a inteligência militar, Aharon Ze'evi-Farkash. "Se não nos livrarmos de pessoas como Salah Shehade, mais e mais israelenses serão prejudicados. Em situações como essa, é provável que os civis palestinos sejam feridos, mas quando temos que decidir qual entre duas crianças não vai chorar, prefiro que seja a criança israelense", disse ele.

Minutos depois, um caça F-16 decolou da pista da base da Força Aérea em Hatzor, na região central do país, com duas bombas de meia tonelada cada fixadas na base da aeronave. O piloto foi instruído a tentar reduzir os danos, mas isso era quase impossível: era certo que a bomba vitimaria um grande número de civis. O ataque, porém, foi cancelado três vezes: a primeira porque o dia 19 era sexta-feira, o dia sagrado dos muçulmanos, com as ruas lotadas de fiéis; nos dias 20 e 21, os agentes de campo descobriram que a filha de Shehade estava no prédio; na noite de 22 de julho, a equipe de decisão não conseguiu chegar a um consenso. Todos sabiam que a esposa do terrorista estava dentro do prédio. Yuval Diskin, que estava liderando diretamente a operação, não estava totalmente convencido, mas também sabia que, se esperassem mais, Shehade poderia sair do prédio sem ser visto. Diskin então telefonou para Dichter para compartilhar suas dúvidas, e ambos decidiram que não podiam esperar mais e que a operação tinha de ser executada. Dichter, então, pegou o telefone, ligou para o secretário militar de Sharon e pronunciou apenas duas palavras, "execução imediata".[529]

O piloto do F-16 começou a manobrar e a analisar a área de voo sobre o norte de Gaza. "Você quer saber quem é o seu alvo?", perguntaram, da sala de controle da base. "Não quero saber", ele respondeu. Por volta das 23h do dia 22 de julho de 2002, o caça percorreu a distância entre Hatzor e Gaza em apenas dois minutos, mas recebeu ordens para permanecer em uma altitude elevada e ir em direção a oeste. Diskin sabia que seu alvo podia sentir o cheiro dos aviões e, sempre que ouvia o som de um deles sobre Gaza, se afastava rapidamente. O avião militar esperou sobrevoando o alto-mar por cerca de cinquenta minutos. Então, o controlador de voo emitiu a ordem pelo rádio: "Ataque". O caça fez uma manobra brusca, desceu até a altitude de ataque, localizou o alvo na tela do radar e lançou a bomba que, segundos depois, atingiu o meio do prédio, que desmoronou com o impacto do explosivo.[530]

Nos dias que se seguiram, a inteligência da Força Aérea analisou fotografias dos danos causados pela bomba. Para Ariel Sharon, Avi Dichter, do Shin Bet, e Efraim Halevy, do Mossad, as baixas civis palestinas valiam a pena se acompanhadas da morte do principal responsável pela morte de centenas de cidadãos israelenses, mas o resultado foi catastrófico. O ataque matou Salah Shehade, sua esposa, seu auxiliar Zaher Nassar, sua filha Imam e dez outros civis, incluindo sete crianças. Um total de 150 pessoas ficaram feridas em graus variados. Avi Dichter assumiu as consequências: "O alvo foi eliminado, mas a operação fracassou", disse ele. Curiosamente, a condenação internacional do ataque foi branda, mas dentro do país houve uma verdadeira tempestade. O Shin Bet e as FDI foram os mais atacados pela imprensa e cada vez mais vozes criticavam abertamente a política de assassinatos para combater o terrorismo.[531] Enquanto as imagens das crianças mortas sendo retiradas dos escombros davam a volta ao mundo, nos quartéis-generais do Mossad e do Shin Bet, os comandantes festejavam a morte de um dos homens mais importantes e perigosos do Hamas.[532]

Em setembro de 2003, em resposta a esse ataque, 27 pilotos das Forças Aéreas Israelenses, incluindo o herói da Guerra dos Seis Dias e do Yom Kippur, o general de brigada Iftach Spector, assinaram uma carta endereçada ao primeiro-ministro Ariel Sharon, na qual recusavam-se a realizar missões de assassinato direcionadas na Faixa de Gaza e na Cisjordânia. Os pilotos citaram razões morais para se recusarem a realizar tais missões em áreas densamente povoadas em razão do grande número de vítimas civis inocentes ocasionadas por elas. Para Sharon, tratava-se apenas de vítimas colaterais. Como forma de apoio aos pilotos militares, o movimento *Peace Now* organizou uma manifestação contra a política de assassinatos direcionados de Sharon, enquanto o Conselho de Paz e Segurança, um grupo de mais de mil militares aposentados e oficiais de inteligência, pediu a retirada unilateral de todos os territórios palestinos. Uma pesquisa encomendada pelo governo do Likud mostrou que 75% da população israelense rejeitava a atitude dos pilotos das Forças Aéreas "porque eram soldados e, como tal, deveriam obedecer". Por outro lado, uma pesquisa realizada em setembro de 2004, após quatro anos de violência, mostrou que 86% da opinião pública palestina considerava que a insegurança era absoluta, demonstrando apoio generalizado a ataques com foguetes e ações de homens-bomba em Israel. Entre os entrevistados, 59% também pediam o fim da violência e questionavam a eficácia dos ataques armados contra Israel, que igualmente resultavam em muitas vítimas civis.[533]

Depois da morte de Salah Shehade, a liderança das Brigadas Izz ad-Din al-Qassam passou para Mohamed Deif. Adnan Al-Ghoul se tornaria o segundo no comando e responsável pelos ataques com foguetes Qassam e Imad Abbas, o terceiro no comando e responsável pelos ataques suicidas em solo israelense. Abbas havia se juntado à ala militar do Hamas quando tinha apenas 17 anos e, com o intuito de subir na hierarquia militar da organização, ordenou uma escalada de ações terroristas em solo israelense. Sharon, Dagan e Dichter estavam determinados a desmantelar as Brigadas Izz ad-Din al-Qassam e usariam para isso os meios tecnológicos disponíveis.

O triunvirato composto de Deif, Al-Ghoul e Abbas representou uma das equipes mais mortais do Hamas, tornando-se assim o principal alvo das equipes do Kidon, do Mossad, e da Yamas, do Shin Bet. Em 7 de maio de 2002, 16 pessoas foram mortas por um homem-bomba em um salão de bilhar lotado em Rishon Lezion, ao sul de Tel Aviv. Dois dias depois, outro terrorista suicida matou três pessoas e feriu outras 59 em um mercado em Netanya. Em 18 de junho, mais um homem-bomba detonou os explosivos instalados em seu corpo dentro de um ônibus em Jerusalém. Em 16 de julho, 9 pessoas morreram e 20 ficaram feridas quando um terrorista se explodiu dentro de um ônibus da linha de Bnei Brak para Emmanuel. Em 31 de julho, 9 pessoas morreram e 85 ficaram feridas quando uma bomba foi detonada por um telefone celular no centro estudantil Frank Sinatra, na Universidade Hebraica Mt. Scopus. Em 4 de agosto, 9 pessoas foram mortas e 50 ficaram feridas na explosão de ônibus na linha de Egged, na Galileia. Em menos de quatro meses, os ataques do Hamas mataram 65 pessoas e feriram 343.[534]

A primeira oportunidade de liquidar o chefe das Brigadas Izz ad-Din al-Qassam surgiu na sexta-feira, 27 de setembro de 2002. Nas primeiras horas da manhã, dois helicópteros Apache israelenses realizaram um ataque direcionado no centro do bairro de Sheikh Radwan, em Gaza, contra um veículo no qual Mohamed Deif estaria viajando com dois de seus guarda-costas. A aeronave lançou três mísseis em um comboio de veículos em alta velocidade na avenida principal de Sheikh Radwan. Agentes do Shin Bet e do Mossad no local informaram que três corpos carbonizados foram retirados dos destroços: os de Issa Abu Ajra e Abdel Rahim Hamdan, ambos guarda-costas de Deif, e um terceiro que não pôde ser identificado. Da sede do Instituto, Dagan informou ao primeiro-ministro Sharon que era preciso aguardar a confirmação antes de fazer um anúncio público. No meio da tarde, os serviços de inteligência israelenses confirmaram que o terceiro corpo era o de Mohamed Deif, o que representaria um duro golpe para a ala militar do Hamas.[535]

O chefe político do Hamas, Abdel Aziz Rantisi, afirmou que, embora Deif, conhecido como Cabeça de Cobra, estivesse em um dos veículos atingidos, o choque havia atingido mais intensamente um outro veículo, que fazia sua escolta, e que o líder do Hamas estava vivo. Naquela mesma manhã, Matan Vilnai, membro do Comitê de Segurança, teve que reconhecer publicamente que Mohamed Deif havia sobrevivido ao ataque.[536]

O segundo atentado contra o líder do Hamas ocorreu na tarde de terça-feira, 8 de abril de 2003. Caças F-16 e helicópteros Apache atacaram diferentes regiões de Gaza, matando oito palestinos, membros das Brigadas

Izz ad-Din al-Qassam, que estavam dirigindo diferentes veículos na área. Minutos antes, os aviões haviam circulado em baixa altitude sobre um dos principais domínios do Movimento de Resistência Islâmica na Faixa de Gaza, rompendo a barreira do som durante toda a tarde. Nada suspeito, pois tais incidentes ocorriam diariamente.

A confiança dos moradores de Zeitoun, ao sul da Cidade de Gaza, era tanta que muitos deles foram à mesquita próxima para participar da oração da tarde. Quando os fiéis estavam saindo do templo, um dos caças-bombardeiros disparou dois mísseis sobre um carro preto estacionado do lado de fora da mesquita onde estava Saad al-Arabid, um dos membros mais graduados das milícias armadas do Hamas e braço direito de Mohamed Deif. Os mísseis tinham como alvo o comandante-chefe das Brigadas Izz al-Din al-Qassam, mas a inteligência falhou uma segunda vez.

A terceira tentativa ocorreu na sexta-feira, 26 de setembro de 2003, quando uma unidade do Shin Bet reportou uma possível reunião de comandantes do alto escalão das Brigadas Izz ad-Din al-Qassam que deveria contar com a presença do próprio Mohamed Deif, de Adnan Al-Ghoul, Ismail Haniya e Abdel Aziz al-Rantisi, representantes do braço político do Hamas, e do xeique Ahmed Yassin, fundador da organização.[537] Um informante do Mossad confirmou o local da reunião. Um helicóptero AH-64D *Saraph* atacou o prédio com mísseis. Mas nem o Mossad nem o Shin Bet sabiam que Deif, Al-Ghoul, Haniya, Rantisi e Yassin ainda não haviam chegado ao ponto de encontro e os cinco líderes do Hamas permaneciam vivos.[538]

Depois dos assassinatos seletivos perpetrados pelos serviços de inteligência israelenses, o Mossad estava bem ciente da estrutura de poder das Brigadas Izz ad-Din al-Qassam: Mohamed Deif era seu comandante-chefe; Ahmed Jabari era o segundo no comando e chefe de quatro subcomandantes: Raid Said, na Cidade de Gaza, Ahmad al-Ghandur, no norte da Faixa de Gaza e no campo de Jabalya, Mohamed Abu Shamala, no sul da Faixa de Gaza, e Mohamed al-Sanwar, no campo de Khan Younis. A responsabilidade pelos ataques a Israel com foguetes Qassam e às posições do exército israelense permaneceu nas mãos de Adnan Al-Ghoul. O controle dos túneis estava sob o comando de Abdel Mo'ti Abu Daf e o tráfico e o fornecimento de armas pela rota Philadelphia, a faixa de 14 quilômetros que separa Gaza do Egito, estava sob o controle de Imad Abbas. Os nove líderes militares do Hamas poderiam ser alvo das equipes de inteligência israelenses a qualquer momento e em qualquer lugar.[539]

Imad Abbas foi assassinado em 21 de outubro de 2004, quando o carro em que viajava foi atingido por um míssil lançado de um helicóptero Apache, em um ataque que matou também Adnan Al-Ghoul, 52 anos, o lugar-tenente de Yahya Ayyash. Enquanto isso, Mohamed Deif havia escapado de três tentativas de assassinato pelos serviços de inteligência israelenses e vivia escondido desde 1992. Sua única imagem conhecida era uma fotografia tirada em 1980.

Nos dez meses seguintes, Deif desapareceu da face da Terra, até que em 27 de agosto de 2005, meses após os assassinatos do fundador do Hamas, o xeique Ahmed Yassin, e de seu sucessor, Abdel Aziz al-Rantisi, pelo Kidon, reapareceu em um vídeo, no qual prometia, em nome das Brigadas Izz ad-Din al-Qassam, eliminar Israel e continuar seus ataques até que o Estado judeu desaparecesse. No vídeo, Deif, que aparecia atrás de uma tela, de perfil e contra a luz, também ameaçava a ANP com uma Intifada total se tentassem confiscar suas armas, como a comunidade internacional exigira de Mahmoud Abbas, o presidente da Autoridade Nacional Palestina. Yassin foi assassinado em 22 de março de 2004 e Al-Rantisi em 17 de abril de 2004.[540]

No domingo, 26 de fevereiro de 2006, a inteligência israelense desferiu outro golpe contra o Hamas, quando Abdel Mo'ti Abu Daf morreu dentro de um túnel após a explosão de uma granada que carregava, de acordo com o próprio Hamas. Outras fontes sugeriram que Daf pode ter sido capturado por um esquadrão do Kidon ou da Yamas e executado por meio da chamada "mordida de cachorro", que consiste em colocar uma granada na boca e prendê-la com fita adesiva ao redor da cabeça da vítima e retirar o pino. Essa versão nunca foi negada pela unidade política do Hamas.

Em 28 de junho de 2006, o exército israelense lançou a Operação Chuva de Verão, em cooperação com a Aman, a inteligência militar israelense, e a Força Aérea Israelense. O objetivo era localizar o soldado Gilad Shalit. O próximo ataque contra Mohamed Deif foi realizado na noite de quarta-feira, 12 de julho de 2006, quando um caça F-16 lançou uma bomba em um prédio de três andares no bairro de Sheikh Radwan, no centro de Gaza. A inteligência militar havia recebido informações de que vários comandantes militares do Hamas, incluindo o número um da lista de Sharon e o homem mais procurado de Israel, Deif, estavam no interior do prédio. A bomba guiada a laser atingiu seu alvo. O bloco de três andares desmoronou. Essa quarta tentativa de assassinato deixou Deif gravemente ferido, mas ele não morreu.[541]

O Mossad acredita que foi durante esse mesmo ataque que Deif ficou paralisado por ferimentos graves em sua medula espinhal. Enquanto se recuperava, a liderança das Brigadas Izz ad Din al-Qassam foi entregue a Ahmed Jabari. A lenda de Mohamed Deif entre os palestinos continuou a crescer, tornando-se um verdadeiro herói para milhões de palestinos amontoados em Gaza.

Entre 2006 e 2014, também foram mortos por mísseis lançados por drones ou caças F-16 Tawfik Jaber (em 27 de dezembro de 2008), responsável por ataques com foguetes do sul de Gaza; Nizar Rayan (em 1º de janeiro de 2009), responsável por ataques suicidas em solo israelense; Abu Zakaria al-Jamal (em 3 de janeiro de 2009), responsável por lançamentos de foguetes na Faixa de Gaza; Said Seyam (em 15 de janeiro de 2009), responsável por ataques com morteiros e foguetes *Qassam* do norte da Faixa de Gaza; Issa al-Batram (em 30 de julho de 2010), responsável pelo braço armado do Hamas no campo de refugiados de Nuseirat; e Taysir Abu Snima (em 8 de abril de 2011), comandante do Hamas no campo de refugiados de Rafah. Todos esses eram membros seniores da unidade militar do Hamas.[542]

Essa última campanha contra as Brigadas Izz ad-Din al-Qassam foi ordenada pelo primeiro-ministro, Ehud Olmert e aprovada por Ehud Barak, ministro da Defesa; pelo general Ido Nehoshtan, comandante-em-chefe da Força Aérea Israelense; por Yuval Diskin, diretor do Shin Bet; e por Meir Dagan, diretor do Mossad. Os caças F-16 da Unidade Scorpion, pertencentes ao 105o Esquadrão, baseado em Hatzor (centro de Israel), tornaram-se o braço longo dos serviços de inteligência em sua luta contra a ala militar do Hamas.

Outro alvo eliminado por mísseis israelenses foi Ahmed Jabari, 52 anos, que havia substituído Mohamed Deif no comando das Brigadas Izz ad-Din al-Qassam após o ferimento sofrido no ataque de 12 de julho de 2006. O dia escolhido foi uma quarta-feira, 14 de novembro de 2012. O novo primeiro-ministro, Benjamin Netanyahu, havia dado ordens para que Tamir Pardo, agora diretor do Mossad, ativasse todos os agentes do Kidon para localizar Jabari. Essa ordem também chegaria a Yoram Cohen, diretor do Shin Bet, e ao major-general Aviv Kochavi, chefe da Aman. Jabari evitava a todo custo aparecer em público ou portar um telefone celular para não se tornar a obsessão dos serviços secretos de Israel, como aconteceu com seu colega e amigo Mohamed Deif. Isso tornou sua localização quase impossível, evitando assim seis tentativas de assassinato pela inteligência israelense. Naquela quarta-feira, Jabari havia orientado seus homens a intensificarem os ataques com foguetes Qassam contra Israel.[543]

Estava previsto que ele visitasse, por volta das 15h00, com seu guarda-costas, Mohammed Al Hams, uma das redes de túneis sob fogo israelense como parte da Operação Pilar de Defesa. Quando guiava pela rua Omar Mukhtar na Cidade de Gaza, um míssil Brimstone, disparado de um drone MQ-9 Reaper, atingiu seu veículo, matando ele e seu guarda-costas instantaneamente. A operação foi coordenada pelo Shin Bet, pelo Mossad e pela Força Aérea Israelense.[544] Apesar do sucesso na política de assassinatos seletivos de membros do alto escalão das Brigadas Izz ad-Din al-Qassam, o primeiro-ministro, Netanyahu, Tamir Pardo, Yoram Cohen e Herzl Ha-Levi ainda precisavam encontrar e liquidar o número um da lista, Mohamed Deif, que muitos na Faixa de Gaza já haviam apelidado de "O Fantasma".

Na tarde de quinta-feira, 15 de maio de 2014, os alarmes soaram na sede do Mossad em Herzliyah Pituach, ao norte de Tel Aviv. O Hamas estava prestes a revelar dois segredos militares. O primeiro tinha relação com um novo míssil de longo alcance de fabricação iraniana. O segundo eram as *Qassamits*, jovens mulheres que haviam passado por treinamento militar e sido preparadas para cometer ataques suicidas. Mohamed Deif estava por trás de tudo isso.

Mais uma vez, Benjamin Netanyahu foi informado por Tamir Pardo. O primeiro-ministro decidiu convocar com urgência o Conselho de Segurança Nacional de Israel.[545] A reunião secreta contou com a presença do próprio Pardo; de Moshe Ya'alon, ministro da Defesa; de Benjamin "Benny" Gantz, chefe do Estado-Maior; de Amir Eshel, chefe do Estado-Maior da Força Aérea; de Yoram Cohen, diretor do Shin Bet; e de Herzl Ha-Levi, diretor da Aman. Também participaram da reunião o comandante da Yamas e o chefe da Metsada, a unidade de operações especiais do Mossad.

Netanyahu ordenou aos oito homens presentes que eles deveriam localizar e eliminar Mohamed Deif "agora mais do que nunca" Um agente infiltrado no campo de Khan Yunis dissera ao seu contato na Faixa de Gaza que o homem mais procurado do Hamas realizaria uma reunião secreta em algum local entre Nuseirat e Al Mughraqa. Cohen deixou todos os seus agentes em Gaza em alerta máximo. Dessa vez, a ideia era que agentes da Yamas e do Kidon agissem em conjunto, realizando um ataque surpresa ao local de reunião dos comandantes militares do Hamas e matando todos os presentes. O Shin Bet batizou a operação de Fantasma, em referência ao apelido dado a Deif pelos próprios palestinos.

O sinal verde foi dado assim que o local da reunião foi confirmado, na madrugada de 18 de maio 2014, um domingo. Dois helicópteros Sikorsky CH-53, protegidos do ar por helicópteros Cobra e Apache, aterrissaram a menos de 200 metros do local onde estaria sendo realizada a reunião secreta, no coração da Faixa de Gaza. Ao entrar no edifício cinza de três andares, as tropas do Shin Bet e do Mossad descobriram que o local estava completamente vazio. Nos porões, que levavam a dois túneis, descobriram dois foguetes Qassam e quatro projéteis de morteiro. O armamento e os túneis foram destruídos, mas Mohamed Deif havia escapado pela quinta vez de uma tentativa de assassinato organizada por Israel.

A sexta e última tentativa de pôr fim à vida de Deif ocorreria na madrugada de terça-feira, 19 de agosto do mesmo ano. Um dia antes, oficiais do 414º Batalhão Nesher (Águia) do Modash, unidades de inteligência militar sob o comando do general Eli Pollack, informaram seus chefes diretos, o general Shlomo Turgeman e o major-general Herzl Ha-Levi, chefe da Aman, de que haviam localizado o principal líder das Brigadas Izz ad-Din al-Qassam em um prédio no bairro de Sheikh Radwan, na Faixa de Gaza. Ha-Levi informou o fato imediatamente ao chefe do Estado-Maior Geral, o tenente-general Benny Gantz, e ao grupo de operações da Penhasco Sólido (*Mivtzah Tzuk Eitan*), a operação de Israel criada para punir o Hamas que teve início em 8 de julho de 2014.

As relações entre a inteligência militar e o Shin Bet não eram tão próximas quanto Netanyahu gostaria que fossem desde a Operação Pilar de Defesa, ocorrida em 2012. Os oficiais da Aman haviam feito críticas públicas a seus colegas civis, acusando-os de não terem compartilhado informações vitais relacionadas aos comandantes do alto escalão do Hamas. Segundo os críticos, o objetivo dos agentes civis com essa atitude era ficar à frente dos militares na luta secreta contra as Brigadas Izz ad-Din al-Qassam e, assim, ganhar pontos com o primeiro-ministro. Essas lutas políticas podem ter sido a causa da destituição do major-general Aviv Kokhavi do posto de comandante da Aman, em meados de 2014. A questão agora era que a inteligência militar não poderia permitir que suas diferenças com o Shin Bet prejudicassem a maior caça a um homem já desencadeada pelos serviços de inteligência israelenses.

A reunião em Kirya, o quartel-general das Forças de Defesa de Israel (FDI) em Tel Aviv, contou com a presença de Moshe Ya'alon (ministro da Defesa), Dan Harel (diretor geral de Defesa), Ha-Levi da Aman, Benny Gantz el Ramatcal (chefe do Estado-Maior das FDI), general Shlomo Turgeman (chefe do Comando Sul) e Yoram Cohen (diretor do Shin Bet). O general de brigada Yaacov Shahrbani, chefe do Lamdan, o grupo de inteligência aérea da Força Aérea, até então responsável por ataques aéreos direcionados aos líderes do Hamas, também foi convidado para o encontro. A discussão se concentrou principalmente em quem deveria liderar a operação contra Deif e Ya'alon acabou decidindo que o comando da operação caberia ao exército.

Nas primeiras horas do dia 19 de agosto, quatro bombas atingiram o prédio onde Mohamed Deif estaria escondido. O bombardeio matou cinco pessoas: a esposa e a filha de oito meses do líder militar do Hamas, dois menores de 4 e 14 anos e uma quinta vítima não identificada. Relatórios iniciais afirmaram que Deif era a quinta vítima, e a rede americana *Fox News* chegou a confirmar sua morte, citando fontes da inteligência israelense. O Hamas, por meio de seu porta-voz Sami Abu Zuhri, negou a morte de seu chefe militar e garantiu que "aqueles que vivem perto da fronteira de Gaza não poderão voltar para suas casas até que Deif o decida".

Israel permaneceu em silêncio após a sexta tentativa de assassinato do líder das Brigadas Izz ad-Din al-Qassam, mas sabe-se que três ministros do gabinete de Netanyahu defenderam Mohamed Deif como um "alvo legítimo" comparável ao líder da Al-Qaeda, Osama bin Laden. Tzipi Livni, chefe do Ministério da Justiça e ex-oficial do Mossad, chegou a chamar qualquer tipo de negociação com o Hamas de "erro". Apesar do fracasso da operação contra Deif, na quarta-feira, 20 de agosto, o Shin Bet recebeu uma dica de um suposto informante palestino sobre o esconderijo de três membros do alto escalão da equipe de Mohamed Deif. Poucos minutos depois, um F-16 da Força Aérea Israelense (FAI) conseguiu atingir um alvo no campo de refugiados de Rafah, matando Mohamed Abu Shamla, comandante militar do Hamas no sul da Faixa de Gaza, envolvido diretamente na captura e no cativeiro do soldado israelense Gilad Shalit, em 2006, Raed Al-Atar, chefe da infraestrutura de túneis do Hamas, e Mohamed Barhum, procurado pelo Shin Bet há anos.

O próprio serviço de segurança israelense reconheceu horas depois, em um comunicado, que "o ataque foi realizado graças à atividade operacional e de inteligência que levou à localização de membros centrais da liderança militar do Hamas". O primeiro-ministro Benjamin Netanyahu também afirmou que "o Hamas está sofrendo o maior golpe desde a sua criação. Todos os líderes de grupos terroristas são alvos legítimos. Nenhum deles está imune".

Em dezembro de 2010, Mohamed Deif assinou um texto na publicação do Hamas *O Caminho da Glória* (*Darb al-ezza*) onde lia-se: "As Brigadas Izz ad-Din al-Qassam estão mais bem preparadas para continuar em nosso caminho exclusivo, para o qual não há alternativa, que é o caminho da Jihad e da luta contra os inimigos da nação muçulmana e da humanidade... dizemos aos nossos inimigos: vocês estão indo pelo caminho da extinção (Zawal), e a Palestina continuará sendo nossa, incluindo al-Quds [Jerusalém], al-Aqsa [a Mesquita], suas cidades e vilarejos, do mar [Mediterrâneo] ao rio [Jordão], do norte ao sul. Vocês [israelenses] não têm direito a um centímetro dela".[546] Até hoje, depois de seis tentativas de assassinato, Mohamed Deif continua sendo uma lenda para o povo palestino e um fantasma para as agências de inteligência israelenses.

Quando o exército israelense estava imerso na chamada Operação Margem Protetora (Penhasco Sólido), Deif ainda ocupava o primeiro lugar na lista de Sharon e, como comandante-chefe das Brigadas Izz ad-Din al-Qassam, era o alvo número um do Mossad, do Shin Bet e das unidades de execução da

Aman. Desde o início das operações de assassinato direcionado realizadas pelos serviços de inteligência israelenses, ordenadas pelos primeiros-ministros Ariel Sharon, Ehud Olmert e Benjamin Netanyahu, entre 9 de novembro de 2000 e 20 de agosto de 2014, 309 líderes palestinos foram assassinados. Todos eles pertenciam a grupos como Hamas, Brigadas Izz ad-Din al-Qassam, Comitês de Resistência Popular, FPLP, Brigadas Al-Quds, Ansar Al-Sunna, Conselho Mujahedin Shura, Brigadas dos Mártires de Al-Aqsa, Movimento da Jihad Islâmica na Palestina, Exército do Islã, FDLP, Força 17 ou Tanzim. A contagem continua crescendo hoje, à espera de localizar e eliminar "O Fantasma". A Operação Porta-Bandeira segue em curso.

CAPÍTULO 20

OPERAÇÃO COLHEITA DE ANÊMONAS

ALVOS: Ibrahim al-Makadmeh, Ismail Abu Shanab, Abdel Aziz al-Rantisi

POSIÇÃO: Alto comando do Hamas

DATA: 8 de março de 2003 a 17 de abril de 2004

Ibrahim al-Makadmeh sabia que os israelenses estavam atrás dele e que acabaria sendo capturado em algum momento. O Serviço Geral de Inteligência palestino (conhecido como GI) mantinha-o informado sobre os movimentos dos agentes israelenses. Em várias ocasiões, o presidente Abbas ameaçou encerrar a cooperação de segurança e inteligência com o Shin Bet como protesto contra a ocupação israelense, mas, em maio de 2014, Abbas declarou que "a cooperação de segurança com Israel era sagrada".

"Por que o Shin Bet iria querer assassiná-lo?", pensou Al-Makadmeh. Ele era apenas um professor universitário e autor de vários livros sobre o Islã, a Jihad e a imigração judaica para a Palestina. Mas o Shin Bet sabia que ele era, na verdade, um dos principais estrategistas do Hamas e um defensor apaixonado da guerra santa para destruir Israel. Ibrahim al-Makadmeh era o elo entre as vertentes política e militar do Hamas e, portanto, estava ciente dos ataques terroristas contra alvos israelenses. Para Avi Dichter, esse era motivo o bastante para que o nome de Al-Makadmeh fosse incluído na Página Vermelha.

Tanto o Shin Bet quanto os agentes do GI viam Al-Makadmeh não apenas como um dentista competente e um professor conhecido e querido da Universidade Islâmica de Gaza. Ele próprio via a si mesmo mais como um intelectual distante da violência do Hamas do que como um líder do grupo terrorista.

Os agentes da GI haviam alertado Al-Makadmeh para ter cuidado, para que variasse as rotas de viagens e, acima de tudo, para que evitasse até o último minuto informar qualquer pessoa de seu círculo próximo sobre seus destinos quando viajasse para evitar ataques surpresa de Israel. Mas a campanha iniciada pelo Hamas contra alvos israelenses não ajudaria Ibrahim al-Makadmeh a se distanciar da imagem da violência terrorista e de sua cumplicidade com essa campanha.[547]

De acordo com o Shin Bet, Bashar Mohammed Masalha era um lobo solitário de 22 anos originário do vilarejo palestino de Haja, na região de Qalqiliya, que vivia ilegalmente em Israel. Masalha foi responsável por um ataque que começou no porto de Jaffa e foi até a orla de Tel Aviv, no qual 11 pessoas foram esfaqueadas e um turista norte-americano acabou sendo morto. Abd al-Rahman Radad, também um lobo solitário do vilarejo de Al-Zawiya, na Cisjordânia, na região de Tulkarm, esfaqueou um estudante de uma *yeshiva* em Petah Tikva no mesmo dia. Também eram lobos solitários Fuad Abu Rajab al-Tamimi, do bairro de Issawiya, em Jerusalém Oriental, que atirou em dois policiais em Jerusalém, e Fadwa Abu Tir, que tentou esfaquear policiais da Polícia de Fronteiras na mesma manhã na Cidade Velha. Quatro terroristas, aparentemente sem filiação a qualquer organização e, ao que tudo indicava, que não haviam sido enviados por ninguém. Avi Dichter, diretor do Shin Bet, chamou esse fenômeno de "a Intifada dos lobos solitários".

Al-Makadmeh escreveu que "a resistência armada era o único caminho para a independência, mesmo que isso custasse a morte de metade da nação palestina". O líder do Hamas, Ismail Haniyeh, elogiou os quatro terroristas por sua contribuição à luta palestina. O Hamas publicou quatro declarações idênticas no Facebook, abençoando e elogiando "seus filhos e filhas mártires".

Bashar Mohammed Masalha havia compartilhado conteúdo oficial do Hamas e expressado solidariedade ao movimento islâmico em seu perfil no Facebook muito antes do ataque em Jaffa. Ele era muito religioso e, em 28 de fevereiro, realizou a *Umra* (uma peregrinação a Meca realizada fora do *Hajj*) e era admirador da Morabitun (literalmente, "aqueles que seguram o forte"), uma organização afiliada ao Hamas cujos membros estavam dispostos a sacrificar suas vidas pela libertação da Palestina. Na noite do ataque, escreveu o seguinte bilhete: "Estamos em nossa terra sagrada e não tememos nosso inimigo ou sua força". Kamal Khatib, chefe-adjunto do Ramo Norte do movimento islâmico em Israel, também disse que Fadwa Abu Tir "morreu enquanto cumpria seu dever como mulher no Dia Internacional da Mulher".

O primeiro-ministro Ariel Sharon deu ordens então para que Dichter e Halevy eliminassem Ibrahim al-Makadmeh. "Matem-no. Façam como quiserem, mas matem-no", ordenou o líder israelense aos seus chefes de inteligência. Embora Majid Faraj, o chefe da inteligência palestina, tivesse aconselhado Al-Makadmeh a manter a discrição, ele seguia acreditando que Israel não teria interesse em um professor universitário, embora fosse um dos principais teóricos do Hamas. Essa confiança foi sua ruína.[548]

Na manhã de sábado, 8 de março de 2003, às 9h30, um veículo estacionou em frente à residência de Al-Makadmeh, no bairro Sheikh Radwan, no coração de Gaza. Dentro do veículo estavam o motorista e dois guarda-costas do líder do Hamas.

Os guarda-costas, armados com metralhadoras AK-47, saíram do veículo e se posicionaram frente a frente. Um deles fez sinal para outro membro da segurança que estava dentro do prédio. Segundos depois, Al-Makadmeh deu um beijo no rosto de sua esposa e saiu em direção ao veículo, que já estava com a porta aberta. O líder do Hamas sempre se sentava no banco da frente. No mesmo momento, os chefes de inteligência de Israel estavam reunidos em frente a uma grande tela na sala de guerra. Um drone MQ-9 sobrevoava a área, transmitindo as imagens em preto e branco. A centenas de quilômetros de distância, os israelenses viam, em uma perfeita tomada aérea, o veículo do líder do Hamas se movendo pelas ruas estreitas de Gaza. O comando da sala de guerra enviou uma comunicação ao comando aéreo da Força Aérea Israelense indicando que o primeiro-ministro havia confirmado o ataque. "Sinal Verde", disse a voz do outro lado, e o controle aéreo repassou a informação para os pilotos de dois helicópteros Apache que estavam imóveis no ar a vários quilômetros da costa de Gaza. As aeronaves entraram em posição de ataque e lançaram quatro mísseis Hellfire. Os detectores de mísseis começaram a procurar o sinal lançado pelo drone, em direção ao alvo.

Todos na sala de guerra observavam o veículo com os quatro membros do Hamas descendo a rua Al-Jalaa e reduzindo a velocidade pouco antes de chegar a um cruzamento. A imagem a seguir transmitida pelo MQ-9 foi de uma explosão em câmera lenta, com dois dos quatro mísseis atingindo o alvo em cheio. Imediatamente depois, o sinal foi cortado.

O doutor Ibrahim al-Makadmeh, seu motorista e dois guarda-costas morreram. Foi um duro golpe para a organização terrorista porque Al-Makadmeh era um dos fundadores do Hamas e um de seus ideólogos mais importantes, atrás apenas do próprio xeique Ahmed Yassin. Ariel Sharon, Meir Dagan e Avi Dichter tornaram-se uma espécie de triunvirato da morte. Tanto para o primeiro-ministro quanto para os diretores do Mossad e do Shin Bet, nada nem ninguém poderia impedir que o longo braço de Israel atacasse os terroristas envolvidos em ataques em solo israelense. Para Sharon, olho por olho era mais uma questão de honra do que de política, e ele certamente não hesitaria em ordenar o assassinato de um líder palestino mesmo que isso significasse a morte de palestinos inocentes. "Todos devemos aprender que, em uma guerra, devemos aceitar a perda de inocentes", disse o então porta-voz do governo em resposta a perguntas da imprensa.[549]

Depois da morte do líder do Hamas, Amos Gilad, assessor político e de segurança do Ministério da Defesa, disse: "Todos eles conhecem a história das 72 virgens no Paraíso, mas nenhum de seus líderes parece estar disposto a verificar se isso é verdade ou não". De qualquer forma, o general Ze'evi-Farkash, chefe da Aman, a inteligência militar, recomendou a remoção do nome do xeique Yassin da Página Vermelha para evitar transformá-lo em um mártir. Grande parte dos comandantes militares de alto escalão, incluindo Ze'evi-Farkash, sabiam que a eliminação do idoso fundador do Hamas faria com que ainda mais jovens palestinos decidissem tornar-se homens-bomba, causando a morte de um número cada vez maior de cidadãos israelenses. "Ódio por ódio", gritavam os palestinos durante o funeral de Al-Makadmeh. Ami Ayalon, o antecessor de Dichter no comando do Shin Bet, defendeu a teoria da Medusa: "Quando você corta a cabeça de um terrorista, em breve mais cinco cabeças terão crescido no lugar, e todas com o mesmo desejo de liquidar Israel. Portanto, toda vez que uma nova cabeça crescer, Israel deve localizá-la, identificá-la e cortá-la novamente".[550]

Foi fácil implementar a Operação Colheita de Anêmonas, e também não houve dificuldade para a identificação dos alvos. O segundo nome na Página Vermelha era o de Ismail Abu Shanab, homem que, depois de duas Intifadas e inúmeras retaliações contra os israelenses, surgira como a face pública do grupo islâmico. Sharon teve que ouvir as seguintes declarações de Shanab após o Massacre da Páscoa do Park Hotel, em Netanya, em março de 2002. "Ninguém gosta da matança de pessoas inocentes e ninguém apoia esse tipo de coisa. Mas a população palestina está em posição de autodefesa. São os palestinos que sofrem com a ocupação israelense e são as Forças de Defesa de Israel (FDI) que matam e massacram [a população palestina] e destroem toda a sua infraestrutura", disse Abu Shanab à CNN.

Enquanto a inteligência israelense via Ismail Abu Shanab como um simples terrorista a ser morto, os palestinos tinham uma visão diferente desse engenheiro civil de 53 anos. Depois de cumprir uma pena de sete anos em uma prisão israelense por seu papel na criação do Hamas, Abu Shanab vinha atuando, nos últimos anos, como elo com o primeiro-ministro palestino, Mahmoud Abbas, que estava tentando persuadir grupos radicais a interromper os ataques contra israelenses. Na mesma entrevista à CNN, Abu Shanab negou ter incentivado os jovens a atacar Israel. "Eles agem por iniciativa própria, mas são pressionados e incitados pelo plano de Sharon de matar cada vez mais palestinos, e pelos soldados, tanques e aviões de Sharon, que matam cada vez mais palestinos", disse.[551]

Shanab nasceu no campo de refugiados de Nuseirat, no centro de Gaza, em 1950, membro de uma família com raízes na vila de Al-Khayyeh, perto de Ashkelon e Juba. Sua família havia sido expulsa do vilarejo e havia chegado ao campo de refugiados em 1948. O futuro líder do Hamas concluiu o Ensino Médio em 1966 e entrou na recém-inaugurada Universidade Bir Zeit, na Cisjordânia, mas foi impedido de cursar o Ensino Superior em razão da Guerra dos Seis Dias, em 1967, com a subsequente ocupação israelense. Em 1972, mudou-se para o Egito, onde conseguiu finalmente receber educação universitária, formando-se em engenharia civil pela Universidade de Mansoura, no Cairo. Depois de trabalhar por quatro anos na Cidade de Gaza, Shanab foi para os Estados Unidos e obteve um mestrado em Engenharia Civil na Universidade do Estado do Colorado.

Depois de concluir seus estudos de pós-graduação nos Estados Unidos, Shanab retornou à Cidade de Gaza em 1977 e trabalhou na prefeitura local até 1981. Mais tarde, começou a dar aulas de engenharia na Universidade Islâmica de Gaza, período durante o qual conheceu o fundador do Hamas, Ahmed Yassin, Ibrahim Magadmeh e o fundador da Jihad Islâmica, Fathi Shaqaqi, passando então a fazer parte do Hamas. Shanab foi preso em 1989 por seu envolvimento na fundação do Hamas e por ser o braço direito de Yassin. Israel, por outro lado, argumentou que Shanab foi preso porque admitiu ter participado do planejamento e execução do sequestro e assassinato do soldado israelense Ilan Sa'adon. Durante os anos em que esteve preso, o engenheiro começou a radicalizar seu discurso e a ficar cada vez mais influenciado pela religião, sendo finalmente libertado no final de 1996.

Depois de sua libertação, foi eleito delegado da Associação de Engenheiros Palestinos na lista do Hamas em 1997. Em novembro de 1998, os serviços de inteligência palestinos prenderam Ismail Abu Shanab e outros líderes mais antigos do Hamas, incluindo Mahmoud Al Zahar, Ismail Haniyya e Ahmed Baher. Shanab começou então a atuar como "observador" do Hamas no Conselho Central da Organização para a Libertação da Palestina (OLP) e um dos porta-vozes da ala política do Hamas em Gaza. O rosto de Shanab tornou-se muito popular entre os palestinos, bem como entre os principais representantes da mídia ocidental.

Em dezembro de 2001, após os atentados suicidas que mataram 25 civis em Israel, os serviços de segurança palestinos prenderam Shanab. Um ano depois, ele estava participando como representante político do Hamas das negociações de paz que aconteceram entre 2002 e 2003. Em razão de sua falsa imagemde moderado, o Hamas o escolheu como o contato com o primeiro-ministro Mahmoud

Abbas, quando o líder palestino passou a tentar persuadir grupos como o Hamas a interromper os ataques contra israelenses. Ismail Abu Shanab foi de fato um dos apoiadores do cessar-fogo, chamado em árabe de *hudna*, declarado por grupos armados palestinos, incluindo o Hamas e a Jihad Islâmica Palestina, em 29 de junho de 2003.[552]

Ariel Sharon não estava disposto a permitir que Shanab continuasse a aparecer nas redes de televisão dos Estados Unidos como um homem de paz enquanto civis continuavam sendo mortos em Israel por homens-bomba do Hamas. A ordem do primeiro-ministro para colocar o nome de Shanab na lista de alvos veio como uma resposta ao atentado suicida contra um ônibus em Jerusalém, ocorrido no dia 19 de agosto de 2003 e que matou 20 judeus ortodoxos, incluindo seis crianças. Na época, Shanab era o terceiro no comando do Hamas, atrás de Abdel Aziz Rantisi e Mahmoud Zahar. Às 8h do dia 21 de agosto de 2003, o veículo em que Shanab e dois de seus guarda-costas viajavam foi atingido por três mísseis Hellfire lançados por um Apache das Forças Aéreas de Israel enquanto se deslocava pelo subúrbio de Rimal, na Cidade de Gaza. O Ministério das Relações Exteriores de Israel emitiu uma declaração após o assassinato e descreveu Shanab como um terrorista experiente e agente do Hamas. Não houve comentários do gabinete do primeiro-ministro Ariel Sharon a respeito do ocorrido.

O assassinato trouxe consequências imediatas. O Hamas, a Jihad Islâmica e as Brigadas dos Mártires de Al-Aqsa anunciaram unilateralmente o fim do cessar-fogo que havia sido determinado em 29 de junho de 2003 e o Hamas intensificou os ataques suicidas contra Israel.[553]

Foi dado um alerta a todos os agentes de contrainteligência em Gaza e na Cisjordânia. Qualquer informação, por mais trivial que fosse, deveria ser repassada à Aman, ao Mossad e ao Shin Bet para que fosse verificada. Em uma tarde no início de setembro, Dichter recebeu informações de um agente infiltrado sobre uma possível reunião de todos os comandantes mais graduados do Hamas na casa de Marwan Abu Ras, um líder religioso de Gaza e membro do Conselho Legislativo Palestino. A reunião havia sido convocada pelo próprio Yassin para a tarde de 6 de setembro. Foi convocada uma reunião urgente para discutir o que deveria ser feito a partir dessas informações.

"Se Yassin convocou a reunião e vai reunir todos seus chefes do Hamas na mesma sala, fica claro que ele não tem problema algum em sacrificar seu Estado-Maior para aumentar a tensão nos territórios a ponto de provocar uma guerra aberta que dará ao Hamas uma vantagem política e diplomática", disse Avi Dichter. A reunião dos comandantes do Hamas estava prevista para começar às 16h. A partir das 15h40, dois caças-bombardeiros F-16 carregados com bombas de uma tonelada sobrevoavam as águas do Mediterrâneo aguardando ordens. Os analistas de inteligência da Força Aérea previram que o dano causado pelos explosivos causaria uma destruição significativa não apenas no prédio onde os líderes do Hamas estavam reunidos, mas também em prédios próximos, onde residiam muitas famílias.[554]

Às 15h45, o chefe do Estado-Maior, general Moshe Ya'alon, questionou o chefe da Aman sobre os prováveis danos colaterais. "O prédio que fica ao lado do alvo tem cinco apartamentos onde residem cerca de quarenta famílias", respondeu. "Não temos certeza se a reunião vai de fato acontecer, mas é certo que as quarenta famílias estarão no prédio vizinho", afirmou Aharon Ze'evi-Farkash. "Qual seria o efeito de uma bomba de uma tonelada naquela área?", perguntou Ya'alon. "Dezenas de mortos. Talvez mais", foi a resposta do analista da inteligência militar.

Os protestos contra o ataque a Salah Shehade no ano anterior, durante a Operação Porta-Bandeira, ainda ecoavam na mente das pessoas ali presentes. "Nenhum de nós está obcecado em matar inocentes. Pelo contrário, com o tempo, a Força Aérea percebeu que o dano causado pela morte de sete ou oito civis é muito maior do que os benefícios da eliminação de um terrorista", disse Dov Weissglass, conselheiro de Sharon, descrito pela imprensa israelense como o "chefe dos falcões".

Estavam presentes à reunião o próprio Sharon, Weissglass, Avi Dichter (diretor do Shin Bet), Meir Dagan (conselheiro de Segurança Nacional que viria mais tarde a se tornar *memuneh* do Mossad), Efraim Halevy (*memuneh* do Mossad), Moshe Ya'alon (chefe do Estado-Maior das FDI), Dan Halutz (comandante-chefe da Força Aérea) e Ze'evi-Farkash, (diretor da Inteligência Militar). A decisão de atacar o complexo onde seria realizada a reunião secreta com todos os comandantes graduados do Hamas estava nas mãos desses oito homens. Em poucos minutos seria preciso decidir se os dois F-16 realizariam o ataque ou se retornariam à base, perdendo assim uma oportunidade única de desarticular completamente a organização terrorista do Hamas. Moshe Ya'alon foi o primeiro a falar. "Primeiro-ministro, recomendo a suspensão do ataque. A operação custará a vida de dezenas de civis. Ganharíamos a batalha, mas perderíamos a guerra na arena internacional e na arena doméstica. O povo de Israel não tolerará outra bomba jogada sobre mulheres e crianças. Israel precisa de legitimidade internacional, e nunca obteremos isso se bombardearmos áreas civis". A opinião de Avi Dichter era diametralmente oposta. "Se Sharon decidir suspender a operação, perderemos uma oportunidade histórica de causar danos irreparáveis a um de nossos principais inimigos."[555]

"Não podemos de forma alguma ir em frente com esta operação. Podemos tirar a cabeça da cobra [os líderes do Hamas], mas corremos o risco de ter de lidar com os danos políticos de termos milhares de manifestantes na Praça Rabin gritando que somos um exército brutal que assassina mulheres e crianças. Devemos evitar isso. Teremos nossa chance. Este dia chegará em breve", disse Ya'alon. Depois de ouvir seu chefe de gabinete, Ariel Sharon decidiu dar ordens para que os dois F-16 retornassem à base.

Dichter ficou sentado em silêncio por um longo tempo na sala de guerra, entre a raiva e a frustração. Segundos depois, o chefe do Shin Bet chamou novamente os analistas da Força Aérea para pedir a opinião deles sobre possíveis danos colaterais causados por um míssil Hellfire lançado pela janela. A explosão de um míssil armado com uma ogiva de um quarto de tonelada de explosivos dentro do prédio causaria os danos colaterais mínimos na parte externa do edifício ou no prédio adjacente. Ze'evi-Farkash permanecia em dúvida, enquanto Ya'alon não estava totalmente convencido. "É improvável que a reunião seja realizada no terceiro piso do prédio porque o local não conta com elevador e não faria sentido os guarda-costas de Yassin subirem tantos degraus carregando a cadeira de rodas", disse o chefe da inteligência militar. Halutz, chefe da Força Aérea, disse que, se a reunião dos líderes do Hamas fosse realizada no terceiro andar, seria possível lançar o míssil com uma taxa de acerto de 90 a 95%. Caso a reunião fosse realizada no andar térreo, a taxa de sucesso seria reduzida se os danos colaterais fossem minimizados.[556]

Por fim, a reunião foi retomada na sala de guerra e a comunicação com Sharon foi aberta. Depois de ouvir os prós e os contras de seus assessores, Ariel Sharon finalmente deu sinal verde para o ataque. Foram colocados três drones MQ-9 para sobrevoar a área. Os israelenses estavam esperando todos os participantes entrarem na casa do xeique Marwan Abu Ras, o local da reunião secreta. Os agentes do Shin Bet estavam enviando informações minuto a minuto diretamente para a mesa de análise da sala de guerra. Todos os membros da ala política e militar do Hamas estavam presentes. Yassin, em sua cadeira de rodas; Ahmed Jabari, que havia substituído Salah Shehadi no comando; e Mohamed Deif, comandante-chefe das Brigadas Izz ad-Din al-Qassam. A inteligência israelense vinha tentando matar Deif há quase sete anos, desde que ele assumiu o posto de Yahya Ayyash, o Engenheiro, morto pelo Mossad em 5 de janeiro de 1996. A inteligência israelense apelidara Deif de Fantasma.[557]

Às 16h35, o piloto do F-16 acionou o dispositivo que liberou um dos mísseis AGM-114 Hellfire que estava armazenado na ponta de uma das asas de seu caça. O dispositivo de 49 quilos voou em direção ao alvo, deixando um pequeno rastro atrás de si. O piloto, conectado diretamente à sala de guerra, gritou "Alpha, Alpha", código para indicar que o míssil havia sido lançado. Segundos depois, o F-16 fez uma manobra brusca e retornou à sua base. Os drones ainda estavam transmitindo uma imagem nítida do telhado do prédio-alvo. Segundos depois, o míssil atingiu o topo do edifício, transformando o local em uma chuva de poeira, tijolos e pedaços de concreto voando em todas as direções. Dois andares abaixo, os líderes do Hamas, desorientados, tentavam escapar dos escombros.[558]

O fundador e líder espiritual do Hamas, xeique Ahmed Yassin, sofreu ferimentos leves na mão direita. O bombardeio ocorreu no meio da tarde e teve como alvo o terceiro andar de um prédio na cidade, do qual o xeique havia saído alguns segundos antes. A explosão destruiu completamente o local alvo e feriu cerca de 20 pessoas, a maioria mulheres e crianças. Momentos antes, o líder espiritual do Hamas havia-se reunido no apartamento destruído com outros líderes da organização. Marwan Abu Ras ficou levemente ferido na perna. Abu Ras disse que o xeique Yassin e outro conhecido líder do Hamas, Ismail Hanniya, deixaram o apartamento assim que ouviram o ruído característico do caça israelense que sobrevoou a área antes do ataque. "Ouvimos um barulho alto e então tudo ficou preto, depois vermelho, diante dos meus olhos", disse Abu Ras. No entanto, fontes militares israelenses confirmaram que um F-16 lançou no apartamento um míssil carregado com uma ogiva com 250 quilos de explosivos. "O xeique Yassin não é diferente dos outros. [...] A ordem para matar militantes e líderes do Hamas abrange todos eles, inclusive Yassin. [...] Os assassinatos continuarão em todas as oportunidades que surgirem", disse o próprio Avi Dichter. O chefe do Shin Bet queria enviar drones armados para atacar os veículos de evacuação, mas Shaul Mofaz, o ministro da defesa, não aceitou a proposta, alegando que havia muitos civis na área trabalhando na remoção dos escombros. "Muitos inocentes morreriam", disse ele.[559]

Depois da tentativa fracassada de assassinato, o xeique Yassin foi levado às pressas para o hospital Shifa, de Gaza, onde foi atendido por médicos. A evacuação foi realizada por seus próprios guarda-costas em uma van particular, sem esperar pela chegada das ambulâncias do Crescente Vermelho. Tudo indica que eles temiam um novo ataque de Israel durante a evacuação, ideia que já havia de fato ocorrido a Dichter e Dagan, mas que havia sido rejeitada por Sharon. Palestinos se reuniram ao redor da casa bombardeada, gritando *slogans* anti-israelenses e exigindo que as Brigadas Izz al-Din al-Qasam realizassem atos de vingança contra a população de Israel e matassem o primeiro-ministro Ariel Sharon.[560]

Três dias após o ataque, no dia 9 de setembro, Ihab Abu Shalim, disfarçado com um uniforme do exército israelense e carregando uma bolsa militar, aproximou-se de um grupo de soldados das FDI que aguardavam no portão da base de Tzrifin. O ponto de ônibus e local usado como ponto para caronas tinha um telhado para proteger as pessoas do sol. Os homens estavam felizes por estarem de folga naquele fim de semana. Alguns minutos depois, uma patrulha da Polícia de Fronteiras se aproximou do grupo de soldados. O terrorista do Hamas enfiou a mão na bolsa que estava carregando e acionou o poderoso dispositivo explosivo que estava dentro dela. Nove soldados morreram e outros dezoito ficaram feridos, alguns com gravidade. O Hamas revidava assim a operação contra a casa de Abu Ras. O ataque foi atribuído ao Comando Central do Hamas em Ramallah, que sempre manteve uma célula em Beit Liqya, uma cidade palestina a noroeste de Jerusalém.[561]

Sharon foi informado do ataque durante uma visita oficial à Índia. Ao deixar Israel, ele concedera plenos poderes a Silvan Shalom, o ministro de Relações Exteriores, para decidir sobre a resposta ao Hamas. Shalom fez uma reunião de emergência com os chefes do exército e da inteligência, o Mossad, o Shin Bet e a Aman. Ele pediu diretamente a Avi Dichter, do Shin Bet, e ao general Aharon Ze'evi-Farkash, da Aman, que escolhessem um alvo do Hamas para que fosse eliminado. "Marcamos Mahmoud al-Zahar", respondeu Dichter. Al-Zahar era um médico cirurgião e um dos fundadores do Hamas. Depois de uma hora de negociação, entre os que eram a favor de detê-lo e os que eram a favor de matá-lo, a conversa se voltou para Yasser Arafat, presidente da Autoridade Nacional Palestina e líder da OLP. "Poderíamos tentar liquidar o bastardo?", perguntou Shalom novamente. As opiniões dos participantes da reunião secreta variavam. De repente, um conselheiro militar entrou na sala de reuniões e se dirigiu ao general Ze'evi-Farkash. O rosto do chefe da inteligência militar mudou completamente diante do silêncio dos colegas.

"Dez minutos atrás, exatamente às 11h20, outro homem-bomba se explodiu no Hillel Café, na Colônia Alemã em Jerusalém", disse o chefe da Aman. O homem-bomba entrou no Hillel Café, um bistrô popular no sofisticado bairro de Jerusalém, apesar de dois seguranças terem sido colocados no local, um dentro e outro fora do estabelecimento. O comandante da polícia de Jerusalém, Mickey Levy, disse que um dos responsáveis pela segurança percebeu o que estava acontecendo e tentou deter o terrorista, mas que o homem-bomba detonou os explosivos antes que ele pudesse fazer qualquer coisa para impedi-lo. Seis pessoas morreram e mais de 30 ficaram feridas. A onda de choque gerada pela explosão disparou alarmes em dezenas de veículos estacionados nas proximidades. Quando a notícia do ataque chegou a Gaza, centenas de palestinos saíram às ruas dando tiros para o alto para celebrar o acontecimento.

O porta-voz da Casa Branca, Scott McClellan, em discurso proferido durante uma festa de arrecadação de fundos para a campanha de reeleição do presidente Bush realizada em Fort Lauderdale, Flórida, chamou os atentados de "ataques cruéis" e os condenou da "forma mais enfática possível". McClellan disse que Bush continuava comprometido com o plano de paz, mas que os ataques "enfatizam a necessidade de combater o terrorismo e de desmantelar organizações e grupos terroristas como o Hamas". "Mahmoud al-Zahar está morto", declarou Silvan Shalom no momento em que outro conselheiro entrou na sala de guerra e ligou um aparelho de televisão. A tela mostrava o alvo falando para a rede BBC. O que Al-Zahar não sabia era que ele já havia sido marcado por um drone israelense. A quilômetros de distância, os participantes da sala de guerra viram a equipe da BBC sair do prédio onde a entrevista havia sido realizada. Por alguns segundos, eles ficaram observando o veículo com as letras "PRESS TV" pintadas no teto se afastando. "Sigam em frente", disse Shalom.[562] "Minutos depois, dois helicópteros de combate Apache, posicionados em mar aberto na costa de Gaza, lançaram três mísseis. O impacto da explosão demoliu o prédio, matando o filho de Al-Zahar, Khaled, de 29 anos, dois guarda-costas e ferindo gravemente a esposa do líder palestino, Summaya. Mas Mahmoud al-Zahar continuava vivo: segundos antes do edifício ser atingido pelo primeiro míssil, o líder do Hamas havia saído para um pátio interno para falar ao telefone e fumar.[563]

Em novembro de 2003, apenas oito meses após a aprovação dada por Ariel Sharon para a realização da Operação Colheita de Anêmonas, quatro ex-chefes do Shin Bet (Avraham Shalom, Yakov Peri, Karmi Gilon e Ami Ayalon) pediram formalmente ao governo israelense que chegasse a um acordo de paz com os palestinos, o que desagradou os líderes da inteligência, Sharon e seus falcões, que viram a solicitação conjunta como uma traição por parte dos ex-chefes da contraespionagem. Sharon e seus falcões não estavam dispostos a interromper a campanha de assassinato de líderes do Hamas. Afinal de contas, os mártires da organização haviam matado 16 pessoas e ferido outras 75, e isso em apenas dois ataques. O Mossad, o Shin Bet e a Sayeret Matkal, a 269ª Unidade de Reconhecimento, estavam determinados a levar a guerra suja contra os extremistas palestinos a todos os cantos do mundo.[564]

Depois do erro cometido na tentativa de assassinato de Al-Zahar, Israel precisava desferir um golpe decisivo contra o Hamas. O xeique Ahmed Yassin e seu braço direito, Abdel Aziz Al-Rantisi, se tornariam os nomes nas posições um e dois da Página Vermelha, e Sharon exigiu de seus chefes de inteligência eficiência nos ataques. "Toda vez que falhamos, os terroristas riem de nós, e eu não permitirei isso", disse Sharon durante uma reunião do gabinete. Em 22 de março de 2004, Yassin seria assassinado dentro das ações relacionadas à Operação Vingança, que ocorreu entre 25 de setembro de 1997 e 22 de março de 2004, por ordem do primeiro-ministro israelense Ariel Sharon. Yassin foi substituído por Rantisi e, a partir daquele momento, Sharon, Dagan, Dichter e Ze'evi-Farkash colocaram um alvo na sua testa.[565]

Rantisi já havia sofrido uma primeira tentativa de assassinato em 10 de junho de 2003, quando seu veículo foi atingido por mísseis lançados por helicópteros Apache israelenses. Naquela ocasião, o líder do Hamas sofreu ferimentos leves, mas seu filho e seus guarda-costas foram feridos com gravidade. Ariel Sharon e seu grupo de falcões precisavam dar um golpe rápido e decisivo na liderança do Hamas, e Rantisi era seu principal alvo. O general Amos Gilad, diretor de assuntos políticos do Ministério da Defesa, descrevia Abdel Aziz Al-Rantisi como "o paradigma de uma ideologia de morte e o arquiteto da morte de israelenses".[566] Avi Dichter dizia que Rantisi "era um indivíduo capaz de incendiar o Oriente Médio e enviar ondas de terror vindas de fora de nossas fronteiras".[567] O general Giora Eiland sabia que o assassinato do líder do Hamas seria negativo para as FDI do ponto de vista das relações públicas "tanto fora quanto dentro de nossas fronteiras", e disse isso a Sharon e Dichter.

Rantisi era muito claro sobre a política da organização. "Mataremos judeus em todos os lugares. Nenhum judeu estará em segurança, seja ele dos Estados Unidos, da Rússia ou de qualquer outro lugar", disse ele em uma entrevista ao *Chicago Tribune*. "Há apenas uma opção para os palestinos: a revolta e a luta armada contra a ocupação israelense. Nossos rifles seguirão apontados para o inimigo sionista", declarou a jornalistas do *The Guardian*.

Os primeiros planos da inteligência israelense eram atingir Abdel Aziz al-Rantisi no desfile que seria realizado após sua nomeação como novo líder do Hamas pelo Conselho da Shura, mas Sharon ordenou ao Shin Bet e à Força Aérea a suspensão de qualquer tentativa de ataque em razão da grande concentração de civis que estariam reunidos em torno de Rantisi. "Nossa oportunidade chegará", disse Sharon a seus assessores de inteligência. O problema é que Rantisi sabia que os israelenses haviam colocado um alvo em sua cabeça e, portanto, era muito cauteloso ao se movimentar por Gaza. Ele usava vários veículos da mesma cor e trocava de carro disfarçado para não ser reconhecido por um drone MQ-9. Isso porque esses drones enviavam um sinal para o capô dos veículos que servia como receptor para os detectores que carregavam as ogivas dos mísseis lançados pelos helicópteros Cobra e Apache. Ele também usava os telefones celulares de seus colaboradores para evitar ser localizado pelos técnicos de Turban, a base de sinais de Israel.

No dia 17 de abril de 2004, um sábado, apenas algumas semanas depois de ter sido eleito líder máximo do Hamas, Rantisi saiu de casa para cuidar dos preparativos para o casamento de um de seus filhos, Ahmed. Fez uma breve parada em uma área comercial de Gaza e retornou ao seu veículo Subaru, que começou a se mover lentamente. O que nem Rantisi nem seus guarda-costas sabiam é que um drone estava observando seus movimentos a várias centenas de metros de altura, enviando um sinal muito claro para o centro de comando da sala de guerra. O Subaru parou por alguns segundos na Al-Jalaa Street e, quando começou a se mover, um míssil Brushlet atingiu a lateral do veículo, matando Abdel Aziz al-Rantisi na mesma hora.

Depois da notícia da morte de Rantisi, Ariel Sharon enviou uma mensagem concisa ao chefe da Autoridade Nacional Palestina: "Arafat deve ter em mente que qualquer pessoa que trabalhe com o terror deve ter muito cuidado com seu destino". O Hamas reuniu novamente o Conselho Shura para eleger um novo líder. Rantisi tornou-se o 168º alvo na longa lista de assassinatos realizados pela inteligência israelense desde o início da Intifada, em 2000. A esta altura, a Operação Colheita de Anêmonas havia deixado o Hamas em estado de choque e causado um caos na sua organização. O nome definido pelo Conselho Shura para liderar a organização permanecia em absoluto sigilo.[568]

"O inimigo sionista conseguiu assassinar muitos de nossos irmãos combatentes, e isso em um momento em que precisamos urgentemente de todos e de cada um de nossos verdadeiros combatentes. [...] Não há dúvida de que a negligência é um dos principais motivos do sucesso do inimigo, porque os aviões espiões eletrônicos nunca deixam os céus de Gaza. Os muitos olhos designados para essa tarefa não dormem, e os helicópteros Apache estão prontos e disponíveis com seus mísseis para quando surge a oportunidade. Você é alvo de assassinato todos os dias, a cada hora do dia", afirmou o Hamas em uma declaração oficial no seu site. Duas semanas após o assassinato de Abdel Aziz al-Rantisi, o general Omar Suleiman, o todo-poderoso chefe de inteligência do Egito e homem forte do governo de Hosni Mubarak, decidiu visitar Israel. Em Tel Aviv, teve uma reunião secreta cocom o chefe do Shin Bet, Avi Dichter; o chefe de gabinete das FDI, Moshe Ya'alon; e o ministro da Defesa, Shaul Mofaz. "Venho com uma mensagem de conciliação", disse Suleiman a seus três interlocutores. "Venho com uma proposta de cessar-fogo com a essência do que algo assim deve ser: sem assassinatos, sem ataques terroristas. [...] Vim do Cairo e lhes trago uma proposta para a interrupção dos ataques. Isso é o que vocês queriam. Por que persistem nesses ataques? Eu me ofereço como monitor das ações do Hamas para que seus líderes neutralizem qualquer ataque contra Israel." "A questão não é Israel aceitar seu plano.

A questão é o Hamas aceitar seu monitoramento", disse Mofaz. Mas o Hamas e seus líderes aparentemente precisariam de mais dois ataques para convencê-los da necessidade de aceitar as propostas do chefe da inteligência egípcia.

Em 30 de maio, dois combatentes do Hamas pilotando motocicletas foram mortos por um míssil israelense no meio de uma rua de Gaza. Duas semanas depois, um terceiro também foi assassinado no campo de refugiados de Balata. O general Omar Suleiman retornou a Jerusalém e procurou Ariel Sharon. "Sr. Primeiro-Ministro, eles [o Hamas] agora sabem que sua oferta é séria e pararam de atacar", disse Suleiman. Sharon decidiu parar de matar alvos. O Hamas, por sua vez, ordenou a cessação absoluta e imediata dos ataques suicidas contra alvos israelenses.[569] Naquela mesma noite, Ariel Sharon ordenou que Dichter e Dagan encerrassem a operação secreta Colheita de Anêmonas. Israel havia vencido uma nova batalha, mas a guerra sombria seguia seu curso.

CAPÍTULO 21

OPERAÇÃO NÊUTRON

ALVOS: Ardeshir Hosseinpour, Massud Alí Mohamadi, Fereydoon Abbasi e Majid Shahriari

POSIÇÃO: Cientistas nucleares iranianos

DATA: 11 de dezembro de 2006 a 10 de janeiro de 2011

Em agosto de 2002, Meir Dagan teve o seu primeiro encontro, como *memuneh* do Mossad, com aquele que seria o seu novo chefe, o primeiro-ministro Ariel Sharon. Na oportunidade, ouviu as claras diretrizes estabelecidas pelo líder israelense: "Seus principais alvos como novo chefe do Mossad serão o Irã nuclear e o Irã nuclear". A partir desse momento, o novo *memuneh* soube que a função primordial dos seus *katsa* seria evitar que o governo de Teerã alcançasse o poder nuclear, o que poderia desestabilizar a região. Se o Mossad e o Kidon, seu braço executor, não conseguissem acabar com o programa nuclear iraniano, pelo menos fariam todo o possível para atrasar o seu desenvolvimento.

O Irã conquistara a autossuficiência na produção de pó de óxido de urânio, conhecido como "pasta amarela" e essencial para o enriquecimento e a geração do combustível nuclear usado nas centrais atômicas. Era o próprio governo iraniano quem confirmava essa informação, por meio de Ali Akbar Salehi, membro da Organização Iraniana de Energia Atômica: "O primeiro carregamento foi levado da instalação de Bandar Abbas para a central nuclear de Isfahan. A partir de agora, o Irã já não terá problemas de suprimento de urânio (pasta amarela)".

Israel e Washington confiavam que o Irã teria problemas com o abastecimento da matéria-prima, mas o primeiro carregamento de pó concentrado de urânio, procedente das minas de Gachin, já tinha sido transferido. Assim que fosse processado em centrífugas por separação isotópica, o pó poderia ser convertido em hexafluoreto de urânio (UF6), um gás imprescindível no processo de enriquecimento de combustível para uso civil, mas também para produção de armas atômicas.

Grande parte da comunidade internacional, com Estados Unidos e Israel à frente, acusavam o Irã de ocultar, sob seu programa nuclear civil, outro programa de caráter militar e clandestino, cujo objetivo seria a aquisição de um arsenal atômico. Os relatórios do Mossad e da CIA na região mostravam isso. As negociações foram suspensas em novembro de 2009, depois de o regime iraniano ter rejeitado uma proposta de Washington, Moscou e Londres para trocar o seu urânio enriquecido a 3,5% por combustível nuclear enriquecido a 20%, destinado ao reator de pesquisa que o Irã possuía perto de Teerã. Em fevereiro de 2010, o Irã ignorou os avisos da comunidade internacional e começou a enriquecer urânio a 20%, o que levou, no mês de junho, o Conselho de Segurança das Nações Unidas a impor novas sanções ao governo de Teerã.

Agentes do Mossad informaram que o Irã conseguiria, até o final do ano, cerca de 2.800 quilos do mineral elevado a 3,5% e que, com essa quantidade de mineral armazenado, poderiam construir duas ou três bombas nucleares num curto espaço de tempo. Novamente, foi a própria ONU que demonstrou preocupação diante da dimensão que o programa nuclear iraniano estava ganhando. Agentes israelenses voltaram a informar seu quartel-general, ao norte de Tel Aviv, que o Irã estava reforçando a construção de um reator de água pesada e que a situação poderia tornar-se mais perigosa se fosse permitido que seguissem desenvolvendo seu programa atômico.[570]

Numa manhã de dezembro de 2006, o *memuneh* Meir Dagan, de posse de todas as informações de que dispunha, convocou uma reunião de emergência com o Varash para apresentar uma alternativa ao primeiro-ministro Ehud Olmert. Os chefes do Mossad, do Shin Bet e da Aman decidiram apresentar por unanimidade a proposta de ativar uma equipe do Kidon com o objetivo de atacar o programa nuclear iraniano na sua parte mais sensível, os cientistas, como já tinham feito entre 1971 e 1981 com os cientistas nucleares iraquianos.[571] Olmert aceitou a recomendação do Varash.

O primeiro alvo seria Ardeshir Hosseinpour, um jovem cientista nascido em 1962 e especialista em engenharia elétrica e eletromagnetismo. Hosseinpour trabalhava como professor associado de materiais na Universidade de Shiraz e na Universidade de Tecnologia Malek Ashtar, de Isfahan. Mas tornara-se alvo do Mossad em razão de sua posição no Centro de Tecnologia Nuclear, a instituição que dirigia o programa nuclear iraniano. Para a operação, a inteligência israelense utilizou "combatentes", *katsa* enviados a países árabes para trabalhar sob identidade falsa com o apoio de uma ampla rede de colaboradores no próprio país.

O jovem cientista vivia sozinho num pequeno apartamento perto da avenida Masjed Seyyed, em frente a uma mesquita onde fazia suas orações. Os investigadores iranianos sabiam que Hosseinpour não costumava se relacionar com muita gente fora do seu trabalho na UCF, a fábrica de conversão de urânio.

A segunda-feira, 15 de janeiro, correu como qualquer outro dia na vida do cientista. De manhã, passara pelo seu gabinete da UCF e, ao meio-dia, depois de almoçar perto do centro de investigação, passara pela mesquita de Seyyed, em frente à sua casa, para rezar. Depois, atravessou a longa avenida e regressou ao seu apartamento, onde trabalhou até tarde. Por volta das 21h, Ardeshir Hosseinpour deixou um trabalho inacabado e foi para a cama. Segundo as autoridades policiais do Irã, um assassino do Mossad entrou em plena noite no apartamento do cientista, dirigiu-se ao quarto e injetou um forte tranquilizante muscular em Hosseinpour enquanto ele dormia. Em seguida, colocou-lhe uma máscara ligada a um tubo com gás venenoso e abriu a válvula. Hosseinpour continuava vivo enquanto o veneno ia invadindo seus pulmões até matá-lo.[572]

Embora Israel tenha negado a participação do Mossad nesse assassinato, o certo é que, em 2 de fevereiro de 2007, Stratfor, uma grande empresa privada de inteligência com base em Austin, Texas, garantiu que Hosseinpour era, de fato, um alvo claro da inteligência israelense e que a causa de sua morte fora a inoculação de gás radioativo.[573] A mesma Stratfor assegurou que, dessa forma, se liquidaria a ameaça do programa nuclear, com a tática de eliminação de alvos humanos. E não havia dúvida de que Ardeshir Hosseinpour era uma peça-chave na engrenagem do programa nuclear iraniano.

Durante os três anos seguintes, e em parte devido a pressões vindas de Washington, Israel e os membros do Mossad continuaram à espera das reações e sanções impostas contra o Teerã pela comunidade internacional, mas, em janeiro de 2010, o Kidon voltou a atacar o programa nuclear do Irã. O alvo seguinte seria o cientista iraniano Massud Ali Mohamadi, cuja ordem de assassinato seria dada pelo primeiro-ministro Benjamin Netanyahu.

Massud Ali Mohamadi nasceu em 1960 e era um dos maiores especialistas em física de partículas e em mecânica quântica. Era membro do conselho consultivo do Sesame, um importante centro internacional de Ciências Experimentais do Oriente Médio, e professor de Física na Universidade de Teerã. Os meios governamentais retratavam-no como um revolucionário e defensor da Revolução Islâmica. Ainda que o governo de Teerã se empenhasse em não incluir Massud na lista de cientistas que cooperavam no programa nuclear iraniano, para os israelenses ele era um alvo a ser abatido.

Às 5h de quarta-feira, 13 de janeiro, uma motocicleta Honda percorria as solitárias ruas da capital iraniana, ao longo da avenida Kaveh. O condutor acelerou para não ter de parar no semáforo do cruzamento das avenidas Kaveh e Sadr Hwy. Mantendo a mesma velocidade, continuou na avenida até chegar à rua Avval, onde virou à direita e continuou seu caminho. Antes de chegar ao parque Qeytarieh, onde se encontrava a casa da imperatriz deposta Farah Diba, voltou a virar à direita para entrar na rua Safa, no coração do bairro Gheytarieh, na zona norte de Teerã. O motociclista parou em frente a um edifício azul e estacionou a Honda junto a um veículo parado ali. O desconhecido atravessou a rua sem tirar o capacete que mantinha o seu rosto escondido e se posicionou a uma distância prudente.

Às 7h58, observou um homem alto, bem-vestido e de bigode saindo do edifício com uma mala preta numa mão e algumas pastas na outra. Ele pareceu ter ficado incomodado ao perceber quão perto do seu veículo uma motocicleta Honda estava estacionada. O homem colocou as pastas no teto do carro para procurar as chaves no bolso. Nesse momento, o motociclista, que observava tudo a certa distância, acionou um comando por controle remoto, provocando a explosão de uma bomba escondida dentro da moto. O professor Massud Ali Mohamadi morreu na hora. A onda de choque deixou dois transeuntes gravemente feridos, além de destruir as vidraças das janelas de edifícios próximos.[574]

No dia seguinte, o cadáver do cientista iraniano foi levado, da sua casa, no norte de Teerã, por centenas de simpatizantes do regime, com grande cobertura televisiva e imagens de manifestantes proferindo palavras de ordem contra os Estados Unidos e Israel.[575]

Depois do assassinato de Ali Mohamadi, os meios de comunicação começaram fazer conjecturas sobre a possível autoria do atentado. Algumas fontes apontavam que um terrorista do Hezbollah, chamado Abu Nasser, fora fotografado no bairro de Gheytarieh naquela mesma manhã. Flynt Leverett, diretor da Fundação Nova América, garantiu que os serviços de inteligência norte-americanos estavam envolvidos no assassinato, que fora executado por grupos apoiados e financiados por um programa de operações secretas da administração Bush contra o Irã. Mas, enquanto o regime de Teerã tentava explicar que Massud Ali Mohamadi não era uma figura importante dentro do desenvolvimento do seu programa nuclear, o jornal *The Economist* qualificava-o como "um dos mais importantes cientistas envolvidos no programa nuclear iraniano". Foi o jornal *The Telegraph* que publicou a primeira notícia mostrando que os assassinatos de vários cientistas iranianos que colaboravam com o programa nuclear do Irã faziam parte de uma grande guerra secreta arquitetada e executada por Israel.[576]

A verdade é que os assassinatos de Ardeshir Hosseinpour e Massud Ali Mohamadi, tivessem sido ou não cometidos pelo Kidon, não assustariam as autoridades iranianas. Muito pelo contrário. Analistas do *think tank* Stratfor garantiram que os assassinatos tornariam o Irã mais intransigente, porque a República Islâmica não poderia aceitar a ideia de que teria se curvado frente às pressões do Ocidente ou dos ataques, sabotagens e assassinatos perpetrados por Israel. A aparente execução de cientistas nucleares definitivamente não impediria o processo científico e tecnológico do Irã na sua busca pelas tão ansiadas armas nucleares.

Com Benjamin Netanyahu ocupando o gabinete de primeiro-ministro e Meir Dagan como *memuneh* do Mossad, Israel não mudaria um centímetro da sua estratégia a respeito do programa nuclear iraniano. Muito pelo contrário. Os dois alvos seguintes seriam Majid Shahriari e Fereydoon Abbasi Davani.

Majid Shahriari, de 40 anos de idade, era especialista em física quântica e trabalhava para a Comissão de Energia Atômica do Irã, especializando-se no transporte de nêutrons. Fereydoon Abbasi Davani, de 52 anos, era especialista em mísseis balísticos e *lasers* e lecionava na Universidade Shahid Beheshti, de Teerã. Shahriari também fazia parte do conselho consultivo da Universidade da Defesa Nacional, subordinada ao Ministério da Defesa iraniano e usada como banco de recrutamento de futuros cientistas especialistas no desenvolvimento de armas de destruição em massa. O dia escolhido para o ataque foi segunda-feira, 29 de novembro.

As execuções de Shahriari e de Abbasi deviam acontecer ao mesmo tempo, e de forma cronometrada. Às 7h, Majid Shahriari e a esposa saíram de casa e entraram num Peugeot verde. Por volta das 7h20, Fereydoon Abbasi Davani, também acompanhado pela esposa, saiu de casa e entrou no seu carro, um Daihatsu branco. Nenhum dos dois cientistas se deu conta de que eram seguidos por motocicletas, com dois homens em cada uma delas. Os passageiros das duas motocicletas carregavam um objeto nas mãos, dentro de sacos plásticos.

O Peugeot entrou na avenida Artesh, enquanto o Daihatsu entrou numa rua estreita do bairro de Velenyak, a noroeste da capital. Em certo momento, a motocicleta que seguia o Peugeot de Shahriari acelerou no instante em que o homem na garupa colocou um artefato magnético na porta do motorista do automóvel. A mesma cena aconteceu na rua de Velenyak, mas o acompanhante do motociclista não conseguiu colocar corretamente a mina magnética à altura da porta do motorista em razão da proximidade de uma viatura policial.

Com uma diferença de um minuto, os dois artefatos explodiram, provocando sérios danos em ambos os carros. Majid Shahriari morreu no ato, enquanto Fereydoon Abbasi Davani ficou gravemente ferido.

Os artefatos usados para matar os cientistas eram equipamentos muito leves e de fácil manuseio, em cujo interior se armazenava um potente explosivo plástico. Os artefatos tinham um ímã poderoso, que permitia a adesão da mina a qualquer superfície metálica, plana ou curva, com ou sem rugosidades. A localização dos ímãs permitia adaptar as minas a qualquer posição e ângulo. Entre os ímãs, encontrava-se o cone de descarga, por onde se projetava a maior parte da potência explosiva e incendiária da mina em direção ao objeto sobre o qual estava aderido. Os artefatos continham uma espoleta, que permitia regular a explosão. Convenientemente graduada, a espoleta fazia com que as minas explodissem dois, três ou quatro minutos mais tarde, dando tempo suficiente aos motociclistas para estarem a salvo do efeito da onda de choque.

Meir Javedanfar, analista israelense e especialista em assuntos iranianos, garantiu que milhares de agentes secretos israelenses, norte-americanos e de outros países ocidentais atuavam, àquela altura, em território iraniano. "Por enquanto, o objetivo é ganhar tempo, enfraquecer o projeto nuclear com operações secretas, sem entrar em guerra direta com o Irã, e isso é do conhecimento do primeiro-ministro Netanyahu e de Dagan", disse à época.

A postura frente ao Irã não mudaria, nem mesmo quando, no final de novembro de 2010, Meir Dagan apresentou a Netanyahu seu pedido de demissão por motivos pessoais. Durante algumas semanas, Dagan manteve a liderança da espionagem israelense até que o primeiro-ministro anunciou que o escolhido para substituí-lo no cargo de *memuneh* seria Tamir Pardo, de 57 anos, o número dois do Mossad.

Pardo continuou com a diretriz definida por Ariel Sharon quando este nomeou Meir Dagan para liderar o Mossad: "Irã nuclear e Irã nuclear", e esse continuaria a ser o objetivo.

Enquanto o novo *memuneh* fazia o juramento do cargo e ocupava o gabinete no quartel-general do Mossad, no bairro de Herzliya, a norte de Tel Aviv, a unidade de assuntos tecnológicos da espionagem israelense via os primeiros frutos de um vírus de computador desenvolvido em 2010, com o fim de sabotar o programa nuclear iraniano.[577] O vírus, conhecido como Stuxnet, foi criado por engenheiros israelenses no complexo de Dimona, no deserto do Neguev, o local onde são guardados os segredos nucleares de Israel. O vírus conseguiu infectar os computadores que controlavam as centrífugas de enriquecimento de urânio nas instalações nucleares de Natanz por meio do sistema operacional dos seus computadores após ter sido inoculado por um colaborador do Mossad utilizando um *pen drive*. Stuxnet era o resultado de um trabalho conjunto da CIA e do Mossad, com o fim de atacar o sistema complexo que controlava os sistemas de informática do programa nuclear iraniano. O *The New York Times* garantia que o projeto chegou a desenvolver centrífugas idênticas às da Siemens e que o Irã tinha essas centrífugas em suas instalações de Natanz, um dado que explicaria o êxito do vírus na hora de infectar diretamente a sua capacidade nuclear. O vírus desenvolvido por Israel era considerado a melhor arma cibernética jamais criada até então, deixando quase 30% das centrífugas iranianas fora de ação.

Pouco a pouco, foi possível saber que o Stuxnet tinha sido desenvolvido e testado entre maio e junho de 2010 e que já nessa época provocara alarme entre especialistas depois de comprovarem seu grande poder destrutivo. A maior novidade que o vírus apresentava era que não procurava infectar um computador pessoal, mas sim atacar os equipamentos de uma indústria até sua total destruição. O vírus propagava-se sem necessidade de internet. Era necessário apenas introduzir um *pen drive* que contivesse o Stuxnet num computador ligado à internet e com sistema operacional Windows. Quando o computador era ligado, o Stuxnet procurava um determinado programa da empresa Siemens, uma ferramenta-chave no controle de oleodutos, centrais elétricas e instalações industriais, e atacava-o até destruí-lo por completo, paralisando qualquer sistema, por mais complexo que fosse.[578]

Alguns meios asseguraram que uma central iraniana teria sido um dos seus alvos. A Siemens negou que seu programa tivesse sido fornecido à citada central, enquanto as autoridades iranianas negavam que a central tivesse sido vítima do ataque do vírus. Mais tarde, essas autoridades viram-se finalmente obrigadas a admitir que o Stuxnet tinha infectado diversos equipamentos ligados aos principais sistemas da central. O serviço de inteligência iraniano descobriu que dois ou três colaboradores de Israel tinham inoculado o vírus, enquanto o governo de Teerã reconhecia abertamente estar sofrendo um ataque de informática massivo, e que mais de 30 mil endereços de IP de centros industriais importantes do país, que formavam o desenvolvimento do programa nuclear, tinham sido infectados.

A alemã Siemens viu-se obrigada a informar que quinze dos seus clientes mais importantes tinham sido "infectados" pelo Stuxnet, mas que em nenhum caso houve consequências graves para a produção das empresas infectadas. A Siemens disse também que o vírus aproveitava uma vulnerabilidade do sistema Windows para penetrar nos computadores. Para além dos danos que possam ter sido causados por sua expansão, o que preocupava os especialistas era o salto que isso representava na engenharia dos vírus de computadores e na guerra cibernética. "Não é especulação afirmar que se trata da primeira arma de ciberguerra", garantiu um especialista da empresa Microsoft que afirmou que as únicas dúvidas agora eram: contra quem o Stuxnet tinha usado e quem seria o seu criador.

Na segunda-feira, 10 de janeiro de 2011, o Ministério de Inteligência e Segurança do Irã (VEVAK)[579] anunciou o desmantelamento de uma rede de espiões vinculados ao Mossad. Todos os detidos eram acusados de colaboração no assassinato de vários cientistas nucleares, e cinco deles, aparentemente operários e técnicos em informática de instalações nucleares iranianas, eram acusados de terem inoculado um potente vírus de computador que afetou os sistemas de produção de várias indústrias relacionadas com o programa iraniano. "A rede de espiões e terroristas ligados ao Mossad foi destruída. O grupo usou bases em alguns países europeus, assim como estados vizinhos do Irã, para assassinar o doutor Massud Ali Mohamadi", indicou um comunicado oficial do VEVAK iraniano.

> "Há cinco anos, foi dito que ainda era possível evitar que o Irã fabricasse a sua primeira bomba atômica. Agora, pode ser que já seja muito tarde, porque os iranianos sabem como enriquecer urânio e têm os equipamentos necessários para fazê-lo dentro do próprio Irã", afirmou Meir Javedanfar, analista especializado em assuntos iranianos. Pode ser que seja correta a afirmação do analista, mas também é correto dizer que o Mossad, por meio de suas ferramentas, assim como o próprio Kidon, continuará combatendo nas sombras para atrasar o máximo possível a tentativa da República Islâmica do Irã de se tornar uma nova potência nuclear.

CAPÍTULO 22

OPERAÇÃO FORA DA CAIXA

ALVOS: Instalação nuclear de Al-Kibar e o general Mohamed Suleiman

POSIÇÃO: Responsável pelo programa nuclear sírio

DATA: 6 de setembro de 2007 a 1o de agosto de 2008

Em uma noite quente de verão de 2014, Ehud Olmert estava em sua casa em Motza Illit, um pequeno subúrbio de Jerusalém, ouvindo o noticiário sobre a Guerra Civil que assolava a vizinha Síria quando começaram a falar sobre a antiga cidade de Deir ez-Zor, às margens do Eufrates. Fazia apenas três anos que a Guerra Civil síria tinha começado, causando um dos maiores desastres humanitários da região. Os protestos em Damasco começaram em março de 2011, parte de um movimento mais amplo, a Primavera Árabe, que afetou outras capitais do Oriente Médio e do Magrebe. Em 2014, a guerra na Síria estava em pleno andamento e todos, inclusive Olmert, se perguntavam quanto tempo duraria o regime de Bashar al-Assad. Com a ajuda do Irã e do Hezbollah e, mais tarde, da Rússia, as forças de Assad estavam lutando ferozmente e repelindo as forças rebeldes. O uso de armas químicas pelo regime recebeu poucos protestos da comunidade internacional. Apenas alguns países emitiram duras condenações ao líder sírio, mas nenhuma medida foi tomada contra Damasco. Em julho, o Estado Islâmico anunciou que havia conquistado Deir ez-Zor, a principal reserva de petróleo e gás da Síria, mas também um dos lugares mais sangrentos do Oriente Médio.[580] No final do século XIX, Deir ez-Zor estava sob o controle do Império Otomano e foi o destino final dos armênios durante seu genocídio, em 1915. O ISIS assumiu o controle de Deir ez-Zor, em ambas as margens do Tigre e do Eufrates, uma área semelhante à de toda a Grã-Bretanha, e Assad estava enfrentando sérias dificuldades para derrotar a organização.[581]

Mais tarde, Olmert voltou sua atenção para Deir ez-Zor. A história estava se tornando cada vez mais importante. Ele havia dado o sinal verde, sete anos antes, e agora percebia que, sem essa decisão, a história teria sido muito diferente e o mundo teria corrido um perigo muito maior do que o imaginado após as explosões em Hiroshima e Nagasaki. Seus três anos no cargo, entre 2006 e 2009, foram marcados por conflitos, negociações de paz e política interna turbulenta. Em 2006, Ehud Olmert travou uma guerra no Líbano contra o Hezbollah e, em 2008, contra o Hamas na Faixa de Gaza. Em seus últimos dias no poder, tentou firmar um acordo de paz aos palestinos, mas nunca recebeu uma resposta. Olmert assistia ao noticiário na televisão sabendo que Israel estaria vivendo sob uma ameaça inimaginável e que o ISIS teria adquirido a capacidade de criar um pesadelo ainda maior, transformando-se de um grupo terrorista implacável em uma ameaça para a existência não apenas de Israel, mas de toda a sociedade ocidental.[582] Ehud Olmert não tinha ninguém com quem compartilhar sua satisfação, e isso na verdade não importava. Em 2014, Israel ainda não estava falando oficialmente sobre o que Olmert havia feito em 2007. Era uma operação que permaneceria oculta da visão pública, uma história que nunca seria contada por completo.[583] Pelo menos até agora....

Em março de 1990, Yon Hyong-muk, então primeiro-ministro da Coreia do Norte, fez uma visita oficial a Damasco. Os dois países assinaram um acordo secreto de cooperação militar e tecnológica, que se concentrava principalmente no fornecimento de mísseis e lançadores de Scud C para a Síria. A primeira remessa, de cerca de trinta mísseis, partiu em direção ao porto sírio de Latakia no início de fevereiro de 1991. A NSA sabia que algo estava acontecendo, mas os norte-americanos não repassaram as informações ao Mossad porque temiam que os israelenses tentassem interceptar o carregamento e, com isso, iniciar uma nova guerra no Oriente Médio. Porém, os norte-americanos não sabiam que o Mossad estava vigiando o navio. Agentes da divisão Cesárea do Mossad, treinados para penetrar em países árabes, estavam no Marrocos esperando pelo navio, que, depois de sair da Coreia do Norte, havia atracado em vários portos africanos a caminho do Mediterrâneo e de Latakia. Dois agentes do Mossad, operando disfarçados de turistas, mergulharam sob o navio e prenderam ao casco um transponder que emitia um potente sinal. Um avião de combate israelense F-15 deveria lançar um míssil após localizar o sinal do aparelho no navio. Pouco antes do início da operação, o então primeiro-ministro israelense Yitzhak Shamir decidiu cancelá-la temendo que a explosão do navio provocasse uma grande conflagração no Oriente Médio, em parte também porque a Guerra do Golfo já estava em pleno andamento. "Se tivéssemos que colocar um ponto final, teria sido naquele exato momento, quando não permitiríamos que a Síria desenvolvesse mísseis. Ela poderia nos ameaçar com um enorme arsenal de mísseis, seriam capazes de atacar qualquer cidade de Israel com agentes químicos ou biológicos", declarou o próprio Shamir anos depois de deixar o cargo.

Naquele momento, a avaliação do Mossad era de que Assad não atacaria Israel, mesmo que fosse atacado pelos Estados Unidos. Israel, ainda assim, se preparava para um contra-ataque. Israel já estava até certo ponto envolvido, pois o Mossad vinha há décadas ajudando a CIA a coletar informações de inteligência estratégica sobre a Síria. "Por muitos anos, até o início da Guerra Civil, os sírios possuíam o último exército que representava uma ameaça séria a Israel e, portanto, nosso investimento de recursos de inteligência nessa direção foi enorme", disse o general Uri Sagi, chefe da Aman de 1991 a 1995 e consultor de inteligência do chefe do Estado-Maior das Forças de Defesa de Israel (FDI) de 2006 a 2010. O Mossad decidiu lançar uma operação aberta para recrutar agentes no exército, no governo e na administração sírios e implantou suas próprias missões na Síria para realizar várias operações. Nesse meio-tempo, a Aman coletou material valioso sobre os sistemas de defesa sírios.

Com o passar dos anos, os sírios conseguiram capturar alguns desses espiões. O mais conhecido deles foi Eli Cohen, enviado à Síria no início da década de 1960 sob o disfarce de um próspero comerciante sírio que retornava à sua terra natal como um homem muito rico após anos na América do Sul. Cohen fez excelentes contatos com altos funcionários militares e de inteligência na Síria. Durante as imprudentes festas que dava em sua elegante residência, localizada em frente ao quartel-general do exército em Damasco, o espião do Mossad reunia informações valiosas e altamente estratégicas.[584]

David Kimche, oficial e posteriormente vice-diretor do Mossad, descreveu como a inteligência israelense repassou algumas das informações obtidas por Cohen para a Agência Central de Inteligência. "Queríamos provar para a CIA que éramos um ativo importante no Oriente Médio e que éramos capazes de reunir informações às quais eles não teriam acesso", disse Kimche em uma entrevista publicada em 2002. Particularmente importante neste contexto foi o envolvimento da Unidade 8200, responsável no Mossad pela interceptação de comunicações inimigas. Utilizando milhares de soldados, as mensagens eram monitoradas, os códigos eram decifrados e todo o material, por mais insignificante que pudesse parecer, era traduzido, processado e analisado. A decisiva e rápida vitória de Israel sobre a Síria e o Egito na Guerra dos Seis Dias, em 1967, deveu-se em grande parte às informações fornecidas pela Unidade 8200 e por outros setores de inteligência. O presidente egípcio Gamal Abdel Nasser, que estava perdendo a guerra e perdeu sua força aérea nas primeiras horas dos combates, tentou convencer o rei Hussein da Jordânia a entrar no conflito e lançar um ataque. A Unidade 8200 estava ouvindo a conversa, e Israel, para constranger ainda mais os países árabes, decidiu tornar a gravação pública.[585]

Na Guerra do Yom Kippur, ocorrida em outubro de 1973, a Síria pegou Israel de surpresa, mas não conseguiu vencer a guerra. Apesar da generosa assistência da União Soviética, que forneceu aviões de combate e artilharia antiaérea, os caças sírios não conseguiram penetrar no espaço aéreo israelense. Depois de 1973, a União Soviética decidiu fornecer à Síria mísseis superfície-superfície Scud B com um alcance de 300 quilômetros, o que representou o início do chamado "Comando de Mísseis" da Síria. Mas os sérios danos causados pela Guerra do Yom Kippur não se deram tanto por batalhas entre exércitos, mas sim por batalhas travadas nas sombras. Perto do início do conflito, os sírios conseguiram capturar o tenente Amos Levinberg, um oficial da Unidade 8200 que tinha informações de segurança de alta prioridade, o que deu ao governo sírio livre acesso a inúmeros segredos militares. O conteúdo dos interrogatórios de Levinberg realizados pela inteligência síria foi enviado a Hafez al-Assad, o que permitiu que ele ficasse sabendo que Israel estava interceptando todo o tráfego de transmissão militar sírio, inclusive as conversas entre o próprio líder sírio e seus comandantes militares.[586] Assad também ficou sabendo que os comandos israelenses da Sayeret Matkal haviam penetrado em solo sírio e instalado dispositivos de escuta conectados a todos os cabos de comunicação do país. Hafez al-Assad ordenou que todas as informações coletadas fossem repassadas à Unidade 8200.[587]

Os sírios estavam convencidos de que a coleta de todas essas informações do tenente Levinberg teria deixado Israel incapacitado de agir por décadas, mas estavam errados. Em 1º de abril de 1978, cinco anos após o caso Levinberg e o fim da Guerra do Yom Kippur, trabalhadores da companhia telefônica que faziam serviços de manutenção no principal ramo telefônico que ligava Damasco à Jordânia descobriram um dispositivo estranho enterrado no solo. Agentes de segurança sírios analisaram a sofisticada escuta telefônica israelense e tentaram desmontá-la, mas a caixa de metal explodiu segundos após ser aberta, matando doze membros da inteligência síria. O governo de Damasco apresentou uma queixa oficial contra Israel nas Nações Unidas, mas, ao longo dos anos, os técnicos sírios continuaram a encontrar dispositivos semelhantes em suas linhas de comunicação.

Em junho de 1982, a Síria sofreu mais uma amarga derrota quando teve aproximadamente 100 aviões de combate abatidos durante a invasão israelense do Líbano, sem ter conseguido derrubar um único caça israelense. Depois da guerra, Assad, que tinha sido comandante da Força Aérea síria, começou a mudar a alocação de recursos militares, reduzindo o orçamento do exército e transferindo o dinheiro para a modernização da Força Aérea e para a aquisição de mísseis terra-ar. O então *memuneh* do Mossad, Nahum Admoni, informou o primeiro-ministro Yitzhak Shamir de que os sírios haviam fechado um acordo secreto com a China para o fornecimento de mísseis M9, que têm um alcance maior do que os Scuds que haviam sido comprados da União Soviética. Shamir decidiu não intervir e, em vez disso, informar diretamente o presidente Ronald Reagan e o diretor da CIA, William J. Casey. O governo norte-americano pressionou, então, o primeiro-ministro Zhao Ziyang com a ameaça de represálias econômicas caso a entrega de mísseis a Damasco fosse adiante. O acordo acabou sendo, assim, cancelado. Em 1990, após a invasão do Kuwait pelas forças iraquianas, o presidente George H. W. Bush conseguiu convencer Hafez al-Assad a comprometer sua famosa 9ª Divisão Blindada com as forças de coalizão. Era muito importante para Washington que os exércitos árabes estivessem entre os aliados militares em sua guerra contra Saddam Hussein. Al-Assad impôs apenas uma condição a Bush: Israel não poderia intervir na coalizão e, mesmo que fosse atacado pelo Iraque com mísseis Scud, não poderia intervir militarmente contra Bagdá. Bush; o general Colin Powell, presidente do Estado-Maior Conjunto; e William Webster, diretor da CIA, tiveram que convencer Yitzhak Shamir a manter seus caças no solo em suas bases para não romper a coalizão ocidental com os aliados árabes.[588]

No fim das contas, a divisão síria nunca entrou em combate, mas sua mera presença no campo de batalha foi de enorme importância do ponto de vista da propaganda. Finalizada a Guerra do Golfo, o general Hikmat al-Shihabi, chefe do Estado-Maior da Síria, voltou a Damasco impressionado com o poder militar dos Estados Unidos. "Rezo a Alá para que a Síria nunca seja confrontada com um poder destrutivo de tal magnitude [o exército e a Força Aérea dos Estados Unidos]", disse Al-Shihabi a Hafez al-Assad. Depois de ter acesso aos relatórios do general Al-Shihabi, Assad convocou uma série de reuniões entre abril e outubro de 1991, que foram presididas pelo próprio líder sírio e contaram com a presença dos principais chefes militares e de inteligência, bem como do alto comando do Centro de Estudos e Pesquisas Científicas (SSRC), a agência síria responsável pelo desenvolvimento de armas.[589] O Mossad teve acesso ao conteúdo das reuniões, a agenda e a lista de participantes de cada uma delas. As informações coletadas pela Unidade 8200 da inteligência israelense seriam compartilhadas com Robert Gates, diretor da CIA; com o general James Clapper, diretor da DIA; e com o vice-almirante William Studeman, diretor da NSA. Nos encontros, Hafez al-Assad informou aos presentes que a Síria deveria ter em mente que os Estados Unidos possuíam um arsenal impressionante, que os israelenses também deveriam ter armamentos semelhantes e que acreditava que nem os Estados Unidos nem Israel teriam o menor escrúpulo em usar esse arsenal mortífero contra eles no caso de uma desestabilização na região. "Embora Washington tenha nos elogiado por nossa cooperação na guerra contra o Iraque, tenho certeza de que, no futuro, se tiver de escolher em que lado da balança ficar, escolherá Israel", disse Al-Assad a seus líderes militares.[590] Depois de ter acesso às informações, os chefes do SSRC afirmaram que a lacuna tecnológica entre os exércitos sírio e israelense era ainda maior do que antes. Assim, Hafez al-Assad decidiu investir milhões de dólares na criação de um poderoso escudo antimísseis, uma divisão especial da Força Aérea, sob seu comando direto e liderada por leais alauítas. Al-Assad também decidiu que os mísseis a serem lançados seriam carregados com ogivas químicas.[591]

A decisão para o investimento em mísseis teve como base a suposição apresentada por Al-Assad durante as reuniões segundo a qual a barragem de mísseis com ogivas químicas seria capaz de fazer aquilo que parecia impossível para a Força Aérea síria: penetrar nas defesas aéreas de Israel. A Síria assinou, então, um acordo secreto com a Coreia do Norte para dar andamento ao plano. No início, a produção de mísseis era supervisionada de perto por equipes de engenheiros norte-coreanos, mas logo os sírios conseguiram adquirir o conhecimento suficiente para controlar sua montagem e o carregamento.[592] No início de julho de 2001, o radar israelense detectou o disparo de um míssil Scud da área de Aleppo, no norte da Síria. Com um alcance de 700 quilômetros, o Scud D permitiu que os sírios implantassem uma extensa rede de mísseis que cobria toda a área de Israel e do Líbano, o sul da Turquia e o norte da Jordânia. Paralelamente à aquisição de mísseis na década de 1990, os sírios lançaram uma campanha em grande escala para obter armas químicas, e o Mossad montou a Operação Lágrimas de Abraão para impedir que ela tivesse êxito.

Do ponto de vista histórico, o Mossad e, em menor escala, a Aman, dedicaram recursos significativos ao monitoramento do SSRC, o centro de pesquisas sírio responsável pelo desenvolvimento de armas químicas, biológicas e nucleares, identificado como a principal organização do *establishment* de defesa da Síria. Washington, por meio de seu Departamento do Tesouro, decidiu endurecer as sanções já impostas a Damasco.[593]

Em julho de 2000, Bashar al-Assad sucedeu o pai, Hafez, como presidente da Síria, introduzindo mudanças e reformas próprias no sistema de defesa do país. Uma de suas primeiras medidas foi a nomeação do general Mohamed Suleiman para chefiar todos os projetos especiais, inclusive o desenvolvimento do arsenal de armas químicas e nucleares da Síria. Al-Assad e Suleiman usaram o relacionamento próximo com o governo da Coreia do Norte a fim de fechar um acordo para o fornecimento de um pequeno reator nuclear com o objetivo de fabricar armas nucleares. Damasco conseguiu fazer com que os israelenses não soubessem do desenvolvimento e da existência da usina. Para que isso fosse possível, foram dadas ordens para que nenhuma informação sobre o projeto fosse transmitida de forma eletrônica, "voltando no tempo", conforme definido por uma posterior investigação da inteligência militar israelense: tudo era impresso e enviado ao destino por mensageiros de motocicleta, com as mensagens sendo entregues em mãos ao destinatário. Quando os israelenses identificaram a construção da rede, a Aman a apelidou de "Exército das Sombras do general Suleiman".

Sem nenhuma informação sobre o projeto, os *katsa* do Mossad conseguiram localizar um alto funcionário sírio que viajara para Viena em janeiro de 2007. Ibrahim Othman, diretor da Comissão de Energia Atômica da Síria, era o homem que mais conhecia sobre os segredos nucleares de Bashar al-Assad e, assim, tornou-se um alvo de alta prioridade para a inteligência israelense. Mas tanto Othman quanto os outros altos funcionários do governo em Damasco eram extremamente cautelosos com a forma como gerenciavam as informações.

Alguns dos agentes do Kidon e da divisão Neviot, especializada em invadir residências, embaixadas e quartos de hotel para instalar dispositivos de escuta e monitoramento, foram enviados à capital austríaca. No primeiro dia da viagem, Othman visitou a Embaixada da Síria e, depois, foi às compras. Os agentes do Kidon o seguiam de perto, enquanto membros da Neviot invadiam o quarto de hotel, encontrando seu *laptop* sobre uma pequena mesa. Um dos especialistas em informática instalou um *software* no dispositivo que permitiu ao Mossad monitorar todas as atividades do computador. Uma mulher da unidade Rainbow, do Mossad, conseguiu abordar o sírio no bar do hotel onde Othman estava hospedado e distraí-lo por tempo suficiente para que o serviço fosse concluído. Meir Dagan havia ordenado expressamente a seus agentes que mantivessem toda a operação absolutamente sigilosa como forma de garantir que o funcionário do governo sírio não percebesse que suas informações estavam sendo acessadas por uma equipe do Mossad.

Por mais surpreendente que isso possa parecer, ninguém a princípio considerou o fato de que informações vitais para a segurança de Israel tinham sido obtidas. Assim, a criptografia do material não foi tida como uma prioridade urgente, fazendo com que os dados permanecessem por alguns dias aguardando pela proteção com o uso de algoritmos codificados. "Meu funcionário de inteligência veio ao meu escritório e me mostrou as fotografias extraídas do *laptop* de Othman em

Viena. Às vezes, as operações de inteligência precisam de sorte, e foi o que aconteceu naquele caso", lembra Ben-Barak, vice-diretor do Mossad. As fotografias mostravam Othman na companhia de vários cientistas e técnicos norte-coreanos. Um deles era Chon Chibu, um dos principais especialistas em armamento nuclear do regime de Pyongyang e diretor do Centro de Pesquisa Científica Nuclear de Nyongbyon. Mais importante ainda, elas mostravam o interior de uma estrutura síria que parecia ser um reator nuclear construído para produzir plutônio. As imagens roubadas do *laptop* do técnico sírio eram a prova irrefutável do crime, mostrando plantas e centenas de imagens da instalação nuclear de Al-Kibar em vários estágios de sua construção.[594]

As descobertas causaram profunda preocupação à comunidade de inteligência israelense, cancelando o plano original do Mossad de acabar com a vida de Ibrahim Othman em Viena. O primeiro-ministro Ehud Olmert decidiu compartilhar as informações com o presidente George W. Bush, levando a CIA e a NSA a realizarem suas próprias investigações, que acabaram concluindo que as informações fornecidas pelo Mossad eram verdadeiras. Olmert então implorou a Bush que bombardeasse a fábrica síria, telefonando seguidamente para a Casa Branca durante semanas para saber que medidas os Estados Unidos tomariam contra a Síria. A única resposta de Bush foi o silêncio. Enquanto isso, Dagan buscava uma resposta de seus homólogos na CIA, Michael Hayden, e na NSA, o tenente-general Keith Alexander; já o general Amos Yadlin, chefe da Aman, buscava uma resposta de seu homólogo na DIA, o tenente-general Michael Maples; e o general Gabi Ashkenazi, chefe do Estado-Maior das FDI, buscava uma resposta de seu homólogo norte-americano, o general Peter Pace. Mas Dagan, Yadlin e Ashkenazi, assim como ocorrera com Olmert, não receberam respostas dos Estados Unidos para seus pedidos.

Meir Dagan percebeu, então, que os Estados Unidos jamais fariam parte de alguma ação contundente e aberta contra a Síria. "Israel terá que resolver o problema", disse um decidido Dagan durante uma reunião do Varash, o comitê composto dos chefes dos serviços secretos de Israel. "Nós mesmos teremos que resolver o problema. Estamos sozinhos, e Israel não pode se dar ao luxo de permitir que essa ameaça permaneça na porta da nossa casa", disse o *memuneh* do Mossad. No início de agosto de 2007, o primeiro-ministro Ehud Olmert ordenou que o Mossad reunisse o máximo possível de informações sobre as instalações de Al-Kibar. "Não quero que nossos rapazes bombardeiem uma fábrica de medicamentos ou de alimentos para bebês. Não podemos parecer estúpidos", disse ele a Dagan. Apenas uma semana depois, uma unidade da Metsada, protegida por membros da Sayeret Matkal, a 269ª Unidade de Reconhecimento, entrou na Síria.

Dois helicópteros transportaram doze soldados para o local a fim de obter provas fotográficas e documentos, além de amostras de solo. Os militares estavam vestidos com uniformes do exército sírio. A missão foi bem-sucedida, mas teve de ser abortada antes do planejado depois que os israelenses foram vistos por soldados sírios. A análise do solo revelou um material altamente radioativo. Houve discordância entre as opiniões do diretor da CIA, Michael Hayden, e do diretor do Mossad, Meir Dagan, sobre a pertinência ou não de bombardear Al-Kibar. Hayden acreditava que um ataque dessa magnitude poderia provocar uma guerra sem limites no Oriente Médio, mas Dagan tinha certeza de que Al-Assad não reagiria se o bombardeio fosse feito de forma secreta e não fosse tornado público.[595]

Documentos disponibilizados após o vazamento de informações confidenciais pelo analista da NSA Edward Snowden mostram que, depois que o material foi analisado e confirmado como tendo sido proveniente da Coreia do Norte, os Estados Unidos decidiram dar sinal verde para o ataque israelense.[596] Em seu livro de memórias, *Momentos de Decisão*, o ex-presidente George W. Bush escreveu que os Estados Unidos recusaram o pedido do primeiro-ministro Olmert para que bombardeassem Al-Kibar, alegando que a documentação enviada pela inteligência "não era definitiva e não confirmava que a usina fazia parte de um programa de armas nucleares". Bush afirmou em sua biografia que Ehud Olmert "não pediu sinal verde para um ataque", e que "agiu sozinho e fez o que acreditava ser necessário para proteger Israel".[597] Outro relatório vazado por Snowden indicava que Israel já estava planejando atacar Al-Kibar no dia 14 de julho, mas algumas autoridades dos Estados Unidos, incluindo a secretária de Estado, Condoleezza Rice; o secretário de Defesa, Robert Gates; e o conselheiro de Segurança Nacional, Steve Hadley, preferiram fazer apenas uma condenação pública à Síria, atrasando assim o ataque israelense. As forças dos Estados Unidos estavam envolvidas até a cabeça com as intervenções militares no Iraque e no Afeganistão, e Washington não tinha interesse em abrir uma terceira frente de conflito no Oriente Médio.[598]

O general de brigada Yaakov Amidror, da inteligência militar, confirmou a Ehud Olmert e ao ministro da Defesa, Ehud Barak, que a Síria estava trabalhando em parceria com a Coreia do Norte e o Irã em uma instalação nuclear. Eles também sabiam que Teerã havia canalizado um bilhão de dólares para o projeto sírio e planejava usar a instalação de Al-Kibar para substituir suas próprias unidades caso o Irã não conseguisse concluir seu programa de enriquecimento de urânio. Dois dias antes do ataque, mais precisamente em 3 de setembro de 2007, um navio de carga norte-coreano que transportava materiais declarados na alfândega como "cimento e ferramentas" atracou em Tartus, o segundo maior porto, atrás apenas do porto de Latakia. Um *sayan* informou que o navio estava atracado na região mais afastada do porto e fortemente protegido por unidades do exército. Se ele carregava apenas cimento e ferramentas, por que tanta proteção? Ronen Solomon, um analista de inteligência, encontrou registros na Internet do navio de carga de 1.700 toneladas, o *Al-Hamed*, que havia atracado em Tartus e provavelmente estava transportando uma carga classificada como "altamente secreta". O navio estava navegando sob a bandeira de Comores.

Depois de ouvir todos os prós e contras da ação contra a Síria, Ehud Olmert finalmente deu sinal verde para o bombardeio de Al-Kibar, dentro das ações da Operação Fora da Caixa. Na madrugada do dia 6 de setembro, dez caças israelenses F-15 do 69º Esquadrão da Força Aérea Israelense, armados com bombas guiadas a laser e escoltados por caças F-16 e aeronaves ELINT, decolaram das bases aéreas de Ramat David, Hatzerim e Ramon.[599] Três F-15 receberam ordem de retornar à base, enquanto os sete restantes deveriam continuar no espaço aéreo sírio. O primeiro alvo seria o centro de radares de Tall al-Abuad, responsável pela proteção do espaço aéreo sírio e pelas defesas antiaéreas. Os radares foram atacados com bombas de precisão convencionais. Em seguida, aeronaves SEMA (sigla em inglês para "Special Electronic Missions Aircraft", ou "Avião para Missões Eletrônicas Especiais", em tradução livre) atacaram eletronicamente as defesas aéreas sírias para criar uma imagem de "céu falso", enquanto os F-15 e F-16 cruzavam os céus da Síria. Os SEMAs israelenses enviaram sinais falsos aos radares sírios, criando alvos inexistentes.

Quando os caças das Forças Aéreas Israelenses se aproximaram do alvo, os comandos da Sayeret Matkal escondidos nas proximidades direcionaram seus lasers teleguiados para o prédio principal de Al-Kibar. Segundos depois, os F-15 lançaram sua carga mortal. O sonho de Bashar al-Assad de dominar a produção de armamentos estava agora soterrado sob toneladas de escombros. Depois do ataque, os caças se dirigiram ao espaço aéreo turco, passando pelas províncias de Hatay e Ganziantep, chegando, então, ao Mar Mediterrâneo. Quando os líderes do esquadrão informaram que estavam a salvo em águas internacionais, retornando em segurança para suas bases, Ehud Olmert ligou para o primeiro-ministro turco Recep Tayyip Erdogan. O primeiro-ministro israelense pediu ao líder turco que transmitisse uma mensagem ao presidente sírio Bashar al-Assad.

"Israel não vai tolerar outra usina nuclear. Enquanto a Síria não tentar construir outra Al-Kibar, Israel não realizará nenhuma outra ação desse tipo", disse Olmert a Erdogan. Ele acrescentou ainda que "Israel não desejava 'brincar' com o incidente, que continuava interessado em um acordo de paz com Damasco [...] e que, se o presidente Al-Assad decidisse não chamar a atenção para o incidente, Israel faria o mesmo".[600] De fato, Israel não comentou o incidente, mas o primeiro-ministro israelense Ehud Olmert disse aos membros do Comitê de Inteligência do Knesset que "os serviços de inteligência e as Forças de Defesa de Israel (FDI) estão demonstrando uma coragem incomum. [...] Naturalmente, nem sempre podemos mostrar nossas cartas ao público e é melhor que isso continue dessa forma".[601]

A Operação Fora da Caixa foi um enorme êxito. Quando os caças pousaram em segurança em suas bases, às 2h do dia 6 de setembro, os pilotos que participaram do ataque não celebraram nada. "Não houve cerimônias, fanfarras, saudações de boas-vindas, congratulações por parte de políticos ou comandantes militares, nem medalhas", disse um dos pilotos do esquadrão Hammers em uma entrevista ao jornal *The Times of Israel*. "É claro que entendemos o significado histórico de nossa conquista, mas tivemos que nos conter e ficar em silêncio. [...] O sigilo e a compartimentalização das informações eram de vital importância para nossa segurança e para a segurança de Israel e de seus cidadãos", disse ele. O que aconteceu naquela noite permaneceria como uma necessidade estrita de "não saber" e "não conhecer". A destruição do reator nuclear do presidente Bashar al-Assad foi uma das conquistas estratégicas militares mais importantes e confidenciais de Israel nos últimos anos.

Os documentos israelenses sobre o ataque aéreo foram classificados como "Ultrassecretos". Em 16 de setembro, apenas dez dias após o ataque, o chefe da Aman, Amos Yadlin, declarou perante o Comitê de Defesa do Knesset que "Israel havia recuperado sua capacidade de dissuasão".[602] No dia 17 de setembro, o primeiro-ministro Olmert anunciou que estava pronto para fazer um acordo de paz com a Síria "sem condições pré-estabelecidas e sem ultimatos". No dia 28 de outubro, Ehud Olmert disse ao gabinete israelense que havia pedido desculpas ao primeiro-ministro Erdogan por ter violado o espaço aéreo turco. Em uma declaração emitida à imprensa após a reunião, Olmert afirmou: "Em nossa conversa, eu disse ao primeiro-ministro turco que, caso os aviões israelenses tenham de fato penetrado no espaço aéreo turco, não foi nossa intenção, nem previamente estabelecida nem de qualquer outra forma possível, violar ou minar a soberania turca, que é algo que respeitamos de forma absoluta".[603] Mas Olmert não explicou por que Israel estava oficialmente pedindo desculpas à Turquia por "violar seu espaço aéreo".

Em 27 de abril de 2008, o próprio líder sírio Bashar al-Assad, ao fazer seus primeiros comentários sobre o ataque, negou as especulações de que o local bombardeado seria uma instalação nuclear. O poderoso general Mohamed Suleiman, conselheiro especial do presidente sírio na área de desenvolvimento de armas estratégicas, declarou: "Isso não faz nenhum sentido. Se fosse uma instalação nuclear, estaria protegida por mísseis terra-ar. Você acredita que uma instalação nuclear seria construída dentro da área de cobertura dos satélites dos Estados Unidos, no meio da Síria e em uma área aberta no deserto?". No entanto, os analistas da Aman afirmaram que a Síria não havia desenvolvido defesas para seu reator principal para evitar chamar a atenção para o local e porque as instalações ainda não estavam em operação.

O general Mohamed Suleiman incentivou Bashar al-Assad a intensificar os laços com o Hezbollah, e esse vínculo seria centralizado na relação entre o próprio Suleiman e Imad Mughniyeh, o líder militar supremo do Partido de Deus. Em fevereiro de 2010, o Mossad identificou um comboio de caminhões saindo das instalações de Al-Safir e cruzando a fronteira com o Líbano. As informações levantadas pelos israelenses indicavam que o destinatário da carga transportada pelos veículos era o Hezbollah e que ela era composta de componentes para a montagem de mísseis Scud. Um alarme tinha sido acionado, e foi sugerido ao primeiro-ministro Benjamin Netanyahu que Israel deveria bombardear o comboio. O líder judeu decidiu não atacar, mas repassou a informação para os americanos. Em 1º de março de 2010, o embaixador sírio nos Estados Unidos, Imad Moustapha, foi convocado com urgência pelo Departamento de Estado, onde foi informado de que os Estados Unidos esperavam que a Síria parasse de armar o Hezbollah.[604]

A questão, então, era que os chefes de inteligência reunidos em Varash acreditavam que o general Mohamed Suleiman não ficaria de braços cruzados após o golpe de Al-Kibar, e eles estavam certos ao pensar assim. Bashar al-Assad havia encarregado o general Suleiman da criação de um exército secreto, independente do exército regular ou do próprio Ministério da Defesa. Embora o nome de Suleiman não fosse citado com frequência pela mídia, o Mossad e as agências de inteligência ocidentais conheciam bem o militar e seu trabalho. A inteligência israelense sabia que o homem de confiança do presidente sírio havia nascido em 1959, no seio de uma família rica. O oficial sírio sabia bem onde investir seu tempo e sua energia, e se aproximou de Bashar muito antes de ele se tornar presidente da República da Síria, tornando-se um ajudante e conselheiro do então jovem herdeiro de Hafez al-Assad. Meir Dagan costumava se referir a ele como o "comandante do Exército das Sombras". A inteligência militar israelense acreditava que Suleiman tinha "extraordinárias capacidades organizacionais e logísticas".

O militar sírio, agora com 47 anos, criara laços de amizade com Bassel al-Assad, o primogênito do então presidente Hafez al-Assad quando estudava engenharia na Universidade de Damasco, aproximando-se de Bashar após a morte de Bassel. Ao assumir o poder, no ano 2000, o jovem presidente fez do general Mohamed Suleiman seu principal confidente e conselheiro, deixando a cargo do engenheiro missões estratégicas militares e de inteligência altamente confidenciais, como a construção da instalação nuclear de Al-Kibar, além da direção das relações com a Agência Internacional de Energia Atómica ou Atômica, da ONU. Suleiman também atuava como mensageiro especial para assuntos secretos do presidente sírio, sendo responsável pela transferência de armas para o Hezbollah e o Hamas, no Líbano e em Gaza. Ele também estabeleceu laços muito próximos com o chefe militar do Hezbollah, Imad Mughniyeh, e com o general iraniano Qasem Soleimani.[605]

Na terça-feira, 1º de julho de 2008, Meir Dagan e seus subcomandantes, Tamir Pardo e Ram Ben-Barak, decidiram convocar uma reunião do Varash, o comitê de chefes de inteligência, para chegar a um consenso sobre o destino do todo-poderoso general sírio. Além dos três líderes do Mossad, participaram da reunião o general Amos Yadlin, diretor da Aman; Yuval Diskin, diretor do Shin Bet; Gabi Ashkenazi, chefe do Estado-Maior das FDI; Ehud Barak, ministro da Defesa; e Matan Vilnai, vice-ministro da Defesa. Era preciso decidir se Suleiman seria ou não assassinado. Depois de várias horasde discussão, o Varash optou por deixar a decisão final a cargo do primeiro-ministro Ehud Olmert, que, após avaliar os prós e contras, decidiu dar o sinal verde. A operação seria realizada a partir do Kiria, o codinome do quartel-general das FDI, em Tel Aviv. O general Ashkenazi decidiu que o ataque seria realizado por uma unidade especial do Shayetet 13, os comandos navais, e que o Mossad definiria o local e a data da ação. Dagan pediu a Ashkenazi que incluísse um *kidon* da Metsada no comando que executaria o golpe. O chefe do Estado-Maior aceitou a classificação Zahav Tahor (Ouro Puro), uma operação combinada do Mossad e das FDI.

A Shayetet 13 é uma divisão popularmente conhecida como "homens do silêncio" especializada em ataques do mar para a costa, contraterrorismo, sabotagem, coleta de informações navais, resgate de reféns em alto mar e abordagem de barcos e navios. As operações dessa unidade, uma das mais secretas do exército israelense, são classificadas como ultrassecretas e as identidades de seus agentes também são mantidas em segredo, mesmo após deixarem de atuar na unidade. A Shayetet 13 é considerada uma das melhores forças especiais do mundo, comparada aos SEALs da Marinha dos Estados Unidos ou ao SAS britânico. Os agentes da unidade devem aceitar o compromisso de servir nela por pelo menos quatro anos e meio. O lema da unidade é: "Como o morcego emerge da escuridão. Como a lâmina corta em silêncio. Como a granada destrói com fúria".[606]

Por fim, a operação foi marcada para o dia 1º de agosto de 2008, uma sexta-feira. Naquela mesma tarde, o militar sírio se encontraria com seu homólogo iraniano, o general Qasem Soleimani, um dos principais apoiadores do regime de Teerã. Damasco ainda estava tentando explicar a seus parceiros como o ataque israelense a Al-Kibar tinha sido possível sem que a inteligência o detectasse, mas, independentemente de qualquer explicação, o fato é que o sonho nuclear de Bashar al-Assad havia-se transformado em pó. Apenas onze meses haviam se passado desde a destruição do reator pelos caças israelenses e fazia não mais que seis meses que Mughniyeh, o parceiro de Bashar do Hezbollah, havia sido assassinado em Damasco.[607]

Suleiman era um homem cauteloso, que sempre viajava em comboios fortemente armados e nunca usava o mesmo veículo duas vezes seguidas. Naquela sexta-feira, o general encerrou seu dia de trabalho antes do horário normal e saiu do palácio presidencial de Damasco por volta das 16h, para apanhar a esposa e viajarem juntos para sua casa de veraneio em Al-Rimal al-Zahabiya, ao norte da cidade síria de Tartus. O imóvel ficava em frente ao Mar Mediterrâneo, com um grande terraço com uma vista magnífica e servia como uma forma de escapar da alta umidade do verão. O general Mohamed Suleiman era um homem muito sociável, que gostava de reunir seus amigos em torno de uma mesa farta, e os convidados daquela noite eram todos amigos íntimos. Alguns dias de folga e um jantar com amigos era o melhor remédio para a pressão que vinha sofrendo, até mesmo porque sua esposa havia-lhe pedido para que passasse alguns dias apenas com a família, sem nenhuma interferência externa ou preocupação com o trabalho. Ele havia concordado em atender ao pedido.

Naquela noite, a grande mesa estava repleta de pratos tradicionais, como tabule, fatuche, mashi, dolmas, sanduíches de shawarma e aperitivos feitos com shanklish. Havia também uma grande variedade de queijos sírios, tudo isso regado com o tradicional araque, uma bebida alcoólica destilada com sabor de anis. Do local onde estava sentado, na cabeceira da longa mesa, Suleiman observou as ondas batendo na costa. Mas ele não viu, a cerca de 150 metros do terraço, duas pessoas esperando imóveis, quase totalmente submersas no escuro da água do mar. Os atiradores de elite da Shayetet 13 haviam saído da base naval de Haifa em um bote inflável, do qual desembarcaram a cerca de 2 quilômetros da casa do alvo, de onde nadaram por baixo d'água até chegarem no local onde estavam, levando consigo armas à prova d'água. Quando chegaram à costa, avistaram a casa de Suleiman, bem iluminada e com vários convidados sentados à mesa, exatamente de acordo com as informações que haviam recebido do Mossad. Eles identificaram o imóvel e o terraço, observaram as pessoas sentadas ao redor da mesa e se concentraram em seu alvo: o militar sentado à cabeceira da mesa, entre seus convidados.[608] Ambos permaneceram em posição esperando a ordem para o ataque.

Por volta das 21h, os agentes israelenses avistaram Mohamed Suleiman rodeado por seus convidados, o que fez com que os atiradores definissem uma nova abordagem, passando a mirar na cabeça do anfitrião. Eles continuaram escondidos dentro da água até que, do Kiria, foi dado o sinal. Os dois comandos saíram da água, caminharam pela praia, aproximaram-se da casa, apontaram suas armas e dispararam simultaneamente na direção de Suleiman. O impacto foi fatal. Os tiros lançaram a cabeça do general para trás, que tombou em seguida sobre a mesa. Os convidados não entenderam de pronto o que havia acontecido, porque nenhum som foi ouvido, uma vez que as armas estavam equipadas com silenciadores, só percebendo que ele havia sido baleado quando viram o sangue escorrendo da cabeça do anfitrião sobre a toalha de mesa de linho branco. Isso causou uma comoção e um tumulto no terraço, permitindo que os atiradores escapassem por uma rota de fuga previamente planejada.

Ali Mamlouk, chefe da Diretoria Geral de Segurança; Mohamed Mansoura, chefe da Diretoria de Segurança Política; e Assef Shawkat, chefe da inteligência militar, ficaram surpresos com o assassinato de um funcionário tão importante, ainda mais pelo fato de o ataque ter ocorrido em solo sírio. Inicialmente, o governo de Damasco manteve o silêncio e decidiu não falar sobre o assassinato, mas o presidente Bashar al-Assad seguiu pressionando seus três chefes de inteligência por respostas que explicassem como os israelenses responsáveis pelo ataque haviam conseguido chegar ao norte da Síria, como haviam conseguido fugir do local e como haviam chegado pelo mar sem serem detectados pelo radar, Afinal, não havia mais nenhum lugar para onde eles pudessem ir? Não havia mais na Síria nenhum lugar seguro para os principais líderes do regime? Nenhuma dessas perguntas pôde ser respondida.[609]

Dias após o incidente, foi emitido um breve comunicado oficial com os seguintes dizeres: "A Síria está conduzindo uma investigação para encontrar os responsáveis por esse crime", mas a mídia árabe noticiou amplamente o assunto desde o primeiro dia e gerou especulações sobre as identidades dos assassinos, se concentrando naqueles que poderiam ter interesse no assassinato do general e também acusando imediatamente Israel. Alguns alegaram que Israel teria cometido o assassinato em razão do envolvimento de Suleiman na construção do reator de Al-Kibar, enquanto a mídia síria elogiava o general Mohamed Suleiman. A verdade é que ninguém nas sedes dos órgãos de inteligência ocidentais derramou uma única lágrima pelo soldado morto. Para Olmert e Dagan, a morte do confidente de Bashar al-Assad eliminou a ameaça nuclear e química sobre Israel e, para eles, isso era o que importava.

Hoje, enquanto a Guerra Civil segue assolando a Síria, o Mossad possui as melhores informações de inteligência sobre seu vizinho e compartilha esse material com os Estados Unidos. Os americanos também estão obtendo informações de dois outros importantes aliados que têm fronteiras comuns com a Síria: a Jordânia, por meio de sua Diretoria Geral de Inteligência (GID, na sigla em inglês), e a Turquia, por meio da Organização Nacional de Inteligência (MIT, na sigla em turco), ambas as quais coletam informações e permitem que a NSA estabeleça postos de escuta em seus respectivos territórios.

Israel está bem ciente da debilidade do exército sírio. As informações coletadas pelo Mossad e pela Aman mostram que, nos últimos anos, a Síria estava envolvida na transferência de armas, principalmente Scuds e mísseis russos Yakhont (SS-N-26), das instalações da SSRC na Síria para o Hezbollah no Líbano. Várias autoridades israelenses de alto escalão, incluindo o primeiro-ministro Benjamin Netanyahu, o diretor do Mossad, Yossi Cohen, e o general da Aman, Tamir Haiman, declararam repetidamente que Israel não aceitará a transferência de tais armas para o Líbano e que, sempre que um carregamento for identificado, ele será destruído por mísseis. “Israel e outros países estão acompanhando os acontecimentos na Síria com todos os meios de coleta de informações de inteligência à sua disposição e com grande apreensão”, disse o presidente israelense Shimon Peres em um trecho não publicado de uma entrevista para a *New York Times Magazine*: “Se os sírios ousarem direcionar suas armas químicas ou nucleares a nós ou a civis israelenses inocentes, não tenho dúvidas de que tanto Israel quanto o resto do mundo tomarão medidas decisivas e imediatas. E não menos importante: Al-Assad pode transferir armas químicas para o Hezbollah e, isso, em nossa opinião, também constitui o cruzamento de uma linha vermelha. Nesse momento, caberá a Israel impedir que isso aconteça”.

Tamir Pardo, que chefiou o Mossad entre 2011 e 2016, participou da coleta de informações e do planejamento de inteligência para o ataque de Al-Kibar, em 2007, e falou sobre isso em termos não muito diferentes daqueles frequentemente usados para descrever o colossal fracasso da inteligência israelense no período anterior à Guerra do Yom Kippur, em 1973. “Durante anos, a Síria construiu um reator nuclear debaixo de nossos narizes sem que soubéssemos disso. Esse reator não foi construído em algum lugar em outro planeta, mas em um país vizinho no qual acreditávamos que sabíamos tudo o que acontecia”, declarou Pardo. Ram Ben-Barak, que chefiava um dos departamentos de operações do Mossad na época, repetiu suas palavras: “Qualquer pessoa que disser que sabia que a Síria estava construindo um reator nuclear ou não sabia de fato ou não está dizendo a verdade. Quando o Mossad obteve as informações [sobre o que os sírios estavam fazendo], foi uma surpresa total [para o restante da liderança da defesa israelense]. Até então, a avaliação era "talvez sim, talvez não" quando a questão era se Damasco estava ou não planejando construir uma instalação nuclear para enriquecer urânio e talvez um reator para produzir plutônio. Em resumo, não sabíamos nada, nem sabíamos o que procurar ou onde procurar", disse Ben-Barak.[610]

No entanto, dentro da chefia da inteligência militar, a Aman, a história contada é bem diferente: conta-se que a Aman esteve à frente da descoberta do projeto nuclear de Bashar al-Assad. "A descoberta da existência do reator foi uma das maiores conquistas da inteligência israelense como um todo e da Aman em particular", disse o general Shalom Dror que, em 2007, era um dos principais especialistas da inteligência militar israelense no que se refere a informações sobre a Síria. A instalação síria era quase idêntica ao complexo nuclear de Yongbyon, na Coreia do Norte, que produzia plutônio para bombas nucleares. Quando Israel a atacou, em setembro de 2007, os sírios estavam a apenas algumas semanas do início da produção de materiais altamente radioativos. A planta industrial estava localizada nos arredores de Deir ez-Zor, a maior cidade do leste da Síria, que em 2014 seria dominada pelas forças do Estado Islâmico e que foi mantida sob seu poder por mais de três anos. A possibilidade do Estado Islâmico se apoderar do plutônio e de outros equipamentos e materiais para a construção de bombas nucleares não foi de forma alguma possível graças às ações realizadas por Israel como parte da Operação Fora da Caixa.[611]

Claramente, a decisão de Ehud Olmert de bombardear o complexo, após ter solicitado sem sucesso ao então presidente George W. Bush que o fizesse, impediu que Al-Assad obtivesse armas nucleares. Em geral, os ministros e autoridades israelenses ficaram orgulhosos da ação. Olmert, que anunciaria menos de um ano depois que estava renunciando em meio a alegações de corrupção – ele acabaria cumprindo uma sentença de dezesseis meses de prisão por suborno –, disse ao *The Times of Israel* na época que atacar o reator sírio foi uma das decisões mais difíceis e mais satisfatórias de seus anos como primeiro-ministro de Israel. Seu inimigo político, Ehud Barak, do Partido Trabalhista, chegou a ponto de reconhecer que "Olmert merecia todo o crédito por sua decisão corajosa".[612]

Depois do ataque ao reator nuclear de Al-Kibar, tanto a Síria quanto Israel decidiram permanecer em silêncio. A Síria não queria admitir que havia violado seus compromissos internacionais nem tinha interesse em se expor, ao se mostrar tão vulnerável aos ataques de Israel. Israel, por sua vez, acreditava que o fato de não tornar o ataque público reduziria a probabilidade de uma retaliação por parte de Al-Assad por tornar mais fácil para ele engolir seu orgulho. Os líderes políticos e os chefes militares e de inteligência de Israel entraram em contato de forma privada e particular com seus aliados no Ocidente, como Estados Unidos, Reino Unido, França e Alemanha, e no mundo árabe, como Egito e Jordânia, para compartilhar as informações. Ehud Olmert também ligou para o líder russo Vladimir Putin. Todos eles permaneceram em silêncio, e os cálculos de Meir Dagan mostraram-se corretos. Al-Assad decidiu não responder.

Entre 2012 e 2013, cinco anos após o ataque e um ano após o início da Guerra Civil na Síria, a cidade de Deir ez-Zor sofreu bombardeios devastadores e foi palco de violentos combates entre as forças do governo e os rebeldes. Cerca de quatro mil pessoas, em sua maioria civis, morreram, e meio milhão de sírios que viviam na região foram forçados a fugir para a Turquia. O Estado Islâmico do Iraque e do Levante estava entre os grupos rebeldes que tomaram a cidade. Depois de ser sitiada pelas forças islâmicas, Deir ez-Zor tornou-se quase uma cidade fantasma, devastada pela guerra. O Daesh passou a controlar metade da cidade, enquanto a outra metade permaneceu sob o controle das forças do governo sírio, que resistiram ao cerco recebendo reforços e suprimentos por via aérea. Em 5 de setembro de 2017, as tropas do exército sírio finalmente romperam o cerco do Daesh após mais de três anos de ocupação. Os generais do exército enfatizaram que, quando toda a província de Deir ez-Zor fosse reconquistada, seria o fim do domínio do Estado Islâmico do Iraque e do Levante na Síria. A cidade foi totalmente recuperada em 3 de novembro de 2017.[613]

Em 14 de julho de 2015, a imprensa israelense repercutiu um dos relatórios vazados no caso Wikileaks pelo ex-analista da NSA Edward Snowden: tratava-se de um documento relacionado ao assassinato do general Suleiman.[614] Israel nunca comentou seu envolvimento no assassinato, mas os arquivos de inteligência dos Estados Unidos confirmavam que as forças de operações especiais israelenses haviam assassinado o general enquanto ele passava férias em sua luxuosa casa na costa síria.[615] O documento da NSA vazado por Snowden dentro das divulgações do Wikileaks foi a primeira confirmação oficial de que o assassinato de Suleiman foi uma operação secreta israelense e pôs fim às especulações de que a morte do general teria sido fruto de uma disputa interna nas instâncias de poder da Síria. O documento ultrassecreto descreveu o assassinato por "comandos navais israelenses" perto da cidade portuária de Tartus como o "primeiro caso conhecido em que Israel teve como alvo um funcionário legítimo do governo". Os detalhes do assassinato foram incluídos no arquivo em um "cronograma do assassinato". De acordo com três ex-oficiais de inteligência dos Estados Unidos com vasta experiência em assuntos relacionados ao Oriente Médio, as indicações de classificação presentes no documento deixam claro que a NSA tomou conhecimento do assassinato por meio da vigilância que ela própria realizava sobre Suleiman. O documento foi classificado com as iniciais "SI", o que significa que as informações foram obtidas por meio de espionagem de sinais de comunicação.[616]

O governo de Al-Assad ocultou a notícia do assassinato por quatro dias, até que finalmente divulgou a morte de Suleiman. Israel não confirmou nem negou seu envolvimento. O Departamento de Estado teve acesso a detalhes da investigação conduzida pelo governo sírio após o assassinato, quando 80 milhões de dólares em dinheiro foram descobertos escondidos no porão da casa de Suleiman. O líder do Hezbollah, Hassan Nasrallah, também afirmou que o governo israelense matou Suleiman e que o assassinato estava ligado ao papel de Mohamed Suleiman na guerra de julho de 2006 entre Israel e o Hezbollah.

Finalmente, em 21 de março de 2018, após mais de uma década de silêncio, Israel reconheceu oficialmente que sua Força Aérea havia destruído o reator nuclear sírio em Al-Kibar na madrugada de 6 de setembro de 2007. Muitos anos após o fim da Operação Fora da Caixa, o Mossad percebeu que, em caso de fracasso da operação, a instalação nuclear de Al-Kibar teria caído nas mãos dos extremistas islâmicos do ISIS. Dois anos mais tarde, no dia 3 de janeiro de 2020, ocorreria a queda de outro importante participante da Frente Radical e peça-chave no desenvolvimento de armas de destruição em massa na Síria, juntamente com os já assassinados Imad Mughniyeh e Mohamed Suleiman.

O general Qasem Soleimani nasceu no dia 11 de março de 1957 no vilarejo de Qanat-e Malek, na província de Kerman, no Irã. Depois de concluir o Ensino Básico, Soleimani mudou-se para a cidade de Kerman, onde trabalhou na construção civil para ajudar a pagar as dívidas do pai. Em 1975, começou a assistir aos sermões de Hojjat Kamyab, um pregador protegido por Ali Khamenei. Segundo Soleimani, as ideias do líder religioso o incitaram a "atividades revolucionárias" contra países infiéis, sobretudo os Estados Unidos e Israel.

Em 1979, Soleimani alistou-se na Guarda Revolucionária e, durante a guerra Irã-Iraque de 1980, subiu na hierarquia até chegar ao posto de comandante da 41ª Divisão Tharallah. Mais tarde, participou de operações no exterior e, no final da década de 1990, passou a comandar a Força Quds. Soleimani também forneceu assistência militar e financeira ao Hezbollah, no Líbano. Em 2012, ajudou a fortalecer o governo da Síria e seu presidente, Bashar al-Assad, tornando-o um importante aliado de Teerã. Qasem Soleimani era um dos militares mais populares entre os iranianos e, enquanto muitos o viam como um "herói altruísta lutando contra os inimigos do Irã", outros, como as Nações Unidas, os Estados Unidos, Israel e a União Europeia, o consideravam-no um assassino terrorista.[617]

Em 3 de janeiro de 2020, por volta da 1h da manhã, a Força Aérea dos Estados Unidos realizou um ataque com drones perto do aeroporto internacional de Bagdá. Ninguém sabia qual era o alvo. Na tarde seguinte, fontes da inteligência iraniana confirmaram que o alvo tinha sido o general Qasem Soleimani. O militar iraniano tinha acabado de desembarcar de seu avião, que havia aterrissado em Bagdá após uma viagem ao Líbano e à Síria, quando a aeronave foi atingida pelo primeiro míssil lançado pelo drone. Seu corpo teve que ser identificado por um anel que ele usava em um dos dedos e também por exames de DNA. Junto com Soleimani, também foram mortos quatro membros das Forças de Mobilização Popular (PMF, na sigla em inglês), incluindo Abu Mahdi al-Muhandis, o comandante militar iraniano-iraquiano que liderava as PMF.

O presidente Donald Trump autorizou o assassinato de Soleimani em junho de 2019, e sua decisão teve o apoio do secretário de Estado, Mike Pompeo, e do secretário de Defesa, Jim Mattis. Para chegar à decisão, os altos funcionários do Pentágono se basearam nas ações já realizadas por Soleimani, entre elas o ataque à Embaixada dos Estados Unidos em Bagdá por partidários de uma milícia xiita iraquiana apoiada pelo Irã e o ataque à base aérea K-1, em Kirkuk, em 2019. A verdade é que Donald Trump escolheu a opção mais extrema proposta pela diretora da CIA, Gina Haspel: matar Qasem Soleimani. O diretor do Mossad, Yossi Cohen, foi consultado dentro da coleta de informações de inteligência. Cohen, por sua vez, informou o primeiro-ministro Benjamin Netanyahu. Não haveria objeções por parte de Israel, afinal de contas o general Soleimani, como membro da famosa Frente Radical, havia-se dedicado, com todas as suas forças, a eliminar Israel. Os três principais líderes da Frente Radical, que haviam dado tantas dores de cabeça a Israel, o general iraniano Qasem Soleimani, o general sírio Mohamed Suleiman e o líder do Hezbollah Imad Mughniyeh, agora estavam mortos. A morte do general Suleiman marcou o fim da Operação Fora da Caixa.

CAPÍTULO 23

OPERAÇÃO FUMAÇA

ALVO: Imad Fayez Mughniyeh

POSIÇÃO: Chefe militar do Hezbollah

DATA: 12 de fevereiro de 2008

Sem dúvida, outro grande problema no Líbano para o primeiro-ministro de Israel, Yitzhak Rabin, e para o *memuneh* do Mossad, Shabtai Shavit, era o papel e a influência crescentes do Hezbollah, que significa "Partido de Deus" em árabe, no país. Fundado em 1979 no Irã e em 1982 no Líbano, após a invasão israelense ocorrida naquele ano durante a operação chamada "Paz para a Galileia", o Hezbollah tornou-se o eixo da resistência contra a ocupação de Israel no Líbano. Com a ajuda da Síria e do Irã, os líderes do partido criaram uma ampla rede de instituições para responder às diversas necessidades sociais e humanitárias da população do sul do Líbano. O Hezbollah tornou-se, desse modo, uma potência militar e social fundamental no sul do país, uma zona dominada sobretudo por xiitas libaneses. As conclamações para o envio de tropas libanesas à fronteira com Israel sempre suscitaram animosidades.

O presidente libanês, Émile Lahoud, principal aliado da Síria no Líbano, sempre afirmou que essas tropas atuariam, na verdade, como garantidoras da segurança israelense. A guerra entre Israel e o Hezbollah foi-se agravando com o passar dos anos, e seus líderes tornaram-se o principal alvo da inteligência israelense. Um deles era Fuad Mughniyeh, um dos mais importantes chefes militares da organização. O primeiro-ministro Yitzhak Rabin já tinha dado sinal verde ao seu *memuneh* Shavit para a investida, em pleno coração da capital libanesa.

Meses antes do ataque, o Mossad colocara em ação três equipes da chamada Unidade 131, formada por agentes infiltrados em países árabes, com a missão de obter informações sobre o alvo. Seriam os chefes da Metsada que decidiriam o dia e o local exato do ataque.

Fuad Mughniyeh conseguira galgar um alto posto na hierarquia do Hezbollah em parte graças ao apoio de seu irmão, Imad, mas, isso era em razão principalmente de seu êxito nos ataques contra as tropas israelenses durante a invasão do Líbano, em 1982. Os guerrilheiros de Mughniyeh fustigaram incansavelmente as colunas invasoras na estrada que ligava o sul do Líbano às cidades de Sídon, Tiro e Beirute, junto à costa. Seus ataques foram responsáveis por rebatizar essa linha reta, de pouco menos de 100 quilômetros, como "Estrada da Morte". A maior parte das 675 baixas de Israel no confronto ocorreu naquela região.

Mas era evidente que, se o Mossad desejava atacar o aparato militar do Hezbollah, seria preciso infiltrar um agente nas fileiras da organização e ganhar a confiança dos seus chefes militares.

O intermediário para a operação seria Ramzi Nohra, um cristão traficante de drogas da aldeia de Ibl es-Sai que já trabalhava para o Mossad desde o final de 1993. Shavit dera ordens claras aos seus *katsa* no Líbano. Nohra seria o responsável por encontrar um infiltrado para aproximar-se de Fuad Mughniyeh. O escolhido foi Ahmad Hallaq, um chefe de segundo escalão em Al-Saiqa, um grupo palestino apoiado e financiado pela Síria.

Mas Hallaq devia antes dar provas da sua fidelidade a Israel. Ele informou Nohra de que o Hezbollah usava três edifícios, dois em Tayr Filsay e um em Khirbet Selim, ambas as cidades situadas no sul do país, um como centro de comunicações e outro como depósito de armas. No dia seguinte, os três edifícios voaram pelos ares. Por fim, Hallaq recebeu instruções detalhadas sobre o alvo a ser abatido: Fuad Mughniyeh, o irmão daquele que, mais tarde, se tornaria comandante-chefe militar do Hezbollah, Imad Mughniyeh.

O local escolhido para a execução foi o coração do bairro beirutense de Ghobeiry, feudo dos pró-iranianos. Ahmad Hallaq conseguira já há várias semanas infiltrar-se como combatente no Hezbollah e, assim, aproximar-se de seu alvo. Por volta da meia-noite, o Peugeot azul de Mughniyeh aproximou-se de um edifício de Ghobeiry, seguido por um Toyota ocupado por vários dos seus guarda-costas. Um deles era Hallaq.

A reunião prolongou-se até quase o amanhecer daquele 21 de dezembro de 1994. O sol começava a invadir as montanhas do Vale de Bekaa quando os presentes começaram a abandonar o local do encontro, em pequenos grupos. Fuad, armado com uma Kalashnikov, aproximou-se do seu veículo, gritou aos seus homens para que o seguissem, e entrou no carro. Segundos depois, uma grande explosão assolou o local, deixando mortos e feridos entre as pessoas que vagueavam pela rua, sem saber o que tinha acontecido. O Peugeot de Fuad Mughniyeh tinha desaparecido. Ahmad Hallaq aproveitara um descuido dos guarda-costas para colocar um potente explosivo sob o para-lama dianteiro do veículo. Um *kidon* do Mossad fez o resto do serviço, apertando o botão de ignição. Fuad, o irmão mais velho de Imad Mughniyeh, morreu no ato. Exatamente um ano mais tarde, em 1995, Ramzi Nohra, em coordenação com a inteligência militar libanesa, sequestrou Hallaq e entregou-o às autoridades.

Desde março de 2000, Nohra ajudou a estabelecer as redes de espionagem do Hezbollah no norte de Israel, usando para isso seus traficantes. Eles atravessavam a fronteira e trocavam haxixe e heroína libanesa por dinheiro e por informações de inteligência. Ramzi Nohra entregava ao Hezbollah informações detalhadas das posições militares israelenses, mapas detalhados do norte de Israel e celulares para serem usados no país judeu.

Em 2002, Meir Dagan foi nomeado *memuneh* pelo então primeiro-ministro, Ariel Sharon. Na época, ele definiu novas diretrizes claras, curtas e concisas para a Metsada, a unidade de operações especiais do Mossad. Quatro meses depois da chegada de Dagan ao posto mais alto do Mossad, Ramzi Nohra foi assassinado, após a explosão de uma bomba colocada em seu veículo, no sul do Líbano. Em agosto de 2003, Ali Saleh, militante veterano do Hezbollah, morreria em consequência da explosão de um carro-bomba. Em fevereiro de 2004, Ghaleb Awali, um dos chefes militares do Hezbollah, também seria assassinado com a explosão de uma bomba colocada sob seu carro. Mas o auge da campanha de assassinatos de líderes do Hezbollah pelo Kidon aconteceria em 12 de fevereiro de 2008, com a morte de Imad Mughniyeh, líder militar e de inteligência do Hezbollah e irmão de Fuad, assassinado exatamente catorze anos antes.

Imad Fayez Mughniyeh nasceu em 1962, na aldeia de Tayr Dibba, no seio de uma família humilde de agricultores. Investigações da CIA apontam para Mughniyeh vivendo em Ayn Al-Dilbah, um labiríntico gueto de ruas estreitas, situado no sul de Beirute. Em finais dos anos 1970, Imad organizou a chamada Brigada Estudantil, formada por uma centena de homens jovens que viriam a fazer parte da Força 17, a guarda pretoriana de Yasser Arafat. O papel de Mughniyeh dentro dos serviços de segurança palestinos era localizar os franco-atiradores das milícias cristãs que se situavam na fronteira entre leste e oeste de Beirute e neutralizá-los.

No início de 1980, quando Mughniyeh estudava engenharia na Universidade Americana de Beirute, os Estados Unidos deram seu aval para Israel invadir o

Líbano a fim de expulsar a Al Fatah e seus guerrilheiros da capital. Durante os primeiros meses da Operação Paz para a Galileia, Imad Mughniyeh abandonou a OLP e uniu-se aos xiitas, respondendo à conclamação do aiatolá Khomeini, via Teerã, para formar um movimento global baseado no fundamentalismo islâmico que combatesse o inimigo sionista e os seus aliados. Mughniyeh reuniu-se com líderes religiosos de diferentes organizações, como Suhi al-Tufaili e Abbas al-Musawi, do Partido Al Dawa; Hassan Nasrala, Naim Qasem, Mohamed Yazbak e Ibrahim Amin al-Sayid; do Partido Amal; e Abdel al-Hadi Hamadih, do Partido Comunista Libanês, num local do Vale de Bekaa, feudo do Hezbollah. A organização de resistência libanesa veio à luz naquela reunião, e Mughniyeh foi nomeado um dos principais líderes da inteligência da nova organização.[618]

O novo movimento estabelecido secretamente por aqueles oito homens não demoraria para começar a agir contra todos aqueles considerados inimigos do Islã. As células de Imad Mughniyeh estiveram envolvidas no atentado com um carro-bomba contra a Embaixada dos Estados Unidos em Beirute, em abril de 1983, que matou 63 pessoas; nos ataques contra os quartéis das forças norte-americanas e francesas no Líbano, que custaram 241 e 58 vidas, respectivamente, em outubro do mesmo ano; e no sequestro, em 1985, do voo 187 da TWA, quando um norte-americano foi assassinado. Além disso, Mughniyeh estava ligado a vários sequestros de cidadãos estrangeiros reivindicados pela Jihad Islâmica, convertendo-o num dos terroristas mais procurados internacionalmente.[619]

Entre 1992 e 1993, atribuiu-se a ele a organização de ataques contra a embaixada de Israel em Buenos Aires, ocorridos em 1992, nos quais 29 pessoas perderam a vida e, dois anos mais tarde, contra a Associação Mutual Israelita Argentina (AMIA), que matou 86 pessoas.[620]

Seu longo histórico terrorista fez com que Mughniyeh fosse incluído na lista de terroristas mais procurados da União Europeia; que os Estados Unidos o incluíssem na lista dos 10 mais procurados pelo FBI e que fosse oferecida uma recompensa de 5 milhões de dólares por qualquer informação que facilitasse sua captura.[621] Tudo isso fez com que ele desaparecesse da cena libanesa até meados de fevereiro de 1997, quando reapareceu em Beirute como responsável pela inteligência iraniana, supervisionando e reorganizando aparelhos de segurança do Hezbollah, o chamado Comando Especial de Operações, encarregado das operações terroristas e de inteligência.

Os Estados Unidos já tinham tentado várias vezes sequestrá-lo ou assassiná-lo. Em 1986, foi detectado em Paris por uma unidade de assassinos da CIA, mas os franceses não permitiram que fosse executado em seu território por medo das possíveis represálias do Hezbollah contra os interesses franceses no Oriente Médio. A segunda tentativa deu-se quando a CIA descobriu que Imad Mughniyeh viajaria do Sudão para o Líbano a bordo de um Airbus, fazendo escala na Arábia Saudita. Washington tentou convencer os sauditas a deter o avião e permitir que membros de uma unidade especial composta de Navy SEALs entrassem no Airbus e prendessem o líder do Hezbollah. Os sauditas também se negaram a atender o pedido. A terceira tentativa, chamada Operação Return OX, deu-se quando a CIA ficou sabendo que Mughniyeh viajaria a bordo de um cargueiro paquistanês rumo ao porto de Beirute. A ideia era assaltar o barco em alto-mar com forças anfíbias da 13ª Unidade Expedicionária de Fuzileiros Navais e Navy SEALs da Quinta Esquadra. A operação foi abortada no último minuto, quando chegou a informação de que Imad Mughniyeh não estava a bordo do cargueiro.

Em 1985, por ordem do então primeiro-ministro trabalhista Shimon Peres e do *memuneh* Nahum Admoni, decidiu-se pela execução do xeique Mohamed Hussein Fadlallah, líder religioso xiita do Líbano, com o uso de um carro-bomba. A operação não foi bem-sucedida em razão de um erro cometido pelos membros do Exército do Sul do Líbano, aliado de Israel. A explosão do carro-bomba atingiu o veículo dos guarda-costas de Fadlallah, matando vários deles. Um dos mortos era Yihad Mughniyeh, o irmão mais novo de Imad e Fuad.[622]

Robert Baer, ex-agente da CIA e especialista em Oriente Médio, descreveu Mughniyeh como "provavelmente o agente mais inteligente e mais capacitado que já vimos, incluindo os da KGB. Entra por uma porta e sai por outra, troca de carro diariamente, nunca combina nada pelo telefone, jamais é previsível. Só usa pessoas ligadas a ele e em quem pode confiar. Nunca recruta ninguém. De estatura baixa, bem-vestido, de olhar penetrante e com um domínio perfeito do inglês e do francês, é um mestre de terroristas, o Graal que procuramos desde 1983". Mas essa sorte estava prestes a mudar.[623]

A muitos quilômetros de Beirute, num discreto edifício na cidade de Jerusalém, a sorte de Imad Fayez Mughniyeh estava sendo decidida. O nome da operação, "Fumaça", devia-se ao cognome usado por Mughniyeh na organização Hezbollah, "Abu Dokhan" (Pai Fumaça ou Pai Invisível). Presentes à reunião estavam, o primeiro-ministro, Ehud Olmert; o chefe do Shin Bet, Yuval Diskin; o chefe da inteligência militar, o general Amos Yadlin; e, claro, o *memuneh* Meir Dagan. Era preciso tomar uma decisão a respeito do destino do terrorista do Hezbollah.

Várias fotos em preto e branco de Imad Mughniyeh estavam espalhadas sobre a mesa, assim como uma ficha do terrorista: ano de nascimento, 1962; local de nascimento, Líbano; estatura, 1,70 m; peso, entre 79 e 85 kg; cabelo, castanho; sexo, masculino; nacionalidade, libanesa; situação, fugitivo.

Dagan informou ao primeiro-ministro que o Mossad detectara uma conversa do alto comando da Direção-Geral de Inteligência, o *Idarat al-Amn al-'Amm*, na qual garantiam que Imad Mughniyeh viajaria de Teerã a Damasco em meados de fevereiro. O terrorista libanês, chefe de segurança da organização terrorista Hezbollah, financiada pelo Irã e com apoio logístico e político da Síria, tornara-se uma espécie de mensageiro de luxo entre Teerã-Damasco-Beirute.

Depois de ler o relatório e ouvir os argumentos de Dagan, o primeiro-ministro Olmert decidiu autorizar a ativação do Kidon. Dessa forma, punha-se em movimento a máquina do braço executor da Metsada, lubrificada com perfeição desde 1960.

Imad Mughniyeh aterrissou no dia 10 de fevereiro no aeroporto de Damasco num voo da companhia Syrianair, procedente do Aeroporto Internacional Iman Khomeini, de Teerã. Foi recebido por um motorista e um guarda-costas e levado para um local secreto. O Mitsubishi Pajero virou na avenida Abdullah Ibn Rawaha e entrou no populoso bairro de Kafar Sousseh. Segundo os serviços secretos israelenses, Mughniyeh reuniria-se dois dias depois com o presidente da Síria, Bashar al-Assad, e com o presidente do Irã, Mahmoud Ahmadinejad. Mughniyeh representaria o Hezbollah no Líbano. Durante sua estada na capital síria, o líder do Partido de Deus tinha decidido reforçar sua segurança após receber informação dos serviços secretos sírios, a Direção-Geral de Segurança, de um possível plano norte-americano para assassiná-lo. Ao que tudo indica, alguém aconselhou Mughniyeh a não voltar a Beirute, como tinha previsto fazer dois dias depois, em 12 de fevereiro.

Durante todo o dia 11, o terrorista manteve contatos estreitos com membros do Hezbollah, do Hamas e do serviço de inteligência sírio. Os encontros prolongaram-se até a madrugada. O dia 13 estava reservado para o encontro entre Imad Mughniyeh e o presidente Al-Assad, no Palácio da República. Estava previsto que Mughniyeh seria apanhado por um carro oficial e levado diretamente à presença do líder sírio. Mas isso não aconteceu.

Na noite anterior ao encontro, Mughniyeh decidiu sair sem escolta do seu esconderijo, no bairro de Kafar Sousseh, para ir a uma festa nas proximidades, no Centro Cultural Iraniano, na qual seria celebrado o 29º Aniversário da Revolução Iraniana, liderada pelo aiatolá Khomeini. Segundo fontes policiais sírias, o líder do Hezbollah acreditava estar a salvo do longo braço de Israel ou dos agentes da CIA em Damasco. Por volta das 22h35, Mughniyeh despediu-se do novo embaixador do Irã em Damasco e deixou o local. Na rua, Imad Mughniyeh caminhou até seu veículo, um Mitsubishi Pajero prata, entrou no carro e colocou a chave no contato. O carro seguiu lentamente em direção à rua Al-Mizrab.[624]

Às 22h59, o Mitsubishi parou diante de um semáforo vermelho. Tinha sido um dia longo e cansativo, e a manhã seguinte daria início a outro dia semelhante. Mughniyeh, cansado, apoiou a cabeça no encosto de cabeça do banco. Enquanto esperava que a luz do semáforo mudasse, precisamente nesse momento, ouviu um clique. Uma grande explosão pôde ser ouvida a centenas de metros do local. O teto do carro em que estava o histórico líder terrorista tinha desaparecido e pedaços do corpo de Imad Fayez Mughniyeh ficaram espalhados num raio de mil metros.

A polícia síria que se encarregou da investigação do atentado concluiu que alguém tinha colocado um explosivo no encosto de cabeça do banco do motorista do Mitsubishi. Quando Mughniyeh apoiou a cabeça, acionou o dispositivo que ativava a bomba. As mesmas fontes concluíram que o explosivo deve ter sido colocado no Mitsubishi Pajero entre as 22h e as 22h35, ou seja, durante o período em que Mughniyeh esteve no Centro Cultural Iraniano.

Tudo indica que os *kidon* da Metsada montaram um explosivo num encosto de cabeça igual ao do modelo Pajero que Mughniyeh usava nas viagens a Damasco. Deve ter sido um colaborador árabe do Mossad quem, fazendo-se passar por segurança do Centro Cultural do Irã, conseguiu trocar o encosto de cabeça original por outro com o explosivo.[625] O que quer que tenha ocorrido, o fato é que, poucas horas depois da divulgação do assassinato de Mughniyeh, o primeiro-ministro de Israel Ehud Olmert felicitava pessoalmente o *memuneh* Meir Dagan pelo trabalho cirúrgico do Kidon, concluído de forma tão limpa.[626]

Ronen Bergman, analista de inteligência do jornal *Yediot Ahoronot*, considerou que a morte de Imad Mughniyeh foi ainda mais traumática para o Hezbollah porque o terrorista era mais do que um dirigente ou comandante-chefe. "Muitos em Israel dedicaram muito tempo para seguir Mughniyeh e recolher informações a respeito dele, o homem conhecido como o Carlos iraniano, um sério competidor de Osama bin Laden pelo título de 'terrorista mais perigoso do mundo'. É preciso um grande rigor e profissionalismo, com informações precisas, perseguição e preparação cuidadosa, para que um agente do Mossad se aproxime tanto e coloque um explosivo no encosto de cabeça de seu carro, especialmente num país como a Síria, onde os serviços secretos são tão poderosos", escreveu Bergman. Fomos nós ou não? Essa era a grande pergunta que os israelenses se faziam após o assassinato em Damasco. Oficialmente, não. Oficiosamente, sim.

Enquanto isso acontecia, o Comitê Antiterrorista de Israel declarava situação de perigo concreto. O Hezbollah seguia acusando Israel pela morte de Mughniyeh, o que aumentava o risco de ações terroristas da organização contra alvos israelenses no estrangeiro. "De acordo com o que é atribuído ao Mossad, o serviço secreto deve ser, hoje em dia, o único no mundo que tem a execução de terroristas como parte do seu próprio DNA", opinou o especialista Yossi Melman ao saber do assassinato de Mughniyeh. E talvez ele tivesse razão.[627] De qualquer forma, Imad Fayez Mughniyeh, morto aos 48 anos de idade, dos quais trinta haviam sido dedicados ao terrorismo, não era o primeiro terrorista a cair, e certamente não seria o último. O êxito da Operação Fumaça daria novas forças ao Mossad e, por conseguinte, ao Kidon, para eliminar os inimigos de Israel onde quer que se escondessem.

CAPÍTULO 24

OPERAÇÃO RAQUETE

ALVO: Mahmoud Abdel Rauf al-Mabhouh

POSIÇÃO: Responsável pelo tráfico de armas entre o Hamas e o Irã

DATA: 19 de janeiro de 2010

Naquela manhã de novembro de 2009, as primeiras páginas dos principais jornais de Israel destacavam as reações do Reino Unido, da França, dos Estados Unidos, da Alemanha, da Rússia e da China, os seis países mais poderosos do mundo, à rejeição por parte do Irã das propostas que procuravam retardar a capacidade iraniana para a produção de armas atômicas. Meir Dagan, diretor do Mossad, mostrava preocupação enquanto se dirigia em seu carro oficial para a reunião convocada pelo primeiro-ministro Benjamin Netanyahu e que aconteceria em sua residência, em Jerusalém. Estariam também presentes à reunião o general Aviv Kochavi, chefe do serviço de inteligência militar, a Aman, que acabara de substituir o general Amos Yadlin, e Yuval Diskin, o poderoso diretor do Serviço Geral de Segurança, o Shin Bet. Em sua pasta preta, Dagan levava um extenso relatório sobre Mahmoud al-Mabhouh, principal líder da organização palestina Hamas. Al-Mabhouh era conhecido pelo Shin Bet e pelo Mossad por ser um dos fundadores do braço armado da organização, as temíveis Brigadas Izz ad-Din al-Qassam. Dagan considerava aquele homem um alvo prioritário para os serviços de inteligência israelenses, e esse seria um dos temas que levantaria durante a reunião a portas fechadas convocada para dali a uma hora.

O discreto carro oficial embrenhou-se no trânsito intenso de Jerusalém e dirigiu-se à residência do primeiro-ministro, nas proximidades da rua Ramban.

Quando chegou, os diretores do Shin Bet e da Aman já estavam aguardando pelo início da reunião com Netanyahu. Os três entraram no gabinete do primeiro-ministro carregando pastas volumosas dos seus respectivos serviços com informações sobre operações militares do Hamas, líderes da organização terrorista ou operações de tráfico de armas e explosivos detectadas pelo Mossad. O *memuneh* foi o primeiro a falar, enquanto distribuía dossiês sobre Mahmoud al-Mabhouh a Netanyahu, Yadlin e Diskin. O relatório era encabeçado pela foto de um homem de 49 anos, com cabelo curto, bigode denso e barba por fazer olhando para a lente da câmera com o cenho franzido.

Mahmoud al-Mabhouh nasceu no conflituoso campo de Jabalia, no coração da Faixa de Gaza, em 14 de fevereiro de 1960. Criado numa família de treze irmãos, estudou mecânica e montou uma pequena oficina em Gaza. No final da década de 1970, juntou-se à organização *Yami'at al-Ijwan al-Muslimin*, literalmente Sociedade dos Irmãos Muçulmanos, logo tornando-se um de seus membros mais ativos. O palestino leu várias vezes o ideário da organização fundada em 1928 por Hassan al-Banna no Egito e baseado no Islã.

Al-Mabhouh entrou no radar do Shin Bet pela primeira vez quando se tornou responsável pelos grupos de jovens islamitas que atacavam os cafés de Gaza onde eram feitas apostas ilegais, o que era proibido pelo Islã. O futuro líder do Hamas foi preso pela primeira vez enquanto discursava para um grupo desses jovens. Foi preso pela segunda vez pelo Serviço Geral de Segurança em 1986, durante uma operação secreta realizada em conjunto pelas tropas do exército e a Polícia de Fronteiras. Mahmoud al-Mabhouh portava na ocasião um fuzil de assalto, pelo que foi condenado a três anos de prisão. Quando foi libertado, Al-Mabhouh abandonou a organização de Irmãos Muçulmanos, alegando que seus membros haviam-se submetido aos desejos do presidente Hosni Mubarak, e uniu-se ao Hamas.

O Shin Bet sabia que Mahmoud al-Mabhouh tinha sido o dirigente do Hamas que conduzira as operações de sequestro de dois soldados israelenses: Avi Sasportas, em 15 de fevereiro de 1989 e Ilan Sa'adon, três meses mais tarde.[628] Ambos os militares foram assassinados pouco depois de serem sequestrados.

Nahum Admoni, o diretor do Mossad nessa época, já tinha conversado com o então primeiro-ministro, Yitzhak Shamir, sobre a possibilidade de autorizar uma sanção contra Mahmoud al-Mabhouh, mas a espionagem israelense e o Shin Bet estavam concentrados na captura ou na execução de peixes mais gordos do Hamas. Nesse momento, Al-Mabhouh ainda seria um alvo de menor importância, mas Admoni e Yakov Peri, diretor do Shin Bet, não partilhavam dessa opinião. A visão deles foi ratificada quando os serviços secretos israelenses encontraram uma fita de vídeo em que o próprio Al-Mabhouh confessava ser o autor intelectual dos sequestros dos dois militares. O comando militar israelense em Gaza ordenou então a detenção do líder do Hamas e a demolição de sua casa no campo de refugiados de Jabalia. Depois disso, Mahmoud al-Mabhouh desapareceu da face da Terra. Os israelenses só ouviram falar dele novamente ao saberem que, em abril de 2003, fora detido e preso por tráfico de armas na fronteira entre o Egito e Gaza por agentes do serviço de inteligência do Egito, por ordem de Omar Suleiman. Quando foi libertado, no início de 2004, em razão de pressões de setores islamitas sobre o governo do Cairo, Mahmoud al-Mabhouh conseguiu refúgio em Damasco, sob a proteção de Jalid Meshal, o líder político do Hamas que fora vítima de uma tentativa de assassinato por parte do Kidon na capital jordaniana em 25 de setembro de 1997.[629] A partir desse momento, Al-Mabhouh foi conquistando posições dentro da hierarquia militar do Hamas até se tornar um intermediário importante com o Irã para a compra de armas e explosivos para militantes do seu grupo terrorista.

Naquela manhã de novembro de 2009, chegara o momento de adotar uma medida a respeito de Mahmoud al-Mabhouh. A decisão foi pela ativação de duas equipes do Kidon, da Metsada, para executar o alvo. Meir Dagan classificou a operação sob o código Ain Efes, uma operação que não admitia erros.

O Kidon usaria duas equipes de quatro membros cada. A primeira seria a equipe de ataque; a segunda, de segurança.

Antes de decidir o dia e o local do ataque, foi solicitado à Apam, acrônimo de *Avtahat Paylut Modienit*, unidade encarregada das operações, a obtenção das documentações necessárias para pôr o plano em prática. Os *katsa* da Apam deviam localizar os *sayanim*, colaboradores judeus que trabalham com o Mossad por motivos ideológicos. Sayanim da Grã-Bretanha, da Irlanda, da Alemanha e da França cederiam seus passaportes aos agentes do Kidon. Toda a operação seria coordenada por um agente instalado num esconderijo (*maoz*) em Viena. Todas as comunicações seriam feitas por meio de mensageiros (*bodel*), encarregados de levar mensagens de um esconderijo a uma estação, a uma Embaixada ou ao próprio quartel-general do Instituto, sob a supervisão da Apam. Para cobrir os gastos da operação, os *katsa* do Kidon teriam cartões de crédito expedidos por bancos norte-americanos. Era o momento de localizar o alvo. Para isso, os agentes do Shin Bet, sob o comando do general Kochavi, conseguiram recrutar dois informantes palestinos, Anwar Sheibar e Ahmed Hassanain. Sheibar conhecia muito bem Mahmoud al-Mabhouh porque ambos tinham nascido no campo de Jabalia e também porque o informante tinha sido um intermediário dos serviços secretos palestinos com o Hamas. Ahmed Hassanain tornara-se informante de Israel motivado pelo ódio que sentia do Hamas, de forma geral, e particularmente de Mahmoud al-Mabhouh. Hassanain era um dos homens de confiança de Mohamed Dahlan, também natural de Jabalia e ex-chefe dos serviços de segurança palestinos, famosos pela repressão contra os fundamentalistas há mais de uma década. O Hamas ordenara o seu desmantelamento em toda a Faixa de Gaza. Mohamed Dahlan era certamente o líder palestino mais odiado pelos homens de Al-Mabhouh.

Acredita-se que foi Anwar Sheibar quem informou o Shin Bet, e este o Mossad, que o líder do Hamas planejava viajar, entre 15 de janeiro e 1º de fevereiro, de Teerã para Dubai, via Damasco. Al-Mabhouh cometeu dois erros: o primeiro foi ter reservado a passagem de avião pela internet e, o segundo, foi dizer o nome do hotel onde se hospedaria em Dubai durante uma conversa, gravada pelo Shin Bet, entre ele e sua família.

Era evidente para o Mossad que o local escolhido para o ataque seria a capital dos Emirados Árabes Unidos, um dos poucos países do Golfo Pérsico com o qual Israel mantinha relações. Uma vez informado o comando de operações da Metsada, decidiu-se enviar para Dubai um grupo de vanguarda disfarçado como parte da equipe de assessoria da tenista israelense Shahar Peer, que participaria do Aberto de Tênis de Dubai entre os dias 14 e 20 de fevereiro. Esse fato deu o nome à operação, "Raquete".

Mas o que Al-Mabhouh estava indo fazer naquele país do Golfo Pérsico? O Mossad descobriu que ele tinha planejado visitar um banco árabe e duas companhias navais com ligações no Sudão e no Egito. Tinha provavelmente planejado retirar fundos da sua organização para financiar uma operação de venda de armas entre o Hamas e a chamada Força Al-Quds da Guarda Revolucionária iraniana. Os agentes de Dagan sabiam que Mahmoud al-Mabhouh tinha decidido havia meses passar à clandestinidade mais absoluta e afastar-se durante algum tempo da liderança do Hamas.

Mahmoud al-Mabhouh aterrissou às três da tarde do dia 19 de janeiro no Aeroporto Internacional de Dubai e passou pelo controle de imigração com um passaporte falso com o nome de Talal Nasser. Pegou um táxi oficial, um Ford branco com o teto vermelho, e ordenou ao motorista que o levasse até o hotel Al Bustan Rotana, em Casablanca Road, no bairro de Garhoud. Era seguido bem de perto por membros da Unidade 8513, encarregada de obter informações fotográficas do alvo.

Meia hora mais tarde, aterrissavam no mesmo aeroporto, procedentes de diferentes destinos, os quatro *kidon* que levariam a cabo a execução do líder do Hamas. Kevin Gaveron, chefe da equipe; Gail Folliard; Michael Bodenheimer; e James Susse. Os agentes israelenses tinham reservas no mesmo hotel do líder palestino, que vinha sendo permanentemente vigiado pelos *katsa* do Mossad desde sua chegada. Tudo tinha de estar perfeitamente sob controle. Tudo precisava estar perfeitamente amarrado.

Por volta das 15h30, o líder do Hamas chegou ao hotel e registrou-se na recepção do elegante estabelecimento. Há uma imagem captada pelo circuito interno de televisão do hotel que mostra a hora exata do registro. A funcionária do hotel Al Bustan Rotana entregou a ele a chave do quarto 230, no segundo andar. Mahmoud Abdel al-Mabhouh não percebeu que os dois homens com roupas esportivas que entraram com ele no elevador, quando se dirigia com uma funcionária até o quarto, eram agentes do Mossad. Os homens entraram no quarto 237, em frente ao do palestino, onde foi instalado o centro de operações, liderado por Peter Elvinger, responsável logístico pela Operação Raquete. A câmera de segurança do corredor do segundo andar foi novamente testemunha desses passos.

Às 16h23, a unidade designada para segui-lo vigiava o líder do Hamas quando ele saiu do quarto e se deslocou até o elevador, atravessou o amplo *hall* de entrada e saiu pela porta principal. Um táxi o levaria até o hotel Millenium Airport, onde jantaria no restaurante italiano Da Vinci. Os israelenses informaram que aparentemente Mahmoud al-Mabhouh não esperava ninguém. De fato, ele jantou sozinho nessa noite. Às 18h35, todos os membros de equipes que não fariam parte da operação final dirigiram-se ao aeroporto e saíram do país. Permaneceram em Dubai apenas as duas equipes do Kidon, que totalizavam oito *katsa*.

O líder do Hamas pagou a conta e, às 20h, saiu do estabelecimento para regressar ao hotel. Às 20h24, Al-Mabhouh atravessou as portas giratórias do Al Bustan Rotana, cumprimentou o segurança e foi até os elevadores do fundo. Ao chegar ao segundo andar do hotel, o vídeo da câmera de segurança marcava 20h27. Logo a seguir, perde-se de vista.

Nos dezenove minutos seguintes, a polícia de Dubai acreditava que os assassinos, provavelmente quatro (Kevin Gaveron, Gail Folliard, Michael Bodenheimer e e James Susse), esperaram o dirigente do Hamas. Decerto que dois *kidon* permaneceram dentro do quarto 230 e outros dois no 237, fora do alcance das câmeras de segurança. Assim que o líder palestino foi dominado, os agentes do Kidon atiraram-no na cama, eletrocutaram-no com um *taser* potente, envenenaram-no com uma substância desconhecida e, por fim, estrangularam-no com uma algema plástica de náilon colocada em volta do seu pescoço. Os policiais forenses não conseguiram descobrir o tipo de veneno usado. A algema plástica foi retirada assim que surtiu efeito, mas os investigadores descobriram uma pequena marca na nuca de Al-Mabhouh. O *kidon* tinha usado algo cortante para rasgar o náilon. Era evidente que não se poderia deixar nenhuma pista.

Às 20h56, a câmera do segundo andar voltou a detectar a imagem de dois homens entrando apressadamente no elevador. Um deles segurou a porta, quando de repente outros dois entraram. Os quatro usavam chapéus e gorros esportivos enterrados até as sobrancelhas, e permaneceram de cabeça baixa para não serem posteriormente identificados pelas câmeras de segurança. O Kidon precisou de apenas dezenove minutos para acabar com a vida do perigoso Mahmoud Abdel Rauf al-Mabhouh.[630]

Logo depois, as duas equipes do Kidon saíram dos Emirados Árabes Unidos por diversos meios e com destinos diferentes, usando passaportes falsos de quatro países da União Europeia.

O cadáver seminu do líder do Hamas foi encontrado dezessete horas depois, estendido de barriga para baixo sobre a cama do seu quarto, quando todos os agentes do Mossad já estavam a salvo.

Apesar de não haver provas conclusivas contra o Mossad, o certo é que a sua marca ficou impressa em todo o projeto e execução do assassinato, e até nos círculos diplomáticos falava-se de uma operação dos *kidon* da Metsada. Semanas depois, um diplomata israelense destacado em Londres escreveu no seu perfil do Twitter**: "Tenista israelense dá um golpe num alvo em Dubai". Musa Abu Marzuk, membro da direção do Hamas, garantiu: "Responsabilizamos Israel pelo assassinato". Dhahi Jalfan Tamim, chefe da polícia de Dubai, declarou abertamente: "Isso é responsabilidade do Mossad". Os investigadores descobriram contatos telefônicos entre os agentes israelenses e realizaram rastreamentos dos passaportes suspeitos por todos os países por onde eles haviam passado. A Interpol recebeu formalmente um pedido de Dubai para decretar uma ordem internacional de prisão contra Meir Dagan, *memuneh* do Mossad, como principal responsável pelo assassinato de Al-Mabhouh, e um segundo pedido para identificar dezesseis suspeitos de participarem na ação de Dubai.[631] Para tentar se proteger, Israel respondeu por meio de seu vice-ministro dos Negócios Estrangeiros, Danny Ayalon. O responsável diplomático declarou: "Não creio que isso leve a uma crise com os aliados europeus porque não há nada que ligue Israel ao assassinato. O Reino Unido, a França e a Alemanha partilham interesses comuns com Israel na sua luta global contra o terrorismo, portanto as relações diplomáticas não serão atingidas, mas sim fortalecidas".[632] Mas os europeus viam a situação de forma bem diferente.

A França, por intermédio do primeiro-ministro François Fillon, assegurou que condenava o assassinato e que este não era um meio válido para as relações internacionais. Em 22 de fevereiro de 2010, a União Europeia, por intermédio

---

** O Twitter agora chama-se X. (N. do P.)

de seus ministros dos Negócios Estrangeiros, condenou publicamente o assassinato em Dubai e o uso de passaportes comunitários para realizá-lo, mas no comunicado oficial não se fazia nenhuma referência a Israel. Em 23 de março, David Miliband, secretário de Estado dos Negócios Estrangeiros do Reino Unido anunciou no Parlamento, como medida de represália contra Israel, a ordem de expulsão de um diplomata israelense como protesto pelo assassinato de Dubai, assim como pela utilização de passaportes do Reino Unido.

No final de fevereiro, a polícia dos Emirados Árabes descobriu que os *katsa* que formavam a segunda equipe do Kidon entraram em Dubai usando dois passaportes britânicos e dois irlandeses. A pista dos passaportes falsos levou os investigadores até Varsóvia. Ali, a Interpol e os serviços secretos poloneses, a *Agencja Wywiadu* (AW), prenderam Uri Brodsky. O detido era considerado um membro do Kaisarut, o departamento de mediações nas embaixadas de Israel em Varsóvia, mas o mais curioso é que, no dia seguinte à sua detenção, o jornal israelense *Haaretz* informou que havia apenas um cidadão israelense chamado "Uri Brodsky" e era um adolescente que estudava informática nos Estados Unidos, e que Michael Bodenheimer, um dos nomes usados por um dos agentes do Kidon, era falso. O verdadeiro Michael Bodenheimer era um rabino idoso que vivia numa cidade ao sul de Tel Aviv.

"Os membros do comando que mataram Al-Mabhouh demonstraram um enorme profissionalismo e sangue-frio. Estavam conscientes de que o hotel estava cheio de câmeras de segurança", afirmou Yossi Melman, analista especialista em operações do Mossad.

O governo de Jerusalém jamais confirmou ou desmentiu a participação no assassinato de Mahmoud Abdel Rauf al-Mabhouh, mas isso foi interpretado, pela comunidade internacional de inteligência, como a confirmação do fato. O certo é que, ainda que tenham-se passado vários anos do ocorrido e não tenham sido encontrados culpados, a marca do Kidon segue rondando a execução do chefe militar do Hamas.

CAPÍTULO 25

OPERAÇÃO FILHO PRÓDIGO

ALVO: Abdullah Ahmed Abdullah, conhecido como Abu Mohamed al-Masri

POSIÇÃO: Número 2 da Al-Qaeda

DATA: 7 de agosto de 2020

Os alarmes soaram em Langley no final de julho de 2019, quando a unidade da CIA em Beirute informou ter localizado o número dois da organização terrorista Al-Qaeda, um dos homens mais procurados pelos Estados Unidos. O FBI estava oferecendo 10 milhões de dólares por sua cabeça e seu rosto aparecia no famoso pôster dos dez terroristas mais procurados do mundo. A fotografia em preto e branco mostrava um homem que aparentava ter quarenta e poucos anos de idade, com um bigode bem feito, uma camisa branca impecável e uma gravata preta. De acordo com o FBI, esse era o rosto de Abdullah Ahmed Abdullah, acusado pelo assassinato de cidadãos norte-americanos no exterior, planejamento de assassinatos de norte-americanos além das fronteiras dos Estados Unidos, ataques a instalações federais que resultaram em mortes, conspirações para destruir edifícios e propriedades dos Estados Unidos e destruição de instalações de defesa do governo norte-americano.

O alerta chegou à mesa de Elizabeth Kimber, vice-diretora de Operações Clandestinas da agência central de inteligência. Kimber, uma das pessoas de maior confiança da diretora Gina Haspel, havia assumido a difícil tarefa de liderar as ações secretas da inteligência dos Estados Unidos em 10 de dezembro de 2018.[633] Ela imediatamente repassou a informação para Haspel e Vaughn Bishop, o vice-diretor da CIA. Os líderes da agência sabiam que a eliminação do número dois da Al-Qaeda seria um fato extremamente positivo para o presidente Donald Trump, faltando dois anos para o pleito em que tentaria se reeleger. Trump sabia que precisava de seu Osama bin Laden, como havia acontecido com seu antecessor no cargo, Barack Obama, e não havia dúvida de que Abdullah Ahmed Abdullah, vulgo Abu Mohamed al-Masri, era um bom trunfo. A notícia da localização de Abdullah foi uma surpresa, pois ele era considerado morto pela CIA desde 2010, quando um drone Predator atacou uma casa no norte do Paquistão, matando vários líderes militares da Al-Qaeda. Acreditava-se que Abdullah estava entre as vítimas fatais desse ataque.[634]

Haspel repassou as informações para o conselheiro de segurança nacional da Casa Branca, John Bolton, e para o diretor do FBI, Christopher Wray. A experiente e polêmica diretora da CIA estava bem ciente de seu alvo. Seu extenso currículo apontava 1985 como a data de início do seu trabalho na inteligência, quando ela ingressou em Camp Peary, codinome *The Farm*, o centro de treinamento de oficiais da CIA em Williamsburg, Virgínia. Em 1987, depois de se formar na *The Farm*, foi designada como agente de campo para a Divisão Africana. Depois de uma breve passagem pela Divisão Russa (1993-1994), a atual diretora da CIA ocupou diversos cargos, desde chefe de estação na Divisão Europeia, chefe de Locais Secretos, vice-diretora de Inteligência Estrangeira e Operações Secretas (DDNCS) e vice-diretora do Serviço Clandestino Nacional. Em 2017, com a chegada do republicano Donald Trump à Casa Branca, Gina Haspel foi nomeada vice-diretora da CIA e, em 21 de maio de 2018, assumiu a direção da agência após a demissão de David Cohen, que até então atuava como diretor interino.[635] Haspel assumiu o cargo em meio a uma grande polêmica provocada por suas ações no período em que atuou como supervisora das prisões secretas da agência no exterior.

Entre outubro e dezembro de 2002, a futura diretora da CIA foi designada para supervisionar uma prisão secreta na Tailândia, conhecida pelo codinome Olho do Gato, que mantinha prisioneiros suspeitos de pertencer à organização Al-Qaeda.[636] A Olho do Gato fazia parte do programa do governo dos Estados Unidos denominado "Extraordinary Rendition", estabelecido após os ataques de 11 de setembro e no qual técnicas de tortura eram usadas de forma regular durante interrogatórios de suspeitos.[637] Gina Haspel tornou-se chefe da unidade durante os interrogatórios do oficial de inteligência saudita da Al-Qaeda Abu Zubaydah e do também oficial de inteligência saudita da Al-Qaeda Abd al-Rahim al-Nashiri, o principal responsável pelo ataque ao destróier USS *Cole*, no porto de Aden (Iêmen), em 12 de outubro de 2000, no qual 17 marinheiros morreram e 37 ficaram feridos com gravidade variada.[638] Os dois prisioneiros foram submetidos a vários tipos de sessões de torturas por agentes de operações especiais da CIA.

Enquanto estava sob custódia da CIA, Zubaydah foi interrogado e torturado, tendo sido submetido a 83 afogamentos e a outras técnicas, inclusive nudez forçada, privação de sono, confinamento em pequenas caixas, privação de alimentos sólidos, posições de estresse e agressão física.[639] Abd al-Rahim al-Nashiri foi capturado em Dubai em 2002 e mantido por quatro anos em prisões secretas da CIA, conhecidas como "buracos negros", no Afeganistão, Tailândia, Polônia, Marrocos e Romênia, antes de ser transferido para o campo de detenção de Guantánamo. Durante os interrogatórios, Al-Nashiri foi submetido a *waterboarding*, uma técnica de afogamento que desde então foi classificada como tortura. Em outra sessão, ele foi despido, encapuzado e ameaçado com uma arma e uma furadeira elétrica como forma de forçá-lo a falar.[640] Em 2005, quando as fitas de vídeo mostrando as torturas dos dois prisioneiros e de muitos outros foram reivindicadas pelo Comitê de Inteligência do Congresso e do Senado em audiências especiais, a CIA decidiu destruir todas as fitas que mostravam as sessões de tortura a que Zubaydah e Al-Nashiri foram submetidos. A própria Gina Haspel é suspeita de envolvimento na destruição de provas quando era chefe de gabinete da Diretoria de Operações, apesar de isso nunca ter sido comprovado. As suspeitas sobre ela nunca se dissiparam, mesmo quando ela compareceu ao Comitê de Serviços de Inteligência do Congresso para ratificação do cargo de diretora da CIA. Tanto Zubaydah quanto Al-Nashiri permanecem até hoje na prisão da Baía de Guantánamo.[641]

Haspel logo vislumbrou a oportunidade política que permitiria liquidar um dos dez terroristas mais procurados pelos Estado Unidos. No dia seguinte, a diretora da CIA e seu vice-diretor, Vaught Bishop, foram convocados à Casa Branca. Bishop também era outro veterano da agência, que havia-se destacado no início da década de 1990 como chefe da força-tarefa da Somália e, entre 1996 e 1999, como o responsável pela criação de laços com agências estrangeiras para combater o terrorismo. Ele havia-se aposentado da CIA em 2011, mas Haspel o convocou em agosto de 2018 para torná-lo seu braço direito.

Além de Haspel e Bishop, a reunião na sala de guerra da Casa Branca também contou com a presença de John Bolton, o polêmico conselheiro de Segurança Nacional; Dan Coats, diretor de Inteligência Nacional; Christopher Wray, diretor do FBI; e Mick Mulvaney, chefe de gabinete da Casa Branca. Foi Bishop quem comandou a reunião e também foi ele quem primeiro fez uso da palavra. "Localizamos Abdullah Ahmed Abdullah, conhecido como Abu Mohamed al-Masri, o número dois da Al-Qaeda. Nossos homens em Beirute informaram ontem à tarde que um agente avistou Abdullah em um bairro ao sul de Teerã. Segundo consta, ele está sob a proteção do VAJA, o Ministério da Inteligência da República Islâmica do Irã", disse o vice-diretor da CIA.

Nascido em 6 de junho de 1963 na região egípcia de Gharbia, Abdullah Ahmed Abdullah, um aficionado por futebol, conseguiu conquistar o lugar de zagueiro na equipe do Ghazl el-Mahalla Sporting Club, mas, após a invasão soviética do Afeganistão, abandonou tudo, a família, os amigos e o esporte, e viajou para a Ásia Central para se unir aos *mujahideen* (guerreiros fundamentalistas) de Osama bin Laden. No início de 1992, se uniu ao grupo liderado por Saif al-Adel, o ex-paraquedista egípcio que na época liderava a segurança da Al-Qaeda, como oficial de inteligência. Al-Adel pediu a Abdullah Ahmed Abdullah que aconselhasse e treinasse os grupos rebeldes que lutavam contra as tropas norte-americanas nas ruas de Mogadíscio durante a operação chamada "Restore Hope" (Restaurar a Esperança), em 1993.[642] Ele também ensinou os guerrilheiros de Mohamed Farah Aidid, conhecido como o Senhor da Guerra, a lançar mísseis RPG de fabricação soviética. O treinamento proporcionado por Abdullah Ahmed Abdullah aos combatentes somalis com esse tipo de arma permitiu que eles abatessem dois helicópteros Black Hawk em 3 de outubro de 1993, durante a sangrenta Batalha de Mogadíscio.[643]

"Quando a Al-Qaeda começou a realizar atividades terroristas, no final da década de 1990, Al-Masri [Abdullah Ahmed Abdullah] estava entre os três homens mais próximos a Bin Laden e atuava como chefe de operações da organização. [...] Ele trouxe consigo seu conhecimento e determinação e, desde então, está envolvido em grande parte das operações da organização, com ênfase especial na África", garantiu Yoram Schweitzer, diretor do Instituto de Estudos de Segurança Nacional de Tel Aviv.[644]

De acordo com um relatório redigido pela CIA, Abdullah Ahmed Abdullah também foi um dos principais responsáveis pelos atentados a bomba contra as embaixadas dos Estados Unidos no Quênia e na Tanzânia, em 7 de agosto de 1998, no qual 224 pessoas foram mortas e mais de cinco mil ficaram feridas.[645] Na véspera do atentado, Abdullah fugiu de Nairóbi para a cidade paquistanesa de Karachi, onde seu rastro se perdeu. No início de 2001, a Al-Qaeda e a Jihad Islâmica Egípcia se fundiram em uma única organização, e Osama bin Laden nomeou Ayman al-Zawahiri como seu braço direito e sucessor natural. Abaixo de Al-Zawahiri na cadeia de comando estava Mohamed Atef, o chefe militar, e, abaixo dele, três egípcios compartilhavam as funções: Saif al-Adel e Abdullah Ahmed Abdullah, militantes da Al-Qaeda desde o início, e Abu al-Khair al-Masri, que chegou à Al-Qaeda por meio do agora poderoso Al-Zawahiri.[646]

Seu rastro se perdeu novamente após os ataques de 11 de setembro, em Nova York e Washington, e não se ouviu mais falar dele até quatorze meses mais tarde, no dia 28 de novembro de 2002, quando um ataque sangrento se abateu sobre cidadãos israelenses na cidade de Mombaça, no Quênia. O Mossad passou a tê-lo na mira após acusá-lo formalmente de ser o principal autor desse ataque terrorista, quando três homens conduzindo um SUV se aproximaram da entrada do Paradise Hotel e foram abordados pelos seguranças do local. Um dos homens saltou do carro e detonou um colete explosivo. Os outros dois homens jogaram o veículo contra a barreira de segurança, provocando um violento choque contra a entrada principal do estabelecimento. Segundos depois, detonaram uma potente bomba que havia sido colocada na parte traseira do SUV.[647] O atentado aconteceu na véspera do Chanucá, no momento em que cerca de sessenta turistas israelenses faziam o *check-in* na recepção do hotel. Três deles morreram com a explosão, entre eles duas crianças, e vários outros ficaram feridos com diferentes graus de gravidade. Doze quenianos também morreram, todos dançarinos de um grupo contratado para entreter os hóspedes no hotel. Em uma missão de resgate realizada durante a noite, quatro aviões militares israelenses foram enviados a Mombaça, sob as ordens do primeiro-ministro Ariel Sharon, para retirada dos mortos e resgate dos feridos.[648]

Quase simultaneamente ao ataque ao hotel, dois terroristas treinados por Abdullah lançaram dois mísseis terra-ar contra um Boeing 757 fretado pela Arkia Airlines, uma empresa com sede em Israel que estava operando um voo semanal para turistas israelenses entre Tel Aviv e Mombaça, quando a aeronave estava decolando do Aeroporto Internacional de Moi. O piloto conseguiu evitar o impacto e se preparou para um pouso de emergência em Nairóbi, mas recebeu ordens para continuar a rota para Israel. O avião finalmente conseguiu pousar horas depois em uma pista de emergência no aeroporto Ben-Gurion, em Tel Aviv, escoltado por caças F-15.[649]

Nos dias que se seguiram aos atentados, agentes da Diretoria Nacional de Inteligência (NIS) do Quênia informaram a seus colegas do Mossad a descoberta de um lançador e duas carcaças de mísseis abandonados na área de Changamwe, a cerca de 2 quilômetros do aeroporto de Mombaça, e que uma semana antes haviam detectado a entrada de vários cidadãos árabes. As autoridades quenianas identificaram Abdullah Ahmed Abdullah como um dos árabes que haviam entrado no país.[650] O nome de Abdullah Ahmed Abdullah, vulgo Abu Mohamed al-Masri, foi adicionado neste mesmo dia à Página Vermelha, e o Kidon passou a ficar em seu encalço. Mais cedo ou mais tarde, o longo braço de Israel o alcançaria.

Em 2003, Abdullah se mudou clandestinamente para o nordeste do Irã, supostamente sob a proteção do próprio Ahmad Kazemi, o todo-poderoso comandante-chefe da Guarda Revolucionária Iraniana. Ele acabou sendo preso, junto com Saif al-Adel e Abu al-Khair al-Masri e por ordem de Ali Younesi, o ministro da Inteligência, por conta de sua tentativa de criar uma filial da Al-Qaeda no Irã. Nos anos seguintes, os três membros da Al-Qaeda permaneceram em prisão domiciliar em um pequeno vilarejo no meio do deserto de Dasht-e Kavir.[651] Nos doze anos seguintes, Abdullah Ahmed Abdullah permaneceu escondido em diferentes locais no Irã até que, surpreendentemente, em março de 2015, foi libertado junto com seus companheiros. Ayman al-Zawahiri teria intermediado a libertação do diplomata iraniano Nour Ahmad Nikbakht, detido no Iêmen por um grupo próximo à Al-Qaeda, em troca da libertação de seus três homens pelas autoridades de Teerã.[652]

O escritório da CIA em Beirute localizou Abdullah Ahmed Abdullah por meio de uma fonte do Hezbollah. O que o número dois da Al-Qaeda não sabia era que não era ele, mas sua filha, Maryam Al-Masri, que estava sendo rastreada. Ao que tudo indicava, a jovem de 27 anos tinha laços estreitos com o pró-iraniano Partido de Deus, servindo de ligação entre o Hezbollah e seu pai. O *Amn al--Muddad*, o órgão de inteligência do Hezbollah, forneceu ao líder da Al-Qaeda uma nova identidade libanesa, incluindo um passaporte e uma carteira de habilitação. As informações disponíveis indicam que Abdullah vivia sob o disfarce de um respeitado professor de História em um bairro ao norte de Teerã, protegido pela inteligência iraniana.

"Ele precisa ser eliminado. Trata-se do principal responsável pelos ataques às nossas embaixadas no Quênia e na Tanzânia e é certo que um dia sucederá Ayman al-Zawahiri no comando da Al-Qaeda. É melhor derrubá-lo agora, enquanto o temos em nossa mira", disse Bolton, o assessor de segurança nacional. Tanto Haspel quanto Bishop interpretaram essas palavras como uma ordem tácita da Casa Branca, representada na reunião por Mulvaney, o chefe de gabinete da Presidência da República.

Depois de retornar a Langley, o vice-diretor Vaught Bishop convocou Elizabeth Kimber, vice-diretora de Operações Clandestinas, para comparecer a seu escritório, e declarou: "Temos o sinal verde". A operação deveria ocorrer durante uma viagem de Abdullah Ahmed Abdullah ao Líbano. Tudo indicava que alguém no aparato de segurança iraniano não estava gostando da proteção do Irã xiita a um sunita como Abdullah. Muitos no VAJA[653] queriam acabar com essa proteção, e foi isso que motivou o vazamento da informação sobre os detalhes da viagem do número dois da Al-Qaeda a Beirute. Para realizar o ataque, programado para o dia 14 de agosto de 2019, uma terça-feira, foi recrutada uma equipe de operações especiais composta de ex-membros de unidades militares de elite dos Estados Unidos. Os locais escolhidos para o ataque seriam o hotel onde ele se hospedasse ou a estrada que liga o Aeroporto Internacional Rafic Hariri ao centro da cidade, que passava pelos principais bairros controlados pelo Hezbollah. Quando tudo estava pronto para a operação de assassinato de Abdullah Ahmed Abdullah, na noite de segunda-feira, 13 de agosto, foi recebida uma comunicação dando conta do cancelamento da viagem de Abdullah Ahmed Abdullah e informando que apenas sua filha Maryam viajaria para a capital libanesa. A CIA sabia que a jovem era uma mensageira entre a Al-Qaeda e o Hezbollah e também que ela era viúva de Hamza bin Laden, um dos filhos mais novos do fundador da Al-Qaeda, Osama bin Laden. Hamza foi apontado como sucessor natural de seu pai após o assassinato deste por forças especiais dos Estados Unidos em uma casa na cidade paquistanesa de Abotabad, no dia 2 de maio de 2011.[654]

Nascido em 1989 na cidade saudita de Jeddah, o jovem Hamza refugiou-se no Irã com a família após os ataques de 11 de setembro, mas suas atividades em organizações terroristas fizeram com que o serviço de segurança iraniano o colocasse em prisão domiciliar. Em 14 de agosto de 2015, o jovem Bin Laden lançou uma mensagem de rádio conclamando seus seguidores em cidades como Cabul, Beirute, Bagdá, Damasco ou Gaza a fazer jihad também nas ruas de Washington, Londres, Paris ou Tel Aviv.[655] Na época, o governo de Teerã vivia um momento delicado com o desenvolvimento de seu programa nuclear secreto e a última coisa de que precisava era excessiva atenção. Era claro que a mensagem do filho de Osama bin Laden não era de grande ajuda neste cenário. Alguns dias depois de mandar a mensagem, Hamza recebeu um primeiro aviso da inteligência iraniana, deixando claro que ele deveria manter a boca fechada se quisesse manter seu *status* em solo iraniano. Mas Hamza bin Laden não estava disposto a permitir ser contido e, em 11 de maio de 2016, publicou uma segunda mensagem, dessa vez com foco na situação da Palestina e na Guerra Civil em curso na Síria. Hamza afirmava que a "abençoada revolução síria havia tornado mais provável a perspectiva de libertação de Jerusalém. [...] A *umma* (nação) islâmica deve-se concentrar na jihad em Al-Sham (Síria)... e unir as fileiras de *mujahideen* prontos para dar suas vidas contra os infiéis", disse ele. Essas palavras novamente colocaram Teerã em uma situação delicada.[656]

Há informações que dão conta de que Hamza bin Laden teria sido morto no dia 31 de julho de 2019 por ordem do presidente Donald Trump.[657] Em 14 de setembro de 2019, Trump confirmou que Hamza bin Laden havia sido assassinado durante uma operação antiterrorista dos Estados Unidos em uma região da fronteira entre o Afeganistão e o Paquistão.[658]

A pertinência da morte da filha de Abdullah Ahmed Abdullah foi tema de debate por algumas horas na sede da CIA, mas o chefe da unidade da agência de inteligência na capital libanesa achava que não valia a pena arriscar a segurança da unidade da CIA diante dos serviços de segurança libaneses por um peixe pequeno como Maryam al-Masri. "Se matarmos a filha de Abdullah Ahmed Abdullah, ele procurará um buraco mais fundo para se esconder. Hoje, contamos com a vantagem de que ele vive confiante de que não o pegaremos", disse o oficial da CIA. A operação acabou sendo abortada até surgir uma nova oportunidade, o que não demoraria muito a acontecer.

Haspel e Bishop sabiam que, se quisessem chegar até Abdullah, teriam de negociar com seus colegas israelenses, do Mossad. Os *katsa* israelenses estavam mais bem adaptados ao Irã, com maior infiltração e melhores fontes de informação em solo iraniano, levando-se em conta que seus agentes vinham desde 2006 liquidando alvos ligados ao programa nuclear do país vizinho. Durante uma reunião entre os dois líderes dos serviços de inteligência, Haspel ficou sabendo que Al-Masri era um alvo prioritário para Israel após o ataque de 28 de novembro de 2002 ao Paradise Hotel, em Mombaça, e pediu a Yossi Cohen que ajudasse a CIA a eliminá-lo. O *memuneh* apenas pediu ao seu colega americano que Washington não divulgasse o assassinato do terrorista, mantendo a boca fechada e longe dos microfones. Quando retornou a Israel, Cohen consultou o primeiro-ministro Benjamin Netanyahu, o ministro da Inteligência Eli Cohen e o chefe do Estado-Maior da Defesa, general Aviv Kochavi. Todos concordaram em prestar auxílio aos norte-americanos.[659] A CIA ficaria encarregada da coleta de informações e uma unidade do Kidon seria responsável pelo golpe de misericórdia. A operação recebeu o nome de Filho Pródigo.

A oportunidade para a execução surgiria em julho de 2020, quando a inteligência israelense, por meio de um *sayan*, um informante do Mossad que trabalhava no Ministério do Interior iraniano, soube que um estrangeiro com as feições de Abu Mohamed al-Masri havia comparecido ao departamento de estrangeiros para renovar seu visto de permanência na República Islâmica. O tal forasteiro teria apresentado um passaporte libanês com o nome de Habib Dawoud. A informação foi transmitida para a unidade da CIA em Beirute, que verificou a identidade do proprietário do passaporte. Dawoud, 58 anos, era supostamente um professor de História que lecionava em uma escola de Ensino Médio em um bairro rico da capital iraniana e ocasionalmente dava palestras na Universidade Virtual de Teerã, na Rua Golestan, no Distrito 3.

Curiosamente, o passaporte não estava registrado no departamento de documentações do Ministério do Interior do Líbano, o que indicava tratar-se de uma falsificação. A CIA descobriu que Dawoud era, na verdade, o codinome usado pelos serviços de segurança iranianos para se referir ao egípcio Abdullah Ahmed Abdullah, braço direito de Ayman al-Zawahiri e favorito para sucedê-lo como líder da Al-Qaeda, o que ficara mais evidente após o assassinato do filho de Osama bin Laden, Hamza, um ano antes. A inteligência dos Estados Unidos soube então que tinha seu alvo na mira. A fonte do Mossad no Ministério do Interior do Irã disse que o homem residia em uma área próxima à sede do órgão, conhecida como Shahid Zeyn O-Ddin.

A informação chegou à sede do Mossad. Seu *memuneh* então ordenou a ativação de uma equipe da divisão de Cesárea, encarregada de executar ações em países árabes, para manter o alvo sob vigilância. Durante duas semanas, os *katsa* acompanharam de perto todos os passos do professor de História e de uma mulher de 27 anos que o acompanhava na maioria de seus deslocamentos, inclusive à sede do Hezbollah na capital iraniana. Finalmente, com todas as informações reunidas, o *kaisarut*, um oficial de ligação na Embaixada israelense em Washington, informou ao seu contato na CIA que a execução do golpe estava marcada para o dia 7 de agosto, data que marcava o 22º aniversário do ataque terrorista às embaixadas dos Estados Unidos no Quênia e na Tanzânia. Há informações que dão conta de que o dia do ataque a Abdullah teria sido definido por Elizabeth Kimber, chefe de operações clandestinas da CIA.[660] Os mortos nos ataques terroristas no Quênia e na Tanzânia finalmente seriam vingados.

Sexta-feira, uma manhã de agosto comum, como qualquer outra. Os cidadãos da capital seguiam trabalhando, apesar das restrições impostas pelo Ministério da Saúde sob as ordens de seu ministro Saeid Namaki, em razão da pandemia de Covid-19 que assolava o país e o resto do mundo. Naquele mês, já haviam sido detectados mais de 800 mil novos casos da doença e mais de 42 mil pessoas já haviam morrido como vítimas da pandemia. Para Teerã, tratava-se de uma tragédia semelhante à causada pela guerra com o Iraque, que aconteceu entre 1980 e 1988. Apesar das restrições de circulação, os cidadãos da capital se movimentavam pela cidade sem grandes obstáculos. Na noite anterior, o Comitê X, órgão encarregado de julgar e sentenciar os inimigos de Israel, ratificara para a Operação Filho Pródigo a classificação de "Pânico Absurdo", a autorização oficial do governo israelense para a execução de um alvo. A sentença geralmente é executada com o envio de uma unidade do Kidon.[661]

Naquela sexta-feira, o professor Habib Dawoud, então com 58 anos, saiu de casa com a filha Maryam dirigindo um Renault Tondar 90. Eles deixaram a rua em que moravam sem dar-se conta de uma motocicleta com dois homens que os seguia de perto. Não era possível ver o rosto dos ocupantes da moto em razão dos capacetes pretos que cobriam suas cabeças. A certa altura, a motocicleta parou ao lado do Renault. Dawoud parou no semáforo da avenida Arash e virou à direita na Nelson Mandela Bolevard. Uma segunda motocicleta com mais dois homens se juntou à primeira, que já estava seguindo o alvo desde que saíra de sua residência. Nem o motorista nem sua passageira suspeitaram de nada, e Habib Dawoud reduziu a velocidade novamente até parar em frente à panificadora Neyshekar, famosa por suas *baklavas*. Alguns minutos mais tarde, a mulher retornou ao veículo estacionado em fila dupla carregando uma pequena caixa branca nas mãos.

O Renault voltou a se mover, com seus perseguidores logo atrás. O tráfego no centro da cidade estava bastante intenso apesar das restrições sanitárias. Quando a dupla se aproximou da avenida Modares, o motorista reduziu a velocidade do veículo e entrou na pista da esquerda para fazer o retorno na mesma direção e entrar na rua Golestan. Nesse momento, uma das motocicletas que o seguia acelerou e ultrapassou o alvo, enquanto a segunda motocicleta permaneceu logo atrás dele. No final da rua, o Renault diminuiu a velocidade e parou por um momento para fazer duas leves curvas, uma à esquerda e outra à direita, aproximando-se da Universidade Virtual de Teerã, onde o professor lecionava. Quando Habib Dawoud parou completamente o veículo, viu o carona da motocicleta que estava à sua frente desembarcar. O passageiro da segunda motocicleta, que vinha atrás do Renault, fez o mesmo movimento. Sem tirar os capacetes, um se colocou no lado esquerdo, o do motorista, e o segundo no lado direito, da passageira. Em um movimento rápido, ambos sacaram suas armas equipadas com silenciadores e começaram a atirar pelas janelas.

Quatro balas atingiram o corpo do professor libanês, matando-o instantaneamente. Três outros projéteis atingiram a mulher de 27 anos, que ainda tinha sobre o colo os pastéis recém-comprados. Um quarto projétil atingiu um veículo estacionado nas proximidades. Os dois homens então voltaram para suas motocicletas e fugiram do local, desaparecendo da cena do crime. A polícia iraniana identificou as duas vítimas como Habib Dawoud, 58 anos, e sua filha Maryam Dawoud, 27 anos. "O homem era ligado à organização libanesa pró-iraniana Hezbollah", confirmaram as autoridades policiais iranianas, omitindo, no entanto, a verdadeira identidade dos assassinados.[662] Naquela mesma tarde, a diretora Haspel informou oficialmente Julia Nesheiwat, assistente adjunta do presidente Trump para Segurança Interna e Contraterrorismo; Christopher Wray, diretor do FBI; John Lee Ratcliffe, diretor da Inteligência Nacional; Robert O'Brien, conselheiro de Segurança Nacional; e Mark Medows, chefe de equipe da Casa Branca, que "o alvo havia sido anulado".[663]

Segundo informações publicadas em uma extensa reportagem veiculada pelo jornal *The New York Times* na sexta-feira, 13 de novembro de 2020, um dos mortos era um membro sênior da Al-Qaeda e os assassinos nas motocicletas eram agentes israelenses agindo sob ordens dos Estados Unidos. O *modus operandi* da execução do atentado sugeria que os movimentos de Abdullah Ahmed Abdullah, braço direito de Ayman al-Zawahiri, estavam há muito tempo sendo monitorados pela inteligência israelense e norte-americana, mas nem os Estados Unidos, nem Israel, nem o próprio Irã haviam reconhecido até então a identidade de um dos terroristas mais procurados do mundo. Mas os jornalistas do *The New York Times* afirmavam que a forma como se dera o atentado era semelhante à usada pelo Mossad para liquidar vários cientistas nucleares iranianos em uma sequência de atos atribuídos a agentes israelenses com o objetivo de sabotar o desenvolvimento do poderio nuclear por parte do Irã.[664] "Os americanos não podem anunciar oficialmente que mobilizaram agentes israelenses para uma operação no coração da capital iraniana, especialmente porque a filha de Abdullah Ahmed Abdullah morreu durante a operação. Será que ela também era um alvo justificado em um assassinato planejado? Muitos parâmetros impedem que essa operação seja oficialmente reconhecida no momento", escreveu na época Wassim Nasr, jornalista da *France* 24 e especialista em Al-Qaeda.[665]

A CIA sabia que Abdullah Ahmed Abdullah, conhecido como Abu Mohamed al-Masri, estava sob custódia iraniana desde 2003, embora levasse uma vida normal como professor de História. O porta-voz do Ministério das Relações Exteriores do Irã, Said Jatibzadeh, negou categoricamente as informações publicadas na reportagem do jornal norte-americano. "Aconselhamos a mídia estadunidense a não enveredar pelos cenários hollywoodianos das autoridades dos Estados Unidos e do regime sionista. [...] Tais acusações são feitas no contexto de uma guerra totalmente econômica, de inteligência e psicológica contra o povo iraniano", disse Jatibzadeh.

Com as informações coletadas sobre aquele que se supunha ser Habib Dawoud, o governo de Teerã alegou saber pouco ou nada, o que convinha muito bem a Washington e Tel Aviv. Simplesmente porque não seria possível ao Irã condenar oficialmente o assassinato em solo iraniano de alguém que, segundo o próprio governo, não residia no país. Por outro lado, um relatório publicado em 2008 pelo Centro Nacional de Contraterrorismo dos Estados Unidos e classificado como "altamente secreto" considerou Abdullah Ahmed Abdullah como "o mais experiente e habilidoso cérebro de operações terroristas que não está sob o poder dos Estados Unidos ou de seus aliados".[666]

Embora o governo do Irã tenha admitido em 2018 que vários membros da Al-Qaeda haviam cruzado sua permeável fronteira, afirmou também na época que todos eles haviam sido deportados. Apesar disso, descobriu-se, após o assassinato de Abdullah, que Teerã deteve e aprisionou um número desconhecido desses terroristas, a maior parte deles comandantes de nível sênior e médio da Al-Qaeda. Posteriormente, muitos foram soltos e autorizados a permanecer em solo iraniano desde que não se envolvessem em atividades terroristas e que a Al-Qaeda ou grupos associados não realizassem atos terroristas em solo iraniano ou contra interesses iranianos no exterior. Assim, Teerã estabelecia uma espécie de regramento para convivência com a organização terrorista.

Depois do assassinato de Abdullah Ahmed Abdullah e sua filha, o chefe da unidade do Kidon enviada ao Irã encaminhou uma breve mensagem aos seus superiores, com nada além de duas palavras: "Tratamento Negativo", a expressão usada para confirmar o assassinato de um alvo. A morte de Maryam al-Masri não foi declarada como um *nezek agavi*, um dano acidental causado durante uma operação de assassinato, pois a filha do líder da Al-Qaeda estava envolvida nas relações entre seu pai e a organização terrorista Hezbollah. Maryam era, portanto, um "alvo legítimo" do Kidon. Mas, mantendo a mesma política de sigilo, nem o Mossad nem o governo israelense comentaram a reportagem publicada no *The New York Times*.

Assim como Abdullah Ahmed Abdullah, Saif al-Adel tinha a opção de deixar o Irã, mas optou por não fazê-lo, mesmo porque não há sinais da existência de uma eventual proibição para que deixasse o território iraniano. Atualmente, ele é o líder mais importante da Al-Qaeda depois de Ayman al-Zawahiri e, se forem verdadeiros os rumores de que o idoso clérigo egípcio morreu após uma cirurgia, Saif al-Adel seria o novo líder do grupo terrorista e, portanto, a nova prioridade da CIA e do Mossad.[667] O tempo dirá.

CAPÍTULO 26

OPERAÇÃO ÁGUA PESADA

ALVO: Mohsen Fajrizadeh

POSIÇÃO: Diretor do programa nuclear iraniano

DATA: 27 de novembro de 2020

Mohsen Fajrizadeh estava na mira dos serviços de inteligência de Israel, desde 2018, quando o primeiro-ministro Benjamin Netanyahu citou seu nome durante uma visita ao Knesset, o parlamento israelense, no dia 30 de abril daquele ano. O líder israelense destacou na oportunidade a importância do físico de 63 anos, um oficial da Guarda Revolucionária Iraniana, no desenvolvimento do programa nuclear do Irã. "Lembrem-se desse nome", disse Netanyahu aos membros do Comitê de Serviços de Inteligência e Segurança do Knesset.[668] As declarações do primeiro-ministro israelense baseavam-se nos mais de 100 mil documentos que o Mossad roubara do Irã, os quais, entre outras informações, pontuavam que "sua missão [do Projeto AMAD] era projetar, produzir e testar cinco ogivas, cada uma com dez quilotons de TNT, para integração em mísseis de médio alcance".[669]

Se havia alguém que de fato não esqueceria o nome de Mohsen Fajrizadeh era o poderoso *memuneh* do Mossad, Yossi Cohen. Afinal, seus antecessores no cargo, Meir Dagan e Tamir Pardo, haviam coordenado as operações Kidon para assassinar Ardeshir Hosseinpour, Massud Ali Mohamadi, Fereydoon Abbasi e Majid Shahriari, cientistas importantes envolvidos no desenvolvimento do programa nuclear do Irã mortos entre dezembro de 2006 e janeiro de 2011.

Fajrizadeh foi reitor da Universidade Iman Hussein de 1991 a 2000, quando assumiu a direção de um novo centro de estudos biológicos, função que exerceu até 2007. Entre 2008 e 2011, foi chefe da Organização para Pesquisa e Inovação em Defesa (SPND),[670] agência responsável pelo desenvolvimento de armas químicas, bacteriológicas e nucleares. Durante algum tempo, o físico iraniano esteve "sob embargo" de seus pares fora do Irã e proibido de sair do país por conta de sua recusa a dar respostas a diversos questionamentos feitos por inspetores da Agência Internacional de Energia Atómica da ONU sobre o programa de armas nucleares de Teerã.[671]

Até apenas dois anos antes, nem o Mossad nem a CIA sabiam quem era o cérebro por trás do programa nuclear de Teerã. Mesmo no final de 2018, o grupo de vigilância da proliferação nuclear, parte da Diretoria de Operações da agência de inteligência dos Estados Unidos, ainda não havia confirmado quem chefiava o programa nuclear no Irã, e descobrir o nome e o rosto dessa pessoa foi uma das principais missões dadas por Gina Haspel, diretora da CIA, a Elizabeth Kimber, chefe da Diretoria de Operações da agência desde dezembro de 2018.[672] O que mais chama a atenção neste caso é que o nome de Mohsen Fajrizadeh Mahabadi foi citado em um relatório da ONU de 2007 como "uma figura-chave" no programa nuclear do Irã. O mesmo se verificou em um documento interno iraniano vazado no mesmo ano para o jornal britânico *The Sunday Times*, no qual Fajrizadeh aparece como chefe da FEDAT [sigla para *Field for the Expansion of Deployment of Advanced Technology*, ou Campo para Expansão do Desenvolvimento de Tecnologia Avançada, em tradução livre], que nada mais era do que um nome de fachada para a organização encarregada de desenvolver o programa de armas nucleares da República Islâmica.[673] O documento que vazou para a imprensa britânica tinha o seguinte título: "Perspectivas para atividades especiais relacionadas a nêutrons nos próximos quatro anos". Tratava-se na verdade de um projeto para um programa de armas nucleares para os quatro anos seguintes.[674]

O jornal *The Guardian* noticiou, já em 2010, que Mohsen Fajrizadeh poderia ser o líder da equipe que estava desenvolvendo o programa nuclear do Irã.[675] Em 2012, o *The Wall Street Journal* chamou Fajrizadeh de "guru das armas atômicas do Irã".[676] Em 2014, o *The New York Times* descreveu o físico como "o Oppenheimer iraniano".[677] Também se sabia desde 2006, por meio do MI6, a inteligência britânica, que Fajrizadeh era o responsável pelo Projeto 111, que nada mais era do que a tentativa de Teerã de criar uma bomba nuclear. A informação foi negada pelo Irã na época.[678] O nome do físico também aparecia em inúmeros outros documentos e relatórios como "um cientista profundamente envolvido no esforço de projetar ogivas nucleares para o Irã". O que todos se perguntavam era por que Israel e os Estados Unidos levaram tanto tempo para identificar Mohsen

Fajrizadeh Mahabadi como o principal chefe do programa de desenvolvimento de armas nucleares do Irã, o AMAD. Ninguém até hoje foi capaz de responder a essa pergunta.

Os agentes israelenses sabiam que o pessoal da Oghab 2 (Águia 2),[679] a agência de contrainteligência iraniana encarregada de proteger as instalações nucleares de sabotagens e ataques cibernéticos, estava fazendo tudo a seu alcance para manter a identidade do chefe do programa em segredo. Ahmad Vahidi, chefe da agência, sabia que, assim que fossem revelados o nome e o rosto do cientista que liderava o programa, ele se tornaria um alvo a ser abatido pelos serviços de inteligência dos Estados Unidos e de Israel. Vahidi, então com 62 anos, era um destacado comandante da Guarda Revolucionária e assumira o cargo de ministro da Defesa do Irã entre 2009 e 2013. O atual chefe da contrainteligência iraniana havia sido diretamente acusado pelo Mossad de ser um dos principais mentores do atentado à bomba do dia 18 de julho de 1994 na sede da AMIA (Associação Mutual Israelita Argentina), em Buenos Aires, que matou 85 pessoas e deixou 300 feridas.[680] De acordo com o *The New York Times*, o Irã reconheceu que estava lutando contra a espionagem sobre seu programa nuclear, que uma das missões de Vahidi era frustrar as tentativas do Mossad de recrutar espiões e desertores que pudessem passar segredos sobre as instalações de enriquecimento de uranio e que várias dessas tentativas já haviam sido impedidas pelo chefe da Oghab 2.[681]

No final de dezembro de 2017, durante uma reunião na sede do Ministério de Inteligência e Segurança (VAJA), o ministro Sayyid Mahmoud Alavi deu ordens a seus chefes de inteligência para proteger a identidade e a integridade do chefe do programa nuclear e de sua família. A reunião do Conselho de Coordenação de Inteligência (ICC)[682] contou com a presença de Ahmad Vahidi, chefe da Oghab 2; Hassan Mohaqeq, da Organização de Inteligência da Guarda Revolucionária; e Mohammad Kazemi, chefe da Organização de Proteção de Inteligência da Guarda Revolucionária.[683] Eles sabiam que tanto o Mossad quanto a CIA seriam implacáveis em seus esforços para liquidar qualquer cientista ou técnico que estivesse ativamente envolvido no desenvolvimento do programa nuclear.

A figura de Fajrizadeh era tão relevante quanto obscura no contexto do programa nuclear do Irã. Até o final de 2019, talvez até o início de 2020, Mohsen Fajrizadeh era uma figura completamente desconhecida pela mídia e pelos analistas de inteligência. Ele era considerado pela CIA como o mentor do AMAD (Esperança), codinome do programa de armas nucleares do Irã desmantelado antes de 2000. A identidade do verdadeiro líder do AMAD teria sido confirmada à Agência Central de Inteligência por Masoud Molavi Vardanjani, líder da oposição que se refugiou na Turquia e trabalhou por vários anos como agente de segurança cibernética para o Ministério da Defesa do Irã. O líder da oposição teria enviado mensagens para a própria agência e para a Embaixada dos Estados Unidos em Ancara. Em uma dessas mensagens, Vardanjani escreveu simplesmente: "Mohsen Fajrizadeh Mahabadi. AMAD", o que chamou a atenção dos americanos. Por fim, o chefe da estação da CIA em Ancara decidiu se reunir com Vardanjani. A CIA precisava de uma confirmação clara de quem estava de fato liderando o programa de armas nucleares de Teerã e, é claro, como Vardanjani havia conseguido acesso a essas informações. Elizabeth Kimber, diretora de operações clandestinas da agência, precisava de uma confirmação absoluta. O que Vardanjani não sabia era que seu nome já havia sido colocado na chamada lista de "Assassinatos em Cadeia" depois de ter sido fotografado por agentes iranianos saindo do prédio da Embaixada dos Estados Unidos, localizada no número 110 do Atatürk Boulevard.

O programa "Assassinatos em Cadeia" foi estabelecido entre 1988 e 1998 pelo então ministro da Inteligência e Segurança da República Islâmica do Irã, Mohammad Reyshahri (à frente do cargo entre 1984 e 1989), e foi continuado por seus sucessores, Ali Fallahian (entre 1989 e 1997) e Ghorbanali Dorri-Najafabadi (entre 1997 e 2000).[684] A lista permaneceu por décadas como um segredo de Estado até que o jornalista, defensor dos direitos humanos e ex-oficial de inteligência Saeed Hajjarian publicou uma reportagem sobre a política de assassinatos da inteligência iraniana. Em 12 de março de 2000, ele foi baleado no rosto por um agressor desconhecido. Embora tenha sobrevivido ao ataque, Hajjarian perdeu a mobilidade do lado esquerdo do corpo.[685]

De acordo com os dados divulgados por Hajjarian, mais de oitenta escritores, tradutores, poetas, políticos, defensores dos direitos humanos e dissidentes foram mortos por agentes da inteligência iraniana. Os primeiros relatos dos "Assassinatos em Cadeia" na imprensa estrangeira começaram no final de 1998, quando Dariush Forouhar, sua esposa Parvaneh e três outros escritores dissidentes foram mortos em um intervalo de dois meses.[686] O líder máximo da República Islâmica, Ayatollah Sayyid Ali Khamenei, respondeu às reportagens do *The New York Times* negando a responsabilidade do governo de Teerã pelos assassinatos e culpando "os inimigos do Irã". A CIA, com a ajuda de iranianos no exílio, descobriu que por trás da política de assassinatos estava Saeed Emami, vice-ministro da inteligência, que era comandada pelo ministro Ali Fallahian.[687] Emami tinha apenas 32 anos quando foi nomeado vice-ministro e criou uma unidade secreta dentro dos serviços de inteligência com a única missão de executar inimigos da República Islâmica do Irã. Em 1999, Emami foi preso sob a acusação de "orquestrar" assassinatos de Estado sem o conhecimento de seus superiores. Em 16 de junho do mesmo ano, o ex-oficial de inteligência foi levado ao hospital, vítima de uma suposta tentativa de suicídio em sua cela. Horas depois, ele morreu de parada cardíaca. Os dissidentes iranianos no exílio acreditam que Saeed Emami "foi morto para evitar vazamento de informações confidenciais sobre as operações secretas do MOIS [Ministério da Inteligência], o que teria comprometido seriamente o governo em Teerã".[688] Mas a morte de Emami não pôs fim ao programa "Assassinatos em Cadeia", muito pelo contrário. De acordo com um documento vazado pela organização Iran Human Rights, desde 2000 os ministros Ali Younesi (2000-2005), Gholam-Hossein Mohseni-Eje'i (2005-2009), Mahmoud Ahmadinejad (2009), Heydar Moslehi (2009-2013) e o atual ministro Sayyid Mahmoud Alavi, mantiveram o programa com níveis de atividade variados, dependendo do período analisado.[689]

Em 14 de novembro de 2019, Masoud Molavi Vardanjani estava a caminho de um jantar com outros opositores do regime de Teerã no bairro de Shishli, em Istambul. Depois da refeição, quando o ativista caminhava em direção a seu carro, dois homens armados com pistolas equipadas com silenciadores se aproximaram e abriram fogo, matando-o de forma instantânea. Fontes do Millî İstihbarat Teşkilatı (MIT), o serviço de inteligência turco, afirmaram que os assassinos eram dois agentes de inteligência iranianos que haviam chegado ao país no dia anterior sob o pretexto de serem "mensageiros diplomáticos" do Consulado Iraniano em Istambul.[690]

"Dado o histórico de assassinatos direcionados de dissidentes iranianos e os métodos usados na Turquia pelos serviços de inteligência iranianos, o governo dos Estados Unidos acredita que o Ministério de Inteligência e Segurança do Irã esteve diretamente envolvido no assassinato de Vardanjani", declarou Morgan Ortagus, porta-voz do Departamento de Estado dos Estados Unidos, na época. Washington não divulgou então sua avaliação sobre quem poderia estar por trás do ataque, mas uma semana após o assassinato, o próprio Secretário de Estado, Mike Pompeo, descreveu-o como "outro exemplo trágico em uma longa série de supostas tentativas de assassinato de dissidentes iranianos apoiadas pelo Irã". Nenhum outro detalhe sobre o incidente foi divulgado até que o próprio Pompeo, em sua conta no Twitter, afirmou que os relatos perturbadores de que diplomatas iranianos estariam envolvidos no assassinato de Vardanjani eram "totalmente consistentes".

O homem que teria revelado a verdadeira identidade de Mohsen Fajrizadeh ao Mossad foi o doutor Ahmadreza Djalali, segundo Teerã. O cientista de 49 anos, nascido no Irã mas de origem sueca, lecionou em várias universidades europeias, incluindo a Karolinska, em Estocolmo, a Università degli Studi del Piemonte Orientale e a Vrije Universiteit de Bruxelas. Ele também cooperou com várias universidades no Irã e estabeleceu contatos próximos com universidades em Israel, na Arábia Saudita e nos Estados Unidos.[691] Djalali era um dos maiores especialistas do mundo na medicina em áreas de desastres. Seus importantes estudos abrangiam a montagem de hospitais em áreas devastadas por terremotos, conflitos e zonas de guerra ou em áreas afetadas por armas químicas, biológicas e nucleares.

Em abril de 2016, durante uma visita ao Irã a convite das universidades de Teerã e Shiraz, ele foi preso por agentes do Ministério de Inteligência e Segurança (VAJA).[692] Os agentes provavelmente pertenciam ao Oghab 2, sob o comando de Vahidi. Duas semanas depois, ele enfrentou acusações de espionagem e colaboração com Israel que tinham como prova uma suposta carta de sua esposa que conteria provas suficientes para processá-lo. Na verdade, sua família não foi informada de seu paradeiro por dez dias após sua prisão, embora soubessem que ele havia sido detido pela inteligência iraniana. Depois de ser mantido por uma semana em uma prisão clandestina da VAJA, Djalali foi transferido para a Seção 209 da Prisão de Evin,[693] onde foi mantido em uma solitária por sete longos meses. O Ministério de Inteligência e Segurança alegou que Djalali havia entregue ao chefe da estação do Mossad na Embaixada israelense em Estocolmo uma lista com nomes de trinta cientistas nucleares, civis e militares em posições de destaque no desenvolvimento do programa nuclear da República Islâmica do Irã, incluindo Massoud Ali Mohamadi, morto em 13 de janeiro de 2010 após a explosão de uma bomba presa a uma motocicleta estacionada ao lado de sua casa, em Teerã. A inteligência iraniana também disse que as informações supostamente fornecidas por Djalali ao Mossad teriam facilitado o assassinato do engenheiro Mayid Shahriari, que em 29 de novembro de 2010 morreu após a explosão de uma bomba colocada em seu veículo.[694]

Em 31 de janeiro de 2017, após nove meses de detenção, Djalali foi transferido para a Seção 15 do Tribunal Revolucionário de Teerã, no qual foi formalmente acusado de espionagem em nome de Israel, com possibilidade de pena de morte. Foi negado ao seu advogado o direito de estar presente no julgamento, bem como o acesso aos arquivos do caso e às provas.[695] Finalmente, em 21 de outubro do mesmo ano, o doutor Ahmadreza Djalali foi condenado à morte. Em novembro de 2020, Djalali foi colocado em confinamento solitário em uma ala da Prisão de Evin. As autoridades iranianas disseram oficialmente à Anistia Internacional que a sentença de morte seria executada "a partir de terça-feira, 24 de novembro" e "que seria executada em breve.[696]

Independentemente de o nome do principal líder do programa nuclear iraniano ter sido revelado a Israel por Masoud Molavi Vardanjani ou aos Estados Unidos pelo doutor Ahmadreza Djalali, o fato é que Israel sabia o nome de Mohsen Fajrizadeh desde 2018, conforme demonstrado pela declaração oficial do primeiro-ministro Benjamin Netanyahu aos membros do Knesset; o nome estava, portanto, escrito na Página Vermelha de alvos do Mossad. A operação para assassinar o chefe do AMAD estava programada para o final de 2019, mas tudo indica que a Casa Branca de Donald Trump tenha pressionado Israel a esperar algum tempo para realizar o ataque contra o cientista iraniano.

Netanyahu deu ao Mossad o sinal verde para liquidar Mohsen Fajrizadeh em algum momento entre fevereiro e março de 2020. A inteligência israelense batizou a operação de Água Pesada em referência ao tipo de água usada como componente essencial em reatores que geram energia utilizada na fabricação de isótopos para produção de armas nucleares. Durante os seis meses seguintes, uma unidade de vigilância foi designada para o cientista iraniano a fim de coletar todas as informações sobre rotas de viagens, acompanhantes e locais visitados regularmente pelo alvo, entre outros dados. O dia escolhido para o assassinato foi 27 de novembro, uma sexta-feira. Uma fonte próxima à equipe de Fajrizadeh teria revelado, durante um almoço oficial, que o chefe do AMAD se reuniria com técnicos em uma área a leste de Teerã, mas que eles retornariam à capital iraniana naquela noite porque Fajrizadeh queria participar da festa de aniversário de uma de suas netas.

O comboio era composto de três veículos: dois SUVs, nos quais viajavam os guarda-costas, todos eles oficiais do Oghab 2 em missão de proteção, e um Nissan preto no qual viajavam Mohsen Fajrizadeh, um assessor e o motorista. Em razão da pandemia de Covid-19, as estradas estavam mais vazias do que o normal, o que fez com que o oficial responsável pela segurança do cientista determinasse que a caravana mudasse sua rota da rodovia 79 para a Absard-Zan Road, que passava pela cidade de mesmo nome. O ataque começou no momento em que a comitiva oficial passava por um caminhão supostamente quebrado estacionado na beira da estrada. A violenta explosão atingiu o Nissan em que Fajrizadeh estava viajando, deixando o cientista gravemente ferido. Seu assessor e o motorista morreram.[697]

A seguir, uma segunda explosão atingiu o SUV que estava fechando a comitiva. Seus ocupantes ficaram feridos em graus variados. Três oficiais do Oghab 2 foram mortos nesse veículo, mas os sobreviventes teriam tentado repelir o ataque.[698] De acordo com fontes iranianas, os guarda-costas conseguiram abater três agressores, enquanto os demais conseguiram fugir em outros veículos. Mohsen Fajrizadeh foi levado às pressas para o hospital mais próximo, onde foi declarado morto.[699] O físico teria morrido por conta dos estilhaços de seu próprio veículo que haviam perfurado seu crânio, e não por causa do tiroteio que se seguiu à primeira explosão.

Os guarda-costas sobreviventes deram o alarme e a polícia estabeleceu controles rígidos sobre o acesso a Teerã na tentativa de localizar os responsáveis pelo ataque. De acordo com relatos da agência de notícias iraniana FARS, o "ataque teria sido realizado contra o veículo em que o cientista viajava e resultou na morte de várias pessoas, provavelmente alguns dos agressores e membros da guarda--costas do chefe do AMAD".

O Irã jurou vingança após o assassinato do homem considerado o pai de seu programa nuclear e apontou diretamente para Israel e o Mossad como os autores do ataque. Fajrizadeh estava morto, dois anos depois que Benjamin Netanyahu citara seu nome e sobrenome em uma apresentação sobre o programa atômico no Parlamento israelense. O general Mohamed Baqeri, chefe do Estado-Maior do Irã, prometeu "vingança severa" contra os autores do ataque, que ele descreveu como "mercenários cegos da arrogância do regime sionista", uma clara referência a Israel. Baqeri chamou o ataque de "um ato brutal" que também teve consequências "pesadas e trágicas" para o sistema de defesa da República Islâmica do Irã. Contas vinculadas à Guarda Revolucionária nas mídias sociais apontaram o Mossad (Kidon) como o principal responsável por essa operação e enfatizaram que foi "um grande golpe psicológico para o Irã".

O certo é que todos os olhares se voltaram para a sede do Mossad, no elegante bairro de Herzliyah Pituah, ao norte de Tel Aviv. Por exemplo, Mohammad Javad Zarif, ministro das Relações Exteriores do Irã, sugeriu que Israel e seu serviço de inteligência estavam por trás do assassinato de Mohsen Fajrizadeh, chegando a tuitar o seguinte texto: "Terroristas assassinaram um eminente cientista iraniano hoje. Esta covardia, com sérios indícios de participação de Israel, mostra uma atitude belicista [...]. O Irã exige que a comunidade internacional, especialmente a União Europeia, pare com sua vergonhosa política de dois pesos e duas medidas e condene esse ato de terrorismo de Estado".[700]

De acordo com as informações de uma extensa reportagem do *The New York Times*, Mohsen Fajrizadeh era o alvo número 2 do Mossad. O mesmo jornal informou que um alto funcionário da inteligência havia afirmado que "o Mossad estava por trás disso". Trita Farsi, fundadora do National Iranian American Council (NIAC) em Washington, disse que o "principal suspeito" do assassinato do cientista era Israel e seu serviço de inteligência.[701] Mark Dubowitz, diretor da Foundation for Defense of Democracies (FDD), também afirmou que "a emboscada certamente tinha todas as características de uma operação do Mossad". Uma reportagem assinada por Patrick Wintour e Oliver Holmes e publicada no *The Guardian* citou a possibilidade de Netanyahu ter autorizado o assassinato de Mohsen Fajrizadeh pelo Mossad aproveitando-se do fato de Donald Trump estar em final de mandato após ter sido derrotado nas eleições dos Estados Unidos e acreditando que ele não se daria ao trabalho de opor-se à operação em suas últimas semanas na Casa Branca.[702] Para Israel, era o melhor momento para realizar a operação contra o cientista iraniano, antes que o presidente eleito, o democrata Joe Biden, assumisse a Presidência.

Yossi Melman, analista de segurança, colaborador do jornal israelense *Haaretz* e um dos principais especialistas em Mossad, lembrou em um tuíte que Mohsen Fajrizadeh era "uma pessoa que os serviços de inteligência israelenses vinham seguindo há anos". O próprio presidente Donald Trump retuitou Melman em sua conta oficial no Twitter.[703]

Analistas internacionais especializados em temas relacionados ao Irã foram ainda mais longe, muitos deles acreditando que o assassinato complicaria as relações do presidente Biden com Teerã. Até mesmo Robert Malley, ex-assessor do presidente Obama para assuntos relacionados ao Irã, afirmou que o momento do "ataque foi muito bem programado, de forma a dificultar as futuras tentativas do governo Biden de negociar com o Irã".[704] Amos Yadlin, ex-diretor da inteligência militar israelense (Aman), disse ao *The Guardian* que "com o pouco tempo que resta a Trump na Casa Branca, é provável que o Irã possa realizar uma resposta violenta, o que seria um pretexto para um ataque dos Estados Unidos contra as instalações nucleares iranianas".[705] Várias horas depois, o porta-voz do Pentágono, Jonathan Hoffman, anunciou que o porta-aviões USS Nimitz estava sendo enviado à região.[706]

No domingo, 29 de novembro, o *New York Post* publicou uma extensa reportagem com detalhes sobre o ataque. De acordo com o jornal norte-americano, o assalto ao comboio de Mohsen Fajrizadeh foi realizado por "um esquadrão altamente preparado, com 62 pessoas, que se lançou sobre os veículos atingidos pela primeira explosão depois de cortar o fornecimento de energia elétrica e as linhas de comunicação da área com potentes bloqueadores. [...] Os membros da equipe sabiam em detalhes a data e a rota do comboio de Fajrizadeh. Pouco antes de a Nissan blindada do cientista passar pelo local da emboscada, a equipe de ataque cortou as comunicações para impedir um pedido de ajuda da equipe de segurança do chefe do programa nuclear do Irã. [...] O primeiro grupo era composto de 12 homens fortemente armados que atacaram os veículos do comboio atingido pela explosão do caminhão. Os agressores estavam em um automóvel Hyundai e em quatro motocicletas".[707]

Apesar das informações oficiais divulgadas pelas autoridades de Teerã, nenhum agressor foi morto na emboscada.

Enquanto isso, Mark Regev, porta-voz do governo de Israel, do escritório de Benjamin Netanyahu, em Jerusalém, dava indicações de que não haveria declarações sobre o ocorrido em Teerã. Em julho de 2020, uma fonte do Serviço Geral de Inteligência (GIS) do Egito, consultada pelo *The New York Times*, confirmou um ataque à usina nuclear de Natanz depois que o Mossad plantou "um poderoso explosivo". Israel, como de costume em casos desse tipo, não confirmou nem negou seu envolvimento no assassinato de Mohsen Fajrizadeh, chefe do Projeto AMAD, mas Gabi Ashkenazi, ministro das Relações Exteriores e ex-chefe do Estado-Maior das Forças de Defesa de Israel, declarou que "não se pode permitir que o Irã adquira capacidade nuclear e é por isso que realizamos ações sobre as quais é melhor não dar declarações".

O programa nuclear do Irã continua sendo um alvo dos Estados Unidos e de Israel e, enquanto estiver sendo desenvolvido, a CIA e o Mossad continuarão a atacar as instalações e os cientistas iranianos com drones de ataque e com agentes do Kidon.

Anexo I
DIRETORES DO MOSSAD[708]

1951-1952 – REUVEN SHILOAH

Primeiro diretor do Mossad e, sem dúvida, o pai da moderna organização dos serviços de inteligência israelenses. Nascido Reuven Zaslanski em Jerusalém, Shiloah provinha de uma família judaica ortodoxa. Apesar de ser um homem de baixa estatura e de usar óculos de lentes grossas, tinha um olhar absolutamente penetrante e demolidor. Durante a Segunda Guerra Mundial, Shiloah, fundador do Shai, o serviço de inteligência do Haganah, operou por trás das linhas alemãs na Europa ocupada, em missões para os ingleses. Também trabalhou para o Gabinete de Serviços Estratégicos (OSS – Office of Strategic Services) em Washington, no Cairo e em Istambul. Shiloah desenvolveu uma grande amizade com James Jesus Angleton, que anos mais tarde seria chefe de contrainteligência da CIA. Em 1949, foi nomeado presidente do Comitê de Coordenação dos serviços de inteligência israelenses. Ficou no cargo até março de 1953. Problemas entre os serviços de inteligência militares (Aman) e civis (Mossad e Shin Bet) fizeram com que David Ben-Gurion o incumbisse da reorganização de todos os serviços de inteligência. Em 1° de abril de 1951, o Mossad foi formalmente estabelecido, com controle direto do gabinete do primeiro-ministro. Embora Shiloah tenha ficado pouco tempo à frente do Mossad, conseguiu estabelecer a estrutura que permanece até hoje. As contínuas disputas internas entre os chefes dos serviços de espionagem de Israel, assim como os graves ferimentos sofridos num acidente de automóvel, em meados de 1952, provocaram sua demissão do cargo de chefe do Mossad em setembro de 1952. Um ano depois, ocuparia o cargo de embaixador de Israel em Washington. Reuven Shiloah, um dos maiores gênios e mestres do mundo da espionagem, faleceria em 1959, aos 50 anos de idade. A melhor biografia sobre ele foi escrita por Haggai Eshed: *Reuven Shiloah, the Man Behind the Mossad. Secret Diplomacy in the Creation of Israel* (Frank Cass Publishers, Londres, 1997).

1952-1963 – ISSER HAREL

Segundo diretor do Mossad, Isser Halperin (Harel), nascido na Rússia em 1912, chegou à Palestina em 1930 como imigrante e instalou-se num *kibutz*. Fundando, mais tarde, sua própria empresa de laranjas. Não obstante, será sempre lembrado no mundo da inteligência como o melhor e mais eficaz *memuneh* do Mossad. Na década de 1940, alistou-se no Haganah e nas forças auxiliares britânicas para lutar contra os nazistas. Dirigiu o setor de inteligência do Haganah em 1942. Foi o grupo liderado por Harel que afundou o barco do Irgun, o *Altalena*, por ordem de David Ben-Gurion. Harel subiu rapidamente entre as fileiras da elite israelense, tornando-se, em última instância, o primeiro chefe do Shin Bet, o Serviço Geral de Segurança de Israel. Diretor do Mossad a partir de 1952, encarregou-se de ambos os serviços de inteligência, o Shin Bet e o Mossad. Desenvolveu, durante sua direção, uma ampla cooperação do Mossad com a CIA, recolhendo informações sobre a União Soviética e a KGB. Isser Harel criou a chamada "rede Trident", pela qual Israel, Irã e Turquia coletavam informações de inteligência sobre o governo egípcio. Era conhecido por sua entusiástica defesa de Israel e por proteger a democracia dentro do Estado. À frente do Mossad, dirigiu várias operações que ficaram famosas. Uma delas foi a captura, em 1960, de Adolf Eichmann, um dos arquitetos nazistas da Solução Final à questão judaica. Em 1962, Harel descobriu que os alemães davam suporte aos egípcios para o desenvolvimento da tecnologia de mísseis. Segundo alguns especialistas, essa tecnologia era infinitamente inferior à de Israel e, portanto, não constituía uma ameaça à sua segurança; porém, Harel decidiu intimidar a Alemanha, o que provocou a ira de Ben-Gurion. Em razão das diferenças irreconciliáveis com o primeiro-ministro, Harel demitiu-se do Mossad em março de 1963. Depois de uma grande carreira no mundo da espionagem e da inteligência, dedicou-se à escrita. Seu melhor livro é *The House on Garibaldi Street* (1975), que relata a captura de Adolf Eichmann. Isser Harel faleceu em Israel no dia 19 de fevereiro de 2003, aos 91 anos de idade. A melhor biografia sobre ele foi escrita por Michael Bar-Zohar, *Spies in the Promised Land: Iser Harel and the Israeli Secret Service* (Houghton Mifflin Company, Boston, 1972).

1963-1968 – MEIR AMIT

Terceiro diretor do Mossad. Nascido num *kibutz* na Palestina, em 1921, Amit foi chefe do serviço de inteligência militar (Aman) de 1962 a 1963 e *memuneh* do Mossad de 1963 a 1968. Juntou-se ao Haganah, a organização clandestina judaica, e foi nomeado comandante de um batalhão e, posteriormente, da unidade de elite, a Brigada Golani, durante a Guerra da Independência (1948). Amit serviu na infantaria do exército israelense e numa unidade de blindados. Durante a campanha de Suez (1956), foi o segundo sob o comando de Moshe Dayan. Em 1961, graduou-se em Economia pela Universidade de Columbia (Nova York). Quando assumiu o comando da Aman, em 1962, seus três antecessores tinham sido demitidos. Durante seu mandato, acirrou a rivalidade com o Mossad de Isser Harel. Em 26 de março de 1963, o primeiro-ministro David Ben-Gurion nomeou-o *memuneh* do Mossad. Foi sucedido na inteligência militar pelo até então número dois de Amit na Aman, major Aharon Yariv. Chegou ao Mossad com a fama de ter sido o chefe da inteligência militar que coletou todas as informações necessárias para que Israel vencesse a chamada Guerra dos Seis Dias. Durante seu mandato, Meir Amit estabeleceu uma relação íntima com o presidente dos Estados Unidos, Lyndon B. Johnson, e com o diretor da CIA, Richard Helms. Quando deixou o Mossad, em 1968, foi nomeado presidente da Koor Industries, o grupo comercial mais importante de Israel. Depois de nove anos na Koor, foi para a polícia, tendo sido eleito membro da Knesset (Parlamento) e, pouco depois, ministro dos Transportes e Comunicações. Em 1982, voltou aos negócios e iniciou o chamado Projeto Amos, o primeiro satélite de comunicações de Israel. Em 2005, publicou sua autobiografia, intitulada *A Life in Israel's Intelligence Service: An Autobiography* (Vallentine Mitchell, Londres, 2005). Meir Amit faleceu no dia 17 de julho de 2009, aos 88 anos de idade.

1968-1974 – ZVI ZAMIR

Quarto diretor do Mossad. Nascido em 1925, na Polônia, Zamir chegou à Palestina ainda criança e passou a fazer parte do exército israelense logo após a criação do Estado de Israel, em 1948, com a aprovação do chamado Plano de Partição da Palestina. Chegou ao grau de major-general, até que, em 1968, foi nomeado do *memuneh* do Mossad pelo então primeiro-ministro, o trabalhista Levi Eshkol, substituindo Meir Amit. Zamir não tinha experiência em tarefas de inteligência, mas observadores militares e civis garantiram que sua nomeação havia acontecido exatamente por esse motivo. Quando o Setembro Negro assassinou onze atletas israelenses, durante a celebração dos Jogos Olímpicos de Munique em 1972, Zamir voou para a Alemanha para tentar supervisionar as negociações com os terroristas, o que não foi autorizado pelas autoridades alemãs. Dois atletas foram assassinados na Vila Olímpica e oito no aeroporto de Fürstenfeldbruck, cerca de 80 quilômetros a oeste de Munique. A nova primeira-ministra de Israel, Golda Meir, ordenou a Zamir a "ativação" de uma equipe do Kidon para eliminar os responsáveis pela morte dos atletas. Zvi Zamir escolheu Mike Harari para liderar a missão. A Operação Ira de Deus consistia em executar todos os membros do Setembro Negro relacionados direta ou indiretamente ao massacre de Munique. Zvi Zamir conseguiu livrar-se da humilhação após o término da investigação sobre os fracassos dos órgãos de inteligência israelenses, ocorridos durante a Guerra do Yom Kippur (1973). Naquele ano, vários países árabes atacaram Israel de surpresa. Uma rápida contraofensiva permitiu o triunfo de Israel nesta nova guerra israelo-árabe. Zamir deixou o cargo de *memuneh* do Mossad em 1974, sendo substituído por Yitzhak Hofi.

1974-1982 – YITZHAK "HAKA" HOFI

Quinto diretor do Mossad. Depois do desastre da Guerra do Yom Kippur, que provocou 2.500 mortes israelenses, a Comissão Agranat tornou públicos os enormes erros cometidos pelos serviços de inteligência do país por não terem descoberto que vários países árabes preparavam um ataque surpresa contra Israel. As cabeças de quatro políticos importantes rolariam naquele ano de 1974: a da primeira-ministra Golda Meir, substituída por Yitzhak Rabin; a de Eli Zeira, chefe da inteligência militar, substituído por Shlomo Gazit; a de Yosef Harmelin, diretor do Shin Bet, substituído por Abraham Ahituv; e, claro, a de Zvi Zamir, *memuneh* do Mossad, substituído por Yitzhak Hofi. O quinto *memuneh*, que todos conheciam por Haka Hofi, era um respeitado militar de carreira e antigo chefe do Comando Norte que subiu na hierarquia política de Israel graças ao apoio do seu padrinho, o respeitado general Moshe Dayan, ministro da Defesa de Israel, quando era o responsável militar pela zona norte do país. Depois da invasão do Líbano por Israel, em 1982, Hofi viu-se cada vez mais envolvido na tragédia vivida por aquele país. A imprensa chegou mesmo a afirmar, anos depois: "O Líbano transformou-se na propriedade rural do senhor Sharon (ministro da Defesa), e Yitzhak Hofi e os seus rapazes do Mossad, no capataz e seus *cowboys*". A Comissão Kahan estabeleceu que o exército israelense e o Mossad permitiram deliberadamente a entrada das milícias falangistas nos campos palestinos de Sabra e Chatila, que deu lugar a um dos piores massacres da história do Oriente Médio. Durante dias, os falangistas dedicaram-se a assassinar, a sangue-frio, mulheres, crianças e idosos indefesos. Quando as milícias entraram nos campos, não havia nenhum guerrilheiro palestino armado, visto que estes estavam combatendo na zona oeste da capital libanesa. O escândalo suscitado, somado à detenção pelo FBI de Jonathan Pollard, um judeu norte-americano que espionava para Israel no Centro de Alerta Antiterrorista (ATAC) no serviço de investigação naval, provocou a queda em desgraça de Yitzhak Hofi, que abandonaria o cargo de *memuneh* em 1982, sendo substituído pelo seu até então subdiretor, Nahum Admoni. Em 1987, cinco anos depois de deixar o cargo de chefe do Mossad, Yitzhak Hofi faria parte, junto ao juiz Moshe Landau, antigo presidente do Supremo Tribunal de Israel, e a Yakov Maltz, alto funcionário do governo, da Comissão Landau, incumbida de investigar os abusos do Shin Bet nos Territórios Ocupados. Yitzhak Hofi faleceu no dia 15 de setembro de 2014, aos 87 anos de idade.

1982-1990 – NAHUM ADMONI

Sexto diretor do Mossad. Nascido em Jerusalém, em 1929, cresceu na importante cidade de Rehavia Gymnasium, para onde os imigrantes poloneses de classe média enviavam os filhos. Admoni serviu no Shai, o serviço de inteligência das Forças de Defesa de Israel, durante a Guerra da Independência, em 1948 e, em 1949, licenciou-se com o grau de primeiro-tenente. Mudou-se para os Estados Unidos para estudar Relações Internacionais na Universidade da Califórnia, em Berkeley. Em 1954, regressou a Israel e passou a lecionar na Escola de Treinamento dos Serviços de Inteligência, onde conheceria outro agente que no futuro se tornaria uma das estrelas do Mossad, David Kimche. Seu primeiro posto no estrangeiro foi em Addis Abeba, nos anos durante os quais a Etiópia ocupou um lugar de destaque para o Mossad. Seria posteriormente enviado para Paris, nos anos 1960, como parte da aliança estratégica de Israel com os seus homólogos dos serviços secretos franceses. Mais tarde, foi enviado para Washington como chefe da estação do Mossad, garantindo-lhe o cognome de "embaixador do Mossad na CIA". Esses anos na capital norte-americana renderam a ele uma boa lista de contatos entre as altas esferas, que posteriormente lhe abririam as portas da Casa Branca durante as administrações de Ronald Reagan e George Bush. Seus críticos garantiam, com razão, que Admoni tinha pouca experiência em operações de espionagem. Na verdade, Admoni era um burocrata e um major especialista em "relações diplomáticas" entre serviços de inteligência. Em 1976, Hofi nomeou Nahum Admoni subdiretor do Mossad, cargo que ocuparia até 1982, ano em que Yitzhak Hofi se demitiu de seu cargo de *memuneh*, sendo então substituído por Admoni como diretor em exercício. Por fim, o então primeiro-ministro Menachen Begin ratificou-o no cargo, tornando-o o sexto diretor do serviço de espionagem israelense desde sua fundação. Nahum Admoni seria nomeado justamente poucos dias antes das matanças nos campos de refugiados palestinos de Sabra e Chatila, em setembro de 1982. O novo *memuneh* foi o primeiro diretor do Mossad a chegar à cúpula da espionagem israelense subindo das bases e de forma fortuita, quase por acaso. O primeiro candidato a suceder Hofi era Yekutiel Adam, mas ele morreu no Líbano. O segundo era David Kimche, mas a sua saída do Mossad, em 1980, após uma grave discussão com Yitzhak Hofi, impediu-o de chegar ao comando da organização. Foi nomeado, como alternativa, diretor-geral do Ministério dos Negócios Estrangeiros. O terceiro candidato, Shmuel Goren, um dos mais brilhantes adjuntos de Yitzhak

Hofi, decidiu, após um pequeno escândalo interno, em 1975, deixar o serviço de espionagem e aceitar o reconhecido cargo de Coordenador de Operações do Governo na Faixa de Gaza e na Cisjordânia. O quarto candidato era Nahik Nevot, que tratava das relações entre o Mossad e as milícias cristãs libanesas. O quinto candidato era o lendário Rafi Eitan, mas Begin, que o admirava muito, preferiu mantê-lo como conselheiro do seu ministro da Defesa, Ariel Sharon. Finalmente, Nahum Admoni foi o sexto candidato e o único aprovado por todas as partes. Durante o mandato de Admoni, o Mossad viu-se envolvido nos escândalos do caso Pollard, do Irangate e do caso Vanunu. Mas o Mossad também viveu momentos de glória como quando, em finais de 1984, e graças à ajuda da inteligência israelense, conseguiu evacuar da Etiópia mais de 7 mil *falashas*, uma das tribos perdidas de Israel. Nahum Admoni era conhecido pela imprensa como "Mr. Gucci", em razão de seu especial gosto pelas peças de vestuário do famoso estilista. Esse cognome foi dado a ele pelo jornal *Yediot Ahronot*, visto que, por lei, a imprensa era proibida de tornar público o nome do *memuneh* do Mossad. O nome de Nahum Admoni permaneceu em segredo até sua saída do cargo, em 1990.

1990-1996 – SHABTAI SHAVIT

Sétimo diretor do Mossad. Sucessor de Nahum Admoni, Shavit foi nomeado *memuneh* do Mossad pelo primeiro-ministro Yitzhak Shamir. Supervisionou pessoalmente o assassinato executado pelo Kidon do líder da Jihad Islâmica, Fathi Shaqaqi, em Malta. O mandato de Admoni foi também marcado pelo caso Pollard, o Irangate e a história dos passaportes britânicos falsos encontrados numa cabine telefônica na cidade alemã de Bonn. O primeiro erro grave de Shavit foi não ter descoberto a concentração de tropas iraquianas perto da fronteira com o pequeno e rico emirado do Kuwait. O papel do Mossad na Guerra do Golfo provocou uma série de investigações por parte do Subcomitê de Negócios Estrangeiros da Knesset. Shabtai Shavit foi abertamente recriminado por não ter previsto a ação iraquiana e por não saber que Saddam Hussein planejava atacar Israel com mísseis Scud. A partir desse momento, começaram a ser publicadas diversas reportagens sobre o Mossad, algo inédito na história da espionagem israelense. De 1992 a 1996, Shabtai Shavit lutou, com todas as armas que dispunha, para manter o Mossad fora das manchetes dos jornais. Não queria a publicação de grandes sucessos por parte dos seus *katsa*, mas também não queria disparates que os ridicularizassem. Os rumores políticos contra o *memuneh* começaram por conta de sua visão tacanha na forma de dirigir o Mossad. O que também influenciou sua destituição por parte do primeiro-ministro Netanyahu foi o fato de que organizações de inteligência historicamente aliadas, como a CIA ou o MI6, tivessem cortado as relações com o serviço de espionagem israelense. Os dois últimos anos de Shabtai Shavit como *memuneh* provocaram uma onda de desmoralização e posterior abandono de antigos e experientes oficiais de inteligência, que não viam com bons olhos a forma como dirigia o Mossad. Seus colegas na comunidade de inteligência israelense qualificavam-no como "um porteiro de hotel barato, com a roupa cuidadosamente engomada, e que apertava a mão sem força e jamais olhava nos olhos". Shavit era um dos três chefes da inteligência contrários à negociação com os palestinos na base da "Paz por Territórios". Depois do assassinato de Yitzhak Rabin em Tel Aviv, em novembro de 1995, Shavit, então *memuneh* do Mossad, disse que em várias ocasiões havia alertado o Shin Bet, responsável pela segurança do primeiro-ministro, sobre o risco de um atentado. Suas palavras não foram levadas em consideração pelo Shin Bet. Na primavera de 1996, quando Shabtai Shavit já estava havia quase seis anos à frente do Mossad, foi chamado no gabinete do primeiro-ministro. Quando chegou, Benjamin Netanyahu o informou de que acabava de ser demitido e agradeceu-lhe pelos anos de serviço. Shavit recolheu seus bens pessoais e desapareceu da história do Mossad. Minutos após deixar o edifício do Instituto, Danny Yatom, seu sucessor, entrava para ocupar seu antigo escritório.

1996-1998 – DANNY YATOM

Oitavo diretor do Mossad. Nascido em Israel, em 15 de março de 1945, o general reformado Danny Yatom aparenta, à primeira vista, ser um empresário de cabelo grisalho; por trás dessa aparência, porém, há um currículo digno de um herói de Israel. Graduado em Matemática, Física e Programação pela Universidade Hebraica de Jerusalém, entre 1963 e 1996 Yatom prestou serviços na unidade de elite Sayeret Matkal; foi chefe do Comando Central e secretário militar do primeiro-ministro. Subiu no mundo político israelense graças à sua amizade íntima com Benjamin Netanyahu, iniciada quando o futuro primeiro-ministro serviu sob seu comando no exército. Foi nomeado *memuneh* do Mossad por Netanyahu em junho de 1996. Assessor do assassinado Yitzhak Rabin, foi também um dos militares com maiores responsabilidades no exército israelense. Demitiu-se da direção do Mossad em 1998, ... após os escândalos provocados pelo fracasso na tentativa de uma unidade do Kidon na capital jordaniana de executar, em 25 de setembro de 1997, Jalid Meshal (um alto dirigente do grupo Hamas, na chamada Operação Vingança). Outro escândalo associado à sua demissão foi a descoberta de que um alto oficial do Mossad, Yehuda Gil, tinha ficado com dinheiro da espionagem israelense afirmando que os valores eram usados para pagar um informante na Síria. Gil já roubava o Mossad havia vinte anos. Depois da demissão, Yatom foi eleito membro da Knesset pelo Partido Trabalhista. O antigo *memuneh* é também presidente do Instituto de Estudos Estratégicos do Colégio de Netanya e assessor em matéria de negócios estrangeiros e de defesa nas Forças de Defesa de Israel. É casado e pai de cinco filhos.

1998-2002 – EFRAIM HALEVY

Nono diretor do Mossad. Subdiretor do serviço de espionagem israelense durante o mandato de Danny Yatom, foi eleito seu sucessor após Yatom ter-se demitido. Foi nomeado para o cargo em 5 de março de 1998, escolhendo Amiran Levine como seu número dois. Levine era especialista em questões militares por ter servido com bastante êxito no exército israelense no Comando Norte e no Líbano. Efraim Halevy era embaixador de Israel na Comunidade Europeia, com sede em Bruxelas, quando ocorreu o fiasco da Suíça. Uma equipe inteira do Mossad fora detida pela polícia suíça enquanto realizava operações clandestinas no país europeu. O então primeiro-ministro, Benjamin Netanyahu, pediu pessoalmente a Halevy para que tentasse amenizar o desastre. Durante três dias, o embaixador viu-se obrigado a "suplicar" a Jacob Kellerberger, do serviço de segurança suíço, e a Carla del Ponte, a incisiva procuradora federal da Suíça. Teve também um papel de destaque nas negociações de paz com a Jordania, que teriam como resultado a assinatura de um Acordo de Paz entre Israel e o país árabe. As funções de Halevy no Mossad estenderam-se desde a crise do Golfo Pérsico, em 1991, até quase o início da crise do Iraque, em 2002. O primeiro fracasso do Mossad com Halevy no comando aconteceu quando este decidiu estabelecer uma base estável da espionagem israelense na ilha de Chipre. Dois *katsa* foram presos pelo eficiente serviço de contraespionagem cipriota. O presidente de Israel, Ezer Weizman, teve que telefonar pessoalmente para seu homólogo e amigo antigo, o presidente do Chipre, Glafcos Clérides, para que intercedesse a favor da libertação dos dois agentes israelenses. O *memuneh* recebeu a primeira reprimenda do próprio presidente do Estado de Israel. Efraim Halevy tornou-se uma espécie de "enviado secreto" dos primeiros-ministros Yitzhak Rabin, Yitzhak Shamir, Benjamin Netanyahu, Ehud Barak e Ariel Sharon. Em 1999, no começo da ofensiva da OTAN contra a Sérvia, o Mossad passou uma boa quantidade de informação de inteligência aos dezenove países que compunham a força militar. Isso fez com que os serviços secretos ocidentais passassem a ver o Mossad com outros olhos. Ainda hoje, a OTAN conta com esse tipo de colaboração. No ano de 2002, Halevy demitiu-se do cargo de chefe do Mossad em razão de divergências com o primeiro-ministro Ariel Sharon, sendo substituído por Meir Dagan. Em abril de 2005, recebeu o renomado Prêmio Haim Herzog pela sua contribuição ao Estado de Israel. Atualmente, é diretor do Centro de Estudos Políticos e Estratégicos da Universidade Hebraica de Jerusalém. Halevy escreveu uma autobiografia intitulada *Man in the Shadows. Inside the Middle East Crisis with a Man Who Led the Mossad*, publicada em 2006 pela St. Martin's Press.

2002-2010 – MEIR DAGAN

Décimo diretor do Mossad. Nascido em 1945 numa Europa devastada pela Guerra e pelo Holocausto, Meir Huberman (Dagan) chegou a Israel com a família em 1950. Foi confidente próximo de Ariel Sharon durante quase três décadas e membro muito ativo na campanha eleitoral que deu a vitória a Sharon. Os dois homens partilham não somente uma longa carreira militar, mas também opiniões de linha-dura a respeito das relações de Israel com os vizinhos árabes. Nos anos 1970, sob o comando de Sharon, Dagan liderou uma unidade antiterrorista especial na Faixa de Gaza. Também dirigiu outra unidade secreta que matou vários militantes palestinos em Gaza. Em 1982, como comandante durante a Guerra do Líbano, ajudou a estabelecer e treinar o exército do sul do Líbano, favorável a Israel. Meir Dagan foi o primeiro israelense a entrar em Beirute dentro de um tanque. Segundo alguns relatórios, nos anos 1980, Dagan esteve implicado no Líbano em atividades similares às desenvolvidas na Faixa de Gaza. Entre 1987 e 1993, e como ajudante especial do chefe de pessoal do exército durante a primeira Intifada, esteve implicado no estabelecimento de unidades secretas que operavam na Faixa de Gaza e na Cisjordânia e que se dedicavam à "execução" dos responsáveis pela rebelião palestina. Em 1995, depois de deixar o exército,

Dagan entrou no Mossad como subdiretor. Em 1997, o então primeiro-ministro Benjamin Netanyahu o nomeou conselheiro de contraterrorismo. Dagan esteve provavelmente por trás da tentativa de assassinato do líder do Hamas, Jalid Meshal, em 25 de setembro de 1997, por uma unidade do Kidon. Quando assumiu esse posto, declarou que desejava aumentar seus poderes para concluir uma campanha "mais agressiva" contra o Hamas. Meir Dagan permaneceu no seu posto com a chegada do primeiro-ministro Ehud Barak até que este o demitiu pela sua oposição aos acordos de paz de Oslo. A respeito da política de assassinatos conduzida pelo Mossad, Dagan disse: "A execução de um terrorista não é política. São os instrumentos de um Estado para prevenir ataques e para aumentar a dissuasão". Em 2002, o novo primeiro-ministro Ariel Sharon nomeou Dagan, de 57 anos, como o décimo diretor do Mossad, cargo que ocupou até 31 de dezembro de 2010. Depois do anúncio de sua saída, em novembro de 2010, foi qualificado pela imprensa israelense como "um herói do silêncio", e esse será o seu legado.

2011 – 2016 – TAMIR PARDO

Décimo primeiro diretor do Mossad. Nascido em 1953, serviu como especialista em comunicações nas forças de elite, a Sayeret Matkal. Em julho de 1976, fez parte da chamada Operação Raio, sob as ordens de Yehonatan "Yonni" Netanyahu, irmão do político do Likud Benjamin Netanyahu, para libertar os reféns do voo AF139 da Air France no aeroporto ugandês de Entebbe. Depois de completar seu serviço nas Forças de Defesa de Israel (FDI), decidiu juntar-se ao Mossad. No Instituto, foi destacado para a Keshet (Arco), a unidade encarregada das vigilâncias eletrônicas. Finalmente, foi nomeado chefe da Keshet, para a qual desenvolveu novos sistemas de vigilância com microfones e fotografias. Em 1997, fez parte, por ordem do *memuneh* Yatom, da comissão de investigação interna do Mossad que tinha como objetivo descobrir os erros cometidos por uma equipe do Kidon na tentativa de assassinato, na capital jordaniana, de Jalid Meshal, homem do alto comando do Hamas, em 25 de setembro de 1997, introduzindo veneno em seu ouvido com um spray. Em março de 2005, Tamir Pardo era o principal candidato a ocupar o posto de número dois do Mossad sob o comando de Dagan, mas o então *memuneh* decidiu nomear outra pessoa. Pardo solicitou transferência para o Kiria, codinome do quartel-general do exército israelense em Tel Aviv. Ali trabalharia como consultor do Alto Comando das FDI. Em razão de seu bom desempenho na Guerra do Líbano de 2006, Meir Dagan decidiu dispensar o seu número dois e oferecer-lhe o cargo. Pardo aceitou, achando que, após a saída de Dagan, ele próprio assumiria o posto de *memuneh*, mas o mandato de Dagan foi prorrogado. Durante o tempo em que foi o segundo no comando do Mossad, foram registrados importantes triunfos, como a destruição de uma central nuclear na Síria e a eliminação, em Damasco, do todo-poderoso chefe militar do Hezbollah, Imad Mughniyeh, após a explosão do descanso de cabeça do seu Mitsubishi, em 12 de fevereiro de 2008. Um pouco desiludido, Pardo decidiu afastar-se por um tempo do Mossad e entrar para a iniciativa privada até que, em meados de novembro de 2010, Dagan anunciou ao primeiro-ministro Netanyahu que desejava renunciar ao cargo para se dedicar à família. A imprensa israelense fez eco da notícia, confirmando que o primeiro candidato de Netanyahu para suceder Dagan era o general Shlomo Yanai. Este recusou o cargo, alegando que preferia continuar no posto de presidente de uma grande indústria farmacêutica. Em 29 de novembro de 2010, Dagan anunciou oficialmente ao primeiro-ministro a sua intenção de se demitir do cargo de *memuneh*. No domingo, 5 de dezembro, o Conselho de Ministros aprovou a nomeação de Tamir Pardo como novo diretor do Mossad, o que foi posteriormente ratificado pelo Comitê de Nomeações da *Knesset*, liderado por Jacob Turkel. Pardo assumiria oficialmente o seu novo posto de *memuneh* na terça-feira, 1º de janeiro de 2011. Efraim Halevy, *memuneh* do Mossad entre 1998 e 2002, definiu Pardo nos seguintes termos: "É calado, mas batalhador. Muito inteligente, jamais desiste até alcançar o seu objetivo". Afirma-se que ele é fã incondicional de competições de motocicletas, especialmente quando Valentino Rossi participa das corridas, e que é torcedor do Barcelona. Aos 57 anos, com trinta deles dedicados ao Mossad, é qualificado pelo seu chefe, Netanyahu, o único a quem deve reportar-se, como "o homem certo no momento certo". Seu mandato à frente do Instituto de Inteligência e Operações Especiais, mundialmente conhecido como Mossad e, dentro da comunidade de Inteligência, simplesmente como "O Instituto", deverá seguir as diretrizes definidas por Ariel Sharon ao seu antecessor, Meir Dagan: "Irã nuclear e Irã nuclear". Depois de sua saída do Mossad, em 2016, passou a fazer parte da ONG United Against Nuclear Iran (UANI) como assessor especial.

2016-2021: YOSSI COHEN

Décimo segundo diretor do Mossad. Nascido em Jerusalém em 10 de setembro de 1961, Cohen é filho de um membro histórico do Irgun e de uma professora do Ensino Fundamental. Em 1979, alistou-se nas Forças de Defesa de Israel (FDI), como voluntário na equipe de paraquedistas, tendo se tornado líder de um esquadrão. Depois de servir nas Forças Armadas e estudar em uma universidade de Londres, passou a fazer parte do Mossad em 1982. Cohen foi descrito por seus superiores como "um homem que inspira confiança", tendo liderado o Tsomet (reunião de inteligência). Entre 2011 e 2013, atuou como comandante do Mossad, durante a gestão de Tamir Pardo. Era conhecido como "Y", a letra com a qual se identifica o segundo no comando do serviço de inteligência israelense. Recebeu o Prêmio de Segurança Israelense, o nobel da inteligência local, por seu trabalho nas operações do Mossad.

Em agosto de 2013, foi nomeado conselheiro de segurança nacional pelo primeiro-ministro Benjamin Netanyahu, cargo que ocupou até suceder Tamir Pardo no comando do Mossad, em dezembro de 2015 – ainda que só tenha de fato assumido o cargo oficialmente em janeiro de 2016. O *memuneh* seria, segundo relatos, um dos homens de maior confiança de Netanyahu. Em janeiro de 2018, Cohen supervisionou a operação do Mossad para contrabandear o arquivo nuclear secreto do Irã. As informações capturadas pelo Mossad foram analisadas durante muitos anos, em razão da imensa quantidade de dados que chegaram às mãos da inteligência israelense. De acordo com o jornal *Jerusalem Post*, um mapa dos locais nucleares capturados na operação ainda não havia sido tornado público três anos após a ação. Estima-se que Israel tenha monitorado e identificado cerca de 197 pontos com instalações nucleares no Irã.

Em uma conferência ocorrida em 2019 na cidade israelense de Herzliya, Cohen afirmou que Israel tinha então uma oportunidade única de alcançar um acordo de paz abrangente com os palestinos e que essa seria também a visão do Mossad, que tem como uma de suas funções avaliar oportunidades diplomáticas. Dadas as boas relações atuais com a Casa Branca e o Kremlin, e a restauração dos laços diplomáticos com os estados árabes do Golfo Pérsico, na opinião de Cohen, haveria então uma oportunidade única para a paz no Oriente Médio em termos muito benéficos para Israel. Mas Yossi Cohen também afirmou que "não acredita que nada avançará no processo de paz até que o presidente da Autoridade Palestina, Mahmoud Abbas, deixe o cargo".

Em setembro de 2019, o *Jerusalem Post* o nomeou "o judeu mais influente do ano". Yossi Cohen fala fluentemente inglês, francês e árabe e é um dedicado maratonista. Seu codinome é Modelo, em razão da elegância na forma como se veste.

2021 – DAVID BARNEA

David Barnea nasceu em 29 de março de 1965, na cidade israelense de Ashkelon. Seu pai, Joseph Brunner (Barnea), fugiu com a família da Alemanha nazista e emigrou para Israel. Barnea estudou na famosa "Military Boarding School for Command", em Tel Aviv, alistando-se em 1983 nas Forças de Defesa Israelenses (FDI). Prestou serviço militar no famoso Regimento de Reconhecimento do Estado-Maior, conhecido como Sayeret Matkal, uma unidade de elite do exército israelense. Em seguida, estudou nos Estados Unidos, obtendo um bacharelado do Instituto de Tecnologia de Nova York e um MBA da Pace University. Ao retornar a Israel, trabalhou como gerente comercial em um banco de investimentos.

Em 1996, Barnea juntou-se ao Mossad, concluindo um curso de recrutamento e servindo no Tzomet (departamento de recrutamento). Posteriormente, chefiou unidades operacionais em Israel e no exterior. Atuou por dois anos e meio como chefe-adjunto da divisão Keshet (departamento de coleta de informações por meio de escutas eletrônicas). Em 2013, foi nomeado chefe da divisão Tzomet, na qual recebeu quatro condecorações da segurança nacional israelense. Em 2019, foi nomeado chefe-adjunto do Mossad, sob o comando de Yossi Cohen. Em 2021, Barnea foi nomeado *memuneh* do Mossad.

Anexo II
PRIMEIROS-MINISTROS DE ISRAEL

1948-1953 DAVID BEN-GURION (Trabalhista)

1954-1955 MOSHE SHARETT (Trabalhista)

1955-1963 DAVID BEN-GURION (Trabalhista)

1963-1969 LEVI ESHKOL (Trabalhista)

1969-1974 GOLDA MEIR (Trabalhista)

1974-1977 YITZHAK RABIN (Trabalhista)

1977-1983 MENACHEM BEGIN (Likud)

1983-1984 YITZHAK SHAMIR (Likud)

1984-1986 SHIMON PERES (Trabalhista)

1986-1992 YITZHAK SHAMIR (Likud)

1992-1995 YITZHAK RABIN (Trabalhista)

1995-1996 SHIMON PERES (Trabalhista)

1996-1999 BENJAMIN NETANYAHU (Likud)

1999-2001 EHUD BARAK (Trabalhista)

2001-2006 ARIEL SHARON (Likud)

2006-2009 EHUD OLMERT (Likud)

2009-2021 BENJAMIN NETANYAHU (Likud)

Anexo III
GLOSSÁRIO DE TERMOS DO MOSSAD

Agente antiquado. Informante do Mossad que não é muito ativo.

Agente morto. Agente que é fácil de ser descoberto e preso por manter um disfarce difícil de ser mantido.

Ain Efes. Operação na qual não se admite o fracasso.

Aman. Acrônimo de *Agaf ha-Modi'in*. Serviço de Inteligência Militar.

Apam. Acrônimo de *Avtahat Paylut Modienit*. Unidade encarregada da segurança das operações do Mossad.

Bat Leveyha. Grau abaixo de *katsa*.

Berman. Código cifrado usado pelas estações do Mossad na transmissão de mensagens.

Bodel. Correio. Um "mensageiro" do Mossad responsável pelo transporte de mensagens de um esconderijo para uma estação, uma Embaixada ou para o próprio quartel-general do Instituto.

Cavalo. Personagem importante dentro do Mossad, que ajuda um agente a subir de posto dentro da espionagem israelense.

Cesárea. Divisão do Mossad encarregada de entrar nos países árabes.

CNT. Gabinete Central do Mossad na Europa. A sede é em Haia.

Combatentes. Espiões, *katsa* israelenses enviados a países árabes para trabalharem utilizando identidades falsas.

Comitê X. Comitê incumbido de julgar e condenar os supostos inimigos de Israel. A sentença costuma ser a execução mediante o envio de uma unidade do Kidon. O Comitê X era um organismo secreto até que, em 1986, um jornalista do jornal *Haaretz* falou sobre ele numa reportagem.

Dardasim ou *Smerf*. Subdepartamento do Kaisarut. Seus agentes operam na China, na África e no Extremo Oriente.

Estação. Base estável do Mossad no estrangeiro.

Fibers. Descrições físicas exatas de pessoas que se encontram em algum lugar onde opera um *katsa*.

Flops. Nome usado pelos membros do Mossad para se referirem aos membros da Frente Popular para a Libertação da Palestina.

Governantas. Unidade encarregada da manutenção dos imóveis usados para espionagem. Encarregada de trocar móveis quebrados, pintar, lavar os pisos, manter as geladeiras abastecidas com bebidas e alimentos.

Humint. Informação de inteligência obtida por pessoas.

Instituto. Nome pelo qual o Mossad é conhecido no mundo da espionagem.

JWR. Joint War Room. Sala de operações de onde são coordenadas as operações de execuções de alvos. Geralmente há nelas representantes do Mossad, do Shin Bet, da Aman, do Gabinete do Primeiro-Ministro, do Ministério da Justiça, das IDF e das IAF.

Kaisarut. Departamento de mediações nas embaixadas de Israel, conhecido como oficial de inteligência pelas agências de espionagem locais.

Katsa. Acrônimo de *Katzin Issuf* ou oficial de serviços especiais. O Mossad tem 35 deles espalhados pelo mundo inteiro apenas em operações de recrutamento.

Keshet. Arco. Informação conseguida por microfones em casas invadidas.

KHT. Divisão de Inteligência Política do Mossad.

Kidon. Baioneta. Subunidade de assassinos da Metsada encarregada dos sequestros e assassinatos do Mossad. Os agentes ou membros dessa unidade também são denominados *kidon*.

Kiria. Quartel-General das Forças de Defesa de Israel (FDI) em Tel Aviv.

LAP. Acrônimo de *Lohamah Psichlogit*, ou "guerra psicológica". Também são assim denominados os especialistas do Mossad em interrogatórios.

Luz do Dia. O estado de alerta máximo dos agentes dos serviços secretos israelenses.

Maoz. Fortaleza. Esconderijo usado pelos *katsa* do Mossad ou pelos *kidon* da Metsada como centro de operações no estrangeiro.

Marats. Ouvinte. Encarregado de analisar os idiomas e dialetos daqueles que são vigiados.

Melucha. Ver Tsomet.

Memuneh. Nome pelo qual o diretor do Mossad é conhecido.

Metsada. Unidade de operações especiais do Mossad. O departamento mais secreto da espionagem israelense.

Mishlashim. Caixa dc correio segura para receber ou deixar informações.

Mossad. Em hebraico, *ha-Mossad*, acrônimo de *le-Modiin ule-Tafkidim Meyuhadim* (Instituto de Inteligência e Operações Especiais).

Neviof. Sistemas para penetrar num quarto de hotel, escritório ou qualquer outro local para a colocação de escutas.

Neviot. Ver Keshet.

Nezek Agavi. Danos acidentais causados durante operações de assassinato pela inteligência israelense.

Nokmin. Vingadores. Primeira unidade da Metsada, estabelecida no final dos anos 1940, cuja única tarefa era a de matar um alvo assim que fosse localizado e identificado.

Página Vermelha. Livro no qual o nome do alvo a ser liquidado é escrito.

Pânico Absurdo. Autorização para realizar um assassinato.

Photint. Informação de inteligência coletada mediante fotografias.

Pistola Fumegante. Informações coletadas pelo Mossad que podem ser perigosas para Israel.

Saifanim. Departamento do Mossad encarregado de colher informações sobre a OLP.

Salia. Emissário.

Sayan. (Plural, *sayanim*). Informante do Mossad que não é remunerado pela espionagem israelense, operando apenas como colaborador. O Mossad tem milhares deles espalhados pelo mundo. Os *sayanim* são judeus que colaboram com o Mossad por motivos ideológicos.

Shai. Acrônimo de *Sherut Yediot* ou Serviço de Informação.

Shicklut. Funcionário do departamento de escutas do Mossad.

Shin Bet. As duas primeiras siglas de *Sherut ha-Bitachon ha-Klali*, ou Serviço Geral de Segurança. Agência israelense de contrainteligência e contraterrorismo.

Sigint. Informação de inteligência coletada por interferência de sinais.

Slicks. Lugares secretos para guardar documentos.

Sodi Beyoter. Classificação de "altamente confidencial" dada a um documento do serviço secreto israelense.

Tachless. Entrar no assunto. Atacar um alvo para fazer com que se converta em informante do Mossad.

Tira. Palácio. Esconderijo usado por agentes do Mossad para abrigar um sequestrado ou preso num país estrangeiro.

Tratamento Negativo. Expressão para definir a morte de um alvo pelo Kidon.

Tsiach. Acrônimo de *Tsorech Yediot Hasuvot* ou Reunião de Organizações de Serviços Secretos Civis e Militares.

Tsomet. Reino. Departamento de recrutamento que dirige os *katsa*.

Unidade AI. Unidade secreta formada por 27 *katsa* do Mossad encarregados de operações de espionagem no território norte-americano.

Unidade 131. Formada por agentes sujeitos à introdução em países árabes.

Unidade 504. Encarregada de recolher informações de âmbito militar.

Unidade 8200. Encarregada da interceptação de comunicações.

Unidade 8513. Encarregada de reunir informações fotográficas de um alvo.

Varash. Acrônimo de *Va'adat Rashei ha-Sherutim*, ou comitê composto dos chefes dos serviços secretos.

Yahalomin. Unidade de comunicações do Mossad.

Yarid. Departamento responsável pela segurança das operações do Mossad na Europa.

Zahav Tahor (Ouro Puro). Nome dado às operações combinadas entre o Mossad e qualquer outra agência de inteligência israelense, unidade do exército ou da polícia.

NOTAS

1. Ver Dieter Kuntz. *The Holocaust Chronicle*. Nova York: Publications International Ltd., 2002.

2. Ver Eric Frattini. *La Santa Alianza: Historia del Espionaje Vaticano, de Pío V a Benedicto XVI*. Madri: Espasa Calpe, 2004.

3. Ver Élise Nouel. *Carré d'as... aux femmes!: Lady Hester Stanhope, Aurélie Picard, Isabelle Eberhardt, Marga d'Andurain*. Paris: G. Le Prat, 1977.

4. Ver Richard Deacon. *The Israeli Secret Service*. Londres: Warner Books, 1977.

5. Ver Michael Bar-Zohar. *Spies in the Promised Land: Iser Harel and the Israeli Secret Service*. Boston: Houghton Mifflin Company, 1972.

6. Ver Susan Hattis. *Political Dictionary of the State of Israel*. Nova York: MacMillan Publishing Company, 1987.

7. Ver Gordon Thomas. *Gideon's Spies: The History of Mossad*. Nova York: St. Martin's Press, 1998.

8. Ver Isser Harel. *The House on Garibaldi Street*. Nova York: Frank Cass Publishers, 1997.

9. Ver Peter Z. Malkin e Harry Stein. *Eichmann in my Hands*. Nova York: Warner Books, 1990.

10. Ver Richard Deacon, *op. cit.*

11. Isser Harel, em suas memórias, afirma que Shalom Dani teve participação decisiva no sequestro de Eichmann. Por questões de segurança, Harel mudou seu nome para Yoel Goren. Depois da morte de Dani, vieram a público tanto o seu verdadeiro nome quanto o papel que desempenhou na Operação Garibaldi.

12. Ver Richard Deacon, *op. cit.*

13. Ver Isser Harel, *op. cit.*

14. Ver Peter Z. Malkin e Harry Stein, *op. cit.*

15. Ver Moshe Pearlman. *The Capture of Adolf Eichmann*. Londres: Weidenfeld & Nicholson, 1961.

16. Ver Gordon Thomas, *op. cit.*
17. Ver Abba Eban. *Abba Eban: An Autobiography*. Nova York: Random House, 1977.
18. Ver Peter Z. Malkin e Harry Stein, *op. cit.*
19. Ver Isser Harel, *op. cit.*
20. Ver Gordon Thomas, *op. cit.*
21.Ver Peter Z. Malkin e Harry Stein, *op. cit.*
22. Ver David Ben-Gurion. *Memoirs: David Ben-Gurion*. Nova York: World Publishing Company, 1970.
23. Ver Gideon Hausner. *Justice in Jerusalem: The Eichmann Trial*. Nova York: Herzl Press, 1977.
24. Ver Gordon Thomas, *op. cit.*
25.Ver Meir Amit. *A Life in Israel's Intelligence Service: An Autobiography*. Londres: Vallentine Mitchell, 2005.
26. *Ibidem.*
27.Ver Anton Kuenzle e Gad Shimron. *The Execution of the Hangman of Riga: The Only Execution of a Nazi War Criminal by the Mossad*. Londres: Vallentine Mitchell, 2004.
28. Ver Richard Breitman. *U.S Intelligence and the Nazis, National Archives Trust Fund Board*. Washington D.C., 2004.
29. Ver Meir Amit. *A Life in Israel's Intelligence Service: An Autobiography*. Londres: Vallentine Mitchell, 2005.
30. Ver Anton Kuenzle e Gad Shimron. *The Execution of the Hangman of Riga: The Only Execution os a Nazi War criminal by the Mossad*. Londres: Valentine Mitchell, 2004.
31. Ver Rafi Eitan. *A Soldier's Story: The Life and Times of an Israeli War Hero*. Nova York: S. P. I. Books, 1992.
32. Ver Marilyn Harran e Dieter Kuntz. *The Holocaust Chronicle*. Nova York: Publications International Ltd., 2002.
33. Ver Gerald L. Posner e John Ware. *Mengele: The Complete Story*. Lanham, Maryland: Cooper Square Press, 2000.
34. O massacre na Grande Sinagoga de Riga, bem como o envolvimento de Herbert Cukurs no episódio, foram amplamente relatados por Raphael Schub, residente em Toronto (Canadá), em dezembro de 1949, perante a Comissão de Investigação dos Crimes Nazistas nos Estados Bálticos.
35. Ver Meir Amit, *op. cit.*
36. Ver Anton Kuenzle e Gad Shimron, *op. cit.*
37. Anos mais tarde, Anton Kuenzle encontrou-se com Joseph Nachmias em Israel e pôde contar-lhe por que estava no Brasil naquela ocasião. Nachmias não

tinha sido informado pelo Mossad sobre a Operação Riga. Ver também Anton Kuenzle e Gad Shimron, *op. cit.*

38. Ver também Anton Kuenzle e Gad Shimron, *op. cit.*

39. Josef Kramer, nascido na Alemanha em 1906, foi considerado culpado de genocídio pelo Tribunal Internacional de Nuremberg e executado em 1º de outubro de 1946.

40. Ver também Anton Kuenzle e Gad Shimron, *op. cit.*

41. *Ibidem.*

42. Ver Gerald L. Posner e John Ware, *op. cit.*

43. Ver Meir Amit, *op. cit.*

44. Ver David B. Tinnin. *Hit Team*. Londres: Weidenfeld & Nicholson, 1976.

45. Ver Simon Reeve. *One Day of September:The Full Story of the 1972 Munich Olimpics Massacre and the Israeli Revenge Operation "Wrath of God"*. Nova York: Arcade Publishing, 2000.

46. Ver Michael Bar-Zohar e Eitan Haber. *The Quest for the Red Prince: Israel's Relentless Manhunt for One of the World's Deadliest Terrorists*. Guilford, Connecticut: The Lyons Press, 1983.

47. Ver Simon Reeve, *op. cit.*

48. Ver Barbara Marshall. *Willy Brandt: A Political Biography*. Nova York: Palgrave Macmillan, 1997.

49. Ver Carole Marsh. *Golda Meir: Israel's First Woman Premier*. Nova York: Gallopade International Publisher, 1998.

50. Ver Simon Reeve, *op. cit.*

51. Ver David B. Tinnin, *op. cit.*

52. Ver Carole Marsh, *op. cit.*

53. Ver Neil Livingstone e David Halevy. *Inside the PLO*. Nova York: Willian Morrow & Company, 1990.

54. Ver Patrick Seale. *Abu Nidal: A Gun for Hire*. Londres: Hutchinson Publisher, 1992.

55. Ver John Richard Thackrah. *Dictionary of Terrorism*. Londres: Routledge, 2004.

56.Ver Rolland Dallas. *King Hussein: A Life on the Edge*. Nova York: International Publishing, 1999.

57. *Ibidem.*

58. Anos depois, seria nomeado chefe do Estado-Maior, ministro sem pasta durante o último governo de Yitzhak Rabin antes de este ser assassinado, ministro dos Negócios Estrangeiros no último governo de Shimon Peres e, por último, primeiro-ministro de Israel.

59. Ver Victor Ostrovsky e Claire Hoy. *By Way of Deception*. Toronto: Stoddart Publishing, 1991.

60. *Ibidem*.

61. Ver David B. Tinnin. *Hit Team*. Londres: Weidenfeld & Nicolson, 1976.

62. Ver Amnon Kapeliouk. *Arafat*. Paris: Librairie Arthème Fayard, 2004.

63. Ver Simon Reeve. *One Day of September: The Full Story of the 1972 Munich Olimpics Massacre and the Israeli Revenge Operation "Wrath of God"*. Nova York: Arcade Publishing, 2000.

64. *Ibidem*; David B. Tinnin. *Hit Team*. Londres: Weidenfeld & Nicolson, 1976.

65. Ver Capítulo 5. Operação Primavera da Juventude, 10 de abril de 1973.

66. Ver David B. Tinnin., *op. cit.*

67. Ver Victor Ostrovsky e Claire Hoy. *By Way of Deception*. Toronto: Stoddart Publishing, 1991.

68. Ver Eric Frattini. *La Santa Alianza: Historia del Espionaje Vaticano, de Pío V a Benedicto XVI*. Madri: Espasa Calpe, 2004.

69. Ver Gordon Thomas. *Gideon's Spies: The History of Mossad*. Nova York: St. Martin's Press, 1998.

70.Ver Capítulo 3. Operação Ira de Deus, 16 de outubro de 1972 a junho de 1973.

71. Mohamed Yussef Al-Najjar, conhecido como Abu Yussef, foi executado pelos assassinos da Metsada durante uma incursão realizada em abril de 1973 em Beirute (Líbano). Essa operação foi batizada com o nome de "Primavera da Juventude". Ver Capítulo 5. Operação Primavera da Juventude, 10 de abril de 1973.

72. Ver Eric Frattini, *op. cit.*

73. Este texto se tornaria público após a invasão do Líbano pelas Forças de Defesa de Israel, em 1982. Uma unidade israelense encontrou o documento em um quartel da OLP no sul do Líbano.

74. Ver Victor Ostrovsky e Claire Hoy, *op. cit.*

75. Ver Eric Frattini, *op. cit.*

76. Ver Victor Ostrovsky e Claire Hoy, *op. cit.*

77. Ver Dan Raviv e Yossi Melman. *Every Spy a Prince: The Complete History of Israel's Intelligence Community*. Boston: Houghton Mifflin Company, 1990.

78. Ver Victor Ostrovsky e Claire Hoy *op. cit.*

79. *Ibidem*.

80. Ver Eric Frattini, *op. cit.*

81. Ver David A. Yallop. *To the Ends of the Earth: The Hunt for the Jackal*. Londres: Poetics Products Ltd., 1993.

82. Ver Gordon Thomas, *op. cit.*

83. Informante judeu do Mossad que não trabalhava oficialmente para o serviço secreto israelense, mas como simples colaborador.

84. Ver Eric Frattini, *op. cit.*

85. Ver Michael Bar-Zohar e Eitan Haber. *The Quest for the Red Prince: Israel's Relentless Manhunt for One of the World's Deadliest Terrorists*. Guilford, Connecticut: The Lyons Press, 1983.

86. Ver Ian Black e Benny Morris. *Israel's Secret Wars: A History of Israel's Intelligence Service*. Nova York: Grove Weidenfeld, 1991.

87. Eric Frattini, *op. cit.*

88. Ver Victor Ostrovsky e Claire Hoy. *By Way of Deception*. Toronto: Stoddart Publishing, 1991.

89. Ver Ian Black e Benny Morris, *op. cit.*

90. Na mesma noite do assassinato, descobriu-se que o verdadeiro nome de Baruch Cohen era Uri Mulov, oficial do Mossad encarregado das redes de espionagem e sabotagem na Europa. Ver também Michael Bar-Zohar e Eitan Haber, *op. cit.*

91. Ver Victor Ostrovsky e Claire Hoy, *op. cit.*

92. Ver Gordon Thomas, *op. cit.*

93. Ver Amnon Kapeliouk. *Arafat*. Paris: Librairie Arthème Fayard, 2004.

94. Os comandos da Sayeret Matkal são o equivalente israelense ao SAS (Special Air Service) britânico ou ao Delta Force norte-americano.

95. Kirya significa, simplesmente, "lugar", e é o nome pelo qual os comandos israelenses conhecem o Quartel-General das Forças de Defesa de Israel em Tel Aviv.

96. Jonathan "Yoni" Netanyahu era irmão do ex-primeiro-ministro e líder do Likud, Benjamin Netanyahu. Yoni morreria durante a chamada Operação Raio. Ver Capítulo 7. Operação Raio, 4 de julho de 1976.

97. Ver Moshe Betser e Robert Rosenberg. *Secret Soldier*. Nova York: Atlantic Monthly Press, 1996.

98. Ver Simon Reeve. *One Day of September: The Full Story of the 1972 Munich Olimpics Massacre and the Israeli Revenge Operation "Wrath of God"*. Nova York: Arcade Publishing, 2000.

99. Ver Moshe Betser e Robert Rosenberg, *op. cit.*

100. Ver Samuel M. Katz. *Follow Me! A History of Israel's Military Elite*. Londres: Arms & Armour Press, 1989.

101. Posteriormente, os terroristas entregaram-se à polícia sudanesa. A operação foi liderada por Fawaz Yassin, representante da OLP no Sudão, e financiada pelo coronel Khadafi.

102. Ver Moshe Betser e Robert Rosenberg, *op. cit.*

103. Ver Samuel M. Katz, *op. cit.*

104. Ver Samuel M. Katz e Robert Rosenberg. *Israeli Elite Units Since 1948*. Botley, Oxford: Osprey Military, 1988.

105. Ver Simon Reeve. *One Day of September: The Full Story of the 1972 Munich Olimpics Massacre and the Israeli Revenge Operation "Wrath of God"*. Nova York: Arcade Publishing, 2000.

106. Ver Samuel M. Katz, *op. cit.*

107. Ver Neil Livingstone e David Halevy. *Inside the PLO*. Nova York: Willian Morrow & Company, 1990.

108. Ver Amnon Kapeliouk. *Arafat*. Paris: Librairie Arthème Fayard, 2004.

109. Nessa lista, escrita de próprio punho por Golda Meir, aparecem os nomes de 35 membros da OLP, da FPLP, da FDLP, de Abu Nidal ou do Setembro Negro que tiveram alguma participação nos assassinatos dos atletas israelenses em Munique. A lista foi entregue ao *memuneh* do Mossad, Zvi Zamir, com a ordem de localizar e executar cada um deles. Essa busca e execução levada a cabo pelos *kidon* da Metsada sob o comando de Mike Harari recebeu o nome de Operação Ira de Deus. A Operação Primavera da Juventude foi apenas um pequeno, embora importante, capítulo da operação anterior. Outras, como a Operação Príncipe Vermelho ou a Operação Barba Azul, integram a Operação Ira de Deus.

110. Ver Victor Ostrovsky e Claire Hoy. *By Way of Deception*. Toronto: Stoddart Publishing, 1991.

111. Ver Michael Bar-Zohar e Eitan Haber. *The Quest for the Red Prince: Israel's Relentless Manhunt for One of the World's Deadliest Terrorists*. Guilford, Connecticut: The Lyons Press, 1983.

112 *Ibidem*.

113. Ver David A. Yallop. *To the Ends of the Earth: The Hunt for the Jackal*. Londres: Poetics Products Ltd., 1993.

114. Ver Richard Deacon. *The Israeli Secret Service*. Londres: Warner Books, 1977.

115. BfV, Bundesamt für Verfassungsschutz (Agência para a Proteção Constitucional). Agência de contraespionagem alemã.

116. Ver Astrid Proll. *Baader Meinhof: Pictures on the Run 67-77*. Londres: Scalo Publishers, 1998.

117. SDECE. Service de Documentation Extérieure et de Contre-Espionnage (Serviço de Documentação Exterior e de Contraespionagem), espionagem e contraespionagem francesa. Em 1981 e por ordem do presidente François Mitterand, o SDECE foi substituído pela DGSE, Direction Générale de la Securité Extérieure.

118. BND. *Bundesnachrichtendienst* (Agência Federal de Inteligência), espionagem alemã.

119. Ver Michael Bar-Zohar e Eitan Haber, *op. cit.*

120. Ver Capítulo 3. Operação Ira de Deus, 16 de outubro de 1972 a junho de 1973.

121. Victor Ostrovsky e Claire Hoy, *op. cit.*

122. Ver Capítulo 3. Operação Ira de Deus, 16 de outubro de 1972 a junho de 1973.

123. Ver Capítulo 5. Operação Primavera da Juventude, 10 de abril de 1973.

124. Ver Victor Ostrovsky e Claire Hoy, *op. cit.*

125. Ver Dan Raviv e Yossi Melman. *Every Spy a Prince: The Complete History of Israel's Intelligence Community*. Boston: Houghton Mifflin Company, 1990.

126. Ver David A. Yallop, *op. cit.*

127. Ver Michael Bar-Zohar e Eitan Haber. *The Quest for the Red Prince: Israel's Relentless Manhunt for One of the World's Deadliest Terrorists*. Guilford, Connecticut: The Lyons Press, 1983.

128. Ver Ian Black e Benny Morris. *Israel's Secret Wars: A History of Israel's Intelligence Service*. Nova York: Grove Weidenfeld, 1991.

129. Ver Dan Raviv e Yossi Merman. *Friends in Deed: Inside the US-Israel Alliance*. Nova York: Hyperion, 1994.

130. Ver William Stevenson e Uri Dan. *90 Minutes at Entebbe*. Nova York: Bantam Books Inc., 1976.

131. Ver Dan Raviv e Yossi Melman, *op. cit.*

132. Ver Astrid Proll, *op. cit.*

133. Ver David A. Yallop. *To the Ends of the Earth: The Hunt for the Jackal*. Londres: Poetics Products Ltd., 1993.

134. Ver William Stevenson e Uri Dan. *90 Minutes at Entebbe*. Nova York: Bantam Books Inc., 1976.

135. Ver Frédéric Abadie. *Valéry Giscard d'Estaing. Biographie*. Paris: Éditions Balland, 1997.

136. Ver William Stevenson e Uri Dan, *op. cit.*

137. Ver Neil Livingstone e David Halevy. *Inside the PLO*. Nova York: Willian Morrow & Company, 1990.

138. Ver Iddo Netanyahu. *Entebbe: A Defining Moment in the War on Terrorism. The Jonathan Netanyahu Story*. Londres: Balfour Books, 2003.

139. Ver Ronald Payne. *Mossad, Israel's Most Secret Service*. Londres: Bantam Press, 1990.

140. Ver Astrid Proll. *Baader Meinhof: Pictures on the Run 67-77*. Londres: Scalo Publishers, 1998.

141. Ver Iddo Netanyahu, *op. cit.*

142. Ver William Stevenson e Uri Dan, *op. cit.*

143. Ver Dan Kurzman. *Soldier of Peace: The Life of Yitzhak Rabin, 1922-1995*. Nova York: HarperCollins Publishers, 1998.

144. Ver Iddo Netanyahu e Yoram Hazony. *Yoni's Last Battle: The Rescue of Entebbe, 1976*. Nova York: Gefen Publishing House Limited, 2001.

145. Ver Richard Deacon. *The Israeli Secret Service*. Londres: Warner Books, 1977.

146. Ver Dan Kurzman, *op. cit.*

147. *Ibidem.*

148. Ver William Stevenson e Uri Dan, *op. cit.*

149. Ver Iddo Netanyahu, *op. cit.*

150. Ver Astrid Proll, *op. cit.*

151. Ver Yitzhak Rabin. *The Rabin Memoirs*. Califórnia: University of California Press, 1996.

152. Ver Iddo Netanyahu, *op. cit.*

153. Ver David A. Yallop. *To the Ends of the Earth: The Hunt for the Jackal*. Londres: Poetics Products Ltd, 1993.

154. Ver Neil Livingstone e David Halevy. *Inside the PLO*. Nova York: Willian Morrow & Company, 1990.

155. Responsável pelo sequestro de um avião da TWA em Damasco em 1969 e atualmente representante da FPLP em Amã.

156. Ver Yitzhak Rabin, *op. cit.*

157. Ver Dan Kurzman. *Soldier of Peace: The Life of Yitzhak Rabin, 1922-1995*. Nova York: HarperCollins Publishers, 1998.

158. Ver Zbigniew Brzezinski. *Power and Principle: Memoirs of the National Security Adviser, 1977-1981*. Londres: Farrar, Straus & Giroux, 1983.

159. Ver Iddo Netanyahu, *op. cit.*

160. Ver William Stevenson e Uri Dan, *op. cit.*

161. Ver Herbert Kupferberg. *The Rescue, the Legend, the Lesson: Entebbe*. Nova York: Parade Publications, 1981.

162. Ver Dan Kurzman, *op. cit.*

163. Ver William Stevenson e Uri Dan. *90 Minutes at Entebbe*. Nova York: Bantam Books Inc., 1976.

164. Ver Ira Peck. *Raid at Entebbe*. Londres: Scholastic Publishers, 1977.

165. Ver Samuel M. Katz. *Follow Me! A History of Israel's Military Elite*. Londres: Arms & Armour Press, 1989.

166. Ver William Stevenson e Uri Dan, *op. cit.*

167. Ver Iddo Netanyahu e Yoram Hazony. *Yoni's Last Battle: The Rescue of Entebbe, 1976*. Nova York: Gefen Publishing House Limited, 2001.

168. Ver William Stevenson e Uri Dan, *op. cit.*

169. Ver Herbert Kupferberg. *The Rescue, the Legend, the Lesson: Entebbe*. Nova York: Parade Publications, 1981.

170. Ver Yitzhak Rabin. *The Rabin Memoirs*. Califórnia: University of California Press, 1996.

171. Ver William Stevenson e Uri Dan, *op. cit.*

172. Ver Iddo Netanyahu. *Entebbe: A Defining Moment in the War on Terrorism. The Jonathan Netanyahu Story*. Londres: Balfour Books, 2003.

173. Ver Yitzhak Rabin, *op. cit.*

174. Ver Ian Black e Benny Morris. *Israel's Secret Wars: A History of Israel's Intelligence Service*. Nova York: Grove Weidenfeld, 1991.

175. Ver Iddo Netanyahu, *op. cit.*

176. Ver Herbert Kupferberg, *op. cit.*

177. Ver John Arquilla. *From Troy to Entebbe*. Maryland: University Press of America, Lanham, 1996.

178. Ver Astrid Proll. *Baader Meinhof: Pictures on the Run 67-77*. Londres: Scalo Publishers, 1998.

179. Ver Ira Peck. *Raid at Entebbe*. Londres: Scholastic Publishers, 1977.

180. Ver William Stevenson e Uri Dan, *op. cit.*

181. Ver Iddo Netanyahu, *op. cit.*

182 Ver Michael Bar-Zohar e Eitan Haber. *The Quest for the Red Prince: Israel's Relentless Manhunt for One of the World's Deadliest Terrorists*. Guilford, Connecticut: The Lyons Press, 1983.

183. Ver David B. Tinnin. *Hit Team*. Londres: Weidenfeld & Nicolson, 1976.

184. Ver Loretta Napoleoni. *Terror Incorporated: Tracing the Dollars Behind the Terror Networks*. Nova York: Seven Stories Press, 2005.

185. Ver Bob Woodward. *Veil: Las Guerras Secretas de la CIA 1981-1987*. Barcelona: Ediciones B, 1987.

186. *Ibidem*.

187. Ver Simon Reeve. *One Day of September: The Full Story of the 1972 Munich Olimpics Massacre and the Israeli Revenge Operation "Wrath of God"*. Nova York: Arcade Publishing, 2000.

188. Ver Peter Hounam. *The Woman from Mossad: The Story of Mordechai Vanunu & the Israeli Nuclear Program*. Berkeley, Califórnia: North Atlantic Books, 1999.

189. Ver Simon Reeve, *op. cit.*

190. Ver Benny Morris. *Righteous Victims: A History of the Zionist-Arab Conflict, 1881-2001*. Nova York: Vintage, 2001.

191. Ver Victor Ostrovsky e Claire Hoy. *By Way of Deception*. Toronto: Stoddart Publishing, 1991.

192. Ver David B. Tinnin, *op. cit.*

193. Ver Benny Morris, *op. cit.*

194. Ver Howard M. Sachar. *A History of Israel: From the Rise of Zionism to Our Time*. Nova York: Knopf Publishers, 1996.

195. Dan Aerbel até revelou aos noruegueses como tinha participado, em 1968, de uma operação para ficar com uma grande remessa de urânio enriquecido num barco chamado *Scheersberg A.*. O urânio desaparecido foi utilizado por Israel com fins militares para desenvolver armamento nuclear.

196. Ver Simon Reeve, *op. cit.*

197. Ver David B. Tinnin. *Hit Team*. Londres: Weidenfeld & Nicolson, 1976.

198. Ver Christopher Andrew. *For the President's Eyes Only*. Nova York: HarperCollins Publishers, 1996.

199. Ver Neil Livingstone e David Halevy. *Inside the PLO*. Nova York: William Morrow & Company, 1990.

200. Ver Simon Reeve, *op. cit.*

201. Ver Eitan Haber. *Menahem Begin: The Legend and the Man*. Londres: Delacorte Press, 1978.

202. Ver Michael Bar-Zohar e Eitan Haber, *op. cit.*

203. *Ibidem*.

204. *Ibidem*.

205. Ver Ian Black e Benny Morris. *Israel's Secret Wars: A History of Israel's Intelligence Service*. Nova York: Grove Weidenfeld, 1991.

206. Ver Dennis Eisenberg, Uri Dan e Eli Landau. *The Mossad Inside Stories: Israel's Secret Intelligence Service*. Londres: Paddington Press, 1978.

207. Ver Michael Bar-Zohar e Eitan Haber. *The Quest for the Red Prince: Israel's Relentless Manhunt for One of the World's Deadliest Terrorists*. Guilford, Connecticut: The Lyons Press, 1983.

208. Ver Edward Cody. "Bomb Kills Palestinian on Israeli Wanted List." *The Washington Post*, 23 jan. 1979.

209. Ver Raymond Carroll e Ron Moreau. "Death of a Terrorist." *Newsweek*, 5 fev. 1979.

210. Ver Capítulo 3. Operação Ira de Deus, 16 de outubro de 1972 a junho de 1973.

211. Ver "Israel, Admitting Nothing, to Compensate a Victim's Family." *The International Herald Tribune*, 12 jan. 1996.

212. Ver Joel Bainerman. *Inside the Covert Operations of the CIA and Israel's Mossad*. Nova York: S.P.I. Books, 1994.

213. Ver Richard Butler. *Saddam Defiant: The Threat of Weapons of Mass Destruction and the Crisis of Global Security*. Londres: Phoenix, 2001.

214. Ver Saïd Aburish. *Saddam Hussein: The Politics of Revenge*. Londres: Bloomsbury, 2000.

215. Ver Eric Frattini. *Irak: El Estado Incierto*. Madri: Espasa Calpe, 2003.

216. Ver Sarah Graham-Brown. *Sanctioning Saddam: The Politics of Intervention in Iraq*. Londres: I. B. Tauris, 1999.

217. Intermediário instalado nas Embaixadas de Israel no mundo e conhecido como oficial de inteligência pelas agências de espionagem locais.

218. Ver Khidhir Hamza. *Saddam's Bombmaker: The Daring Escape of the Man Who Built Iraq's Secret Weapon*. Nova York: Simon & Schuster, 2000.

219. Ver Saïd Aburish, *op. cit.*

220. Ver Kenneth M. Pollack. *The Threatening Storm: The Case for Invading Iraq*. Nova York: Random House, 2002.

221. Ver Victor Ostrovsky e Claire Hoy. *By Way of Deception*. Toronto: Stoddart Publishing, 1991.

222. Tsomet, ou Reino. Departamento de recrutamento que dirige os *katsa*.

223. Ver Victor Ostrovsky e Claire Hoy, *op. cit.*

224. *Ibidem.*

225. Foi o próprio Saddam Hussein quem batizou o novo programa nuclear com o nome de um deus cananita e também do mês siríaco em que o Partido Socialista Baaz chegou ao poder, em 1968.

226. Ver Dan Raviv e Yossi Melman. *Friends in Deed: Inside the US-Israel Alliance*. Nova York: Hyperion, 1994.

227. Tsiach, acrônimo de Tsorech Yediot Hasovut (Reunião de Organizações de Serviços Secretos Civis e Militares).

228. Ver Dan Raviv e Yossi Melman. *Every Spy a Prince: The Complete History of Israel's Intelligence Community.* Boston: Houghton Mifflin Company, 1990.

229. Ver Victor Ostrovsky e Claire Hoy, *op. cit.*

230. Ver Eric Frattini. *Irak: El Estado Incierto*. Madri: Espasa Calpe, 2003.

231. Ver Shlomo Nakdimon. *Tammuz in Flames*. Jerusalém: Yediot Aharonot, 1986.

232. Aman, espionagem militar israelense.

233. Ver Khidhir Hamza. *Saddam's Bombmaker: The Daring Escape of the Man Who Built Iraq's Secret Weapon*. Nova York: Simon & Schuster, 2000.

234. Ver Dan Raviv e Yossi Melman. *Friends Indeed: Inside the US-Israel Alliance*. Nova York: Hyperion, 1994.

235. Ver Victor Ostrovsky e Claire Hoy, *op. cit.*

236. Ver Khidhir Hamza, *op. cit.* E também Eric Frattini, *op. cit.*

237. Ver Rodger W. Claire. *Raid on the Sun: Inside Israel's Secret Campaign that Denied Saddam the Bomb*. Nova York: Broadway Books, 2004.

238. Ver Khidhir Hamza, *op. cit.*

239. Ver Saïd Aburish. *Saddam Hussein: The Politics of Revenge*. Londres: Bloomsbury, 2000.

240. Ver Eric Frattini, *op. cit.*

241. Ver Rodger W. Claire, *op. cit.*

242. Ver Khidhir Hamza, *op. cit.*

243. Ver Rodger W. Claire, *op. cit.*

244. Ver Bob Woodward. *Veil: Las Guerras Secretas de la CIA 1981-1987*. Barcelona: Ediciones B, 1987.

245. Ver Ronald Tiersky. *François Mitterrand: The Last French President*. Nova York: Palgrave Macmillan, 2000.

246. Ilan Ramon tornou-se anos depois o primeiro astronauta israelense. Faleceu no acidente do ônibus espacial Columbia, em fevereiro de 2003.

247. Ver Rodger W. Claire, *op. cit.*

248. Ver Victor Ostrovsky e Claire Hoy. *By Way of Deception*. Toronto: Stoddart Publishing, 1990.

249. Ver Ronald Payne. *Mossad, Israel's Most Secret Service*. Londres: Bantam Press, 1990.

250. Ver Bob Woodward. *Veil: Las Guerras Secretas de la CIA 1981-1987*. Barcelona: Ediciones B, 1987.

251. Ver Joel Bainerman. *Inside the Covert Operations of the CIA and Israel's Mossad*. Nova York: S.P.I. Books, 1994.

252. Em 4 de novembro de 1979, uma manifestação organizada pelo aiatolá Jaljali, ao grito de "Marg bar Amerika" (Morte à América), invadiu a Embaixada dos Estados Unidos em Teerã. Graças à intermediação do governo argelino e também ao Irangate, no dia 20 de janeiro de 1980, os 52 reféns norte-americanos foram libertados.

253. Ver Gordon Thomas. *Gideon's Spies: The History of Mossad*. Nova York: St. Martin's Press, 1998.

254. Ver Tom Gilling e John McKnight. *Trial and Error: Mordechai Vanunu and Israel's Nuclear Bomb*. Londres: HarperCollins Publishers, 1991.

255. Ver Ian Black e Benny Morris. *Israel's Secret Wars: A History of Israel's Intelligence Service*. Nova York: Grove Weidenfeld, 1991.

256. Ver Dan Raviv e Yossi Melman. *Every Spy a Prince: The Complete History of Israel's Intelligence Community*. Boston: Houghton Mifflin Company, 1990.

257. Ver Peter Hounam. *The Woman from Mossad: The Story of Mordechai Vanunu & the Israeli Nuclear Program*. Berkeley, Califórnia: North Atlantic Books, 1999.

258. Meir Kahane foi um violento extremista antipalestino. Em 1990, seria assassinado por um jovem islâmico enquanto fazia uma conferência nos Estados Unidos.

259. Ver Tom Gilling e John McKnight, *op. cit.*

260. Ver Peter Hounam, *op. cit.*

261. Ver Tom Gilling e John McKnight, *op. cit.*

262. Ver Ian Black e Benny Morris. *Israel's Secret Wars: A History of Israel's Intelligence Service*. Nova York: Grove Weidenfeld, 1991.

263. Ver Tom Gilling e John McKnight, *op. cit.*

264. Ver Capítulo 1. Operação Garibaldi, 11 de maio de 1960.

265. Ver Peter Hounam, *op. cit.*

266. Ver Victor Ostrovsky e Claire Hoy. *By Way of Deception*. Toronto: Stoddart Publishing, 1991.

267. Historiadores britânicos confirmaram a autenticidade dos *Diários de Hitler* descobertos em um escuro armazém. No fim, soube-se que tinham sido falsificados por um vigarista da Alemanha Oriental. Dezenas de importantes meios de comunicação europeus, incluindo um espanhol, foram enganados ao pagarem grandes somas de dinheiro pela exclusividade da publicação.

268. Em 1967, um Mirage III israelense foi derrubado por suas próprias baterias antiaéreas quando, durante algumas manobras, desviou o plano de voo e sobrevoou a central de Dimona.

269. Ver Norman Polmar e Thomas B. Allen. *Spy Book: The Encyclopedia of Espionage*. Nova York: Random House, 2004.

270. Ver Gordon Thomas. *Gideon's Spies: The History of Mossad*. Nova York: St. Martin's Press, 1998.

271. Ver Michael Bar-Zohar. *Spies in the Promise Land: Iser Harel and the Israeli Secret Service*. Boston: Houghton Mifflin Company, 1972.

272. Ver Joel Bainerman. *Inside the Covert Operations of the CIA and Israel's Mossad*. Nova York: S.P.I. Books, 1994.

273. Ver Dan Raviv e Yossi Melman. *Friends in Deed. Inside the US-Israel Alliance*. Nova York: Hyperion, 1994.

274. Ver Bob Woodward. *Veil: Las Guerras Secretas de la CIA 1981-1987*. Barcelona: Ediciones B, 1987.

275. Anos depois, um dos agentes envolvidos na captura do material, Dan Aerbel, foi detido pela polícia norueguesa acusado pelo assassinato de um garçom marroquino em Lillehammer, por engano. Aerbel contou que era agente do Mossad e que trabalhara em operações secretas na Europa durante cinco anos. Um dos "trabalhinhos" que relatou aos noruegueses foi o do roubo de urânio belga.

276. Ver Capítulo 8. Operação Príncipe Vermelho, 22 de janeiro de 1979.

277. Ver Rodger W. Claire. *Raid on the Sun: Inside Israel's Secret Campaign that Denied Saddam the Bomb*. Nova York: Broadway Books, 2004.

278. Ver Peter Hounam. *The Woman from Mossad: The Story of Mordechai Vanunu & the Israeli Nuclear Program*. Berkeley, Califórnia: North Atlantic Books, 1999.

279. *Ibidem*.

280. Enquanto protegiam a *kidon* Cheryl Bentov (Cindy Hanin), os dois "protetores" ou "escudos" foram filmados por câmeras de segurança de um banco em Londres. A imagem aparece neste livro.

281. Ver Tom Gilling e John McKnight. *Trial and Error: Mordechai Vanunu and Israel's Nuclear Bomb*. Londres: HarperCollins Publishers, 1991.

282. Ver Peter Hounam. *The Woman from Mossad: The Story of Mordechai Vanunu & the Israeli Nuclear Program*. Berkeley, California: North Atlantic Books, 1999.

283. Ver Gordon Thomas. *Gideon's Spies: The History of Mossad*. Nova York: St. Martin's Press, 1998.

284. Ver Tom Gilling e John McKnight, *op. cit.*

285. Ver Gordon Thomas, *op. cit.*

286. Ver Dan Raviv e Yossi Melman. *Every Spy a Prince: The Complete History of Israel's Intelligence Community*. Boston: Houghton Mifflin Company, 1990.

287. Ver Ian Black e Benny Morris. *Israel's Secret Wars: A History of Israel's Intelligence Service*. Nova York: Grove Weidenfeld, 1991.

288. Ver Victor Ostrovsky e Claire Hoy. *By Way of Deception*. Toronto: Stoddart Publishing, 1991.

289. Ver Dennis Eisenberg, Uri Dan e Eli Landau. *The Mossad Inside Stories: Israel's Secret Intelligence Service*. Londres: Paddington Press, 1978.

290. Ver Tom Gilling e John McKnight, *op. cit.*

291. Ver Rodger W. Claire, *op. cit.*

292. Ver Tom Gilling e John McKnight, *op. cit.*

293. Ver Ian Black e Benny Morris, *op. cit.*

294. Ver Dan Raviv e Yossi Melman, *op. cit.*

295. Ver Tom Gilling e John McKnight, *op. cit.*

296. Ver Peter Hounam. *The Woman from Mossad: The Story of Mordechai Vanunu & the Israeli Nuclear Program*. Berkeley, Califórnia: North Atlantic Books, 1999.

297. Ver Tom Gilling e John McKnight, *op. cit.*

298. Ver Peter Hounam, *op. cit.*

299. *Ibidem*.

300. Ver Tom Gilling e John McKnight. *Trial and Error: Mordechai Vanunu and Israel's Nuclear Bomb*. Londres: HarperCollins Publishers, 1991.

301. Ver Don Peretz. *Intifada: The Palestinian Uprising*. Nova York: Westview Press, 1990.

302. Ver Amnon Kapeliouk. *Arafat*. Paris: Librairie Arthème Fayard, 2004.

303. Entrevista concedida ao jornal kuwaitiano *as-Siyassa* e reunida em sua totalidade no livro de Don Peretz, *op. cit.*

304. Ver Gordon Thomas. *Gideon's Spies: The History of Mossad*. Nova York: St. Martin Press, 1998.

305. Essas imagens transmitidas pela TV norte-americana foram feitas pelo cinegrafista israelense Meir Grego, amigo do autor.

306. Ver Ian Black e Benny Morris. *Israel's Secret Wars: A History of Israel's Intelligence Service*. Nova York: Grove Weidenfeld, 1991.

307. Ver Dan Raviv e Yossi Melman. *Every Spy a Prince: The Complete History of Israel's Intelligence Community*. Boston: Houghton Mifflin Company, 1990.

308. Ver Neil Livingstone e David Halevy. *Inside the PLO*. Nova York: Willian Morrow & Company, 1990.

309. Ver Joel C. Rosenberg. *The Last Jihad*. Nova York: Forge Books, 2003.

310. Ver Capítulo 5. Operação Primavera da Juventude, 10 de abril de 1973.

311. Ver Neil Livingstone e David Halevy, *op. cit.*

312. Ver Dan Raviv e Yossi Melman, *op. cit.*

313. O total de baixas nos Territórios Ocupados entre 9 de dezembro de 1987 e 30 de outubro de 2000 foi de:

- Civis palestinos mortos pelas forças israelenses: 1.047.
- Civis palestinos mortos por civis israelenses: 147.
- Civis israelenses mortos por civis palestinos: 270.
- Membros das forças israelenses mortos por civis palestinos: 135.

314. Ver Joel C. Rosenberg. *The Last Jihad*. Nova York: Forge Books, 2003.

315. Ver Yitzhak Shamir. *Summing Up: The Memoirs of Yitzhak Shamir*. Nova York: Orion Publishing Company, 1994.

316. Shabtai Shavit, chefe da Metsada, seria anos depois nomeado *memuneh* do Mossad.

317. Essa unidade foi criada em 1950 e tanto sua localização como as suas táticas de combate são secretas. Muitos membros do Kidon pertenceram a essa unidade, comparável à Delta Force norte-americana, ao SAS britânico ou ao GSG-9 alemão.

318. Ver Paule-Henriette Levy. *Ehud Barak: Le faucon de la paix*. Paris: Plon, 1999.

319. Ver Benny Morris. *Righteous Victims: A History of the Zionist-Arab Conflict, 1881-2001*. Nova York: Vintage, 2001.

320. Ver Neil Livingstone e David Halevy. *Inside the PLO*. Nova York: Willian Morrow & Company, 1990.

321. Ver Yitzhak Shamir, *op. cit.*

322. A DGSE (Direction Générale de la Securité Extérieure) é conhecida no mundo da espionagem como "A Piscina" porque sua primeira sede estava situada num antigo edifício que abrigava algumas piscinas públicas.

323. Ver Amnon Kapeliouk. *Arafat*. Paris: Librairie Arthème Fayard, 2004.

324. Mahmoud Abbas, conhecido como Abu Mazen, substituiu Abu Jihad após seu assassinato pelo Kidon do Mossad. Poucos anos depois, seria nomeado primeiro-ministro por Yasser Arafat, presidente da Autoridade Nacional Palestina.

325. Ver Neil Livingstone e David Halevy, *op. cit.*

326. Ver Ian Black e Benny Morris. *Israel's Secret Wars: A History of Israel's Intelligence Service*. Nova York: Grove Weidenfeld, 1991.

327. Ver Don Peretz. *Intifada: The Palestinian Uprising*. Nova York: Westview Press, 1990.

328. Ver Neil Livingstone e David Halevy, *op. cit.*

329. Ver Amnon Kapeliouk, *op. cit.*

330. Ver Dan Raviv e Yossi Melman. *Every Spy a Prince: The Complete History of Israel's Intelligence Community*. Boston: Houghton Mifflin Company, 1990.

331. Ver Gordon Thomas. *Gideon's Spies: The History of Mossad*. Nova York: St. Martin Press, 1998.

332. O serviço secreto sul-africano, o BOSS, batizou esta operação de Armagedon. Seus agentes apenas deram cobertura aos *katsa* do Mossad e aos *kidon* da Metsada. Quando a África do Sul se tornou um país multirracial, os documentos dessa operação foram abertos aos meios de comunicação e aos investigadores.

333. Ver Eric Frattini. *Irak: El Estado Incierto*. Madri: Espasa Calpe, 2003.

334. Ver William Lowther. *Arms and the Man: Dr. Gerald Bull, Iraq and the Supergun*. Londres: Pan Books, 1992.

335. Ver James Adams. *Bull's Eye: The Assassination and Life of Supergun Inventor Gerald Bull*. Nova York: Times Books, 1992.

336. Ver Joel Bainerman. *Inside the Covert Operations of the CIA and Israel's Mossad*. Nova York: S.P.I. Books, 1994.

337. Ver James Adams, *op. cit.*

338. Ver William Lowther, *op. cit.*

339. *Defence Magazine*, maio de 1989.

340. *The Washington Post*, 3 de maio de 1989.

341. Ver James Adams, *op. cit.*

342. Ver Eric Frattini. *Irak: El Estado Incierto*. Madri: Espasa Calpe, 2003.

343. Ver James Adams, *op. cit.*

344. Ver William Lowther, *op. cit.*

345. Ver Ofra Bengio. *Iraq's Road to War*. Londres: MacMillan, 1993.

346. Ver James Adams, *op. cit.*

347. O jornal *El Mundo* publicou um artigo em fevereiro de 1990 tornando pública a ligação entre o "supercanhão" iraquiano e a empresa SRC de Bruxelas.

348. O grupo a que pertenciam essas empresas (IMG) foi acusado de participar da fabricação do supercanhão que o Iraque pretendia construir.

349. Servizio per le Informazioni e la Sicurezza Democratica ou SISDE.

350. Service de Renseignement Stratégique ou SRS.

351. Bundesnachrichtendienst ou BND.

352. Ver Victor Ostrovsky. *The Other Side of Deception.* Nova York: HarperCollins Publishers, 1994.

353. *Ibidem.*

354. Ambas as peças foram construídas pela Sultam, a indústria de armas de Israel.

355. Stephen Bull declarou à polícia belga, depois do assassinato de Gerald Bull, que seu pai sabia que seria assassinado pelos israelenses, se continuasse com o Projeto Babilônia, ou pelos iraquianos, caso decidisse abandoná-lo. Esse testemunho foi registrado pelo investigador James Adams em seu livro *Bull's Eye: The Assassination and Life of Supergun Inventor Gerald Bull.*

356. Ver Gordon Thomas. *Gideon's Spies: The History of Mossad.* Nova York: St. Martin Press, 1998.

357. Entre 3 e 4 de junho de 1989, o Exército Popular de Libertação esmagou brutalmente os manifestantes reunidos na praça de Tiananmen. De acordo com as estimativas, entre 3 mil e 5 mil estudantes e cidadãos morreram, 10 mil ficaram feridos e centenas foram detidos. Essa foi a primeira vez que o Exército chinês foi acionado para reprimir revoltas populares. Depois do massacre, o governo efetuou numerosas detenções, julgamentos sumários, execuções e censurou a imprensa estrangeira e chinesa.

358. Ver William Lowther. *Arms and the Man: Dr. Gerald Bull, Iraq and the Supergun.* Londres: Pan Books, 1992.

359. *Ibidem.*

360. Ver Commander X. *Red Mercury: Deadly New Terrorist Super Weapon.* New Brunswick, Nova Jersey: Inner Light Publications. 2002.

361. Membros do Instituto para a Investigação da Paz em Estocolmo acreditam que a produção desse tipo de armas é perfeitamente possível atualmente. Muitos outros cientistas não se mostram muito seguros disso e acreditam que a questão do Mercúrio Vermelho não é mais que outra história herdada das operações de desinformação da Guerra Fria.

362. *International Defense Review*, junho de 1994.

363. Ver Commander X, *op. cit.*

364. Edward V. Badolato e Dale Andrade. "Red Mercury: Hoax or the Ultimate Terrorist Weapon?". *Counterterrorism and Security Journal.*

365. Ver Mark Fabi. *Red Mercury*. Nova York: Bantam Books, 2004.

366. Dale Andrade. *Counterterrorism Magazine*, julho de 1995.

367. Ver Gordon Thomas e Martin Dillon. *Robert Maxwell, Israel's Superspy: The Life and Murder of a Media Mogul.* Nova York: Carroll & Graf Publishers, 2002.

368. William Casey, diretor da CIA (1981-1987), definia Shabtai Shavit como "Um homem que sabia doze idiomas e que fez carreira no Mossad graças ao talento para não ferir as suscetibilidades de seus superiores. Shavit controlava o Mossad com mão de ferro".

369. Tycoon é o senhor feudal do Japão antigo. Também é uma definição dada aos grandes magnatas nos países anglo-saxões.

370. Ver Nicholas Davies. *Death of a Tycoon: An Insider's Account of the Rise and Fall of Robert Maxwell.* Nova York: St. Martin's Press, 1993.

371. Essa definição está refletida na magnífica obra de Gordon Thomas e Martin Dillon, *op. cit.*, e no livro de Roy Greenslade, *Maxwell: The Rise and Fall of Robert Maxwell and His Empire*. Nova York: Carol Publishing Corporation, 1992.

372. Ver Nicholas Davies, *op. cit.*

373. Ver Roy Greenslade, *op. cit.*

374. Ver Gordon Thomas e Martin Dillon, *op. cit.*

375. Ver Nicholas Coleridge. *Paper Tigers*. Londres: Mandarin Paperbacks, 1994.

376. Ver Gordon Thomas e Martin Dillon, *op. cit.*

377. Ver Roy Greenslade, *op. cit.*

378. A Citex Corporation era uma empresa radicada em Tel Aviv e dedicada ao desenvolvimento de impressoras de alta tecnologia.

379. Ver Yitzhak Shamir. *Summing Up: The Memoirs of Yitzhak Shamir*. Nova York: Orion Publishing Company, 1994.

380. Ver Gordon Thomas e Martin Dillon. *Robert Maxwell, Israel's Superspy: The Life and Murder of a Media Mogul.* Nova York: Carroll & Graf Publishers, 2002.

381. *Ibidem.*

382. Edmond Safra, amigo íntimo de Maxwell, tornara-se informante do FBI. Revelava ao órgão todas as operações financeiras das máfias russa e búlgara que passavam pelo seu banco até o Bank of New York. Em 1999, anunciou que seu banco estava à venda, o que lhe criou muitos inimigos. Safra refugiou-se numa mansarda na reputada avenida Ostende de Mônaco. Numa noite, alguns intrusos entraram no elegante andar e, quando a polícia e os bombeiros chegaram ao local, Safra e a sua enfermeira estavam mortos. As câmeras de segurança não detectaram nada. Alguns especialistas garantem que a execução deve ter sido obra da máfia russa, da máfia búlgara ou do próprio Mossad (Kidon). Os culpados nunca foram descobertos.

383. Vladimir Alexandrovich Kriuchkov foi presidente da KGB de agosto de 1988 a agosto de 1991, quando encerrou suas funções após participar da tentativa de golpe de Estado contra o presidente Mikhail Gorbachev.

384. Ver Gordon Thomas e Martin Dillon, *op. cit.*

385. *Ibidem.*

386. Este era um sistema integrado pela Chubb Company (Sunbury-on-Thames, Middlesex, Londres) nos computadores a que apenas Robert Maxwell tinha acesso.

387. Jon Bannenberg (1929-2002) era um dos mais famosos decoradores e trabalhava para outros grandes magnatas, como o mexicano Emilio Azcárraga Milmo, para quem decorou os iates *Paraíso* e *Azteca*; Adnan Khashoggi, para quem decorou o famoso iate *Nabila*; e Malcolm Forbes.

388. Ver Victor Ostrovsky. *The Other Side of Deception.* Nova York: HarperCollins Publishers, 1994.

389. Ver Gordon Thomas e Martin Dillon, *op. cit.*

390. Fundada em 1958, a Gulfstream Aerospace Corporation é uma companhia subsidiária da General Dynamics (www.gulfstream.com).

391. A empresa construtora do iate *Lady Ghislaine* era a Amels-Holland, em Vlisingen (Holanda).

392. Ver Victor Ostrovsky e Claire Hoy. *By Way of Deception.* Toronto: Stoddart Publishing, 1991.

393. Ver Markus Wolf e Anne McElvoy. *Markus Wolf: The Man Without a Face.* Nova York: Times Books, 1997.

394. Ver Gordon Thomas e Martin Dillon, *op. cit.*

395. John O'Neill, um dos maiores especialistas em crime organizado e amigo do autor, faleceria em 11 de setembro de 2001, após o ataque às Torres Gêmeas, em Nova York.

396. Ver Gordon Thomas e Martin Dillon, *op. cit.*

397. Ver Nicholas Davies. *Death of a Tycoon: An Insider's Account of the Rise and Fall of Robert Maxwell.* Nova York: St Martins Press, 1993.

398. Letra com que se conhecem todos os diretores do Serviço Secreto de Inteligência (MI6) desde a fundação em 1909. A letra era usada pelo primeiro diretor do MI6, *Sir* Mansfield Cumming, por causa da inicial do seu sobrenome.

399. O Japão reclama essas ilhas desde o fim da Segunda Guerra Mundial, quando foram ocupadas pela União Soviética. A URSS mantinha nas Curilas uma das suas principais bases navais.

400. Ver Mikhail Gorbachev. *Memoirs.* Nova York: Doubleday Publishers, 1996.

401. Ver Leon Aron. *Yeltsin: A Revolutionary Life.* Nova York: St. Martin's Press, 2000.

402. Ver Roy Greenslade. *Maxwell: The Rise and Fall of Robert Maxwell and His Empire*. Nova York: Carol Publishing Corporation, 1992.

403. A Food and Drug Administration (FDA) demorou quase três anos para estudar os mais de 25 mil documentos em que se reuniam quase todas as investigações pré-clínicas e clínicas dos efeitos do Halcion. Assim que a verdade veio à tona, a farmacêutica Upjohn desculpou-se, alegando que houve erros de transcrição dos dados no relatório final apresentado à FDA. Na Grã-Bretanha, a venda do medicamento foi proibida em outubro de 1991.

404. Ver Gordon Thomas e Martin Dillon. *Robert Maxwell, Israel's Superspy: The Life and Murder of a Media Mogul*. Nova York: Carroll & Graf Publishers, 2002.

405. Ver Capítulo 10. Operação Vanunu, 30 de setembro de 1986.

406. Ver Gordon Thomas e Martin Dillon *op. cit.*

407. *Ibidem.*

408. *Ibidem.*

409. A morte do magnata e o funeral de Estado de Robert Maxwell em Jerusalém estiveram entre as últimas pautas cobertas pelo autor como correspondente no Oriente Médio.

410. As negociações secretas de Oslo conduziram aos chamados Acordos de Oslo, assinados em Washington em 13 de setembro de 1993. Depois dos acordos, Yasser Arafat regressou a Gaza como chefe de um governo autônomo com autoridade inicialmente sobre a Faixa de Gaza e Jericó, e que posteriormente se estenderia a outros territórios da Cisjordânia.

411. Ehud Barak foi o chefe do Estado-Maior do exército israelense até julho de 1995; ministro do Interior de julho a novembro de 1995 e ministro dos Negócios Estrangeiros entre novembro de 1995 e junho de 1996; foi eleito membro da Knesset e presidente do Partido Trabalhista em 1996. Em 17 de maio de 1999, foi eleito primeiro-ministro de Israel. Em 7 de março de 2001, foi derrotado nas eleições pelo primeiro-ministro Ariel Sharon, do Likud.

412. As duas primeiras siglas de *Sherut ha-Bitachon ha-Klali*, ou Serviço Geral de Segurança.

413. Ver Gordon Thomas. *Gideon's Spies: The History of Mossad*. Nova York: St. Martin's Press, 1998.

414. *Ibidem.*

415. Os combatentes são *katsa* israelenses enviados para países árabes para trabalhar sob identidade falsa.

416. Ver Andrew G. Bostom. *The Legacy of Jihad: Islamic Holy War and the Fate of Non-Muslims*. Nova York: Prometheus Books, 2005.

417. Ver Gordon Thomas. *Gideon's Spies: The History of Mossad*. Nova York: St. Martin's Press, 1998.

418. Ver Samuel M. Katz. *The Hunt for the Engineer: How Israeli Agents Tracked the Hamas Master Bomber*. Nova York: Fromm International, 1999.
419. *Ibidem.*
420. Ver Gordon Thomas, *op. cit.*
421. Dados do Terrorism Research Center, de Washington D.C. Departamento de Segurança Interna dos Estados Unidos (www.dhs.gov).
422. Ver Samuel M. Katz. *The Hunt for the Engineer: How Israeli Agents Tracked the Hamas Master Bomber*. Nova York: From International, 1999.
423. Ver Brigadier General Shmuel Arad. "Living in the Shadow of Terror". *Bamachane*, publicação das Forças de Defesa de Israel, novembro de 1992.
424. Ver Andrew G. Bostom. *The Legacy of Jihad: Islamic Holy War and the Fate of Non-Muslims*. Nova York: Prometheus Books, 2005.
425. Ver Samuel M. Katz, *op. cit.*
426. Ver Shaul Mishal e Avraham Sela. *The Palestinian Hamas*. Nova York: Columbia University Press, 2000.
427. Ver Khaled Hroub. *Hamas: Political Thought and Practice*. Jerusalém: Instituto de Estudos Palestinos, 2000.
428. Por fim, o Conselho de Segurança das Nações Unidas aprovou a Resolução 799, que obrigava Israel a retornar de imediato com todos os deportados.
429. Ver Shaul Mishal e Avraham Sela, *op. cit.*
430. Ver Samuel M. Katz, *op. cit.*
431. *Ibidem.*
432. Em Israel, o Shin Bet também é conhecido como Shaback.
433. Ver Shaul Mishal e Avraham Sela, *op. cit.*
434. Ver Khaled Hroub, *op. cit.*
435. Ver Samuel M. Katz. *op. cit.*
436. *Ibidem.*
437. Ver Anexo III: Glossário de Termos do Mossad.
438. Ver Samuel M. Katz, *op. cit.*
439. Ver Khaled Hroub, *op. cit.*
440. Ver Jonathan Bloch e Paul Tood. *Global Intelligence: The World's Secret Services Today*. Nova York: Zed Books, 2003.
441. Ver Samuel M. Katz, *op. cit.*
442. *Ibidem.*
443. Ver Capítulo 3. Operação Ira de Deus, 16 de outubro de 1972 a junho de 1973.
444. Ver Capítulo 7. Operação Raio, 4 de julho de 1976.
445. Ver Gordon Thomas. *Gideon's Spies: The History of Mossad*. Nova York: St. Martin's Press, 1998.

446. Ver Gordon Thomas e Martin Dillon. *Robert Maxwell, Israel's Superspy: The Life and Murder of a Media Mogul*. Nova York: Carroll & Graf Publishers, 2002.

447. Ver Khaled Hroub, *op. cit.*

448. Ver Maxine Rosaler. *Hamas: Palestinian Terrorists*. Nova York: Rosen Publishing Group, 2002.

449. Ver Samuel M. Katz. *Follow Me! A History of Israel's Military Elite*. Londres: Arms & Armour Press, 1989.

450. Ver Gordon Thomas e Martin Dillon, *op. cit.*

451. *Ibidem.*

452. Ver Samuel M. Katz. *The Hunt for the Engineer: How Israeli Agents Tracked the Hamas Master Bomber*. Nova York: Fromm International, 1999.

453. Todo o relato sobre a tentativa de assassinato de Jalid Meshal em Amã foi retirado do "Report of the Commission Concerning the Events in Jordan September 1997", de 17 de fevereiro de 1998. A Comissão de Investigação ouviu 35 testemunhas durante 47 sessões. Muitas das testemunhas fazem parte desse relato.

454. Ver Gordon Thomas. *Gideon's Spies: The History of Mossad*. Nova York: St. Martin Press, 1998.

455. Ver Rolland Dallas. *King Hussein: A Life on the Edge*. Nova York: Fromm International Publishing, 1999.

456. Ver Gordon Thomas. *Gideon's Spies: The History of Mossad*. Nova York: St. Martin Press, 1998.

457. Ver Victor Ostrovsky e Claire Hoy. *By Way of Deception*. Toronto: Stoddart Publishing, 1991.

458. Ver Samuel M. Katz, *op. cit.*

459. Ver Shaul Mishal e Avraham Sela. *The Palestinian Hamas*. Nova York: Columbia University Press, 2000.

460. Ver Maxine Rosaler. *Hamas: Palestinian Terrorists*. Nova York: Rosen Publishing Group, 2002.

461. Ronen Bergman. *Rise and Kill First: The Secret History of Israel's Targeted Assassinations*. Londres: John Murray Publishers, 2018.

462. Samuel M. Katz. *The Ghost Warriors: Inside Israel's Undercover War Against Suicide Terrorism*. Dutton Caliber, Nova York, 2016.

463. Dror Moreh. *The Gatekeepers: Inside Israel's Internal Security Agency*. Nova York: Skyhorse, 2015.

464. Jonathan Schanzer. *Hamas vs. Fatah: The Struggle for Palestine*. Nova York: St. Martin's Press, 2008.

465. Dror Moreh, *op. cit.*

466. Matthew Levitt. *Hamas: Politics, Charity, and Terrorism in the Service of Jihad*. New Haven: Yale University Press, 2006.

467. Ronen Bergman, *op. cit.*

468. Ahmad M. al-Khalidi e Farid Abu-Dheir. *The Palestinian National Authority: Studies of the Experience and Performance, 1994-2013*. Beirute, Líbano, 2019.

469. Dror Moreh, *op. cit.*

470. William A. Orme. "Israel Says It Killed Two During Raid at Bomb Shop". *The New York Times*, 15 de dezembro de 1999.

471. Ronen Bergman, *op. cit.*

472. Abram N. Shulsky e Gary J. Schmitt. *Silent Warfare: Understanding the World of Intelligence*. Washington D.C.: Potomac Books, 2002.

473. Ehud Barak. *My Country, My Life: Fighting for Israel, Searching for Peace*. Nova York: St. Martin's Press, 2018.

474. Nir Hefez e Gadi Bloom. *Ariel Sharon: A Life*. Nova York: Ramdon House, 2006.

475. Efraim Halevy. *Man in the Shadows: Inside the Middle East Crisis with a Man Who Led the Mossad*. Nova York: St. Martin's Press, 2006.

476. Avi Shilon. *The Decline of the Left Wing in Israel: Yossi Beilin and the Politics of the Peace Process*. Londres: Bloomsbury, 2019.

477. Ehud Barak, *op. cit.*

478. Nir Hefez e Gadi Bloom, *op. cit.*

479. Ronen Bergman. *Rise and Kill First: The Secret History of Israel's Targeted Assassinations*. Londres: John Murray Publishers, 2018.

480. Ophir Falk e Henry Morgenstern. *Suicide Terror: Understanding and Confronting the Threat*. Nova Jersey: Wiley Publishers, Hoboken, 2009.

481. Daniel Byman. *A High Price: The Triumphs and Failures of Israeli Counterterrorism*. Nova York: Oxford University Press, 2011.

482. Ophir Falk e Henry Morgenstern. *Suicide Terror: Understanding and Confronting the Threat*. Nova Jersey: Wiley Publishers. Hoboken, 2009.

483. George W. Bush. *Decision Points*. Nova York: Crown Publishers, 2010.

484. Marouf Hasian Jr. *Israel's Military Operations in Gaza: Telegenic Lawfare and Warfare*. Nova York: Routledge, 2016.

485. Devorah S. Manekin. *Regular Soldiers, Irregular War: Violence and Restraint in the Second Intifada*. Ithaca, Nova York: Cornell University Press, 2020.

486. Steven Erlanger e Greg Myre. "Israelis Seize 6 in Raid on Prison in the West Bank." *The New York Times*, 15 mar. 2006.

487. Yitzhak Benhorin. *Abbas: I May Resign*. YnetNews, 25 fev. 2006.

488. Ehud Olmert substituiu Ariel Sharon como primeiro-ministro interino porque Sharon entrou em coma após uma cirurgia realizada em 5 de janeiro de 2006, quadro que não foi superado até sua morte, em 11 de janeiro de 2014.

489. Ahmad M. Al-Khalidi e Farid Abu-Dheir. *The Palestinian National Authority: Studies of the Experience and Performance, 1994-2013*. Beirute, Líbano, 2019.

490. Nils Andersson, Daniel Iagolnitzer e Diana G. Collier. *International Justice and Impunity: The Case of the United States*. Nova Inglaterra: Clarity Press, 2008.

491. Daniel Byman, *op. cit.*

492. *Journal of Palestine Studies*, Vol XVII nº 4 (68), Jerusalém, Verão de 1988.

493. Mark L. Hass e David W. Lesch. *The Arab Spring*. Nova York: Routledge, 2016.

494. Najib Ghadbian. *The New Asad: Dynamics of Continuity and Change in Syria*. Beirute: Middle East Journal, 2001.

495. Charles River. *Syria and the Assad Family: The History Behind Bashar al--Assad's Rise to Power and the Civil War*. CreateSpace Independent Publishing Platform, 2017.

496. Efraim Halevy. *Man in the Shadows: Inside the Middle East Crisis with a Man Who Led the Mossad*. Nova York: St. Martin's Press, 2006.

497. Imaz Fayed Mughniyeh foi assassinado por uma unidade do Kidon em 12 de fevereiro de 2008 durante a chamada Operação Fumaça.

498. Em seus dois primeiros relatórios, em 2014, a Comissão Internacional de Investigação Independente da ONU indicou que o governo sírio poderia estar ligado ao assassinato. Os advogados que estão processando os responsáveis pelo ataque de 2005 disseram ter recebido provas que ligam o telefone de Bashar al--Assad ao caso. Em seu décimo relatório, a UNIIIC concluiu "que uma rede de indivíduos agiu em grupo para executar o assassinato de Rafic Hariri". Uma investigação da Canadian Broadcasting Corporation (CBC) afirmou que a equipe de investigação especial da ONU havia encontrado provas da responsabilidade do Hezbollah pelo assassinato. De fato, um tribunal apoiado pela ONU emitiu quatro mandados de prisão para membros do Hezbollah.

499. Ronen Bergman. *Rise and Kill First: The Secret History of Israel's Targeted Assassinations*. Londres: John Murray Publishers, 2018.

500. Efraim Halevy. *Man in the Shadows: Inside the Middle East Crisis with a Man Who Led the Mossad*. Nova York: St. Martin's Press, 2006.

501. Michael Ross e Jonathan Kay. *The Volunteer: The Incredible True Story of an Israeli Spy on the Trail of International Terrorists*. Londres: Skyhorse, 2011.

502. Ronen Bergman. "The Spies Inside Damascus." *Foreign Policy*, 19 set. 2013.

503. Michael Ross e Jonathan Kay, *op. cit.*

504. *Ibidem*.

505. *Israeli Freed by Hizbullah Admits He Went to Lebanon for Drug Deal.* Associated Press, 21 dez. 2006.

506. Ronen Bergman, *op. cit.*

507. Elhanan Tannenbaum foi libertado em janeiro de 2004 como parte de uma troca de prisioneiros com o Hezbollah mediada pela Alemanha, que resultou da libertação de 435 prisioneiros mantidos por Israel em troca de Tannenbaum e da devolução dos corpos de três soldados das FDI mortos durante uma emboscada na fronteira entre Israel e Líbano. Entre as 435 pessoas libertadas por Israel estavam Mustafa Dirani e Abdel Karim Obeid. Esses dois líderes do Hezbollah haviam sido sequestrados em 1994 e 1989, respectivamente, para serem usados como moeda de troca em um esforço para garantir a libertação do mais famoso soldado desaparecido de Israel, Ron Arad.

508. Israel Shahak. *Open Secrets, Israeli Nuclear and Foreign Policies.* Londres: Pluto Press, 1997.

509. Samuel M. Katz. *The Ghost Warriors: Inside Israel's Undercover War Against Suicide Terrorism.* Nova York: Dutton Caliber, 2016.

510. Ronen Bergman, *op. cit.*

511. Joby Warrick. *Red Line: The Unraveling of Syria and America's Race to Destroy the Most Dangerous Arsenal in the World.* Nova York: Doubleday, 2020.

512. Dana Pittard e Wes Bryant. *Hunting the Caliphate: America's War on ISIS and the Dawn of the Strike Cell.* Tennessee: Post Hill Press, 2019.

513. Itai Brun. "While You're Busy Making Other Plans. The Other RMA." *Journal of Strategic Studies.* Tel Aviv, 2010.

514. Damien McElroy. "Syria's 'Chemical Weapons Factories' Seen from Space." *The Daily Telegraph*, 19 fev. 2009.

515. Yaakov Katz. "Syria Building Chemical Weapons Plant." *The Jerusalem Post*, 17 fev. 2009.

516. *Chemical Romance – Syria's Unconventional Affair Develops, Jane's Intelligence Review*, 12 fev. 2009.

517. Shmuel Bar. *Bashar's Syria: The Regime and its Strategic Worldview.* The Interdisciplinary Center Herzliya Lauder School of Government, Diplomacy and Strategy Institute for Policy and Strategy. Herzliya, Israel, 2006.

518. *Ibidem.*

519. Tamar Meisels e Jeremy Waldron. *Debating Targeted Killing: Counter-Terrorism or Extrajudicial Execution?* Nova York: Oxford University Press, 2020.

520. Samuel Katz. *The Ghost Warriors: Inside Israel's Undercover War Against Suicide Terrorism.* Nova York: Dutton Caliber, 2016.

521. Jonathan Schanzer. *Hamas vs. Fatah: The Struggle for Palestine.* Nova York: St. Martin's Press, 2008.

522. Ami Pedahzur. *The Israeli Secret Services and the Struggle Against Terrorism.* Columbia Studies in Terrorism and Irregular Warfare. Nova York: Columbia University Press, 2010.

523. Ronen Bergman. *Rise and Kill First: The Secret History of Israel's Targeted Assassinations.* Londres: John Murray Publishers, 2018.

524. *Ibidem.*

525. Daniel Byman. *A High Price: The Triumphs and Failures of Israeli Counterterrorism.* Nova York: Oxford University Press, 2011.

526. Clement Hall. *The History of Hamas.* CreateSpace Independent Publishing Platform, Internet, 2013.

527. Nasser Yatiya foi libertado em uma troca de prisioneiros, pelo soldado israelense Gilad Shalit, em 2011. Muhammad Taher, que preparou os explosivos, foi morto pelo Shayetet em junho de 2003. Em 26 de março de 2008, o comandante do Hamas, Omar Jabar, suspeito de ajudar a organizar o ataque, foi preso em Tulkarem e, em março de 2013, condenado a trinta anos de prisão. Em setembro de 2009, Muhammad Harwish, militante veterano do Hamas e responsável pelo planejamento do Massacre de Páscoa, foi preso pelo Yamam, um esquadrão antiterrorista de elite da Polícia de Fronteiras em sua cidade natal.

528. Daniel Byman, *op. cit.*

529. Ronen Bergman, *op. cit.*

530. Dror Moreh. *The Gatekeepers: Inside Israel's Internal Security Agency.* Nova York: Skyhorse, 2015.

531. Clement Hall. *The History of Hamas.* CreateSpace Independent Publishing Platform, Internet, 2013.

532. Mohammed Hafez. *Manufacturing Human Bombs: The Making of Palestinian Suicide Bombers.* Washington D.C.: Instituto da Paz dos Estados Unidos, 2006.

533. Avi Kober. *Israel's Wars of Attrition: Attrition Challenges to Democratic States.* Routledge, Nova York: Middle Eastern Military Studies. 2009.

534. Beverley Milton-Edwards. *Hamas: The Islamic Resistance Movement.* Londres: Polity Publishers, 2010.

535. Ophir Falk e Henry Morgenstern. *Suicide Terror: Understanding and Confronting the Threat.* Nova Jersey: Wiley Publishers, Hoboken, 2009.

536. Daniel Byman. *A High Price: The Triumphs and Failures of Israeli Counterterrorism.* Oxford, Reino Unido: Oxford University Press, 2011.

537. Capítulo 16. Operação Vingança, 25 de setembro de 1997 a 22 de março de 2004.

538. Daniel Byman, *op. cit.*

539. Ami Pedahzur. *Root Causes of Suicide Terrorism: The Globalization of Martyrdom.* Nova York: Routledge, 2006.

540. Jonathan Schanzer. *Hamas vs. Fatah: The Struggle for Palestine*. Nova York: Palgrave Macmillan Trade, 2008.

541. Frederic Miller. *Izz ad-Din al-Qassam Brigades*. Alphascript Publishing, Internet, 2009.

542. Jeroen Gunning. *Hamas in Politics: Democracy, Religion, Violence*. Nova York: Columbia University Press, 2008.

543. Paul Danahar. *The New Middle East: The World After the Arab Spring*. Nova York: Bloomsbury Press, 2013.

544. Glen Segell. *Gaza and Israel 14-21 November 2012: Operation Pillar of Defense; Operation Stones of Shale; Operation Blue Sky*. Londres: London Security Policy Study, 2012.

545. O Conselho de Segurança Nacional de Israel foi criado por ordem do primeiro-ministro Benjamin Netanyahu em 7 de março de 1999, de acordo com a Resolução 4889.

546. Frederic Miller. *Izz ad-Din al-Qassam Brigades*. Alphascript Publishing, Internet, 2009.

547. Ophir Falk e Henry Morgenstern. *Suicide Terror: Understanding and Confronting the Threat*. Nova Jersey: Wiley Publishers, Hoboken, 2009.

548. Ronen Bergman. *Rise and Kill First: The Secret History of Israel's Targeted Assassinations*. Londres: John Murray Publishers, 2018.

549. *Ibidem*.

550. Dror Moreh. *The Gatekeepers: Inside Israel's Internal Security Agency*. Nova York: Skyhorse, 2015.

551. "Who was Ismail Abu Shanab?" Wolf Blitzer, *CNN*, 21 ago. 2003.

552. Maxine Rosaler. *Hamas: Palestinian Terrorists*. Nova York: Rosen Publishing Group, 2002.

553. Jonathan Schanzer *op. cit.*

554. Daniel Byman. *A High Price: The Triumphs and Failures of Israeli Counterterrorism*. Nova York: Oxford University Press, 2011.

555. Ronen Bergman, *op. cit.*

556. *Ibidem*.

557. Samuel Katz. *The Ghost Warriors: Inside Israel's Undercover War Against Suicide Terrorism*. Nova York: Dutton Caliber, 2016.

558. Ami Pedahzur. *The Israeli Secret Services and the Struggle Against Terrorism, Columbia Studies in Terrorism and Irregular Warfare*. Nova York: Columbia University Press, 2010.

559. Daniel Byman, *op. cit.*

560. Samuel M. Katz, *op. cit.*

561. Daniel Byman, *op. cit.*

562. *Ibidem.*

563. Em 2010, o próprio Mahmoud al-Zahar revelou à imprensa que Yasser Arafat havia ordenado ao Hamas, em 2000, que lançasse ataques suicidas contra Israel porque as negociações de paz não estavam avançando.

564. Tamar Meisels e Jeremy Waldron. *Debating Targeted Killing: Counter-Terrorism or Extrajudicial Execution?* Nova York: Oxford University Press, 2020.

565. Dror Moreh. *The Gatekeepers: Inside Israel's Internal Security Agency*, Nova York: Skyhorse, 2015.

566. Jonathan Schanzer. *Hamas vs. Fatah: The Struggle for Palestine*. Nova York: St. Martin's Press, 2008.

567. Dror Moreh, *op. cit.*

568. Jonathan Schanzer, *op. cit.*

569. Dennis Ross e David Makovsky. *Be Strong and of Good Courage: How Israel's Most Important Leaders Shaped Its Destiny*. Washington D.C.: Public Affairs, 2019.

570. "Covert Action and Iran's Nuclear Program." Bellum, A Project of the Stanford Review, 19 fev. 2009.

571. Ver Capítulo 9. Operação Átomo, 5 de abril de 1979 a 7 de junho de 1981.

572. "Tehran Denies Report on Scientist's Assassination." Xinhua Agência China de Notícias, 4 fev. 2007.

573. "US website: Mossad killed Iranian Nuclear Physicist." *Diario Haaretz*, 4 fev. 2007.

574. "Tehran Nuclear Scientist Massoud Ali-Mohammadi killed by bomb; Iran Blames U.S., Israel for Attack." *New York Daily News*, 14 jan. 2010.

575. "The Body of Martyr Masoud Alimohammadi was laid to rest in Tehran's Ali-Akbar Shrine." *Bornā News Agency*, 14 jan. 2010.

576. "Israel Launches Covert War Against Iran." Phillip Sherwell, *The Daily Telegraph*, 16 fev. 2009.

577 "Israeli Test on Worm Called Crucial in Iran Nuclear Delay." William J. Broad. *The New York Times*, 15 jan. 2011.

578 "US Says Cyberworm Aided Effort Against Iran." Daniel Dombey, *Financial Times*, 10 dez. 2010.

579. Vezarat-e Ettela'at va Amniat-e Keshvar ou VEVAK.

580. Yaakov Katz. *Shadow Strike: Inside Israel's Secret Mission to Eliminate Syrian Nuclear Power*. Nova York: St Martin's Press, 2019.

581. Joby Warrick. *Black Flags: The Rise of ISIS*. Nova York: Anchor, 2016.

582. William McCants. *The Isis Apocalypse*. Nova York: Picador Paper, 2016.

583. Samuel M. Katz, *op. cit.*

584. Ian Black e Benny Morris. *Israel's Secret Wars: A History of Israel's Intelligence Service*. Nova York: Grove Weidenfeld, 1991.
585. Michael B. Oren. *Six Days of War: June 1967 and the Making of the Modern Middle East*. Nova York: Blackstone, 2005.
586. Dan Raviv e Yossi Melman. *Every Spy a Prince: The Complete History of Israel's Intelligence Community*. Boston: Houghton Mifflin Company, 1990.
587. Matti Friedman. *Spies of No Country: Israel's Secret Agents at the Birth of the Mossad*. Nova York: Algonquin Books, 2019.
588. Anthony Tucker-Jones. *The Gulf War: Operation Desert Storm 1990-1991*. South Yorkshire, RU: Pen & Sword Books, 2014.
589. Christopher Phillips. *The Battle for Syria: International Rivalry in the New Middle East*. New Haven: Yale University Press, 2016.
590. Matti Friedman, *op. cit.*
591. Dan Raviv e Yossi Melman. *Spies Against Armageddon: Inside Israel's Secret Wars*. Sea Cliff, Nova York: Levant Books, 2012.
592. Ronen Bergman. *Rise and Kill First: The Secret History of Israel's Targeted Assassinations*. Londres: John Murray Publishers, 2018.
593. Israel Shahak. *Open Secrets, Israeli Nuclear and Foreign Policies*. Londres: Pluto Press, 1997.
594. Jay Solomon. *The North Korean-Israeli Shadow War*. Washington D.C.: The Washington Institute, 2019.
595. Dan Raviv e Yossi Melman, *op. cit.*
596. Pamela Hess. "White House Says Syria 'Must Come Clean' About Nuclear Work." *Associated Press*, 23 abril 2008.
597. George W. Bush. *Decision Points*. Nova York: Crown Publishers, 2010.
598. Condoleezza Rice. *No Higher Honor: A Memoir of My Years in Washington*. Nova York: Ramdon House, 2011.
599. Yaakov Katz. *Shadow Strike: Inside Israel's Secret Mission to Eliminate Syrian Nuclear Power*. Nova York: St. Martin's Press, 2019.
600. *Ibidem*.
601. Conal Urquhart. "Speculation Flourished Over Israel's Strike on Syria." *The Guardian*, 17 set. 2007.
602. "Israel Says Deterrent Ability Recovered After Syria Strike." *Associated Press*, 16 set. 2007.
603. "USAF Struck Syrian 'Nuclear' site", *Information Clearing House*, 2 nov. 2007
604. Yaakov Katz, *op. cit.*
605. Michael Bar-Zohar e Nissim Mishal. "The Long Road to Syria." *Yedioth Ahronoth*, 26 ago. 2010.

606. Michael Bar-Zohar e Nissin Mishal. *No Mission is Impossible: The Death-Defying Missions of the Israeli Special Forces*. Nova York: Ecco Press, 2015.

607. Ronen Bergman, *op. cit.*

608. Yaakov Katz, *op. cit.*

609. Michael Bar-Zohar e Nissin Mihal. *Mossad: The Great Operations of Israel's Secret Service*. Nova York: The Robson Press, 2012.

610. Charles D. Freilich. *Israeli National Security: A New Strategy for an Era of Change*. Nova York: Oxford University Press, 2018.

611. William McCants. *The Isis Apocalypse*. Nova York: Picador Paper, 2016.

612. Christopher Phillips. *The Battle for Syria: International Rivalry in the New Middle East*. New Haven: Yale University Press, 2016.

613. Charles River. *Syria and the Assad Family: The History Behind Bashar al--Assad's Rise to Power and the Civil War*. CreateSpace Independent Publishing Platform, 2017.

614. Matthew Cole. "Israeli Special Forces Assassinated Senior Syrian Official." *The Intercept*, 15 jul. 2015.

615. "US Embassy Cables: Israel Suspected in Syrian Sniper Killing." *The Guardian*, https://www.theguardian.com/world/us-embassy-cables-documents/164634.

616. "'Israeli commandos' killed top Syrian official – leaked US files." *BBC*, 16 jul. 2015.

617. Ali H. M. Abo Rezeg (3 de janeiro de 2020), "*PROFILE - Who is Qasem Soleimani?*" Soleimani foi declarado "terrorista e apoiador do terrorismo" pelos Estados Unidos. Ele foi um dos iranianos que recebeu sanções pela Resolução 1747 do Conselho de Segurança da ONU em 24 de junho de 2011. Outra declaração oficial da UE informou que as sanções foram impostas a três comandantes da Guarda Revolucionária Iraniana. Um deles era o general Qasem Soleimani.

618. Ver Hamzer, Ahmed Nizar. *El sendero de Hezbolá*. Instituto de Estudos Árabes, Beirute, 2009.

619. "Slain Hezbollah Commander Had Long History of Attacks." *The Associated Press*, 13 fev. 2008.

620. "Man & Myth: Making Sense of Imad Mughniyeh." *The Daily Star Lebanon*, 15 fev. 2008.

621. "America's Most Wanted Terrorist." *BBC News*, 10 out. 2001.

622. O xeique Fadlallah faleceu em julho de 2010 aos 75 anos. Embora inicialmente tenha defendido o estabelecimento de um regime islâmico no Líbano, acreditava que não seria possível implementá-lo sem o apoio popular dos próprios libaneses. Nos últimos anos foi considerado um liberal pelo regime de Teerã, uma vez que emitiu várias *fatwas* a favor das mulheres e proibiu os ataques suicidas em 2005.

623. “Imad Mughniyeh: Hezbolah Chief High on the US-Israel Hitlist.” *The Guardian*, 14 fev. 2008.
624. “Death of Hezbollah Leader Could Mean Threat to Jewish Target.” *CNN*, 15 fev. 2008.
625. “Arabs helped Mossad kill Mughniyeh.” *The Jerusalem Post*, 27 fev. 2008.
626. “Israel Kills Terror Chief With Headrest Bomb.” *The Sunday Times*, 16 fev. 2008.
627. “Assassinations: The Work of Mossad?" *The Times*, 16 fev. 2010.
628. Ver Capítulo 15. Operação Engenheiro, 5 de janeiro de 1996.
629. Capítulo XVI. Operação Vingança, 25 de setembro de 1997 a 22 de março de 2004.
630. Ver “The Israel's Hit Squad”, Yossi Melman e Dan Raviv, *The Atlantic Magazine*, fev. 2010.
631. Notificação da Interpol, 8 mar. 2010.
632. Ver *Diario Haaretz*, 20 fev. 2010.
633. Warren Strobel e Dustin Voltz. “CIA Names First Woman to Lead Clandestine Operations.”, *The Wall Street Journal*, 7 dez. 2018.
634. Gus Martin. *The SAGE Encyclopedia of Terrorism*. Segunda Edição, Washington D.C.: SAGE Editions, 2011.
635. Currículo oficial de Gina Haspel na CIA. Fonte: Agência Central de Inteligência.
636. Adam Goldman e Gina Haspel. “Trump's Choice for C.I.A., Played Role in Torture Program.” *The New York Times*, 13 mar. 2018.
637. Eric Frattini. *Italia, Sorvegliata Speciale*. Roma: Ponte alle Grazie, 2013.
638. *Detainee Biographies*. Escritório do Diretor da Inteligência Nacional. Arquivo Original, 31 ago. 2009.
639. Scott Shane. “Waterboarding Used 266 Times on 2 Suspects.” *The New York Times*, 19 abril 2009.
640. Scott Shane. “Inside a 9/11 Mastermind's Interrogation.” *The New York Times*, 20 dez. 2013.
641. “CIA Chief: We Waterboarded.” *ABC News*, 4 abril 2012.
642. Ali Soufan. “Next in Line to Lead al-Qa`ida: A Profile of Abu Muhammad al-Masri, Combating Terrorism Center at West Point”, 16 nov. 2020.
643. Gregory Alonso. *The African Jihad: Bin Laden's Quest for the Horn of Africa*. Trenton, Nova Jersey: Red Sea Press, 2007.
644. Ali Soufan. “Next in Line to Lead al-Qa`ida: A Profile of Abu Muhammad al-Masri, Combating Terrorism Center at West Point”, 16 nov. 2020.
645. John J. Lumpkin. *Abdullah Ahmed Abdullah*. Washington D.C.: Global Security, 20 jan. 2013.

646. Abdel Bari Atwan. "After Bin Laden: Al Qaeda, the Next Generation." *The New Press*, Nova York, 2012.
647. "2002: Terrorist Hit Paradise Hotel After Elaborate Planning." *Daily Nation*, 15 dez. 2019.
648. "Israel Evacuates Tourist from Kenya." *BBC News*, 29 nov. 2002.
649. "UK Condemns Kenya Bomb Attack." *BBC News*, 28 nov. 2002.
650. Ken Wallace. "Al Qaeda Claims Responsibility for Kenya Attacks." *CNN*, 3 dez. 2002.
651. Rukmini Callimachi e Eric Schmitt. "Iran Released Top Members of Al Qaeda in a Trade." *The New York Times*, 18 set. 2015.
652. Brian Fishman. *The Master Plan: ISIS, Al-Qaeda, and the Jihadi Strategy for Final Victory*. Londres: Yale University Press, 2016.
653. VAJA (Vezarat-e Ettela'at Jomhuri-ye Eslami-ye Iran), o Ministério de Inteligência da República Islâmica do Irã.
654. Ali Soufan. "Next in Line to Lead al-Qa`ida: A Profile of Abu Muhammad al-Masri, Combating Terrorism Center at West Point", 16 nov. 2020.
655. "Bin Laden: Osama's son Hamza 'Issues al-Qaeda Message." *BBC*, 14 ago. 2015.
656. Adam Wthnall. "Osama bin Laden's Son and Heir Apparent Has Resurfaced After Months of Silence." *The Independent*, 11 maio 2016.
657. Julian Barnes, Adam Goldman e Eric Schmitt. "Hamza bin Laden, Son and Heir to Qaeda Founder, is Dead." *The New York Times*, 31 jul. 2019.
658. "Bin Laden's Son Killed in U.S. Operation, Trump Says." *BNO News*, 14 set. 2019.
659. Matthew Lee e James LaPorta. "US, Israel Worked Together to Track and Kill al-Qaeda No. 2." *AP NEWS*, 15 nov. 2020.
660. David Rose e Anshel Pfeffer, "'Tip of the Spear' Mossad assassins sent to kill Al-Qaeda boss Abu Mohamed al-Masri." *The Times*, 16 nov. 2020.
661. O Comitê X era totalmente desconhecido do público israelense até 1986, quando um jornalista do jornal *Haaretz* fez uma reportagem sobre o órgão secreto.
662. "Maryam Sinaiee, Lebanese Man And Daughter With Reported Hezbollah Connection Shot Dead In Tehran." *Iran News*, 8 ago. 2020.
663. Tim Lister, Paul Cruickshank e Ghazi Balkiz. "Al Qaeda Loses One of Its Most Experienced Leaders in Mysterious Murder in Tehran." *CNN*, 16 nov. 2020.
664. Matthew Lee e James LaPorta. "US, Israel Worked Together to Track and Kill Al-Qaeda No. 2." *AP NEWS*, 15 nov. 2020.
665. Marc Daou. "El misterioso asesinato de Abu Mohammed al-Masri, el segundo al mando de Al-Qaeda." *France 24*, 17 nov. 2020.

666. "Israeli Operatives Killed al Qaeda's No. 2 Leader in Iran in August." *The New York Times*, Reuters, 14 nov. 2020.
667. "Al-Qaeda leader Ayman Al-Zawahiri 'Died One Month Ago', Reports Claim." *The New Arab*, 14 nov. 2020.
668. Tom DiChristopher. "Netanyahu: Iran Had Secret 'Project AMAD' to Design, Produce and Test Warheads." *CNBC*, 30 abril 2018.
669. "John Kerry: 'Nuclear Deal Works,' White House: 'Iran Lied'." *Ynet News*, 5 fev. 2018.
670. O Sazman-e Pazhohesh va Noavarihaye Defaee (SPND) foi fundado em fevereiro de 2011 e está sediado no Ministério da Defesa e Logística das Forças Armadas do Irã.
671. Mark Fitzpatrick. *The Iranian Nuclear Crisis: Avoiding Worst-case Outcomes*. Oxford: Routledge, 2008.
672. Robert Windrem. "Beth Kimber Becomes First Woman to Run the CIA's Clandestine Operations." *NBC News*, 7 dez. 2018.
673. Catherine Philp. "Leaked Memo Identifies Man at Ahead of Iran's Nuclear Programme." *The Times*, 27 nov. 2020.
674. David Ignatius. "What to do with Bibi's Bombshell." *The Washington Post*, 2 maio 2018.
675. Julian Borger. "Who is Killing Iran's Nuclear Scientists?" *The Guardian*, 29 nov. 2010.
676. Jay Solomon. "Iran's Nuclear-Arms Guru Resurfaces." *The Wall Street Journal*, 30 ago. 2012.
677. David Sanger. "Long Absent, Nuclear Expert Still Has Hold on Iran Talks." *The New York Times*, 25 jun. 2014.
678. Dafna Linzer. "Strong Leads and Dead Ends in Nuclear Case Against Iran." *The Washington Post*, 8 fev. 2006.
679. A *Oghab* 2 se reporta diretamente à estrutura de inteligência da Guarda Revolucionária Iraniana. A agência foi criada em dezembro de 2005, após a descoberta de dois agentes estrangeiros infiltrados nas instalações nucleares de Parchin e Lavizan.
680. Steve O'Hern. *Iran's Revolutionary Guard: The Threat That Grows While America Sleeps*. Washington D.C.: Potomac Books, 2012.
681. David Sanger. "Iran Fight Malware Attacking Computers." *The New York Times*, 25 set. 2010.
682. Arash Bahmani. "Announced for the First Time: Iran has 16 Intelligence Agencies." *Rooz Online*, 1º dez. 2017.
683. Reza Haghighatnejad. "Iran Intelligence Revelations: How Khamenei Wields Power." *Iran Wire*, 17 out. 2014.

684. Elaine Sciolino. *Persian Mirrors: The Elusive Face of Iran*. Nova York: Free Press, 2000.

685. Jim Muir. "Analysis: Who Wanted Hajjarian Dead?" *BBC*, 12 mar. 2000.

686. Douglas Jehl. "Killing of Three Rebel Writers Turns Hope Into Fear in Iran." *The New York Times*, 14 dez. 1998.

687. Christopher Dickey. "Ali Fallahian: The Most Feared Mullah in Iran." *Newsweek*, 22 fev. 2000.

688 "Iran's Ministry of Intelligence and Security." Iran terror Database, www.iranterror.com.

689. "No Safe Haven: Iran's Global Assassination Campaign." Iran Human Rights Org., 2018.

690. "Exclusive: Iranian Diplomats Instigated Killing of Dissident in Istanbul." *Reuters*, 27 mar. 2020.

691. "Iranian Academic Could Be Sentenced to Death." *Amnesty International*, 7 fev. 2017.

692. "Ahmadreza Djalali, Iran, Scholars at Risk", 15 jun. 2020.

693. A prisão está localizada no bairro de Evin, perto de Teerã e foi o principal local de confinamento de prisioneiros políticos a partir de 1979, após o triunfo da revolução. Uma de suas áreas mais severas era conhecida como Universidade de Evin, em razão do grande número de intelectuais que foram parar lá para a "reeducação revolucionária". A prisão de Evin foi acusada por órgãos internacionais de ser um local onde foram cometidos graves abusos de direitos humanos contra dissidentes.

694. Ver Capítulo 21. Operação Nêutron, 11 de dezembro de 2006 a 10 de janeiro de 2011.

695. "United Nations Experts Call on Iran to Annul Death Sentence Against Academic and Free Him", *OHCHR* (www.ohchr.org). 21 jun. 2020.

696. As Nações Unidas, a Anistia Internacional, doze ganhadores do Prêmio Nobel, o Parlamento Europeu, Scholars at Risk e várias universidades europeias solicitaram clemência ao líder máximo do Irã, o aiatolá Ali Khamenei, e ao presidente Hassan Rouhani, para que a sentença de morte do doutor Ahmadreza Djalali fosse comutada e ele fosse libertado.

697. Linda Binding. "Mohsen Fakhrizadeh: Senior Iranian Nuclear Scientist Assassinated." *Sky News*, 27 nov. 2020.

698. "Mohsen Fakhrizadeh: Iranian's Top Nuclear Scientist, Assassinated Near Tehran." *BBC*, 27 nov. 2020.

699. Patrick Wintour e Oliver Holmes. "Iran Vows Retaliation After Top Nuclear Scientist Shot Dead Near Tehran." *The Guardian*, 27 nov. 2020.

700. Farnaz Fassihi, Ronen Bergman, David Sanger e Eric Schmitt. "Live Updates: Iran's Top Nuclear Scientist Killed in Attack, State Media Say." *The New York Times*, 27 nov. 2020.

701. Matthew S. Schwartz. "Top Iranian Nuclear Scientist Killed in Attack." *NPR*, 27 nov. 2020.

702. Patrick Wintour e Oliver Holmes. "Iran Vows Retaliation After Top Nuclear Scientist Shot Dead Near Tehran." *The Guardian*, 27 nov. 2020.

703. Yossi Melman. "Despite the Blow to Morale, Iran Will Find a Nuclear Scientist Just as Talented as the Assassinated Fakhrizadeh", Haaretz, 27 nov. 2020.

704. Parisa Hafezi. "Killing of Suspected Iranian Nuclear Mastermind Risks Confrontation as Trump Exits." *Reuters*, 28 nov. 2020.

705. Patrick Wintour e Oliver Holmes. "Iran Vows Retaliation After Top Nuclear Scientist Shot Dead Near Tehran." *The Guardian*, 27 nov. 2020.

706. Amir Vahdat e Jon Gambrell. "Iran's Supreme Leader Vows Revenge Over Slain Scientist." *AP News*, 28 nov. 2020.

707. Lee Brown. "Iran's Mohsen Fakhrizadeh Killed By 62-Person Hit Squad, Reports Say." *New York Post*, 29 nov. 2020.

708. Até 1996, era proibido por lei tornar público o nome do diretor do Mossad. Até então, o diretor era conhecido pela letra S. O diretor do Mossad também é conhecido pelo nome *memuneh*.

BIBLIOGRAFIA

AARONS, MARK e LOFTUS, JOHN. *Ratlines: The Vatican's Nazi Connection*. Nova York: Arrow, 1991.

ABADIE, FRÉDÉRIC. *Valéry Giscard d'Estaing. Biographie*. Paris: Éditions Balland, 1997.

ADAMS, JAMES. *Bull's Eye: The Assassination and Life of Supergun Inventor Gerald Bull*. Nova York: Times Books, 1992.

AL-KHALIDI, AHMAD M. e ABU-DHEIR, FARID. *The Palestinian National Authority: Studies of the Experience and Performance, 1994-2013*. Líbano: Beirute, 2019.

ALVAREZ, DAVID. *Spies in the Vatican. Espionage and Intrigue from Napoleon to the Holocaust*. Kansas: University Press of Kansas, 2002.

AMIT, MEIR. *A Life in Israel's Intelligence Service: An Autobiography*. Londres: Vallentine Mitchell, 2005.

ANDERSSON, NILS; IAGOLNITZER, DANIEL E G. COLLIER, DIANA. *International Justice and Impunity: The Case of the United States*. Nova Inglaterra: Clarity Press, 2008.

ANDREW, CHRISTOPHER. *For The President's Eyes Only*. Nova York: HarperCollins Publishers, 1996.

ANNAS, GEORGE J. *The Nazi Doctors and the Nuremberg Code: Human Rights in Human Experimentation*. Nova York: Oxford University Press, 1995.

ARENDT, HANNAH. *Eichmann in Jerusalem. A report on the Banality of Evil*. Nova York: Penguin Books, 1992.

ARON, LEON. *Yeltsin: A Revolutionary Life*. Nova York: St. Martin's Press, 2000.

ARQUILLA, JOHN. *From Troy to Entebbe*. Maryland: University Press of America, Lanham, 1996.

BAINERMAN, JOEL. *Inside the Covert Operations of The CIA & Israel's Mossad. Undercover with the Spymasters of America & Israel*. Nova York: S.P.I. Books, 1994.

Bar, Shmuel. *Bashar's Syria: The Regime and its Strategic Worldview*. The Interdisciplinary Center Herzliya Lauder School of Government, Diplomacy and Strategy Institute for Policy and Strategy, Herzliya, Israel, 2006.

Bar-Zohar, Michael. *Spies in the Promised Land: Iser Harel and the Israeli Secret Service*. Boston: Houghton Mifflin Company, 1972.

Bar-Zohar, Michael e Haber, Eitan. *The Quest for the Red Prince: Israel's Relentless Manhunt for One of the World's Deadliest Terrorists*. Guilford, Connecticut: The Lyons Press, 1983.

Bar-Zohar, Michael e Mishal, Nissim. *Mossad: The Great Operations of Israel's Secret Service*. Nova York: The Robson Press, 2012. – *No Mission is Impossible: The Death-Defying Missions of the Israeli Special Forces*. Nova York: Ecco Press, 2015.

Barak, Ehud. *My Country, My Life: Fighting for Israel, Searching for Peace*. Nova York: St. Martin's Press, 2018.

Bauer, Eddy. *Espías, Enciclopedia del Espionaje*. 8 Vol. Paris: Idées & Editions, 1971.

Begin, Menachem.. *The Revolt, Story of the Irgun*. Steimatzky, Tel Aviv, 1990.

Ben-Gurion, David. *Memoirs: David Ben-Gurion*. Nova York: World Publishing Company, 1970.

Bengio, Ofra. *Iraq's Road to War*. Londres: MacMillan, 1993.

Bergman, Ronen. *Rise and Kill First: The Secret History of Israel's Targeted Assassinations*. Londres: John Murray Publishers, 2018.

Betser, Moshe e Rosenberg, Robert. *Secret Soldier*. Nova York: Atlantic Monthly Press, 1996.

Black, Ian e Morris, Benny. *Israel's Secret Wars: A History of Israel's Intelligence Service*. Nova York: Grove Weidenfeld, 1991.

Bloch, Jonathan e Tood, Paul. *Global Intelligence: The World's Secret Services Today*. Nova York: Zed Books, 2003.

Blum, Howard. "*Wanted.The search for Nazis in America*. Nova York: The New York Times Books, 1977.

Bokun, Branko. *Spy in the Vatican 1941-1945*. Nova York: Tom Stacey Ltd., 1997.

Bostom, Andrew G. *The Legacy of Jihad: Islamic Holy War and the Fate of Non-Muslims*. Nova York: Prometheus Books, 2005.

Breitman, Richard. *U.S. Intelligence and the Nazis*. Washington D.C.: National Archives Trust Fund Board, 2004.

Brzezinski, Zbigniew. *Power and Principle: Memoirs of the National Security Adviser, 1977-1981*. Londres: Farrar, Straus & Giroux, 1983.

BURGE, GLENN e COLLEEN, RYAN. *Corporate Cannibals*. Londres: Mandarin Paperbacks, 1993.

BURMAN, EDWARD. *Assassins: Holy Killers of Islam*. Nova York: HarperCollins Publishers, 1987.

BUSH, GEORGE W. *Decision Points*. Nova York: Crown Publishers, 2010.

BUTLER, RICHARD. *Saddam Defiant: The Threat of Weapons of Mass Destruction and the Crisis of Global Security*. Londres: Phoenix, 2001.

BYMAN, DANIEL. *A High Price: The Triumphs and Failures of Israeli Counterterrorism*. Nova York: Oxford University Press, 2011.

CLAIRE, RODGER W. *Raid on the Sun: Inside Israel's Secret Campaign that Denied Saddam the Bomb*. Nova York: Broadway Books, 2004.

COLERIDGE, NICHOLAS. *Paper Tigers*. Londres: Mandarin Paperbacks, 1994.

COMMANDER X. *Red Mercury: Deadly New Terrorist Super Weapon*. New Brunswick, Nova Jersey: Inner Light Publications, 2002.

DALLAS, ROLAND. *King Hussein: A Life on the Edge*. Nova York: Fromm International Publishing, 1999.

DAVID, RAB. *The Beleaguered Christians of the Palestinian-Controlled Areas*. Jerusalém: Jerusalem Center for Public Affairs, 2003.

DAVIES, NICHOLAS. *Death of a Tycoon: An Insider's Account of the Rise and Fall of Robert Maxwell*. Nova York: St. Martin's Press, 1993.

DEACON, RICHARD. *The Israeli Secret Service*. Londres: Warner Books, 1977.

EBAN, ABBA. *My Country, The Story of modern Israel*. Tel Aviv: Steimatzky's Agency, 1972.

__________. *Abba Eban: An Autobiography*. Nova York: Random House, 1977.

EISENBERG, DENNIS e DAN, URI. *Mossad, les services secrets israéliens*. Paris: Editions Internationales Alain Stanke, 1977.

EISENBERG, DENNIS; DAN, URI e LANDAU, ELI. *The Mossad Inside Stories: Israel's Secret Intelligence Service*. Londres: Paddington Press, 1978.

EITAN, RAFUL. *A Soldier's Story: The Life and Times of an Israeli War Hero*. Nova York: S.P.I. Books, 1992.

ESHED, HAGGAI. *Reuven Shiloah, the Man Behind the Mossad*. Londres: Frank Cass, 1997.

FABI, MARK. *Red Mercury*. Nova York: Bantam Books, 2004.

FALK, OPHIR e MORGENSTERN, HENRY. *Suicide Terror: Understanding and Confronting the Threat*. Hoboken, Nova Jersey: Wiley Publishers, 2009.

FRATTINI, ERIC. *Irak: El Estado Incierto*. Madri: Espasa Calpe, 2003.

__________. *La Santa Alianza: Historia del Espionaje Vaticano, de Pío V a Benedicto XVI*. Madri: Espasa Calpe, 2004.

________. *CIA, Historia de la Compañía*. Madri: EDAF, 2005.

________. *KGB, Historia del Centro*. Madri: EDAF, 2005.

Freilich, Charles D. *Israeli National Security: A New Strategy for an Era of Change*, Nova York: Oxford University Press, 2018.

Friedman, Matti. *Spies of No Country: Israel's Secret Agents at the Birth of the Mossad*. Nova York: Algonquin Books, 2019.

Friedman, Thomas L. *From Beirut to Jerusalem*. Nova York: Doubleday, 1989.

Friedman, Tuviah. *Mengele*. Centro de Documentação para Investigação de Crimes de Guerra Nazistas, Haifa, 1994.

Gilling, Tom e McKnight, John. *Trial and Error: Mordechai Vanunu and Israel's Nuclear Bomb*. Londres: HarperCollins Publishers, 1991.

Ghadbian, Najib. *The New Asad: Dynamics of Continuity and Change in Syria*. Beirute: Middle East Journal, 2001.

Goñi, Uki. *The Real Odessa: Smuggling the Nazis to Peron's Argentina*. Londres: Granta Books, 2002.

Gorbachev, Mikhail. *Memoirs*. Nova York: Doubleday Publishers, 1996.

Graham-Brown, Sarah. *Sanctioning Saddam: The Politics of Intervention in Iraq*. Londres: I.B.Tauris, 1999.

Greenslade, Roy. *Maxwell: The Rise and Fall of Robert Maxwell and His Empire*. Nova York: Carol Publishing Corporation, 1992.

Habe, Hans. *In King David's Footsteps*. Londres: W.H. Allen, 1973.

Haber, Eitan. *Menahem Begin: The Legend and the Man*. Londres: Delacorte Press, 1978.

Halevy, Efraim. *Man in the Shadows: Inside the Middle East Crisis with a Man Who Led the Mossad*. Nova York: St. Martin's Press, 2006.

Hamza, Khidhir. *Saddam's Bombmaker: The Daring Escape of the Man Who Built Iraq's Secret Weapon*. Nova York: Simon & Schuster, 2000.

Harel, Isser. *The House on Garibaldi Street*. Nova York: Frank Cass Publishers, 1997.

Harran, Marilyn e Kuntz, Dieter. *The Holocaust Chronicle*. Nova York: Publications International Ltd. 2002.

Hasian Jr. Marouf. *Israel's Military Operations in Gaza: Telegenic Lawfare and Warfare*. Nova York: Routledge, 2016.

Hattis, Susan. *Political Dictionary of the State of Israel*. Nova York: MacMillan Publishing Company, 1987.

Hass, Mark L. e Lesch, David W. *The Arab Spring*. Nova York: Routledge, 2016.

Hausner, Gideon. *Justice in Jerusalem: The Eichmann Trial.* Nova York: Herzl Press, 1977.

Hefez, Nir e Bloom, Gadi. *Ariel Sharon: A Life.* Nova York: Ramdon House, 2006.

Hersh, Seymour M. *The Samson Option: Israel's Nuclear Arsenal and American Foreign Policy.* Nova York: Random House, 1991.

Hounam, Peter. *The Woman from Mossad: The Story of Mordechai Vanunu & the Israeli Nuclear Program.* Berkeley, Califórnia: North Atlantic Books, 1999.

Hroub, Khaled. *Hamas: Political Thought and Practice.* Jerusalém: Institute for Palestine Studies, 2000.

Kapeliouk, Amnon. *Arafat.* Paris: Librairie Arthème Fayard, 2004.

Katz, Samuel M. *Follow Me! A History of Israel's Military Elite.* Londres: Arms & Armour Press, 1989.

________. *The Hunt for the Engineer: How Israeli Agents Tracked the Hamas Master Bomber.* Nova York: Fromm International, 1999.

________. *The Ghost Warriors: Inside Israel's Undercover War Against Suicide Terrorism.* Nova York: Dutton Caliber, 2016.

Katz, Samuel M. e Rosenberg, Robert. *Israeli Elite Units Since 1948.* Botley, Oxford: Osprey Military, 1988.

Katz, Yaakov. *Shadow Strike: Inside Israel's Secret Mission to Eliminate Syrian Nuclear Power.* Nova York: St Martin's Press, 2019.

Kuenzle, Anton e Shimron, Gad. *The Execution of the Hangman of Riga: The Only Execution of a Nazi War Criminal by the Mossad.* Londres: Valentine Mitchell, 2004.

Kuntz, Dieter. *The Holocaust Chronicle.* Nova York: Publications International Ltd., 2002.

Kupferberg, Herbert. *The Rescue, the Legend, the Lesson: Entebbe.* Nova York: Parade Publications, 1981.

Kurzman, Dan. *Soldier of Peace: The Life of Yitzhak Rabin, 1922-1995.* Nova York: HarperCollins Publishers, 1998.

Levitt, Matthew. *Hamas: Politics, Charity, and Terrorism in the Service of Jihad.* New Haven: Yale University Press, 2006.

Levy, Alan. *Nazi Hunter. The Wiesenthal File.* Nova York: Barnes & Noble Books, 2002.

Levy, Paule-Henriette. *Ehud Barak: Le faucon de la paix.* Paris: Plon, 1999.

Livingstone, Neil e Halevy, David. *Inside the PLO.* Nova York: Willian Morrow & Company, 1990.

Lloyd, Mark. *The Guinness Book of Espionage.* Nova York: Da Capo Press, 1994.

LOWTHER, WILLIAM. *Arms and the Man: Dr. Gerald Bull, Iraq and the Supergun.* Londres: Pan Books, 1992.

MALKIN, PETER Z. e STEIN, HARRY. *Eichmann in my hands.* Nova York: Warner Books, 1990.

MANEKIN, DEVORAH S. *Regular Soldiers, Irregular War: Violence and Restraint in the Second Intifada.* Ithaca, Nova York: Cornell University Press, 2020.

MARSH, CAROLE. *Golda Meir: Israel's First Woman Premier.* Nova York: Gallopade International Publisher, 1998.

MARSHALL, BARBARA. *Willy Brandt: A Political Biography.* Nova York: Palgrave Macmillan, 1997.

MAYOR, ADRIENNE. *Greek Fire, Poison Arrows & Scorpion Bombs. Biological and Chemical Warfare in the Ancient World.* Londres: Overlook Duckworth, 2003.

MCCANTS, WILLIAM. *The Isis Apocalypse.* Nova York: Picador Paper, 2016.

MEISELS, TAMAR e WALDRON, JEREMY. *Debating Targeted Killing: Counter-Terrorism or Extrajudicial Execution?* Nova York: Oxford University Press, 2020.

MINISTÉRIO DA JUSTIÇA. *Transcripciones del Juicio de Adolf Eichmann.* Jerusalém: Documentos do Estado de Israel, 1994.

MOREH, DROR. *The Gatekeepers: Inside Israel's Internal Security Agency.* Nova York: Skyhorse, 2015.

MORRIS, BENNY. *Righteous Victims: A History of the Zionist-Arab Conflict, 1881-2001.* Nova York: Vintage, 2001.

MISHAL, SHAUL e SELA, AVRAHAM. *The Palestinian Hamas.* Nova York: Columbia University Press, 2000.

NAFTALI, TIMOTHY. *Blind Spot: The Secret History of American Counterterrorism.* Nova York: Basic Books, 2005.

NAPOLEONI, LORETTA. *Terror Incorporated: Tracing the Dollars Behind the Terror Networks.* Nova York: Seven Stories Press, 2005.

NETANYAHU, IDDO. *Entebbe: A Defining Moment in the War on Terrorism. The Jonathan Netanyahu Story.* Londres: Balfour Books, 2003.

NETANYAHU, IDDO E HAZONY, YORAM. *Yoni's Last Battle: The Rescue at Entebbe, 1976.* Nova York: Gefen Publishing House Limited, 2001.

NOUEL, ÉLISE. *Carré d'as... aux femmes!: Lady Hester Stanhope, Aurélie Picard, Isabelle Eberhardt, Marga d'Andurain.* Paris: G. Le Prat, 1977.

OREN, MICHAEL B. *Six Days of War: June 1967 and the Making of the Modern Middle East.* Nova York: Blackstone, 2005.

OSTROVSKY, VICTOR e HOY, CLAIRE. *By Way of Deception.* Toronto: Stoddart Publishing, 1991.

Ostrovsky, Victor. *The Other Side of Deception*. Nova York: HarperCollins Publishers, 1994.

Payne, Ronald. *Mossad, Israel's Most Secret Service*. Londres: Bantam Press, 1990.

Pearlman, Moshe. *The Capture of Adolf Eichmann*. Londres: Weidenfeld & Nicolson, 1961.

Peck, Ira. *Raid at Entebbe*. Londres: Scholastic Publishers, 1977.

Pedahzur, Ami. *The Israeli Secret Services and the Struggle Against Terrorism*. Columbia Studies in Terrorism and Irregular Warfare. Nova York: Columbia University Press, 2010.

Peretz, Don. *Intifada: The Palestinian Uprising*. Nova York: Westview Press, 1990.

Perlmutter, Amos. *Israel, el Estado Repartido. 1900-1985*. Madri: Espasa Calpe, 1987.

Persico, Joseph E. *Nuremberg, Infamy on Trial*. Nova York: Penguin Books, 1994.

Phillips, Christopher. *The Battle for Syria: International Rivalry in the New Middle East*. New Haven: Yale University Press, 2016.

Pittard, Dana e Bryant, Wes. *Hunting the Caliphate: America's War on ISIS and the Dawn of the Strike Cell*. Tennessee: Post Hill Press, 2019.

Pollack, Kenneth M. *The Threatening Storm:The Case for Invading Iraq*. Nova York: Ramdon House, 2002.

Polmar, Norman e Allen, Thomas B. *Spy Book: The Encyclopedia of Espionage*. Nova York: Random House, 2004.

Posner, Gerald L. e Ware, John. *Mengele: The Complete Story*. Lanham, Maryland: Cooper Square Press, 2000.

Prados, John. *President's Secret Wars*. Chicago: Elephant Paperbacks, 1996.

Proll, Astrid. *Baader Meinhof: Pictures on the Run 67-77*. Londres: Scalo Publishers, 1998.

Rabin, Yitzhak. *The Rabin Memoirs*. Califórnia: University of California Press, 1996.

Ramen, Fred. *Reinhard Heydrich: Hangman of the Third Reich*. Londres: Rosen Publishing Group, 2001.

Raviv, Dan e Melman, Yossi. *Every Spy a Prince: The Complete History of Israel's Intelligence Community*. Boston: Houghton Mifflin Company, 1990.

_________. *Friends in Deed: Inside the US-Israel Alliance*. Hyperion, Nova York, 1994.

_________. *Spies Against Armageddon: Inside Israel's Secret Wars*. Nova York: Levant Books, Sea Cliff, 2012.

Reeve, Simon. *One Day of September: The Full Story of the 1972 Munich Olimpics Massacre and the Israeli Revenge Operation "Wrath of God"*. Nova York: Arcade Publishing, 2000.

Rhodes, Anthony. *The Vatican in the Age of the Cold War 1945-1980*. Nova York: Michael Russell Publishing Ltd., 1992.

Rice, Condoleezza. *No Higher Honor: A Memoir of My Years in Washington*. Nova York: Ramdon House, 2011.

River, Charles. *Syria and the Assad Family: The History Behind Bashar al--Assad's Rise to Power and the Civil War*. CreateSpace Independent Publishing Platform, 2017.

Rosaler, Maxine. *Hamas: Palestinian Terrorists*. Nova York: Rosen Publishing Group, 2002.

Rosenberg, Joel C. *The Last Jihad*. Nova York: Forge Books, 2003.

Ross, Dennis e Makovsky, David. *Be Strong and of Good Courage: How Israel's Most Important Leaders Shaped Its Destiny*. Washington D.C.: Public Affairs Publishers, 2019.

Ross, Michael e Kay, Jonathan. *The Volunteer: The Incredible True Story of an Israeli Spy on the Trail of International Terrorists*. Londres: Skyhorse, 2011.

Sachar, Howard M. *A History of Israel: From the Rise of Zionism to Our Time*. Nova York: Knopf Publishers, 1996.

Schanzer, Jonathan. *Hamas vs. Fatah: The Struggle for Palestine*. Nova York: St. Martin's Press, 2008.

Seale, Patrick. *Abu Nidal: A Gun for Hire*. Londres: Hutchinson Publisher, 1992.

Shahak, Israel. *Open Secrets, Israeli Nuclear and Foreign Policies*. Londres: Pluto Press, 1997.

Shamir, Yitzhak. *Summing Up: The Memoirs of Yitzhak Shamir*. Nova York: Orion Publishing Company, 1994.

Shilon, Avi. *The Decline of the Left Wing in Israel: Yossi Beilin and the Politics of the Peace Process*. Londres: Bloomsbury, 2019.

Shulsky, Abram N. e Schmitt, Gary J. *Silent Warfare: Understanding the World of Intelligence*. Washington D.C.: Potomac Books, 2002.

Solomon, Jay. *The North Korean-Israeli Shadow War*. Washington D.C.: The Washington Institute, 2019.

Stevenson, William e Dan, Uri. *90 Minutes at Entebbe*. Nova York: Bantam Books Inc., 1976.

Szulc, Tad. *The Secret Alliance*. Nova York: MacMillan Publishers, 1991.

Thackrah, John Richard. *Dictionary of Terrorism*. Londres: Routledge, 2004.

Thatcher, Margaret. *The Downing Street Years.* Londres: HarperCollins Publishers, 1993.

Thomas, Gordon. *Gideon's Spies: The History of Mossad.* Nova York: St. Martin Press, 1998.

Thomas, Gordon e Dillon, Martin. *Robert Maxwell, Israel's Superspy: The Life and Murder of a Media Mogul.* Nova York: Carroll & Graf Publishers, 2002.

Thompson, Leroy. *Ragged War, The Story of Unconventional and Counter--Revolutionary Warfare.* Nova York: Arms and Armour Editors, 1994.

Tiersky, Ronald. *François Mitterand: The Last French President.* Nova York: Palgrave Macmillan, 2000.

Tinnin, David B. *Hit Team.* Londres: Weidenfeld & Nicolson, 1976.

Trento, Joseph J. *The Secret History of the CIA.* Nova York: Random House Inc., 2001.

Tucker-Jones, Anthony. *The Gulf War: Operation Desert Storm 1990-1991.* South Yorkshire, RU: Pen & Sword Books, 2014.

Volkman, Ernest. *Espionage, The Greatest Spy Operations of the 20th Century.*
Nova York: Wiley & Sons, 1995.

Warrick, Joby. *Black Flags: The Rise of ISIS.* Nova York: Anchor, 2016.

__________. *Red Line: The Unraveling of Syria and America's Race to Destroy the Most Dangerous Arsenal in the World.* Nova York: Doubleday, 2020.

West, Nigel. *MI5, 1945-1972.* Londres: Weidenfeld & Nicolson, 1982.

Wolf, Markus y McElvoy, Anne. *Markus Wolf: The Man Without Face.* Nova York: Times Books, 1997.

Woodward, Bob. *Veil: Las Guerras Secretas de la CIA 1981-1987.* Ediciones B, Barcelona, 1987.

Yallop, David A. *To the Ends of the Earth:The Hunt for the Jackal.* Londres: Poetics Products Ltd., 1993.